21세기 글로벌시대의 기업경영

윤대혁 · 안춘복

pnc
publishing and culture
피앤씨미디어

머리말

기업경영은 다른 학문과는 달리 산업사회 발전의 중추적 역할을 수행하는 기업의 현실적인 문제들을 해결하기 위한 의사결정에 도움이 되어야 한다는 독특한 사명을 지닌다. 이러한 이유로 사회 여러 분야에서는 기업경영의 지식과 응용능력을 필요로 하고 있으나 그 내용과 영역이 매우 다양하고 폭이 넓을 뿐만 아니라 변화 또한 매우 빨라 단시일에 기업경영의 전 분야를 효율적으로 학습하기란 매우 어렵다.

기업경영의 범위가 넓고 다양하여 독일에서는 집합과학이라는 말로 풍자될 정도이며, 이러한 기업경영의 학문적 체계를 바로 잡기란 매우 어렵다. 특히 개념의 다양성과 체계의 다기성은 기업경영을 전공하는 연구자들 간에도 전공이 다르며 대화가 어려우리만큼 내부적인 장벽이 있는 것이 사실이다. 따라서 기업경영을 공부하려는 학생들이나 실무자들이 많은 상이한 기초개념을 체계적으로 이해하는 데는 어려움이 수반될 수밖에 없다.

본서는 기업경영의 전반에 걸친 기초개념과 경영관리의 제 기법들을 체계적으로 분류·정리하여 기업경영을 처음으로 배우고자 하는 사람들에게 효율적인 학습에 도움을 주기 위해 집필한 일종의 입문서이다.

자는 본서를 집필하는 과정에서 독자들의 이해를 돕기 위해 가능한 한 어려운 용어를 피하고, 쉽게 설명하려고 노력하였음에도 불구하고 저자의 천학비재와 표현방법의 미숙 등으로 서술 면에서 미흡한 부분이 많을 것이라 사료된다.

이러한 점에 대해서는 향후 독자 여러분들의 아낌없는 질타와 편달 있기를 바란다. 향후 더욱 연구 노력하여 보다 충실한 내용이 될 수 있도록 개정·보완할 것을 다짐한다. 단 한 줄의 글도 그것이 저자들의 각고의 결정인 경우가 많다는 것을 생각할 때 이 책의 집필 과정에서 직·간접적으로 도움을 주었던 많은 학자들에게 깊은 감사를 드린다.

끝으로 본서의 출간을 위해 수고하신 피앤씨미디어 박노일 대표님과 임직원 여러분에게도 깊은 감사를 드린다.

2019년 2월
저자 씀

차 례

제 1 장 경영학의 기초개념

제 2 장 경영학의 발전

제 3 장 지속가능한 기업의 경쟁력

제8장 통 제

제9장 리더십

제10장 기업환경의 이해

제11장 기업문화론

제12장 창 업

제13장 국제경영

제14장 부문관리

제1장

경영학의 기초개념

제 1 장 경영학의 기초개념

Ⅰ. 경영학의 학문적 성격과 연구대상

1. 경영학의 학문적 성격

경영학이 어떠한 학문인가에 대해서는 지금까지 많은 논자들에 의해 다양하게 논의되어 왔으나 경영학의 학문적 성격을 한 마디로 규정하기란 쉽지 않다. 경영학은 기업에 대한 종합적인 이해를 토대로 기업의 목표를 위해 유효성(effectiveness)과 효율성(efficiency)을 확보하여야 한다. 이를 위해 기업 활동이 어떻게 수행되어야 하고, 어떻게 관리되어야 하는가 하는 행동원리를 포괄적으로 설명해 주는 하나의 지식의 체계라고 개념을 정리 할 수 있다.

일반적으로 경영자는 관리에 대하여 이러한 조직화된 지식을 사용함으로써 업무를 보다 효과적으로 수행하게 된다. 이때 조직화된 지식은 그것이 정확하든 부정확하든, 조잡하든 진보되었던 조직적이고 분명하며 적절한 것이라면 그것은 하나의 과학을 구성하게 된다.

따라서 실무로써의 경영은 하나의 기술(art)이지만, 그 실무를 뒷받침하는 조직화된 지식은 분명히 하나의 과학(science)이 된다. 그러므로 경영학은 기업과 경영을 연구대상으로 하는 이론(theory) 내지 실천적 사회과학으로서 과학과 기술이라는 양면성을 지닌 종합 과학적인 성격을 지닌 학문이라 할 수 있겠다.

이론과 실천으로서의 현대 경영학

(1) 이론적 경영학(독일 경영학): 경영의 경험적 사실을 분석하여 거기서 새로운 법칙을 추구하고 발견하며 구축해 나가는 것을 주된 사명으로 한다.
(2) 실천적 경영학(미국 경영학): 경영이 곧 인간행동의 도장이기도 하다는 관점에서 주로 인간 행동에 있어서의 실천을 문제로 삼고, 그러한 실천의 지침을 탐구한다.
(3) 현대 경영학은 이론과 실천의 양생적 과학이요, 마이크로(micro)적인 학문임과 동시에 동태적인(dynamic) 성격의 학문이다.

이론과학과 실천과학으로서의 경영학

현대경영학은 이론과학과 실천과학으로서의 실천적 이론과학이라는 양생적 성격을 지님과 동시에 과학론과 실천론의 이중적 성격도 지니고 있다.

2. 경영학의 연구대상

1) 개별경제로서의 경영

인간생활에 필요한 유한한 자원(재화·용역)을 생산·획득·사용·소비·교환·분배하는 경제활동은 합리성에 기초한 선택적 행위가 그 중심이 된다. 경제학과 경영학은 모두 이러한 경제생활을 토대로 형성된 학문이라는 점에서는 동일한 성격을 띠고 있으나 주된 연구의 대상은 서로 다르다.

경제학이 국민경제를 주된 연구대상으로 하고 있는 데 반해, 경영학은 개별경제(가계, 기업, 재정, 기타)가운데서도 기업을 주된 연구대상으로 삼고 있다.

이미 학문적 성격을 논의하면서 경영학은 경영에 대해 종합적으로 이해하고 이를 토대로 경영 목표의 달성을 위해 유효성과 효율성을 확보하여야 하며, 또한 이러한 활동을 어떻게 합리적으로 관리해야 하는가에 관한 행동원리를 종합 과학적(interdisciplinary science) 입장에서 다루어 이를 하나의 지식체계로 정리한 학문이라고 그 성격을 정의한

〈표 1-1〉 개별경제의 종류

경제주체	특징	경제행위의 목적	특성	경제주체
가 계	순수소비경제단위	욕망의 극대화	사(私)경제	세대주
기 업	순수생산경제단위	이윤의 극대화	사(私)경제	기업주
재 정	생산과 소비	공공복리 추구	공(公)경제	행정기관

〈표 1-2〉 기업과 경영의 개념 비교

기 업	경 영
생산경제단위	생산기술단위
경제활동의 주체	기업 목적 달성의 수단
목적: 수익성(이윤추구)	목적: 경제성(생산성)
재무상태(재무적 측면) 중시	경영성과(조직적 측면) 중시
기업은 경영의 소유단위	경영은 기업의 생산단위

바 있다.

한 나라의 국민경제는 무수한 개별경제로 이루어져 있고, 이를 성격별로 구분하면 ① 가계(가정), ② 기업, ③ 재정(정부) 등으로 구분되는 데, 독일경영학에서는 국민경제를 이루고 있는 개별경제 가운데서 정부를 제외한 일체의 개별경제를 '경영'이라는 개념 속에 포함시켜 이를 연구의 대상으로 삼아 왔다. 그러나 오늘날 미국경영학에서는 개별경제 가운데서 기업이 현대 자본주의 경제체제 하에서 가장 중심적인 역할을 하고 있는 점에 착안하여 '기업'을 경영학의 주된 연구대상으로 삼고 있다. 따라서 미국경영학은 기업에 관한 종합 과학적 지식체계의 성격을 갖는다. 그러나 기업과 경영의 개념을 명확히 구분하는 것은 결코 쉬운 일이 아니며, 상이한 견해들이 많은 것도 사실이다.

2) 인식대상과 경험대상

경영학은 경영의 어떤 측면을 연구하느냐에 따라 학문자체의 성격이 달라진다. 경영학의 연구대상으로써 인식대상이란 개별경제의 어떤 측면을 파악하는가의 문제로 경영의 경제적 측면, 즉 생산과 유통활동 그리고 이를 보조하는 재무활동이나 인사·조직활동 등 개별 경제적인 활동을 경영학의 인식대상으로 보고 있다.

현대경영학의 연구대상이란 측면의 문제와 함께 그런 측면을 어떻게 연구하는가 하는 관점의 문제가 분명해질 때 경영학의 연구대상이 확고해 진다. 경영학의 인식대상이 경영의 경제적 측면이라고 했으나 이것이 경영학의 연구대상을 분명하게 만들어 주는 것은 아니다. 이러한 인식대상과 더불어 경험대상이 분명해질 때 비로소 경영학의 연구대상이 확립되는 것이다.

경험대상이란 경영의 경제적 측면을 어떤 원칙에 의해 추구하느냐의 문제로 이에는 수익성의 원칙, 생산성의 원칙, 경제성의 원칙이 있다.

Ⅱ. 경영학의 지도원리

기업경영의 이론과 원칙을 확립하고 이를 경영에 적용하려고 할 때, 기업 활동을 이끌어 성과를 판단하게 하는 지도 원리로써는 ① 수익성원리, ② 생산성원리, ③경제성원리를 들 수 있다.

1. 수익성의 원리

수익성(profitability)이란 일정한 자본을 가지고 최대의 수익을 얻으려는 기업 활동으로써 이는 기업에 투하한 자본과 순이익과의 관계를 의미하는데 이는 투하한 자본에 대한 이익률로 표시된다.

기업이 유지·존속·발전하기 위해서는 수익성의 확보가 필수적이다. 그러나 전통적으로 기업경영의 목적은 이윤극대화에 있었지만, 현대 기업에 있어서는 기업의 성장과 안정 및 사회적 책임의 수행에 보다 많은 노력을 기울이고 있다. 이러한 경영환경 속에서 현대 기업경영에서는 종래의 이윤극대화의 원칙 대신에 이를 수정한 수익성 개념인 적정이윤(fair profit)의 개념을 강조하는 경향이 있다.

기업의 적정이윤은 기업의 생존·유지·존속을 위한 최소한의 기본적인 이익이기 때문에 기업은 이를 위해 최선의 노력을 다하지 않으면 안 된다.

$$
\begin{aligned}
\text{적정이윤율} &= \frac{\text{적정이윤}}{\text{총 자본}} = \frac{\text{자기자본 이자} + \text{기업위험보상료}}{\text{총 자본}} \\
&= \frac{\text{자기자본 이자}}{\text{총 자본}} \times \frac{\text{자기자본}}{\text{총 자본}} + \frac{\text{기업위험료}}{\text{총 자본}} \\
&= \text{자기자본 이자율} \times \text{자기자본 구성비율} + \text{총자본 위험률}
\end{aligned}
$$

2. 경제성의 원리

기업의 경제성(economical efficiency)은 일정가치를 창출하기 위해 투입한 제요소의 가치가 최소가 될 때 확보된다. 일반적으로 경제성이란 최소의 희생으로 최대의 효과를 얻으려는 행위로 이는 경제활동의 결과로 얻어진 성과를 그 활동에 투하된 희생과 비교해 봄으로써 측정할 수 있다.

$$경제성 = \frac{성과}{희생} = \frac{생산}{투입} = \frac{수익}{비용} = \frac{급부}{원가} = \frac{목표}{수단}$$

기업 활동에서 생산을 위해 투입 또는 소비된 생산요소의 산출액을 비교함으로써 생산능률을 측정한다는 점에서는 생산성(productivity)과 경제성은 유사한 개념이지만, 경제성은 생산성 개념보다는 포괄적인 개념이다. 즉, 생산성이란 생산에 대한 합리성을 의미하는 것으로 경제상의 합리성과 기술상의 합리성으로 구분되는 데 일반적으로 전자를 경제성, 후자를 생산성이라고 한다.

오늘날 기업의 경제성원리는 영리를 추구하는 사기업과 비영리기업뿐만 아니라 공기업에 이르기까지 널리 경영합리화의 실천적 원리로 적용되고 있다.

3. 생산성의 원리

기업에서 말하는 생산성(productivity)이란 생산 활동의 합리성을 나타내는 수준을 의미하는데 이는 생산을 위해 투입된 생산요소들이 생산과정에서 어떻게 효과적으로 결합되어 생산물로써 구체화되는가를 측정하는 기준이 되며, 생산과정에서 소비된 자원의 투입량과 생산된 부의 산출량과의 비율로 표시된다.

$$생산성 = \frac{생산물의\ 산출량(output)}{생산요소의\ 투입량(input)}$$

일반적으로 생산성은 투입되는 생산요소에 따라 ① 노동생산성, ② 토지생산성, ③ 자본생산성으로 구분된다. 우리가 일상생활에서 말하는 생산성이란 노동생산성(labor productivity)을 의미하는데 이는 투입되는 노동량과 산출되는 생산물과의 관계로 표시된다.

$$노동생산성 = \frac{산출된\ 생산물}{투입된\ 노동량}$$

노동생산성은 작업을 수행하는 수단이나 방법의 개선, 작업시간의 단축, 생산 공정의 기계화(자동화), 기술수준의 향상 등과 깊은 관계가 있다. 그리고 최근에는 생산성의 개념으로 부가가치생산성(value added productivity)의 개념이 널리 통용되고 있는데 이는 노동생산성에 비해 다음과 같은 장점이 있다.

첫째, 가치 표현에 객관성이 있다.

둘째, 자본가, 경영자, 종업원의 가치창조의 공헌도가 객관적 시장의 평가를 거쳐서 나타나므로 가치측정의 기준에 공정성이 있다.

셋째, 실제 시장에서의 매출액에서 산출·유도되므로 경영합리화의 정도가 시장의 공정한 평가를 받은 결과로써 생산성에 반영된다.

이와 같은 장점을 지닌 부가가치생산성은 다음과 같은 산출방식에 의해 표시된다.

$$\text{부가가치생산성} = \frac{\text{매출액} - (\text{재료비} + \text{감가상각비} + \text{지급이자})}{\text{투입 노동량}}$$

$$= \frac{\text{부가가치}}{\text{종업원수}} = \text{1인당 부가가치}$$

이상에서 우리는 생산성의 개념에 대해 살펴보았다. 그러데 여기서 한 가지 유의할 점은 생산성은 그것이 물적 의미의 산출량을 증가시킨다거나 기업의 이윤추구의 목표로써 공헌할 수 있는 것으로만 이해해서는 안 된다는 사실이다.

우리가 생산성을 향상시키면 그 만큼 수익성과 경제성도 함께 향상될 수 있기 때문에 수익성이 높은 경우에는 경제성과 생산성도 함께 향상된 결과라는 사실을 간과해서는 안 된다.

Ⅲ. 경영학 연구의 다양한 접근방법

쿤츠(H. Koontz)는 그의 저서인 경영관리(management)에서 경영분석을 위한 여러 가지 접근법과 연구의 혼란 및 견해의 차이 등을 일컬어 "경영관리 이론의 정글(the management theory jungle)"이라 표현하였는데 그가 말하고 있는 경영관리의 다양한 접근방법이란 다음과 같다.

1. 사례연구법

사례는 기업경영자들이 직면한 실제의 경영상황을 설명하는 자료이다. 사례를 통해 학생들은 특정기업이 처해있는 현실적인 상황을 분석하고 토론함으로써 경영자들이 실제 경영에서 얻는 것과 유사한 간접 경험을 할 수 있다. 즉 이론적 연구의 한계를 극복하고 이론적 지식의 경영실제 문제에 대한 적용을 통해 문제해결능력을 배양하기 위해 절실히 요구되는 교육방법이 사례연구이다.

원래 사례는 법학이나 의약분야에서 교육목적으로 사용되었고 경영학 교육에서 사용되기 시작한 것은 비교적 최근의 일이다. 1910년 하버드 비즈니스 스쿨의 Gay학장이 Copeland교수에게 강의이외에 학생들에게 토론의 기회를 주는 것이 어떻겠느냐는 제안을 함으로써 경영학에서 사례교육은 시작되었다.

이렇게 하여 경영학에서도 사례교육이 중요하다는 확신에서 사례교육방법을 전 교과과정에서 채택하도록 노력하였으며 이후 사례교육은 미국의 각 대학으로 번져나갔다.

경영사례는 실제 조직에서 많은 사람들이 당면하고 있는 문제들에 대해 깊이 관여하고 문제해결을 위한 기회를 제공한다. 이처럼 경영사례는 사례분석자들이 의사결정자 입장에서 문제를 해결해 나가기 때문에 문제해결능력이 축적된다. 즉, 경영사례는 강의실에서 학생들이 배워왔던 과학(science)으로써의 경영학뿐만 아니라 기술(art)로써의 경영학을 배울 수 있는 기회를 제공하게 된다.

1) 사례분석의 절차

경영 사례분석은 실제의 경영이슈에 대한 문제를 사례 참가자들의 토론을 통하여 문제의 정의, 대안의 설정, 의사결정기준의 기술, 구체적인 행동대안의 선택과 실행계획 등에 관한 분석적이고 체계적인 기법들을 제시하는 것이다.

경영사례분석의 절차는 [그림 1-1]에서 보는 바와 같이, 크게 문제의 발견과 분석 및 평가, 사례보고서 작성과 같은 세 단계로 구분된다.

첫째, 문제의 발견 단계에서는 기업이 당면한 현재 상황에서 전략적 이슈들과 해결해야 할 문제들을 중심으로 진단이 이루어져야 한다.

둘째, 분석과 평가단계에서는 각종 대안을 비교·검토한 후에 그 결과에 따라 의사결정을 한다. 이 단계에서 하나의 결정은 다음 문제의 실마리가 되어 연속적인 과정으로 이어나가야 한다. 사례의 분석과 평가단계에서 팀별 토론이 필수적이다. 팀별 토론을 준비하여 토의에 참가한 후에 보다 적극적이 자세로 자기의 논리를 발표하고 다른

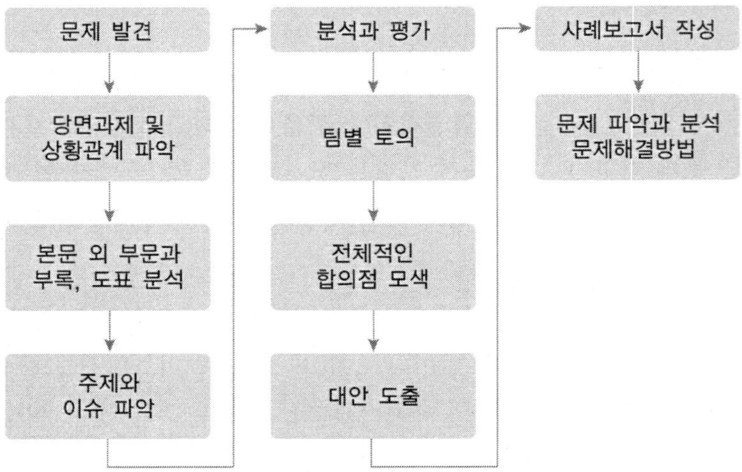

[그림 1-1] 경영사례분석의 절차

사람의 논리도 주의 깊게 듣도록 한다.

마지막, 사례보고서 작성 단계에서는 토론을 통해 제시된 결과들을 팀별로 사례보고서를 작성하여 제출하도록 하는 것이다. 사례보고서는 우리가 갖고 있는 생각을 보다 명확하게 이해할 수 있고 또한 성문화된 자료를 통해 구체적으로 표현하는 작문기술을 배우게 된다. 사례보고서에 포함되어야 할 중요내용은 문제의 파악과 분석, 그리고 문제해결방법을 논리적이며 체계적으로 기술하여야 한다.

2) 효율적인 경영사례 분석

경영사례를 얼마나 효율적으로 분석할 수 있는지에 대한 정확한 답은 없다. 그러나 일반적으로 사례교육을 통해 알려진 방침을 소개하면 다음과 같다.

① 사례를 두 번 이상 읽어라(Read the case twice).

② 사례가 직면하고 있는 문제점과 이슈들에 대해 리스트를 작성해 보라(Make a list of the problems & issues that have to be confronted).

③ 사례를 통해 제시된 데이터를 충분히 이용해 이를 소화해야 한다(Do enough number crunching discover the story told by the data presented in the case).

④ 교재에 제시되어 있는 이론적 개념과 분석 도구를 응용할 수 있는 기회들을 도출하라(Look for opportunity to apply the concepts & analytical tools in the text chapters).

⑤ 문제의 상황진단을 완벽하게 하라(Diagnose the situations of the problem perfectly).

⑥ 논리적 근거와 수치적 근거를 가진 모든 논의들을 대안으로 받아들여라(Support any & all opinions with well-reasoned arguments & numerical evidence).

⑦ 사례분석을 효과적으로 하기 위해 중요한 포인트는 차트, 테이블, 그래프를 이용하여 분석하라(Develop charts & graphs to expose more clearly the main points of your analysis).

⑧ 팀 토론과 분석을 통해 제시된 대안들을 우선하여 강조하며 또한 주어진 시간 내에 가능한 분석기술과 재무적 자원들을 통해 모든 사례분석이 끝날 수 있도록 시간을 엄수하라(Prioritize your recommendations & make sure they can be carried out in an acceptable time frame with available skills & financial resources).

⑨ 팀 토론과 분석을 통해 제시된 문제들과 이슈들에 대한 구체적인 행동계획들을 도출하라(Review your recommended action plan to see if it addresses all of the problems and issues you identified).

⑩ 팀원들이 제시한 대안들이 계획대로 실행되지 않을 때, 불길한 결과들을 가져올 수 있는 것들은 제안서에 가급적 포함시키지 말라(Avoid recommending any course of action that could have disastrous consequences if it does not work out as planned).

3) 하버드 경영대학원의 사례교육

(1) 사례의 개발과 접근방법

하버드 경영대학원은 1908년에 설립되었다. 1912년 처음으로 사례방식 수업이 도입된 이후, 1924년부터는 사례교육 방식이 경영대학원의 교육방식의 주축이 되었다. 그 후 80년 가까이 집요할 만큼 사례교육방식을 고수하고 있는 하버드대학은 수업의 80%가 사례방식으로 진행된다. 사례교육의 핵심은 학생들로 하여금 생각하게 한다는데 있다. 사례교육은 내용을 가르치는 것이 아니라 생각하고 판단하고 결정하는 방법을 가르치는 것이다.

일반적으로 사례는 한편에 약 10~20쪽 분량으로 철저하게 사실에 기반 하여 실명을 사용한다. 사례를 만들기에 적당한 아이디어가 있으면 교수와 연구원들은 해당 기업에 가서 며칠 동안, 때로는 몇 달 동안 실제로 관찰하고 조사한 것을 토대로 쓴다.

사례의 예술이 꽃 피는 것은 강의실의 토론과정에서 이다. 좋은 사례를 만드는 것보다 더 중요한 것은 사례를 통해 가르치는 기술이다. 경영대학원 MBA 첫 1년의 필수과목의 경우, 같은 사례를 11개 강의실에서 다룬다. 열 한 명의 교수가 모여 각 사례에서 어떤 점을 짚고 넘어가야 할 것인지를 미리 토론한다. 같은 사례라도 강의의 성격이 다르면 완전히 다른 방식으로 이용된다. 교수가 다르고, 학생들이 다르면 전혀 다른 토론으로 이어질 수도 있다.

사례방식의 수업에는 정답이 없다. 내용을 가르치는 것이 아니라 방법을 가르친다고 하는 이 교육방식은, 물고기를 주는 것이 아니라 물고기 잡는 법을 가르친다고 하는 유태인의 교육방식과 흡사하다. 하버드 경영대학원은 연평균 800편의 새로운 사례를 만들어 내며 이 사례들은 미국 내외의 많은 교육기관에서 교재로 이용된다. 이중에는 몇 번 사용되지도 않고 사라지는 사례가 있는가 하면 서로 다른 강의에서 끊임없이 이용되는 사례들도 있다. 이 사례들은 시간이 지나도 새로운 내용을 추가하지 않는 경우도 많다.

(2) 사례의 토의과정

하버드 경영대학원은 과목당 한 학기에 평균 50개의 사례를 다룬다. 성적은 강의실에서 토론에 참여하는 빈도와 발언의 질에 따라 좌우된다. 중간, 기말시험이 있기는 하지만 시험은 또 하나의 사례를 다루는 정도의 비중에 불과하여 시험결과가 대세를 바꾸지는 못한다.

강의실에서 학생들은 이름표를 앞에 세워두고 고정된 좌석에 앉는다. 강의실에는 수업내용을 기록하는 속기담당자가 있어 누가 얼마 동안 어떤 내용의 발언을 했는지 기록한다.

"자 오늘은 누가 시작할까?" 여기저기서 힘차게 손이 올라간다. 얌전히 손만 올려서는 교수의 눈길을 끌지 못한다. 한 학생이 사례를 읽고, 토론이 시작된다. 최소한 두 번의 수업 중 한 번은 발언을 해야 밑바닥 10%로 떨어지는 신세를 면할 수 있다. 만일 두 번의 수업시간에 아무 말도 하지 못했다면 셋째 시간부터는 그야말로 노이로제(a nervous breakdown) 상태가 된다.

80명이 다 같은 내용을 공부해 온 상황에서, 저마다 한 마디 하려고 기를 쓰는 판국이니 기회는 쉽게 오지 않는다. 아무리 좋은 아이디어가 있어도 교수가 말할 기회를 주지 않으면 어쩔 수 없다. 기껏 생각해둔 이야기를 옆자리의 다른 학생이 먼저 말해버리고 나면 할 말이 없어진다. 또 "내가 세상에 태어나서 그런 멍청한 의견을 처음 들어보았다"는 식의 직접적인 반박과 공격적인 표현도 서슴지 않고 한다. 그러니 뒷감당을 못할 발언은 자제하게 된다.

하버드 경영대학원의 강의실에서 가장 자주 듣게 되는 이야기 중의 하나가 "남과 다르게 생각하는 것을 두려워하지 말라"는 것이다. 특히, 토론 중심의 수업에서는 창의적인 의견, 다른 사람들과 다른 접근방식은 늘 높게 평가받는다. 우리 속담에 "모난 돌이 정 맞는다"는 잔소리를 듣고 큰 사람이 경쟁력을 발휘하려면 태도를 완전히 바꾸어야 할 것이다.

한편 담당 교수는 손을 든 학생들을 무시하고 무작위로 학생을 지적하는 콜드 콜(cold call)을 한다. 만일 그 때 "죄송합니다", "다음 기회에…"하는 식으로 할 말이 없다는 표시를 하면, 강의실 안에는 무겁고 답답한 정적이 흐른다. 그리고 다른 학생들의 걱정스러운 시선이 기회를 잃어버린 이 가엾은 학생에게 쏟아진다.

(3) 사례의 준비과정

사례의 준비과정은 개인별로 차이가 있겠지만 평균적으로는 2~4시간 정도이다. 학교에서는 한 사례를 준비하는데 다섯 시간 이상은 들이지 말라고 충고한다. 사실 한 사례에 다섯 시간 이상을 투자한다는 것은 불가능하다. MBA 과정의 첫 1년 동안은 대개 하루에 두 세 개의 사례를 다루는데, 하나에 다섯 시간 이상이 들어가면 하루에 10~15시간이 소요된다는 의미이므로 처음부터 가능한 일이 아닌 것이다.

수업은 오전 8시 30분에 시작하지만 대부분의 학생들은 수업시작하기 1시간 전에 모여 스터디를 한다. 5~8명으로 구성된 스터디(study) 그룹은 강의실에서 있을 토론에 대비해 예행연습을 한다. 긴장의 연속인 5시간의 수업이 오후 2~3시에 끝나고 나면, 대부분은 탈진하여 낮잠을 자거나 운동을 한다. 오후 5시가 되면 슬슬 공부를 시작해서 저녁식사를 하고 밤늦게까지 수업 준비를 한다. 하루에 4~5시간 이상의 수면을 취할 여유가 없다. 말 그대로 다른 생각을 할 겨를이 없는 것이다.

토요일에는 운동을 하거나 다른 일을 하며 쉬기도 하지만, 일요일이 되면 다시 사례 준비에 들어가야 한다. 게다가 주말에는 사례를 보완하기 위한 이론 강의들이 있기 때문에 마음 편하게 쉬지도 못한다.

이렇게 강도 높은 과정을 통해 학생들은 무엇을 얻는가? 그것은 다름 아닌 자신감이다. 즉, 학교 이름에서 오는 자신감이 아니라 시련 속에서 자신이 버틸 수 있다는 자신감이다. 이 자신감은 우월감과는 다르다. 학교를 다니면서 끊임없이 나보다 잘 나고 똑똑한 사람이 많다는 것을 깨닫게 되므로, 내가 남보다 잘 났다는 생각을 하게 되지는 않는다. 다만 내가 뒤떨어지지 않고 일정 수준에 맞추어 따라갈 수 있었다는, 그래서 어떤 그룹에 속하게 되었다는 자신감을 갖게 된다. 그리고 직장을 다니면서 비로소 왜 하버드 경영대학원이 80년 동안 사례교육방식을 고집해왔는지 이해할 수 있게 된다.

사례연구법 또는 경험적 접근방법(the case or empirical approach)

성공과 실패한 경험을 분석·비교 연구함으로써 관리에 도움이 될 지식을 도출하려는 경험적 접근 방법이다.

〈한계〉

① 과거와 동일한 상황이란 있을 수 없으며 상황은 모두 다르고 변화한다.
② 성공과 실패의 핵심요인이 무엇이며 어떤 요인이 어느 정도 성공과 실패에 반영 되었는가를 알 수는 없다.
③ 원칙을 찾아내려고 하지 않는다.
④ 경영관리 이론의 개발에 제한적 가치를 부여할 수밖에 없다.

2. 개인간 행위 접근법(interpersonal behavior approach)

개인행동과 개인상호간 대인관계를 중심으로 관리와의 관계를 규명하려는 연구방법으로써 개인 간의 행위, 인간관계, 리더십, 동기 등에 연구의 초점을 두고 있다.

〈한계〉

① 계획화, 조직화 및 통제를 무시하고 있다.
② 심리적인 훈련만으로는 효과적인 관리자가 되는데 충분치 못하다.

3. 집단행위 접근법(the group behavior approach)

조직을 집단으로 파악하여 집단행동을 연구하거나 집단 간 상호작용에 대하여 연구함으로써 관리활동을 규명하고자 하는 연구방법으로써 집단내의 인간행위를 강조하며, 사회학과 사회심리학이 그 기초가 되고 있다. 집단행위의 패턴이 기본연구의 주제가 되며 대집단에 대한 연구를 때로는 '조직행동'이라고 부른다.

〈한계〉

① 관리의 개념이나 원칙, 관리이론, 관리기법 등과 통합시키지 못한다.
② 조직구조의 설계, 인사의 충원과 배치, 계획화 및 통제 등과 긴밀한 통합이 요구된다.

4. 협동적 사회 시스템 접근법(the cooperative social systems approach)

인간의 관계와 집단행동을 협동적 사회시스템으로 보고, 협동적 사회시스템으로써의 인간관계에 연구의 초점을 두고 있는 연구 방법이다.

〈한계〉

① 경영관리연구에 지나치게 광범위한 분야이다.

② 많은 관리적 개념이나 원칙, 관리이론 들을 간과하고 있다.

5. 사회기술시스템 접근법(the socio-technical systems approach)

기술시스템은 사회체제(개인의 태도, 집단행위)에 많은 영향을 미친다. 사회기술시스템 접근방법은 생산, 사무작업, 그리고 기술시스템과 인간관계에 밀접한 관련을 갖는 기타 영역에 초점을 맞추고 있다.

〈한계〉

① 육체노동과 하위수준의 사무작업을 강조한다.

② 기타 관리지식의 대부분을 무시하고 있다.

6. 의사결정 이론 접근법(the decision theory approach)

경영관리 기능의 본질을 개인 및 집단의 의사결정으로 보고, 관리의 핵심적 활동을 여러 가지 대안 중에서 선택하는 합리적 의사결정, 개인 및 집단의사결정, 의사결정과정에 초점을 두어 관리문제를 해명하려는 견해이다.

〈한계〉

① 의사결정보다는 관리활동이 더 많다.

② 초점을 너무 좁게 하거나 광범위하게 한다.

7. 시스템 접근법(the system approach)

시스템의 개념은 광범위한 적용 가능성을 가지고 있다. 시스템은 경계를 갖고 있으며, 외부환경과 또한 상호작용을 하기 때문에 조직은 개방시스템이다. 많은 하위시스템과 마찬가지로 조직에서 계획화, 조직화, 통제의 상호관계의 연구에 대한 중요성을 인식하며, 시스템적 사고에 의해 각 요소와 요소의 관계, 전체복합체를 해명하려는 견해이다.

〈한계〉

① 외부환경에서의 조직의 상호활동과 마찬가지로 시스템이나 하위시스템의 상호관련성의 분석·관리에 대한 새로운 접근방법은 거의 고려되지 못한다.

8. 경영 과학적 접근법(the management science approach)

관리활동을 수학적 과정, 개념, 부호, 모형으로 파악하려는 견해로 LP와 OR을 중심으로 하는 연구방법이다. 이러한 접근법에서는 관리활동을 순수하게 논리적 과정처럼 보기 때문에 수학적 부호나 수학적 관계식으로 표현한다.

〈한계〉

① 수학적 모형에 대한 편견을 갖고 있다.
② 관리활동의 많은 면이 모형화 되지 못한다.
③ 수학은 도구로서는 유효하지만, 하나의 학파나 하나의 관리접근방법에서만 사용된다.

9. 상황적합론적 접근법(the contingency or situational approach)

관리활동의 수행이 주어진 조건이나 상황에 의존한다고 보고 상황변수와 조건적합적인 관계를 확정하려는 접근방법이다. 상황적합론적 이론은 조직행동유형에 대한 주어진 해결책의 영향을 인식해야 한다.

〈한계〉

① 관리자들은 어떤 일에 한 가지 최선의 방법이 없다는 생각을 오랫동안 가지고 있다.
② 관련된 모든 상황요인들을 판단하거나, 그들의 관계를 안다는 것은 어렵다.
③ 관련된 상황요인들은 매우 복잡하다.

10. 관리자 역할 접근법(the managerial roles approach)

관리이론에 대한 새로운 접근방법으로 매길대학교(McGill University)의 민쯔버그(H. Mintzberg) 교수에 의해 보급되었다. 이 접근방법은 경영자들이 실제적으로 하는 일이 무엇인가를 관찰하고 그러한 관찰을 통해서 경영자의 역할이 무엇인가에 관한 결론을 도출하는 것이다.

민쯔버그는 여러 조직에서 5명의 최고 경영자의 활동을 체계적으로 연구한 뒤, 경영자들은 관리기능에 대한 전통적인 분류 즉, 계획, 조직, 조정 및 통제에 따라 행동하지 않는다는 결론을 얻었다. 민쯔버그는 자신의 연구와 경영자들이 실제로 수행하는 일에 대한 다른 사람들의 연구로부터, 경영자들은 실제적으로 다음과 같은 일련의 10가지 역할을 수행하고 있다는 결론을 내렸다.

〈민쯔버그 교수가 식별한 경영관리자의 10가지 역할〉

◇ **대인관계 역할(inter-personnel roles)**

(1) 상징자의 역할(the figurehead role): 조직의 대표자로 행사 및 사회적 의무를 수행

(2) 지도자의 역할(the leader role)

(3) 연락자의 역할(the liaison role): 특히 외부사람들과의 관계

◇ **정보적 역할(informational roles)**

(1) 수령자의 역할(the recipient role): 기업활동에 관한 정보를 수령하는 역할

(2) 배분자의 역할(the disseminator role): 정보를 부하에게 배분

(3) 대변자의 역할(the spokesperson role): 정보를 조직외부에 전달

◇ **의사결정 역할(decision roles)**

(1) 기업가의 역할(the entrepreneurial role)

(2) 분쟁조정자의 역할(disturbance-handler role)

(3) 자원 배분자의 역할(the resource-allocator role)

(4) 교섭자 역할(the negotiator role): 다양한 사람들과 사람들의 집단을 취급

〈한계〉

① 최초 표본 수가 너무 작기 때문에 결론을 지지하기에는 부족하다.

② 최고 경영자로부터 감독자에 이르는 경영자의 실제 활동을 분석할 때, 연구자는 모든 경영자들이 순수한 의미에서 경영 관리적 업무가 아닌 일을 한다는 사실

에 주의해야 한다.

즉, 대기업의 사장들은 일반대중 및 주주관계, 자금조달, 거래처와의 관계, 마케팅 등을 위해 많은 시간을 소비한다는 것을 예상해야 한다.

③ 민쯔버그가 발견한 많은 활동들은 사실상 계획수립, 조직편성, 인적자원관리, 지휘 및 통제활동을 나타낸다. 예컨대 자원의 배분은 계획수립에, 기업가의 역할은 전반적인 계획분야의 한 요소에, 대인관계 역할은 지휘에 해당하는 예가 된다.

11. 멕킨지의 7-S 접근법(McKinsey's 7-S approach)

최근에는 일본의 경영관리기술(The art of Japanese management)과 미국 우수기업의 연구(In Search of Excellence)를 기반으로 한 멕킨지 사(McKinsey's Company)의 7－S구조가 경영학 연구방법으로 인기가 있다. 여기에서 7－S란

① 공유가치(shared value): 7's 중 가장 중요한 요소로서 이는 조직구성원들이 가지고 있는 전통가치, 신념, 경영이념, 가치관, 사업목적 등을 포함한다.

② 전략(strategy): 경영활동의 기본방향과 성격을 결정하는 것으로 사업목적 달성을 위한 장기계획, 조직체의 자원배분 등을 포함한다.

③ 구조(structure): 조직구성원들의 역할이나 상호관계를 지배하는 것으로서 전략을 수행하는데 필요한 조직구조, 직무설계, 권한관계, 규정이나 방침, 상호작용관계 등을 포함한다.

④ 시스템(system): 조직운영과 경영활동의 과정에 관련된 모든 제도와 절차를 의미하는 것으로서 이에는 의사결정, 커뮤니케이션, 경영정보시스템, 보상제도, 인센티브, 목표설정 등 목적과 전략을 실제로 달성하는데 필요한 모든 제도와 시스템을 포함한다.

⑤ 리더십 스타일(style): 조직구성원들의 행동경향과 행동패턴을 말하며, 특히 리더십행동스타일을 포함한다. 구성원의 상호관계, 집단 간의 관계, 리더와 부하의 관계에 있어서 기본방침을 지배하는 요소로서 조직분위기가 직접적인 영향을 미친다.

⑥ 구성원(staff): 조직체의 인력구성과 능력, 가치관, 전문성, 신념, 욕구와 동기, 행동패턴 등을 포함한다.

⑦ 기술(skills): 조직구성원들이 실제 지니고 있고, 조직운영에 실제 적용하고 있는

경영관리상의 능력요소로서 동기부여, 강화, 통제, 통합과 조정, 갈등관리, 변화관리 및 과업수행상의 구체적인 기술과 방법(각종 기계장치, 컴퓨터 등 각종 Hardware와 Software기술)이 포함된다.

〈한계〉

① 상담회사들이 1955년에 Koontz와 동료들이 사용했던 유사한 틀을 사용하고 있으나 제시하는 용어들이 정교하게 정의되어 있지 않고 다루는 주제의 깊이가 부족하다.

12. 운영 관리적 접근법(the operational approach)

경영관리를 경영자의 직무와 관련시킴으로써 적절한 경영관리 지식을 함께 도출하려고 시도한다. 다른 운영 과학(operational science)과 마찬가지로, 이 접근방법은 경영관리 업무의 기초가 되는 개념과 원칙 및 기법을 결합하려고 시도한다.

운영 관리적 접근방법은 경영관리 분야에만 적합한 핵심적인 경영관리 지식이 있다는 사실을 인정하여 관리적 지식과 비관리적 지식을 구분하고 있다. 즉, 라인과 staff, 부문화, 경영자의 평가 및 여러 가지의 관리적 통제기법 등과 같은 문제들은 경영자들만이 관련되는 부문에서 찾아 볼 수 있는 개념과 이론들이다. 그러나 이러한 접근방법은 다른 분야로부터 도출된 지식에 의지하며 그 지식들을 흡수하게 된다. 이러한 지식에는 시스템 이론, 의사결정 이론, 동기유발과 리더십, 개인 및 집단행위, 사회시스템, 협동과 communication이론, 그리고 수학적 분석과 개념을 적용하는 지식 등이 포함된다.

〈한계〉

① 일부 학자들이 지적한 것처럼, 하나의 분리된 기능으로서 "참여"와 "조정"을 구별하여 식별하지 못한다. 예를 들어 조정은 관리의 핵심이며, 관리활동의 목적이다.

토의문제

01. 경영이란 무엇인가?

02. 경영활동의 궁극적인 목표는 어디에 두어야 하는가?

03. 제품의 원가란 무엇인가?

04. 수익성에 대한 경영자의 욕구와 낮은 가격에 대한 소비자의 욕구는 상생할 수 있는가?

05. 합리적이고 효과적인 경영학의 연구방법이란?

06. 사례연구법이 갖는 의의와 중요성에 대해 논의해 보자.

참고문헌

1. 고동휘, 경영학원론, 명경사, 2009.
2. 박재린, 21세기 경영학, 무역경영사, 2004.
3. 신유근, 경영학원론, 다산출판사, 2006.
4. 윤대혁 외, 경영학원론, 도서출판 탑북스, 2013.
5. John P. Kotter, "What Leaders Really Do", *Havard Business Review*(May－June, 1990).
6. William H. Peace, "I Thought I Knew What Good Management Was", *HarvardBusiness Review*(March－April 1986).
7. Jaclyn Fierman, "Whay Women Still Don't Hit the Top", *Fortune*(July 30, 1990).
8. "IBM Goes to Europe", *Fortune*(Jan. 14, 1991).
9. Kate Ballen, "America's Most Admired Corporations", *Fortune*(Feb. 10, 1992).
10. See also Tim R. V. Davis, "Information Technology and White－Collar Productivity", *Academy of Management Executive*(February 1991).
11. Donald Henkoff, "Big Mac Attacks with Pizza", *Fortune*(Feb. 26, 1990).
12. Jeffrey M. Henkoff, "Joint Ventures: Saving the Soviets from Perestroika", *Harvard BusinessReview*(January－February 1991).
13. H. Weihrich & H. Koontz, *Management ; A Global Perspective*, New York, McGraw－Hill Inc., (1988).

제2장

경영학의 발전

제 2 장 경영학의 발전

Ⅰ. 독일 경영학

경영학이 학문적 체계를 갖추면서 먼저 생성·발전한 나라는 독일이다. 독일의 경영학은 19세기 말 상업의 과학화에 대한 요구가 경영학을 발전시키게 된 계기가 되었다. 1919년 이래 독일 경영학은 경영경제학으로 발전하였으나 오늘날의 경영학적 시각에서 보면 학문적인 체계는 완벽하게 갖추지는 못했다.

이처럼 경영의 경제학적 연구로써 성립 발전된 독일의 경영경제학은 그 체계상 경영에 있어서의 기술적 과정에 관한 고찰을 하지 못하게 됨은 물론, 다른 한편으로는 인간을 다만 인력 내지 노동력과 같은 비용요소만으로 파악하게끔 되었으므로 이에 뒤이어 경제학의 이러한 결함에 대한 경영학적 연구가 성립하게 되었다. 다시 말해 경영경제학은 기술적 과정에 대한 고찰을 중심으로 한 경영과학으로써 이는 뒤에 경영조직론으로 발전되었고, 경영 내의 인간의 문제를 주로 인간적 차원에서 고찰하는 경영사회정책론 내지 경영사회학이 성립하게 되었다.

제2차 세계대전 이후 독일 경영학은 상당한 변화를 보이고 있는 데, 이론학파를 따르는 구텐베르그(Gutenberg)를 중심으로 하여 근대경영학적 고찰방법을 도입하여 이론을 전개한 것이 가장 현저한 예라 할 수 있다. 또한 미국적 관리학도 독일적으로 소화되면서 독일 경영학에 많은 영향을 미치고 있는데, 예를 들면 기술론 학파를 따르는 멜레로빗쯔(Mellerowitz)는 미국적 관리론의 영향을 아주 강하게 받았고, 그와 구텐베르그와의 비용논쟁은 전후 독일 경영학에 있어서의 최대의 논쟁이 되었다. 규범론적 경영학은 니클리쉬(Nicklisch)를 중심으로 커다란 흐름으로 발전 하였나 나찌 정권이 이를 악용한 후 크게 쇠퇴하였다. 최근에는 이를 재조명하고 새롭게 계승·발전하려는 움직임이 있다.

▌경영경제학으로의 형성

곰베르히(L. Gomberg)는 상업학은 상업경제학으로 발전되어 나가는 것과 함께 공업경영학과 더불어 개별경제학의 양대 산맥을 이루어야 한다고 주장하면서 상업경영학을 개별경제학의 부분원리로 간주하였다. 곰베르히를 전후하여 독일 경영학의 전신으로서의 상업학만의 시대는 사라지고, 상업경영학과 공업경영학의 양핵으로 이루어지는 경영경제학으로서의 독일 경영학시대가 개막되게 되었다.

▌독일 경영학의 전사(경영경제학의 전사)

1. 문헌사적 경영학사의 입장
   ① 기원: 상업학에 관한 문헌이 출판되었던 1675년이 경영학사의 기점이자 기원이 된다.
   ② 『완전한 상인』: 프랑스의 사바리(J. Savary)가 저술하였다. 이는 상업학에 관한최초의 체계적 문헌이라 할 수 있다.
2. 경영학 전사
   ① 15세기 이탈리아가 그 중심이 된다.
   ② 이탈리아의 『페골로티의 수기』: 상업경영에 관한 세계 최초의 문헌이다.
   ③ 빠치올리(L. Pacioli)의 『산술, 기하, 비 및 비례의 총람』: 세계 최초로 활자로 인쇄된 최고(最古)문헌이자 최초의 복식부기에 관한 저술.

오늘날의 독일 경영학에서는 그 정도의 차이는 덜하겠지만, 과거 독일 문화적 환경에 기인된 뿌리 깊은 권위주의적 관리관행이 있어 종업원들에게 지시를 할 때는 아직도 권위에 의존하는 것이 보통이며 복종을 기대한다.

독일 경영학은 관리형태가 엄청난 권위사용으로 특징 지워지고, 다른 한편으로는 법적으로 근로자가 대표로 되어 있으면서 대기업의 관리에 적극적으로 개입하고 있는 현상은 거의 역설적으로 보인다. 1951년에는 감독위원회(supervisory board)와 특정 대기업에서의 중역회의(executive committee)에 근로자가 위원으로 참여할 수 있도록 하는 합의결정을 제정한 법안이 통과되었다. 이 직책은 매우 어려운 자리로 노동위원장은 종업원들의 이익을 대표해야 함과 동시에 기업에 가장 이익이 되는 관리적 의사결정을 하지 않으면 안 된다.

Ⅱ. 미국 경영학

미국에 있어서의 경영학의 성립은 산업혁명을 통한 급속한 기계화 및 기술의 진보에 따라 남북전쟁 이후 생산현장의 여러 가지 문제를 해결해야 할 필요성 때문에 미국기계기사협회(American Society of Mechanical Engineers)가 창설되었고, 이 협회를 중심으로 하여 능률증진운동이 전개되었다. 제2차 세계대전 후에는 미시적인 근대경제학의 분석기법을 도입하여 현대의 기업 활동의 경제적 측면을 중심으로 연구하는 관리경제학(managerial economics), 경제학적 경영학 또는 기업 경제학으로 알려져 있는 연구영역이 성립되었다.

이와 같이 미국 경영학에서는 여러 학파가 분기하고 있어서 쿤츠(H. Koontz)가 지적한 바와 같이 이른바 「정글론」에 대하여 사이몬(H. Simon)은 이들 학파는 연구 분업을 의미하는 것이며 아무런 「정글」도 아니라고 반론하는 등 논쟁이 활발하게 전개되기도 하였다.

1. 과학적 관리(scientific management)

테일러(Frederick W. Taylor)는 1875년 모형 제작자 및 기계 제작자의 견습공으로 출발하여, 3년 후인 1878년에는 필라델피아에 있는 미드베일(Midvale)제철소에 기계 기술자로 자리를 옮겼다. 그 후 주경야독으로 기계공학 분야의 학위를 취득한 후 이 회사의 수석기술자로 승진하였다. 테일러는 초고속 강철 절삭기를 발명했으며, 평생의 대부분을 기계 기술전문가로 활동하였다.

테일러의 일생을 통한 주요 관심사는 생산의 효율성을 제고하여, 기업의 입장에서는 비용을 감소시키고, 이윤을 증가시킬 뿐만 아니라 향상된 생산성으로 종업원들에게는 높은 임금을 지급할 수 있도록 하는 것이었다.

그는 젊은 날의 경험을 통해 종업원들은 생산성을 향상시키면 자신의 일자리를 잃게 되지 않을까 하는 염려 때문에 의도적으로 "꾀를 피우고(soldiering)" 때로는 일거리를 더 만들어 내려는 비합리적인 노력을 많이 하고 있음을 알았고, 이를 제거할 수 있다면 높은 생산성이 가능하리라는 확신도 얻었다.

테일러는 생산성(productivity)의 문제는 "공정한 하루의 작업량" 및 "공정한 하루 임금"에 대한 경영자와 종업원의 무지에서부터 기인된 문제로 보았다. 그래서 그는

"고임금과 고이윤을 동시에 가능케 할 수 있는 해결책으로써 종래의 주먹구구식(rule of thumb)의 관리방식 대신에 과학적인 관리방법을 제창하였던 것이다.

테일러는 공정한 하루의 작업량을 결정하고, 종업원들이 주어진 직무를 가장 잘 수행할 수 있는 방법을 찾아낼 수 있도록 도와주기 위해 시간과 동작에 대한 주의 깊은 연구를 널리 적용하였다.

또한 생산성을 증가시키고, 종업원들에게 생산성 향상에 따른 임금 지급을 보장할 뿐만 아니라 종업원들에게 성과에 대한 인센티브를 주기 위해 산출량에 기초한 다양한 급여 계획이 사용되었다. 다시 말해 테일러의 경영철학은 생산성을 증가시키고, 종업원들에게는 보다 생산적이 될 수 있는 유리한 기회를 제공하며, 생산성에 따른 임금의 지급을 기초로 하고 있다.

그러나 이러한 그의 철학이 언뜻 보기에는 지나치게 생산성에 집착하고 있는 것처럼 보일는지 몰라도 실제로는 그의 저서 전반을 통해서 인간적인 측면을 매우 강조하고 있음을 알 수 있다. 테일러는 종업원을 주의 깊게 선발하고, 훈련시켜야 하며, 또한 이들에게 가장 적합한 일을 제공해야 한다고 믿었다. 그는 아마 경영자, 종업원, 소유주 사이의 이익이 조화될 수 있고 또 그렇게 되어야 한다는 이상주의적 생각을 갖고 있었던 것 같다.

더구나 테일러는 신중하고 진보적인 계획수립의 중요성과 근로자들이 최선을 다하는 데 도움이 될 수 있도록 작업체계를 설계해야 할 경영자의 책임을 강조하였다.

〈과학적 관리의 기본철학〉

◇ 노사의 공동번영은 서로의 진정한 협력에 의해서만 가능하다.

기업경영의 주된 목적은 근로자와 더불어 사용자에 대하여 최대한의 이익을 보장하는 것이다. 여기서 "최대이익"이란 사용자에 대한 이윤 극대화뿐만 아니라 그 기업체의 모든 분야에서의 상태를 최고의 수준으로 유지함으로써 기업의 번영이 지속적일 수 있어야 한다는 의미이고, 근로자에게 있어서도 그와 유사한 직무 등급의 사람들이 일상적으로 받는 것보다 높은 급료를 받고, 가장 효율적으로 개인의 발전을 도모할 수 있음을 의미한다. 따라서 자신의 적성에 맞는 분야에서 최고수준의 일을 할 수 있게 되는 것을 의미하는 것이다.

그리고 사용자의 장기적인 이익은 노동자의 이익을 수반하지 않고서는 결코 존재할 수 없다. 뿐만 아니라 노동자의 장기적인 이익도 사용자의 이익을 수반하지 않고서는 존재할 수 없다. 이와 같이 테일러의 경영이념은 "높은 임금과 낮은 비용"을 전제로 하고 있으며 이는 최대한의 생산성의 결과로써 가능하게 되는 것이다.

◇ 근무태만(soldiering)의 원인

기업의 발전과 번영은 노동자들의 매일매일의 최대한의 노동에 의해서만 가능하다. 그러나 대부분의 노동자들이 최대한의 노동을 제공하지 않고 오히려 그 반대의 행동하고 있는 이유는 무엇일까? 여기에는 다음과 같은 세 가지 원인이 있다.

첫째, 개개인 또는 기계의 실질적인 생산성의 증가는 결국 많은 사람을 실직하게 만든다는 착각이다.

둘째, 개개의 노동자가 자신의 최대한의 이익을 보호하기 위해서는 느리게 일하는 것이 필요하게끔 만드는, 불완전한 경영시스템이 보편적으로 사용되고 있기 때문이다.

셋째, 노동자들이 많은 노력을 낭비하도록 하는 주먹구구식의 비효율적인 방법이 거의 모든 직종에 존재하고 있기 때문이다.

◇ 생산성 향상은 실직을 유발한다는 노동자들의 무지와 착각

당시 산업현장에서 대부분의 노동자들은 '최선'의 속도로 일을 하게 되면 동료들의 실직을 유발한다고 믿고 있었다. 하지만 새로운 기계의 발명 또는 더 나은 생산방식을 도입하여 생산성이 증대하거나 원가절감을 초래하는 모든 '개선'은 노동자를 해고하는 대신에 더 많은 일자리를 제공할 수 있음을 산업발전의 역사를 통해 잘 알 수 있다.

예컨대 구두의 경우, 수작업을 대체할 수 있는 기계의 도입으로 종래의 생산비용을 대폭적으로 절감함으로써 구두를 염가로 판매할 수 있게 되었다. 따라서 종래에는 구두는 사치품으로 여겨 모든 노동자들은 맨발로 지내거나 몇 년에 한 켤레 정도의 구두를 구입하였던 반면, 이제는 노동계급에 속해 있는 남녀노소가 1년에 한두 켤레의 구두를 구입할 수 있게 되었고, 또한 평상시에도 구두를 신을 수도 있게 되었다.

◇ 노동자들의 체계적인 근무태만

거의 모든 경영시스템 하에서 존재하는 '근무태만(soldiering)'의 원인을 설명하기란 쉽지 않다. 1903년 6월 미국기계공학회에서 발표한 Taylor의 "공장관리"(Shop Management)를 인용하면, 근무태만은 다음과 같은 두 가지 원인에 의해 일어난다.

첫째는 '편해지려고 하는 인간의 자연적 본능'때문이고, 둘째는 다른 사람들과의 관계에서 야기되는 복잡한 2차적 생각과 논리적 판단 때문이다. 이를 '체계적인 근무태만'이라 할 수 있다.

편하게 근무하려고 하는 보편적인 현상은 많은 사람들이 유사한 직종에 근무하면서 '획일적인 표준임금을 지급'하는 일반적인 관리방식에 의해 급속도로 확산되었다. 대규모 공장의 노동자들의 대부분은 그가 일당제로 임금을 받든지, 생산개수에 따라 임금을 받든지, 도급 형태로 임금을 받든지 통상적인 어떤 방식 하에서 일하든지 간에, 어떻게 하면 천천히 일하면서도 고용주에게는 여전히 열심히 일하고 있는 것처럼 보일까하고 노력하는 데에 많은 시간을 할애한다.

이러한 일이 발생하는 이유는 간단히 말해 고용인이 일당을 받든지 일한 분량대로 임금을 지급받든지 간에, 각 직급별로 고용인이 하루에 버는 최고임금액을 모든 고용주가 임의로 적당한 수준에서 결정하고 있기 때문이다.

개별 노동자들은 곧 자신에게 해당되는 임금액이 얼마라는 것을 알게 되며, 고용주는 그들 작업자가 현재 일하는 양보다 더 많은 일을 할 수 있다는 것을 확신하게 되면, 거의 아무런 보상 없이 그에게 더 많이 생산하도록 강요하는 수단을 찾게 되는 것을 깨닫는다.

노동자들은 필연적으로 어떠한 일도 과거에 있어서보다 더 빨리 행해지지 않도록 하는 것은 근로자 개개인의 이익에 합당한 것이 된다. 젊고 경험이 부족한 신참 노동자들은 고참 노동자들에 의해 이를 교육받게 되며, 일부 이기적인 신참 노동자들이 새로운 기록을 세우지 못하도록 온갖 설득과 압력을 가한다.

그 이유는 새로운 기록으로 인해 일시적으로는 임금인상이 있겠지만, 이는 결국 뒤따라 일하는 모든 사람들이 똑같은 임금을 받고 더 많이 일하도록 만들기 때문이다.

"일상적인 형태의 가장 좋은 일당제 임금체제하의 공장에서, 개개인이 수행한 일의 양과 그 효율이 정확하게 기록되고, 실적이 향상된 만큼 임금이 인상되며, 어느 수준에 이르지 못한 사람들은 해고하고, 그 자리에 신중히 선발된 새로운 사람이 대신 일을 할 수 있게 한다면, 천성적인 근무태만과 체계적인 근무태만 둘 다 대부분은 해결될 수 있다. 그러나 이것은 장래에도 일당제 임금체계에서 생산개수에 따른 임금체제로의 변경을 하지 않을 것이라는 확신이 전제되어야만 가능하다.

◇ 가장 큰 낭비: 주먹구구식의 작업방법

천천히 일하는 세 번째 이유는 주먹구구식의 비효율적인 작업방법 때문이다. 테일러는 '주먹구구식의 작업방법'을 '과학적인 방법'으로 대체함으로써 노사 모두에게 엄청난 이익을 줄 수 있다고 확신하였다.

모든 직종의 노동자들은 주위 사람들을 관찰함으로써 세부적인 작업을 배우고 있다. 따라서 동일한 작업을 수행하는 데에도 사용하는 방법이 수십 가지에 이를 정도로 매우 다양하고, 똑같은 이유로 각각의 일에서 사용되는 도구도 아주 다양하다.

그런데 작업에 사용되는 다양한 방법과 도구들 중에서 '다른 어떠한 것보다도 빠른 방법과 도구'가 항상 존재한다. 이것은 사용되는 모든 도구와 수단에 대한 과학적인 연구와 분석 및 정확하고 정밀한 동작 및 시간연구를 통해서만 발견 또는 개발될 수 있다. 또한 이것은 모든 작업에 있어서 '주먹구구식 방법'으로부터 '과학'으로의 점진적인 대체를 이룩할 수 있는 기초가 되는 것이다.

◇ 솔선과 격려의 경영: 비과학적 최선의 관리방식

산업현장의 모든 근로자들은 직접적인 접촉을 통하여, 또 입에서 입을 통하여 그들의 지식을 전수받아 왔다. 모든 직종에서 행해지는 모든 작업의 요소는, 각 세대의 창의력에 의해 조금씩 더 나은 방법으로 발전되어 왔다. 각 직종에서 현재 사용하고 있는 방법들은, 넓은 의미에서 처음부터 발전되어 온 아이디어 중 가장 적합하고 최선인 것만이 살아남았음을 뜻하는 하나의 진화라고 할 수 있다.

그러나 각 직종과 관련된 사람들만은 그들의 직종에서 사용되는 방법이 사실은 매우 다양하다는 것을 알고 있다. 작업의 각 요소에 사용되는 방법에는, 일반적으로 표준으로 받아들여지는 단 하나의 방법 대신, 일상적으로 사용되는 수십 개의 다양한 방법들이 있다. 왜냐하면 사람에서 사람으로 말을 통해 전해 내려오거나 또는 무의식중에 관찰을 통해 배워왔기 때문일 것이다.

실제 경험으로 얻은 법칙이나 전통적인 지식은 모든 장인들의 중요한 재산 또는 소유물이라고도 할 수 있는데 현재 사용되고 있는 최선의 경영체제에서도, 경영인들은 노동자들이 '경영진이 모르는 이런 많은 전통적인 지식'을 가지고 있다는 사실을 잘 알고 있다.

물론 이들 경영진은 직장(foreman)과 감독을 포함하는데, 그들은 대부분의 경우 그들의 직종에서 일류의 노동자들이었다.

그러나 이 직장들과 감독들도, 그들의 지식과 숙련된 솜씨가 자신의 감독아래 있는 모든 노동자의 지식과 솜씨를 합한 것에는 훨씬 못 미친다는 사실을 누구보다 잘 알고 있기 때문에 노련한 관리자들은 가장 최선의 경제적인 방법으로 작업을 수행하는 문제를 노동자들에게 맡겨 버린다.

개개의 노동자들이 최선을 다하고, 가장 열심히 일하고, 모든 전통지식을 발휘하고, 숙련된 솜씨, 창의력, 선의 등 한 마디로 말해서 '솔선'하여 그들의 고용주에게 가능한 한 많은 이익을 주도록 노력하게끔 유도하는 것을 자신들의 유일한 역할로 믿는다.

다시 말해 노동자들에게 최선의 동기를 부여하는 것이라고 할 수 있다.

한편, 지적인 관리자들은 노동자들로부터 이러한 솔선을 기대할 수 없다는 것을 잘 안다. 대부분의 노동자들은 그들의 고용주에게 솔선하여 최선을 다하는 것은 노동자들의 이익에 직접적으로 반대되는 것이라고 믿고 있으며, 또한 노동자들은 고용주들을 위해 '가능한 한 최대량의 최고의 품질'의 일을 하는 대신에, 그들에게 할당된 일을 '빨리 하는 체하면서 가능한 한 고의로 천천히 일하고 있다'는 것은 크게 틀린 말이 아닐 것이다.

일반적으로 사용되고 있는 경영관리의 가장 좋은 형태는 노동자들이 최고로 '솔선' 하여 일하고 그 보답으로 그들의 고용주들로부터 특별한 '격려'를 받는 것으로써 이를 '과학적 관리'에 반하여 '솔선과 격려'(initiative and incentive)의 경영이라고 말 한다.

◇ 과학적 관리의 원칙(The Principles of Scientific Management)

과학적 관리를 위해 경영자들은 과거에는 상상할 수 없었던 새로운 의무들과 책임을 떠맡아야 한다. 즉, 경영자들은 과학적인 관리를 위해 과거 노동자들이 보유해 왔던 전통적인 지식들을 모으고, 분류하고, 표로 만들고, 이 지식들을 노동자들의 일상작업에 매우 도움이 되는 원칙과 법칙, 공식들로 바꾸는 부담을 떠맡아야 하는 것이다.

과학적 관리를 위해서는 이러한 식의 '과학'을 개발하는 일에 추가하여 경영자들은 자신들에게 부과되는 새롭고 무거운 책임을 수반하는 다음과 같은 몇 가지 의무를 떠맡게 된다.

첫째, 노동자들의 일의 각 요소에 대하여 '주먹구구식의 방법'을 대신할 '과학'[1]을 개발한다.

둘째, 과학적으로 노동자를 선발하고 훈련하며, 각 노동자를 자기의 업무분야에서 최고의 수준으로까지 개발시킨다. 과거에는 노동자 자신이 스스로의 업무분야를 선택하고 스스로를 훈련시켜왔다.

셋째, 모든 업무가 과학의 원리에 따라 수행될 수 있도록 노동자들과 진심으로 협력한다.

넷째, 노사 간에 일과 책임에서 거의 균등한 분배가 이룩되도록 한다.

과학적 관리(scientific management)가 과거의 관리체제보다 더 효과적으로 만드는 것은, 결국 '경영진이 떠맡는 이 새로운 형태의 업무'와 '노동자들의 솔선'의 결합이다.

---

1) 캘빈(Lord Kelvin)경은 과학이란 "그 무엇인가를 측정할 수 있고, 그것을 수치로 표시할 수 있으면 과학이고, 그렇지 못하면 아니다"라고 하였음.

과거 '솔선과 격려'의 경영에서는 모든 문제는 실질적으로 노동자에게 달려 있는 반면, 과학적 관리에서는 문제의 반은 경영자 측에게 달려 있다. 다시 말해 과학적 관리에서 가장 탁월한 하나의 요소는 '업무목표 또는 과업'에 대한 아이디어일 것이다. 모든 노동자들의 업무목표는 적어도 하루 전에 경영자 측에 의해 완전한 계획이 수립되어지고, 대부분의 경우 모든 노동자들은 작업을 수행하는 데 사용될 작업방법은 물론, 그가 완수해야 할 업무를 상세히 기술한 완전히 문서화된 지시사항을 받게 된다. 이 문서화된 '업무지시서'에는 무엇을 할 것인지는 물론, 어떻게 해야 할지, 그리고 업무수행에 허용된 시간까지를 명시하게 된다.

◇ 테일러의 주요관심

① 생산성 향상을 통한 이윤증대로 기업에게는 비용감소를, 근로자들에게는 높은 임금을 지급하는 것이었다.

② 더 많이 생산하면 직장을 잃게 되지 않을까 하는 두려움이 근로자들의 태만이나, 불필요한 일거리를 만들어 내거나, 실제 능력보다 적게 생산하는 결과를 초래한다.

③ 비합리적인 노력만 제거하면 생산성 제고의 가능성이 있음을 확신하였다.

④ 이러한 무지는 '공정한 1일 과업'과 '공정한 1일 임금'이 어떤 것인지를 알지 못함에서 비롯되었다고 믿었다.

⑤ 테일러는 관리자와 근로자들은 잉여가치를 어떻게 분배할 것인가에 관심이 높았고, 어떻게 잉여가치를 증가시킬 것인가에는 관심이 없음을 발견하였다.

◇ 과학적 관리법의 의의

과학적 관리법의 특징들은 오늘날의 조직론에서도 상당부분이 발견되고 있는데 그 내용은 다음과 같다.

① 전문화 원리에 따른 직무설계

② 표준화된 도구와 절차

③ 종업원의 과학적 선발과 훈련

④ 기능적인 조직형태

⑤ 개인별 자극임금제

⑥ 분명하고 구체적인 개인별 목표 설정 등이다. 또한 테일러는 경험과 직관에 의한 인습적 관리(rule of thumb management), 표류관리(drafting management) 대신에 과학화를 시도하였다는 점은 경영관리나 조직 이론의 발전에 획기적인 전기를

마련한 것으로 평가된다.

◇ 과학적 관리법의 특징

① 작업능률의 향상을 위해서는 체계적인 방식으로 작업 활동을 설계해야 할 필요성을 강조하였다. 따라서 오늘날의 전문화원리에 따라 직무가 설계되었다.

② 개인별 작업할당의 필요성을 강조함. 테일러는 개인별 작업 할당은 성과측정의 기준이 되기 때문에 이를 과학적으로 결정하기 위하여 시간연구와 동작연구를 실시하였다.

③ 과업관리를 뒷받침하기 위해 차별적 성과급 제도를 도입하였는데 이는 경제인 가설에 입각한 것이다.

④ 기능적 직장제도를 도입하였다.

◇ 과학적 관리법의 비판

과학적 관리법에서 논의된 대부분의 내용들이 오늘날에까지 조직론의 중요한 몫을 담당하고 있지만 다음과 같은 모순과 비판도 있는 것이 사실이다.

먼저 인간을 기계로 취급하면서 인간적 요소를 무시하였다는 점에서 비판을 받고 있다. 그러나 앞에서 살펴본 바와 같이 공정한 보상, 노사화합, 과업의 합리적 할당 등 인간적 요소를 전혀 배제한 것은 아니다. 다만 인간의 경제적 욕구만 지나치게 강조를 했고, 고상한 상위욕구도 있음을 간과하였다는 사실이며 동작연구나 시간연구는 인간을 기계의 일부분으로 착각할 정도로 인간의 감정이나 정서적 측면을 무시하였다는 비판을 면하기는 어렵다.

그리고 악덕기업가들은 과학적 관리를 지나치게 확대 해석하여 돈벌이에 급급한 나머지 노동자를 로봇처럼 취급하며 강행군을 시키면서 착취하기도 하였다. 이로 인해 합리적인 과학적 관리법이 기업가에게만 유리한 관리방식으로 오해를 받기도 하였다.

2. 포드시스템(Ford System)

포드(H. Ford)는 1903년 포드 자동차 회사를 설립하고, 대중용 차인 T형의 자동차를 생산하여 그의 경영철학을 실현한 인물이다. 그는 종래의 기업개념을 부인하고 '저가격과 고임금(low price and high wage)'을 기초로 기업을 사회에 대한 '봉사기관'으로 정의하면서, 기업의 목적은 이윤추구에 있는 것이 아니라 사회에 봉사하는 데 있다고 주장하면서 이윤은 기업의 봉사의 결과로 얻어지는 결과물이라고 하였다.

이러한 그의 철학을 포디즘(Fordism) 또는 포드시스템(Ford System)이라고 하며, 구체적으로 생산의 표준화(제품의 표준화, 부분품의 규격화, 공정의 전문화, 기계공구의 전문화, 작업의 표준화)를 토대로 이동조립법(conveyer system)을 채택하여 동시관리시스템(synchronization management system)을 구축하였으며 이를 통해 노동생산성을 높였다.

〈생산관리의 원칙(3'S 원칙)〉

① 표준화(standardization): 생산 활동에 필요한 표준을 설정하여 이를 고정시킴으로써 생산관리의 기능인 계획과 통제의 통일적 질서를 확립시키는 조직적인 과정이다.

[이점] ① 대량생산 가능, ② 원가절감, ③ 기술발달 촉진, ④ 품질향상

② 단순화(simplification): 한 제품의 구성 품목을 제거하는 것을 말하며, 구체적으로는 제품의 불필요한 종류의 품목, 형태, 크기, 치수 등을 생략 또는 축소하는 것을 말한다.

[이점] ① 생산기간의 단축, ② 창고관리의 간접비 절감, ③ 재료구매 사무의 간소화, ④ 질 좋은 제품을 싸게 구입할 수 있다.

③ 전문화(specialization): 특정 경영으로 하여금 특정 제품을 전문적으로 생산케 하는 과정을 말하는 것으로 이것은 분업의 원리를 기초로 한다.

[이점] ① 작업의 숙련도와 능률 향상, ② 생산원가의 절감

◇ Ford는 3'S운동을 전개하여 그는 '고임금 저가격'의 목표를 실현하였다.
◇ T형 자동차: 1909년 $950, 1910년 $780, 1911년 $690, 1912년 $600, 1913년 $550, 1917년 $450
◇ 임금: 1일 9시간 노동 2달러 35센트 → 1일 8시간 노동 $5

Ⅲ. 일본 경영학

선진공업국 가운데 하나인 일본은 서방세계의 여타 선진경제국들과는 판이하게 다른 관리적 관행을 가지고 있다. 종신고용(lifetime employment)과 합의에 의한 의사결정(consensus decision making)으로 대표될 수 있는 일본식 경영시스템은 1980년대부터 세계적으로 널리 인정받고 있다.

1. 종신고용제도

일본식 관리관행의 중요한 특징은 종신고용, 개별 고용인에 대한 각별한 관심, 그리고 연공서열의 중시 등이다. 종업원들은 한 기업에서 평생을 근무하며, 기업은 종업원에게 고용안정을 보장하고 소속감을 부여해 준다. 이러한 관행은 문화적으로 기업에 동화되는 화(和)의 느낌과 종업원의 충성심 및 회사의 목표에 대한 긴밀한 일체감을 갖게 한다.

종신고용제도는 일거리가 없을 때에도 종업원에게 임금을 지급해야 하는 부담을 기업이 앉고 있기 때문에 회의적인 견해가 있는 것도 사실이다. 최근에는 종신고용제도가 대기업에서만 실시되고 있는 실정이며, 사실상의 직업보장제도(job security system)는 전체 노동력의 1/3에 불과한 것으로 추산되고 있다.

종신고용제도와 밀접하게 관련되어 있는 것이 연공서열제도(seniority system)인데, 이는 근무기간에 따라 종업원에게 특혜를 제공하는 제도이다. 그러나 이 또한 오늘날에는 연공서열제도가 젊은이들에게 승진기회를 제공하는 보다 개방적인 방식으로 대체되고 있는 조짐이 강하게 제기되고 있다.

2. 합의에 의한 의사결정

일본기업의 의사결정의 관행을 보면, 미국 기업과는 매우 다르다. 일본식 경영은 합의(consensus)에 의한 의사결정방법을 사용한다. 하급 종업원들은 아이디어를 발의하여 다음의 상급자에게 제출하고 마지막에는 최고경영자에게까지 도달하게 된다. 만일 그 제안이 승인되면 그것은 발의자에게 반송되어 시행에 옮겨지게 된다. 비록 의사결정과정에 많은 시간이 소요되기는 하지만 다양한 관리계층의 관리자들이 전반적으로 합의했기 때문에 결정된 사항의 실행은 신속하고, 추가적인 '설득'(selling)은 필요 없게 된다.

그리고 의사결정 과정에서 관리자들은 단순하게 하위자들의 제안사항을 검토하거나 수락 또는 거부하는 것이 아니라, 제안사항과 관련된 내용에 대하여 질문을 하고, 이것저것 제의하기도 하여 부하들의 사기를 진작시킨다. 또 필요에 따라서는 제안 사항을 발의자에게 반려하여 보다 상세한 정보를 추가하도록 요구하기도 한다.

일본식 의사결정의 중요한 특징은 어떤 문제나 의문점을 밝혀내는 데 있어 엄청난 노력을 들인다는 점이며 실제로는 의사결정이 형성되기 전에 상당한 의사교환이 이루어지게 된다.

결론적으로 일본식 경영의 특징으로써 종신고용, 개인에 대한 관심, 연공서열, 그리고 기업에 대한 충성심의 강조 등을 들 수 있으며, 의사결정을 함에 있어도 여러 조직계층에 있는 사람들 간에 개방적인 Communication이 이루어지고, 상당한 정도의 협동과 상호의존성에 대한 인식이 이루어지고 있는 점을 들 수 있겠다.

Ⅳ. 한국기업의 관리관행

우리나라에서의 경영학 연구는 1960~70년대까지는 미국 경영학이나 독일 경영학, 그리고 부분적으로는 일본 경영학이 중심이 되어 왔다. 일본식 경영은 일본 경제의 성공에 힘입어 세계적으로 많은 주목을 받고 있다. 그러나 우리나라의 경우에는 경제적으로는 급성장을 하였으나 한국적 관리관행에 대하여는 그리 잘 알려져 있지 않다. 한국에도 문화적으로나 조직 구조적으로 몇 개의 재벌그룹이 있다는 점에서는 일본과 비슷하여 일본식 관리관행의 연장으로도 볼 수 있으나 분명히 한국적 관리관행은 일본과는 매우 다르다.

일본의 관리관행에서는 화(和)로 표시되는 집단의 조화와 강제성이 강조되고 있지만, 한국에서는 인화(人和)라고 하는 것이 강조되고는 있으나, 집단의 가치관에 중점을 두지는 않는다. 한국의 기업은 가족을 중심으로 엄격한 관료제적 구조를 갖고 있으며, 핵심직무는 대부분 가족들이 수행한다. 종업원을 채용하는 과정에서도 최고 경영자와의 혈연관계뿐만 아니라 학연, 지연 등이 많은 영향을 미치게 되고, 경영자의 리더십 스타일도 독재적·가부장적 상하관계를 유지하는 것으로 요약할 수 있다. 최고경영자의 명령에 의하여 변화하는 환경에 적응하고, 종신고용제도는 일반적으로 적용되지 않고 있다. 그리고 일본기업에 비해서는 입·퇴사가 자유롭고 면직보다는 전직이 많은 실정이다.

한국기업의 관리관행

1. 가족중심주의
2. 장자우대 불균형 상속
3. 창업자 정신의 계승
4. 배타주의적인 조직관: 혈연, 학연 등 신분배경을 중심으로 한 의사결정
5. 고참 제도와 연공서열적인 조직풍토
6. 정경유착

V. 세계화의 진전과 자본주의 4.0

1. 국제간의 협상

- 1950년대 말까지 4차례 협상: 모두 관세협상이었음.
- 1960~1962년 5차 협상: 딜런(미 국무장관)라운드
- 1964~1967년 6차 협상: 케네디 라운드
- 1973~1979년 7차 협상: 동경라운드
- 1차 오일쇼크(73년 중동전)
  2차 오일쇼크(79. 6. 27. 23.7%) 선진국 중심의 신보호무역
- 1986~1994년 8차례 협상: 우르과이라운드
- 1995년1월 WTO출범

2. 세계화의 의의

세계화란 국경을 넘나드는 사람, 자본, 상품의 이동이 급증하고 가속하고 있음을 의미하는 것으로써 국경을 넘는 '시장 확대'를 의미한다.

3. 세계화의 효과

- 긍정적 효과: 부의 증대, 빈곤의 축소
  산업혁명 직전 1750년 세계 평균소득 180달러, 2000년 현재 6,600달러
- 부정적 효과: 세계금융위기, 지구온난화, 빈부격차, 자원고갈
  절대빈곤인구: 1980년 14.7억 명(세계인구의 40.1%)
  2004년 현재 9.7억 명(세계인구의 18.1%)

4. 세계화의 진전과정

1) 제1차 세계화

- 1860년경부터 시작하여 1917년 제1차 세계대전으로 중단됨(1차 세계대전 1914년 7

월 28일~1918년 11월 11일 약 4년4월)

- 1945년 2차 세계 대전이 종식될 때까지 반세계화이 길을 걸었음.
- 관세장벽(관세 높이기 경쟁)
  ① 세계 교역량 30% 격감.
  ② 주요국의 실업률 25% 증가
  ③ 경제공황 엄습
  ④ 혁명과 전쟁, 볼셰비즘과 파시즘 등장 – 인류에게 엄청난 고통을 줌

볼셰비즘

- 마르크스주의적 사회주의 혁명을 위한 활동이나 운동을 의미한다.
- 마르크스주의자들(스탈린, 트로츠키, 모택동)이 공유하는 혁명적 사회변혁에 대한 접근방법을 의미한다.
- 볼셰비즘은 1903년 러시아 사회민주주의 노동당 제2차 당 대회에서 생겨났다. 그날 이후 레닌은 '하나의 정치사상의 흐름으로써 그리고 하나의 정당으로써 볼셰비즘의 존재를 인정하였다.
- 볼셰비키(Bolsheviki)라는 러시아 말에서 유래한 '다수'라는 의미)와 멘셰비키(Mensheviki)에서 유래한 '소수'라는 의미)의 양진영으로 분리되었다.
- 볼셰비키라는 용어가 당의 명칭(러시아 사회민주주의 노동당(볼셰비키))으로 공식적으로 나타난 것은 1917년 제7차(4월) 당 대회 이후부터이다.
- 1918년 3월부터 그 당은 러시아 공산당(볼셰비키)이라고 불렸으며, 1925년 12월에 다시 전(全)연방 공산당(볼셰비키)으로 바뀌었는데 그 명칭은 마지막으로 소비에트 연방 공산당으로 바뀐 1952년부터는 소비에트 당을 지칭하는 말로써는 더 이상 사용되지 않았다.

파시즘

- 파시즘은 일종의 정치운동으로서 1922~43년 이탈리아, 1933~45년 독일, 1939~75년 스페인 정계를 지배했다.
- 일반적으로 국가주의적 전체주의 운동이나 그런 정부를 가리킬 때 이 용어를 사용한다.

파시즘의 중요한 특징

- 국가의 절대 우위이고, 다른 특징들은 모두 여기에서 유래한다. 개인의 뜻을 굽혀 국가가 명시한 대로 국민의 통합된 뜻에 따르고 국가를 상징하는 보통 카리스마적 인 지도자에게 완전히 복종하는 것이 파시즘의 특징이다.
- 군사적 가치관과 전투, 정복을 찬양하고, 자유주의적인 민주주의와 합리주의 및 부르주아적 가치관은 낮게 평가한다.
- 무솔리니가 로마제국의 부활을 예언한 것에서도 볼 수 있듯이 국가나 민족을 신성 한 것으로 받들고 그 운명을 선언하는 파시즘의 표현에는 대개 신비주의의 요소가 짙게 배어 있다.

2) 제2차 세계화

- 1980년경부터 시작
- 지난 200년간 세계중심은 유럽과 미국이었다.
- 19세기는 영국의 시대
- 20세기는 미국의 시대
- 21세기는 아세아의 시대다.
- 1990년 미국의 GNP는 일본, 중국, 인도 세 나라를 합친 것보다 컸다.
- 2050년이 되면 중국과 인도의 GNP가 미국과 서유럽의 합계를 크게 앞서게 된다.

골드만삭스의 예측

- 2025년 한국의 GNP: 4만 달러-미국, 일본, 한국(세계 3위)
- 2050년 한국의 GNP: 8만 달러-미국, 한국(세계 2위)

◇ **해결과제**

– 불안한 세계금융구조와 질서
– 환경파괴
– 양극화의 진행

5. 자본주의 4.0

영국 경제평론가 아나톨 칼레츠키(Anatole Kaletsky)는 자본주의 발전 궤적을 18세기 후반부터의 실증자료를 토대로 살펴보았는데 그는 2008년 세계적인 투자은행인 리먼 브러더스(Lehman Brothers)의 파산을 계기로 촉발된 세계금융위기 이후 자본주의의 새로운 패러다임이 도래하면서 자본주의는 4.0이라고 불리는 단계로 진화하고 있다고 주장하고 있다.

〈자본주의의 발달〉

◇ 제1단계: 시장의 중요성을 강조한 자유방임경제 단계

◇ 제2단계: 수정자본주의

정부역할이 강조되는 케인즈 경제로써 시기적으로 제1차 세계대공황이후를 의

미한다.

◇ 제3단계: 신주유주의 경제(자본주의 3.0시대)

정부의 실패로 스태그플레이션(물가와 실업률 동반상승 현상)이 발생하면서 다시 시장 주의로 회귀하는 신자유주의의 자본주의 3단계 시대가 30여 년 간 계속되었다.

◇ 제4단계: 자본주의 4.0시대

① 과거 자본주의가 승자를 위한 사회를 표방하였다면, 자본주의 4.0은 공동체의식 속에서 상생과 조화를 추구하는 "나눔과 배려의 따뜻한 자본주의"를 의미한다.

② 정부와 시장의 관계가 적대적이 아니라 협력의 관계로 인식되어야 한다는 주장이다.

③ 시장과 정부 모두가 불완전하므로 오류를 범할 수 있음을 이해하여야 한다.

④ 실수를 기꺼이 인정하는 태도와 적응력이 기업인과 금융인들뿐만 아니라 정치인과 중앙은행들이 반드시 갖추어야 할 덕목이 될 것이라고 주장한다.

⑤ 교육을 통해 성공하는 사람을 독려하고 그렇지 못한 사람들을 이끌 수 있는 책임을 강조하는 형태의 자본주의다.

⑥ 모두가 행복한 성장을 추구할 수 있는 것을 의미한다.

⑦ 나눔과 책임을 다하는 기업인의 자세를 요구하는 것이다.

토의문제

01. 독일, 일본, 미국, 한국 경영학의 특징을 비교 설명해 보시오.

02. 종신고용제도와 성과주의의 특성 및 장·단점에 대해 논의해 보자.

03. 우리나라 기업의 관리관행과 이를 시정하기 위한 방안에 대해 논의해 보자.

04. 대량생산시스템의 전제란 무엇이며, 대량시스템의 순기능과 역기능에 대해 논의해 보자.

05. 21세기 한국기업 경영의 당면과제는 무엇이라 생각하는가?

06. 우리사회의 당면과제와 자본주의 4.0시대에 대해 논의해 보자.

참고문헌

1. 신유근, 경영학원론, 다산출판사, 2006.
2. 임창희, 경영학원론, 학현사, 2010.
3. 고동휘, 경영학원론, 명경사, 2009.
4. 조동성, 21세기를 위한 경영학, 도서출판 서울경제경영, 2010.
5. 박재린, 21세기 경영학, 무역경영사, 2005.
6. 서성무 외, 경영학의 이해, 형설출판사, 2003.
7. 지호준, 경영학의 이해, 법문사, 2000.
8. 晴山俊雄, 日本的 經營論の展開, 日本經營學論集.
9. 윤대혁 외, 경영학원론, 탑북스, 2013.
10. Taylor, F.W., The Principles of Scientific Management, 박진우 역, 박영사, 2002.
11. Sara Hammes and Richard S. Teitelbaum, "The Global 500—How They Performed in 1990", *Fortune*(July 29, 1991).
12. David A. Heenan and Howard V. Perlmutter, *Multinational Organization Development* (Reading, Mass.: Addison-Wesley Publishing Company, 1979).
13. Masayoshi Kanabayashi, "In Japan, Employees Are Switching Firms for Better Work, Pay", *The Wall Street Journal* (Oct. 11, 1988)
14. For a discussion of Japaness influence on American politics and business and somerecent frictions between Japan and the United States, see Pat Choate, "Political Advantage: Japan's Campaign for America", *Harvard Business Review*(September-October 1990).
15. Weihrich, H. & H. Koontz, *Management ; A Global Perspective*, New York, McGraw- Hill Inc., (1988)

제3장

지속가능한 기업의 경쟁력

제 3 장 지속가능한 기업의 경쟁력

Ⅰ. 급변하는 현대사회

오늘날의 환경변화는 과거 어느 때보다 심각하고 절실하게 다가오고 있다. 생활양식, 직업의식, 의식구조, 가치관, 태도, 소비자의 욕구, 기술변화, 정부의 정책, 기업의 경영전략, 경쟁 여건 등등 우리 주위를 둘러싸고 있는 이 모든 것들은 엄청나게 변화하고 있다.

인간은 누구나 변화하는 환경 속에서 삶을 살아가고 있기 때문에 변화하는 사회환경을 올바르게 인식하고 적응해 나가지 않으면 아니 된다. 환경 변화를 모르고 살아간다는 것은 마치 산위에서 바위덩어리가 자신을 향해 굴러오고 있는데 이를 모르고 있는 것과 같다. 또한 환경변화에 적응하지 않고 맞서거나 환경을 역행하려는 것은 계란으로 바위를 부수려는 행위와도 같다.

인류 역사는 새로운 문명의 탄생역사라 할 수 있을 만큼 새로운 문명은 지속적으로 출현해 왔으며 앞으로도 계속 출현할 것이고, 우리 인간은 나타나는 새로운 문명에 적응하면서 삶을 이어갈 수밖에 없다. 그런데 이러한 새로운 문명의 출현들이 인류의 운명을 전환시키는 도화선이 되곤 하였다.

우리는 역사를 통해 문명과 문화를 바꾸면서 적응하지 못한 민족과 나라는 멸망하거나 역사의 뒷전으로 사라져 버린 사실을 잘 기억한다. 자신의 문화와 문명을 지키지 못하고 역사 속으로 사라져버린 국가와 민족이 얼마나 많았던가? 예컨대 마야문명, 중남미의 인디오, 중국의 소수민족, 동남아의 소수민족, 아프리카의 미개민족, 북극의 에스키모족 등등.

제1의 물결 (농경사회)	제2의 물결 (산업사회)	제3의 물결 (지식정보사회)	제4의 물결 (게놈혁명?)
1차산업시대	2차산업시대	3차 및 특수시대	특수산업시대
고대문명 문명의 핵심 : (농업기술)	산업문명 문명의 핵심 : (제조기술)	지식 · 정보문명 문명의 핵심 : (첨단지식 · 기술)	DNA문명 문명의 핵심 : (유전공학 등)

<자료> Alvin Toffler, The Third Wave, 1980.

[그림 3-1] 인류문명의 변천

미래학자 엘빈 토플러(A. Toffler)는 오늘날 급격한 사회변화가 진행되고 있는데 이는 산업주의의 종언과 새로운 문명의 출현을 뜻한다고 예견하고 있다.

새로운 문명은 새로운 사고, 공식, 도그마(dogma), 이데올로기(ideology) 등의 현실적 적응력과 사회적 타당성을 상실하게 한 혁명적인 것으로써 새로운 가치관이나 기술, 새로운 생활양식이나 의사소통(Communication) 등의 부침 속에서 그 모습을 분명히 해가고 있다. 이 새로운 문명의 출현은 농업의 시작에 따라 일어난 '제1의 물결'과 산업혁명에 의한 '제2의 물결'에 이은 이른바 '제3의 물결'의 시대의 시작을 의미한다.

인류는 수 만년 이상 수렵, 어로, 채취에 의존하여 유랑생활을 하여왔다. 그러나 농업기술이 발달함에 따라 정착생활을 할 수 있는 농경사회라는 문화를 형성하게 되었는데 이때 농업기술의 충격을 적극 수용하고 발전시켰던 국가와 민족은 융성한 반면 그렇지 못한 국가와 민족은 역사의 뒷전으로 사려져 버렸다. 그리고 산업혁명에 의한 공업기술을 바탕으로 한 '제2의 물결'이 밀려 왔을 때에도 변화의 충격을 잘 수용하고 발전시킨 국가와 민족은 융성했고, 그렇지 못한 국가와 민족은 역사의 뒷전으로 전락할 수밖에 없었다.

이후 2~3백년이 지나 '제3의 물결'이 밀어 닥쳤다. 이는 첨단의 고도기술과 지식 그리고 정보의 힘이 지배하는 '지식기반사회' '정보화 사회'의 도래를 의미하는데 이러한 충격을 잘 수용하고 발전시키는 국가와 민족은 크게 번영하고 있는 반면 그렇지 못한 국가와 민족은 쇠퇴와 몰락을 길을 걸을 수밖에 없다.

엘빈 토플러는 '제4의 물결'은 이후 20~30년 후면 나타날 것이라고 예언한 바 있다. 그러나 이미 우리에게는 현실화되어 가고 있다. 생명공학, DNA에 의한 게놈(genome)[1]

혁명이 바로 그것들이다.

Ⅱ. 패러다임(paradigm)의 변화

고든 서어(Gordon Sir)는 깜깜한 방에서 거꾸로 고정된 병 안에 여러 마리의 꿀벌과 파리를 집어넣은 후 위에서 밝은 불빛을 비출 때 꿀벌과 파리 중 어느 것이 먼저 병에서 탈출하는지에 대한 실험은 하였다. 그 결과 꿀벌은 모든 출구는 밝은 곳에 있다는 논리적 사고에만 집착하여 굶어 죽을 때까지 위로만 날았고, 파리는 빛의 논리를 무시하고 이리 저리 날아다니다가 2분도 못되어 탈출에 성공하였다.

이 실험을 통해 사람들의 행동과 사고의 한 단면을 발견할 수 있다. 우리의 삶 속에서 수단이 목적에 묶이고, 행동이 통제되고, 앞선 행동, 과거의 경험이 뒤의 행동, 현재의 행동을 제약하고 논리가 탐색을 지배하는 일들이 얼마나 많은가?

21세기에는 신지식이 요구되는 사회이다. 신지식이란 부가가치를 창출할 수 있는 지식을 말한다. 부가가치를 창출할 수 없는 지식은 아무리 좋은 지식이라도 죽은 지식이다.

환경변화는 새로운 지식, 새로운 기술, 새로운 능력을 요구한다. 농경사회에서는 농사기술이, 지식·정보사회에서는 신지식이, 게놈(genome)혁명시대에는 DNA기술을 구비하지 않으면 능력을 상실하게 된다.

한 조사연구에 따르면, 현재 한국의 신물질 탐색기술 수준은 미국의 25%, R&D에 대한 투자는 미국의 0.8%, 안정성 평가 기술수준은 미국의 30%, 일본의 5% 수준인 것으로 평가되었다.

우리의 꿈(vision)과 태도와 행동은 자신의 패러다임(paradigm)으로부터 나온다. 여기에서 말하는 패러다임이란 '세상을 보는 방식'을 의미한다. 이때 보는 것은 눈으로 본다는 의미가 아니라 '지각하고, 이해하고, 해석하는 의미'에서 세상을 보는 것을 뜻한다. 패러다임(paradigm)은 안경과 같아서 인생에서 사물을 보는 방식에 영향을 미친다. 따라서 우리는 패러다임을 통해 자신의 비전과 가치를 다루게 된다. 인간은 머릿속에 수없이 많은 사고의 틀(paradigm)을 가지고 있다.

사물을 보는 방식은 사고하고 행동하는 방식의 근원이 된다. 사람들은 각자 경험의

---

1) '게놈(genome)'이란 '유전자(gene)'와 '염색체(chromosome)'의 합성어로서, 생물의 염색체 속에 담긴 유전정보 전체를 의미. 유전자 지도 '게놈'의 모든 것을 담고 있음.

랜즈를 통해 자기 식으로 사물을 보기 때문에 패러다임은 옳든 그르든 우리의 태도와 행동의 원천이 되는 것이다. 올바른 원칙에 입각한 패러다임을 통해 사물을 보는 것은 다른 생활중심의 패러다임을 통해 사물을 보는 것과는 완전히 다르다. 원칙중심의 생활에 동반하는 지혜와 삶의 정확한 지도, 즉 사실에 대해 과거와 현재를 정확하게 파악하고 미래를 예측할 수 있는 능력에서 나온다. 영원불변하는 원칙에 삶의 중심을 둔다면 성공적인 삶을 살아가는 데 필요한 기본적인 패러다임을 창조하게 될 수 있을 것이다.

고대 이집트의 위대한 천문학자인 프톨레마이오스는 '지구가 우주의 중심'이라고 주장했다. 그런데 코페르니쿠스는 태양이 우주의 중심이라고 주장하면서 패러다임의 전환을 가져왔다. 물리학에서 뉴턴학설은 상당히 정확한 패러다임이었고, 오늘날 공학의 기본이 되고 있다. 그 후 과학계에서는 자연현상에 대한 정확한 예측과 설명을 가능케 하는 아인슈타인의 상대성이론이 과학계의 혁명을 가져왔다. 헝가리의 제멜바이스와 프랑스의 파스퇴르의 세균이론이 나오기 전에는 전쟁으로 인해 사망하는 사람보다 질병에 의해 사망하는 사람이 훨씬 많았다. 그러나 세균이론이 나온 이후 질병의 원인이 무엇인지를 이해함으로서 의학계의 혁명을 가져 오게 되었다.

오늘날 전 세계를 지배하는 미국의 힘이 어디에서 나왔을까? 수세기 동안 인류가 가지고 있는 정부에 대한 전통적 개념은 왕권신수설이었다. "국민에 의한, 국민을 위한, 국민의 정부"라는 아브라함 링컨의 패러다임의 변화가 오늘의 미국을 건설하지 않았던가?

짐 콜린스의 연구에 의하면, 명확한 비전(vision)을 가진 기업(3M, 존슨&존슨, HP, P&G, Sony, Motorola, Nordstrom 등)들은 64년간 1불을 투자했을 때 6,356불의 수익을 얻었다. 동종 산업의 비교 기업군에 동일한 1불을 64년간 투자했을 때 955불의 수익을 얻었다.

그리고 하버드대학에 재학 중인 학생들을 대상으로 설문조사를 한 연구결과를 보면, 84%의 학생은 명확한 목적, 목표, 비전이 없었다. 13%의 학생은 목적, 목표, 비전은 있었지만 특별히 기록해 두지는 않았다. 3%의 학생은 명확한 목적, 목표, 비전이 있었고, 그것을 기록해 두었다. 몇 십 년 후 학생들의 생활상황을 다시 조사했더니 3%의 학생들의 수입은 97%의 학생들의 수입을 합한 것 보다 10배나 많았다고 한다.

비전(Vision)이란 무엇일까? 비전은 공상이나 상상의 산물이 아니다. 구체적인 자료와 정보를 종합하고 분석한 끝에 만들어진다. 조직이 어디로 가고 있고, 미래에 어디에 있어야 하는가를 알려 준다. 우리가 이성의 눈으로 그 실현가능성을 확인할 수 있을 때 비전은 나타나게 된다.

1983년 2월 삼성그룹의 이병철 회장이 반도체사업을 삼성의 주력업종으로 하겠다는 내용의 사업구상을 발표하였다. 당시 한국은 이 분야에서 선진국에 비해 10년 이상 뒤떨어진 상태였고, 연구개발과 첨단공장의 건설에 계속해서 엄청난 돈을 쏟아 부어야 하는 위험성이 큰 모험적인 사업이었다. 주변의 사람들은 모두 삼성이 반도체사업에 뛰어드는 것을 반대하였다. 그러나 오늘날 한국경제의 견인차 역할을 하고 있지 않은가? Apple컴퓨터사를 설립한 스티븐 잡스가 각 개인마다 컴퓨터를 갖게 하겠다는 자신의 꿈을 실현하려고 애쓰기 시작한 것은 1970년대 중반이었고 모두들 그를 비웃었다. 최초의 PC가 나오고 1년이 지난 1977년에도 Digital Equipment사의 캔 올센 회장은 "각 개인이 집에 컴퓨터를 가지고 있어야 할 이유는 없다"고 말했지만 그 후 잡스의 꿈은 어떻게 되었는가?

1980년대 초반 빌 게이츠가 세계적인 소프트웨어 회사를 만들겠다는 자신의 비전을 이야기 했을 때 그를 주목하는 사람은 많지 않았다. 그때는 IBM이나 DEC사와 같은 대형 컴퓨터 회사들이 정보기술업계를 지배하고 있었던 시대였다. 그러나 오늘날 MS사는 세계 최고의 시가총액을 자랑하고 있는 기업이 되지 않았는가? 그야 말로 원대한 비전의 실현이라 할 수 있을 것이다. 제프 베조스(Jeff Bezos)가 내걸었던 목표도 이에 못지 않게 대담했다. 자신의 인터넷회사 아마존을 세계에서 가장 성공한 인터넷 소매상으로 만들겠다고 한 것이다. 오늘날 가장 잘 알려진 인터넷 상표가운데 하나가 되었으며 매우 빠른 성장을 하고 있다.

디즈니랜드(Disneyland)를 세운 월트 디즈니(Walt Disney)는 딸과 함께 공원 나들이를 하는 중 우연히 자신의 사업에 관한 구체적인 구상을 하기 시작하였다. 유쾌해야 할 공원 나들이에서 불결함과 쓰레기, 종업원들의 불친절, 부모들에게는 지루하기 짝이 없는 공원을 경험하였고, 할리우드를 방문했을 때는 여행자들이 눈요기 거리에 목말라 하는 것을 감지하였다. 이러한 경험을 몇 차례 반복한 끝에 1948년 미키 마우스 공원(Mickey Mouse Park)이라고 불리게 된 공원이 계획된 것이다. 지금까지 다른 사람들이 생각해내지 못했던 비전을 제시하려고 노력할 필요는 없을 것이다. 왜냐 하면 비전이란 누구나 실현하고 싶어 하고 희망하는 것들이기 때문이다.

조직에는 삼성의 이병철회장이나 애플사의 스티븐 잡스, MS사의 빌게이츠, 아마존의 제프 베조스, 디즈니랜드를 세운 월트 디즈니와 같은 비전이 반드시 필요하다.

Ⅲ. 경영전략(Business Strategy)과 SWOT분석

1. 전기 장군의 경마이야기

손자병법에 "知彼知己 百戰不殆"라는 말이 있다. 이는 적을 알고 나를 알면 백 번 싸워도 위태롭지 않다는 의미이다. 전국시대에 위나라 관원인 손빈은 동료 방연의 박해를 입은 뒤 제나라 사신의 구원을 받아 제나라 수도에 갔다. 제나라의 사신은 손빈에게 제나라 대장군인 전기를 만나게 하였다. 전기장군은 손빈에게 병법을 가르쳐 달라고 요구를 했고 손빈은 3일 낮과 밤을 지세며 이야기를 나누었다.

전기장군은 손빈의 이야기에 매우 감탄하면서 귀빈으로 대접하였고, 손빈도 전기에게 감격하여 늘 그에게 계책을 일러주었다.

경마는 그 당시 제나라 귀족들에게 환영을 받는 오락이었다. 나라의 왕으로부터 사신에 이르기까지 늘 경마로 즐겼으며, 때로는 거금을 걸고 도박의 승부를 가르기도 하였다. 제나라 위왕과 전기장군은 경마로 돈 내기를 즐겨 했다. 양측은 각각 세 마리의 말이 이끄는 수레를 내어 우열에 따라 세 등급으로 나눈 뒤, 황금 천 냥을 걸고 세 번의 경기를 하여 승부를 결정하였다. 전기 장군이 좋은 말을 사면 늘 제왕은 시합을 요청했다. 전기 장군의 말이 좋다고 하나 제와의 말에는 미치지 못했다. 따라서 경마 경주에서는 매번 위왕이 승리하고, 전기 장군은 패할 수밖에 없었다. 이러한 전기 장군의 딱한 사정을 듣고 손빈은 보다 못해 웃으며 전기 장군에게 말했다. 당신이 이길 수 있는 방법이 제게 있습니다. 당신은 하품의 수레로써 제왕의 상품 수레를 상대하고 다시 당신의 상품의 수레로써 그의 하품의 수레를 상대하면 간단하지 않습니까? 그렇게 하면 언제든지 2대1로 승리를 하게 되실 것입니다.

전기 장군은 손빈의 제의를 따랐다. 그 결과 첫 번째 경주는 전기 장군이 패했으나, 두 번째와 세 번째 경주에서는 오히려 승리함으로써 황금 천 냥을 벌었다. 한 번도 패한 적이 없었던 제나라 위왕은 어안이 벙벙했다. 그는 전기 장군이 어디에서 이처럼 좋은 말을 얻었는지 알 수가 없었다. 경마가 끝난 뒤 전기 장군은 제왕에게 자기가 승리한 것이 더 좋은 말을 얻어서가 아니라 계책을 쓴 것이라고 아뢰었다. 오늘의 승리는 제 말이 좋아서가 아니라 손빈의 생각이 훌륭했기 때문입니다.

전기 장군을 통해 손빈의 계책을 들은 제나라 위왕은 크게 놀라 즉시 손빈을 왕궁으로 불렀다. 손빈은 제왕에게 쌍방의 조건이 비슷할 때 계책이 타당하면 전쟁에서 상대방을 이길 수 있으며, 쌍방 간 조건의 차이가 많을 때도 계책이 타당하면 손실을 가장 적게 낼 수 있다고 하였다. 후에 위왕은 손빈을 군대사령관으로 임명하고 전국의 군대를 지휘토록 하였다. 그때로부터 손빈은 전기 장군을 도와 제나라 군대의 작전방법을 개선하였으며 제나라 군대는 다른 나라 군대와의 전쟁에서 매번 승리하게 되었다.

[내용] 2천 년 전 중국 제나라 전기 장군과 제위왕의 기사경주
손빈이 전기 장군에게 전략을 조언 - 승리

[승리의 네 가지 요인]
① 구체적인 목표설정
② 경쟁자의 전략파악과 이해
③ 자신과 경쟁자의 경영자원의 객관적인 평가
④ 의사결정과 효과적인 전략수행

2. 경영전략의 핵심내용

기업경영에서 전략(Business Strategy)이란 복잡하고 급변하는 환경 속에서 기업이 어떻게 생존하고 발전할 것인가의 문제를 해결하는 과정이라 할 수 있다.

이러한 전략은 모든 기업들에게 필요하며 누구에게나 유용하다. 전략적 구상의 범위와 크기는 조직의 말단으로 갈수록, 그리고 조직의 규모가 작을수록 작아진다. 그러나 전략구상을 위한 에너지와 지혜는 자원이 부족하고 환경적 제약조건이 클수록 필요해 지기 마련이다. 전략의 핵심 내용은 선택과 집중 그리고 차별화이다.

1) 선택: 고객(Customer)

기업의 경우 전략수립을 위해 제일 먼저 고민해야 하는 것은 고객에 대한 선택이다. 고객은 누구인지, 고객은 어떠한 욕구를 지니고 있는지를 파악해서 어떤 고객을 선택할 것인지에 대한 결단을 내려야만 한다. 모든 고객을 100% 만족시킨다는 것은 현실적으로 불가능한 일이며 전략이 없다는 의미이기도 하다. 그렇기 때문에 대상으로 할 고객, 충족시켜야 할 고객의 욕구, 고객을 위한 시간과 장소의 선택이 필요하다.

박지성은 축구를 선택하였고, 자신의 모든 역량을 집중하여 세계적인 선수가 되었다. 기업은 환경을 이해하고 강점과 약점을 파악해서 강점을 살릴 수 있는 영역을 선택하고 자원을 집중하여야 성공할 수 있을 것이다.

- 목표 고객은 누구인가? 사업대상으로 삼을 소비자 집단에 대한 결정
- 어떤 고객의 욕구를 목표로 할까? 소비자의 어떤 니즈와 욕구를 목표로 해 편익을 제공할 것인가에 대한 결정
- 시간과 장소의 선택: 어떤 계절과 시간대에, 어느 정소에서 제품과 서비스를 제공할 것인가? 등 타이밍과 장소에 관한 결정

2) 집중: 자원과 역량(Competence)

목표로 한 고객 집단의 욕구를 충족시키기 위해서 어떤 자원과 역량을 동원할 것인가를 결정해야 한다. 여기서 자원과 역량이란 기업이 가지고 있는 사람, 물건, 돈, 시간 등을 의미한다. 자원 집중의 구체적인 내용은 기업이 보유하고 있는 자원과 역량을 어떻게 배분할 것인지에 대한 우선순위를 결정하는 것이다. 우선순위를 미리 설정하는 이유는 조직자원의 유한성과 경쟁사와의 상대적 힘의 차이를 극대화시켜야하기 위함이다.

- 사업 분야의 집중: 사업의 우선순위를 결정하고 투자를 집중
- 제품과 서비스의 집중
- 지역에 대한 집중
- 경영기능에 대한 집중: 경영시스템에서 강점이 있는 분야에 자원을 집중

3) 차별화: 경쟁자(Competitor)

전략의 궁극적 목적은 경쟁자와의 차별화이다. 경쟁자와 동일한 시장에서 가격으로만 경쟁한다면 성공하기 어렵다. 어떻게 경쟁자와의 차별화에 성공할 것인가는 전략의 핵심내용이다.

① 원가구조의 차별화: 같은 시장에서 원가구조를 차별화함으로써 가격경쟁에서 승리할 수 있다. 그러나 경영규모가 크고 자원이 풍부하여 의사결정 속도가 빨라야 성공할 수 있다.

② 제품과 서비스 자체의 차별화: 새로운 제품이나 시장을 만들어 냄으로써 본질적인 차별화를 만들어 낼 수 있다.

③ 마케팅 차별화: 마케팅 측면에서 부가가치를 더해 고객에게 경쟁사와는 전혀 다른 인식을 심어줄 수 있다. 이를 위해 다자인, 브랜드 구축, 광고 및 판촉 등의 방법이 활발하게 사용된다.

3. SWOT분석

SWOT분석이란 기업의 내부 환경을 분석하여 강점(Strength)과 약점(Weakness)을 발견하고, 외부환경 분석을 통해 기회요인(Opportunity)과 위협요인(Threat)을 찾아낸 다음, 이를 토대로 강점은 더욱 강하게 살리고 약점은 보완하면서 기회요인을 최대한 활용하고 위협은 억제하기 위한 경영전략을 수립하기 위해 전제가 되는 분석을 말한다. 이 때 사용되는 4요소를 강점(strength)·약점(weakness)·기회(opportunity)·위협(threat)의 첫 글자를 따서 SWOT이라고 한다. 이 중 강점과 약점은 경쟁기업과 비교할 때 소비자로부터 강점 약점으로 인식되는 것이 무엇인지, 기회와 위협은 외부환경 변화에서 유리한 기회, 불리한 요인은 무엇인지를 찾아내는 것을 의미한다.

기업 내부의 강점과 약점, 기업 외부의 기회와 위협을 대응시켜 기업의 목표를 달성하려는 SWOT분석에 의한 마케팅활동은 크게 4가지 전략으로 이뤄진다.

첫째는 SO(강점－기회)전략으로써 이는 시장의 기회를 활용하기 위해 강점을 사용하는 전략을 선택하는 것이다.

둘째는 ST(강점－위협)전략으로써 시장의 위협을 회피하기 위해 강점을 사용하는 전략을 말한다.

셋째는WO(약점－기회)전략으로써 이는 약점을 극복함으로써 시장의 기회를 활용하려는 전략이다.

마지막 네 번째는 WT(약점－위협)전략인데 이는 시장의 위협을 회피하고 약점을 최소화하는 전략이다. 일부에서는 기업 자체보다는 기업을 둘러싸고 있는 외부환경을 강조한다는 점에서 위협·기회·약점·강점의 순서에 따라 TOWS으로 부르기도 한다.

〈표 3-1〉 SWOT Matrix

내부요인 / 외부요인	강점(Strengths)	약점(Weaknesses)
기회(Opportunities)	강점사용-기회활동 SO전략	약점극복-기회활동 WO전략
위협(Threats)	강점사용-위협회피 ST전략	약점극복-위협회피 WT전략

▮ SWOT에 관한 핵심 질문

1. 강점과 약점: 무엇을 할 수 있는가?
2. 기회와 위협: 무엇을 해야 될 것인가?
3. 외부에서는 우리에게 무엇을 기대하는가?
4. 우리가 키워야 할 내부역량은 무엇인가?
5. 우리는 무엇을 조심해야 하는가?
6. 어떻게 많은 공감대를 이끌어낼 것인가?

기업 내부요인과 외부요인을 분석한 후 전략적 계획을 수립하는 것이 바람직하다.

◇ 발전방향 및 자원 활용
- 성장전략(투자)
- 안정전략(유지)
- 축소전략(철수)

◇ 시장범위
- 틈새시장
- 전체시장 및 글로벌화

◇ 제품 및 시장의 결합
- 시장침투
- 시장개발
- 제품개발 및 다각화

◇ 경쟁전략
- 비용(원가)선도자
- 차별화 전략 및 하이브리드(혼합)전략

◇ 부가가치 사슬
- 전방 및 후방 통합
- 다각화의 형태 및 가치사슬의 다양한 결합

◇ 혁신전략
- 선도자 또는 추종자 전략

◇ 기능영역 전략
- 마케팅, 생산, 연구개발, 재무 인적자원 및 투자 등

◇ 조직
- 조직과 전략의 효율적 결합

4. 기업의 경쟁력과 자원기반이론[2)]

마이클 포터(Michael Porter)는 1970년 26세 나이로 하버드대학교 교수가 되었고, 1980년대에 35세 나이에 최연소 정년보장 교수가 되었다. 그는 전략경영분야에 등장하는 중요한 개념들을 정립한 전략경영 분야의 선구자라고 할 수 있다. 포터의 경영전략

2) Jay Barney, “Porter is wrong”, 자원기반이론의 창시자, 현 유타대학교 석좌교수.

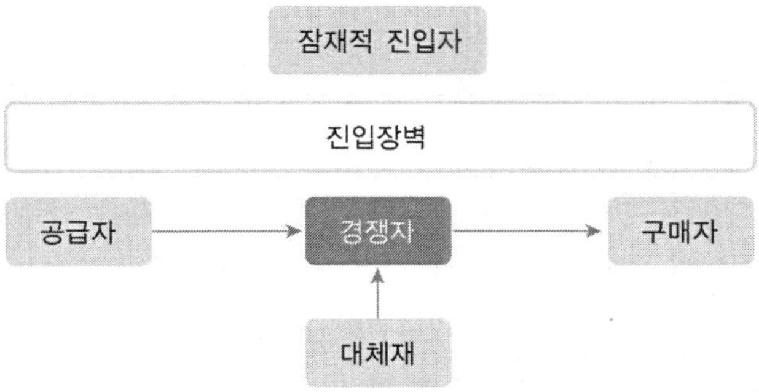

[그림 3-2] 기업경쟁력의 5세력 모델

은 산업구조 분석의 기본 틀을 경영학에 적용하여 기업경쟁력에 영향을 미치는 요인들에 대해 설명하였는데 그가 제시한 많은 모델 중에서 5세력 모형(five-force model)은 산업분석의 기본 고델로써 널리 이용되어 왔다.

그러나 포터(Porter)는 산업 내 존재하는 경쟁자들을 분석하는 것에 그쳤던 기존 모델을 확장하여 경쟁자를 포함한 5가지 세력, 즉 경쟁자, 공급자, 구매자, 대체재, 그리고 잠재적 진입자의 위협까지를 고려하는 기업경쟁력 분석모델을 제시하였는데, 이 모델에 따르면 산업 내 경쟁자들이 강하더라도 다른 4가지 세력이 약하면 기업은 경쟁력을 갖출 수도 있으며, 반대로 산업 내 경쟁자들이 약하더라도 다른 4가지 세력이 강하면 기업은 경쟁력을 잃을 수도 있다는 시사점을 제공하였다.

포터(Porter)의 잠재적 진입자의 위협에 대한 발견은 기존 경영학의 패러다임을 흔들었고, 경영학 분야에서 경제적 분석의 서막을 알렸다. 잠재적 진입자는 아직 경쟁자가 아니므로 분석의 대상이 될 수 없는데 어떻게 그 위협을 측정할 수 있을까? 그것은 바로 진입장벽을 통해서 가능하다. 진입장벽이 높은 산업은 잠재적 진입자의 위협이 낮고, 진입장벽이 낮은 산업은 잠재적 진입자의 위협이 높다. 진입장벽은 여러 경제적 지표들에 의해 측정될 수 있다.

예컨대 기존 기업들이 규모경제의 이점을 누리고 있거나, 높은 고객충성도를 누리고 있다면 진입장벽은 높다고 판단할 수 있다. 이러한 지표들은 외부환경 분석을 통해 파악될 수 있을 것이다.

다른 4가지 세력들도 마찬가지이다. 얼마나 정확한 정보를 획득하느냐의 문제는 기업능력에 좌우되지만 기본적으로 경제적 통계와 사장 조사를 통해 5가지 세력의 위협을 조사할 수 있다. 그리고 그 결과에 따라 기업은 경쟁력을 높이기 위한 경영전략을 수립할 수 있다.

일반적으로 경쟁기업의 수가 많으면 경쟁자의 위협은 높다고 평가하는데, 이 경우 공격적인 인수합병으로 경쟁자의 수를 줄이면 그 위협은 줄어든다. 공급이 독점적이라서 위협적이라면, 대체적인 공급자를 찾거나 또는 그 공급자를 인수합병(M&A) 하는 것을 고려해 볼 수도 있다. 또한 대체재가 낮은 가격 체계를 갖고 있어서 위협적이라면, 유사한 대체재를 직접생산하거나 대체재를 생산하는 기업을 인수 합병할 수도 있다. 물론 인수합병의 경우에서 전략적 제휴를 하면 비용은 현저히 줄일 수 있다. 요컨대 기업 경쟁력에 가장 위협이 되는 외부세력을 발견하여 그 위협을 감소시키는 것이 기업이 취할 수 있는 최선의 전략이 된다.

1) 5세력 산업분석 모델에 대한 비판

바니(Jay Barney)교수는 이러한 포터(Porter)교수의 생각이 틀렸다고 반박한다. 그 이유는 다음과 같다.

첫째, 경영전략은 경쟁자를 상대로 싸워 이기는 수단이 아니라, 기업의 잠재적 역량을 발휘하는 수단이 되어야 한다는 것이다. 기업의 잠재적 역량을 발휘하다보면 그 부산물로서 경쟁 기업보다 더 나은 경쟁력을 가질 수 있지만, 경쟁자를 상대로 싸워 이기기 위해 노력하는 것만으로는 경쟁우위를 창출할 수 없기 때문이다.

다시 말해 경쟁자를 분석하기 위해서는 기본적으로 경제적 통계와 시장조사 자료에 의존해야 한다. 5가지 세력에 대한 위협을 분석해야하기 때문이다. 그런데 경제적 통계와 시장조사 자료는 외부환경에 대한 자료이기 때문에 기본적으로 어느 기업이 조사하든 유사한 자료를 구하게 된다. 만약 기업의 자료 수집 및 분석능력이 다른 기업보다 훌륭하다면 그만큼의 이득은 볼 수 있겠지만, 유능한 컨설팅 기업을 고용한다면 기업의 부족한 능력을 보충하는 것은 그리 어려운 일이 아닐 것이다. 여기에 포터의 전략이 가진 첫 번째 한계가 있다.

둘째, 이제 고려해야 하는 것은 기업이 경쟁자를 상대로 싸우기 위해 택한 전략을 수행하는 능력의 문제이다. 예를 들어 공급자의 위협을 줄이기 위해 특정 공급자와 전략적 제휴를 맺는 것이 최선의 전략이라는 결론을 내렸지만, 그 전략을 수행하기 위해 특정 공급자와의 관계가 지속될 수 있는가? 다른 기업이 그 관계를 모방할 수 있는가? 등의 기업차원의 전략에 대해 세부적인 분석이 필요하다. 그런데 포터 전략은 이러한 세부적인 전략수행능력에 대해서는 깊게 언급하지 않는다. 그것은 산업수준과는 별개인 기업의 내부적인 사정이기 때문이다. 이것이 포터의 전략이 가진 두 번째 한계이다.

셋째, 마지막으로 기업이 경쟁자를 상대로 싸우기 위해 아무리 꼼꼼하게 산업분석을 한다 하더라도, 산업의 영역 밖에서 갑자기 나타나는 경쟁자에 의해서 한순간에 기업의 경쟁력이 위협을 받을 수도 있다. 포터가 중시한 진입장벽은 훌륭한 개념이었지만, 기존 기업의 규모의 경제나 고객충성도 등 산업 개념을 전제로 하여 정의되는 것이었다.

그러나 최근의 경영환경에서는 급격한 기술혁신의 결과로 배터리를 만들고 있던 기업이 자동차를 만드는가 하면, 바이오 기업이 전기를 제조하는 등 산업의 경계가 허물어지는 일들이 빈번하게 발생하고 있다. 포터의 경쟁전략 개념은 산업의 개념을 전제로 유효한 것이었지만, 이제 기업의 경쟁력은 산업의 경계를 떠나 발현되고 있다. 이것이 포터의 전략이 가진 세 번째 한계이다.

2) 기업경쟁력의 원천

기업의 경쟁력은 어디에서 찾아야 하는가? 산업의 경계도 없고, 특정한 경쟁자도 중요하지 않고, 그토록 의존했던 경제적 통계와 시장조사 자료도 별 쓰임새가 없다면, 과연 전략수립을 위해 알아야 할 것은 무엇인가? 지속가능한 경쟁력은 실현될 수 있는 것인가?

이에 대해 바니(Barney) 교수는 기업의 자원(firm resource)에서 그 해답을 찾고 있다. 즉 자원기반이론은 기업이 궁극적으로 추구하는 지속적인 경쟁우위를 창출하는 방법에 대해, 기업이 관리하는 자원에 기반 하여 설명하는 이론이다. 바니(Jay Barney) 교수는 기업의 자원을 물리적 자원, 인적자원, 조직자원으로 구분하고 있다.

이러한 분류는 하나의 예시에 불과하다. 바니(Barney) 교수는 기업이 전략을 수립하고 실행하는 것을 활용할 수 있는 모든 것을'자원'이라고 하였다. 여기서 분석대상이 되는 자원은 광의의 개념이다. 기업이 보유한 유형 및 무형의 자원을 포함하고, 능력과

〈표 3-2〉 기업의 자원

구 분	예 시
물리적 자원	기술, 기계, 장비, 입지, 원료 접근성 등
인적 자원	경영자와 근로자가 가진 훈련, 경험, 판단, 지능, 관계, 직관력 등의 수준
조직 자원	보고체계, 계획 · 통제 · 조정 시스템, 대외적 관계 등

역량을 포함하며, 문맥에 따라서는 기업의 강점과 전략을 의미하기도 한다. 이러한 자원에는 기업이 현재 보유한 자원뿐만 아니라 기업이 아직 보유하지 않은 자원도 포함이 된다.

그러나 이러한 자원은 기업이 통제할 수 있는 것이라는 점에서 경쟁자의 전략이나 산업 환경, 산업의 추세 등 환경적 요인들과는 구분된다. 이러한 점에서 볼 때 기업 외부에 있는 환경적 요소는 기업의 경쟁우위에 오직 간접적인 영향만을 미칠 뿐, 기업의 경쟁우위는 오직 기업이 통제할 수 있는 자원에 기반 한다는 점에서 포터의 전략과 명확하게 구분이 된다. 이것이 자원기반이론의 특징이기도 하다.

자원기반이론에서는 모든 기업이 상이한 자원을 보유한다고 전제한다. 쌍둥이라 해도 완벽하게 같지는 않듯이, 아무리 서로 유사한 기업도 완벽하게 같을 수는 없다. 이것을 자원 상이성(resource heterogeneity)이라고 하는데, 기업 간 성과의 차이는 바로 이러한 자원의 상이성에서 비롯되는 것이다.

그 다음에서는 다른 기업의 자원을 가져오거나, 그와 비슷한 자원을 만드는 것에는 비용이 수반된다는 사실을 전제한다. 이것을 자원의 비유동성(resource immobility)이라고 한다. 기업 간 성과 차이가 지속되는 이유는 바로 자원비유동성에서 기인되는 것이다.

자원기반이론은 기업의 성과 또는 경쟁력의 차이가 발생하는 이유와, 그 성과 또는 경쟁력의 차이가 지속될 수 있는 모든 이유는 기업이 보유한 자원이 서로 다르다는 사실과, 다른 기업의 훌륭한 자원을 모방하는 것에는 비용이 수반된다는 사실 때문이라고 설명을 한다.

이러한 분석을 실시하기 위해 사용되는 대표적인 모델이 VRIO모델이다.

여기서 VRIO란 가치(Value), 희소성(Rareness), 모방불가능성(In-imitability), 조직배태성(Organizational embedded-ness)의 첫 글자를 딴 이름이다.

물론 이러한 자원기반이론에 대한 비판도 없는 것은 아니다. 기업이 보유한 자원을 분석하는 것은 너무나 자의적일 수 있다는 점이다. 포터의 모델이 객관성과 정형성에 장점이 있다고 한다면, 바니(Barney) 교수의 모델은 주관적이고 비정형적이다. 그래서 동일한 기업에 대해 경영컨설턴트마다 서로 다른 분석을 할 수도 있다. 심지어는 기업이 성과가 좋은 이유는 가치가 많은 자원이 있기 때문이었다는 결과론적인 설명을 함으로써 별로 쓸모없는 이론이라고 비판받기도 한다.

그러나 자원기반이론이 가진 주관성은 양날의 칼과 같은 성격을 갖는다. 기업 내부의 자원을 주관적으로 분석하는 일은 고도로 훈련된 사람만 할 수 있다. 풍부한 내부 정보도 필요하다. 그렇기 때문에 기업의 경쟁력에 대해 깊은 직관을 제공하게 된다. 이것은 외부환경 분석과 같이 객관적인 정보를 바탕으로 하는 분석에서는 찾아보기 힘든 일이다.

3) 모방 불가능한 경쟁우위의 조건

모든 기업들이 가장 바라는 것은 무엇일까? 그것은 쉽게 모방할 수 없는 경쟁우위를 획득하고 유지하는 일이다. 진시황제가 그렇게 원했던 불노초가 존재하지 않듯이 모방 불가능한 경쟁우위란 현실적으로 존재하지 않는다. 그러나 어느 정도 지연시킬 수 있는 요인들은 존재할 수 있다. 자원기반이론에서는 이런 요인들에 집중한다.

어느 기업이 보유한 다수의 자원 중에서 어떤 자원에 대한 지원을 강화할 것인가를 결정해야 할 때, 모방 불가능한 자원을 선택할 수 있다. 또한 현재 경쟁우위를 창출하고 있지는 않지만 보유하고 있는 자원이 모방 불가능한 특성을 갖추고 있다면, 이 자원들을 이용하여 경쟁우위를 창출하는 방법으로 기업의 전략을 수립할 수도 있다.

끝으로 기업이 새로 보유하려는 다수의 자원이 존재할 때, 지속적 경쟁우위를 창출할 수 있는 자원을 우선적으로 선택할 수 있다. 자원기반이론은 모방 불가능한 경쟁우위의 조건으로써 경로의존, 사회적 복잡성, 인과적 모호성이라는 개념을 제시한다.

- 경로의존(path dependence)은 시간이 개입된 경쟁력에 초점을 맞춘다. 단기간에 형성된 경쟁력은 단기간에 모방될 수 있다.
- 사회적 복잡성은 협력하여 일하는 동료들과의 관계, 또는 협력하여 일하는 기업들과의 관계에 기반을 두고 창출되는 경쟁력에 초점을 맞춘다. 이러한 관계는 모방하기 어렵다.
- 인과적 모호성은 자신도 모르게 일상화된 행동에서 창출되는 경쟁력에 초점을 맞춘다. 특정한 조직문화나 업무방식을 다른 기업에서 단기간에 모방하기란 불가능하다.

자원기반이론의 대표적 모델인 VRIO모델은 이러한 모방 불가능한 경쟁우위의 조건을 중심으로 구성되어 있다. 이 모델을 구성하는 다른 개념들에는 가치, 희소성, 조직배태성 등이 있다.

4) 지속적 경쟁우위의 조건

지속적 경쟁우위의 조건이란 가치 있는 자원이 희소하여 모방 불가능하고 조직 배태성이 존재해야 한다는 것이다. 물론 모방 불가능성의 조건 중에서는 법적으로 모방을 금지하는 특허도 포함된다. 그러나 특허 취득을 통해 모방을 막는 방법은 여러 가지 한계를 지닌다. 그러므로 코카콜라나 KFC등의 기업들은 콜라원액을 만드는 방법이나 양념 제조법 등을 절대로 특허를 통해 보호받으려 하지 않는다.

(1) 경로의존(path dependence)

지속적 경쟁우위의 첫 번째 조건은 경로의존이다. 경로의존이란 과거에 걸어왔던 길로 인해 오늘 나의 상태가 정해지는 것을 의미한다. 시간은 한 방향으로 흐르며, 뒤로 되돌릴 수는 없다. 지금의 결과는 지금까지 걸어온 길에 의존한다는 의미이다. 과거에 어떤 길을 선택하였는가, 그리고 얼마나 오래 그 길을 걸어 왔는가 하는 것이 얼마나 모방하기 흔든 결과를 가져왔는가를 결정하게 된다.

단기간에 이루어진 성과는 단기간에 모방될 수 있다. 이 단순한 사실을 많은 기업들은 잊고 있다. 산업 환경과 거시환경 요소들을 중시하는 전략이론들 역시 기업 특유의 경로 의존적 자원과 강점에 대해서는 초점을 맞추지 않는다.

예컨대 많은 기업들이 일시적으로 시장점유율을 높이기 위해 큰 폭의 할인행사 등 엄청난 마케팅 지출을 감행한다. 이러한 마케팅 지출은 특정기업의 고유한 자원이나 강점과는 무관하게 결정되기 마련이다. 그런데 경쟁기업들이 이에 대응하여 비슷한 할인행사를 하게 되면, 빼앗았던 시장을 다시 잃게 마련이다. 그렇게 되면 큰 비용을 지출하면서 또 다른 방식의 마케팅 활동을 해야만 한다.

그럼에도 불구하고 기업들이 단기적인 시장점유율 확대를 위해 엄청난 규모의 비용을 감수하는 이유는 무엇일까? 거기에는 여러 가지 이유가 있겠지만, 그중에는 시장점유율이 눈으로 확인할 수 있는 가장 객관적인 성과지표라는 이유도 있을 것이다. 다른 많은 중요한 성과지표는 눈에 잘 보이지 않고, 오랜 시간이 지난 다음에야 알 수 있지만, 시장점유율은 매월 집계되기 때문이다.

그러나 경로의존적인 관점에서 보면 단기적인 시장점유율 확대를 위해 쏟아 부은 비용은 기업의 지속적 경쟁우위에 아무런 도움이 되지 못한다. 반면에 과거의 특정 시점에서 발생했던 사건에 의한 경쟁우위, 또는 시간이 흐름에 따라 형성되는 경쟁우위는 다른 기업이 쉽게 모방할 수 없는 힘을 지닌다. 그렇다고 경로의존은 현실을 바꿀 수 없다는 부정적인 의미는 아니다. 즉 경로의존이 소극적이고 결과론적이기만 한 것은 아니다. 결국 현재가 가장 중요하다는 것을 일깨워주는 매우 긍정적이고 적극적인 의미를 가진다. 왜냐하면 5년 혹은 10년 뒤에 다른 기업이 절대로 쉽게 모방할 수 없는 경쟁력을 가질 수 있는 기회는 바로 오늘 내가 하는 사소한 결정에서 비롯될 수 있기 때문이다. 그런데 그러한 사실을 오늘 이 순간에는 알지 못할 수 있다.

"오늘 한 일이 미래에 어떤 인연이 될 것인지는 세월이 지나고 나서야 알게 됩니다." 이는 스티브 잡스가 스탠퍼드대학교 졸업식 축사에서 한 말이다. 이 말이 주는 교훈은 결국 매 순간 최선을 다해야 한다는 것이다. 이제 경로의존이 지속적 경쟁우위를 가져오는 몇 가지 경우에 대해 살펴보기로 하자.

[사례 1] 하버드대, 도쿄대, 서울대의 공통점

보는 관점에 따라 다른 의견을 가질 수는 있겠지만, 미국에서 제일 좋은 대학교로서는 하버드대학교가, 일본에서 제일 좋은 대학교로서는 도쿄대학교가, 한국에서 제일 좋은 대학교로서는 서울대학교가 꼽힌다. 이들 대학교의 공통점은 무엇일까?

정답은 그 나라에서 가장 오래된 역사를 가진 대학들이라는 사실이다. 그럼 이들 대학교가 제일 좋은 대학이 된 이유는 무엇일까? 여러 가지 이유들이 있겠지만, 체계적인 교육제도가 아직 자리 잡기 전에 근대 교육이 이루어질 수 있도록 대학교가 세워졌고, 그 교육을 받은 사람들이 사회지도층을 형성하게 되면서 인재 양성을 위해 자신이 다녔던 대학교에 집중적으로 재정적 지원을 하였을 가능성이 높다. 그리고 이러한 인재 양성과 재정적 지원의 선순환과정이 반복되면서 해당 대학교는 그 나라에서 제일 좋은 대학교로 발전하였을 것이다.

이처럼 처음 등장한 기업이나 제품이 후발주자에 비해 얻을 수 있는 이점을 선도자 우대(first mover advantage)라고 한다. 기업의 경우에는 선도 기업 우위가 될 것이다. 물론 선도자가 모두 성공하는 것은 아니다. 선도 주자가 경직성에 빠져서 우물 주물 하는 사이에 후발주자가 더 멋진 모습으로 등장하는 경우 후발주자 우위(late mover advantage)가 발생하기도 한다.

예컨대 인터넷 검색프로그램 시장에서는 인터넷 익스플로러와 크롬이 치열한 경쟁을 벌이고 있다. 하지만 초창기 시장은 모자이크, 넷스케이프 등 지금은 이미 생소하게 들리는 브라우저들이 주도했다. 그러나 기술과 마케팅의 우위로 말미암아 결국 익스플로러가 시장을 지배하게 되었고, 이제 또다시 후발주자인 크롬이 부상하고 있다.

선도자 우위의 원천은 무엇일까? 바로 시간이다. '업계 최초'라는 존재감에 따르는 선도적 이미지와 사람들의 관심, 그리고 시간이 지남에 따라 축적되는 내공이 선도자 우위를 만든다.

반면에 후발주자 우위의 원천은 무엇일까? 아이러니 하게도 그것 또한 '시간'이다. 후발주자들은 선도자가 이미 과거에 선택해버린, 그래서 돌이킬 수 없는 부분의 약점을 파고들어 신선한 경쟁력을 갖출 수 있다. 이처럼 시간에는 힘이 있다. 관건은 누가 어떻게 그 힘을 이용하는가의 문제이다.

[사례 2] 설빙은 선도주자인가? 후발주자인가?

설빙은 한국형 프리미엄 디저트 카페를 표방하며 2013년에 설립된 기업이다. 이미 스타벅스, 카페베네, 엔제리너스, 커피빈 등 대형 커피 전문점들이 시장을 장악하고 있는 상황에서 설빙은 후발주자로 탄생했다. 그러나 인절미 콩가루를 사용한 눈꽃빙수로 시장을 확대하여 2015년 1월에는 전국에 490개 매장을 확보하게 된다. 그와 함께 국내 시장에서 빙수카페의 선도 기업 우위를 누리게 되었다.

그런데 설빙의 성공을 모방한 옥루몽과 호미빙 등 디저트 카페들이 대거 등장하게 되자, 설빙은 이미 포화단계에 다다른 한국의 디저트 카페시장의 한계를 극복하기 위해 또 한 차례의 도전을 한다. 바로 해외 진출이다. 설빙은 2014년에 중국에 진출한 이후 태국과 일본 시장에도 진출하여 성공을 거두고 있으며, 최근에는 말레이시아, 싱가포르, 미국, 마카오, 인도네시아, 베트남 등 16개국으로 진출할 계획을 갖고 있다.

그러나 외국시장에도 이미 카페베네와 망고식스와 같은 국내 커피브랜드들이 진출해 있었다. 즉 한국기업으로서 외국에서도 후발주자였던 셈이다. 그렇다면 설빙은 어떻게 후발주자로서 중국 및 태국 시장에서 경쟁력을 가질 수 있었을까?

그 하나의 답은 문화마케팅에 있다. 2014년은 한류에 대한 호의적인 감정이 고조되던 시기였다. 설빙은 인절미, 전통차 등 메뉴에서 한국적 정서를 전달하는 한편, 한류스타 임시완을 광고모델로 기용하고, 외국에 수출되는 드라마에 적극적으로 PPL광고를[3] 삽입했다. 이러한 일관적인 브랜드 관리는 한류라는 외부환경의 트랜드를 이용하여 기존의 선도 기업들이 모방하기 힘든 차별화된 강점을 만드는 것에 도움을 주었다.

[사례 3] 사우스웨스트항공사는 어떻게 최고의 경쟁력을 유지하고 있는가?

Southwest Airlines는 저비용 항공사의 모델을 제시한 기업으로 유명하다. 많은 MBA과정에서 성공적인 원가절감의 사례로 Southwest항공사의 사례를 가르친다.

예컨대 Southwest항공사는 인터넷으로만 항공권을 판매하여 판매비용을 제거하였고, 허브 공항시스템 대신 직항시스템을 도입하여 운항의 효율성을 높였으며, 무료 기내식과 좌석지정 등의 서비스를 제공하지 않아 관련 비용도 절감했다. 도시 인근의 비싼 공항을 이용하는 대신 다소 멀리 떨어진 저렴한 공항을 이용했고, 단일 기종을 운영

3) PPL(Product Placement: 콘텐츠 내 상품 간접광고)은 돈을 받고 영화나 TV드라마 속에서 특정 상품, 협찬 업체의 이미지, 명칭, 장소 등을 드라마의 일부로 자연스럽게 소화시켜 홍보해주는 간접 광고 기법을 말한다.

함으로써 유지보수 비용도 절감하였다. 이러한 많은 저비용 전략이 Southwest항공사의 성공비법이다.

그런데 현재 전 세계의 많은 항공사들이 Southwest항공사의 전략을 모방하여 추진하고 있다. 그런데 그들 항공사의 경영성과는 그다지 높지 않다. 한동안 성과를 내다가도 바로 위기에 빠지는 경우가 있다. Southwest항공사만이 안정적으로 타의 추종을 불허하는 높은 성과를 거두고 있다. 과연 그 이유는 무엇일까? 경로의존의 개념을 적용하면 그 해답을 쉽게 찾을 수 있다.

Southwest항공사가 다른 항공사들에 비해 독특했던 점은 위에서 설명한 비용절감 정책만이 아니었다. 허브 켈러허 회장이 지속적으로 강조했던 독특한 경영방침에도 비밀이 있다. 그것은 월급을 받기 위해 다니는 직장이 아니라 삶의 터전으로써 가족과 같은 직장분위기를 만드는 것이었고, 그렇게 형성된 조직분위기는 단기간에 성취될 수 없는 것이었다. 유머가 있고, 직무에 유연성이 있으며, 서로 신뢰하는 분위기 같은 조직풍토가 바로 그것이다.

사실 이러한 조직분위기를 만드는 것은 단순한 일이 아니다. 켈러허 회장은 직원의 생일파티에서 루돌프 사슴 코를 붙이고 온몸에 크림을 묻힌 채 바닥을 기어 다니기도 한다. 이른바 유머 경영이다. 때로는 파격적인 상여금(bonus)을 지급하기도 한다. 직원을 스스럼없이 대하고 믿으며 존중한다. 이러한 조직문화 덕분에 Southwest항공사는 저가항공사임에도 불구하고 가장 안전한 항공사, 비행기 이착륙 시간 엄수, 낮은 이직률 등을 기록할 수 있었다. 다른 항공사에서 동급 항공기를 정비하는 데 45분이 소요되는 데 반해, Southwest항공사에서는 18분밖에 걸리지 않는다. 운항 회전률이 높을 수밖에 없다. 노사분규도 일어나지 않는다. 승객들은 승무원들의 높은 수준의 서비스에 만족한다.

이러한 조직문화는 시간이 흐를수록 더욱 강화된다. 왜냐하면 유사한 상황을 가진 직원의 충원으로 인해 재생산되기 때문이다. Southwest항공사의 조직문화를 선망하는 사람들이 넘쳐나기 때문에, 새로 직원을 고용할 때마다 유능한 지원자가 몰려온다. 그러면 그중에서 가장 친화력이 좋은 직원을 골라서 선발한다. Southwest항공사의 경쟁우위는 이러한 경로의존적인 성격을 가지고 있다.

◇ 시간을 통한 개인의 경쟁력 제고 방법

시간을 통해 나의 경쟁력을 높이는 방법은 딱 한 가지이다. 시간이 지날수록 내게 도움이 되는 구조를 갖추는 것이다. 다른 말로 표현하면, 시간을 내 편으로 만드는 것이다. 시간을 내 편으로 만드는 방법이란 무엇일까?

첫째, 자신의 목표를 위해 시간을 사용하는 것을 습관화하는 것이다. '1만 시간의 법칙'이라는 말이 있다. 누구나 어떤 일을 위해 1만 시간을 노력 하면 최고의 전문가가 될 수 있다는 의미이다. 물론 그 1만 시간은 그저 반복하는 것이 아니라 세심한 계획과 실행을 수반하는 1만 시간이다. 하루 3시간씩 하면 10년, 하루 6시간씩 하면 5년이 걸린다. 오랜 시간이다. 그러나 여러분이 20대 중반이라면 30대 중반에, 3대 초반이라면 40대 초반에 어떤 분야에서 최고의 전문가가 될 수 있다고 상상해 보라. 시간이 더 지나기 전에 시작하기를 바란다.

둘째, 다양성을 추구하는 것이다. 예컨대 항상 같은 사람들만 만나서 식사를 하며 담소를 나누는 사람은 제한된 정보를 얻는 반면, 다양한 사람과 식사를 하며 담소를 나누는 사람은 폭넓은 정보를 얻게 된다. 자신이 좋아하는 사람들 사이에서만 생활하는 사람은 세상에 자신을 좋아하는 사람들만 살고 있다고 착각하게 되지만, 싫어하거나 충고를 해 주는 사람도 의도적으로 만나는 사람은 자신의 장단점을 보다 객관적으로 파악할 수 있게 된다. 여러분이 사무실에서 근무하는 사람이라면 직접 현장에 나가서 살펴볼 필요가 있고, 공무원이라면 기업에서 근무하는 사람들도 만나 보아야 한다. 이러한 다양한 경험이 축적될 때 여러분은 시간이 지남에 따라 더 중요한 일을 할 수 있는 자격을 자연스럽게 취득하게 될 것이다.

셋째, 성장할 수 있는 일을 하는가이다. 자신이 하는 일 중에서 고생스럽더라도 미래를 위해 투자하는 일과 지금 당장 누릴 수 있는 일이 있다. 물론 가장 좋은 일은 지금 당장 충분히 누리면서도 미래를 위해 저축도 되는 일이겠지만, 그러한 일은 현실적으로 없다. 가장 단순한 예는 신문을 읽는 것이다. 시간이 날 때 신문을 읽는 습관은 장기적으로 성장할 수 있는 가장 단순한 습관 중 하나이다. 그 중에서도 사설이나 칼럼을 꾸준히 읽는다면 사회현상에 대한 자신만의 관점을 가지는 데 큰 도움을 받을 수 있을 것이다.

◇ 기업의 경쟁력 제고방법: 장기적인 성과, 비전, 조직

경로의존이 기업의 경쟁력에 대해 가지는 시사점은 다음과 같다.

첫째, 단기적인 성과보다는 장기적인 성과에 초점을 맞추어야 한다. 물론 이를 실천하는 것은 쉬운 일이 아니다. 그러므로 장기적인 성과에 초점을 맞추기 위해 조직 차원에서 특별한 결정을 내릴 필요가 있다.

구글 본사를 방문하여 그곳에서 일하고 있는 사람들과 인터뷰를 한 여러 질문들 중에 성과평가에 대한 다음과 같은 질문이 있었다.

"구글에서는 어떤 방식으로 직원들의 성과 평가를 합니까?" 다른 기업과는 특이한 성과 평가방법을 기대했지만 돌아온 대답은 지극히 평범한 것이었다. 다른 기업들처럼 연 초에 직속 상사의 목표과업을 의논해서 결정하여 연말에 달성도를 평가한다는 것이다. 그래서 다시 물었다. "많은 직원들이 설정한 목표를 성취합니까?" 이 질문에 대한 대답은 충격적이었다. "아니요, 평균 60% 정도 달성하면 꽤 잘 했다는 평가를 받습니다."

아마도 우리나라 기업에서 연말 보너스(상여금)를 받으려면 목표를 100% 달성해야 할 것 같다. 매년 성과를 달성하는 일이 가장 중요한 일이 된다. 그러자면 그 다음해에 이루어져야 할 일, 3년이나 5년 뒤에 이루어져야 할 일에 대한 감각은 떨어지게 된다. 또 계획을 세우더라도 피상적으로 세우게 된다. 왜냐하면 그때가 되면 자신이 현재의 자리에 있지 않을 가능성이 있기 때문이다.

그러나 고작 60% 정도를 달성할 수 있는 원대한 목표를 세우면 상황은 달라진다. 장기적 성과를 위한 과정이 중요해지기 때문이다. 경로의존적인 사고는 장기적인 비전의 중요성을 일깨워준다. 그리고 그 장기적 비전은 대담한 목표와 추진력을 가져올 수 있다. 그러한 직원이 많을 때 기업은 지속적인 경쟁우위를 가질 수 있다.

둘째, 경로의존적인 사고는 기업의 성장경로에 대해 전략적으로 접근하게 한다. 특히 자금이나 자원이 부족한 중소기업의 경우에 매우 중요할 수 있다. 예컨대 락앤락(LocknLock)은 4면 결착방식이라는 혁신적인 밀폐용기 제조기술을 가졌지만, 기존의 타파웨어와 러버메이드와 같은 대기업의 막대한 자금력과 경쟁할 수 없었기 때문에, 2000년에 해외 전시회에 참가한 것에 이어 2001년에 캐나다 홈쇼핑 채널에 인포머셜(informercial)[4]광고를 선보였다. 홈쇼핑의 인포머셜 광고를 택한 이유는 락앤락이 가진 기술의 강점을 충분히 보여줄 수 있는 시간을 확보할 최선의 광고 방식이었기 때문이다. 그 후 락앤락은 2003년 미국 홈쇼핑 채널에 진출하였고, 이어서 한국 홈쇼핑 채널에 등장하여 1년 만에 국내 1위 업체가 되었다.

만약 한국 시장에서 기존 대기업들과 동일한 방식으로 광고를 집행했더라면 이러한 성공이 가능하지 않았을지도 모른다. 물론 이것은 락앤락이 자발적으로 선택 하였다기보다는 어쩔 수 없이 떠밀려서 걷게 된 것이었을 수도 있다. 그러나 락앤락의 성공이 우리에게 주는 시사점의 중요성은 감소되지 않는다. 다른 많은 산업에서도 시장을 선점하고 있는 대기업이 있고, 그 틈새를 파고들고 싶은 신생기업들이 있다. 기존 기업과는

4) 인포머셜(informercial)이란 30초 이내의 짧은 일반광고와 달리 10분 · 20분 · 30분 단위로 상품을 집중해 광고하는 방식을 말함.

다른 경로를 선택하여 독자적인 길을 걷는 것은 경쟁우위를 획득하기 위한 지름길이 될 수 있다.

셋째, 기업이 경로의존적인 경쟁력을 쌓기 위해서는 직원이 가진 다양한 아이디어를 발전시킬 수 있는 다소 느슨한 조직체계를 가져야 한다. 이것을 조직의 슬랙(organizational slack)[5]이라고 한다.

기본적으로 모든 조직은 효율성을 추구한다. 우리나라 기업에서는 직원은 바빠야 하고, 정규 근무시간을 넘어서 야근을 해야 열심히 일하는 것으로 생각하기도 한다. 그러므로 조직이 추진하고 있는 업무 이외에 본인이 관심을 두고 있는 일을 하는 것은 비윤리적인 죄악으로 치부되기 쉽다. 그러나 그러한 효율적인 기업에서는 직원들이 가질 수 있는 다양한 아이디어와 창의성이 무시된다.

그러나 기업의 성장과정에서 무심코 지나친 수많은 '가지 않는 길'들이 존재할 수 있는데, 직원들이 가진 다양한 관점과 시각은 그러한 갈림길을 발견하는 데 도움을 줄 수 있다. 본인이 관심을 둔 일을 하다가 우연히 발견한 길에서 기업이 지속적 경쟁력을 가질 수 있는 비결을 발견할 수도 있다. 물론 조직이 그 길의 가치를 인정해 주어야 하지만 말이다.

경로의존적인 강점이 모방 불가능성을 갖는 이유는 그 강점이 시간과 관련되어 있기 때문이다. 우연이든 의도적이든 간에, 과거 특정시점에 획득된 경쟁력, 또는 오랜 시간에 걸쳐서 획득된 경쟁력은 다른 기업이 모방하기 어렵다. 반면에 단기적으로 쉽게 획득한 성과는 쉽게 모방될 수 있다. 이러한 경로의존적인 개념을 잘 이해하고 이용한다면 선도 기업우위나 후발기업 우위, 그리고 도전과 반복과 학습을 통해 모방 불가능한 경쟁우위를 획득하는 방법에 더해 더 깊은 통찰력을 키울 수 있을 것이다.

(2) 사회적 복잡성

지속적 경쟁우위의 두 번째 조건은 사회적 복잡성이다. 경쟁력은 관계에서 생긴다. 서로 경쟁하는 두 기업이 있다. 이들 기업은 서로 치열하게 경쟁하고 있어 상대 기업에 어떤 사람들이 일하고 있는지도 잘 알고 있다. 그런데 어느 날 한 기업에서 새로운 제품을 개발할 때마다 매번 히트를 치는 능력자가 탄생했다. 그 직원은 무슨 재주가 있는지 고객의 니즈(needs)를 정확하게 파악하고, 그에 적합한 제품을 신속하게 개발한다. 그리고 개발하는 즉시 상품화하여 시장에 출시하자마자 큰 이익을 창출한다. 경쟁기업에서는 곧 '저 직원을 스카우트 해야겠다'라고 생각한다. 지금의 연봉보다 더 많은 연봉

---

5) organizational slack이란 조직의 여유자금을 의미함.

을 제시하여 일단 영입하면, 그 직원이 올리는 성과를 뺏어올 수 있을 것으로 판단하고 결국 은밀한 협상을 통해 스카우트에 성공한다.

그렇다면 과연 스카우트 된 능력자는 이전 직장에서와 같은 성과를 낼 수 있을까?

물론 경우에 따라서는 이직한 직장에서 더 큰 성과를 낼 수도 있다. 전폭적으로 인적 물적·자원을 지원해 주고 큰 자율권과 권력을 부여한다면 말이다. 이런 경우는 능력자가 이직한 직장이 정말로 많은 지원을 안정적으로 해주는 경우이다. 아마도 최고경영자의 각별한 관심과 호의가 있어야 할 것이다.

그러나 대부분의 경우에는 이직한 능력자는 이전 직장에서의 능력을 100% 발휘하지 못한다. 그 이유는 무엇일까? 이 능력자가 이전 직장에서 고객의 니즈를 파악하는 과정을 상상해 보자, 그는 아마도 직장 내의 다른 사람들, 예를 들어 판매직원이나 마케팅 담당자와의 대화중에 '고객이 원하는 것이 무엇인가'에 대한 정보를 얻었을 수가 있다. 어쩌면 친분이 깊은 마케팅 담당자가 수시로 가감 없이 전해주는 정보 덕분에 제품 기획을 훌륭히 해내었을지도 모른다.

또한 시제품을 신속히 개발할 수 있었던 이유는 회사 내에 말이 잘 통하는 제조 담당자가 이 직원이 원하는 것을 재빠르게 간파하여 만들어 주었기 때문이었을 수도 있다. 정교한 설계도면을 그려서 공식적으로 전달하지 않더라도, 잠깐 만나서 엉성한 스케치를 건네주어도 기꺼이 기기에 맞춘 시제품을 만들어내는 직원 동료 말이다.

시제품을 만든 다음에는 역시 이 능력자와 잘 아는 판매 담당 직원들이 판매망을 이용해서 시장의 반응을 즉각적으로 알려주는 일을 도울 수 있다. 시장테스트 비용의 복잡한 책임 소재나 업무의 우선순위 등 골치 아픈 관료주의적 단계를 떠나서, 틈나는 시간에 고객 반응을 수집해서 알려주는 것은 어렵지 않았을 것이다.

대량생산을 위해 설비를 장만하거나 공정관리를 위해 전담직원을 확보하는 일은 재무부서나 인사부서에 있는 직통라인이 도왔을 것이다. 시장에 신속하게 출시하기 위해 일시적으로 필요한 자금과 인력이 항상 준비되어 있기는 힘들었겠지만, 이 능력자은 이러한 자원을 끌어오기 위한 인맥이 회사 구석구석에 있었을 것이다.

자, 이제 능력자의 비밀이 무엇이었을지는 짐작이 될 수 있을 것이다. 이 능력자는 개인의 능력도 출중했지만, 그 능력을 발휘하기 위해 회사 내에서 도움을 주는 좋은 사회적 관계를 가지고 있었을 것이다.

모닝커피를 마시면서 잡담하는 중에 갖가지 아이디어를 제공하는 동료, 한마디만 던지면 척 알아듣고 시제품을 뚝딱 만들어주는 동료, 자신의 바쁜 일을 미루어두고 고객의 생생한 반응을 전달해주는 동료, 급히 구하는 인턴과 돈을 전화 한 통으로 해결해

주는 동료들이 모두 이 능력자가 보이는 능력의 원천이었던 것이다. 이렇게 성과와 관련되어 조직 내에 있는 복잡한 인간관계를 사회적 복잡성(social complexity)이라고 한다.

이러한 사회적 관계는 일시적으로 이루어지는 관계가 아니다. 관계형성에는 일정한 시간이 필요하고 한두 개의 연결고리가 아니라 다수의 사람들이 포함되는 복잡한 상호관계가 따른다. 그리고 이러한 관계는 업무상의 공식적인 관계를 넘어 비공식적인 친분관계에서 발전된다.

사회적 복잡성이 있는 자원(앞의 예에서는 능력자의 자원)은 사회적 관계가 끊어져버리는 환경에서는 가치가 저하된다. 왜냐하면 자원의 가치는 사회적 관계 내에서 최대한 발휘될 수 있기 때문이다.

만약 어떤 능력자의 능력이 온전히 개인적인 지능이나 품성, 설득력 등에 기반 한 것이라면, 이 인적자원의 가치는 사회적 복잡성과는 관련이 없다. 그러므로 현재 위치에서 사회적 관계가 끊어지고 다른 직장으로 옮겨도 거의 동일한 능력을 발휘할 수 있게 될 것이다.

이상에서 논의된 바와 같이 어떤 업무수행 능력이 다른 직원과 오랫동안 쌓은 관계에서 효율성, 비공식적 관계에서 비롯되는 신뢰에 바탕을 둔 불가사의한 힘(chemistry, 사람사이의 화학적 반응 등), 그리고 여러 명이 동시에 일할 때 발생할 수 있는 시너지에 기틀을 둔 능력이라면, 그 사회적 관계가 끊어지는 순간 그가 발휘할 수 있는 능력은 심각하게 저하될 수밖에 없다.

그렇다면 이러한 사회적 관계까지 가져오면 문제가 해결될 수 있을까? 앞의 예에서 능력자 주변에서 도움을 주는 4~5명의 직원들까지 모두 팀으로 함께 스카우트해 오면, 능력자의 능력이 온전히 발휘되는 것은 아닐까? 정답은 'maybe not'이다.

짐작하겠지만, 능력자를 둘러싼 4~5명의 직원들도 역시 각각 역량을 발휘할 수 있도록 도와주는 직장동료들이 있을 것이다. 1명당 5명이 있다고 가정하면 약 20명 정도가 될 것이다. 더 나아가 20명의 역량을 발휘할 수 있는 각각의 주변인물 5명까지를 합치면 스카우트 대상은 100명으로 늘어나게 된다.

이것이 바로 사회적으로 복잡한 역량이 갖는 힘이다. 만약 1명의 천재가 있어서 혼자서 모든 일을 한다면, 이러한 천재는 다른 기업이 쉽게 스카우트할 수 있을 것이다. 훌륭한 생산설비가 있어서 그 설비만 이용하면 기업의 효율성이 2배 이상이 될 수 있다면, 다른 기업도 돈을 주고 그 설비를 사면 그만이다. 그러나 어느 기업의 강점이 기업 내의 자원 간에 존재하는 복잡한 사회적 관계에서 나올 때, 다른 기업이 그 강점을 모방하기는 매우 어렵다. 이것이 바니 교수가 주장하는 사회적 복잡성의 특징이다.

사회적 복잡성은 기업내부에서만 찾아볼 수 있는 것은 물론 아니다. 다른 기업과의 관계로 인해 기업의 경쟁력이 강화될 수 있는 것도 사실이다.

사실 이와 유사한 개념은 일반적으로 기업 간 협력의 다양한 유형으로 알려져 있다. 예컨대 도요타 같은 일류 자동차 기업은 하청기업들과 전반적으로 깊은 사회적 관계를 유지하기 때문에, 납품되는 부품의 품질 관리나 규격 변경 등의 문제에 잘 대처할 수 있다. 만약 원청업체가 하청업체와 공식적인 계약관계만을 갖는다면, 갑자기 부상하는 새로운 기회를 이용하는 등 환경변화에 신속히 대응하는 것은 어려울 것이다.

[사례 1] 짝퉁 기업 샤오미의 도약은 어디서 시작되었나?

샤오미(xiaomi)가 설립된 2010년은 스마트폰 시작의 격변기였다. 2008년 세계 휴대폰시장의 44%를 차지하던 노키아(Nokia)의 시장점유율이 2012년에는 5.8%로 급락하고, 2010년 중국의 전체 휴대폰 사용자 중 12%에 불과하던 스마트폰 사용자 인구는 2012년에는 47%, 그리고 2013년에는 83%로 증가했다. 샤오미(xiaomi)는 이러한 격변기에 4년 만에 중국 스마트폰 시장 1위, 글로벌 스마트폰 시장 3위로 부상하는 거대한 성공을 거둔 경이로운 기업이 되었다.

샤오미의 성공은 여러 측면에서 설명될 수 있다. 일반적인 전략경영의 개념으로 설명한다면, 온라인 선주문에 의한 판매, 저렴한 소품종 외주생산 등이 샤오미의 경쟁력의 근원이라고 분석된다. 그러나 자원기반이론의 관점에서 보면, 샤오미가 OS(operating system)업데이트를 위해 스마트폰 사용자들로부터 1주에 290회 이상 의견을 주집한다는 사실을 주목하게 된다. 샤오미는 이를 기초로 매주 오류를 개선한 업데이트 패치를 제공한다.

업데이트가 중요한 이유는 바로 하드웨어의 성능이 최고가 아니더라도, 그와 유사한 기능을 할 수 있도록 도와주기 때문이다. 이를 통해 샤오미는 다른 경쟁기업에 비해 낮은 사양의 칩, 즉 저렴한 하드웨어를 사용하고도 그 단점을 소프트웨어로 보완할 수 있었다. 다시 말해 저렴한 제품을 제공하고도 고객의 불편을 느끼지 않도록 지속적으로 소프트웨어를 업데이트하는 피드백을 제공했던 것이다. 이렇게 고객의 의견을 적극 수렴하고 즉시 반영하여 만족도를 높이면서 형성된 고객과의 관계는 샤오미가 가진 많은 강점을 가능하게 했다.

즉 샤오미의 지속적 경쟁력은 사회적 복잡성이 존재하는 고객과의 관계로부터 발생하는 것을 볼 수 있다. 이러한 경쟁력은 고객 충성도로 이어지기 때문에 다른 기업이 모방하기 힘든 속성을 가지고 있다.

[사례 2] 사내통신망과 사내 소통은 무관하다.

조직에서 사내 원활한 소통을 위한 시스템을 구축하는 것은 중요하다. 그러나 기업문화와 전통 등 눈에 보이지 않는 연결망이 있는 것은 외부에서 파악하기가 거의 불가능하다. 사실 많은 기업들은 소통이 잘 되는 기업문화를 만들기 위해 많은 노력을 한다. 예컨대 효과적인 사내 통신망을 만들면 전화를 걸지 않고서도 다른 직원들과 쉽게 정보를 교환하고, 대용량 데이터도 주고받을 수 있다. 무서운 상사에게 직접 가서 만나지 않아도 과감한 아이디어를 쉽게 제안할 수도 있다.

그런데 문제는 그러한 사내 통신망이 기업의 경쟁력을 위해 얼마나 효과적으로 이용되는가 하는 것이 문제다. 아무리 좋은 사내 통신망이 구축되어 있다고 하더라도 능력자 주변에 동료들이 생기는 것은 아니다. 또는 무서운 상사가 덜 무섭게 변하는 것도 아니다. 효과적인 사내 통신망이 분명히 업무 효율을 높여주는 효과를 가져 올수는 있지만, 진심으로 업무를 도와주는 사회적 관계까지 만들어 내지는 못한다.

게다가 만약 사내 통신망이 진정으로 훌륭한 기업성과를 창출하는 원인이 된다고 하면, 경쟁기업에서도 쉽게 똑같은 사내통신망을 구축할 수가 있다. 즉 소통을 장려하기 위한 물리적인 장치가 바람직한 사회적 관계를 보장할 수 없고, 만약 그렇다고 해도 경쟁기업이 쉽게 모방할 수 있다는 것이다.

사회적 복잡성에 기반을 둔 경쟁력은 다른 기업을 모방하는 것이 아니라, 기업 특유의 내부적 관계에서만 이루어질 수 있다. 이러한 관계는 기업의 물리적 구조와 문화적 환경에 맞추어 설계되어야 한다.

예컨대 대개 높은 직급의 직원은 통행이 드문 안쪽 자리에 독립된 공간에서 일하는 것을 볼 수 있는 것에 비해, 어떤 건축 디자인 기업에서는 방을 구분하는 벽이나 칸막이가 없이 한 층이 통으로 연결되어 있어서 수십 명의 직원이 한 공간에서 일하고 있다. 그런데 최고 건축 디자이너의 자리는 입구 통로에 있었다. 그 이유는 모든 직원이 지나가다가 이 최고 건축 디자이너가 무슨 일을 하고 있는지 알 수 있도록 하기 위해서라고 한다.

이처럼 첨단 사내 통신망이 아니라 물리적 공간을 구성하는 과정을 통해 기업 내의 소통을 증진하는 방안도 찾을 수 있다. 물론 모든 기업에서 이러한 특이한 구조가 효과적일 수는 없다. 때로는 물리적인 구조에서, 때로는 조직구조에서, 때로는 직원 복지정책을 통해 효과적인 사회적 복잡성을 증진할 수 있을 것이다.

◇ 개인의 경쟁력 제고: 힘이 되는 관계를 만드는 법

사회적 복잡성이라는 개념을 이해했다면, 이제 이 개념이 우리의 삶을 어떻게 바꿀 수 있는지를 생각해보자.

일식집을 운영하고 있는 친구에게 가장 중요한 경쟁력의 원천은 무엇이냐고 물었더니 그것은 뭐니 뭐니 해도 셰프의 능력이라고 말했다. 밥을 짓는 일부터 시작해서 횟감을 고르는 일, 밥을 적당한 크기로 뭉치는 일, 횟감과 밥을 같이 쥐면서 모양을 만드는 일까지, 고객의 오감에 영향을 미치는 세세한 부분에서 '스시 맨'이라고 불리는 일식 셰프의 역량이 나타나게 된다. 그래서 능력 있는 '스시 맨'은 월급도 많이 받는다. 그런데 유능한 스시 맨들은 한 곳에 오랫동안 머물지 않는다고 한다. 그들은 어디를 가든 직장을 쉽게 구할 수 있기 때문에 한 장소에서 일하는 것이 지겹다고 느끼면 또 다른 새로운 지역에서 일하기를 원하고, 경제적으로 여유가 있으므로 이사 비용 같은 것은 별로 신경을 쓰지 않는다고 했다.

어쩌다 유능한 스시 맨을 만나면 소문이 나서 식당이 잘 되다가도 그 스시 맨이 떠나는 순간 식당경영은 원점으로 되돌아간다는 것이다. 유능한 스시 맨의 이동에 따라 식당의 경쟁력이 계속 바뀌는 불확실한 상황이 지속되고 있다는 것이다.

어떻게 하면 유능한 스시 맨이 떠나지 않게 할 수 있을까? 이것이 최대의 고민이라고 했다. 월급을 많이 주면 될까? 식당의 지분을 주면 될까? 아마도 금전적인 보상은 좋은 대안이 아닐 것 같다. 스시 맨이 돈 때문에 떠나는 것이 아니기 때문이다.

저자는 "스시 맨과 함께 낚시나 등산을 가라"고 권유했다. 낚시나 등산을 좋아하지 않으면 골프나 다른 것이 될 수도 있을 것이다. 함께.시간을 많이 보내면서 절친한 관계를 맺으라는 의미이다. 방랑벽을 잠재울 정도로 절친한 관계가 형성되면 정 때문에 다른 곳으로 떠나지 않을 수도 있을 것이라고 조언을 해 주었다.

가장 이상적인 처방은 식당 주인이 최고의 스시 맨이 되는 것이겠지만 이는 쉬운 일이 아니다. 이것은 최고경영자가 마케팅, 재무, 기술 등 기업경영의 모든 분야에서 최고의 역량을 소유했다고 볼 수 없는 것과 마찬가지다.

최고 경영자는 유능한 직원들이 떠나지 않도록 좋은 사회적 관계를 형성하는 것을 포함하여 리더십을 가지면 된다. 일식당 주인은 식당을 위해서 스시 맨이 열심히 일할 수 있도록 좋은 개인적 관계를 포함한 리더십을 가지면 될 것이다. 그렇다면 최고경영자도 아니고 일식당 주인도 아닌 독자 여러분이 사회적 복잡성에서 얻을 수 있는 교훈은 무엇인가?

결론적으로 말해 우리의 개인적인 성취에서 나오는 강점은 다른 사람과 쉽게 비교되고 쉽게 뒤쳐질 수 있지만, 여러 사람과의 폭넓은 관계에서 나오는 강점이야말로 다른 사람과 비교될 수 없는 독특한 강점이 될 수 있다는 것이다. 이제 그 이유를 보다 구체적으로 살펴보자.

먼저 개인적 성취의 예를 들자면 각종 자격증이나 성적, 학벌 등을 생각할 수 있다. 이러한 것들 중 어떤 것은 그 자체가 매우 희소해서 경쟁력이 있다. 고시에 합격하였거나 일류 명문대학교를 나온 사람들은 우리나라 인구 중 소수에 불과하다. 그래서 명문대학을 졸업하거나 고시에 합격하거나, 학점이 좋은 사람들은 일단 좋은 직장을 갖는데 큰 어려움이 없다.

그러나 문제는 그 다음부터이다. 본인의 강점이 훌륭한 학벌이나 고시합격 등이었다면, 좋은 직장을 구하는 순간, 지금까지의 자신의 강점이 갑자기 흔한 스펙으로 바뀔 수 있다. 그 직장의 구성원 대다수는 좋은 학벌이나 성적을 가졌을 것이고 이제 그 직장 내에서 개인적 경쟁력은 남아 있지 않다. 우리가 학벌이나 자격증 같은 개인적 성취만을 바탕으로 강점을 삼으려고 하면, 끝없는 비교의 사다리에 고착될 수밖에 없다. 그리고 그러한 강점을 유지하거나 발전시키는 일은 더욱 어렵게 된다. 학벌이나 자격증은 인생의 어느 시점에 결정이 될 뿐 시간이 지난다고 해서 쉽게 바뀌지 않는다.

그러나 우리가 여러 사람들과의 폭넓은 관계에서 나오는 강점을 중시하고, 그 강점을 키우는 것에 초점을 맞춘다면 상황은 전혀 달라진다. 다른 사람과의 상호관계에서 나오는 강점은 다른 사람이 쉽게 모방하기 힘들다. 관계 속에서 여러 사람들과 더불어 가질 수 있는 강점은 시간이 흐르면서 변화한다. 이것은 학벌이나 자격증과 같이 한번 결정되면 그대로 고정되어버리는 것과는 다른 성격을 지닌다. 사람들과의 교류과정에서 공동의 강점이 발전하고, 심지어는 내가 슬럼프에 빠져 있을 때에도 다른 사람들이 잘해주어서 전체적으로 성장하기도 한다.

물론 그 반대의 경우도 생긴다. 그러나 분명한 것은 여러 사람들과 같이 일하는 가운데 생기는 강점은 계속 발전하기 때문에 다른 사람과 쉽게 비교되거나 모방되지 않는다는 점이다.

이러한 관점에서 '좋은 직장'이란 과거의 개인적인 성취 덕분에 일단 들어간 다음 끊임없이 비교를 당하면서 고생하는 직장이 아니라, 능력 있는 사람들과 같이 일할 기회를 제공해서 여러 사람과 공동으로 만드는 강점을 충분히 키울 수 있는 직장을 의미한다. 즉 사회적 복잡성을 바탕으로 한 개인의 경쟁력을 극대화할 수 있는 직장이 좋은 직장인 것이다. 예컨대 계급의식이 없는 직장, 소통이 잘 되는 직장, 수평적 구조를 가진 직장 등이다.

◇ 기업의 경쟁력 제고: 인사관리 및 사내 소통증진

사회적 복잡성이 기업의 경쟁력 제고를 위해 제공할 수 있는 시사점은 다음과 같다.

첫째, 경력관리에 대한 진지한 관심과 노력이 필요하다. 평생직장이라는 개념이 퇴조하면서 보다 나은 직장으로의 이직은 이제 일상적인 일이 되어가고 있다. 그 결과 기업에서도 신입사원을 채용하기 보다는 경력사원을 채용하는 사례가 빈번해졌다. 중견사원이 이직을 하는 경우, 당장 그 자리를 대신할 사람을 외부로부터 충원해야만 한다. 문제는 영입된 인재가 그 역할을 충분히 담당하기 전에 감당해야 할 비용이 크다는 것이다. 업무관계의 효율성, 신뢰, 시너지는 충분한 시간이 경과해야 형성되는 것이다.

그러므로 사회적 복잡성의 개념이 우리에게 주는 시사점은 가능하다면 내부직원이 승진을 통해 빈자리를 채우는 것이 바람직하다는 것이다. 물론 과장 5년차의 업무를 대리 1년차가 대신할 수는 없을 것이다. 그러나 과장 5년차와 과장 3년차는 그다지 큰 차이가 나지 않고 직급보다는 개인적 능력이 중요한 변수일 수 있다. 다시 말해 직원들의 경력사다리를 잘 구축하여 현재 업무에서 사회적 관계가 손상되지 않는 범위에서 당장 수행할 수 있는 상위 직급의 업무가 미리 제시된다면, 기업은 중견사원들의 갑작스런 이직에도 불구하고 사회적 복잡성에 기반을 둔 경쟁력을 유지할 수가 있다.

둘째, 사회적 복잡성이 조직에 순기능으로 작용하지 않고 조직의 변화를 가로막는 나쁜 영향을 미친다면, 기업은 그 연결고리를 끊기 위해 해당 조직을 해체하는 것이 필요하다.

예컨대 구성원 간의 친분관계가 조직 경쟁력을 향상시키는 대신 과거의 관행이나 악습을 반복하는 역할을 할 때, 동일한 조직과 동일한 구성원을 그대로 두고 이러한 관행과 악습을 막는 것은 매우 어렵다. 이러한 경우에는 사회적 복잡성을 제거하는 것, 즉 해당조직을 해체하는 것이 가장 효과적인 방법이다.

셋째, 원활한 소통을 위해 다른 조직의 소통구조나 방법을 모방하는 것은 좋은 방법이 아니다. 다른 기업에 사내 통신망이 구축되어 있다고 해서, 사내 동호회를 활성화시켰다고 해서, 사내신문고를 운영한다고 해서, 그것을 그대로 모방한다면 실패할 확률이 높다.

모든 기업은 수행하는 업무가 다르고 소통하는 방식이 다르다. 어떤 경우에는 물리적 공간을 통해, 또 다른 경우에는 조직구조나 직원보상의 방법을 통해 기업 특유의 소통 방식을 개발해야 한다. 어떤 방식이 가장 좋을지에 대해서는 그 기업의 구성원들이 가장 잘 알고 있을 것이다.

이상에서 논의된 내용을 정리해 보면, 사회적 복잡성이라는 개념은 경쟁력에 대한 기존의 생각을 바꾸어 준다. 경쟁력이 있는 사람은 혼자 일하는 사람이 아니다. 여러 사람과 더불어 만들어내는 경쟁력이야말로 다른 사람이나 다른 기업들과 비교가 어렵고 모방도 불가능한 경쟁력이다. 기업은 이러한 경쟁력을 창출할 수 있도록 노력하여야 한다.

비교와 경쟁에 지친 직장인들이 자신만의 스펙을 쌓는 것보다 여러 사람이 더불어 일하는 습관을 가지도록 노력해야 할 것이다.

(3) 인과적 모호성

자원기반이론의 모방 불가능성을 창출하는 세 번째 조건은 인과적 모호성이다.

① 일상적인 습관의 힘

왕년에 꽤나 잘나가던 마라토너가 있었다. 그는 세계 최고의 마라토너는 아니었지만 20대 후반에 전성기를 지나 사람들의 축복을 받으면서 은퇴를 하였다. 그 후 마라톤과는 전혀 관계가 없는 직장생활을 하면서 성실하게 살고 있었다. 은퇴한지 20년이 지난 시점에서 가족과 친구들의 권유로 건강검진을 받게 되었다. 기왕 건강검진을 받는 터에 체력측정도 함께 받기로 하였다. 의사가 심폐기능이나 근력 등 이것저것을 체크해 보다가 놀란 표정으로 물었다. “아니, 무슨 운동을 여태껏 해왔기에 은퇴한 지 20년이 지난 지금도 예전의 체력을 거의 유지하고 있나요?”

그는 의아한 표정으로 “아무런 운동도 하지 않았는데요. 이상 하군요” 의사는 그에게 다시 물었다. 그의 일상생활을 솔직하게 이야기해 보라고 하였다. 그는 “현역 시절에는 하루에 10시간이 넘게 운동을 해서 너무 힘들었습니다. 기록단축을 위해 근력도 키워야 했고, 단거리를 전력으로 질주하는 연습도 해야 했고, 지구력을 키우기 위해 가파른 언덕길을 2시간 이상 매일 달렸습니다. 은퇴를 하니까 너무 편했고, 다시는 마라톤 연습은 물론 어떤 운동도 하지 않기로 결심했습니다.

그런데 저는 차를 운전하는 것보다는 그냥 좀 걷는 것을 좋아해서 1시간 정도 소요되는 출근길을 매일 걸어 다녔고 집에서 늦게 출발하는 날에는 조금 빠른 걸음으로 가볍게 달리기도 했습니다.“ 이런 대답을 듣고 있던 의사는 기가 막혔다. 그는 매일 하루에 2시간 이상을 걷거나 뛰었으면서도 정작 자신은 그 정도는 운동이 아니라고 생각하고 있었던 것이다.

40대 후반에 남들이 꿈꾸지 못할 놀라운 체력을 지니고 있었던 이유를 정작 본인은 알지 못하고 있었다. 그저 매일 직장에 출근해서 일하고 돌아오는 평범한 일상을 반복했을 뿐이다. 그러나 그의 일상 속에는 자신도 모르는 놀라운 비밀이 숨어 있었다.

이처럼 특별한 성과가 창출되는 것에 대해 본인도 그 원인을 알지 못하는 경우 '인과적 모호성(causal ambiguity)'이 존재한다고 한다.

인과성 모호성이란 사실 수용하기 힘든 개념이다. 사람들은 어떤 결과에 대해 그 원인을 모르는 것에 대해 본능적으로 거부감을 갖는다. 왜냐하면 우리는 현상에 대해 해석하고 설명하는 것에 익숙해져 있으며 모르는 것을 그대로 두는 것에는 익숙하지 않기 때문이다.

기업경영에 대한 성공도 마찬가지다. 어떤 기업이 지니고 있는 경쟁우위의 핵심역량에 대해 우리는 그 요인들을 다각도로 분석해야만 직성이 풀린다. 성공한 기업경영자를 초청하여 특강을 하게하고 그의 입을 통해 성공의 비결을 알 수 있을 것이라고 생각한다.

그러나 자원기반이론의 관점에서는 다소 엉뚱한 설명을 한다. 사실 입으로 설명할 수 있는 성공의 비결은 진짜 비결이 아니다. 그렇다고 성공한 경영자들이 거짓말을 하는 것은 아니다. 왜냐하면 그들은 실제로 자신의 성공비결을 알지 못하고 있기 때문이다. 만약 자신의 성공비결을 한두 가지로 요약할 수 있다면 그들은 정말로 거짓말을 하는 것이다.

특별한 능력이 발생하고 유지되는 것에서 인과적 모호성이 존재하는 경우, 다른 사람들이 그 능력을 모방하는 일은 매우 어렵다. 사실 우리는 이런 일들을 주변에서 아주 자주 경험한다.

[사례 1] 의식하지 못하는 일상의 힘

예컨대 TV에서 날씬한 연예인들에게 "어떻게 이런 아름다운 몸매를 유지할 수 있습니까?라는 질문에 하면 그 대답은 다양한 형태로 나타난다. 어떤 사람은 특별한 건강식품을 섭취한다고 말한다. 비타민이 풍부하거나, 몸의 산성화를 막는다든가, 지방을 분해한다는 멋진 음식들을 소개하기도 한다. 어떤 경우에는 새로 출시된 건강보조식품이 소개되기도 한다. 고기만 먹는 황제다이어트니, 딸기 다이어트니 하는 원 푸드 다이어트가 한때 유행하기도 하였다. 또 어떤 경우에는 특별한 운동을 한다는 대답도 들을 수 있었다.

TV를 시청하면서 소파나 의자에 앉아 간편하게 할 수 있는 동작을 소개하기도 한다. 사실 그런 동작들은 너무 단순해서 그 동작을 따라 하는 것은 너무도 쉽게 느껴진다. 또 다른 경우에는 물만 먹는다. 잠을 푹 잔다. 복식호흡을 한다는 등 다소 엉뚱한 비결을 소개하기도 한다. 이러한 대답의 뒤에는 항상 과학적인 근거가 설명되기 마련이다. 물론 신진대사를 촉진하기 때문에 지방과 콜레스테롤을 분해하는 작용을 도와주고, 몸의 노폐물을 배출하는 최고의 다이어트 방법이다. 잠을 자는 동안에는 스트레스가 풀릴 뿐 아니라 몸이 제 기능을 되찾도록 자정작용이 일어나기 때문에 수면이야 말로 정상체중을 찾도록 하는 최고의 보약이다. 복식호흡은 복부의 근육을 강화시켜 지방의 분해를 가속화시켜 몸과 정신의 밸런스를 맞추는 동시에 몸속의 노폐물을 날숨과 함께 배출하기 때문에 몸이 건강해지는 비결이다. 등등

하지만 특정 건강식품을 아무리 먹어도, 특별한 운동을 해도, 심지어 물을 하루에 8ℓ씩 먹어도 우리가 원하는 몸매를 만들 수는 없다. 단지 그것만 한다면 말이다.

우리에게 필요한 것은 지금껏 살아오면서 수많은 의사들이 추천해 왔던 것들, 특히 일상의 생활에서 균형 있는 식사를 하고, 적절한 운동을 하는 것, 너무 많이 먹지 말고 에너지를 저절로 소비할 수 있는 근력을 키우는 것 등이다. 여기서 핵심이 되는 말은 '일상'이다. 매일매일 꾸준히 해야 한다는 것이다. 이러한 일상의 생활습관은 특별한 비결로 생각되지는 않는다. 그저 일상적인 습관일 뿐이다.

자원기반이론에서는 이 개념을 당연하게 여겨지는 활동(taken for granted activities)이라고 한다. 우리의 일상생활은 수많은 당연한 행동들로 이루어진다. 보통의 직장인들은 아침에 기상하여 저녁에 잠을 자고, 회사에 출근하면 퇴근할 때까지 일을 하는 일상에는 별로 신경을 쓰지도 않고 고민도 하지 않는다. 아침에 지금 기상을 해야 할까? 라고 고민하지 않는다. 출근한 다음에도 이제 일을 시작해야 하나? 라고 고민하지 않는다. 심리학에서는 이러한 현상을 인지적 폐쇄(cognitive disclosure)라고 한다.

이러한 일상적인 일들은 하루에도 수천, 수만 가지에 이를 것이다. 이 세상에서 나와 똑같은 일상을 갖는 사람은 존재하지 않는다. 건강을 유지하는 비결이나 예쁜 몸매를 갖는 비결을 한두 가지로 요약해서 TV에서 얘기하는 연예인들은 모두 작은 일을 크게 과장하는 것이다.

건강유지와 예쁜 몸매를 유지하는 비법이라고 얘기하는 것들은 그들이 당연히 여기는 수백, 수천 가지의 행동 중 한두 가지에 불과할 것이기 때문이다. 진짜 비결은 아마도 그들이 식사할 때마나 기름진 음식을 피하는 것, 탄수화물을 줄이는 것, 간식을 피하는 것, 매일 근육을 쓰는 운동을 하는 것 등과 함께, 위에서 언급된 건강보조식품을 섭취하기, 물 마시기, 복식호흡하기 등을 본인의 취향에 따라 무의식중에 일상생활에서 실천하기 때문일 것이다.

[사례 2] 최고경영자들이 말하는 성공의 비결은 참일까, 거짓일까?

창업기업이 엄청난 성공을 일구었을 때, 우리는 최고경영자에게 묻는다. 이런 큰 성공을 이룰 수 있었던 비결은 무엇입니까? 이러한 질문을 던지는 사람은 뭔가 알맹이가 있는 대답을 기대한다. 많은 최고경영자들이 이에 대한 나름대로의 대답을 한다.

"뭐니 뭐니 해도 인사가 만사입니다. 사람을 잘 쓰는 것이 사업의 근본입니다." "우리 회사는 창의성을 가장 중요하게 생각합니다. 직원들이 항상 창의적으로 생각할 수 있는 근무환경을 만듭니다." "우리는 신나는 일터를 만들기 위해 노력하고 있습니다." "우리는 이익을 사회에 환원한다는 윤리경영으로 이러한 성공을 일구어왔습니다." 하지만 때로는 엉뚱한 대답을 하는 최고경영자도 있다. "특별한 것은 없고, 그저 하루하루 해야 할 일을 했습니다."

여기에서 우리는 회사가 성공한 비결에 대해 한 번 생각해 보자. 공정한 인사정책, 창의성, 신나는 분위기, 윤리경영은 모두 훌륭한 경영을 위한 중요한 가치들이다. 하지만 이러한 개별적 가치가 회사가 성공한 유일한 이유가 될 수는 없다. 사람을 소중하게 여기는 정책이 매출 증대에 중요한 영향요인이 되는 것은 사실이지만, 그 회사에서 그것만 중요시 하고 창의성이나 윤리성을 소홀히 하지는 않았을 것이다. 신나게 근무하는 환경을 지닌 회사라고 해서, 직원들이 받은 임금을 다른 회사보다 낮게 책정하지는 않았을 것이다.

구글(Google), 에어비앤비(Airbnb), 페이스북(facebook) 등 새로운 사업 모델을 창안해서 성공한 경영자들은 하나같이 말한다. 사업초기에 그들이 했던 일상적인 하루 일과는 프로그램을 짜기 위해 하루 종일 컴퓨터와 지루한 씨름을 하거나, 거래처를 발굴하기 위해 수많은 사람들을 만나서 설득하는 일들이었다고 말한다. 창의적이고 멋진 사업모델은 성공을 만들어내는 수많은 요소 중 극히 일부에 지나지 않았다. 그 나머지 일상들은 다른 많은 경영자들과 마찬가지로 능력 있는 직원을 뽑고, 사무실을 청소하고, 거래처를 관리하는 사소한 일들의 연속이었을 것이다.

그런 의미에서 "특별한 것은 없다"라는 대답은 오히려 보다 솔직한 대답일지도 모른다. 이런 대답을 하는 최고경영자는 무능하게 보일 수도 있다. 얼마나 무능하면 자신의 강점 하나도 제대로 파악하지 못하는가? 하는 생각이 들 수도 있다. 이러한 이미지 때문에 많은 최고경영자들이 멋진 성공의 비결을 일부러 지어내어 말하고 있는지도 모른다.

② 인과적 모호성의 역설(paradox)

형언할 수 없이 많은 인과적 모호성이 회사의 성공을 가져오는 것은 사실이지만, 반드시 인과적 모호성이 높은 상황에서만 회사가 성공할 수 있는 것은 아니다. 예컨대 어떤 회사가 중동에서 큰 사업을 수주했기 때문에 급격한 성장을 가져 올 수 있었다면, 이 회사의 성장은 인과적 모호성이 매우 낮은 명백한 사건, 즉 중동사업 수주에서 그 원인을 찾을 수 있을 것이다.

그렇다면 이제 어떤 기업의 성과가 높다고 할 때, 그 이유에 대한 인과적 모호성이 높은 경우와 낮은 경우, 즉 기업의 높은 성과를 설명하기 쉬운 경우와 어려운 경우를 비교해서 살펴보기로 하자.

어떤 명백한 이유로 성공을 했을 경우 다른 모든 기업들도 좋은 성과를 달성하기 위해 해야 할 일에 집중할 수 있다. 예컨대 업계 선두를 달리는 어떤 기업이 중동사업 수주로 큰 성공을 거두었다고 가정하자. 이러한 사실이 알려지면 다른 기업들도 다른 중동사업 수주를 위해 노력을 집중할 것이고, 그 역량이 제대로 발휘되면, 처음 성공한 기업처럼 큰 성과를 거둘 수 있을 것이다. 중동수주로 업계 선두주자가 된 성공한 기업 또한 지속적인 성공을 위해서는 또 다른 중동사업 수주를 위해 노력해야 할 것이다.

그러나 업계 선두를 달리는 기업이 성공한 이유가 전혀 특별한 것이 없고, 그저 하루하루 해야 할 일을 했다는 것이라면, 이 기업의 성공은 인과적 모호성이 높다. 다시 말해 이 기업이 높은 성과를 내는 이유에 대해 뚜렷하게 설명하기 힘든 경우이다.

이런 경우 해당기업 직원들은 지금까지의 높은 성과를 유지할 수 있는 방법에 대해 알지 못하는 매우 아이러니한 상황에 빠지게 된다. 성공의 특별한 이유를 알고 있다면 지속적인 성공을 위해 어떤 노력을 해야 하는가에 대해 알 수가 있다. 그러나 성공의 비결을 알지 못할 경우 어떤 노력을 해야 할지도 모르게 된다. 기껏해야 '지금처럼 잘하자'는 정도일 것이다. 이것이 바로 인과적 모호성이 갖는 역설(paradox)이다.

인과적 모호성에 바탕을 둔 경쟁력이 발생할 경우, 그 경쟁력은 다른 기업이 쉽게 모방할 수 없다. 반면 인과적 모호성에 바탕을 둔 경쟁력이 시들해지는 순간, 그 경쟁력을 회복할 수 있는 방법을 알지 못한다. 그래서 속수무책으로 경쟁기업들이 앞서가는 것을 지켜 볼 수밖에 없다.

그러나 이러한 역설(paradox)에도 불구하고, 인과적 모호성은 경쟁기업이 모방하기 힘든 경쟁력을 만들 수 있다는 점에서 강력한 힘을 가지고 있다. 심지어 직접적인 인과적 모호성이 낮은 경우에도 그 과정에 존재하는 간접적인 인과적 모호성 때문에 경쟁력이 지속될 수 있다.

앞에서 말한 중동사업 수주의 예를 다시 살펴보자. 중동사업 수주로 인한 성과 자체는 인과적 모호성이 낮다. 중동사업 수주와 기업의 큰 성공 사이에는 명백한 인과관계가 존재한다. 그러나 중동사업을 수주하는 과정에서는 또다시 높은 간접적인 인과적 모호성이 존재할 수 있다. 낮은 가격으로 입찰할 수 있는 능력은 단순하게 습득할 수 있는 것이 아니다. 멋진 프레젠테이션을 통해 사업 발주자의 관심을 끌기 위해서도 수많은 조각의 과정을 거쳐야 한다. 아니면 단순히 중동의 어느 왕족과 친분을 쌓는 일도 많은 단계의 사소한 과정을 거쳐서 가능한 일이기도 하다.

다시 말해 높은 성과와 중동사업 수주 사이에 직접적인 인과적 모호성은 낮다. 하지만 중동사업 수주를 위해 수많은 일상적인 과정이 필요할 경우, 간접적 또는 과정적인 인과적 모호성이 존재하여 경쟁기업이 모방하기 힘든 경쟁력을 창출하게 된다.

③ 개인의 경쟁력 제고: 일상의 힘을 기르는 방법

인과적 모호성이 무엇을 의미하는지를 이해하였다면, 이제 이 개념이 개인의 삶에 어떤 의미를 부여할 수 있는지에 대해 살펴보기로 하자. 앞의 예에서 강한 체력을 지닌 은퇴한 마라토너의 비밀, 멋진 몸매를 유지하는 비결, 성공적인 회사를 운영하는 최고경영자의 비법에는 한 가지 공통된 사실이 있다. 그것은 바로 당연하게 여겨지는 활동 또는 일상의 힘이다.

인과적 모호성에서 말하는 '당연하게 여겨지는 활동'은 소소한 특정한 활동이 매우 많이 모여서 이루어지는 일상이라는 뉘앙스가 강하다. 하나하나의 소소한 활동은 때로는 그 자체로써는 '좋은 것'으로 보이지 않을 수도 있다.

우리가 가질 수 있는 경쟁력은 사실 매우 제한되어 있다. 대부분의 사람들은 사업을 위한 종자돈이 많은 것도 아니고, 지능이 매우 높은 것도 아니고, 외국 경험이 풍부한 것도 아니다. 이러한 상황에서 우리가 효과적으로 가질 수 있는 경쟁력은 바로 우리가 당연하게 여기는 행동에서 나올 수 있다. 우리 자신의 하루 일상을 살펴보자. 10분의 여유가 생겼을 때 내가 어떤 일을 하는가? 평소에 먹는 음식과, 만나는 사람과, 즐겨하는 취미가 무엇인지를 살펴보자.

우리가 이상적으로 여기는 사람이 있다면 그 사람이 살아가는, 또는 살았던 모습과 우리가 살아가는 모습을 가능하면 직접적으로 비교해 보자. 또는 우리가 성취하고 싶은 일, 즉 취업이나 창업, 연애나 결혼을 성취하기 위해 되어야 하는 우리의 모습을 상상해 보자.

그 가운데서 우리가 게으르다거나 바람직하지 않은 모습을 가진 것이 있다면, 스스로에게 핑계를 대거나 변명을 하지 말고 이상적으로 생각하는 방향으로 '당연하게 여기는 행동'을 만들어 나간다. 한두 가지를 하는 것이 아니라 우리의 일상생활을 통째로 바꾸는 것이다.

여기에서 중요한 것은 누구에게나 바람직한 일상생활은 존재하지 않는다는 사실이다. 모든 사람들은 상이한 환경에서 상이한 목표를 향해 살아가고 있기 때문이다. 이를테면, 새벽에 일하는 사람은 저녁에 운동하는 습관을, 저녁에 일하는 사람은 점심 즈음에 운동하는 습관을 갖는 것이 좋을 것이다. 그리고 그 일상이 더 이상 의식적으로 이루어지지 않도록 하는 것이다.

④ 기업경쟁력 제고: 정기적인 점검 시스템

인과적 모호성은 기업경쟁력 제고에 중요한 시사점을 가진다. 기업 내에서 당연하게 여겨지는 '일상적인 활동'이 어떠한 영향을 미치는가에 대해 정기적으로 점검하는 시스템이 마련되어야 한다. 예컨대 평소에 기업의 비전과 직원들의 행동양식이 일치하고 있는지, 환경 변화에 대해 어떠한 태도를 가지고 있는지, 직무윤리는 준수되고 있는지 등에 대해 잘 알기 힘들다.

사실 이러한 일상적인 사항들은 최고경영자나 중요한 상위 직급의 임원이 교체되면 분위기 환기 차원에서 잠깐 검토 되는듯하다가 곧 아무 일도 없었다는 듯이 지나가기 일쑤이다. 오히려 이러한 일상적인 사항들을 진지하게 점검하려고 하면, "새삼스럽게 왜!"라는 저항에 직면하게 된다. 사람은 누구나 자신의 일상을 바꾸는 것에 거부감을 갖기 때문이다. 그것이 좋은 습관이든 아니면 나쁜 습관이든 말이다.

그러나 이러한 일상적인 사항들이야 말로 기업의 모방 불가능한 경쟁우위, 또는 경쟁열위를 만들어 낼 수 있다. 이러한 사항을 점검하는 하나의 방법은 기업 내에 독립된 별도의 부서를 두어 정기적으로 조직문화와 윤리의식 등을 점검하는 것이다. 그러나 아무리 독립된 조직이라고 해도, 기업 내의 조직은 여전히 기업 문화의 영향을 받기 때문에 객관적으로 분석하기 어려운 부분이 있다. 그러므로 때로는 외부 컨설팅 기관의 도움을 받는 것도 좋다. 조직의 역동성이나 변화 수용성, 장기적 비전의 인지 정도 등은 마치 우리가 건강검진을 받듯이 정기적으로 체크할 필요가 있다.

결론적으로 인과적 모호성은 어떤 결과를 가져오는 원인을 특정하기 힘든 현상을 말한다. 기업이 획득한 경쟁력에 인과적 모호성이 존재할 때 그 경쟁력은 지속 가능성이 크다. 왜냐하면 다른 기업뿐 아니라 해당 기업의 구성원들도 그 경쟁력이 발생하는 이유가 모호하다고 여겨지기 때문이다.

경쟁력의 이유가 모호한 경우는 그 경쟁력이 일상적으로 이루어지는 수많은 활동에서 비롯되는 경우이다. 물론 그 반대로 경쟁열위 역시 일상적으로 이루어지는 수많은 활동에서 비롯될 수 있다. 일상적 활동은 경쟁우위와 열위를 가르는 매우 중요한 요소가 되는 것이다.

(4) 조직배태성(organizational embeddedness)

경쟁우위의 네 번째 조건은 조직배태성이다. 조직배태성이란 특정자원의 가치가 기업 내에서 인식되고 활용되는 정도를 의미하는 개념인데 이는 특정자원 또는 역량이 조직에서 그 가치를 발휘하기 위해 튼튼히 자리 잡지 못하고 있는 것을 의미한다.

◇ 특정 자원의 가치를 알아보고 활용하는 힘

마우스는 컴퓨터에 연결하여 사용하는 도구이다. 마우스는 컴퓨터 작업의 편의성을 높여주는 필수적인 기기이다. 어떤 사람들은 컴퓨터 게임을 잘 하기 위해 특수하게 디자인된 고가의 게임용 마우스를 사용하기도 한다. 그런데 컴퓨터 주변기기인 마우스를 처음 발견한 것은 IBM이나 애플과 같은 컴퓨터 제조 기업도 그와 관련된 기업도 아니었다. 컴퓨터와는 별 상관이 없는 복사기 등 사무용품을 제조하는 제록스가 발명하였다. 미국 서부에 제록스가 세웠던 팰로엘토 연구소(Palo Alto Research Center, PARC)가 마우스 발명의 주인공이다.

1960~1970년대의 팰로앨토연구소에서는 많은 과학자와 기술자가 혁신적인 기술을 개발하는 작업을 수행하고 있었는데 그 당시로써는 상상할 수 없었던 개인용 컴퓨터, 윈도우, 레이저프린터, 사내통신망, 그리고 마우스 등을 발명하였다.

자랑스러운 마우스를 발명한 제록스는 마우스를 대량생산하지도 않았고 많은 돈을 벌지도 못했다. 마우스를 가장 효과적으로 활용한 기업은 애플사였다. 다른 많은 혁신적인 기술들에 대해서도 마찬가지였다.

제록스는 왜 자사의 혁신적인 기술들을 효과적으로 활용하지 못했을까? 어떤 학자들은 이 현상에 대해 당시 제록스가 가졌던 경직된 조직과 세분화된 제품개발과정으로 설명하고 있다. 그 무렵 제록스의 주력 제품은 복사기였고, 다른 복사기 제조 기업들과 치열한 경쟁을 하고 있었다. 팰로엘토연구소에서 개발된 복사기 관련 기술들은 상위 경영자에게 보고되었지만 복사기와 관련이 없어 보이는 기술들은 연구소 서랍 안에서 잠자기가 일쑤였던 것이다.

그 결과 제록스의 경영자들은 1970년대 중반까지 이러한 기술 개발 사실을 알지도 못하고 있었다고 한다. 설령 알았더라도 당장 복사기 제품을 개발하는 일에 몰두하고 있었기 때문에 다른 곳에는 신경을 쓸 겨를도 없었을 것이다.

마우스가 애플에게는 큰 기회였지만, 제록스에게는 잊혀 진 추억이었다. 마우스의 가치는 어마어마했고, 다른 기업에서 상상도 하지 못할 위대한 발명이었지만, 제록스는 그 가치를 기업 경쟁력의 원천으로 활용하지 못했다. 그것은 제록스의 조직이 그 가치를 인식하지 못했고, 활용할 방법을 알지 못했기 때문이었다.

자원기반이론에서는 이러한 현상을 조직배태성(organizational embeddedness)이 낮다고 설명한다. 많은 전략이론이 전략의 수립 과정에 초점을 맞추고, 일단 수립된 전략은 실행되는 것으로 가정한다. 반면 자원기반이론은 수립된 전략의 실행과정에 대해 큰 관심을 둔다. 아무리 좋은 전략, 자원, 능력, 역량, 또는 잠재적 강점이라고 하더라도, 조직에서 그 가치를 충분히 인지하여 활용하지 못하면 경쟁력으로 이어지지 않는다는 것을 강조한다. 이는 자원기반이론이 다른 전략이론들과 차별화되는 중요한 특성이기도 하다.

사실 경영학을 떠나서 우리선조들은 이미 '조직 배태성'의 중요성에 대해 잘 알고 있었다. 우리가 흔히 하는 말 중에 '구슬이 서 말이라도 꿰어야 보배'라는 속담은 조직 배태성의 개념과 매우 유사하다. 효과적으로 이용할 수 있도록 준비되지 않으면 그 자체가 아무리 높은 가치를 지닌 것이라고 해도 그다지 좋은 성과를 가져오지 못한다는 뜻이다.

이 속담에서 강조하는 것은 좋은 재료나 조건을 가지고 있어도 마무리를 잘 해야 이득을 볼 수 있다는 것이다. 그런데 조직 배태성에서 강조하는 것은 조금 다르다. 좋은 재료나 조건을 가지고 있어도 그 가치를 알지 못할 수도 있다는 것이다. 그런 의미에서 조직 배태성에서 말하는 교훈과 유사한 이야기가 바로 『파랑새』이다. 치르치르와 미치르라는 두 아이가 파랑새를 찾기 위해 추억과 행복과 미래의 세계를 다니면서 겪는 일을 그린 동화이다. 그런데 그들이 결국 파랑새를 발견한 곳은 오랜 여행을 마치고 돌아온 자신들의 집이었다. 이 이야기에서 '파랑새 증후군'이라는 병명이 유래되기도 했는데, 파랑새 증후군이란 현실에 만족하지 못하고 이상만을 추구하는 병적인 증세를 말한다. 소중하고 필요한 것은 이미 가지고 있는데, 더 좋아 보이는 새로운 것을 구하기 위해 자꾸만 밖으로만 돌아다니게 되는 심리이다.

내 안에, 또는 기업 안에 이미 파랑새가 있는데, 그 가치를 알지 못하면 자꾸만 다른 것을 채워 넣으려 시간을 낭비하거나, 또는 다른 기업을 모방하고자 방황한다. 이것은 심각한 경쟁력 저하로 이어진다. 그 시간에 자신을 살펴보고, 내가 가지고 있는 가치 있는 것이 무엇인지 찾는 것이 훨씬 중요하다. 그래야만 진정한 나만의 경쟁력을 발휘할 수 있다. 이것이 바로 조직 배태성이 주는 교훈이다.

◇ 조직의 강점을 극대화하는 구조, 통제, 보상 전략

기업이 자리 잡고 있는 어떤 것(그것을 자원이라고 하든, 역량이라고 하든, 혹은 전략이라고 하든 상관없다)이 그 가치를 발휘하게 되는 과정을 어떻게 설명할 수 있을까? 다시 말해 기업이 이미 매우 가치 있는 강점을 가지고 있다고 할 때, 그 강점은 구체적으로 어떻게 이익으로 연결될 수 있을까?

아무리 좋은 강점이라고 해도 기업이 그 가치를 알지 못하거나, 또는 그 가치를 충분히 실현할 준비가 되어 있지 않으면 빛을 발할 수가 없다. 마치 제록스의 팰로앨토 연구소나, 줄에 꿰지 못한 구슬이나, 또는 미치르의 침실에 있었던 파랑새처럼 말이다. 자원기반이론에서는 이에 대한 3가지 통로를 제시한다.

① 조직구조(structure)

자원의 가치를 실현하는 첫 번째 통로는 조직구조이다. 제대로 구비된 조직구조를 통해서 기업의 강점은 진정한 강점으로 빛을 발할 수 있다. 조직구조를 여러 가지 특징으로 설명할 수 있지만, 가장 쉽게 구분하면, 단순한 구조와 복잡한 구조로 대별할 수 있다.

기업의 강점이 단순성에 기인한 생산성에 있다면 그 기업의 조직구조도 단순해야 한다. 다시 말해 기업의 경쟁력이 제품이 가지고 있는 저렴한 가격에 있다면, 단순한 제품을 단순한 공정으로 만들어야만 저렴하게 생산하여 저렴한 가격에 판매할 수 있다. 예를 들어 복제 약을 제조하여 판매하는 기업은 고도의 연구개발 기능이 필요하지 않다.

반면에 기업의 강점이 복잡한 문제를 해결하기 위해 새로운 것을 개발하는 능력에 있다면, 그 기업의 조직구조는 복잡해야 한다. 즉 기업의 경쟁력이 제품 또는 서비스가 가진 창의적이고 복잡한 속성에 있다면, 창의적이고 복잡한 문제 해결을 위해 여러 부서가 다양하게 소통하면서 새로운 아이디어를 창출해내는 복잡한 구조를 가져야 한다. 예를 들어 복제 약을 제조하는 기업이 아니라 특허를 취득하기 위한 제약회사나 천문학적인 소송에서 이겨야 하는 대형 법률회사, 대기업의 광고를 책임지는 대형 광고대행사에서는 한 가지 임무를 완수하기 위해 수평적으로 연결된 여러 부서가 복잡하게 상호관계를 맺으면서 일하는 것을 볼 수 있다. 그렇게 일하지 않으면 복잡한 문제를 효과적으로 해결할 수 없기 때문이다.

따라서 기업은 각자의 강점에 적합한 조직구조를 갖추어야 한다. 사람들은 가끔 현대의 조직은 효과적인 소통을 위해 수평적 요소가 강해야 한다고 쉽게들 말한다. 하지만 만약 어떤 기업에 창업 시절부터 중요한 일을 해온 매우 권위적인 스타일의 시니어 경영자가 있다고 하자. 그런데 조직구조를 무조건 수평적으로만 이끌고 나간다면 그의 관록과 역량을 전혀 이용할 수 없게 될뿐더러, 어쩌면 그는 그 기업을 떠나야 할지도 모른다. 만일 그 기업의 특성상 오랜 경력이 매우 중요하다면, 오히려 그 기업은 수평적 조직구조 때문에 매우 가치 있는 인적자원을 잃게 될 것이다. 그러나 그 기업이 그의 권위적인 스타일에서도 강점을 극대화할 수 있는 수직적인 조직이 부분적으로나마 갖추어져 있다면, 이 시니어 경영자가 창출하는 큰 이득을 볼 수 있을 것이다.

한편, 기업의 모든 조직구조가 밀접하게 연관되어야 하는지, 아니면 특정 조직은 독립적으로 운영되어야 하는지에 대해서도 결정해야 한다. 어떤 경우에는 모든 조직이 유기적으로 연결되어 있어야만 경쟁력을 갖출 수 있는 경우가 있다. 다른 부서가 가지고 있는 강점이 원활하게 소통되어야 하는 경우이다. 반대로 특정 조직이 독립적으로 운영되어야만 경쟁력을 갖출 수 있는 경우도 있다. 조직의 기존 업무와 크게 다른 성격의 업무를 새로 시작할 때에는 때로는 기존 조직과는 관련성을 최소화할 필요가 발생한다. 이러한 복잡한 상황들을 고려하여 최적의 조직구조를 결정해야 한다.

② 경영통제 시스템

자원의 가치를 실현하는 두 번째 통로는 경영통제시스템이다. 이것은 기업이 가진 강점을 극대화하기 위해 적절한 지원을 해 주는 것을 의미한다. 예컨대 어떤 기업은 해외시장을 개척하는 성향이 매우 강한 경우가 있다. 이 경우 해외 영업부나 해외 지사에 근무하는 직원에게는 회사가 할 수 있는 모든 지원을 쏟아 부을 수 있다. 법인카드 한도액도 많고, 자의적으로 할 수 있는 의사결정 권한의 폭도 넓을 수 있다. 반면, 국내에 근무하는 영업부 직원은 법인카드 한도액도 적고 의사결정 권한도 작을 수 있다. 이 경우 직원들은 자연스럽게 해외 영업부나 해외 지사에 근무를 희망하게 되고, 회사는 그 중에서 유능한 직원을 선발하게 될 것이다.

그런데 이 경우 천편일률적으로 바람직한 통제시스템의 유형은 있을 수 없다. 만약 회사가 현대적인 트랜드(Trend)를 따른다면서 활동적이고 공격적인 업무 능력만 중요하게 여긴다면, 꼼꼼하고 치밀한 성격의 직원은 항상 적은 법인카드 한도액과 부족한 의사결정 권한에 불만을 느끼면서 근무할 수밖에 없을 것이다. 또 그가 가진 재능과 강점은 이 기업에서 발휘되기 어려울 것이다. 어쩌면 꼼꼼한 성격을 가진 직원의 역량이 뒷받침되어야만 활동적이고 공격적인 직원들이 그 능력을 충분히 발휘할 수도 있을지도 모르는데 말이다.

③ 보상정책

자원의 가치를 실현하는 세 번째 통로는 보상정책이다. 기업에서 상을 받는 직원의 유형을 보면 그 기업이 지향하는 인재상(人才象)을 알 수 있다.

예를 들어 진취성을 중요하게 여기는 기업은 새로운 사업을 벌이는 직원을 진급시킨다. 반대로 보수적인 업무 처리를 중요하게 여기는 기업은 큰 실수 없이 위험관리를 잘하는 직원을 진급시킨다. 이것 역시 기업에 존재하는 인적자원에 대해 기업이 가지고 있는 태도를 반영한다.

예를 들어 새로운 시도를 하려는 사원에게 "조심해, 회사는 혼자 일하는 곳이 아니야"라고 충고하는 선배 사원이 많다면, 그 기업은 안전과 유지를 추구하는 보수적인 기업이다. 그런 속에서는 창의적인 사고를 가지고 혁신적인 시도를 하고 싶은 직원의 강점이 발휘될 수 없다.

반면에 격변하는 상황 속에서 차분하게 장기적인 손익을 따지려는 사원에게 "지금 이럴 때가 아니야, 일단 눈앞에 보이는 돈은 손에 넣고 보는 거야"라고 충고하는 선배 사원이 많다면, 그 기업은 속도와 순발력을 추구하는 유동적인 기업이다. 그런 속에서는 신중하고 보수적 판단을 하는 직원의 강점이 발휘될 수 없다. 물론 이렇게 극단적인 문화의 기업들만 존재하는 것은 아니다. 그러나 많은 경우 기업의 잘못된 획일적인 보상 시스템은 직원들이 가진 다양한 강점들을 사장시킨다.

[사례] 문화콘텐츠 사업에 진입한 IBK기업은행

은행은 매우 보수적인 금융기관으로서 장기적 이익을 중시하는 벤처투자자들과는 달리 수익률보다는 원금 회수를 중시하기 때문에 불확실성을 제거하기 위한 수단으로써 담보나 연대보증을 요구한다. 그러나 최근에는 은행들이 이러한 기존 관념을 깨고 불확실한 사업에 투자를 하는 사례가 종종 있다. 그것은 바로 문화콘텐츠 상품에 대한 금융기관들의 투자 및 지원 사례이다.

IBK기업은행은 2014년에 <명량>, <군도>, <신의 한 수> 등의 영화, <왔다 장보리>, <별에서 온 그대>, <최고다 이순신> 등 드라마, <레미제라블>, <지킬앤하이드>등의 공연, 그리고 <뽀로로>, <넛잡> 등 애니메이션에도 투자 및 지원을 했다. 그 금액은 2013년 5,400억원, 2014년 2,700억원에 달한다. 그 결과 영화투자로 얻은 수익률이 8%에 이르렀다. 대출금으로부터의 수익률 2~4% 내외였던 것에 비해 높은 성과를 얻은 것이다.

대체로 문화콘텐츠를 제작하는 중소기업들의 자산 가치는 매우 낮다. 담보 액수만 가지고는 투자나 대출을 해줄 수 없는 기업들이다. 예컨대 애니메이션 <넛잡>을 제작한 레드로버는 2011년과 2012년 2년 연속 순손실을 기록하고 있었고, 보증기금을 사용하기 위한 보증한도를 다 소진한 상태였다. 이 제작사에 대출을 해 주기 위해서는 100% 신용대출을 해야 했다. 게다가 당시 레드로버는 아직 영화를 완성하지도 않은 상태였다.

그렇다면 IBK기업은행은 어떻게 이처럼 불확실한 사업에 투자를 할 수 있었던 것일까? 단지 은행장의 결정만으로 이루어진 일이었을까? 이 은행이 문화콘텐츠사업에 뛰어 들게 된 것은 2010년 행장으로 취임한 조준희 전 행장의 의지가 큰 역할을 했다. 저금리로 인해 은행권의 성장이 제한된 가운데 한국의 문화콘텐츠 산업에 투자하여 신성장 동력을 얻겠다는 조준희 전 행장의 의지가 반영되었던 것이다.

2012년 초 문화콘텐츠 금융지원 전담부서가 탄생했을 때에도, 과연 이 활동이 IBK기업은행에서 싹을 띄울 수 있을 것인가에 대해 의문이 가시지 않았다. IBK기업은행의 의지는 여기서부터 시작된다. 2015년 전국 58개 지점에 콘텐츠 디렉터를 배치하여 현장의 소리를 듣고, 53명의 산업전문가 및 여신심사부장으로 구성된 문화콘텐츠 자문위원회를 발족시켰으며, 관련 직원의 교육을 위해 외부 컨설팅 업체와 제휴했고, 연예기획사·영화 배급사·영화제 사무국 출신의 전문가가 포함된 12명의 문화콘텐츠 금융부 직원을 충원하였다.

특히 문화콘텐츠 금융부 직원들은 대출금이 본래의 목적대로 사용될 것인가에 대한 판단과 대출금의 액수가 적정한 것인가에 대해 평가하는 등 일반적인 사업평가 이외에도, 영화 시나리오를 읽고 상품성을 평가하고 여러 환경요소를 고려하여 흥행 성공에 대한 예측을 하는 등 기존과는 전혀 다른 기준에 의해 평가를 수행하였다.

흥행예측에 대한 불확실성이 내재된 가운데서도 투자과정은 신속하게 이루어졌다. 애니메이션 <넛잡>의 경우 10억원의 대출이 상담 후 2개월 만에 승인되었다. IBK기업은행의 문화콘텐츠 투자 사업을 경영학 개념으로 분석한다면 아마도 변화에의 적응, 혁신, 도전 등의 개념을 적용할 수 있을 것이다. 이를 자원기반이론 관점에서 분석한다고 해도 대체로 일치하지만, 보다 구체적인 분석을 한다면 구조, 통제, 보상적인 측면에서 할 수 있을 것이다.

첫째, 구조적인 측면에서 보면 변화를 주도하고 실행하는 조직은 매우 독립적으로 구성되는 것을 볼 수 있다. 겨우 12명의 구성원이 마치 특공대와 같이 활동하는 것을 볼 수 있다. 문화콘텐츠 금융지원 전담부서가 복잡한 기존 조직구조의 일부로써 기능한다면, 불확실성이 높은 문화 사업에 대한 신속한 판단이 불가능하게 될 것이다.

둘째, 통제의 측면에서 볼 때 문화콘텐츠 금융지원 전담부서의 직원들은 상당한 재량권을 가지고 투자분석을 하는 것을 볼 수 있다. 그들의 경력분야는 은행의 통상적인 업무역량을 벗어나는 것이었고, 그에 따른 전문성을 발휘할 수 있도록 한 것이다. 예컨대 미국에서 개방예정이었던 <넛잡>의 시장성을 평가하는 방식은 일반적인 제조기업의 사업성을 평가하는 기존의 방식과는 완전히 달랐다.

조직의 최고경영자는 조직의 일관성을 선호하는 것이 일반적이지만, 이것은 조직이 변화해야 하는 상황에서는 매우 불리하게 작용할 수 있다. 변화를 주도하는 기업은 전문성을 가진 직원에게 충분한 재량권을 부여해야 한다는 시사점을 찾을 수 있다.

끝으로 보상의 측면에서 살펴보면, IBK기업은행은 실패에 대해 관대했다는 것을 추측할 수 있다. 문화콘텐츠 사업은 성공 확률을 예측하기 매우 힘들다. 만약 투자 수익률 등의 성과에 따라 매번 담당직원을 문책한다면 이 금융지원 조직은 지속되기 어려웠을 것이다. 즉 변화를 주도하는 기업은 그 변화의 과정에 수반되는 실패에 대해 관대해야 한다는 시사점을 찾을 수 있다.

◇ 개인의 경쟁력 제고: 나만의 강점 발견하기

지금까지의 긴 세월 동안 축적해온 삶의 기억들은 그것이 때로는 좋은 추억이거나 아픈 상처, 머리가 열리는 듯 하는 깨달음, 아니면 끝없는 나락으로 떨어지는 것 같은 아찔한 충격을 포함하고 있을 것이다.

여기서 분명한 것은 축적된 그 모든 것들은 오로지 여러분 자신만의 것이라는 점이다. 다른 어떤 사람도 동일한 기억이나 경험을 갖고 있지 않다. 다른 사람과 공유하는 추억과 상처, 깨달음, 충격은 오직 제한된 사람과 제한된 시간에 공유한 것들이다. 즉 여러분 자신은 유일한 존재이다. 이 단순한 사실이 의미하는 바는 무엇일까?

자원기반이론은 기업이 보유한 자원에 대한 두 가지 전제를 설명한다.

첫 번째 전제는 세상에 있는 모든 기업은 상이한 자원을 갖는다는 자원 상이성(resource heterogeneity)이고, 두 번째 전제는 다른 기업들이 가진 자원을 가져오거나 스스로 만들어내기 위해서는 비용이 든다는 자원 비유동성(resource immobility)이다.

한 기업의 자원은 항상 자원 상이성과 자원 비유동성을 가지고 있기 때문에, 훌륭한 성과를 내는 기업을 경쟁기업이 바로 옆에서 지켜보면서도 그 방법을 쉽게 모방할 수 없다. 다만 자원 비유동성이 높아서 다른 기업이 가진 자원을 가져오거나 스스로 만들어내는 데 비용이 많이 드는 경우에는 모방이 불가능한 반면, 자원 비유동성이 낮은 경우에는 비교적 쉽게 모방할 수도 있다.

여러분 자신의 경쟁력은 바로 여러분이 가지고 있는 유일성, 즉 개인적 자원 상이성에 기반을 두어야 한다. 물론 완벽한 사람이 아니기 때문에 꾸준히 부족한 점을 채워나가야 한다. 그러나 기본적으로 자신이 가지고 있지 않은 것을 강점으로 삼으려는 것은 되도록 피해야 한다. 왜냐하면 만약 여러분이 새롭게 가지려 하는 그 무엇이 정말로 좋은 것이라면, 다른 사람도 마찬가지로 그것을 가지려 할 것이며 얻을 수 있을 것이기 때문이다.

만약 여러분이 강점으로 가지려 하는 그 무엇이, 지금까지 살면서 축적해 온 어떤 것에 기반을 두거나, 또는 축적해 온 것과 결합되어 새로운 가치를 창출하는 것이라면 그것은 다른 누구도 모방할 수 없다. 그것이 바로 유일하고 모방 불가능한 자신의 강점이 될 것이다.

그렇다면 내 속에 있는 어떤 것이 나만의 독특한 강점이 될 수 있을까? 많은 사람들이 자신의 강점은 없다고 체념하면서 살아간다. 많은 중고등학생들은 대학교가 원하는 스펙을 목표로 삼고 교내 활동이나 봉사활동을 한다. 또 많은 청년들은 회사가 원하는 스펙을 만들기 위해 각종 자격증을 준비한다. 이직을 원하는 직장인들은 새로운 직장이 원하는 스펙을 만드는 것을 목표로 업무성과를 만든다.

하지만 조직배태성을 이해하는 사람이라면, 일반적인 강점을 넘어서 자신만의 강점을 추구할 것이다. 사실 많은 대학들은 천편일률적인 스펙을 가진 고등학생을 원하지 않는다. 면접에서 보는 것은 그 학생이 얼마나 독특하고 재기 발랄한 특성을 가지고 있는가이다.

회사도 지원자들의 영어 점수나 자격증이 아니라 개성이 반영된 협동성과 독자적 업무수행 능력을 평가하기 시작 했다. 새로운 직장이 원하는 스펙을 억지로 만들어낸 사람은 자신과 맞지 않는 업무에 시달리다가, 결국 이직한 직정에서 오래 견디지 못하고 또 다른 직장을 찾을 확률이 높다.

결국 자원기반이론은 조직 배태성이라는 개념을 통해 가장 경쟁력이 있는 사람은 다른 사람이 가진 스펙을 모방하는 사람이 아니라, 자신이 가장 잘하고 즐기는 일을 발견하여 자신만의 스펙을 실현하는 사람이라고 설명한다. 남들이 보지 못하는 자신의 가치를 인식하고 활용하는 사람이야 말로 모방 불가능한 강점을 지닌 사람이다.

◇ 기업경쟁력 제고: 조직의 잠재력 발견하기

조직배태성이 갖는 기업 경쟁력에서의 시사점은, 조직 내에는 참으로 무궁무진한 잠재력이 숨어 있을 수 있다는 것이다. 어떤 경우에는 중요하지 않을 수 있는 능력도 조직 내의 다른 요소들과 결합되면 그 잠재력이 세상 밖으로 나오게 된다.

토니모리(TONYMOLY)는 중저가 화장품 브랜드로 성공한 기업이다. 이 기업의 성공 비결은 일반적인 마케팅 개념을 이용하여 설명하면, 뉴미디어를 이용한 마케팅 전략, 흥미(fun)를 추구하는 차별화된 브랜드 콘셉트, 감성적인 포장기법 등을 들 수 있다. 한마디로 고객의 취향을 저격한 다양한 차별화 전략으로 요약할 수 있다.

조직 배태성의 관점에서 이 기업의 성공 비결을 보면 다른 모습을 볼 수 있다. 토니모리의 원조기업은 화장품 용기 제조기업인 태성산업이다. 이 기업은 랑콤 등 외국의 유명 화장품 업체에 용기를 납품하는 업체였다. 따라서 자연스럽게 포장 디자인 기술에서 강점을 가졌을 뿐 아니라, 감성적인 포장 디자인이 고객의 마음을 끌 수 있다는 신념을 갖게 되었다. 다른 화장품 기업들은 자연주의를 표방하는 추세를 따르고 있었다. 그러나 토니모리는 다른 기업들과는 달리 자연주의 추세를 역행하는 길을 걸었던 것이다.

감성적인 포장 디자인은 결국 뉴미디어를 이용하는 마케팅 전략과 흥미를 자극하는 브랜드 콘셉트가 조화를 이루면서 그 가치가 극대화되었다. 결국 원조기업이 가졌던 용기 제조기술이 이 모든 차별화의 출발점이 되었던 것이다. 만약 포장 디자인을 다른 기업이 모방하기 쉬운 것으로 간주하여 가볍게 여겼더라면, 즉 자신들이 가진 포장 디자인이라는 역량의 가치를 인정하지 않고, 조직 내 다양한 전략으로 활용하지 않았다면, 어쩌면 현재 토니모리의 성공은 불가능했을 것이다.

사실 기업의 성과와 관련된 이러한 내용은 쉽게 발견되지 않는다. 우리가 분석한 많은 것들은 멋진 결과와 현상에 대한 것이지, 일상적이고 자연스럽게 이루어지는 것들은 눈길을 끌지 못하기 때문이다. 그러나 사실 자연스럽게 형성되는 역량이 개발되어 기업의 지속적 경쟁우위의 원천이 되는 경우가 많다.

스티브 잡스가 대학을 중퇴하고 그 대신 본인이 정말 관심이 있었던 서체 디자인 강의를 열성적으로 청강했다는 이야기는 잘 알려져 있다. 그는 서체 디자인 강의에서 배우고 느꼈던 것을 10년 뒤 매킨토시 컴퓨터의 중요한 브랜드 개념으로 활용했다.

애플의 성공비결을 분석하면서 표면적으로 알 수 있는 애플의 성공요인에 대해서만이 아니라, 스티브 잡스가 서체디자인에 가졌던 열정이 그저 개인적인 관심사로 그치지 않고 이후 조직에서 실제 제품개발로 이어졌다는 사실도 주목해야 한다. 결국 애플 제품들에서 고객들이 발견하고 사랑하는 예술적 이미지와 감수성은 스티브 잡스가 가졌던 예술적 잠재성을 조직 내에서 구현하여 제품에 반영했기 때문이다. 그리고 이러한 예술적 요소는 다른 기업들이 모방할 수 없는 것이었다. 자원기반이론의 관점에서 보면,

이러한 과정을 가능하게 했던 조직배태성이 바로 애플의 성공비결이라고 할 수 있다.

결론적으로 이 세상에는 똑같은 사람은 없다. 모든 사람은 각각 독특한 측면을 지니고 있다. 이것이 어느 누구라도 특정 분야에서 세상에서 가장 뛰어난 사람이 될 수 있는 가능성이 있다는 것을 의미한다. 그러나 그러한 가능성이 실제로 실현되기 위해서는 본인이 가진 잠재적 강점을 스스로 인식하고 키워나가야 한다.

기업도 마찬가지다. 기업 내부에 존재하는 잠재적 강점을 인식하고, 그 강점을 기업 내부 또는 외부에 존재하는 다른 요소들과 결합하여 발전시키면 다른 기업이 감히 모방할 수 없는 지속적 경쟁우위를 구축할 수 있다. 이러한 잠재적 강점은 처음부터 거창하거나 멋있을 필요는 없으며, 그러한 이유 때문에 잘 보이지 않을 수 있다.

그러므로 중요한 것은 잠재적 강점, 즉 잠재력 발휘를 발견하는 능력이다. 기업이 현재 가진 것이 미래에 어떤 모습으로 성장할 수 있는가에 대해 상상할 수 있는 능력이야말로 지속적 경쟁우위를 창출하는 능력이다.

Ⅳ. VRIO Model

1. 자원분석

자원기반이론에서는 기업의 경쟁력은 기업이 보유한 자원으로부터 발생한다고 주장한다. VRIO모델은 기업이 보유한 특정자원을 4가지 기준에 의해 단계적으로 분석하는데, 여기서 중요한 것은 첫 단계의 기준을 충족하지 못하면 그 다음 단계로 진행되지 않는다는 점이다. 기업은 이 방법을 통해 중요한 자원에 대해 집중적으로 분석할 수 있다. 보다 구체적으로 이 기준모델이 무엇을 의미하는지 살펴보기로 하자.

1) 제1단계 분석기준(V): 가치(Value)있는 자원인가?

자원분석의 제1단계의 분석기준은 해당 자원이 가진 가치(value)이다. 이는 기업이 보유하고 있는 자원이 그 기업의 경쟁우위를 창출할 수 있는가에 대한 분석이다. 먼저 가치가 있느냐 없느냐를 판단한 다음, 가치가 없다고 판단되면 그 자원에 대한 분석은 중단된다.

기업의 경쟁우위를 창출하는 데 있어 가치가 없는 자원은 기업의 경쟁력을 갉아먹기만 할 뿐이다. 이런 자원은 그 기업의 경쟁열위(competitive disadvantage)의 근원이 된다.

예컨대 기계를 가동시켰을 때, 정상적인 제품을 만들어 얻을 수 있는 이익보다 불량품으로 인해 보는 손해가 더 크다면, 그 기계는 가치가 없는 기계이다. 마찬가지로 어떤 기술을 라이선스(license)해서 얻을 수 있는 이익보다 라이선스(license)에 들어가는 비용이 더 크다면, 그 기술 역시 가치가 없는 기술이다. 또한 조직구성원이 자신의 월급만큼 열심히 일하지 않고 빈둥빈둥 놀기만 한다면, 그 직원은 가치가 없는 인적자원이다.

그런데 문제는 가치평가가 생각처럼 단순하지 않다는 점이다. 어떤 기계에서 불량품이 많이 발생한다고 해서 그 기계를 바로 폐기처분하지는 않는다. 수리비용이 낮을 경우에는 수리하여 사용한다. 또한 라이선스(license)한 기술을 이용하는 방식을 조금만 변경하면, 현재의 이익보다 훨씬 큰 이익을 얻을 수 있는 경우도 있다. 지금 열심히 일하지 않는 사원도 조금만 동기부여가 되면 큰 재능을 발휘할 수도 있다. 기계나 기술을 분석하는 경우보다 인적자원의 가치를 분석하는 것은 훨씬 불확실하고 어렵다. 따라서 섣부른 판단으로 해당 자원을 분석대상에서 제외하는 것은 신중해야 한다.

가치분석의 오류를 줄이려면, 첫째, 자원의 가치를 다양한 상황에서 고려해 보는 것이다. 특정 자원이 상황이 바뀌면 그 가치가 다르게 나타날 수도 있다. 개방적인 조직문화와 일사불란한 명령계통의 조직문화에서 선호되는 사원의 성격은 각각 다를 수 있다. 같은 기업에서도 하부 조직마다 다른 문화를 가지는 경우가 많다. 따라서 그 직원이 능력을 발휘할 수 있는 문화를 가진 조직으로 배치 전환하면 해당 직원은 보다 큰 가치를 발휘할 수도 있을 것이다.

둘째, 장기적인 관점에서 자원을 평가하는 것이다. 지금 당장 월급만큼의 성과를 창출하지 못한다고 해서 경쟁열위의 근원으로 판단하지 말고 장기적인 관점에서 그의 잠재력을 평가해야 한다. 이와 마찬가지로 기업이 보유한 모든 자원은 예측할 수 있는 범위에서 추정할 수 있는 장기적 가치를 고려해야 한다. 이러한 관점을 이용하면 지금 당장 가치가 큰 것처럼 보이는 자원도 장기적으로는 가치가 별로 없는 것으로 판명이 될 수도 있다. 예컨대 단기간 기술제공 계약을 체결하여 얼마간의 이익을 얻었다고 했을 때, 그 계약은 당장은 가치 있는 계약일 것이다. 하지만 그 계약이 중단된 후 기술을 제공받았던 기업이 독자적으로 기술을 이용하여 시장을 지배하게 되면, 그 계약은 장기적으로 가치가 없는 계약이 된다.

결론적으로 VRIO모델에서 특정 자원을 평가하는 첫 번째 기준은 '그 자원이 가치가 있는가?'하는 것이다. 만약 가치가 없다고 판단되면 해당 자원에 대한 분석은 종료되고, 그 자원은 경쟁열위의 근원이라고 판정한다. 그러나 주의할 것은 해당 자원의 가치에 대한 현재의 상황에서만 그치는 것이 아니라, 다양한 환경과 장기적 관점에서 이루어져야 한다는 점이다. 이러한 분석을 통해 해당자원이 지닌 내재가치가 드러나게 된다.

2) 제2단계 분석기준(R): 희소한 자원인가?

제2단계 자원분석의 분석기준은 자원의 희소성(rareness)이다. 희소성에 대한 판단은 현재 해당 자원을 가진 기업의 수를 파악하면 된다. 즉 해당 자원을 보유한 기업의 수가 적으면 그 자원은 희소한 자원이 되는 것이다.

만약 내가 보유한 자원을 보유한 기업의 수가 많으면 그 자원은 흔한 것이기 때문에 경쟁우위의 근원이 될 수가 없다. 단지 그 자원을 통해 다른 많은 기업들이 얻을 수 있는 만큼의 이익을 획득할 수 있는 경쟁력을 가질 뿐이다. 이러한 경우 해당자원을 통해 얻을 수 있는 경쟁력을 경쟁등위(competitive parity)라고 한다. 물론 경쟁우위가 아닌 경쟁등위라고 해서 이를 무시해서는 안 된다. 다른 기업들이 가지고 있는 흔한 것을 소홀히 여기다가는 심각한 경쟁열위에 빠질 수 있기 때문이다.

예컨대 한번 맛 집으로 소개되고 나면, 그 식당에는 손님이 넘쳐난다고 한다. 가끔 이러한 맛 집에 대해 고객들의 불만이 크게 불거지는 경우도 있다. 식당 주인이 손님에게 짜증을 내고, 대충 먹고 나가라는 식으로 서비스를 한다는 불만이 그 중 하나이다. 맛 집으로 유명해지기 전까지는 다른 식당과 비슷한 수준의 친절한 태도를 보였을 것이다. 친절도의 측면에서 경쟁등위를 유지해 왔던 식당이 유명해지고 나면 친절에 대해서는 별로 신경을 쓰지 않는다든지, 오히려 불친절하게 대해서 빨리 자리를 떠나게 하는 것이 더 많은 손님을 받을 수 있는 방법이라고 판단했을 런지도 모른다. 그러나 한번 추락한 위상을 회복하는 것은 매우 어렵다.

고객에 대한 친절과 같이 별로 희소하지도 않고, 특별히 그것을 통해 경쟁우위를 얻을 것 같지 않은 속성도 그것을 소홀히 하면 심각한 경쟁열위에 빠지게 된다.

특정 자원에 대한 희소성이 없다고 판단되면, 그 자원에 대한 분석은 거기에서 끝내고, 그 자원은 경쟁등위의 원천이라고 판단하게 된다. 그러나 해당자원의 희소성이 있다고 판단되면 이제 세 번째 기준을 적용하여 자원분석을 계속 진행하게 된다.

3) 제3단계 분석기준(I): 다른 기업이 모방하기 힘든가?

자원에 대한 제3단계 분석기준은 자원의 모방 불가능성(inimitability)이다. 기업이 가진 자원 중에는 다른 기업이 모방하기 쉬운 자원도 있고 모방이 불가능한 자원도 있다. 예컨대 새롭게 발명된 특수한 기계를 외국으로부터 수입하여 고품질의 생산성을 지닌 높은 경쟁력을 지닌 기업이 있다고 가정하자. 이러한 소문을 들은 경쟁기업들은 아마도 신속하게 동일한 기계를 수입해서 이용하려고 할 것이다. 해당기업의 경쟁력은 경쟁기업이 동일한 기계를 수입하는 순간 사라지게 된다.

기술도 마찬가지이다. 새롭게 발명된 기술을 첫 번째로 라이선스한 기업은 다른 기업이 동일한 기술을 라이선스할 때까지 임시적으로 경쟁우위를 가질 수 있다. 인적자원의 경우는 어떨까? 어떤 기업에서 탁월한 능력을 발휘하는 직원이 있다고 할 때 경쟁기업들이 할 수 있는 방법은 아마도 두 가지 중 하나일 것이다. 해당 직원을 스카우트하거나, 또는 내부적으로 직원들을 교육시켜 동일한 능력을 갖도록 하는 방법이다. 첫 번째 기업이 경쟁우위를 가질 수 있는 기간은 두 번째 기업이 스카우트에 성공하거나, 내부적으로 능력이 있는 직원을 육성하기까지일 것이다.

이처럼 희소자원이지만, 그 자원을 다른 기업이 모방하기 쉬운 경우 경쟁우위는 지속되기 어렵다. 단지 임시적 경쟁우위(temporary competitive advantage)를 가질 뿐이다.

기업이 바라는 지속적인 경쟁우위(sustained competitive advantage)는 모방되지 않고 상당기간 유지되는 것이다. 경쟁기업이 모방하기 어려운 자원을 보유하여 지속적 경쟁우위를 가질 수 있느냐의 여부를 평가하는 기준이 바로 모방불가능성(I, in-imitability, 아무나 흉내 낼 수 없는)이라고 한다.

그러면 기업의 경쟁우위가 지속될 수 있는 조건은 무엇일까? 경쟁우위의 요소를 다른 기업들이 모방하지 못하는 이유는 어디에 있을까?

이미 우리는 그 해답을 알고 있다. 앞에서 설명한 경로의존, 사회적 복잡성, 인과적 모호성에 대한 깊은 이해를 가졌다. 여기에 '특허'를 더한 4가지 조건이 모방불가능성을 가지게 하는 조건들이다.

특허란 넓은 의미에서는 상표권과 지적 재산권 등을 모두 의미한다. 즉 특정한 기술이나 상표, 지적 재산 등에 대해 정부로부터 법적인 보호를 받는 것이다. 특허를 보유한 기술을 다른 기업이 무단으로 사용하면 해당 기업을 상대로 소송을 걸 수도 있고, 어떤 경우에는 수조원에 달하는 벌금을 낼 수도 있다. 이처럼 특허는 기술이나 상표권 같은 가치 있는 자원을 다른 기업들이 모방하는 것을 막는 기능을 한다.

삼성과 애플은 2011년 이후 네덜란드, 영국, 프랑스, 독일, 일본, 미국, 한국 등 여러 나라에서 동시다발적으로 특허 전쟁을 벌였다. 삼성은 미국에서 1조원에 육박하는 배상 판정을 받았지만, 애플도 압승이라고 하기 에는 많은 패배를 안고 있다. 그리고 이들 두 기업의 특허전쟁을 관전하는 기업들의 표정은 밝지만은 않다. 거액의 벌금형을 받고 기업이미지가 추락하면, 그렇지 않은 기업들은 상대적으로 이익을 얻어야 할 것이다. 그런데 오히려 특허 전쟁을 벌이고 있는 두 기업의 기술적 리더십이 강하게 부각되어 나머지 기업들은 상대가 되지 않는다는 분위기가 확산되고 있다. 특허전쟁을 벌이고 있는 두 기업은 엄청난 홍보효과를 누리고 있다는 점이다. 지금까지 이 두 기업은 현명하게 위협을 기회로 바꾸고 있는 것으로 보인다. 역시 고수들은 다른 것 같다.

특허는 그 자체로는 모방을 막지 못한다. 특허 소송에 휘말릴 때의 비용을 높임으로써 간접적으로 모방을 억제하는 것이다. 아이러니한 것은, 특허를 취득함으로써 다른 사람이 불법적으로 모방할 수 있는 길을 터놓을 수 있다는 점이다. 왜냐하면 특허를 받기 위해서는 특허청에 해당 기술에 대한 모든 것을 공개해야 하고, 누구나 그것을 열람할 수 있기 때문이다. 또한 특허는 일정기간 동안에만 권리를 보장해 준다. 예컨대 신약에 대한 특허는 20년이다. 20년이 지나면 동일한 성분을 지닌 복제의약품들을 제조할 수 있게 된다.

결론적으로 특정 자원이 가치 있고, 희소하며, 모방 불가능하다고 판단되면, 그 자원을 보유한 기업에게는 지속적 경쟁우위를 창출하는 원천이 될 가능성이 있다. 이러한 모방 불가능성이 나타나게 되는 것은 주된 원인은 그 자원을 이용하는데 경로의존, 사회적 복잡성, 인과적 모호성이 존재하거나 또는 특허에 의해 법적으로 모방이 억제되는 것 등이다.

4) 제4단계의 분석 기준(O): 조직과 결합되어 있는가?

마지막 제4단계에서의 자원분석 기준은 조직의 배태성(organizational embeddedness)이다. 아무리 가치 있고, 희소하며, 모방 불가능한 자원을 가지고 있다고 하더라도 조직에서 그 가치를 인식하지 못하고 활용하지 못한다면 아무런 쓸모가 없다.

조직배태성은 특수한 성격을 지닌다. 가치는 있으나 희소성이 없는 자원은 그것을 보유한 기업에게 경쟁등위를 가져다 줄 수 있다고 앞에서 설명하였으나 엄밀한 의미에서는 틀린 말이다.

가치가 있고 희소성이 없는데 조직의 배태성이 없다면, 그 자원은 경쟁열위의 원천으로 전락할 수 있다. 그 자원을 유지함으로써 아무런 이익도 얻지 못한다면 그것을 유지하는 데 드는 비용만 남을 것이기 때문이다.

가치가 있고 희소성도 있는데 모방 불가능성이 없는 자원이라면, 임시적 경쟁우위를 가져와야 한다. 그런데 만약 조직 배태성이 없다면 이것 역시 경쟁열위의 원천으로 전락할 것이다.

그러나 조직배태성은 그 자체로는 경쟁우위를 가져올 수 없다. 가치를 지닌 어떤 대상에 대한 조직 배태성을 분석해야하기 때문이다. 그러므로 조직 배태성은 분석 대상이 되는 특정 자원에 대해 마지막으로 고려해야 할 기준이 되는 것이다.

2. VRIO분석표의 활용 사례

VRIO분석표란 기업이 보유한 특정 자원에 대해 4가지 분석기준을 순차적으로 적용하면서 그 자원이 기업 경쟁력에 미치는 영향을 알아보는 것이다.

[사례 1]

가상적인 인적자원 5명에 대한 VRIO분석 사례를 소개하면 그 내용은 다음과 같다.

<표 3-3>의 VRIO분석표에서 각 자원들의 특성의 순서는 의도적으로 썩어 놓았다. 예를 들어 어떤 항목에도 yes가 없는 [자원 5]를 맨 위에, 모든 항목에 대해 yes가 있는 [자원 1]을 맨 아래에 배치하면 보기에는 좋을지 모르나 실제 VRIO분석을 할 때에는 자원의 나열 순서와 경쟁력의 대소가 일치하지 않는 아래와 같은 모습이 나오게 마련이다. 그 대신 [자원 5]부터 설명하기로 하겠다.

먼저 [자원 5]는 H기업에 근무하는 박 과장이라고 가정하자. 박 과장은 연봉 7,000만원을 받고 이 회사에 다닌다. 그런데 근무태도가 좋지 않아서 대부분의 일을 신입사원이나 부하 직원에게 미루고, 정작 자기는 주식투자에 빠져 있다. 이러다 보니 업무능력도 시원치 않아서 회사는 외부와의 중요한 계약 건을 더 이상 박 과장에게 맡기지 않는다. 박 과정은 이러한 문제를 알지만, 자신의 태도를 고치려는 노력을 하는 대신, 다른 편한 회사로 이직하려는 기회만 엿보고 있다.

다소 비관적이지만, 박 과장이 이 회사를 위해 창출할 가치는 장기적으로도 없다고 보인다. 박 과장이라는 인적자원은 이 회사에 7천만원 연봉 이상의 가치를 창출할 수

〈표 3-3〉 VRIO분석표(인적자원)

자원	가치(V)	희소성(R)	모방불가능성(I)	조직배태성(O)	창출되는 경쟁력
자원 1	Yes	Yes	Yes	(Yes/no)	경쟁열위
자원 2	Yes	Yes	Yes	(Yes/no)	지속적 경쟁우위
자원 3	Yes	No		(Yes/no)	경쟁등위
자원 4	Yes	Yes	No	(Yes/no)	일시적 경쟁우위
자원 5	No			(Yes/no)	경쟁열위

있을까? 아마도 없을 것이다. 그래서 가치(V)칸에 No를 기입했다.

가치가 없는 자원은 희소성 이하에 대한 분석을 할 필요가 없다. 그리고 이 자원을 유지하기 위한 비용 때문에 이 자원은 기업의 경쟁열위의 원천이 된다.

두 번째로 [자원 3]은 H기업에 다니는 김 전무라고 가정하자. 김 전무는 연봉이 3억원인데, 동종업계의 다른 회사들에 근무하는 전무들만큼 열심히 일을 한다. 그래서 작년 실적도 보통의 전무들에게 기대되는 정도의 실적을 냈다.

김 전무는 H기업의 가치 있는 자원일까? 연봉 3억원에 맞는 일을 해서 회사에 기여했고, 특별한 일이 없는 한 앞으로도 그러할 것으로 예견된다면, 가치 있는 자원이라고 말할 수 있을 것이다. 그런데 다른 회사에도 김 전무와 같은 직원이 많이 있는 것 같다면 어떨까? 이 경우 김 전무는 H기업에 가치는 있지만 희소하지는 않은 자원으로서 경쟁등위를 창출하는 자원이다.

[자원 4]는 H기업에 다니는 최 대리라고 가정하자. 최 대리는 연봉이 5천만원이다. 능력과 근면성이 출중해서 회사에 4억원 이상의 이익을 가져오는 탁월한 영업사원이다. 다른 회사에서도 이렇게 능력 있는 직원은 찾아보기 힘들다고 한다.

최 대리는 H기업에서 가치가 있을까? 말할 나위도 없다. 최 대리는 회소한 자원일까? 물론이다. 최 대리는 현재 H기업을 위해 경쟁우위를 창출하고 있다. 이제 최 대리에 대해 모방 불가능성에 대한 분석을 할 차례이다. 그런데 H기업의 경쟁사인 B기업에서 최 대리를 유심히 살펴보고 있다. B기업은 최 대리에게 동급으로서는 파격적인 연봉인 7천만원을 제의 한다. 그리고 실적에 따라 두둑한 상여금도 지급하겠다는 언질을 주었다. 그래서 최 대리는 조만간 B기업으로 옮길 것이 확실시 된다.

이 경우 최 대리는 H기업에 지속적 경쟁우위를 창출할 수 있을까? 아니다. B기업으로 이직하는 순간 H기업은 경쟁우위의 원천을 잃게 될 것이다. 즉 최 대리는 이직하기 전까지만 H기업에 임시적 경쟁우위의 원천이 될 수 있다. 바로 스카우트라는 '모방'이 발생하기 때문이다.

[자원 1]은 입사 1년차인 박 주임이라고 가정하자. 기술연구원인 박 주임은 연봉 5천만원을 받는다. 그런데 남다른 창의력으로 수억원 이상의 이익을 가져올 수 있는 신기술을 개발하고 있다. 이러한 사원은 다른 곳에서도 찾아보기 어렵다고 한다. 게다가 남다른 애사심으로 충만해 있어서 다른 회사로 이직할 가능성도 없다. 그런데 안타까운 일은 박 주임이 개발하는 신기술의 가치를 이해하는 선배 직원들이 없다는 사실이다.

한 번은 구글이 최근 개발하고 있는 자동주행 장치와 비슷한 운행 제어장치를 개발했지만, 추가적인 개발비용이 너무 크다고 해서 연구가 중단된 적도 있었다. 그래서 박 주임이 개발하는 많은 기술들이 H기업의 사업모델과 부적합하다는 판정을 받는 빈도가 잦다.

이 경우 H기업은 박 주임의 가치를 제대로 실현하지 못하고 있다. 오히려 그를 유지하기 위해 지급하는 연봉이 제값을 하지 못한다고 말할 수 있다. 이 경우는 조직 배태성의 문제 때문에 가치 있고 희소하며, 다른 기업으로 이직할 염려도 없는 모방 불가능한 자원인 박 주임이 오히려 H기업에서 경쟁열위의 원천이 되는 불행한 결과를 보여준다.

마지막으로, 만약 H기업이 박 주임의 천재성을 알아보고 그가 개발하는 신기술을 적절히 사업화할 역량을 갖추어 나간다면, 박 주임은 비로소 기업H의 지속적 경쟁우위의 원천이 될 수 있다. 즉 [자원 2]의 경우가 될 것이다.

[사례 2]

다음은 브랜드 자원에 대한 VRIO분석 사례이다. 최근 한류가 중국에 유행하면서 중국에 노출되는 한국 드라마에 간접광고(PPL)를 수행하는 사례가 종종 나타난다. 이와 관련하여 가상의 5개 브랜드를 대상으로 VRIO분석을 한 사례인데 구체적인 내용은 <표 3-4>와 같다.

[자원 5]는 중국시청자를 표적으로 새로 제작한 브랜드를 한국 드라마에 높은 비용을 지불하고 간접광고(PPL)를 했지만, 드라마 흥행이 실패하는 경우이다. 이 경우 해당 브랜드를 제작한 비용과 드라마 PPL비용은 중국 시장에서 이 기업에게 손실을 가져왔으므로 경쟁열위의 원천이 된다.

[자원 3]은 다행스럽게도 드라마가 보통 수준의 인기를 끌어서 중국 시청자들의 관심을 받는 것에는 성공한 경우이다. 그러나 다른 기업의 많은 브랜드들도 다른 많은 한국 드라마에 비슷한 PPL광고를 해서 인기를 끌었다고 가정하자. 다시 말해 이 기업의

〈표 3-4〉 VRIO분석표(간접광고)

자원	가치(V)	희소성(R)	모방불가능성(I)	조직배태성(O)	창출되는 경쟁력
자원 1	Yes	Yes	Yes	(Yes/no)	경쟁열위
자원 2	Yes	Yes	Yes	(Yes/no)	지속적 경쟁우위
자원 3	Yes	No		(Yes/no)	경쟁등위
자원 4	Yes	Yes	No	(Yes/no)	일시적 경쟁우위
자원 5	No			(Yes/no)	경쟁열위

PPL은 다른 브랜드들에 비해 차별적인 노출 효과를 얻지는 못했다. 이 경우 해당 브랜드에 대한 드라마 PPL은 다른 기업의 브랜드들과 비슷한 정도의 경쟁우위를 얻을 수 있었다. 즉 현재의 PPL 광고로 인해 경쟁등위를 획득했다.

[자원 4]의 경우는 다음과 같이 예를 들 수 있다. 중국의 명절을 맞이해서 특별한 한중 합작 드라마를 만들었는데, 이 드라마는 한 번만 제작되는 것이다. 다행히 이 드라마에 소수의 기업들만이 PPL 광고를 했다면, 이 경우 희소한 기회를 활용하여 PPL효과를 본 것이므로 이 기업은 적어도 임시적 경쟁우위를 획득할 수 있다. 다만 다음번 명절이 되어 또 다른 드라마가 제작되면, 그 드라마에 삽입되는 다른 PPL광고들이 그 효과를 가져갈 것이다.

[자원 1]의 예는 다음과 같다. 중국 시청자를 표적으로 삼는 한국 드라마에 PPL광고를 하게 되었다. 이 기업의 브랜드 중 가장 효과가 좋을 만한 것을 선택해야 했는데, 그냥 무난한 브랜드로서 귀고리와 반지 등을 포함시키기로 결정했다.

그런데 사실 이 기업은 특정 지역에서 독점적으로 채취할 수 있는 한국산 옥으로 만든 팔찌도 제작하고 있었다. 단지 중국 국민들이 옥으로 만든 팔찌를 별로 좋아하지 않을 것이라고 판단해서 포함시키지 않았던 것이다.

한편, 이 기업의 한국산 옥팔찌는 국내에서는 인기가 없어서 창고에서 먼지만 쌓이는 신세였고, 결국 옥팔찌 제조 사업을 접었다. 그런데 나중에 알고 보니, 중국 국민들이 옥팔찌를 매우 선호하고, 특히 한국산 옥에는 젊음을 지키는 특별한 효과가 있다는 소문까지 나 있는 상태였다. 다시 말해 이 기업은 자신들의 중요한 강점의 가치를 조직에서 인식하지 못했기 때문에, 중국 시청자들에게 한국산 옥팔찌를 광고할 수 있는 절대 절명의 기회를 놓쳤을 뿐 아니라, 이미 만들어 놓은 옥팔찌의 제작비용이 경쟁열위의 원천이 되는 불행한 처지에 놓이게 된다.

마지막으로, 만약 이 기업이 독점적으로 제작하고 있었던 한국산 옥팔찌를 중국 국민이 선호한다는 것을 알고 적절한 PPL광고를 했다면, 다른 기업이 모방할 수 없는 지속적인 경쟁우위를 획득할 수 있을 것이다. 즉 [자원 2]의 경우가 될 것이다.

3. VRIO분석표의 적용(개인)

본인의 강점 3개 이상 들고 각각에 대해 VRIO분석을 해보자.

〈표 3-5〉 VRIO분석표

자원	가치(V)	희소성(R)	모방불가능성(I)	조직배태성(O)	나의 경쟁력
자원 1					
자원 2					
자원 3					
자원 4					
자원 5					

사실 이 문제에 접하는 대부분의 학생들은 패닉에 빠진다. 왜냐하면 자신의 강점에 대해 평소 진지하게 생각해 보지 않았기 때문이다. 기업의 사례를 주고 VRIO분석을 하라는 과제를 주면 제법 잘하는 학생들도 본인의 강점에 대해 VRIO분석을 하라고 하면 도대체 무엇을 분석해야 할지 몰라 당황한다. 본인에게 가치가 있다고 생각하는 장점을 찾지 못하면 분석을 시작할 수도 없는데, 생각보다 많은 학생이 자신의 강점을 떠올리지 못해서 애를 쓴다.

어떤 학생들은 일반적으로 좋은 스펙이라고 불리는 것을 강점으로 쓰기도 한다. 공인 영어 점수가 높다든지, 자격증이 있다든지, 공모전에서 수상을 했다든지 등이다. 그런데 그런 것들은 어떤 강점으로 인한 결과이지, 그 자체가 강점은 아니다. 마치 어떤 기업이 "이익률이 높은 것이 강점이다"라고 말하는 것과 비슷하다. 깊은 고민 끝에 자신의 내부에 있는 강점을 찾은 뒤에도 다음 문제가 다가온다. 희소성과 모방 불가능성을 설명해야 하기 때문이다.

많은 학생들이 자신의 강점으로 꼽는 근면성, 성실성, 협동성 등이 사실 희소한 것인가에 대해 설명하기는 쉽지 않다. 게다가 그 강점들이 다른 사람들이 모방하기 힘든 독특한 강점인가에 대해 설명하는 것도 매우 어렵다.

그런데 잘 생각해보면 그 이유는 누구나 쉽게 떠올릴 수 있는 덕목들을 자신의 강점으로 정했기 때문이다. 흔한 덕목이기 때문에 희소하지 않고, 자신의 삶과 특별한 관련된 것이 아니기 때문에 다른 사람이 모방하기 어렵다고 주장하기도 힘들다.

1) VRIO분석: 바람직하지 않은 답안의 사례

자신의 강점에 대한 VRIO분석에서 바람직하지 않은 답안과 바람직한 답안의 예를 들면 다음과 같다. 먼저 막연한 강점을 들어 VRIO분석을 한 예를 보자.

〈표 3-6〉 VRIO분석(막연한 강점에 대한 잘못된 분석 사례)

자원	가치(V)	희소성(R)	모방불가능성(I)	조직배태성(O)	나의 경쟁력
영어회화 실력	Y	Y	Y	Y	지속적 경쟁우위
공모전 수상	Y	Y	Y	Y	지속적 경쟁우위
남을 돕는 성격	Y	Y	Y	Y	지속적 경쟁우위

(1) 나의 영어 회화실력은 토익 950점으로써 직장을 구하는 데 도움이 된다(V). 905점이라는 높은 점수는 흔하지 않다(R). 이 점수는 내가 오랫동안 열심히 공부했던 결과이므로 경로 의존적이라서(I), 다른 사람이 모방하기 힘들다. 마지막으로 나는 내가 영어를 잘한다는 것을 잘 알고, 앞으로 이것을 활용하려 한다(O). 그러므로 내 영어 점수는 나의 지속적 경쟁우위의 원천이 된다.

(2) 얼마 전에 상을 받았던 공모전은 내가 직장을 구하는 데 도움이 될뿐더러(V), 공모전이 흔하게 있는 것이 아니고(R), 또한 공모전 준비를 같이 했던 친구들과의 팀워크에 의한 것이기 때문에(I), 모방하기 힘든 성과라고 할 수 있다. 나는 앞으로도 공모전 수상을 내 자기소개서에 계속 강조할 것이다(O). 그러므로 공모전 수상은 나의 지속적 경쟁우위의 원천이 된다.

(3) 나는 다른 사람을 돕는 것을 즐기는 성격이기 때문에 다른 사람들이 나를 좋아한다(V). 내가 보기에 나처럼 다른 사람을 돕는 사람은 드물다(R). 이 성격은 타고났기 때문에 인과적으로 모호하며(I), 따라서 다른 사람이 모방하기 힘들다. 나는 앞으로도 이 좋은 성격을 계속 활용할 것이다(O). 그러므로 내 성격은 나의 지속적 경쟁우위의 원천이 된다.

하지만 이러한 강점들은 사실 지속적 경쟁우위의 원천이 되기에는 적절하지 않다.

첫째 토익 950점은 직장을 구하는 것에는 가치가 있을지 모르지만, 일단 직장을 구한 다음에는 그 가치가 사라진다. 점수자체는 결과이지, 경쟁력의 근원이 되기 힘들다. 예를 들어 '새로운 언어를 습득하는 것에 대한 열정'이 있다고 한다면, 그것은 적어도 임시적으로는 경쟁우위의 원천이 될 수 있을 것이다.

둘째, 공모전 수상 역시 직장을 구할 때 이외에는 가치를 찾기 힘들다. 그 대신 '새로운 것에 도전하는 성격'을 강점으로 꼽았다면 그것은 적어도 임시적으로는 경쟁우위의 원천이 될 수 있을 것이다.

마지막으로 '남을 돕는 성격'은 인생에 걸쳐 가치가 있을 수 있으나, 다른 사람보다 특별하게 희소한 것인가에 대해서는 진지하게 평가할 필요가 있다. 예를 들어 '남을 도우면서 내가 성장하는 법을 안다'라든지, '남을 돕기 위해 주도적으로 팀을 만든다는' 등이라면, 좀 더 구체적인 강점이 될 수 있을 것이고, 임시적 또는 지속적 경쟁우위의 원천이 될 수 있을 것이다. 더 나아가서 필자가 기업의 채용 담당자라면, 본인의 강점을 이러한 방식으로 소개하는 지원자에게 더 많은 점수를 줄 것이다.

2) VRIO분석: 바람직한 답안의 사례

VRIO분석에 대한 이해를 높이기 위해 바람직한 VRIO분석의 사례를 살펴보자.

〈표 3-7〉 바람작한 VRIO분석: 바람직한 구체적 강점에 대한 분석사례

자원	가치(V)	희소성(R)	모방불가능성(I)	조직배태성(O)	나의 경쟁력
비관적 상황에서 포기하지 않는 자세	Y	Y	Y	Y	지속적 경쟁우위
조직의 문제를 바로 잡는 실천력	Y	Y	N	Y	임시적 경쟁우위
이상과 현실에 대한 균형감각	Y	N	-	Y	경쟁등위

(1) 나는 아무리 비관적인 상황에 처하더라도 쉽게 포기하지 않는다. 지금까지 살아오면서 나를 괴롭혔던 친구들이나, 갑자기 성적이 크게 하락했던 시절 등을 겪으면서 어려운 처지에 빠지곤 했다. 그러나 어느 순간 인생은 소중하다는 것을 느끼게 되었고 아무리 힘든 일도 결국 지나간다는 것을 알게 되었다. 예를 들어 나를 괴롭혔던 친구들도 영원히 나를 괴롭히지는 못했고, 갑자기 하락했던 성적도 열심히 공부하다 보니 어느 정도 회복되는 것을 경험했다. 이러한 경험들은 내가 앞으로 자긍심을 갖고 살아갈 수 있는 자산이다(V). 내가 겪은 경험들은 나만이 겪었던 독특한 내 인생의 부분이며(R), 내 인생에서 오랜 기간에 걸쳐 획득된 것이다(I). 나는 내가 소중하다는 사실을 잊지 않을 것이다(O).

(2) 나는 소속된 집단에 존재하는 문제를 사람들이 알고 있음에도 불구하고 아무것도 하지 않고 지나가는 것이 매우 불편하다. 학창시절에 동아리 활동을 했는데, 동아리 활동의 활성화를 위해 매월 회의를 하긴 했지만 정작 아무도 실천하는 사람이 없었다. 또한 작은 교회에서 교사를 했는데, 교사 회의를 할 때마다 학생들이 당면한 여러 문제에 대해 좋은 의견이 나왔지만 실행되는 것은 없었다. 그래서 나는 내가 할 수 있는 일

을 시작했고, 그 결과 두 조직에서 활력이 생기기 시작했다. 이러한 것은 어느 조직에서든지 도움이 될 것이라고 믿는다(V and O). 또한 내 주변에 나처럼 실제로 일을 시작하는 사람이 별로 없다고 생각한다(R). 그러나 이러한 실천력은 조금만 동기부여가 되면 다른 사람들에게도 생길 수 있기 때문에 모방이 불가능하리라고는 생각하지 않는다(not I).

(3) 나는 꿈을 추구하되, 현실을 부정하지 않도록 노력한다. 나의 이러한 성격은 삼촌의 사업 실패를 목격하면서 형성되었다. 삼촌은 실력도 있고 적극적이었지만, 사업을 하는 데 있어 지나치게 긍정적으로 접근했다. 매출이나 이익에 대해 지나치게 낙관적으로 예측하였다.

그 결과 손해를 많이 입었고, 지금은 직장에 다니면서 빚을 갚고 있다. 그러한 삼촌을 옆에서 지켜보면서 꿈을 꾸되 현실 판단은 냉정하게 해야 한다는 것을 가슴속 깊이 깨달았다(O). 이러한 간접체험은 내 인생에서 긍정적인 역할을 할 것으로 기대한다(V). 그런데 주변에 사업 실패를 한 사람들은 적지 않으므로 나 같은 경험을 한 사람이 희소하지는 않을 것으로 보인다(not R).

자신의 VRIO분석을 통해 얻을 수 있는 선물은 바로 고민의 과정에 있다. 과연 내 강점은 무엇인가? 무엇이 나를 가치 있게 만드는가? 그 강점이 나에게 어떤 의미가 있는가? 그 강점은 다른 사람이 쉽게 모방할 수 있는가? 모방하지 못할 이유는 무엇인가? 결과적으로 그 강점은 내게 오랫동안 경쟁력을 가져다줄 지속 가능한 강점인가?

아직 여러분이 가진 고유한 강점을 발견하지 못했다 하더라도 조급해 할 필요는 없다. 시간을 두고 천천히, 그러나 진지하게 생각해 보기 바란다.

4. VRIO분석표의 적용(기업)

VRIO분석의 시작은 구체적인 강점을 발견하는 것으로부터 출발한다. 내가 소속된 회사, 부서 또는 팀이 가진 진정한 강점은 무엇인가를 먼저 파악해 보자.

기업에서 처음 VRIO분석을 할 때 대부분은 다음과 같은 막연한 강점들을 생각할 수도 있다. “우리 회사에는 능력 있는 사람들이 많다”, “우리 회사는 역사와 전통이 있다”, “우리 회사 제품은 시장에서 독보적인 지위를 가지고 있다”, “우리 회사는 영업력이 좋다”는 등과 같은 막연한 강점들에 대한 생각은 다음과 같은 문제점을 지닌다.

첫째, “우리 회사에는 능력 있는 사람들이 많다.” 물론 능력 있는 직원들이 강점은 될 수 있지만, 그들도 언제든지 기업을 떠날 수 있다. 즉 개별 직원의 능력은 가치 있고 희소할 수는 있지만(V and R) 그 자체로는 모방 불가능성이 희박하다(not I).

둘째, "우리 회사는 역사와 전통이 있다." 몇몇 기업들은 역사와 전통을 강조하여 경쟁력이 있다고 자부한다. 물론 훌륭한 역사가 있고, 평판이 좋은 기업은 고객으로부터 지속적인 사랑을 받을 확률이 높다. 그러나 특정한 역사와 전통 자체는 얼마든지 다른 역사와 전통을 가진 기업에 의해 대체될 수 있다. 바로 후발주자 우위를 말하는 것이다. 기업이 가지고 있는 역사와 전통이 과연 현재에도 가치가 있는 것인지 검토하여, 만약 가치가 불확실(not V)하다면 전통을 간직하면서도 기업 정체성을 다시 확립할 것을 검토해야 한다.

셋째, "우리 회사 제품은 시장에서 독보적인 지위를 가지고 있다." 시장에서 가지고 있는 독보적인 지위는 강점이라기보다는 어떤 강점에 의한 결과이다. 그러므로 독보적 지위를 가져오는 강점이 무엇인가를 파악하는 것이 더 중요하다. 사실 이것은 많은 기업들이 간과하는 점이다. 많은 기업들은 시장점유율을 위해 노력하면서(즉 성과지표로 보면서도), 동시에 높은 시장점유율을 강점으로 간주하기도 한다(이익 등 또 다른 성과를 위한 기반으로도 여긴다).

그러나 그것은 논리적 모순이다. 만약 높은 시장점유율을 가져 오는 원인을 파악할 수 없다면 그 이유는 2가지 중 하나, 즉 분석을 잘못했거나 아니면 인과적 모호성이 매우 높은 경우이다.

만약 인과적 모호성이 높은 가능성이 있다면, 그 제품이 제작되고 판매되는 모든 경로, 즉 구입, 보관, 제조, 마케팅, 판매 후 서비스의 모든 과정과 인사, 재무, 회계, 기술, 조직 등 지원 업무를 꼼꼼히 살펴서 다른 기업과는 크게 차이가 없는지 확인해야 한다. 그리고 만약 다른 기업보다 뛰어난 활동이 발견된다면, 그것이 바로 독보적인 시장 지위의 원인이며, 그것을 중심으로 VRIO분석을 할 수 있다.

넷째, "우리 회사는 영업력이 좋다." 영업력은 기업의 경쟁력에 매우 중요하다. 그러나 앞의 경우와 마찬가지로 영업력이라는 명칭 자체는 매우 모호한 개념일 수 있고, 다른 강점의 결과일 수도 있다. 단순히 성과가 좋은 개인이 있다는 의미라면, 그 개인이 다른 기업으로 이직하는 순간 영업력은 사라진다. 또한 영업 사원들 간의 팀워크가 좋거나(사회적 복잡성), 또는 기업 차원에서 영업활동을 효과적으로 지원하는 특별한 프로그램이나 조직을 운영하고 있다면(조직 배태성), 그 강점으로 인해 영업력이 뛰어날 수도 있다. 그러므로 좀 더 구체적인 원인을 찾는 것이 중요하다.

여러분이 소속된 직장의 강점은 무엇인지, 그리고 그 강점이 모방 불가능한 강점인지를 파악하는 것은 쉽지 않다. 그러나 앞에서 설명한 Southwest항공사의 경로 의존적 경쟁우위, 샤오미의 사회적으로 복잡한 경쟁우위, 매일박스 사의 인과적으로 모호한 경쟁우위, 그리고 IBK기업은행이 가진 문화콘텐츠 금융지원 조직의 조직배태성의 예를 통해서 여러분이 일하고 있는 회사가 지닌 진정한 경쟁력의 근원은 무엇이 될 수 있는지 조금씩 이해할 수 있을 것이다.

Ⅴ. 비즈니스모델의 탄생[6)]

알랙산더 오스터왈더(Alexander OSTERWALDER)와 예스 피그누어(Yves Pigneur)가 저술한 「비즈니스모델의 탄생－상상과 혁신, 가능성이 폭발하는 신개념 비즈니스 발상법」이라는 책은 전략경영 분야에 신선한 충격을 주었는데 구체적은 내용을 정리해 보면 그 내용은 다음과 같다.

1. 비즈니스모델 캔버스(Business Model Canbas, BMC)

오스터왈더(OSTERWALDER)와 피그누어(Pigneur)가 제시한 비즈니스 모델에서는 기업이 수행하는 활동들을 9개 활동영역으로 구분하고, 그 활동들의 상호관련성을 통해 기업의 가치창출 과정을 분석하였는데 구체적인 내용은 다음과 같다.

기업이 수익(revenue)을 창출하는 중심에는 고객(customers)에게 제공하는 가치 제안(value proposition)이 있다. 그 과정에서 고객을 만나는 방식인 고객관계(customer relationships)가 중요하며, 또한 제공하는 제품이나 서비스가 전달되는 유통 채널(channels)도 중요하다. 그런데 이러한 수익을 실현하기 위해 발생하는 원가구조(costs)에는 기업의 핵심적 자원(key resources)과 핵심적 활동(key activities), 그리고 협력기업과의 관계(key partners)가 포함된다.

---

6) Alexander Osterwalder and Yves Pigneur, 『***Business Model Generation*—View more presentations from tech dude**』, Time Business, 2011.

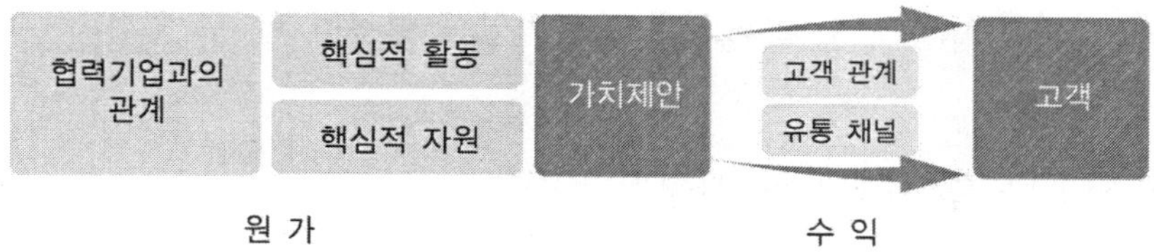

[그림 3-3] 비즈니스모델 캔버스

그러나 이 모델이 등장하기 전에도 오랜 기간 동안 기업의 가치창출 활동을 보여주는 모델이 있었다. 그것은 바로 마이클 포터 교수의 가치사슬모형이다. 포터 교수는 기업이 이윤을 창출하는 활동을 기간활동(primary activities)과 보조 활동(support activities)으로 구분한다.

기간활동은 제품이나 서비스가 만들어지고 전달되는 흐름에 따라 기업이 직접적으로 이윤을 창출하는 것에 기여하는 활동이다. 여기에는 원자재를 구입하고 생산해서 완제품을 출고하며, 마케팅 활동을 하고 판매 후 서비스를 제공하는 것도 포함된다.

보조 활동은 기간활동이 이윤을 효과적으로 창출할 수 있도록 돕는 활동이다. 인적자원을 관리하거나 연구개발 역량을 관리하는 등의 활동이 포함된다.

포터 교수의 가치사슬 모형을 얼핏 보면, 오스터왈더와 피그누어의 모형 중 일부에

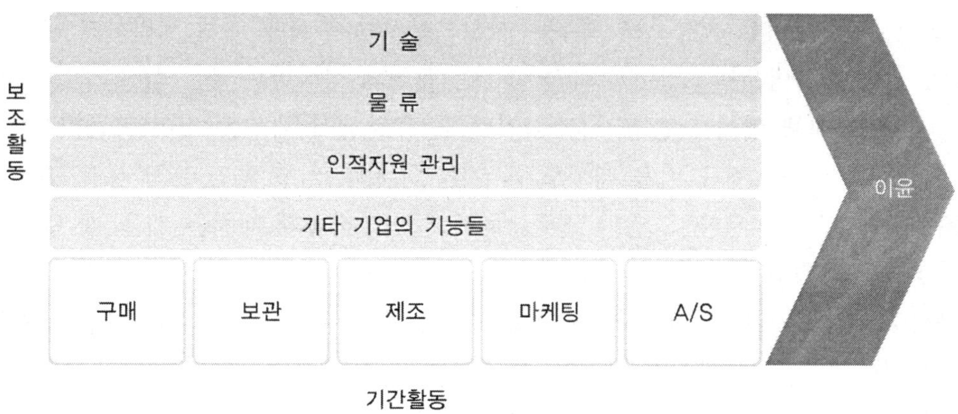

[그림 3-4] 가치사슬 모형

불과한 핵심적 활동에 한정된 것처럼 보이지만, 비즈니스모델 캔버스는 포터의 가치사슬모형이나 바니의 VRIO모형보다 훨씬 포괄적인 모형이라 할 수 있다.

2. 비즈니스모델 캔버스와 자원기반이론

비즈니스모델 캔버스(Business Mode Canbas, BMC)의 개념은 핵심적 자원과 나머지 8개 구성요소가 구분된다는 것을 전제한다. 즉 고객이나 고객관계, 유통채널 등은 수익과 관련된 구성하는 모델의 구성요소로써 독립적으로 존재한다.

심지어 핵심적 활동과 협력기업과의 관계는 핵심적 자원과 동일하게 기업의 원가구조를 구성하는 요소들이지만, 여전히 핵심적 자원과는 독립적으로 존재한다. 그리고 기업이 제공하는 제품 또는 서비스의 전반적인 가치제안 역시 핵심적 자원과는 별개이다.

그러나 이와는 대조적으로 자원기반이론에서 보는 '자원'은 매우 포괄적인 개념이다. 기업이 경쟁우위를 창출할 수 있는 모든 조건을 포함하며, 여기에는 유·무형의 자원, 능력, 역량, 기업의 강점, 심지어는 기업이 수행하는 전략까지 포함된다. 그러므로 비즈니스 모델 캔버스의 9가지 구성요소가 자원기반이론에서는 모두 자원으로 간주된다. 따라서 비즈니스모델 캔버스의 핵심적 자원은 자원기반이론에서 지칭하는 자원 중 협의의 물리적 자원 정도로 해석될 수 있다.

그렇다면 바니 교수는 왜 자원을 이렇게 넓은 의미로 정의하는 것일까? 그것은 자원과 역량, 고객과의 관계, 유통채널의 선택 등을 구분해서 분석하는 것에서 얻는 이익이 그리 크지 않다고 생각했기 때문이다.

물론 어떤 분야를 처음으로 배우는 사람으로서는 주제에 대해 세밀하게 구분해서 배우는 것이 도움이 된다. 영어를 배울 때에는 문장의 형식이나 품사 등을 구분해서 배우고, 의학을 배울 때에는 순환기, 소화기 등을 구분해서 배우는 것이 도움이 된다.

경영전략이론을 처음 배울 때에도 내부 환경 분석, 외부 환경 분석 등을 구분해서 배우는 것이 도움이 된다. 그러나 결국 배운 내용을 적용할 때에는 배울 때 구분했던 모든 영역을 통합하여 고려해야 한다. 그렇지 않으면, 영어를 배웠지만 외국인과 대화를 못하고, 의학을 배웠지만 환자를 치료하지 못하며, 전략을 배웠지만 기업을 종합적으로 분석하지 못하는 문제가 야기될 수 있다.

이런 의미에서 자원기반이론, 그리고 이를 적용하는 VRIO모델은 비즈니스모델 캔버스에 등장하는 유통채널, 핵심적 활동, 고객관계 등 어느 곳에 해당 기업의 전략적인 이슈가 있든 적용할 수 있다.

VIRO모델은 만약 어느 기업이 유통채널에서 새로운 모델을 도입하려 할 때, 과연 지속적인 경쟁우위를 창출할 수 있는 모델인가를 평가하는 데 도움을 줄 수 있다. 경쟁사가 새로운 고객관계 모델을 채택할 때, 그것이 과연 경쟁사에게 지속적인 경쟁우위를 가져올 것인가, 그리고 자사가 그 모델을 모방할 여지가 있는가에 대해 분석하기 위해 VRIO모델을 적용할 수 있다.

그러므로 비즈니스모델 캔버스 개념과 VRIO개념은 상호보완적이다. 두 개념은 자원을 해석하는 방법에서 차이점을 가질 뿐, 어느 모델이 우위에 있거나 하는 것은 아니다. 다만 비즈니스모델 캔버스는 좀더 세분화된 자원 구분법을 가졌다는 장점이 있고, VRIO모델은 모든 자원에 대해 통합적으로 적용할 수 있다는 장점이 있다.

3. Dell Computer의 사례연구

Dell Computer는 독특한 사업모델을 통해 1990년대 말까지 높은 수익성을 기록했던 기업이다. 다른 컴퓨터 회사와는 달리 델 컴퓨터는 점포 없이 온라인 판매를 통해 점포관련 비용을 절감하였다. 선주문 후 조립방식을 택했기 때문에 완제품 재고 비용을 최소화할 수 있었고, 필요한 부품만을 보관하는 JIT(Just−In−Time)생산방식을 운영하여 부품 재고비용도 절약할 수 있었다. 판매 후 서비스도 온라인으로 정형화하여 기사의 출장비 등을 절약할 수 있었다. 또한 선 결제 후 배송의 방식에 따라 현금 흐름을 개선할 수 있었다.

이러한 Dell Computer의 사업모델을 비즈니스모델 캔버스와 가치사슬 모형, 그리고 VRIO 모형으로 분석해보면, 각 모델의 특징을 비교할 수 있을 것이다.

1) 비즈니스모델 캔버스를 적용한 분석

Dell Computer가 가졌던 가치제안은 무엇이었을까? 그것은 나쁘지 않은 품질의 컴퓨터를 저렴하게, 즉 일용품적인 재화(commodity good)로 부담 없이 제공하는 것이었다. 경쟁 기업들이 품질 면에서 선도기업의 위치를 차지하기 위해 기술개발에 힘썼던 반면, Dell Computer는 빠른 조립과 낮은 가격을 핵심적 활동으로 삼았다. 또한 그것을 가능하게 하는 조립 분야의 노하우를 핵심적 자원으로 유지했다. 협력기업과의 관계는 실시간 통신을 통한 JIT시스템이 기반이 되었다. 유통채널에서는 온라인 판매를, 고객관계에서도 온라인을 통한 서비스를 유지했다. 이러한 독특한 요소들로 인해 매우 낮은 원가구조와 높은 수익을 실현할 수 있었다.

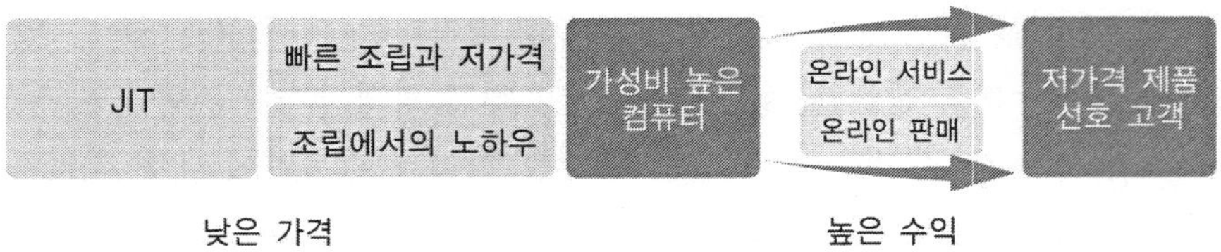

[그림 3-5] Dell Computer의 비즈니스모델 캔버스

2) 가치사슬 모형을 적용한 분석

Dell Computer가 가진 가치 활동은 매우 단순화되었는데, 그 이유는 원가를 절감하기 위해서였다.

먼저 기간활동을 살펴보면, 원재료 구매는 조립에 필요한 물량만 이루어졌고, 제조에서는 단순화되고 신속한 제조과정의 개발이 이루어졌다. 완제품 재고 비용 및 판매비용 역시 무점포 운영으로 인해 매우 낮은 비용을 부담했고, 판매 후 서비스도 온라인을 이용하면서 낮은 비용을 유지할 수 있었다. 보조 활동을 살펴보면, 先판매 후 조립을 운영하는 관리 인력과 신속한 조립을 가능하게 하는 기술 인력이 강점으로 작용했음을 알 수 있다. 기술개발은 컴퓨터의 사양을 높이는 대신 조립을 신속하게 하는 것에 집중되어 있었을 것이다.

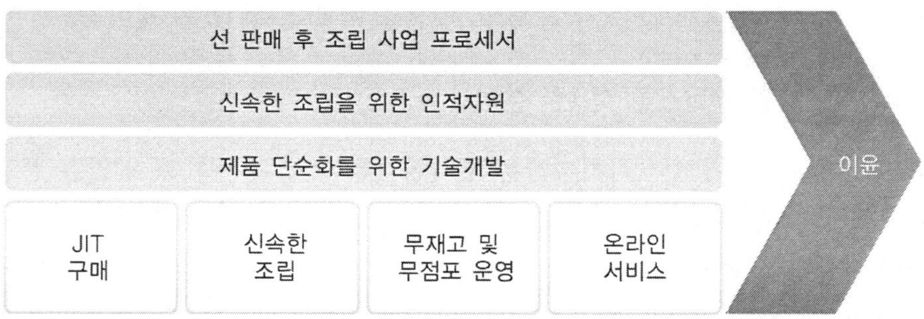

[그림 3-6] Dell Computer의 가치사슬 분석

3) VRIO모형을 적용한 분석

위에서 발견한 모든 강점들은 VRIO분석의 대상이 될 수 있다. 그리고 이러한 강점들은 초창기에는 모두 가치 있고 희소했을 것으로 분석된다.

〈표 3-8〉 Dell Computer의 VRIO분석표

강 점	가치(V)	희소성(R)	모방불가능성(I)	조직배태성(O)	경쟁력의 유형
JIT시스템	Y	Y	N	Y	임시적 경쟁우위
무점포 판매	Y	Y	N	Y	임시적 경쟁우위
온라인 서비스	Y	Y	N	Y	임시적 경쟁우위
선 결재 후 판매	Y	Y	N	Y	임시적 경쟁우위
조립에서의 노하우	Y	Y	Y	Y	지속적 경쟁우위

Dell Computer의 지속적 경쟁우위를 가져올 수 있는, 즉 모방 불가능한 높은 강점은 무엇이었을까? VRIO분석을 위해 Dell Computer의 자료를 자세히 분석해보면, 조립의 노하우가 바로 이 기업의 모방 불가능한 강점의 요건을 갖추었다는 것을 알 수 있다.

사실 Dell Computer가 가진 모든 강점들의 중심에는 '신속한 조립'이 있었다. 다른 기업들은 미리 조립한 컴퓨터를 판매했기 때문에 조립의 신속성은 중요하지 않았지만, Dell Computer에게는 고객의 주문으로부터 배송까지의 시간을 3~5일에 완수해야 했기 때문에 모든 기술 개발이 여기에 집중되었던 것이다.

그 결과 다른 기업에서는 기술자의 조립작업이 130회 반복되어야 하는 특정 공정을 Dell Computer에서는 단 60회로 단축시켰다. 또한 6번의 드라이버 작업이 필요한 공정을 1번의 드라이버 작업으로 끝내는 식의 노하우가 쌓이게 되었다. 이러한 기술은 200여 개의 특허로 등록되기도 했지만, 더 많은 경우 기업 내의 기밀로 지켜졌고, 다른 기업이 모방할 수 없는 경로 의존적이고 인과적 모호성이 높은, 그리고 다수의 기술자의 협력이 수반되어야 하는 사회적으로 복잡한 경쟁우위의 원천이 되었다.

그러나 Dell Computer는 1990년대 후반에 들어서 어려움을 겪게 된다. 컴퓨터 산업은 성숙기에 이르러 수요가 정체되었고, HP를 비롯한 다른 기업들도 온라인 판매 모델을 갖게 되었기 때문이다. 이처럼 Dell Computer가 가졌던 많은 강점들은 오래지 않아 다른 기업들에 의해 모두 모방되었고, 조립 노하우만 모방되지 않고 있었다.

이 경우 Dell Computer가 취해야 하는 전략은 무엇일까? 모방 불가능성이 높은 역할

을 이용해서 새로운 사업 또는 제품을 개발하는 것이어야 했다. 그러나 Dell Computer는 상황을 오판하고, Dell Computer가 가졌던 '나쁘지 않은 제품을 합리적인 가격으로 판매'하는 이미지를 이용하기로 했다. 그 결과 Dell TV, Dell MP3 플레이어, Dell 홈시어터 스피커 같은 非컴퓨터 제품을 다양하게 선보였다. 하지만 이것은 모두 지속적 경쟁우위의 원천이었던 컴퓨터 조립의 노하우를 이용할 수 없는 활동들이었다. 이들 신제품의 판매는 부진할 수밖에 없었고, Dell Computer는 더 큰 위기에 빠지게 되었다.

그렇다면 Dell Computer는 어떤 전략을 선택해야 했을까? 바로 조립의 노하우를 활용할 수 있는 전략을 택해야 했을 것이다. 당시에 HP는 Dell Computer에 비해 한참 시장점유율이 뒤져 있기는 했지만, 컴퓨터 사양을 고급화하는 역설적인 전략을 추진하면서 조금씩 시장점유율을 높여가는 중이었다. Dell Computer는 그 반대로 시장점유율이 조금씩 하락하는 추세였다.

가정하기에는 어려움이 있지만, 만약 Dell Computer가 HP의 전략을 모방하여 조금씩 사양을 고급화하는 전략을 추구하면서, 조립의 노하우를 십분 발휘해서 HP보다는 확연히 낮은 가격을 유지했다면 더 나았을 것이라는 분석을 해볼 수 있다.

결론적으로 비즈니스 모델 캔버스 개념은 기업의 가치 창출과정을 9개의 구성요소로 구분하며, 핵심적 자원은 그중 하나이다. 자원기반이론에서는 핵심적 자원뿐만 아니라 나머지 8개의 구성요소도 모두 광의의 자원으로 정의한다. 두 전략 모형은 상호보완적으로 될 수 있다.

Ⅵ. 핵심역량(Core Competency)[7)]

1. 선택과 집중

우리나라는 1997년 말 외환위기를 겪었다. 해외 투기꾼들이 외환차익을 노리고 한꺼번에 외화를 인출해가는 바람에 달러 환율이 900원에서 2,000원으로 급상승하게 되었다. 당시 한국만이 아니라 태국, 홍콩, 말레이시아, 인도네시아 등 많은 아시아 국가들이 외환위기를 겪었으며, 과도한 부채를 가지고 있던 국내의 많은 기업들이 도산하게 되었다. 당시 유행했던 구조조정 방법은 이른바 '빅딜'이라고 불렸던 대기업 간 사업 교

---

7) Prahalad, C.K. and Hamel, G. (1990) "The core competence of the corporation Archived 2014-07-14 at the Wayback Machine.", Harvard Business Review (v. 68, no. 3) pp.79~91.

환이었다. 비관련 다각화 기업들을 정리하여 재무 상태를 정상화하고, 자사의 주력 사업 중심으로 구조조정을 하는 방식이었다.

빅딜은 방만한 비관련 다각화를 정리한다는 의미에서 국민적 공감을 받았다. 그때 추구했던 가치가 '선택과 집중'이다. 이는 자신이 잘하는 것에 집중하여 경쟁력을 높이자는 것이다. 이때 자신이 잘하는 것을 의미하는 경영학 용어가 바로 '핵심역량'이다.

핵심역량(core competence)은 프라할라드(C. K. Prahalad)와 하멜(G. Hamel)이 1990년에 발표한 논문에서 소개한 개념이다. 이들은 기업이 가질 수 있는 경쟁력의 원천은 단순히 경쟁 기업보다 연구개발 투자를 더 많이 하거나, 인수합병을 통해 수직적 계열화를 심화하는 것이 아니라고 강조한다. 기업이 내부적으로 육성해야 할 중요한 기능을 발견하고 수행하는 것에서부터 핵심역량을 키울 수 있다는 것이다.

예컨대 자동차 제조기업의 경쟁력에서 장기적으로 중요한 부품은 엔진이다. 엔진은 자동차 제조기업의 핵심 제품이기 때문이다. 그런데 일본기업이나 한국 기업과는 달리 당시의 미국 기업들은 엔진을 아웃소싱 하는 비중이 높았다. 프라할라드와 하멜은 그 결과 1980년대 후반까지 높은 경쟁력을 유지하던 미국의 자동차 제조 기업들이 1990년대에 이르러 일본이나 한국 기업들에게 밀리게 되었다고 분석했다.

핵심역량을 소홀히 하는 또 하나의 경우는 경쟁력을 가지고 있던 기존 산업이 성숙기에 다다랐다고 성급하게 판단한 나머지, 기존 제품에 대한 투자를 멈추어버리는 것이다.

미국기업들은 1980년에 이르러 TV제조 산업이 더 이상 성장하지 않을 것이라고 판단하고, 그때까지 경쟁력을 가지고 있었던 TV부문에 대해 투자를 소홀히 했다. 그래서 결과적으로 일본 및 한국 기업들이 TV의 연장선인 HD TV, 비디오 분야에서 상대적인 경쟁력을 갖게 되었다고 분석했다.

또한 프라할라드와 하멜은 그 당시에 효율적인 경영조직으로 인식되고 있었던 전략사업부(SBU, strategic business unit)의 단점에 대해 지적했다. 각 전략사업부는 각각의 제품과 시장을 담당하고, 각각의 목표를 달성하기 위해 기업의 자원을 할당받으며, 재량권을 가지고 독자적으로 운영된다. 그러나 그 과정에서 기업의 역량이 통합적이고 장기적으로 육성될 수 있는 기회는 사라지고 만다는 것이다.

반면에 핵심역량의 개념은 기업 내 여러 제품과 사업부를 관통하는 역량으로써, 기업의 목표를 달성하기 위해 자원이 배분되어야 하며, 핵심역량을 분석 단위로 하여 기업의 활동들이 조정되어야 한다고 주장했다. 다시 말해 기업이 가진 여러 전략사업부는 핵심역량이 머무를 수 있는 저장 공간일 뿐, 전략사업부 자체를 중심으로 기업 활동이 이루어지면 장기적인 성장이 힘들다는 것이다. 이런 의미에서 핵심역량 개념에는 선택과 집중의 가치가 잘 나타나 있다.

2. 핵심역량과 핵심적 경직성

핵심역량(core competences)은 1990년대에 소개된 이래 지금까지도 경영학의 중요한 개념으로 자리 잡고 있다. 경영학뿐만 아니라 "네가 잘하는 것에 집중하라"는 단순한 메시지는 훌륭한 인생의 교훈으로도 손색이 없다.

그런데 레너드 버튼(Leonard－Barton)은 1992년에 흥미로운 논문을 발표했는데, 그의 논문 제목은 핵심적 역량(core competency)과 핵심적 경직성(core rigidities)이었다. 이 논문에서 주장하고 있는 것은 핵심역량을 중심으로 활동하는 기업들은 자신의 강점에 너무 집중하는 나머지, 경직성에 빠질 수 있다는 것이다.

자신이 잘하는 분야가 더 이상 성장하지 않거나 쇠퇴할 때에도 여전히 그 분야에서 가지고 있는 장점만을 고집한다면, 그 기업은 생존불가능성의 확률이 높아진다. 예컨대 어떤 기업이 타이프라이터를 정교하게 만들 수 있는 강점을 가지고 있다고 가정하자. 그런데 사람들이 워드프로세서를 이용하게 됨에 따라 타이프라이터 시장은 점차 쇠퇴하고 있는 상황이다. 그럼에도 불구하고 그 기업은 여전히 자신만의 강점을 이용해서 다양한 형태의 타이프라이터를 시장에 출시한다면 큰 손실을 보게 될 것이다.

이와 유사한 개념으로 캐나다의 대니 밀러 교수(Danny Miller)가 제시한 이카루스의 역설(Icarus Paradox)이라는 개념도 있다. 이카루스(Icarus)는 그리스 신화에 등장하는 인물로, 뛰어난 건축가였던 아버지 다이달로스와 함께 미노스 왕의 노여움을 사서 섬 안에 있는 미궁에 갇히게 되었다. 다이달로스는 새의 깃털과 밀랍으로 날개를 만들어 자신과 아들 Icarus의 등에 붙였다. 이제 Icarus는 하늘을 날아올라서 섬을 탈출할 수 있게 되었다. 그러나 아직도 난관은 남아 있었다. 하늘로 너무 높이 날아오르면, 뜨거운 태양열로 인해 밀랍이 녹아서 날개가 떨어지게 된다. 그렇다고 해서 바다 위로 너무 낮게 날면, 바닷물에 날개가 젖어서 날 수 없게 된다.

결국 이 이야기는 아버지의 경고를 잊은 Icarus가 너무 높이 날다가 날개를 잃고 바다에 빠져 죽게 된다는 슬픈 결말로 끝난다. 가끔 우리는 Icarus처럼 '날개를 단' 기업들이 자신의 성공에 도취하다가 환경의 변화를 읽지 못하고 실패를 자초하는 경우를 종종 목격하게 된다.

3. 핵심역량과 자원기반이론

핵심적 경직성이나 Icarus의 역설과 같은 단점에도 불구하고 핵심역량의 개념은 매우 유용한 기업경쟁력 분석의 틀로써 이용되고 있다. 왜냐하면 기업이 핵심역량에 지나치게 의존하여 실패할 확률보다는 핵심역량을 파악조차 하지 못해서 실패할 확률이 더 높기 때문이다.

핵심역량이란 문자 그대로 기업이 가지고 있는 여러 역량들 중 가장 핵심적인 역량을 의미한다. 이것은 자원기반이론이 분석대상으로 삼는 가치 있는 자원이 될 가능성이 매우 높다.

물론 핵심역량이 가치 있는 자원이 아닐 수도 있다. 반대로 핵심역량이 아닌 것이 가치 있는 자원일 경우도 있다. 현재로써는 핵심역량이지만, 가치 있는 자원이 아닐 경우를 먼저 생각해 보자. 예컨대 쇠퇴하는 타이프라이터 산업에서의 제조 역량이 좋은 예일 것이다. 산업의 변화가 급격하게 일어나는 경우, 특히 급격하게 쇠퇴하는 경우 이러한 현상이 많이 발생하게 된다.

이와는 반대로 핵심역량이 아닌 것이 가치 있는 자원인 경우를 생각해 보자. 이런 경우에는 기존 제품과는 동떨어진 분야에 그 자원을 이용할 수 있는 경우에 흔히 발생한다. 예컨대 앞에서 소개했던 사례 중 팰로엘토 연구소에서 개발되었던 마우스 제조기술은 제록스가 속해 있었던 복사기 제조 산업에서는 핵심기술도 아니었을 뿐만 아니라 아무런 역량도 발휘하지 못했다. 하지만 애플이 속해 있었던 컴퓨터 제조 산업에서는 가장 중요한 핵심역량으로 각광을 받았다.

어떤 기업이 자사가 가지고 있는 어떤 자원의 가치를 다양한 분야에서 평가할 의도와 능력이 있다면, 자사가 보유한 비핵심 역량의 가치를 새롭게 발견하고 극대화시킬 가능성이 높다.

이처럼 기업이 보유한 기존 자원의 가치를 다양한 분야에서 평가하고 적용할 수 있는 능력은 매우 중요하다. 이러한 능력이 발달한 기업은 보통 사람들은 상상하지 못하는 분야에서 자사가 보유한 기존 자원을 이용하여 모방 불가능한 경쟁우위를 획득할 수 있을 것이다.

핵심역량의 개념은 기본적으로 기존 제품을 관통하는 중요한 역량을 파악하는 것에 초점을 맞춘다. 그러나 자원기반이론에서는 핵심역량의 가치에 의문을 제기하고, 비핵심역량의 가치에도 관심을 갖는다. 만약 경로 의존적이거나, 사회적으로 복잡하거나, 인과적으로 모호한 비핵심 역량이 가치를 가질 수 있다면, 그 비핵심적 역량은 모방 불가능한 경쟁우위의 원천이 될 수 있다.

결론적으로 1990년에 소개된 핵심역량의 개념은 기존의 전략사업부 개념에서 한발 더 나아가, 기업 내 여러 사업부와 제품을 관통하는 중요한 강점을 발견하여 이를 토대로 전략을 수립하는 모델을 제시하는 하는데 크게 기여했다. 그러나 역심역량에만 집착하는 경우 조직의 경직성이 발생하고, 새로운 가치가 잠재되었을 수 있는 비핵심역량에 대한 고려가 부족했다는 비판을 받기도 한다. 그러나 여전히 강력한 전략분석의 도구를 제공하고 있다.

자원기반이론에서는 경로 의존적이거나, 사회적으로 복잡하거나, 인과적으로 모호한 비핵심역량에 대해서도 관심을 가짐으로써 핵심역량 개념과 상호보완적인 관계를 갖는다.

Ⅶ. 지식경영(Knowledge Management)[8)]

1994년에 발표된 노나카(Ikujiro Nonaka)의 「조직의 지식 창출에 대한 통태적 이론」이라는 제목의 논문은 지식이라는 무형적 요인이 기업의 경쟁력에 매우 큰 영향을 미칠 수 있다는 것을 매우 설득력 있게 제시하였다. 즉 기업이 생존과 발전에 필요한 지식을 효과적으로 창출하기 위해 가져야 하는 과정을 설명하였는데 이후 지식경영이라는 개념이 기업전략의 핵심으로 부상하는 계기가 되었다.

1. 암묵지(暗默知), 형식지(形式知) 그리고 지식 전환

암묵지(tacit knowledge)란 언어, 문장으로 표현하기 어려운 주관적이고 개인적인 지식을 의미한다. 즉 세계관, 신념, 개인적인 관점 등이 포함된다. 또 기술적 측면에서 암묵지는 반복된 경험을 통하여 얻어진 사고력과 숙련도 또는 자신만의 노하우를 의미한다.

이에 비해 형식지(explicit knowledge)는 언어, 문장으로 표현이 가능한 객관적이고 이성적인 지식을 의미하는데 그것은 일반적으로 개념과 논리를 말한다. 즉 이론이나 문제해결기법 또는 매뉴얼 등이 대표적인 형식지라 할 수 있다. 지식은 이러한 암묵지와

---

8) Ikujiro Nonaka and Hirotaka Takeuchi, The Knowledge Creating Company－How Japanese Companies Creat Dynamics of Innovation, New York: Oxford University Press,1995.

형식지라는 두 가지 지식의 끊임없는 복합 상승작용을 통해 창출된다.[9)]

노나카 교수의 지식경영의 내용을 간단히 요약하면 그 내용은 다음과 같다.

첫째, 지식은 그 형태에 따라 암묵지와 형식지로 구분된다.

둘째, 암묵지에서 형식지로 전화되는 것을 외부화, 형식지에서 또 다른 형식지로 전환되는 것을 종합화, 형식지에서 암묵지로 전화되는 것을 내재화, 그리고 암묵지에서 또 다른 암묵지로 전환되는 것을 사회화라고 한다.

셋째, 이 네 가지 전환이 원활하게 이루어질 때, 조직적 지식 창출의 선순환과정이 이루어지고, 기업은 경쟁우위를 획득할 수 있다는 것이다.

[그림 3-7]에서 보는 바와 같이 암묵지(tacit knowledge)는 말이나 문자 등을 통해 전달하기 힘든 지식을 의미하고, 형식지(explicit knowledge)는 소통수단을 통해 쉽게 전달되는 지식을 의미한다.

우리는 책이나 강의를 통해 형식지를 쉽게 습득할 수 있다. 그러나 수영이나 자전거 타는 방법 등은 암묵지에 속한다. 수영이나 자전거 타는 방법을 책으로 배웠다고 하여 마음 놓고 바다에 뛰어 들어갈 사람은 없을 것이다. 암묵지를 습득하는 데는 보다 많은 시간이 걸린다.

기업에 존재하는 지식들도 암묵지와 형식지로 구분될 수 있다. 예컨대 기업의 사명이나 비전 등은 형식지에 속한다. 글로 표현되어 있기 때문이다. 그러나 어떤 기업도 "직장 상사가 퇴근하기 전에는 부하직원이 되도록 퇴근하지 않는다"라고 명시적으로 제시하지는 않는다.

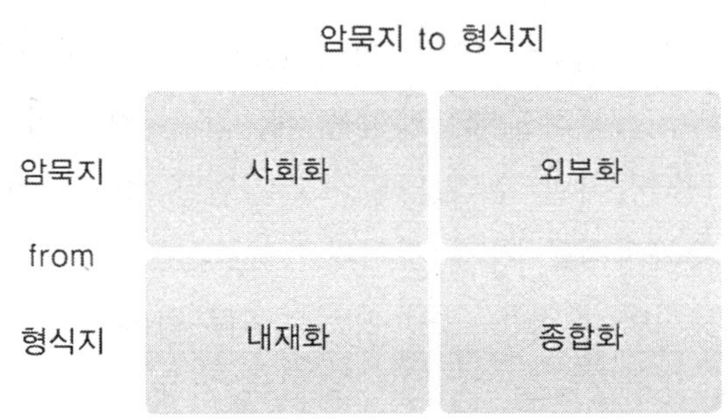

[그림 3-7] 지식전환의 모형

9) http://mubius.tistory.com/1517[男兒當自强(남아당자강)].

암묵지와 형식지는 그 형태가 전환된다. 예컨대 창업자의 머릿속에 있는 기업이념은 암묵지이다. 그런데 창립자는 자신이 가지고 있는 기업이념을 모든 구성원들이 실천하기를 바란다. 그래서 기업의 비전이나 미션을 만들게 된다. 이것은 형식지이다. 이처럼 암묵지가 형식지로 전환되는 것을 외부화(externalization)라고 한다. 즉 창립자가 가진 기업이념을 기업비전으로 잘 만들어낼 수 있으면, 그 기업은 기업비전에서 효과적인 외부화 과정을 가진 것이다.

일반적으로 비전과 미션은 몇 개의 문장으로 요약되어 있다. 그래서 만약 기업이 비전과 미션을 좀 더 구체화한 핵심 가치체계, 또는 윤리강령 등을 만든다면, 이러한 가치체계 또는 윤리강령 등은 기업 비전이라는 형식지에서 파생된 또 하나의 형식지이다.

즉 하나의 형식지가 구체화되거나, 또는 요약되어 또 하나의 형식지가 만들어질 때 그것을 종합화(combination)라고 한다. 기업비전을 구체화하는 기업윤리강령이 만들어진다면, 그 기업은 윤리강령의 작성에서 효과적인 종합화 과정을 가진 것이다.

기업의 비전이나 윤리강령이 아무리 좋다고 할지라도 조직구성원들이 숙지하고 있지 않으면 아무런 효과가 없다. 형식지가 암묵지로 전환되는 과정을 내재화(internalization)라고 한다. 예컨대 조직구성원들이 매일 복도에서 마주치는 기업비전이나, 또는 업무수첩의 앞자리를 차지하고 있는 윤리강령의 의미와 필요성에 대해 진심으로 이해하고 있다면, 그 기업은 윤리강령의 전파에서 효과적인 내재화과정을 가진 것이다.

마지막으로 과연 기업의 창립자 또는 최고경영자가 조직구성원들이 가지고 있는 생각에 대해 얼마나 이해하고 있는가에 대해 생각해 볼 수 있다. 조직구성원들이 가지고 있는 생각은 마음속에 있기 때문에 암묵지이고, 이에 대해 최고경영자가 이해하고 있는 정도 또한 암묵지이다. 이렇듯 하나의 암묵지가 또 하나의 암묵지로 전환되는 과정을 사회화(socialization)라고 한다. 예컨대 기업이 가진 윤리강령이 현실과는 맞지 않는 것이라서 조직구성원들이 거부감을 갖고 있을 때, 최고경영자가 조직구성원들과의 효과적인 소통을 통해 이를 감지할 수 있다면, 그 기업은 최고경영자와 조직구성원간의 소통에서 효과정인 사회화과정을 가진 것이다.

이러한 효과적인 사회화 과정은 그에 따르는 외부화(예를 들어 새로운 형식지의 창출)로 이어질 수 있다. 즉 윤리강령을 수정할 수 있는 가능성이 있다.

지금까지 '외부화－종합화－내재화－사회화'의 순서를 예로 들어 보았다. 그런데 반드시 이 경로를 따라야 한다는 의미는 아니다. 이 과정은 예를 들어 '외부화－내재화－외부화'와 같은 식으로 이어질 수도 있고, '외부화－외부화－외부화'로 이어질 수도 있다. 어떤 경로를 따르든, 조직 내에서 원활하게 지식이 전환되는 기업은 효과적으로

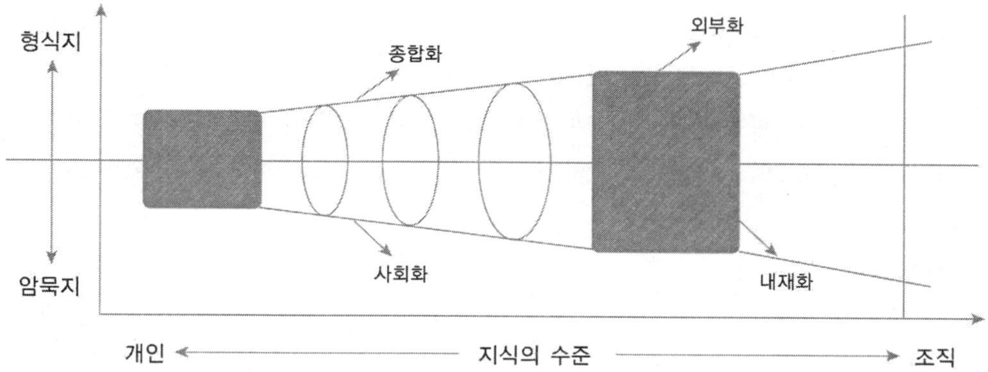

[그림 3-8] 조직차원에서 지식창출의 선순환 과정

새로운 지식을 창출할 수 있다. 이것이 바로 조직차원에서 선순환적으로 지식창출이 이루어지는 과정이다.

2. 지식경영과 자원기반이론

지식경영의 주된 관심사는 기업의 장기적 성장에 영향을 미칠 수 있는 지식의 창출과정이다. 자원기반이론의 주된 관심사는 조직의 지속가능한 경쟁우위에 영향을 미칠 수 있는 자원이다. 이렇게 보면 두 개념은 매우 유사한 것이라고 할 수 있는데 지식경영의 개념이 자원기반이론과 별개로 가지는 독특한 특성이 존재한다. 여기에서는 지식경영과 자원기반이론의 공통점과 차이점에 대해 살펴보기로 하자.

1) 지식경영과 자원기본이론의 공통점

첫 번째로 지적할 수 있는 공통점은 기업이 보유한 지식에서 경쟁력이 창출된다고 보는 관점이다. 이는 매우 당연한 것으로 보이지만, 경쟁자 분석에 기반 한 기존 경쟁전략의 개념에서는 종종 무시되어 왔던 것이다.

오늘날에도 기업경영 현실에서는 다른 기업보다는 높은 경쟁력을 갖기 위해 영업력을 강화한다든지, 시장의 유통망을 장악한다든지, 또는 기업의 원료 조달을 봉쇄하는 등 경쟁 기업을 공격하는 방식으로 자사의 경쟁력을 높이려고 한다. 그러나 지식경영의 개념에는 다른 기업을 공격하는 내용이 포함되지 않는다. 내부적으로 효과적인 지식창출

과정을 갖는 것이 기업의 장기적 성장의 비결이다.

사실 이 논리가 중요한 이유는 급변하는 환경 하에서 내가 공격할 경쟁사가 누구인가를 판단하는 것이 어려울 수 있고, 경쟁사를 공격한다고 해서 반드시 내가 이득을 본다는 보장도 없기 때문이다. 예컨대 전기자동차 제조업체인 테슬라가 했던 일은 기존의 내연기관 자동차의 기술을 모방하거나 그 시장의 자동차 딜러들을 포섭하는 일이 아니었다.

테슬라社는 단지 전기자동차의 핵심 부품인 배터리의 성능을 높이기 위해 끊임없이 기술 개발을 하고, 전기자동차에 대한 대중의 인식을 호의적으로 바꾸기 위해 노력하였다. 이것은 배터리 기술이라는 지식을 자동차 산업이라는 새로운 분야에 적용하기 위한 지식경영의 산물이라 해석할 수 있다. 새로운 시장을 개척하기 위한 기업의 전략에 대해서는 블루오션 전략과 파괴적 혁신을 설명할 때 보다 구체적으로 설명하기로 하겠다.

두 번째로 자원기반이론과 지식경영에서 보는 지속적 경쟁력의 원천에도 많은 공통점이 있다. 지식경영 개념은 지식을 암묵지와 형식지로 구분하는 것에서 시작한다. 이렇게 구분된 상이한 형태의 지식이 4가지 형태로 전환되면서 지식의 손실, 또는 창출이 발생할 수 있다는 것이다.

그런데 사람들의 마음속에만 존재하는 암묵지가 또 다른 암묵지로 전화되는 과정인 사회화 과정이 효과적으로 이루어지기 위해서는 어떤 조건이 필요할까? 아마도 조직구성원들 사이의 비공식적인 관계와 친분이 중요한 역할을 할 것이다. 업무적으로만 접촉하는 사람들 사이에서는 다른 사람이 가진 기존의 암묵지가 내 안에서 새로운 암묵지로 전환되는 것이 자연스럽지 않다. 이것은 바로 자원기반이론에서 말하는 모방 불가능성의 요인인 사회적 복잡성과 같은 개념이다. 다시 말해 사회화 과정에는 사회적 복잡성이 적용되기 때문에, 이 과정이 효과적으로 이루어지는 지식경영 기업은 지속적 경쟁우위를 창출할 수 있을 것이다.

또한 형식지가 암묵지로 전화되는 과정인 내재화 과정이 효과적으로 이루어지는 조건에 대해서도 생각해 볼 수 있다. 예컨대 많은 기업들이 훌륭한 윤리강령을 가지고 있지만, 그것을 기억하고 실천하려고 애쓰는 조직구성원들은 많지 않다. 그러나 어떤 기업에서는 조직구성원들이 기업이 가진 윤리강령을 실제로 기억하고 준수하려고 노력한다. 그 차이점은 어디에서 나올까?

만약 조직문화가 윤리적인 행동을 준수하는 것을 매우 중요하게 여긴다면, 조직구성원들은 자연스럽게 기업의 윤리강령을 기억하고 준수하는 방식으로 일을 할 것이다. 그러한 경우 대개 기업의 최고경영자가 솔선수범하여 윤리강령을 행하는 경우가 많다. 이 경우 매일 매일의 일상적인 업무방식에 기업이 원하는 윤리적 기준이 적용될 것이다.

반면에 최고경영자가 기업의 윤리강령과는 어울리지 않는 비윤리적인 경영방식을 계속 고집한다면, 조직문화가 윤리적 기준과는 동떨어지게 된다. 이 경우 매일의 일상적인 업무방식에 윤리적 기준은 적용되기 어렵다. 그리고 이 기업은 윤리적 문제로 인해 사회적으로 물의를 일으키고 재무적 손실을 입을 위험에 노출될 것이다.

자원기반이론은 이렇듯 동일한 윤리강령을 가진 두 기업 중 한 기업만 재무적 손일을 입을 위험에 노출되는 이유에 대해 인과적 모호성으로 설명한다. 다시 말해 윤리강령이라는 형식지가 개인의 윤리적 업무방식이라는 암묵지로 전화되는 내재화 과정에는 인과적 모호성이 존재한다. 그래서 이 과정이 원활하게 이루어지는 지식경영 기업은 지속적 경쟁우위를 창출할 수 있는 것이다.

결론적으로 자원기반이론과 지식경영의 공통점은 다른 기업과의 경쟁이 아니라 그 기업이 보유한 지식자원으로부터 경쟁우위가 창출된다는 점이다. 그리고 사회적 복잡성과 인과적 모호성 등 자원기반이론에서 설명하는 모방 불가능성의 요인들이 지식경영의 효과적 지식창출 과정에도 동일하게 적용될 수 있다는 점을 들 수 있다.

2) 지식경영과 자원기반이론의 차이점

지식경영 개념에서는 지식창출 조건으로써 외부화, 종합화, 내부화, 사회화 과정의 원활한 작동을 제시한다. 반면, 자원기반이론의 관점에서는 모방 불가능성과 큰 관련이 없는 외부화와 종합화 과정에 대해서는 관심을 갖지 않는다. 이것은 경쟁우위 창출을 보는 시각의 차이에서 비롯된다.

지식경영의 관점에서는 조직적인 시스템의 작동이 중요한 반면, 자원기반 관점에서는 모방 불가능성의 크기가 중요하다. 그러므로 지식경영 개념에서 두 기업이 유사한 경쟁력을 가졌다고 하더라도, 자원기반이론의 시각에서 보면, 여전히 두 기업의 경쟁력에는 차이가 존재할 수 있다. 자원기반이론 관점에서는 내부화 과정과 사회화 과정에서 모방 불가능성이 높은 기업이 더 높은 지속적 경쟁우위를 가졌다고 판단할 것이다.

반면에 자원기반이론의 관점에서 유사한 경쟁력을 갖춘 두 기업이 지식경영의 시각에서는 상이한 경쟁력을 가질 수도 있다. 지식기반이론에서 관심을 두는 모방 불가능성의 측면에서는 두 기업이 유사한 경쟁력을 가졌지만, 지식경영의 측면에서는 한 기업이 다른 기업보다 4가지 형태의 지식전환이 더 원활하게 이루어질 수 있기 때문이다.

이 두 시각 중 어느 것이 우월한 것인가에 대해 판단하기는 힘들다. 분명한 것은 2

가지 시각이 보완적으로 적용될 때 가장 좋을 것이라는 점이다.

결론적으로 지식경영은 기업 내 지식의 창출과 전파과정을 설명하는 개념이다. 먼저 지식을 형식지와 암묵지로 구분하고, 이 2가지 형태의 지식이 만들 수 있는 4가지 조합을 외부화, 종합화, 내재화, 그리고 사회화라고 했다. 노나카 교수는 이 4가지 조합, 또는 지식 전환과정이 원활하게 이루어지는 조직에서 기존 지식의 활용을 통해 새로운 지식창출이 가능하다고 설명한다.

자원기반이론에서 기업의 지속적 경쟁우위의 원천으로 초점을 맞추는 사회적 복잡성과 인과적 모호성은 지식경영에서 지식전환 개념 중 사회화 과정과 내재화 과정에 각각 직접적으로 관련되어 있는 한편, 각 이론이 갖는 상이점도 있다. 두 이론은 상호 보완적인 관계를 가진다.

Ⅷ. 신시장 개척을 위한 기업전략

1. 블루오션(blue ocean)전략

1) 가치혁신(Value Innovation)

블루오션(Blue Ocean)이란 아직 시도된 적이 없는 광범위하고 깊은 잠재력을 가진 시장을 비유하는 표현으로써 기업이 성공하기 위해서는 경쟁이 없는 독창적인 새로운 시장을 창출하고 발전시켜야 한다는 경영 전략을 블루오션전략[10]이라 한다. 이에 반해 많은 경쟁자들이 비슷한 전략과 상품으로 경쟁하는 시장을 레드오션(Red Ocean)으로 규정하고, 경쟁자가 없는 새로운 시장인 블루오션(Blue Ocean)을 창출해야 한다는 것이 이 전략의 요지이다.

이러한 블루오션 개념은 기존의 전략경영접근법에 대한 큰 도전이었다. 이전까지의 경영전략들은 치열해지는 경쟁을 극복하고자 경쟁기업의 의도는 무엇인가? 경쟁기업과 차별화할 수 있는 요소는 무엇인가? 등에 초점이 두어졌었다.

그러한 생각의 저변에는 기업경쟁은 당연히 존재하고, 고객은 여러 경쟁기업들 중

10) 2004년 프랑스 인시아드(INSEAD) 경영대학원의 김위찬(W. Chan Kim)교수와 르네 마보안 교수는 '블루오션 전략(Blue Ocean Strategy)'이라는 논문을 공동 집필했는데, 2005년 책으로 출간되어 43개 언어로 350만부 이상 판매되면서 전 세계적으로 널리 알려졌다. 이는 수많은 베스트셀러 경영 서적을 출간한 하버드대학교 출판국의 역대 최고기록으로 남아 있다.

에서 선택을 한다는 가정이 깔려 있었다. 그런데 블루오션전략(blue ocean strategy)은 이러한 가정을 인정하지 않고 경쟁기업을 고려하지도 않는다. 그리고 기업이 가지고 있는 현재의 핵심역량도 고려하지 않아야 한다는 것이다.

이러한 혁신적인 개념에 대해 김위찬과 르네 마보안(W. Chan Kim and Renee Mauborgne)은 '가치혁신(value innovation)'이라고 이름을 붙였다. 이들은 전통적인 논리와 가치혁신의 논리를 대비하면서 왜 몇몇 기업이 높은 이익을 지속적으로 실현할 수 있었는가에 대해 설명하였다. 이들이 가치혁신을 실천한 대표적인 기업으로써 버진 애틀랜틱 항공사(Virgin Atlantic Airways)를 예로 들었다.

이 항공사는 1등석을 과감하게 없애고, 비즈니스 객석의 공간을 넓히고, 비즈니스 객석의 손님들이 공항에 왕복할 때 이용할 수 있는 무료 교통편을 제공했다. 또한 비행기에서 내려서 곧바로 업무를 볼 수 있도록 기내에 양복 다림질과 사무실 설비를 갖추었고, 심지어 샤워와 마사지도 가능하도록 했다.

이러한 발상은 '1등석 고객을 포기하면 안 된다'라는 전통적인 사업논리에 역행하는 것이었고, 초기에는 비판을 받았던 것도 사실이다. 그러나 이 전략으로 인해 비즈니스 객석 고객들의 환영을 받았을 뿐 아니라, 일반 객석 고객과 심지어 다른 항공사의 1등석 고객까지도 흡수하는 결과를 가져왔다.

김위찬과 르네 마보안이 성공의 비결로 지목하는 것은 오직 고객의 잠재적 니즈를 충족하고, 고객의 가치를 증대시키는 방식으로 사업내용과 방식에서 혁신해야 한다는 것이다. 이 과정에서 기업이 가진 기존의 역량은 고려되지 않는다. 만약 버진애틀랜틱 항공사가 기존의 역량을 이용하여 무엇인가를 하려 했다면, 1등석을 없애고, 비행기를 개조하는 방식의 변화는 꿈을 꾸지 못했을 것이다.

2) 전통적 논리와 가치혁신의 논리

전통적 논리와 가치혁신의 논리는 다음과 같은 다섯 가지 차원에서 비교할 수 있다.

첫 번째 차원은 산업 환경에 대한 것이다. 경영환경 중에서 가장 중요한 것은 산업 환경이다. 전통적으로 산업 환경은 기업이 만드는 것이 아니라 외부로부터 주어지는 것이라고 가정한다. 우리가 잘 알고 있는 SWOT분석을 보더라도 외부환경을 의미하는 기회(Opportunities)와 위협(Threats)요인들은 기업의 내부적 요건, 또는 전략과 관계없이 외부에서 결정되는 것이다. 그런데 가치혁신 논리에 의하면 기업이 산업 환경을 만들 수 있다고 설명한다.

두 번째 차원 전략적 초점에 대한 것이다. 전통적인 경영전략에서는 경쟁자를 물리치는 것을 전략의 목표로 삼는다. 경쟁우위는 경쟁자에 대한 우위를 의미한다. 그러나 가치혁신 논리에 의하면 경쟁자를 물리치는 것 자체는 의미가 없다. 보다 중요한 것은 시장을 석권하기 위해 질적 도약을 추구하는 것이다. 기존 시장에서 질적 도약을 이룬다면, 그 결과로 기존 경쟁자에 비해 더 큰 성과를 거둘 수도 있을 것이다. 그러나 만약 질적 도약을 통해 완전히 새로운 산업 환경을 만들어낸다면, 기존 경쟁자는 더 이상 염두에 둘 필요가 없게 된다.

셋째는 고객에 대한 것이다. 전통적 경영전략에 따르면, 기업이 매출을 늘리기 위해서는 기존의 고객을 확실히 잡으면서 더 많은 고객을 흡수하기 위해 고객을 더 세분화해서 분석하고, 각각의 특성에 맞는 맞춤형 제품, 또는 서비스를 준비해야 한다.

그리고 이 작업을 하기 위해서는 다양한 고객들 가운데 존재하는 차이점에 주목해야 한다. 예를 들어 이전에는 서울에 살고 있는 20~50대 남성을 대상으로 마케팅을 했다면, 이제는 서울에 살고 있는 20~30대 남성과 40~50대 남성을 분리해서 차별적으로 마케팅을 수행하는 것이다.

그런데 가치혁신 논리에 의하면, 기업이 주된 목표로 삼는 고객에게 집중하기 위해 기존 고객을 과감히 포기하는 것을 선택해야 한다. 즉 모든 기존고객을 분석의 대상으로 삼고 고객 세분화를 높이는 것이 아니라, 기업이 새로 창출할 고객이 갖는 공통점인 특성에 집중을 한다. 앞에서 설명한 버진 애틀랜틱 항공사가 좋은 사례가 될 것이다.

즉, 기존의 1등석이 갖는 다양한 특성들을 분석하여 그 특성에 맞는 서비스를 개발하기보다는 아예 1등석을 없애고, 남는 자원과 공간으로 비즈니스 객석의 고객에게 부여할 수 있는 가치를 극대화해서, 오히려 다른 항공사의 1등석 고객까지 끌어오는 성과를 거둔 것이다.

넷째는 기업의 역량에 대한 것이다. 전통적인 사고에 의하면 기업은 기존의 핵심역량을 이용할 수 있는 새로운 사업을 시작해야 한다. 만약 기존의 핵심역량과 시너지를 내지 못하는 사업을 하게 되면 높은 불확실성에 직면할 수도 있다. 그러나 가치혁신의 논리에 따르면, 기업이 기존 핵심역량의 틀에 갇히는 만큼 위험한 일은 없다. 기업이 새로운 사업을 시작할 때에는 언제나 처음부터 창업을 하는 자세, 즉 현재 시장에서 고객에 초점을 맞추는 사업영역을 찾아야 한다.

다섯째, 사업영역에 대한 것이다. 전통적으로 기업의 사업영역은 기존의 산업 분류에 따라 결정된다. 예컨대 책을 만드는 사업은 제조업 또는 인쇄업, 책을 판매하는 기업은 소매업, 책을 배송하는 기업은 운송업 등으로 분류된다. 물론 여러 산업에 걸치는 다각화 기업이 존재한다. 그런데 기치혁신의 논리에 의하면, 기업은 고객이 원하는 통합적 서비스를 제공해야 하는데, 그 사업은 종종 기존 산업 분류의 틀로는 설명하기 어렵다. 예컨대 아마존은 책을 판매하는 소매업을 수행하지만, 우리는 아마존을 더 이상 소매업 기업으로만 보지 않는다. 이 기업은 고객정보를 기반으로 하여 궁극적으로는 고객맞춤형 쇼핑시장을 장악하는 기업으로 나아가고 있기 때문이다.

3) 블루오션과 핵심역량

핵심역량이란 기업이 가지고 있는 다양한 역량이 발현될 수 있도록 하는 기본적이고 공통적인 역량을 의미한다. 예컨대 캐논(Canon)이 가지고 있는 다양한 제품들 즉 카메라, 스캐너, 팩시밀리, 복사기 등의 기계들이 경쟁력을 갖기 위해서는 이 제품들을 관통하는 핵심부품인 렌즈제조기술이 탁월해야 한다. 바로 이 렌즈를 최고의 품질로 만들 수 있는 역량을 캐논의 핵심역량이라고 할 수 있다.

이제 캐논이 성장하기 위해 다른 사업에 진출하려고 한다면, 렌즈를 만드는 핵심역량을 이용하는 것은 당연해 보인다. 어쩌면 가장 선명한 사진을 찍을 수 있는 휴대전화를 제조하는 사업을 시작할 수도 있을 것이고, 가장 선명한 영상을 녹화할 수 있는 CCTV 제조 사업을 시작할 수도 있을 것이다. 이처럼 캐논이 시도할 수 있는 다각화는 기존의 핵심역량을 이용하는 사업을 중심으로 이루어지는 것이 자연스럽다. 우리는 이것을 관련 다각화라고 한다.

사실 비관련 다각화와 비교하여 관련 다각화는 많은 장점을 가지고 있다. 기본적으로 관련 다각화는 기존의 제조설비나 핵심역량을 이용해서 새로운 사업을 하는 것이기 때문에 비용절감의 이점도 매우 크다. 위험을 감수할 가능성도 적고, 불확실성도 낮다. 전통적인 경영학에서는 문어발식 경영이 연상되는 비관련 다각화보다는 선택과 집중을 추구하는 관련 다각화를 선호한다.

그러나 블루오션 전략에서는 이러한 상식에 반기를 든다. 핵심역량을 발견하고 그것에 초점을 맞춘 새로운 사업을 추구하는 것이 더 위험하고 불확실하다는 것이다. 그 이유는 무엇일까? 바로 그 중심에는 핵심역량의 개념이 혁신적인 시장을 추구하지 못하게 발목을 잡는 집착과 타성의 요소가 있다는 점이다.

핵심역량에 집착하는 기업은 새로운 푸른 바다로 헤엄쳐 나갈 의욕을 갖기 힘들다. 한 바닷가의 지형에 익숙한 어부는 다른 바닷가에서 낚시하기를 꺼린다. 이미 한 지역에 익숙해 있고, 다른 어부들에 비해 훨씬 효율적으로 고기를 잡을 수 있기 때문이다. 그런데 기후 변화 등으로 인해서 그 바닷가에 더 이상 고기 떼가 들어오지 않으면, 이 어부는 다른 어부들과 함께 곤궁한 처지에 놓일 수밖에 없다.

낯선 영역으로 진출해서 새로운 방식으로 사업을 벌이는 것과, 낯익은 영역에서 기존의 강점과 방식을 고수하는 것, 어느 쪽이 더 위험하고 불확실한 것일까?

이에 대한 정답은 없고 그 선택은 독자 여러분의 몫이다. 단지 여러분의 선택에 도움을 주는 다양한 이론만이 있을 뿐이다.

4) 블루오션과 자원기반이론

블루오션이론은 자원기반이론 이후에 등장하였기 때문에 당연히 자원기반이론의 영향을 받았을 것으로 생각된다. 블루오션의 개념과 자원기반이론의 차이점에 대해 5가지 가치혁신의 논리를 중심으로 살펴보자.

결론부터 말하자면 자원기반이론은 전략적 초점과 기업영역, 그리고 기업의 역량에 대해 블루오션 개념과 맥을 같이 한다.

먼저 블루오션 개념과 마찬가지로 자원기반이론의 전략적 초점은 경쟁자를 물리치는 데 있지 않다. 자원기반이론에서 기업이 지속적으로 높은 경쟁우위를 창출하는 과정에는 경쟁자에 대한 고려가 없다. 단지 한 기업이 보유한 자원에서 성과가 발생하는 방법과, 현재 보유하지 못한 가치 있는 자원을 창출하는 과정에 대한 설명이 있을 뿐이다.

어느 기업이 높은 성과를 거두거나 낮은 성과를 거두는 것이 다른 경쟁기업에 영향을 미치지는 않는다. 시장점유율은 어떻게 하느냐고? 블루오션 개념과 마찬가지로 자원기반이론에서도 특정 시점, 특정 시장에서 시장점유율은 기업의 장기적 성과에 대해서는 큰 의미를 가지지 못한다.

특정 시장에서 시장점유율이 큰 의미를 갖지 않는 이유는 자원기반이론이 사업영역에 대해 블루오션 개념과 맥을 같이하는 것과 관련된다. 블루오션개념에서는 고객에게 토털 솔루션을 제공하는 가운데 산업 구분이 크게 의미가 없다고 설명한다. 자원기반이론에서는 고객이 강조되는 대신 기업이 보유한 자원의 가치가 한 산업 내에서만 발견되지 않는다는 것을 강조한다. 다시 말해 기업이 보유한 자원의 숨은 가치가 발견되는 순간 기업은 그 자원을 이용해서 기존과는 전혀 다른 분야의 산업에서 사업을 시작할 수 있다는 것이다.

보다 구체적으로 구분을 해 본다면, 블루오션개념에서는 고객의 가치를 증대시킬 수 있는 기업 활동에 초점을 두는 반면, 자원기반이론에서는 기업이 보유한 자원의 가치가 극대화될 수 있는 기업의 활동에 초점을 둔다. 결론적으로 두 이론에서 산업 또는 시장의 구분은 별로 의미가 없다. 특정 산업에서 시장점유율을 높이기 위해 기업 역량을 집중하는 대신, 고객의 가치나 자원의 가치를 높이기 위해 역량을 집중하는 편이 훨씬 중요하기 때문이다.

마지막으로 기업의 역량에 대해서 자원기반이론은 블루오션 개념보다 더 혁신적인 내용을 담고 있다. 블루오션은 기업이 가지고 있는 기존의 핵심역량에 집착하는 것을 버려야 한다고 주장한다. 이 주장보다 어떻게 더 혁신적일 수 있느냐고? 바니 교수는 평소에 심지어 핵심역량이라는 개념은 바람직하지 않은 개념이라고 말할 정도이다.

물론 자원기반이론과 관련된 많은 연구들에서 핵심역량이라는 개념은 자주 등장한다. 그러나 바니 교수가 핵심이라는 개념에 대해 회의적인 반응을 보이는 이유는 이외로 단순하다.

핵심역량이라는 개념은 특정한 사업 영역 또는 경영 환경에서 적합한 개념인데, 그러한 개념들이 중요하지 않은 상태에서는 핵심역량이라는 개념 자체가 별로 의미가 없다는 것이다. 예컨대 아마존의 핵심역량은 무엇일까? 그것은 아마존이 자신의 주력사업에 대해 어떻게 정의하는가에 달려 있다. 아마존의 주력사업이 서적판매라면 핵심역량은 서적판매와 관련된 역량의 공통분모가 어디엔가 존재할 것이다. 그런데 앞에서 설명하였듯이 아마존은 더 이상 단순한 서적판매 기업이 아니다. 그리고 그 변화는 의도되었다기보다는 시간의 흐름에 따라 자연스럽게 형성된 것으로 보인다. 참고로 시간의 흐름에 따라 자연스럽게 떠오르는 전략을 '부상하는 전략'이라고 한다.

만약 기업이 핵심역량에 집착하여 그것의 이용을 극대화하려는 방향으로만 의도적인 계획을 세웠다면 자연스러운 환경변화에 따라 기업 내에 숨어 있던 비핵심 역량의 가치가 점점 커지는 것을 발견하지 못할 수도 있다. 이것이 바로 자원기반이론에서 핵심역량이라는 개념이 별로 바람직하지 않게 여겨지는 이유이기도 하다.

반면에 자원기반이론은 산업 환경과 고객에 대해서는 블루오션 개념만큼 확고한 논리를 제시하지는 않는다.

먼저 블루오션 개념은 기업이 산업 환경을 스스로 만들 수 있다고 주장한다. 고객의 가치에 초점을 맞추다 보면 종종 새로운 산업 환경을 조성하는 것이 필요할 수 있다. 그러나 자원기반이론에서는 가장 중요하게 여기는 자원의 가치가 환경 내에서 결정되는 것으로 본다. 자원의 가치를 인위적으로 높이기 위해 환경을 조성하는 내용은 없다. 그러므로 자원기반이론에서 블루오션은 어딘가 이미 존재하는 것이지, 기업이 만들어낼 수 있는 것은 아니다.

자원기반이론은 고객에 대해서도 블루오션 개념만큼 명확한 주장을 펴지는 않는다. 그러나 기업의 지속적 경쟁우위 창출을 위해 끊임없이 현재 고객이 아닌 사람들의 숨겨진 니즈를 찾아야 한다는 내용은 자원기반이론의 논리에 간접적으로 포함되어 있다. 그것은 조직배태성의 개념에 녹아 있다.

조직 배태성은 주어진 자원에 대해 기업이 그 가치를 인정하고 지원해 주는 것을 말한다. 만약 누군가가 제안한 전략이 현재의 조건 아래서는 별 가치가 없는 것으로 판단되어 조직의 지원을 받지 못하고 있었다고 하자, 그런데 숨겨진 고객의 니즈까지 포함한 조건 아래서는 큰 가치가 있는 것으로 판단되면 조직의 전폭적인 지원을 받을 수 있다.

예컨대 항공기의 구조를 변경하고 비즈니스 객석 고객에게 큰 편의를 제공하는 전략은 기존의 사업 관행으로 볼 때, 조직 배태성의 특면에서 매우 위험하다고 판단할 수 있다. 그러나 최고경영자의 의사결정 과정에 비즈니스 객석 고객의 숨겨진 니즈가 반영된다면, 비로소 이 전략은 기업의 지속적 경쟁우위를 창출할 수 있는 전략으로 채택될 것이다.

사실 비고객(non-customer)의 숨겨진 니즈에 대해서는 경영학의 구루라고 칭송받는 드러커(Peter Drucker)가 1994년에 발표한 논문에 소개되어 있다. 드러커는 비고객의 수가 항상 고객의 수보다 많음에도, 기업들이 이를 간과하여 어려움에 직면한다고 주장하며 그 예로 미국의 백화점 업계를 들었다. 당시 백화점 업계는 전체 소매업 시장의 30%에 달했는데, 항상 고객을 대상으로 선호도를 조사했다. 그러나 70%의 비고객을 대상으로는 아무 일도 하지 않았다는 것이다. 결국 구매자가 쇼핑에서 중요하게 여기는 요소가 가격으로부터 시간으로 옮겨가는 변화를 적시에 발견하지 못하고, 그 결과 베이비부머(baby boomer)라는 큰 고객집단을 놓치게 되었다. 이런 현상을 블루오션의 개념에서 해석하면, 가격 대신 시간이라는 새로운 차원을 기반으로 좀 더 많은 고객을 끌어들일 수 있는 블루오션 전략을 추진해가야 한다고 설명할 수 있다.

또한 자원기반이론의 시각에서 해석하면, 백화점은 고객의 쇼핑 시간을 절약할 수 있는 자원이 있고, 그것을 활용해야 한다는 주장에 대해 조직에서 그 가치를 인정하고 실행하도록 힘을 실어주어야 지속적 경쟁우위를 획득할 수 있다고 설명할 수 있다. 서로 비슷해 보이지만, 블루오션 개념은 시장과 고객에, 자원기반이론은 조직과 실행에 초점을 두고 있음을 발견할 수 있다.

결론적으로 블루오션 개념과 자원기반이론에는 공통점과 차이점이 있다. 먼저 두 이론은 기업의 핵심역량이라는 개념이 갖는 단점에 대해 중시하는 공통점이 있다. 그리고 산업의 경계에 대해서도 큰 의미를 두지 않는다는 공통점이 있다.

그러나 블루오션 개념이 산업 환경의 창출과 숨겨진 고객 니즈의 충족을 중요하게 여기는 반면, 자원기반이론은 산업 환경을 창출하는 내용을 담고 있지 않다. 그 대신 숨겨진 고객 니즈의 충족을 조직 배태성을 통해 이루어야 한다는 실행적 측면을 강조한다. 이러한 면에서 두 이론은 상호 보완적이라고 할 수 있겠다.

2. 파괴적 혁신(disruptive innovation)

Harvard University의 클레이튼 크리스텐슨(Clayton M. Christensen)교수는 급격한 변화의 과정을 설명하기 위해 '파괴적 혁신(disruptive innovation)이라는 개념을 제시하였다.

1990년대와 2000년대 초반까지만 해도 대표적인 데이터 자장장치는 플로피 디스크였다. 처음에는 5.25인치가 주로 사용되었는데, 시간이 지나면서 3.5인치 사이즈가 주력 제품이 되었다. 5.25인치 디스켓에서 3.5인치 디스켓으로 발전했을 때, 그 차이는 대단했다.

먼저 크기가 축소되어 휴대가 간편해졌고, 말랑말랑했던 표면이 딱딱하게 바뀌면서 구부러지거나 접혀서 데이터가 손상되는 일이 없어졌다. 색상도 이전에는 천편일률적으로 검은색이었으나 3.5인치 디스켓은 다양한 색상을 과시했다. 무엇보다 5.25인치 디스켓의 용량이 1.2메가바이트였던 것에 비해 3.5인치 디스켓의 용량은 1.44메가바이트로 증대되었다.

그럼에도 불구하고 사람들은 3.5인치 디스켓뿐 아니라 이전의 5.25인치 디스켓도 사용했기 때문에, 당시의 컴퓨터에는 디스켓 슬롯이 2개가 필요했다. 하드디스크는 C드라이브, 5.25인치 디스크는 A드라이브, 3.5인치 디스켓은 B드라이브로 구분하는 식이었다.

그런데 2000년대 초반 USB포트가 생기면서 스캐너 같은 외부장치들을 연결할 수 있게 되었고, USB라는 저장장치를 사용할 수 있게 되었다. 그런데 이번에는 디스켓 슬롯과 USB포트의 공존 기간이 그리 길지 않았다. 2003년 즈음에 이르러서는 새로 출시되는 컴퓨터에서 디스켓 슬롯이 급격하게 자취를 감추고 말았다.

1) 파괴적 혁신에 대한 대처 방법[11)]

크리스텐슨(Clayton M. Christensen)교수는 파괴적 혁신에 대한 대처 방법으로써 다음과 같은 4가지 방안을 제시하였다.

첫째, 기술적 진보에 의해 기존의 제품이나 서비스 관행이 도전을 받았을 때에는

---

11) Clayton M. Christensen, *Will disruptive innovation cure health care?*, Harvard Business Review, 2000.

과감하게 기존의 방식을 버리고 새로운 방식에 적용해야 한다.

예컨대 USB메모리가 처음 등장했을 때에는 디스켓에 비해 용량도 작고, 값도 비싸며, 오작동 되는 경우도 많아서 사람들의 관심을 별로 받지 못했다. 하지만 누구나 메모리 칩 기술의 진보가 엄청나게 빨랐던 것을 알고 있었기에 조만간 플라스틱 소재 필름 디스크의 성능을 넘어설 것이라는 것 또한 충분히 예상할 수 있었다.

자동차의 경우에도 실린더 효율의 증가 속도보다는 베터리 용량 증가의 속도가 더 빠를 것으로 예상할 수 있고, 의료기기의 경우에도 진단 및 치료기기의 하드웨어적인 효율의 증가 속도보다 하드웨어를 대체하는 소프트웨어의 개발속도가 더 빠를 것을 예상할 수 있다. 이러한 변화가 예상될 때 기존의 기득권을 유지하기 위해 힘을 쓰지 말고, 변화에 순응하기 위한 내부적인 변화를 꾀해야 한다는 것이다.

두 번째 제안은 첨단기술에 투자하는 대신 소비자의 기본적인 니즈의 욕구를 해결하는 방식을 지속적으로 찾는 것에 투자해야 한다는 것이다.

소비자의 니즈와 욕구는 기존 방식의 효율을 높이는 방식으로도 충족시킬 수 있지만, 좀 더 단순한 새로운 방식을 개발함으로써 충족시킬 수도 있다. 예컨대 데이터 저장이라는 소비자의 니즈는 기존 플라스틱 소재 필름의 저장 효율을 높이는 방식으로 충족시킬 수도 있었지만, 훨씬 작은 공간을 차지하는 컴퓨터 침이라는 새로운 기술을 이용하는 것이 더 나았다. 어쩌면 더 나아가 개별 컴퓨터의 저장 공간이 아니라 클라우딩 기술을 이용한 가상 저장 공간이 보안이나 확장성 측면에서 더 나을 수도 있을 것이다.

경제적이고 신속한 공간의 이동이라는 소비자의 니즈는 기존 내연기관의 실린더 효율을 높이는 방식으로 충족시킬 수도 있었다. 하지만 그보다 훨씬 무게도 덜 나가고 공해도 없는 전기 모터를 이용하는 것이 더 나을 수 있다. 더 나아가서 수소나 원자력을 이용할 수도 있을 것이다.

셋째, 파괴적인 혁신을 수행할 새로운 조직을 만들어야 한다는 것이다. 어느 조직에든 타성은 존재한다. 어느 누구도 자신이 일하는 방식을 쉽게 바꾸고 싶어 하지 않으며, 어느 조직이라도 기존의 업무절차를 바꾸고 싶어 하지 않는다. 정도의 차이는 있겠지만 말이다. 그래서 혁신적인 절차를 수행하는 가장 효과적인 방법은 새로운 조직을 만들어야 한다는 것이다.

넷째, 정부의 역할에 대한 것이다. 정부는 사회의 안정을 유지하려는 경향이 있기 때문에 급격한 변화에 대해 보수적인 입장을 취하게 마련이다. 그 변화로 인해 피해를 볼 수 있는 이익집단의 정치적 힘을 의식사지 않을 수 없기 때문이다. 그러나 그로 인해 소비자의 니즈와 기존 제품 또는 서비스의 간격이 커지면 결국 여러 부작용이 발생할 수 있다. 예컨대 국내 기업만 규제대상이 되고 외국 기업은 규제로부터 자유로운, 이른바 역차별이 발생하는 경우 국내 시장은 순식간에 외국 기업들에게 잠식될 수 있다. 또한 자연스러운 산업의 발전이 일어나지 않을 경우 국내 소비자의 불편이 가중될 수 있다. 정부 관료는 행정적 능력뿐만 아니라 기술적 분석 능력도 겸비해야 한다.

독자적인 조직을 만들어 성공했던 사례는 IBM에서 찾아 볼 수 있다. 지금은 중국 기업인 레노버에게 컴퓨터 제조 부문을 매각했지만, IBM은 1930년대 이래로 오랫동안 컴퓨터를 제조하고 판매해 왔다.

첫 번째 세대는 '메인 프레임 컴퓨터'라고 하는데, 크기가 웬만한 사무실에 가득 잘 만큼 거대했다. 영화 <이미테이이션 게임>을 보면 천재 수학자가 이 컴퓨터를 이용해서 독일군의 암호를 해독하는 과정이 등장한다. 물론 당시에는 아직 기술적 수준이 낮았기 때문에 많은 부분이 기계식으로 작동했다.

두 번째 세대는 '미니 컴퓨터'라고 한다. 크기가 크게 줄었고 많은 부분이 전자식으로 바뀌었다.

세 번째 세대가 우리가 익숙한 '퍼스널 컴퓨터'로써, 비로소 가정에서 컴퓨터를 사용할 수 있게 되었다.

이러한 컴퓨터의 세대교체가 일어날 때에는 단지 크기만 줄이든 것이 아니라 기술적으로 매우 급격한 파괴적 혁신이 수반되었다. 하드웨어에서 수행하던 기능을 소프트웨어로 수행하는 일은 해당 기업들에게 매우 어려운 일이었을 것이다. 그래서 크고 작은 기술적 진보가 이루어질 때마다 많은 기존 컴퓨터 제조 기업들이 문을 닫고, 새로운 기술을 갖춘 새로운 기업들이 주력 기업이 되었다. 그런데 그 와중에도 대표적인 기업이었던 IBM은 굳건히 산업의 선두 자리를 지키고 있었다. 그 비결은 무엇이었을까?

많은 학자들은 IBM이 가지고 있었던 독립적인 조직구조에서 그 비결을 발견한다. 그중 대표적인 조직은 플로리다 남단의 한 도시인 보카라튼(Boca Raton)에 있었다. 이 지사에서는 본사의 간섭을 거의 받지 않고 독자적으로 여러 가지 새로운 기술연구를 수행했다고 한다. 그래서 새로운 기술이 시장의 주류로 등장할 때마다 이미 그에 대한 기술연구가 상당히 수행된 상태였다고 한다.

그런데 보카라튼 지사는 IBM의 경영의 효율성에 도움이 되었을까? 전혀 아니다. 오히려 많은 재무적 비용을 초래했을 것이다. 그러면 보카라튼 지사는 IBM의 지속적 생존과 리더십에 도움이 되었을까? 물론이다. 보카로튼 지사는 IBM이 수십 년 동안 컴퓨터 제조업계를 지배하는 것에 결과적으로 크게 기여했다.

2) 파괴적 혁신과 자원기반이론

파괴적 혁신에 대처하는 방법들을 기준으로 해서 파괴적 혁신의 개념과 자원기반이론을 비교해 보기로 보자. 결론부터 이야기 하자면, 파괴적 혁신과 자원기반이론은 투자의 초점과 독립적 조직의 필요성에 대해서는 맥을 같이하고 있다. 하지만 변화에 대한 수용과 정부의 역할에 대해서는 공통된 부분이 희박하다.

첫째, 변화에 대한 수용부분에 대해 살펴보자. 자원기반이론은 기업이 지속적 경쟁우위를 획득하고 유지하는 해답을 기업 내부에 존재하는 자원에서 찾는다. 그러나 파괴적 혁신에서는 기업의 생존과 발전의 해답을 외부에서 발생한 혁신에 대해 대처하는 방식에서 찾는다. 이것은 경쟁력을 가져오는 원인에 대해 두 개념이 가지고 있는 근본적인 차이점이다. 그러므로 크리스텐슨이 초점을 맞추는 '변화에 대한 수용'에 대해 자원기반이론이 뚜렷하게 가진 논리는 없다. 다만 이러한 변화를 수용하는 것에 이용되는 자원의 가치를 내부적으로 인식할 수 있는 조직배태성이 필요하다는 내용이 포함되어 있기는 하다.

둘째, 투자의 초점에 대해 살펴보자. 파괴적 혁신과 자원기반이론에서 공통점을 발견할 수 있다. 지나치게 세분화된 기술에 대한 투자는 지나치게 협소한 환경에서만 그 가치를 발휘할 수 있다. 만약 환경이 바뀔 수 있다고 가정한다면, 협소한 첨단 분야에 대한 투자는 기업의 경쟁력을 갉아먹는 경쟁열위의 원천이 될 수 있다. 이것은 자원기반이론이 가진 첫 번째 기준인 가치에 대한 판단과 일치한다.

셋째, 독립적 조직의 필요성에 대해 살펴보자. 이에 대해서도 두 이론은 공통점을 갖는다. 독립적 조직은 다른 조직과의 협업이 일어나기 힘들기 때문에 전체적으로 높은 비용을 수반한다. 그러므로 그러한 조직을 유지하기 위해서는 기업 내부에서 독립적 조직의 가치를 인식하고 지지해야 한다. 그것이 바로 자원기반이론이 중시하는 조직 배태성이다. 만약 기업 내에서 독립적 조직의 가치를 인식하지 못한다면, 그 조직은 존재하지 못하거나 존재하더라도 그 성과를 활용하기 어렵다.

넷째, 정부의 역할에 대해 살펴보자. 이에 대한 두 이론의 공통점은 거의 없다. 파괴적 혁신 개념에서는 특별히 소비자 효용을 위해 정부가 혁신적 변화를 저해하는 규제를 하는 것을 반대한다. 그러나 자원기반이론에서는 정부의 규제에 대한 특별한 입장이 없다. 기업이 내부적 자원의 가치를 극대화하는 모든 과정은 기업 활동에 그 책임이 있다는 것으로써, 정부가 담당할 역할은 거의 존재하지 않는다. 굳이 이야기 한다면, 기업이 하는 활동에 대해 불필요한 규제가 없는 것이 가장 기업을 도와주는 것이라는 일반론 정도일 것이다.

3) 블루오션, 파괴적 혁신, 자원기반이론

블루오션(Blue Ocean)전략에서 주장하는 핵심적 내용은 '기업이 가지고 있는 기준의 역량이나 제품 분류 따위는 잊어라'는 것이었다. 이 논리는 파괴적 혁신 개념과 어떤 차이가 있을까?

파괴적 혁신의 핵심논리는 특정 산업에 일어날 수 있는 매우 위협적인 혁신은 그 산업 내에서 일어나지 않을 수 있다는 것이다. 예컨대 데이터 저장 산업에서 발생한 파괴적 혁신은 반도체 산업에서 시작되었고, 의료기기 산업에서 발생하고 있는 파괴적 혁신은 소프트웨어 산업에서 시작되었다. 이러한 혁신은 반도체 산업이나 소프트웨어 산업의 입장에서 보면 블루오션의 개척이었다. 이제 배터리 제조 산업과 사물 인터넷 산업이 자동차 산업에서 블루오션을 개척하고 있다. 이러한 관점에서 볼 때, 약간의 비약을 섞자면, 블루오션 개념과 파괴적 혁신 개념은 동전의 양면과도 같다.

그러나 블루오션 개념에서는 새로운 시장의 개척에 초점을 맞추는 반면, 파괴적 혁신 개념에서는 기존 시장의 대체에 초점을 맞추어져 있다. 새로운 기술로 말미암아 더 나은 가치를 지닌 방식으로 교체되는 것이다.

이에 반해 자원기반이론은 시장의 개척이나 대체과정 모두에 관심을 가진다. 특히 그 과정에서 나타나는 자원의 가치의 변화에 대해 구체적인 관심을 가진다. 예컨대 USB메모리가 디스켓을 대체하는 과정을 보면, 블루오션 이론에서는 소비자 니즈의 변화에 따라 새로 부상하는 USB시장의 기회의 크기에 관심을 둔다. 또한 이 과정에서 파괴적 혁신 개념은 기업이 가지고 있는 기존의 기술적 또는 조직적 타성을 극복하는 과정에 관심을 둔다.

반면에 자원기반이론에서는 산업 환경의 변화 과정에서 기업이 보유한 어느 기존 자원의 가치가 감소하고(기존 기업이 가지고 있던 플라스틱 디스크 처리 역량의 가치는 감소), 기업이 보유하고 있지 못한 어느 자원의 가치가 급상승하고 있는지에 대해(산업 영역 밖의 기업들이 가지고 있는 메모리 반도체 칩 제조 역량의 가치는 상승) 파악하는 분석을 하게 될 것이다.

이러한 분석을 바탕으로 기업 외부에 존재하는, 가치가 급상승하고 있는 자원을 보유하기 위해 다른 기업과 함께 어떤 전략을 수행해야(제휴, 아웃소싱, 라이선싱, 인수 등) 가장 효과적이며 모방 불가능한 경쟁력을 갖출 수 있는지 제안할 것이다.

결론적으로 어떤 산업에서 파괴적 혁신이 진행되는 경우, 기존 기업들의 경쟁력은 급격히 감소한다. 이러한 혁신과정에서 생존하기 위해 크리스텐슨은 기업이 새로운 방식을 적극적으로 수용하고, 고객의 기본적 니즈에 초점을 맞춘 투자를 해야 하며, 변화를 위한 새로운 조직을 만드는 것에 주저하지 말아야 한다고 제안한다.

자원기반이론에서도 환경 변화에 따르는 자원의 가치 변화에 주목하고, 새로운 가치를 추구하는 역량이 조직 배태성을 갖추어야 한다고 설명한다. 이는 파괴적 혁신의 개념과 유사한 측면이다.

그러나 자원기반이론은 기업 외부에 존재하는 요인에 대한 산업의 변화에 대해서는 상대적으로 초점을 맞추지 않는다. 이러한 유사점과 차이점으로 인해 파괴적 혁신 개념과 자원기반이론은 상호보완적으로 적용될 수 있다.

Ⅸ. 조직을 바꾸는 힘

1. 문화예술을 풍부하게 하는 법

앤디 워홀(Andy Warhol)은 미국 팝아트의 선구자로서 동시대의 문화를 예술의 세계로 승화시킨 예술가이다. 다시 말해 예술을 산업화하여 대량 생산하는 일에 기여한 사람이기도 하다. 그는 “예술가는 사람들에게 꼭 필요한 것이 아니라, 사람들에게 주면 좋아하는 것을 만드는 사람이다”라고 하였다.

문화의 산업화 또는 문화 융성을 위한 3대 전략으로써는 문화 참여확대, 문화예술 진흥, 그리고 문화와 산업의 융합을 들 수 있다. 특히 문화와 산업의 융합이 성공하면 적어도 다음과 같은 2가지 효과를 기대할 수 있게 된다.

첫째, 경제 분야의 활력이다. 즉, 경제활동을 활성화시킨다. 경제의 성장 동력으로는 새로운 기술, 우수한 인적자원, 새로운 시장 등 여러 가지를 들 수 있는데, 고부가가치의 문화적 요소도 그중 하나가 될 수 있다. 예를 들어 최근 부상하고 있는 영국산 문화상품들은 영국의 경제를 살리는 구원 군처럼 보인다.

둘째, 문화 분야의 활력이다. 정부의 지원으로 창작이 이루어지는 대신 시장에서 경쟁력을 갖춘 문화상품이 제작, 유통, 소비되면 문화예술인의 자생력이 높아지게 된다. 특정 계층의 한계를 벗어나 더 많은 대중이 문화상품을 소비할 수 있는 체계가 갖추어지면, 사회적으로 문화 향유의 기회가 확대되는 전기를 마련할 수 있게 된다.

그러나 이러한 문화의 산업화가 쉽게 이루어지는 것은 아니다. 먼저 문화예술의 존재가치에 대해 다양한 견해가 있다. 즉 창작품의 가치가 반드시 사회에서의 소비가치에 의존하는 것은 아니다. 많은 경우 예술가들은 창작의 자유를 누리기를 원한다. 아무도 그들에게 이러 저리한 것을 만들라고 지시할 수는 없다. 어떤 예술가들은 자신의 창작물이 시장에서 가치가 매겨져서 상품으로 유통되는 것을 바라지 않을 수도 있다. 그러므로 문화의 산업화는 창작물이 소비되기를 원하는 예술가들만을 대상으로 해야 한다.

그 다음으로는 문화예술의 특성에 대해 고려해야 한다. 문화예술에 대한 수요는 국가나 사회마다 매우 다르다. 문화 향유가 일상화되어 있는 국가에서는 문화 창작물의 수요가 많다. 사람들은 미술관과 공연장을 자주 이용하고 그림을 구매한다. 그러나 그렇지 않은 국가에서는 미술 시장이나 공연 시장의 규모가 매우 작다. 문화 상품은 휴대전화나 자동차와 같이 일상생활에 자주 이용되는 것은 아니다.

문화 창작물에 대한 수요는 필요에 의해서 발생하는 것이 아니라 사람들이 좋아해서 발생한다. 그러므로 다른 나라에 비해 문화 향유의 형태가 TV시청이나 영화관람 등으로 협소하게 제한되어 있는 우리나라에서는 문화와 산업의 융합이라는 전략은 일반적으로 추진하기에 매우 어려운 과제라고 할 수 있다. 이 과정에 자원기반이론을 적용해 보기로 하자.

1) 브리콜라주(bricolage)

브리콜라주(bricolage)는 프랑스의 인류학자인 클로드 레비스트로스((Claude Lévi-Strauss)가 1967년에 발표한 저서 『야생의 사고(La Pensée Sauvage)』에서 제시한 개념인데 이에 대한 정의는 영어로는 'marketing do with whatever is at hand'로써 이를 번역하면 '당장 가지고 있는 것으로 난관을 극복하기'정도로 해석될 수 있다.

레비스트로스가 예를 든 상황은 원시사회로, 원시인들은 생존자원이 매우 부족한 사회에서 연명해야 한다. 사실 우리는 요즘 유행하는 리얼리티 프로그램을 통해 이러한 것에 익숙하다. <정글의 법칙>이나 <냉장고를 부탁해>를 보면 브리콜라주 개념이 잘 나타나 있다.

정글에서 대원들이 생존할 수 있게 도와주는 족장으로 등장하는 김병만은 든든한 손 재주꾼이다. 주변에 있는 사물들, 즉 나뭇가지나 돌맹이, 잎사귀로 만든 줄 등을 이용해서 밤이슬을 막아줄 집도 만들고, 음식을 조리할 모닥불도 만들며 물고기를 잡을 도구도 만든다.

최현석, 이연복 등 셰프들은 유명 연예인의 집에서 그대로 가져온 냉장고 속의 평범한 식재료를 이용해서 냉장고 주인이 주문하는 콘셉트의 요리를 15분 내에 만들어

낸다. 이렇듯 계획되지 않은 주변의 잡다한 재료를 이용하여 목표하는 것을 이루어나가는 사람을 브리콜레르(bricoleur), 우리말로 굳이 해석하지면 '손 재주꾼'이라고 한다.

우연하게 얻은 재료를 이용해서 원하는 것을 만들기 위해서는 재료의 성질을 잘 파악해야 하고, 그 재료를 다룰 수 있는 연장도 있어야 한다. 그런데 척박한 환경에서는 그 연장을 대신할 도구를 어렵게 구해서 쓰기도 한다. 노끈이 없으면 질긴 덩굴을, 망치가 없으면 딱딱한 조약돌을 이용하는 식이다. 셰프들도 마찬가지다. 고추기름이 없으면 고추를 직접 기름에 튀겨 즉석에서 소스를 만든다. 평소에 사용하지 않았던 재료들을 이리저리 사용하다 보면 뜻밖에 훌륭한 조리법이 개발되기도 한다.

이러한 과정들은 평범한 재료들이 가진 비범한 가치들을 찾아내는 과정이다. 이때 그 비범한 가치를 찾아낼 수 있는 것은 브리콜레르가 가진 창의적 사고 덕분이다. 이들은 목표를 이루기 위해 한정된 재료들의 쓰임새에 대해 치열하게 고민하고, 새로운 가치를 만들어 낸다. 그런데 이러한 일을 하는 사람들을 부르는 다른 이름이 있다. 그것은 앙트러프러너(entrepreneur), 즉 '창업자'이다.

2) 앙트러프러너십(entrepreneurship)

어떤 창업기업은 성공을 하고, 어떤 창업기업은 왜 실패하였는가? 이러한 현상을 설명하기 위해 경영학에서는 창업자의 역량, 창업 기업의 분야, 창업 지원정책 등 다양한 요인들의 영향관계에 대하여 연구를 진행하여 왔다.

앙트러프러너십(entrepreneurship)은 창업자의 역량과 기질 등에 대해 다루고 있다. 흔히 '기업가 정신'으로 번역되고 있는데 그 보다 더 넓은 범위인 '창업이론'으로 번역하는 것이 좋지 않을까 생각된다.

앙트러프러너(entrepreneur)는 브리콜레르(bricoleur)와 유사점이 많다. 창업자의 창업과정을 보면 원시인의 생존과정과 유사하다. 일단 풍족한 자원 따위는 없다. 원시인들이 하루하루 먹을 것을 구해야 하는 고단한 삶을 살았듯이, 창업자는 매일매일 운영자금을 구하려 다닌다. 원시인이 다양한 작업을 수행하는 손 재주꾼이 되어야 되듯이, 창업자도 사업의 모든 과정을 혼자 담당한다. 원시인이 자연을 극복하기 위해 고군분투하듯, 창업자도 고객의 선택을 받기 위해 고군분투한다.

문화의 산업화를 생각할 때 먼저 떠오르는 것은 앙트러프러너(entrepreneur)와 브리콜레르(bricoleur)와 앤디 워홀(Andy Warhol)의 겹치는 이미지이다.

문화예술의 창작물은 필요에 의해 소비되는 것이 아니라 선호에 의해 소비된다. 그런데 우리나라에서는 사람들이 창작물 자체를 선호하는 비율이 매우 낮다. 그래서 문화예술 창작물이 소비되기 위해서는 창작물이 선호될 수 있도록 주도할 수 있는 사람이 필요하다. 바로 앤디 워홀과 같은 아티스트(artist) 겸 사업가, 창업가, 손 재주꾼이다. 창작물이 가진 숨겨진 가치를 발견하여 사람들이 인식하고 선호할 수 있도록 만들 수 있는 브리콜레르(bricoleur)이다. 이것이 바로 문화 융성, 문화의 산업화에 대해 자원기반이론이 가진 시사점이다.

문화의 산업화는 창작자들에 대한 금전적 지원으로 해결되는 문제가 아니다. 산업구조를 변경한다고 해서 이루어지는 일도 아니다. 문화예술 분야에서 수많은 브리콜레르(bricoleur)들이 나타나서 창작물이 가질 수 있는 다양한 가치를 구매자들에게 보여주어야 한다. 여기서의 구매자는 개별 소비자뿐만 아니라 자동차, 휴대전화, 아파트 건설업 등 산업 구매자도 포함된다.

그런데 본질적으로 이 과정은 매우 험난하다. 아무도 브리콜레르(bricoleur)들을 위해 매일 먹을 것을 공급해주지 않고, 번거로운 일을 대신 해주지도 않으며, 창작물을 대신 구매해 주지도 않는다. 오히려 그런 것을 정부가 대신할 때에 브리콜레르(bricoleur)들은 생존 능력을 잃고 소멸할 것이다. 마치 원시인에게 매일 먹을 것을 주면, 더 이상 맹수와 싸울 수 없게 되는 것과 마찬가지다.

정부가 할 수 있는 일은 브리콜레르(bricoleur)들이 강한 생존력을 가질 수 있도록 도와주는 것이다. 문화예술 분야에서 창업할 수 있도록 도와주는 방법이 있다.

문화예술 창작물의 수요가 척박한 이 황무지에서 자신이 가진 얼마 안 되는 자원의 가치를 창조적으로 이용해서 돈을 버는, 긍정적인 신념으로 가득 찬 앙트러프러너(entrepreneur)가 될 수 있도록 돕는 것이다.

다행히 문화예술 분야에는 창의적인 예술인이 많다. 문화예술은 그 속성상 창의성이 충만한 분야이다. 정부의 일방적인 금전적 지원으로 문화예술의 창의성을 죽이는 것이 아니라, 문화예술 분야 창업자들을 도울 수 있는 다양한 비금전적 지원을 해야 한다.

예컨대 문화예술 분야 창작자들 중에서 창업을 희망하는 사람들이 있다면, 그들에게 적절한 조언을 제공할 수 있는 기관이 있어야 한다. 여기에는 성공 가능성이 있는 창작자들에 대한 지원뿐 아니라 성공 가능성이 없는 창작자들에 대한 조언도 포함된다. 누구나 창업의 재능을 가진 것은 아니다. 그러므로 창업의 재능이 보이지 않는 경우, 해당 창작자에게 다른 진로를 제시해 주는 것도 필요하다.

앙트러프러너(entrepreneur)들이 성공하기 위해서는 두 단계의 지원이 필요하다.

첫째, 성공가능성이 높은 구체적인 사업 아이디어를 다듬을 수 있도록 도와주는 것이다. 예컨대 자동차 실내에 예술적 가치를 지닌 디자인을 적용시켜서 자동차의 가치를 높인다는 사업 아이디어를 가졌다면, 그 과정에서 얼마의 비용이 드는지, 어떠한 방식으로 제품 콘셉트를 잡을지, 어떠한 종류의 자동차와 제휴를 맺을지, 손익분기점은 얼마로 설정할 수 있을지, 광고 및 마케팅 방식은 어떠해야 하는지를 결정해야 한다.

둘째, 사업 아이디어를 실행에 옮길 수 있도록 필요한 제반 여건을 마련해주는 일이다. 예를 들어 필요한 원자재를 구매할 수 있는 적절한 구매처가 어디에 있는지, 대량생산을 할 수 있는 공장을 어디로 정할 수 있는지, 사무실에서 근무하는 직원은 어떤 업무를 맡게 되는지 등에 대해 조언할 수 있다. 만약 금전적 지원에만 초점을 맞춘다면, 문화예술 분야 앙트러프러너(entrepreneur)들은 지원받은 돈을 적절하게 사용하는 방법을 모르게 된다. 다시 말해 그들의 창의성이 사업성공으로 이어지도록 도와주기보다는 겉으로 보여주기 위한 행정집행으로 무차별적으로 예산만 낭비할 수 있을 것이다.

한편, 모든 사업방식에 대해 직접적으로 간섭하는 것보다는 벤처투자자들과의 연결을 돕는 등 생태계 안에서 자생할 수 있는 방법을 전수하는 것도 중요하다.

벤처투자자들의 평가를 받고 투자를 받아야 한다면, 생존을 위한 본능이 깨어나게 된다. 사회가 원하는 것이 무엇인지, 투자자가 원하는 것이 무엇인지 필사적으로 파악해야 살아남을 수 있다. 바로 이런 비금전적 지원과정을 통해 문화예술 분야 브리콜레르(bricoleur)들의 경쟁력은 쑥쑥 자라갈 것이다.

결론적으로 문화융성을 이루는 방법 중 한 가지는 문화와 산업의 결합을 추구하는 것이다. 문화예술 작품의 상업적 가치를 개발하여 사람들로 하여금 구매할 마음이 생기게 하는 것은 전통적 경영학의 앙트러프러너십(entrepreneurship)과 유사하다.

그런데 문화예술 분야의 창작자들은 창의적인 재능을 발휘하여 문화예술 창작물에 존재하는 숨겨진 가치를 찾아내고 활용할 능력, 즉 브리콜라주의 기능을 수행할 잠재력을 가질 수 있다. 그런데 이러한 잠재력은 산업 환경 조성의 개념에 입각한 외형적인 금전적 지원에 의해 오히려 망가질 수 있다. 자원기반이론은 개인 또는 창업 기업이 지닌 내부적 요인을 중시하고, 그러한 브리콜레르의 역량이 조직 내에서 충분히 발휘되어야 지속적 경쟁우위를 창출할 수 있다고 한다. 이러한 철학은 문화 융성의 방법에 대해 의미 있는 시사점을 던진다.

2. 판에 박힌 경쟁피하기

1) 사교육의 폐해

통계청에 의하면 한국의 2017년 사교육 참여율은 70.5%이고, 학교 급별로는 초등학교 82.3%, 중학교 66.4%, 고등학교 55.0% 순이다. 학생 1인당 월평균 사교육비는 27만1천원이며, 중학교 29만 1천원, 고등학교 28만 4천원, 초등학교 25만 3천원 순인 것으로 나타났다.

일반적인 회사원의 월급으로는 아이들 학원비나 과외비용을 감당할 수 없으므로 빚을 지거나 맞벌이를 해야 한다. 아이들은 학원에서 이미 배운 것을 학교에서 다시 배워야 하니 학교 수업에 흥미를 잃고, 심지어 일부 교사들은 "이건 학원에서 배웠지?"라고 스스로 공교육을 포기하기까지 한다.

공교육이 자리를 잡지 못하고, 그 자리에 사교육이 들어서게 된 것은 여러 가지 이유가 있다. 자식 교육을 중시하는 한국 특유의 분위기는 그나마 긍정적인 이유이다. 교육을 통해 사회적 신분 상승이 이루어질 수 있다는 믿음도 나름 균등한 기회가 존재한다는 차원에서 나쁘지 않다. 사실 자신은 헐벗고 굶주리더라도 자식 교육 하나를 위해 희생하는 부모의 모습은 어떻게 보면 오히려 지금 우리나라의 발전을 가졌던 원동력이 되기도 한다.

그러나 모든 문제의 근원은 교육의 성과가 측정되고 평가되는 방법에 있다. 자신의 강점을 개발하기 보다는 정해진 지식을 얼마나 잘 외우는가에 대해 평가하고, 그 시험점수에 의해 아이들을 1등급부터 9등급까지 강제로 줄 세우며, 동점자가 많이 나오면 한 문제만 틀려도 한 등급이 내려가는 강제할당 방식 때문에 아는 것을 실수하지 않도록 반복적으로 연습해야 한다. 이런 평가 관행은 개인이 가지고 있는 숨겨진 강점을 개발하는 것을 억지한다. 그래서 개인 특유의 강점과 재주를 개발하고 싶은 학생들은 학교를 포기하고 독자적인 길을 걷게 되는 경우도 많다.

2) 경쟁의 유형

경쟁에는 두 가지 유형이 있다. 첫째는 '평균'개념의 경쟁이다. 이것은 우리에게 익숙한 개념인데, 경쟁자의 범위를 정해서 그 안에서 순위와 평균을 정하는 것이다. 학급 내에는 1등 점수와 꼴등 점수가 있고 모든 학생의 점수로부터 반 평균 점수를 구할 수 있다. 특정 산업에는 1등 기업의 이익률과 꼴등 기업의 이익률이 있어서 모든 기업의 이익률로부터 산업평균 이익률을 구할 수 있다. 여기에서 구한 평균보다 높은 성과를 거두는 것을 '평균이상의 성과'라고 한다.

두 번째 경쟁 유형은 '기대'개념의 경쟁이다. 이것은 흔히 우리가 '자신과의 경쟁'이라고 부르는 것과 비슷한 개념이다. 여기에서는 실제 성과와 기대되었던 성과를 비교하게 된다. 예컨대 산업전문가들이 특정 기업의 2018년 이익률을 10%로 기대했는데 실제로 2018년의 이익률이 12%로 나타났다면, 그 기업은 기대 이상의 성과를 거둔 것이다.

앞에서 바니 교수가 "포터는 틀렸다"라고 주장했던 것을 기억한다. 이러한 주장을 편 저변에는 바로 평균개념과 기대 개념의 차이가 존재한다. 평균개념을 기반으로 이론을 폈던 포터와는 달리, 바니 교수의 자원기반이론에서는 기대 개념을 기반으로 한다.

이제 공교육 혁신에 대해 평균개념과 기대개념의 차이를 중심으로 설명해 보기로 한다.

학생들의 능력을 이른바 '객관적'으로 평가해서 등수를 매기고, 이를 바탕으로 1등급에서 9등급을 나누는 방식은 학생들의 능력이라는 것이 미리 잘 정의되어 있다는 것을 근본적인 가정으로 삼고 있다. 마치 모든 학생들은 똑같이 생긴 물통을 가지고 있으며, 그 각각의 물통에 물이 가득 차 있으면 100% 차 있는 것이고, 절반 정도 차 있으면 50% 차 있다고 말할 수 있는 것과 같은 생각이다. 따라서 이제 경쟁의 핵심은 다른 경쟁자보다 정해진 통에 물을 빨리 채우는(선행 학습) 것이고, 그와 함께 채워진 물이 새어 나가지 않게(시험에서 실수하지 않게) 지속적으로 꼼꼼하게 물통을 점검하는 것이 중요해진다.

그러나 학생들의 능력을 자원기반이론을 적용하여 측정하게 되면, 각 학생들은 정해진 면적의 텃밭을 하나씩 가지고 있는 것과 같다. 어떤 텃밭은 사과를 키우기에 좋은 토양을 가지고 있고, 어떤 텃밭은 감자를 키우기에 좋다. 또 어떤 텃밭은 본래 척박해서 일반적인 작물을 재배하기에 적절하지 않지만, 다른 용도로 사용할 수 있는 가능성이 있다.

이 경쟁의 핵심은 자신이 가진 토양이 과연 어떤 것을 만들어 내는데 가장 적합한지를 아는 것이다. 그리고 그에 맞는 비료를 주고 물을 주어 자신의 텃밭에서 만들어낼 수 있는 최고의 성과를 거두는 것이다. 여기에서는 학생들의 능력이라는 것이 일정하게 정의될 수 없다. 텃밭이 가진 특이한 토양이 가진 잠재력은 사전에 미리 알기 힘들기 때문이다. 게다가 시간이 지남에 따라 토양의 성질이 바뀌기도 한다.

3) 평가기준, 발상의 전환

자원기반이론을 적용한 공교육 혁신의 목표는 개인의 잠재력을 개발하는 것이다. 이 목표를 이루기 위해 교육과 관련된 사회의 각 주체가 수행할 일은 다음과 같다.

첫째, 사람이 가진 잠재력을 개발하고 경쟁력으로 발전시킬 수 있는 공교육의 중심은 교육부도 학교도 아닌 일선에서 교육을 담당하는 교사에게 있다. 교사는 학생을 물통으로 만들 수도, 텃밭으로 만들 수도 있다. 교사는 각 학생의 잠재력을 다양한 방면에서 발견하고 개발해야 한다. 공교육에 대한 교사의 인식과 헌신이야말로 공교육 개혁의 가장 중요하면서도 어려운 부분이다.

둘째, 교사가 학생의 잠재력 개발에 주력할 수 있도록 하기 위해서는 교육기관에서 그 학생을 평가하는 방법이 바뀌어야 한다. 모든 학생은 해당 분야의 능력에 따라 서로 다른 목표를 부여받아야 하고, 그 목표의 달성 여부에 따라 평가가 이루어져야 한다. 또 이러한 과정이 이루어지기 위해서는 개별 학생에 대한 교사의 주관적 평가가 인정되어야 한다. 아마도 학기 초에 학생이 설정한 시험 점수 및 프로젝트의 수준을 얼마나 충실히 수행하였는가에 대한 평가도 이루어져야 할 것이다. 물론 이러한 과정은 적절한 자질을 지닌 높은 수준의 교사가 맡아서 진행해야 한다.

셋째, 학생을 평가하는 방식이 교사의 주관적 판단에 맡겨지도록 하기 위해서는 경쟁에 대한 사회의 인식이 바뀌어야 한다. 모든 학생들에게 일괄적으로 적용되는, 정답을 찾는 비율과 정답을 찾는 속도에 대한 경쟁방식에는 교사의 정당한 주관적 판단이 개입할 여지가 없다. 아마도 그러한 '객관성' 때문에 현재의 암기식 시험이 유지되고 있는 것으로 보인다. 그러나 개개인이 가진 능력은 다양하고, 그 비교 대상은 오직 개인에게 기대되는 보통 수준의 성과라는 인식이 확산되어야 한다. 그 보통수준의 성과를 뛰어넘는 분야에서 해당 학생은 최고의 경쟁력을 가지는 것이다.

넷째, 정부는 위에서 제시한 공교육 개혁을 위한 동력을 제공해야 한다. 대학이 학생을 선발하는 기준은 전적으로 대학에 일임되어야 한다. 또한 정부는 대학이 교사의 주관적인 평가를 근거로 주관적인 입학 사정을 할 수 있도록 유도해야 한다.

현재로서는 위험천만하게 보이는 이 원칙을 준수하기 위해 부작용을 없애는 방향으로 정부의 지원과 규제가 집중되어야 한다. 사교육에 대해 규제를 하는 대신 공교육을 담당하는 교사의 공정한 평가를 유도하고, 그 권위를 인정해주는 곳에 투자해야 한다. 그래서 학생의 잠재적 가치를 발견하고 개발하는 일에 전력을 다할 수 있도록 지원해야 한다.

궁극적으로는 학생들이 사회에 진출할 때 안착할 수 있는 다양한 직장이 존재해야 하며, 다양한 재능을 가진 학생들을 흡수할 수 있도록 대기업 못지않은 훌륭한 중소기업이 사회에 많이 있어야 한다.

자원기반이론은 가치 창출이라는 목표를 위해 외과적 수술이 아닌 재생적 변화를 제안한다. 대기업 취업을 위해 명문대학에 가고, 이를 위해 학원을 다니는 악습이 근절되는 길은 사교육을 강화하고 취업률이 낮은 대학에게 불이익을 주거나 수능시험을 쉽게 내는 등 외과적인 조치가 아니다.

교사에 대한 교육과 처우를 획기적으로 개선하고 학생평가 방식을 주관적으로 전환하며, 대학의 학생 선발권을 보장하고 중소기업을 지원하여 대기업과 큰 차이 없는 일자리를 창출하는 등의 내생적 변화야 말로 공교육 혁신의 길이다. 그리고 이 과정에서 정부의 역할이 필수적이다.

다행스러운 점은 출산율의 감소와 함께 학급당 학생 수가 감소했다는 것이다. 이제 선진국 수준의 작은 규모의 학급에서 교사들이 학생들 한 사람 한 사람을 위해 시간을 쏟을 수 있는 여건이 마련되었다. 대학은 다양한 입학 전형 방법으로 학생을 선발하고 있다. 그러나 아직 사교육 망국론은 이어지고 있고 수능시험에서 한 문제만 틀려도 한 등급이 추락하는 비정상적인 현실은 되풀이되고 있다.

자원기반이론이 가진 철학, 즉 평균과의 비교가 아닌 기대수준 중심의 평가, 양적 목표가 아닌 질적 잠재력의 중시, 그리고 객관화의 허울 뒤에 숨겨진 주관적 요인의 가치를 재발견하는 철학이 확산되면, 이러한 비정상을 정상으로 바꾸는 것에 일조할 수 있으리라 본다.

3. 활력이 넘치는 조직 만들기

1) 동맥경화에 걸린 조직

동맥경화에 걸린 사람은 여러 위험에 노출된다. 혈관이 좁아 말초혈관에 혈액이 공급되지 않아 마비 증세가 나타나거나 심한 경우 심장마비가 올 수도 있다. 그런데 보다 무서운 것은 동맥경화의 증상은 감기나 두통처럼 빠르게 지각되는 것이 아니라 오랜 기간에 걸쳐 아주 서서히, 아무도 모르게 다가온다는 것이다. 그러나 그 위험은 매우 다양하게 치명적으로 나타난다.

조직도 마찬가지이다. 조직 내에 혈액이 공급되지 않으면 조직이 마비되고, 심한 경우 심장마비에 걸린다. 여기서 혈액은 조직 내 지식과 정보라 할 수 있다. 지식과 정보의 소통이 원활하지 않는 조직은 구성원 간에 기회의 불균형이 발생할 뿐 아니라, 조직 전체가 붕괴될 위험에 처할 수 있다. 더 이상의 성장을 할 수 없게 된다.

자원기반이론이 조직 내 지식과 정보 소통의 중요성에 대해 조직 배태성이라는 개념을 통해 강조한다는 것을 우리는 이미 앞에서 설명한 내용을 통해 잘 알고 있다.

다른 이론들과는 달리 자원기반이론은 특이하게도 이론의 일부로서 실행에 대한 내용을 다루고 있다. 여기에서는 전략의 실행과 관련이 있는 지행격차(knowing doing gap)의 개념을 소개하면서 자원기반이론과의 연관성에 대해 설명하기로 한다.

2) 조직이 침체되는 이유

스탠퍼드대학의 경영학자인 제프리 페퍼(Jeffrey Pfeffer)와 로버트 서튼(Robert I. Sutton)은 『생각의 속도로 실행하라(The Knowing–Doing Gap: How Smart Firms Turn Knowledge Into Action』, 2000)에서 기업 경영진들이 "성과를 내는 현명한 방법에 대해 말로 떠들어대며 굉장히 열심히 일하지만 결국 그들도 성과를 저해하는 조직의 틀에 갇히고 만다"고 지적했다.

페퍼와 서튼은 기업이 성공하기 위해 해야 할 일을 알고 있지만, 그것을 실행하는 것에 장애가 되는 요인들이 무엇인지 설명하였다. 이것을 자원기반이론의 논리로 설명하자면, 훌륭한 강점을 가지고 있는 기업이 그 강점을 발휘하지 못하는 이유가 무엇인가? 즉 조직 배터성이 결핍되는 이유가 무엇인가에 대한 것이다.

사람들은 늘 "무슨 일을 해야 하는지 알지만 실행하지 않았고" 이러한 지행격차(knowing doing gap)가 "조직의 성과를 가로막는 가장 골치 아픈 커다란 장벽"이었다고 지적하면서 실행을 하지 못하는 이유를 다음과 같이 제시하였다.

첫 번째 이유는 말만 하고 실행을 하지 않는 경우이다. 이를 '말(talk)만 하는 폐단'이라고 명명하였다. 대표적인 사례가 회의를 위한 회의를 하는 것이다.

회의는 구체적인 안건에 대해 사람들의 의견을 모아서 결정을 하고, 그 결정을 실행에 옮길 일정까지 마련하기 위해 하는 것이다. 그런데 많은 경우 회의 자료를 미리 만들어 배포하지 않아서 어떤 회의를 하는지 모르는 상태로 회의에 오거나, 반대로 회의를 지나치게 치밀하고 방대하게 만들고 배포하느라, 정작 회의의 핵심 내용이 가려지는 현상도 일어난다.

회의 과정에서도 사람들의 의견을 모으기보다는 의장이 일방적으로 자신의 말만 하다가 끝나는 경우가 많다. 어떤 사람은 회의에서 일반적으로 지극히 옳은 말만 장황하게 늘어놓거나 회의 주제와 관계도 없는 자신의 평소 철학을 설파한다. 그러나 회의의 의장은 아무런 제지를 하지 않는다. 사람들에게 발언의 기회를 줄 때에도 순서를 정해서 형식적으로 발언하게 하고, 발언 내용은 회의에 영향을 미치지 않는다.

회의를 마무리 하는 시점에서도 회의에서 논의되거나 결정된 사항을 다음 회의 때까지 어떻게 실행할 것인가에 대한 구체적인 계획이나 방법에 대해 정하지 않고 마친다. 이러한 회의는 시간만 소모할 뿐 추진력을 갖지 못한다. 이런 회의를 몇 번 반복하다 보면 회의에 대해 사람들이 갖는 기대감은 사라지고, 시간 낭비일 뿐이라고 느끼게 된다. 이런 상태에서 회의에 참여하는 개개인의 강점이 조직에 녹아들지 못할 것은 자명하다. 즉 조직 배태성을 찾아볼 수 없게 된다.

두 번째 이유는 기존의 나쁜 습관(memory)에 의한 폐단이라고 이름 붙였다. 여기서 나쁜 습관이란 기존 방식을 되풀이하려는 타성을 말한다. 사실 이미 익숙해져 있는 업무방식을 쉽게 바꿀 사람은 없다. 그러나 타성에 젖은 조직에서는 새로운 전략이 실행되기 힘들고, 새로운 강점이 터를 잡고 배태될 여지가 없다.

세 번째 이유로는 두려움(fear)을 들었다. 실패에 대해 관대하지 못한 조직은 은폐로 가득 차게 된다. 새로운 시도 끝에 실패한 사람에게 가혹한 처벌을 한다면 누가 새로운 시도를 할까? 이러한 조직에서는 새로운 강점을 개발하기보다는 그저 실수를 줄이기 위해 노력하게 된다.

훌륭한 전략을 실행하지 못하는 네 번째 이유로써 그들은 성과측정(measure)의 문제를 들었다. 조직 임원에 대해 대개는 2~3년을 주기로 평가를 하고, 성과에 따라 상여금이 결정되거나 재계약여부가 결정된다. 어떤 부작용이 예상되는가?

2~3년에 본인의 성과를 보여야 한다면, 당연히 그 임원들은 2년 이하의 기간에 성과를 낼 수 있는 일에 초점을 맞추게 된다. 조직에서 장기적으로 유익할 수 있는 강점에 대해 신경을 쓸 겨를이 없게 되는 것이다. 또한 가시적인 성과를 보여야 한다는 강박관념 때문에 이익률이나 시장점유율과 같은 수치적 성과에만 초점을 두게 되며, 팀워크나 의사소통, 협력 등은 관심 밖의 일이 된다. 그러나 조직에서 새로운 강점이 발견되고 개발되기 위해서는 이렇게 보이지 않는 것들이 필수적이다.

마지막으로 지나친 내부 경쟁구조(internal competition)가 조직을 동맥경화로 이끈다. 조직 내 경쟁은 거의 모든 조직에서 즐겨 이용하는 조직관리 방식이다. 심지어 레크리에이션을 할 때에도 팀을 나누어서 경쟁구조를 만드는데, 이는 사람들을 몰입하게 하는 고전적인 방법이기 때문이다. 그러나 경쟁이 강조되면 강조될수록 협력과 소통은 자취를 감춘다. 개인 간 경쟁이 심화되면 개인 간 소통이 줄고, 팀 간 경쟁이 심화되면 팀 간 소통이 줄어든다. 지식의 소통이 단절되어 새로운 강점이 개발되거나 전파되지 않을 것은 당연하다.

3) 조직의 심장을 뛰게 하는 법

지행격차(knowing doing gap)의 수준이 높은 조직에서는 아무리 많은 강점을 가졌어도 그 강점을 활용하지 못하는 상태에 빠진다. 즉 조직 배태성이 낮아진다. 그러면 조직배태성을 높이는 방법은 무엇일까?

⑴ 새 술은 새 부대에 담아야 한다.

새로운 강점을 활용하기 위해서는 기존의 조직을 개혁하기 보다는 새로운 조직을 만드는 편이 좋다. 물론 최고경영자는 이렇게 만들어진 새로운 조직의 활동에 대해 관심을 갖고 지원해야 한다. 새로운 조직을 지원하지 않으면, 새로운 조직에서 활용할 새로운 강점의 가치도 사라지게 된다.

앞에서 살펴본 IBK기업은행의 문화콘텐츠 금융지원 전담부서의 탄생은 좋은 사례가 될 것이다. 예컨대 불확실성이 매우 높은 문화콘텐츠 제작 중소기업들에 대한 지원 여부를 판단하는 일에서 기존의 판단 기준과 새로운 판단 기준 간의 갈등이 지금보다 훨씬 클 것이다. 이러한 부담을 덜기 위해서 되도록 독립된 조직에서 새로운 사업을 추진하도록 하는 것이 보다 효과적이다.

⑵ 일벌백계와 실험장려

실패에 대해 관대하기란 참으로 힘들다. 실패에는 비용이 따르고, 그보다 힘든 것은 쓸데없는 일을 벌였다는 비난이다. 회사 내에서 실패로 끝난 사업을 추진했던 경영자들이 승진 등에서 줄줄이 불이익을 당하는 것을 종종 본다. 그러나 실패를 하지 않는 기업에는 큰 성공도 없다. 위험한 도전에는 그만한 가치가 있을 수 있다. 조직의 차원에서 볼 때 혁신을 하다가 실패하는 비용보다는, 오직 실수하지 않으려고 아무것도 하지 않는 사람들이 만들어내는 기회비용이 훨씬 더 크다. 조직이 한 단계 도약할 수 있는 기회를 상실하기 때문이다.

실패에 대해 관대할 수 있는 한 가지 방법은 위험한 도전과 실험을 별도로 관리하는 것이다. 이러한 특별한 실험장려 정책은 시간이 지남에 따라 전체 조직의 문화를 바꾸고, 기존에 보유한 자원의 숨겨진 가치를 발견하는 것을 가능케 한다.

⑶ 영입된 리더(leader)와 배태된 리더(leader)

리더(leader)는 능력이 있어야 한다. 여기서 능력이란 리더의 개인적인 업무 능력만을 의미하는 것은 아니다. 문제를 명확히 파악하고 필요한 토론을 이끌 수 있는 능력, 사람들을 소통하게 하는 능력, 논의된 사항들이 자연스럽게 실행될 수 있도록 하는 능력을 말한다.

이러한 능력을 갖춘 리더는 아마도 현장의 상황을 잘 이해하고, 업무의 맥락을 파악하는 사람일 것이다. 이런 측면에서 외부에서 영입된 리더는 일반적으로 조직 배태성이 취약하다.

항상 그런 것은 아니지만, 정부투자기관의 기관장은 외부에서 영입되는 경우가 많다. 다른 기관과의 관계를 강화시킬 수 있고, 특히 영입되는 인사의 정치적인 힘을 이용할 수 있다는 논리이다.

그러나 부정적인 측면을 보면, 정치권에서 보상을 해주어야 하는 사람들이 임시로 거처할 곳을 마련해주기 위해 정부투자기관 기관장의 자리를 활용한다는 비판도 있다. 더 나아가서 어차피 정부투자기관의 기관장의 능력은 기관이 운영되는 것에 크게 중요하지 않기 때문에, 어떤 사람이 오던 별 차이가 없다는 자조적인 의견도 있다. 그럴 바에는 연봉을 축내는 외부 영입 기관장은 차라리 없는 편이 더 나을 것이다.

(4) 객관적인 것과 합리적인 것

객관적이라는 말은 종종 공평하다거나 투명하다는 말과 동의어로 사용된다. 그러나 객관성을 맹신하는 사람들은 모든 것을 숫자로 표현하려 하고, 숫자로 표현될 수 없는 것에 대해 두려움을 갖는다. 다른 사람에 의해 비판받는 것을 꺼리며, 모든 일에서 명분을 가지려 한다. 여기에서 부작용이 발생하게 된다.

'객관적'을 대신하는 말로 '주관적'이라는 말이 아니라 '합리적'이라는 말을 써보자. 모든 일은 때에 따라서는 객관적인 평가가 필요할 수도 있고, 주관적인 평가가 필요할 수도 있다. 사안에 따라 적절한 평가를 할 수 있을 때 바로 합리적인 평가를 할 수 있다. 주관적으로 판단할 때에야 그 가치를 드러내는 강점도 있다.

대개 조직 내에서 새로운 아이디어를 개발하고 인정을 받기 외해서는 정형적인 프로세서를 따라야 한다. 사업계획서를 작성한 다음 필요한 자금에 대해 재무부서의 승인을 받아야 하고, 영업방식에 대해서 영업부서의 승인을 받아야 한다. 제품 디자인과 관련해서는 엔지니어링 부서의 승인도 받아야 한다.

그러나 어느 직원이 제안한 새로운 아이디어에 동의하는 구성원들 몇 명이 모여서 새로운 사업을 시작하는 것은 매우 쉽다. 이 과정을 객관성의 기준으로 보면 매우 위험하다고 판단하게 될 것이다. 구성원들이 가지고 있는 주관적 판단기준에서 함부로 조직의 금전적 시간적 자원을 낭비할 수 없기 때문이다. 그러나 매우 큰 가치를 가질 수 있는 혁신적이고 창의적인 아이디어도 관료주의적인 타성을 가지고 있는 기존조직의 검증을 거치다 보면 그 생명력을 잃게 마련이다.

자원기반이론의 관점은 창의적 아이디어가 가진 가치를 극대화하기 위해서는 객관성 뒤에 숨은 복지부동적 폐단의 위험을 감수하기보다는 합리성이 가진 잠재적 가치를 추구하는 편이 낫다고 설명한다.

(5) 개인성과와 팀 성과

우리는 팀의 성과를 측정하는 것 보다는 개인의 성과를 측정하는 일에 익숙하다. 대학에서도 개인에게 학점을 부여하고, 직장에서도 개인에게 특별 상여금을 지급한다. 그러나 아이러니하게도 집단을 통해 이루어지는 일은 점점 더 많아진다. 직장에서는 말할 것도 없고, 대학에서도 많은 부분이 팀 활동을 통해 학습된다. 그러나 성과 평가는 여전히 개인을 기준으로 이루어진다. 이것은 개선될 필요가 있다.

제너럴 일렉트릭 사에서는 최고위급 임원의 글로벌 연수과정에서 다른 사람을 돕는 정도를 관찰하여 평가한다. 강의실에서도 각 팀의 성과를 평가한 다음에는 팀원들의 상호평가를 통해 다른 팀원을 돕는 리더십에 대해 평가한다. 팀을 위해 개인이 공헌한 정도에 대해 평가하는 것이 개인성과의 중요한 평가요소로 자리 잡으면 협력이 조직문화로 자리 잡게 된다. 이 경우 조직이 보유한 다양한 강점이 발견될 수 있다.

조직은 다수의 개인이 모여 만드는 것이지만, 어떤 조직은 개인보다도 굼뜨고, 또 어떤 조직은 개인보다 훨씬 민첩하게 움직인다. 그것은 조직이 가진 혈관이 얼마나 건강한가에 달려 있다. 조직이 가진 혈관이 건강하지 못하면 정보와 지식이 원활하게 흐르지 못한다. 그 결과 조직 내 다른 사람이 가진 지식을 활용하지 못하고, 불필요한 내부 경쟁을 하며, 위험을 감수하고, 기회를 추구하기보다는 현상 유지에 급급하게 된다. 이러한 조직이 동맥경화에 걸려서 서서히 죽어가는 것은 당연하다.

반면, 혈관이 건강한 조직은 조직이 가진 수많은 자원의 고유한 가치가 인식되어 개발되고, 다양한 기회를 추구하는 것을 겁내지 않으며 새롭게 개발된 역량의 가치를 실현하기 위해 적절한 행동이 즉각적으로 이루어진다.

이상에서 살펴본 자원기반이론을 종합적으로 정리해 보면, 기업이 추구하는 지속적 경쟁우위의 원천은 바로 기업 내부에 있다는 것이다. 기업 내부에는 기업 스스로도 알지 못하는 잠재력이 있다. 이 잠재력은 지금 당장 경쟁 기업을 쓰러뜨리는 것에 이용되지는 않을 수 있다. 그러나 경쟁 기업과 싸우지 않고도 경쟁우위를 가질 수 있다면 그것이 더 나은 선택일 것이다.

자원기반이론은 개인의 삶을 변화시킬 수 있다. 자신이 원하는 목표를 이루기 위한 본인의 강점이 무엇인가에 대해 체계적으로 성찰할 기회를 제공한다. 자신이 원하는 목표가 얼마나 근사한 것인가에 초점을 맞추는 것이 아니라, 자신이 원하는 목표를 달성하기 위해 내가 얼마나 대체 불가능한 인물이 될 수 있을 것인가에 초점을 맞추게 한다. 그리고 앞으로 긴 시간을 통해 걸어가야 할 나만의 인생 경로에 대해 생각해 보게 한다.

다른 기업, 다른 부서, 다른 사람과 비교할 필요가 없다는 자원기반이론의 철학은 경영의 현장뿐만 아니라 사회를 근본적으로 바꿀 수 있다. 경쟁과 비교를 조장하는 기업문화와 정부정책은 변화되어야 한다.

줄 세우기식 금전적 지원과 외형적 성과주의에 천문학적인 예산을 낭비하는 정부와 기업의 지출 패턴도 중단되어야 한다. 사람들이 자발적으로 창의적인 노력을 하도록 유도하는 것은 어려운 일이지만 결코 불가능하지도 않다. 이것이 모두 승자가 되는 길이라 확신한다.

토의문제

01. 기업경영에서 패러다임의 전환이 갖는 의의와 중요성에 대해 토의해 보자.

02. 산업분석의 기본모델(5세력 모형)에 대한 바니 교수의 비판의 본질은 무엇인가?

03. VRIO분석의 의의와 중요성에 대해 토의해 보자.

04. 지속가능한 경쟁력의 원천과 핵심요인에 대해 토의해 보자.

05. 비즈니스모델 캔버스의 개념과 VRIO개념의 상호보완성에 대해 토의해 보자.

06. 핵심역량과 핵심적 경직성에 대해 논의해 보자.

07. 지식전환의 선순환과정에 대해 토의해 보자.

08. 전통적 논리와 가치혁신의 논리를 비교하여 논의해 보자.

09. 가치혁신의 논리를 중심으로 블루오션의 개념과 자원기반이론의 차이점에 대해 토의해 보자.

10. 조직을 바꾸는 힘의 원천에 대해 토의해 보자.

참고문헌

1. 김종남, 회의없는 조직, 플랜비디자인, 2016.
2. 김기웅·김성수 역, 기업이 원하는 변화의 기술, 김영사, 2015.
3. 경영학자료집, 서울대학교 대학원 경영학과 자치회, 광장서적출판부, 1997.
4. 윤대혁 외, 경영학원론, 탑북스, 2013.
5. 임창희, 경영학원론, 학현사, 2007.
6. 신형덕, 잘되는 기업은 무엇이 다를까?, 스마트북스, 2016.
7. 지호준, 21세기 경영학, 법문사, 2000.
8. 조동성, 21세기를 위한 경영학, 도서출판 서울경영경제, 2000.
9. John Kotter and Dan Cohen, The Heart of Change: Real Life Stories of how People Change Their Organizations, John P. Kotter and Deloitte Consulting LLC. 2002.
10. Chan Kim & Renee Mauborgne, Blue Ocean Strategy, Business Books, 2019.
11. Alvin Toffler, The Third Wave, 1980.
12. Alexander Osterwalder and Yves Pigneur, ***Business Model Generation*** **−View more Presentations from tech dude**, Time Business, 2011.
13. Prahalad, C.K. and Hamel, G. (1990) "The core competence of the corporation Archived 2014. 7. 14 at the Wayback Machine.", Harvard Business Review (v. 68, no. 3).
14. Ikujiro Nonaka and Hirotaka Takeuchi, The Knowledge Creating Company−How Japanese Companies Creat Dynamics of Innovation, New York: Oxford University Press,1995.
15. http://mubius.tistory.com/1517[男兒當自强].
16. Clayton M. Christensen, Will disruptive innovation cure health care?, Harvard Business Review, 2000.
17. Harvard Business Review, Managing Creativity, Number 1.151.

제4장

현대경영자의 자질과 기업형태

제 4 장 현대경영자의 자질과 기업형태

Ⅰ. 현대경영자의 자질

현대경영자는 소위 전문경영자로서 종래의 자본가적 내지 소유자적 기업가에 대신하여 '새로운 기업가'로서 소위 '산업의 총수'로 군림하고 있다.

오늘날 전문경영자는 막강한 경제적·사회적 권한과 함께 막중한 책임과 의무를 지니고 있다. 이들은 전략성을 가지며, 과학성을 지니고 적정·신속한 의사결정을 통해 지휘·명령권을 행사하며, 전반 관리자로서 기업을 백년대계(百年大計)의 반석 위에 처하도록 최선을 다해야 할 뿐만 아니라, 기업을 둘러싸고 있는 복잡하고도 미묘한 대 환경관계에 대해서도 이해관계를 원할 하게 조정할 사명이 있다.

이와 같은 막중한 과업을 완수하고 기업을 유지·발전시키기 위해 현대경영자에게 요구되는 자질은 무엇일까?

1. 페이욜의 견해

관리학의 아버지로 추앙 받고 있는 프랑스의 페이욜(H. Fayol)은 경영자에게 공통적으로 요구되고 있는 다음과 같은 6가지 자질을 들었다.

① 육체적 자질: 건강, 활력, 태도

② 정신적 자질: 이해, 판단, 적응력, 정력

③ 도덕적 자질: 의지, 책임, 충성, 창의력, 기지, 권위

④ 교육적 자질: 일반교양

⑤ 기술적 자질: 기능, 수행기술
⑥ 경험적 자질: 근무경력

2. 카츠의 견해

카츠(R. L. Katz)가 분류한 현대경영자의 자질을 보면 보다 명석하고 핵심을 찌르고 있다고 말할 수 있는 데 구체적인 내용은 다음과 같다.

① 개념적 기능(conceptual skill): 이는 조직을 전체로 보고 조직의 각 부분이 어떻게 상호작용하고 상호 의존하는가를 다루는 정신적인 능력으로서 이는 각 부분의 통합과 협조를 계획하는 능력이다. 다시 말하면 경영이란 한 조직에 있어 여러 기능의 관련성을 이해함으로써 전체로서의 기능과 가치를 인식하는 능력과 개별 경영자와 산업계, 지역사회 그리고 정치, 경제, 사회 등 국가 전체와의 관련성을 달관할 줄 아는 능력을 뜻한다.

② 대인관계 기능(human skill): 이는 다른 사람을 이해하고, 동기부여하고, 다른 사람들과 함께 지내는 능력으로서 의사소통, 리더십 및 동기부여와 같은 기술을 포함한다.

③ 기술적 기능(technical skill): 이는 작업을 수행함에 있어 특정한 방법, 절차, 과정, 기술 등을 이해하고 능숙하게 수행할 수 있는 능력을 의미하며, 전문분야의 지식과 분석능력이 포함된다.

3. 현대경영자의 능력과 관련 있는 자질요소

현대경영자의 능력을 좌우하는 자질요소에는 이를 연구하는 학자들의 연구목적이나 방법에 따라 매우 다양하게 제시되고 있지만 공통적인 자질요소는 다음과 같다.

1) 비전(Vision)

이는 경영자가 최선을 다해 이루고 싶은 희망이며 꿈이다. 늘 마음속에서 불타고 있는 야망으로서 성공에 대한 강한 욕망, 창의성, 경쟁심, 강한 인내력이 전제된다. 비전(vision)은 경영자와 구성원 모두에게 활력의 원천으로써 막연한 장래의 꿈이 아니라 이성의 눈으로 그 실현가능성을 확인할 수 있는 꿈이며, 경영자나 구성원 모두의 소망이 담겨 있는 꿈이 되어야 한다. 이러한 비전은 현실에 대한 어려움과 고통을 인내할 수 있는 힘의 원천이 되기도 하며 기쁨과 소망이 되어 강한 활력이나 강한 응집력 갖게 한다.

2) 직관력

직관력이란 추리나 판단 등의 사유과정을 거치지 않고 대상을 직접 파악할 수 있는 능력을 의미하는데 이는 논리적 추리나 분석력보다 항상 선행하게 된다. 따라서 경영자의 높은 직관력은 환경변화에 대한 적응능력을 강화시켜 정보가 부족하거나 불충분한 상황에서도 기업을 합리적으로 경영할 수 있게 한다.

이러한 경영자의 직관력은 풍부한 경험과 자기반성에 의해 축적된 지혜의 결과물로 이해할 수가 있다. 일반적으로 경영자는 직관에 대한 정확성이 거듭 확인되면 보다 강한 자신감을 갖게 되는데 이러한 자신감은 경영자의 직관력의 향상에 강한 긍정적인 영향을 미치게 된다.

3) 통찰력

일반적으로 경영자의 능력은 통찰력에 의해 크게 향상되고 강화되는 경향이 있는데 이는 사물의 본질을 꿰뚫어 볼 수 있는 능력을 의미한다. 이는 기업경영에 필요한 각종 자료나 정보의 분석만으로는 강화될 수 없는 자질요소이기도하다. 통찰력을 강화시키기 위해서는 사물의 무엇인가에 사로잡히지 않는 마음가짐이 중요하다. 따라서 경영활동이 순조로울 때에도 이대로 가도 되는 것인지를 원점에서 재검토하고 반성하는 생활습관이 필요하며, 경영현장에서 경험을 쌓으면서 평소 원점에서 경영현상을 진단하고 분석하는 생활태도를 갖는 것이 중요하다.

4) 결단력

경영자의 결단력이 요구되는 상황이란 정보가 부족하고 불확실한 위기상황일 것이다. 정확한 정보나 확실한 환경 하에서는 누구나 쉽게 결단할 수 있다. 경영자는 불확실한 위기상황에서도 때로는 자신감과 대담성을 갖고 결단을 해야만 한다. 이러한 대담성은 경영자의 풍부한 경험이나 지혜로부터 기인되는 경우가 많다.

5) 포용력

포용력이란 상대방을 이해하고 허용할 수 있는 능력을 의미하는데 이는 상대방의 입장에서 상대의 시선과 마음으로 사건이나 현상을 바라보고 진달할 때 가능해 진다.

포용력을 강화시키기 위해서는 끊임없는 자성수기(自省修己)나 자기성찰(自己省察)의 생활습관이 필요하고, 역지사지(易地思之)의 마음과 투사적인 경청의 태도를 체질화시킬 필요가 있다.

6) 책임감

책임(responsibility)이란 해당직무가 요구하거나 기대하는 결과나 성과를 창출해야 하는 것으로써 이는 직무를 수행하는 과정에서 직무에 대한 마음의 부담을 느끼고, 잘 못된 직무수행의 결과에 대해서는 불이익이나 제재를 받을 것을 감수하는 감정과 태도를 의미하기도 한다.

경영자의 강한 책임감은 기업성장과 발전의 원동력이 될 수 있으며, 조직구성원들의 신뢰와 존경의 원천이 되기도 한다.

7) 계수감각

경영자는 경영실무에 필요한 각종 수치를 정확하게 이해하고 분석할 수 있는 능력이 필요하다. 예컨대 제품에 대한 수요의 크기, 시장점유율, 매출액 신장률, 손익분기점, 금융비용, 인건비 등에 대한 정확한 이해는 합리적인 의사결정의 전제가 된다.

이러한 계수감각을 강화시키기 위해서는 무엇보다 먼저 경영실태에 대한 중요 지표나 손익분기점을 중심으로 기업의 수익성이나 안정성, 성장성 등을 분석하고, 평소 고정비나 변동비의 동향을 추적하여 살펴보는 생활태도가 필요하다.

8) 통솔력

통솔력이란 목표달성을 위해 조직구성원들의 노력과 힘을 하나의 방향으로 결집시키고 이끌어가는 능력을 의미한다. 이는 리더십의 발휘와도 밀접하게 관련이 된다. 경영자는 조직구성원들이 이해하고 납득할 수 있는 그리고 구성원모두의 소망이 담겨 있는 비전(vision)이나 목표를 제시하고, 공감할 수 있는 관리방법이나 수단으로써 강한 리더십을 발휘할 수 있어야 한다.

9) 건강

건강한 육체에서 건전한 정신이 나온다. 경영자의 건강은 기업안정에 매우 중요한 영향요인이기도 하다. 건강은 강한 추진력이나 진취적인 사고, 활력이 넘치는 생활패턴뿐만 아니라 경영자의 신뢰성에도 크게 영향을 미친다.

인간의 신체는 호흡기계통, 순환기계통, 신경계통, 기타 생명활동시스템을 움직인다. 신체는 환경을 감시하고, 죽은 세포를 제거하고, 생존을 위해 싸운다. 또한 인간의 신체는 의식적으로 노력하지 않아도 활동한다. 그런데 여기에는 규율이 있다. 적당한 양의 영양을 규칙적으로 습취해야 하고, 적당한 운동을 해야 하며, 적당한 수면과 휴식이 필요하고 배설을 해야 한다. 규율을 지키지 못하면 신체활동에는 이상이 발생한다.

규율이란 보다 큰 미래의 즐거움을 위해 현재의 즐거움을 포기하는 것을 의미하며, 규율이란 비전을 실현하기 위해 수반되는 희생이며 대가이다. 즉 꾸준하게 운동하는 노력의 대가를 지불함으로써 건강을 유지하게 되는 이치다.

10) 지식

지식은 건강과 함께 경영자가 장래를 구상하고 체계화하고, 효율적인 의사결정과 과학적인 경영관리를 하는데 필요한 매우 중요한 자질요소이다.

여기서 경영자가 갖추어야 할 지식이란 경영사상(經營事象)에 대한 논리적·체계적 지식을 의미한다. 예컨대 정치, 경제, 사회, 시장, 기술, 국제관계, 경쟁기업의 동향 등에 관한 기업환경과 관련된 지식이나 기술수준, 판매, 재무, 노사관계 등과 같은 기업내부와 관련된 지식을 총괄한다.

보다 구체적으로 경영자에게 요구되는 지식이란 다음과 같은 세 가지로 요약해 볼 수 있다.

첫째는 현재·장래의 주력제품이나 시장에 관련된 지식이나 기술문제에 관한 지식이다.

둘째는 개별적인 정보들의 관련성에 관한 지식이다.

셋째는 논리적으로 체계화되어 있지 않으나 체질화되어 있는 지식으로써 무엇에 의하여 자극을 받으면 반사적(자연발생적)으로 나타나는 기억 또는 지식들이다.

이와 같은 내재화된 지식이 장래구상이나 전략적 의사결정 및 경영관리에 활용됨으로써 경영자의 능력은 더욱 강화될 수 있다.

11) 시스템적 사고

시스템적인 사고란 보다 큰 범위를 생각하면서 보다 합리적인 대안을 추구해 가는 것을 의미한다. 예컨대 불황 시 우수한 인재를 비용 면에서 보면, 다소의 무리가 수반되더라도 장기적인 성장·발전이라는 측면에서 보면, 채용하는 것이 유리하다고 판단할 수 있는 것은 시스템적인 사고에서 비롯된 결과라 볼 수 있을 것이다.

이와 같은 시스템적 사고는 시간적·공간적으로 보아 넓은 범위를 생각하는 습관에서 비롯되며 단편적인 사고에서 종합적인 사고로 발전할 수 있게 한다.

12) 윤리성

21세기는 윤리경영의 시대다. 윤리성은 타인과의 관계에 적용되는 개인적 도덕가치관으로써 친구, 가족, 종교생활, 직업생활 등으로부터 영향을 받게 된다. 경영활동은 경영자의 윤리성이 바탕이 되어 나타나기 때문에 경영자의 윤리성은 매우 중요한 문제가 아닐 수 없다.

윤리성이란 '해야 할 일'과 '하지 말아야 할 일'들을 판단하는 기준을 의미한다. 따라서 이에는 사회기술윤리나 직업윤리, 개인윤리 등이 포함된다.

오늘날 조직구성원들은 자랑스러운 직장을 선호한다. 윤리성이 부족하면 경영활동을 비정상적으로 만들어 버리거나 윤리성의 문제가 개인 및 조직의 파멸을 자초하는 중요한 원인이 되는 경우는 허다하다. 미국의 장거리 통신회사 엘론사나 대우의 회계부정사건, 일본의 유키지루시(雪印)식품의 파산 등은 경영자의 윤리성이 문제가 된 대표적인 대형 사건들이다.

이상에서 현대경영자가 갖추어야 할 자질 내지 기능(능력)을 살펴보았다. 다소 개괄적이기는 하나 이와 같은 자질요소에다가 특히 강조되어야 할 것은 「윤리성 내지 도덕성」의 문제이다.

Ⅱ. 현대경영자의 사회적 책임

현대경영자의 사회적 책임이란 기업의 경영자가 사회적으로 다해야 하는 의무로써 이에는 기업윤리, 남녀의 평등한 고용기회, 종업원의 권리, 직장생활의 질(quality of working life), 소비자보호 및 환경보호 등과 같은 사회로부터의 많은 요망사항들이 포함된다.

현대 기업 활동은 단순한 이윤추구에만 그치지 않고 사회복지를 위하여 사회적·공공적 관점에서 경영되어야만 한다.

1. 기업의 사회적 책임이 강조되고 있는 이유

데이비스(K. Davis)는 기업의 사회적 책임이 강조되고 있는 이유를 다음과 같은 다섯 가지 내용으로 요약하고 있다.

① 사회의 복잡화와 하위 시스템(sub-system)간의 상호 의존성의 증대.

② 사회의 부(富)와 문화의 증대와 성장 및 그 유지를 위한 사회의 요구.

③ 정부권력의 증대와 기업에의 정부간섭의 가능성 증대

④ 사회이념의 변화와 경영자의 그 이념에 대한 공유

⑤ 소유와 경영의 분리 및 경영자의 전문화

오늘날 기업은 사회 속의 하나의 하위 시스템이기 때문에 사회의 환경적인 여러 변수에 의해 영향을 받으며, 또한 진공상태에서 활동하는 것이 아니라 변화무쌍한 사회 속에서 활동하고 있기 때문에 점차 증대되고 다양해지는 사회적 요구에 부응하지 않으면 안 된다는 관점에서 기업역할의 변화를 중심으로 사회적 책임을 논의하고 있다.

2. 현대경영자의 사회적 책임의 내용

현대경영자의 사회적 책임의 내용은 기업의 이해관계자집단에 대한 이해를 전제로 논의하는 것이 바람직하다.

기업과 이해관계를 맺고 있는 집단들은 수없이 많다. 기업에 자본을 출자한 주주, 기업에 노동을 제공하고 있는 종업원 그리고 소비자, 거래관계자, 금융기관, 정부, 지역사회 등은 기업경영에 직접적 또는 간접적으로 많은 영향을 주고받는 대표적인 이해관계집단들이다.

현대경영자의 사회적 책임에 대한 구체적인 내용을 요약해 보면 그 내용은 다음과 같다.

1) 기업의 유지·발전에 대한 책임

기업은 사회의 공기(公器)이기 때문에 현대경영자는 합리적인 경영으로 기업을 계속 유지, 성장·발전시켜야만 한다. 왜냐하면, 특히 대기업일수록 기업은 개인이나 대주주의 사적 소유물이라기보다는 사회가 필요로 하는 하나의 시스템 또는 기구로써의 존재가치가 더 크기 때문이다.

전체사회를 구성하는 하위 시스템에는 기업뿐만 아니라 교육기관, 군대, 종교단체,

사회문화단체, 정부 등이 있는 데 이들은 제각기 나름대로의 고유한 목적을 지닌다. 여기서 기업의 고유한 목적은 제품과 서비스에 대한 전체사회 내지 소비대중의 필요를 충족시켜 주는 것이다.

따라서 경제목적을 수행하는 시스템으로써의 고유한 존재가치를 지니고 있는 기업을 유지, 발전시켜야 하는 현대경영자의 책임에는 다음과 같은 내용이 포함된다.

① 사회에 대한 경제적 책임을 다하는 것이다. 현대경영자가 사회적 책임을 원만히 수행하려면 무엇보다 경제적 책임을 효율적으로 수행할 수 있어야 한다.

② 기업의 수익성을 유지하는 것도 경영자의 사회적 책임에 속한다. 경영자가 기업을 유지, 발전시키려면 이익을 창출하여 기업 활동에 참여한 사람들에게 적정하게 이윤을 배분하고, 재투자도 하면서 기업을 성장·발전시켜야 하기 때문이다. 그리고 이익의 창출은 경영자의 능력과 성과를 측정하는 척도가 된다는 점에서도 수익성의 확보는 매우 중요하다.

③ 기업을 유지, 발전시켜야 할 경영자의 책임에는 자유기업제도, 시장경제체제, 민주적 정치체제를 유지, 발전시키는 것이 포함되어야 한다.

이와 같은 의미에서 볼 때 기업을 도산시키는 경영자는 출자자에게 개인적 손실을 안겨 줄뿐만 아니라 희소한 자원을 낭비하여 사회적 손실을 초래하기 때문에 그런 경영자는 결과적으로 사회적 책임을 등한시한 무능하고 무책임한 사람일 수밖에 없다.

2) 이해관계자 집단의 이해 조정 책임

경영자의 사회적 책임을 논할 때마다 "누구에 대해 책임을 질 것인가"(responsibility for whom)를 명확히 할 필요가 있다. 이에 대하여는 논란의 여지가 많으나 그 대상은 대체적으로 다음과 같다.

모든 기업들이 이해관계자 집단들의 이해를 조정해야 하겠지만, 특히 주식회사인 대기업의 경영자는 직접적인 이해관계가 있는 주주, 종업원, 소비자 등과 직·간접적으로 이해관계가 있는 정부, 거래처, 금융기관, 지역사회 등의 다양한 이해집단들을 상대로 이해를 조정할 필요가 있고, 책임도 있다. 왜냐하면 이들은 모두 기업에게 직·간접적으로 영향을 미치는 내적 및 외적 환경요소들이기 때문이다.

그러므로 기업을 유지·발전시키기 위해서도, 경영자는 주주의 경제적 이익에 대해 책임을 져야할 뿐 아니라 여타 이해관계자 집단의 권익 역시 보호할 책임이 있다. 바로 이와 같은 점에서 단지 영리원칙만을 추구해서는 안 된다는 경영자의 사회적 책임이 강조되는 것이다.

경영자가 모든 이해관계자 집단의 이해를 모두에게 만족스럽게 공평하게 조정한다는 것은 현실적으로 매우 어려운 일이다. 왜냐하면 모든 이해관계자 집단은 각기 집단 자체의 이익(self-interest)만을 보호·증진키 위해 행동하므로 집단 간의 이해충돌(conflict of interest)은 불가피하기 때문이다. 예컨대 주주에게 좀 더 많은 이익배당을 해주려면 종업원이 요구하는 수준의 임금인상을 할 수가 없고, 종업원에게 임금을 인상해 주고 주주에 대한 이익배당도 늘리기 위해서는 제품가격을 인상할 수밖에 없다. 그러면 소비자들의 복지향상과 상충하는 결과가 발생하게 된다.

이와 같이 이해관계자 집단 간의 이해 충돌로 인하여 복잡 미묘한 문제가 발생할 수 있기 때문에 경영자는 이들에 대한 이해조정의 책임을 다해야만 하는 것이다.

경영자가 이해 조정을 할 때에는 자기의 개인적인 판단에만 의존할 것이 아니라, 주식회사법, 정관, 증권거래법, 노동관계 제 법규, 공정거래법, 소비자보호법, 환경보호법 등 각종 법규와 시장경제 및 자유기업제도의 원리·원칙, 기업윤리, 대중여론, 정부정책 등도 신중히 고려해야 할 것이다.

그리고 이해 조정을 할 때 경영자는 주주, 종업원, 소비자 및 생활환경에 대한 책임수행에 가장 높은 우선순위를 두어야만 한다. 물론 여기에서 말하는 소비자에 대한 책임이란 소비자의 권익을 보호하는 것을 뜻하고, 생활환경에 대한 책임이란 생활환경을 보전하고 보호하는 것을 의미한다.

3) 종업원 복지에 대한 책임

기업의 경영성과는 경영자 한 사람의 노력이나 능력만으로 나타나는 것은 아니고, 기업이라는 조직에 있는 모든 구성원들의 협동의지와 노력의 결과로 나타난다.

바람직한 기업경영은 1차적으로 구성원을 중심으로 전개해야 하기 때문에 구성원에 대한 각별한 배려가 없으면 효과적인 경영목적 달성에는 많은 어려움이 따르게 된다. 다시 말해 구성원의 복지문제에 큰 관심을 갖고 경영하지 않으면 안 된다. 예를 들면, 구성원들의 건강문제를 비롯하여 주택, 자녀교육문제에 이르기까지 관심을 갖고 실질적인 혜택을 제공하여야 한다. 그리고 경영자는 구성원들의 인격문제, 인간관계문제, 퇴직 후의 안정적인 생활문제 등을 폭넓게 접근하면서 구성원들의 복지문제에 대한 책임을 저야 한다.

4) 사회적 기능에 대한 책임

현대 경영자는 종래의 개인 기업가와 같이 자기가 직접 생산 작업이나 판매활동에 종사하고 생산량이나 가격 등을 결정하는 것이 아니라 "임직원들의 노력을 통하여 성과를 올리고 기업목표를 달성한다. 그렇게 하는 것이 경영자의 본질적 기능이다.

경영자가 본질적 기능을 수행할 수 있으려면, 기업체 내에 좋은 문화를 창조하고 조성하며, 바람직한 인간관계를 형성하고 유지·발전시켜 종업원들의 자발적인 협동의지를 확보할 수 있는 사회적 기능을 책임지고 수행할 수 있어야만 한다.

사회적 기능이란 기업체의 목적달성에 참여하는 과정에서 경영자는 종업원들 각자가 인간적인 가치를 발휘할 수 있는 삶의 터전으로서의 장을 만들고, 그 곳에서 종업원들이 인간적·사회적 만족감을 얻을 수 있게 하는 것을 말한다. 즉 모든 종업원들이 자발적으로 협력하도록 기업체 내에 적절한 사회적 관계와 인간관계를 유지하는 것을 뜻한다.

모든 종업원들은 인격을 지닌 인간이라는 점에서도 종업원들에게 인간적·사회적 만족을 참되게 보장해 준다는 것은 매우 바람직한 일일 것이다.

5) 생활환경(공해)에 대한 책임

우리의 생환환경은 각종 오염으로 인하여 날로 악화되고 있다. 그동안 우리는 기업활동을 통하여 물질적 생활수준을 크게 향상시킬 수 있었으나, 다른 한편에서는 산업공해의 유발로 심각하게 생존을 위협받는 현실을 만들고 말았다.

생활환경의 오염 문제는 인간 삶의 질(quality of life)에 직접적인 영향을 미치고 있을 뿐만 아니라 생존과 직결되는 문제이기도 하다. 이러한 공해문제는 어느 한 기업이나 국가가 나서서 해결할 성질의 것도 아니고, 전 인류가 공동으로 대처해야만 하는 문제이다.

오늘날 기업은 생활환경 오염의 주요 원천의 하나이기 때문에 많은 비판을 받고 있는 것도 사실이다. 그러므로 현대경영자는 생활환경의 오염을 방지하고 보호하면서 생활환경을 개선할 수 있는 환경 친화적인 기업경영을 해야만 한다.

6) 지역사회에 대한 책임

우리나라에서도 1991년부터 지방자체제가 실시되면서 지방화시대가 열린 셈이다. 과거에는 정부가 중앙집권적으로 국가를 경영하여 왔기 때문에 대부분의 기업경영자들은 지역사회의 문제나 개발에 별 관심이 없었다. 그러나 지방화시대의 개막과 함께 지역사회개발문제는 지역주민들은 물론 지역기업들에게도 매우 중요한 관심사가 되고 있다.

〈표 4-1〉 지구 환경문제의 현상과 전망

항 목		내 용
지구 온난화	CO_2 농도	1958년의 315ppm에서 매년 1.8ppm 증가
	온도상승	과거 100년간 0.3~0.6℃상승. 21세기 말까지 3℃ 상승예상
	해수면 상승	과거 100년간 10~20㎝상승, 21세기 말까지 약 65㎝ 상승예상
	국제적 대응	대기층에 누적돼 지구 기온을 상승시키는 이산화탄소, 메탄, 질소산화물 등의 발생량을 줄이기 위해 92년 리우회담에서 기후변화협약을 채택.
유해물질 월경이동	현상	인접국에 많은 유럽에서 유해물질의 처분과 대책이 논의됨
	국제적 대응	유해물질 발생국에서 처분토록 하는 「유해물질의 월경 이동」에 있어서의 처분규칙에 관한 조약을 체결
해양오염	현상	하천이나 해안에 오염물질이 유입, 선박의 항해사고, 해저 유전 개발 등에 따른 오염 확대
	국제적 대응	육상에서 발생되는 폐기물의 해양 투입을 규제하는 런던조약을 채택. 액체물질 등을 배출하는 것을 규제하는 「마르폴 73/78 조약」 채택
야생동물 감소	현상	인간 활동과 수반하여 열대림 등 생식지의 파괴, 남획 등에 의하여 야생동물의종과 수가 감소(2000년대 말까지 100만종이 멸종될 것으로 예상됨), 생태계의변화에 따른 위협
	국제적 대응	물새 보호, 국제적으로 중요한 습지의 보호, 멸종 위협이 있는 동식물의 국제적대응을 「워싱턴 조약」에서 규제
사막화	현상	인구증가에 따른 가축의 방목, 과잉 채취 등에 따른 세계 육지 면적의 1/3을 점유하고 있는 건조지역에 있어서 토지 생산력이 저하(사막화)되어 매년 500만ha의 토지가 황폐됨.
	국제적 대응	1977년 「UN사막화방지회의」에서 사막화의 조사, 평가, 환경보전상 합리적인 토지이용 계획의 입안 등을 설정한 「사막화 방지 행동 계획」을 채택
개도국 환경문제	현상	공업화, 인구의 증대, 도시 집중화에 따른 지역의 대기오염, 수질오염 등의 문제 발생
	국제적 대응	1985년 OECD이사회에서 가맹국에 대하여 정부 개발 원도에 대하여 적절한 환경평가를 행하는 것을 확보하도록 권고.
열대림 감소	현상	1980년말까지 총면적 19억 4천만 ha가 감소
	국제적 대응	1989년 11월에 연간 1,200만ha의 삼림면적을 증가시킬 것을 목표로 설정하고 IPCC에 실현 가능성을 요청.
산성비	현상	SOx, NOx의 방출에 의하여 유럽, 북미 등의 약 1/4의 호수, 산림에 악영향
	국제적 대응	1985년 헬싱키회의에 입각하여 아황산화물의 30% 삭감할 것과 1988년 소피아협정서에 의해 1944년까지 질소산화물을 동결할 것을 채택.
오존층 파괴	현상	특정 프레온의 방출에 따른 오존층의 파괴, 세계적으로 사용되는 프레온은 약114만톤, 2085년까지 오존층이 절반 이하로 감소할 것임(오존층: 지표10~15㎞)
	국제적 대응	몬트리올 의정서에 의거 특정 프레온의 생산량을 2000년까지 50% 이하로 하는 것을 채택. 1989년 5월 특정 프레온의 전폐를 내용으로 하는 「헬싱키선언」채택

기업 활동을 가능케 해주고 허용해 주는 지역사회에 대한 보답의 형태로써 또는 기업이익의 사회적 환원이라는 차원에서 기업이 여러 가지 지역사회사업에 개입하는 것은 대단히 바람직하다.

오늘날 기업들이 사회에 대하여 수행하고 있는 교육기관에 대한 장학금이나 연구비 등의 지급, 공중보건의 향상을 위한 병원의 설립 및 운영, 자선단체에 대한 기부, 재해민을 위한 구호금 전달, 불우한 청소년을 위한 직업훈련 등은 바로 지역사회사업의 성격을 띤 사업의 내용들이다.

이러한 지역사회사업은 경영자의 고유한 책임이라기보다는 재량권에 속하는 것으로써 기업이나 경영자의 사회의식성의 표현이며, 사회복지 향상에 대한 관심의 정도를 나타내는 행위들인 바, 이는 좋은 지역사회를 유지하는 데 도움이 될 뿐만 아니라 장기적인 기업이익에도 도움이 될 수 있다.

그러나 이러한 지역사회 활동들은 어디까지나 기업의 유지·발전과 이익의 창출, 이해관계자 집단의 이해 조정, 사회적 기능의 수행, 생활환경의 보호 등과 같은 일차적인 사회적 책임의 수행을 전제로 하고 있음을 간과해서는 안 된다.

이상에서 살펴 본 바와 같이 현대경영자의 사회적 책임의 내용은 매우 다양하다. 경영자가 사회적 책임을 완수하기 위해서는 많은 비용부담이 수반되겠지만, 이러한 비용은 궁극적으로는 기업의 생존과 발전에도 많은 영향을 미칠 것이다.

3. 기업의 사회적 책임에 대한 견해

이상에서 설명한 사회적 책임에 대해서는 모든 학자와 기업인·경영자가 찬성하고 이를 따르는 것은 아니다. 기업의 사회적 책임에 대해서는, 기업이 사회에서 수행하는 기능과 역할을 어떻게 보느냐에 따라, 긍정적으로 생각하는 사람들과 부정적으로 생각하는 사람들로 나누어져 있다. 그러나 현재의 추세는 사회적 책임 측면을 긍정적으로 생각하는 사람들이 다수임을 미리 밝혀 둔다.

1) 찬성하는 견해

(1) 규범적 관점

사회에 대해 기업이 고유한 경제적 기능 이외에 사회적 책임까지 수행해야 한다고 생각하는 사람들은, 그에 대한 가장 큰 이유로써 기업의 활동으로 인해 발생하는 사회적 문제는 기업이 스스로 해결해야 한다는 생각을 갖는다. 이들의 주장에 따르면, 기업

활동으로 인해 사회에는 공해·산업재해·부의 불평등한 분배 문제가 발생하고 있는데 이러한 문제들은 부분적으로나마 기업 활동에 의한 부정적 부산물들이기 때문에 그 지분에 한하여 기업에게 해결해야 할 책임이 있다는 주장이다. 다시 말해 정부나 사회단체 등으로부터 법률적인 제재와 압력을 받기 전에, 기업이 스스로 책임을 통감하고 이러한 문제들을 시정하려는 노력을 하는 것이 바람직하며 또한 당연하다는 것이다. 기업활동으로부터 파생되는 사회문제들은 기업스스로가 해결하는 것이 사회적·윤리적 관점에서 볼 때에도 당연하며 또 최소한의 책임이라는 것이다.

현대사회에서 기업은, 특히 대기업은 인적자산, 자본, 기술, 경영능력 등이 가장 풍족한 조직체이다. 그러므로 기업이 야기 시키는 지분의 사회적 문제를 해결하는 것뿐만 아니라, 일반적인 사회문제 및 사회의 불만족 부분을 해소시키려는 사회적 노력을 돕는데 기업이 자원을 사용하는 것은 사회적 강자가 사회적 약자를 돕는다는 인도적인 견지에서도 바람직하다고 생각하는 사람들이 많다.

(2) 전략적 관점

기업의 사회적 책임에 대해 찬성하는 측면에는 사회적 책임을 다하는 것이 장기적으로 기업에 유익하므로, 기업으로는 사회적 부담을 흔쾌히 받아들여야 한다고 생각하는 사람들도 포함되어 있다. 사회적 책임을 다하는 기업들은 자사제품의 소비자들인 대중들에게 좋은 이미지를 심어줌으로써, 장기적으로 기업에 해로울 것이 없다는 것이다. 좋은 대중관계를 유지함으로써 불매운동 등을 회피할 수 있고, 넓은 고객층을 확보할 수도 있다는 장점을 갖는다. 또한 기업이 선도적으로 사회문제를 해결할 경우에, 법률적 규제와 사회적 통제에 의한 비용을 절감할 수도 있다는 장점을 지닌다.

예컨대 기업이 솔선해서 공해방지시설을 설치하는 경우에 소비자단체, 환경보호단체 등의 압력이나 反기업운동을 사전에 방지할 수 있고, 환경오염방지법에 의거한 정부의 처벌 등도 회피할 수 있다. 그리고 기업의 사회적 이미지를 제고할 수 있으므로, 기업이 지출한 비용에 비해 더 큰 매출이익 등의 증대효과를 거둘 수도 있다. 반면, 기업이 사회적 책임을 소홀히 하게 되면, 소홀히 함으로써 잠정적으로 절약된 비용보다 훨씬 더 많은 각종 비용을 장기적으로 부담하게 된다는 것이다.

사회적 책임의 수행은 지역사회와 좋은 관계를 맺게 하므로, 인력수급이나 경영관리 등의 측면에서도 기업에게 도움이 된다. 지역사회에서 좋은 이미지를 구축하고 있으면, 그 지역의 우수한 인력을 채용하는 데 유리하서 종업원의 자긍심을 증가시켜 이직률이나 결근율도 낮아짐으로 인력관리에도 유리한 점이 많다.

기업이 사회적 책임을 수행하는 것은, 사회에 대한 기업의 영향력을 증대시키기 위해서도 필요하다는 주장이 있다. 모든 사회적 관계에서 영향력을 행사하기 위해서는 이에 상응하는 책임이나 의무의 수행이 따라야 하는 것이 일반적이기 때문이다. 이런 현상은 개인 간의 관계에서도 당연한 것으로 되어 있다. 오늘날 기업 활동은 정부, 국회, 소비자 단체, 각종 이익단체 등으로부터 많은 규제나 압력을 받으면서 이루어지고 있다. 그런 가운데서 기업이 보다 능동적이고 활동적으로 기업 활동을 전개하기 위해서는 규제기관이나 압력단체에게 좋은 이미지를 심고 또 영향력을 행사할 필요도 있는 것이다. 그러므로 기업은 영향력 행사를 위하여 사회가 필요로 하는 사업들을 적극적으로 후원하고, 이를 통해 사회에 대한 영향력을 증대시켜, 기업환경을 개선하도록 해야 할 것이다.

2) 반대하는 견해

기업이 사회적 책임을 수행하는 데 대해 회의적으로 생각하는 사람들도 많다. 기업은 본질적인 경제활동만을 충실히 수행하는 것이 사회에 더 큰 도움이 된다는 것이 이들의 주장이다. 기업의 사회적 책임에 반대하는 주장들을 종합적으로 정리해 보면 그 내용은 다음과 같다.

(1) 본질적 기능인 경제활동의 저해

기업의 고유한 경제활동을 중시하는 학자들이나 기업인들은 자유경제체제 하에서 기업의 임무는 경제적 효율성을 달성하여 사회의 복지를 증진시키는 것이라고 생각한다. 그러므로 기업은 본질적인 경제적 활동을 충실히 하는 것이 가장 바람직하고 사회적 활동은 정부나 사회단체에 맡기는 것이 보다 효율적이라는 것이다. 기업이 사회적 책임을 수행하기 위해 사회적 활동을 확대하게 되면, 많은 비용을 지출해야 하고, 경영자는 기업경영 이외에도 많은 시간과 노력을 투입해야 하고, 주주에 대한 배당을 낮추고, 종업원의 임금이나 복지의 향상을 가로막고, 소비자에게는 가격상승이라는 불이익을 주게 된다는 것이다.

일반대중은 사회에 대한 기업의 봉사를 거저 생기는 것으로 착각하지만, 이에 따른 비용은 모두 사회의 부담으로 전가된다는 것이 기업의 경제활동을 중시하는 이들의 주장이다.

기업의 본질적 기능을 중시하는 학자들과 기업인들이 가장 우려하는 바는, 기업의 사회적 책임수행이 경제의 효율성을 해친다는 점이다. 기업은 기업 활동의 결과로 발생한 이익을 생산 활동에 재투자하여 더 큰 이익을 창출함으로써 사회를 경제적으로 풍요롭게 만드는 것이 가장 바람직한데, 사회적 책임수행을 위한 비용지출은 생산 활동에 대한 투자를 감소시킨다는 것이다. 생산 활동에 대한 재투자의 감소는 기업의 경쟁력을 약화시켜 장기적으로 사회에도 손실이 된다는 주장이다. 특히 우리나라와 같이 해외시장 의존도가 높은 나라의 경우, 기업의 사회적 책임비용 지출이 적정수준을 넘게 되면 국제경쟁력을 상실하게 되는 결과를 초래할 수도 있다는 것이다. 실제로 이런 현상이 나타나기도 한다.

(2) 다원사회에 대한 위협

기업이 사회적 책임을 수행하는 것을 반대하는 학자들 중에는 기업의 사회적 활동으로 인해 나타나는 결과를 우려하는 사람들이다. 이런 학자들의 주장에 의하면, 기업은 인력·경제력·보유자원·기술 등의 측면에서 볼 때 이미 사회적으로 거대한 조직이 되어서 오래 전부터 국가나 사회에 큰 영향을 미치고 있다. 세계적인 다국적 기업들은 오래 전부터 원만한 국가의 GNP보다 큰 규모의 매출액을 실현하고 있으며, 세계 여러 나라에서 정부와 사회에 큰 영향을 미치고 있다.

우리나라의 대기업들도 사회에 미치는 영향이 이미 지대함은 독자들도 잘 알고 있을 것이다. 그런데 사회적 책임을 수행한다는 명목 하에 이러한 대기업들이 정치·사회·문화 등 많은 분야에 걸쳐 영향력을 확대하게 되면, 다양한 사회적 가치들이 기업의 획일적인 사고방식에 의해 잠식당하는 결과를 초래할 우려가 있다. 심한 경우에는 기업국가처럼 기업에 의해 국가 전체가 좌우되는 상황이 초래될 수도 있다는 것이다.

(3) 사회문제 해결에 대한 기업의 능력과 비용의 문제

기업의 사회적 책임수행에 대해 반대하는 또 다른 사람들은 기업은 기업 활동의 문제를 해결하는 능력이나 수완은 뛰어나지만, 사회문제까지 해결할 능력은 갖고 있지 못하다는 것이다. 1960년대와 1970년대 초반에 미국정부는 기업의 주도하에 비영리적인 사회재개발 및 빈민문제 해결에 기업의 지원과 인력을 활용하는 계획을 수립하여 시행한 적이 있었다. 그러나 이 계획은 시행과정에서 나타난 사회문제 해결의 부진과 국내 및 국제적인 기업경쟁력의 약화로 인해 중도에 포기할 수밖에 없었다. 그 이유는 경영자들이 철학적·정서적·사회적 업무에 미숙하여 사회문제를 제대로 해결하지 못했고, 사업의 비영리적 특성으로 인해 경제적 효율성도 달성하지 못한데 있었다. 더욱이 기업가를 '이익을 추구하는 자'로 취급하여 신뢰하지 않는 사회일각의 비판적인 사고방식도 이 계획을 실패로 몰고 갔다.

이상에서 논의된 바와 같이 기업의 사회적 책임에 대해서는 학계와 업계 내부에서도 서로 다른 주장들을 펼치고 있다. 그리고 기업이 사회적 책임을 수행한 결과로 나타나는 성과에도 긍정적인 것과 부정적인 것들이 공존하고 있다. 이런 가운데서도 기업은 환경 변화를 감안하여 앞으로 사회적 책임에 대해 더 큰 관심을 기울여야 할 것으로 본다.

한편, 사회구성요소들은 요즘과 같이 기업들에게 거의 모든 사회문제를 '만병통치' 식으로 해결하도록 비상식적이고 자기책임 회피적으로 요구할 것이 아니라, 기업이 수행해야 할 사회적 책임의 적정하고 합리적인 내용과 범위에 대한 대체적인 합의를 먼저 이루어야 할 것이다. 그리고 나서 기업들에게도 사회적 책임을 다하도록 요구해야 할 것이다.

Ⅲ. 기업형태

1. 기업형태의 의의와 분류

1) 기업형태의 의의

기업의 형태라 함은 기업의 종류·유형을 의미하며 기업의 구조적 특질은 그 자신이 어떠한 기업형태를 갖추고 있는가에 따라 다르다. 그러므로 최고경영자는 그들의 기업이나 거래업체 및 경영업체 등을 기업의 형태에 따라 분석·평가할 수 있는 능력을 갖추어야 할 것이다.

기업의 특질은 사적인 영리추구를 위한 것인가, 아니면 사회 전체의 복지와 공익을 위한 것인가, 또는 국가의 재정수입이나 특정 업계의 통제를 위한 것인가 등의 기업목적과, 대규모로 할 것인가, 중규모 혹은 소규모로 할 것인가에 관한 기업규모, 개인 소유인가, 집단소유인가 혹은 정부 소유인가, 그리고 경영참가 목적 여하에 따른 참가관계, 세제에 따르는 이해관계, 설립기간의 장단에 따르는 창업비의 문제, 영업의 성격에 따르는 업종, 책임의 정도에 따르는 책임성, 위험 정도의 차이, 경제의 동향, 자본조달상의 난이, 주식회사의 연도결산의 공개의무와 같은 사회의 이해집단에 대한 대중성 등에 의하여 형성된다.

개인마다 처해 있는 환경이 다르듯이 기업에 있어서도 그 기업이 처해 있는 사회적·경제적·시대적 배경과 국가정책 및 기업 내부의 인적 구성관계가 다르므로 기업이 하나의 자본체로서, 또한 사회의 한 유기체로서 그가 목적하는 바를 합리적으로 달성하기 위해서는 기업 내적 및 기업 외적인 모든 여건을 고려하여 환경에 적응할 수 있는 기업형태를 갖추어야 할 것이다.

기업형태는 일반적으로 출자, 경영 및 지배관계에서 고찰되며 법률이 또한 이에 의거하여 기업의 형태를 규정하고 있으므로 기업형태는 일반적으로는 회사기업의 형태이면서도 경제적 관점에서는 개인 기업이라 할 수 있는 1인 소유의 주식회사라든가, 경제적으로는 공동기업이면서도 법률적으로는 개인 기업에 속하는 익명조합 등이 그 대표적 예가 된다고 할 수 있다.

2) 기업형태의 분류

자본주의 사회에 있어서의 경영의 소유기구 내지 소유체제에 따라 경영의 자기자본 내지 출자 자본을 형성하는 형태를 기업형태라고 한다.

경영을 그 소유체제 관점에서 구별하면 ① 사유(私有) 경영, ② 공유(公有) 경영 ③ 공사공유(公私共有)경영의 세 가지가 있다. 이것들은 일반적으로는 각각 사기업, 공기업, 공사합동기업이라고 한다.

기업형태를 고찰하기 위해서는 실질적인 경제 형태와 형식적인 법률형태와의 구별이 필요하다. 경영형태는 반드시 일정한 법률형태를 갖추어야 하며, 이에 따라 경제활동도 적지 않은 영향을 받는다. 즉, 외형을 이루는 법률형태는 핵심을 이루는 경제적 내용에 변화를 발생케 한다.

그러나 법률형태를 동일하게 하면서 그 경제 형태를 다르게 하는 수도 있으므로 양자는 내용의 동일성을 결론지을 수는 없는 것이다.

(1) 기업의 법률적 형태

기업형태로서 현실적으로 생각하는 것은 형식적인 법률적 형태인데, 이것은 법률에 규정되어 있는 기업형태를 말한다.

우리나라 상법에서는 상인, 익명조합, 합명회사, 합자회사, 주식회사, 유한회사 그리고 민법상의 조합 등을 인정하고 있고, 미국에서는 개인기업(sole proprietorship), 조합(partnership), 주식회사(corporation)의 3형태가 있다.

미국의 개인 기업은 한 개인에 의하여 자본이 출자되고 경영이 수행되고 있는 경우이며, 조합은 두 사람 이상의 개인에 의하여 자본이 출자되고 경영이 수행되며, 정부의 허가를 필요로 하지 않는다. 그리고 주식회사는 주정부나 연방정부로부터 면허를 받은 법인에 의하여 개인 기업이 소유되고 지배되는 경우이다. 그러므로 각 나라의 기업형태는 그에 관한 법률제도에 의하여 일단 제약을 받게 마련이다.

(2) 기업의 경제적 형태

기업의 경제적 형태는 출자와 경영 및 지배와의 관계에서 본 기업의 실질상의 형태를 의미한다. 사기업을 이러한 관점에서 보면, 출자자가 단순히 개인인가 또는 두 사람 이상의 공동출자인가에 의하여 우선 개인기업과 공동기업의 두 가지로 분류할 수 있다. 그리고 후자인 공동기업은 다시 출자자의 수에 따라 소수 공동기업과 다수 공동기업으로 구분된다.

일반적으로 소수 공동기업의 출자자는 상호 친밀한 동지적 결합에 의하여 구성되며 가끔 혈연관계에 의하여 이루어지기도 한다. 이에 대하여 다수 공동기업에서는 일반적으로 출자자 사이의 긴밀한 관계는 없다.

개인 기업은 법률상의 상인이며, 소수 공동기업에는 합명회사, 합자회사, 유한회사, 협동조합 등이 있고, 다수 공동기업에는 주식회사가 있다. 기업형태에 관한 경제 형태와 법률형태와의 관계를 표시하면 그 내용은 <표 4-1>과 같다.

2. 기업형태의 종류

1) 개인기업

개인 기업은 출자자와 경영자가 동일인이고, 그가 혼자서 기업자본의 전부를 출자하는 동시에 자본에 대한 위험도 혼자서 부담한다. 이익이 발생하면 그 이익은 모두 기업주 개인에게 귀속되어 자본금이 증가하고, 손실이 발생하면 그만큼 자본금이 직접 감소된다.

〈표 4-1〉 기업의 경제적 형태와 법률적 형태

기업형태	경제적 형태	법률적 형태	
사기업	개인기업	개인 상인	
	공동기업	소수공공기업	합명회사, 합자회사, 유한회사, 상법상조합, 민법상 조합
		다수공공기업	주식회사, 협동조합
공기업	국영회사, 지방공영회사, 공사, 영단, 공단, 금고		
	특수회사, 영단, 금고		

때로는 경영을 다른 사람에게 위임하는 경우도 있으나 일반적으로는 자기 자신이 직접 경영활동을 지휘·관리하기 때문에 개인 기업은 원칙적으로 출자·경영 및 지배가 한 사람에 의하여 이루어진다.

개인 기업은 특별한 숙련을 필요로 하는 업종이나 기계화 내지 대규모 경영이 불리한 소규모 경영에서 많이 찾아 볼 수 있는 데, 오늘날에는 경영에 필요한 자본이 거대화되고 특수한 관리능력이 요구되어 기업형태가 대규모화 되는 경향이 강하여 개인 기업은 상대적으로 그 중요성이 감퇴하고 있는 실정이다.

(1) 개인기업의 장점

① 기업설립의 법적 절차가 간단하고, 사업성 있는 아이디어를 실천에 옮길 능력만 있으면 누구나 언제든지 쉽게 기업을 설립할 수 있다.
② 발생한 모든 이익은 기업주 한 사람에게 귀속된다.
③ 의사결정 및 지휘·통제가 한 사람에게 집중되므로 신속한 의사결정과 임기응변의 조치가 가능하다.
④ 다른 사람의 명령이나 간섭을 받지 않고 자유롭게 통일적이고 기민한 경영활동을 할 수 있다.
⑤ 환경변화에 능동적으로 신속히 대처할 수 있다.
⑥ 기업경영의 기밀유지가 용이하다.

(2) 개인기업의 단점

① 출자와 관리능력 및 신용에 한계가 있다.
② 기업경영에 무한책임을 져야 한다.
③ 경영자의 성격, 건강, 활동능력 및 개인적 사정에 따라 기업 활동이 제약된다.
④ 기업경영의 영세성과 불안정성 및 한계성이 유능한 인재확보를 어렵게 한다.

2) 소수공동기업

(1) 합명회사

① 합명회사의 의의

합명회사(partnership)는 소수 공동기업의 첫 단계 형태로서 중세 이탈리아의 소키에타스(societas)를 기원으로 한다. 합명회사는 대표적인 인적회사로서 법률적으로 정의하면 2인 이상의 무한책임사원만으로 설립되고, 각 사원이 공동으로 업무를 집행하고 회사를 대표한다. 합명회사는 오늘날에도 친척 또는 친구 등 신뢰관계를 중심으로 소수인에 의하여 설립되는 경우가 많다.

이와 같은 합명회사는 자본의 집중보다는 노동력 집중에 더 큰 의의가 있으며, 몇몇 사원의 전 소유와 전 활동을 투자한 소수 공동기업형태라고 할 수 있다. 따라서 합명회사는 개인기업의 장점이 어느 정도 보조되어 임기응변의 활동에 편리한 회사 형태라고 볼 수 있다. 합명회사도 회사로써 법인의 대우를 받고 있지만, 위와 같은 경제적·사회적 성질에 비추어 법은 사원상호간의 계약적 결합관계를 무시할 수 없으므로 대내 관계에서 조직적 성질을 인정하였다. 독일법체계에서는 합명회사를 조합으로 보면서 대외적으로는 법인의 취급을 받는 것과 방법은 반대이지만 취지는 동일하다고 볼 수 있다. 이런 의미에서 옛 합명회사는 상대적 법인이라든가 중간 단계의 법인이라고 명명되기도 한다.

② 합명회사의 연혁

합명회사는 역사적으로 보아 개인기업 다음으로 오래된 기업형태이다. 기원에 관해서는 학설이 구구하나 대체로 14, 15세기 이탈리아의 여러 도시와 15, 16세기의 남부 독일의 도시에서 가부의 사업을 상속한 자손들의 동족회사(Familiengeseshaft)에서 그 기원을 찾아 볼 수 있다.

합명회사에 관한 최초의 입법은 1673년의 프랑스의 상업조례(ordonnancesur le commerce)이다. 그 후 1807년에 프랑스의 사업계가 이것을 계승하고, 공동상호를 사용하는 사업이라 하여 societe un nom collectif라고 불렀다. 합명회사라고 하는 명칭은 프랑스어를 직역한 것이나, 현행 상법에서는 이것을 Offene Gesellschaft라고 하며, 영미에서는 ordinary partnership 또는 general partnership이라고 하는 것이 합명회사에 해당된다. 그러나 영·미나 독일의 합명회사는 우리나라의 합명회사와는 달리 법인이 아니고 조합의 형태를 취하고 있다.

17, 18세기경에는 영국, 프랑스, 네덜란드 등 여러 나라에서 합명회사가 상당히 번성하여 그 시대의 지배적인 회사형태로서 군림하였다. 그러나 산업혁명 이후 주식회사가 발달됨으로써 합명회사는 점차 그 중요성을 상실하게 되었다.

오늘날 합명회사는 비교적 설비를 필요로 하지 않는 상업 등 중·소규모 경영에 가끔 이용될 뿐이며, 현대와 같이 계속적 성질을 가지는 기업경영이나 대규모의 사업경영에는 부적합하여 별로 이용되지 않고 있다.

③ 합명회사의 설립

합명회사의 설립절차는 정관 작성에서 시작하여 설립등기를 함으로써 완료된다.

주식회사 또는 유한회사의 경우와는 달리 출자의무의 이행은 회사설립의 요건이 아니다. 즉, 합명회사를 설립하자면 사원이 되고자 하는 2인 이상이 정관을 작성하여야 하며, 정관에는 법정 기재사항을 기재하여야 한다. 정관이 작성된 후에는 설립등기만 하면 합명회사는 설립된다.

(2) 합자회사

① 합자회사의 의의

소수 공동기업의 두 번째 형태로써 인적·물적 회사이며, 최소한 1인 이상의 완전한 책임을 지는 무한책임사원과 자본출자를 담당하고, 일정한 이익분배에 참가를 목적으로 하고 있는 1인 이상의 유한책임사원으로 구성되며 경영활동은 무한책임사원이 담당한다.

유한책임사원의 참가는 일반적으로 금융기관으로부터의 신용인수보다 유리한데 그것은 영업 성적이 좋지 않을 경우 은행이자는 고율 인데 반해 유한책임사원에게 지급되는 이익배당은 소액 내지는 무배당 또는 손실참여 까지도 가능하므로 회사입장에서는 매우 유리하다고 할 수 있다. 그러므로 기존회사에 새로 가입하는 신입사원은 입사 이전에 발생한 회사의 채무에 대하여는 출자액을 한도로 하여 책임을 진다. 반대로 기존회사로부터의 탈퇴사원은 그의 탈퇴 시까지 생긴 회사 채무에 대하여 책임을 진다. 유한책임사원에게는 회사경영에 대한 참가의무가 없고, 회사 대표권이나 경영권도 없다. 그리고 사적인 환출도 허용되지 않는다.

② 합자회사의 연혁

합자회사는 역사적으로 보아 합명회사 다음에 출현한 기업형태로서 14, 5세기 이탈리아에서 발달한 코멘다(commenda)에서 그 기원을 찾아 볼 수 있다. 그 당시의 코멘다는 해상무역에 종사하는 상인이 다른 사람과 계약을 체결하여 상품이나 자금의 공급을 받고, 후자는 전혀 사업에 참가하지 않으며, 단순히 거래로부터 발생한 이익의 분배에만 참가하는 조직이었다.

최초에는 항해할 때마다 체결된 계약이 점차 계속적이 되고, 나중에는 해상무역업자 자신도 자본을 출자하는 형태로 변모하였다. 그 후 이것은 해상거래뿐만 아니라 다른 기업에도 널리 이용되어 오늘날과 같은 합자회사 형태로 발달되었다.

합자회사는 합명회사와 동일하게 1683년 프랑스의 상업조례에 의하여 법제화된 것이며, 프랑스에서는 societe en commandite라고 한다. 미국이나 영국의 limited partnership 등도 우리나라의 합자회사와 유사하나 법인이 아닌 점에 특색이 있다.

프랑스에서 합자회사가 법제화된 이후 여러 나라에서 발전되었으며, 합명회사와 더불어 그 당시의 지배적 기업형태를 형성하였다. 그러나 산업혁명 이후 그 자본조달 능력의 한계가 명확해짐에 따라 점진적으로 그 중요성이 감퇴되었다. 오늘날에는 합명회사 보다 합자회사가 더 많다.

③ 합자회사의 설립

합자회사의 설립은 무한책임사원과 유한책임사원이 각 1인 이상으로 정관에 기재하여 설립등기를 함으로써 이루어진다. 따라서 정관 및 설립등기에 유한책임사원과 무한책임사원을 명시하여야 한다. 그리고 등기 공고는 유한책임사원의 수와 출자총액을 게재하면 된다.

(3) 유한회사

① 유한회사의 의의

유한회사(private company, Gesellshaft mit beschrankter Haftung)는 1892년 독일에서 최초로 발생하였으며, 50인 이내의 유한책임사원으로 구성되는 소규모회사로서 물적·인적 회사이다.

유한회사는 합명회사와 주식회사의 장점을 채택한 형태로 소규모 경영에 직접 참여하면서도 책임의 유한성이라는 이점을 갖추어 보자는 뜻에서 발달한 기업형태로 영국의 개인회사(私企業)가 대표적인 사례이다.

유한회사의 기관에는 ① 사원총회, ② 이사, ③감사가 있다. 사원총회는 최고의사결정기관이고, 이사는 업무집행 및 대표기관인데 이사회 및 대표이사제도는 채용되지 않으며 대체로 사원 중에서 이사가 임명된다. 그리고 감사는 임의기관으로 되어 있다.

독일에서는 2차 세계대전 이후 종업원 50명 이상을 거느리고 있는 회사에 대하여 경영조직법에 따라 법적으로 이를 규정하고 있다. 또한 사원총회는 의결기관으로서 주식회사의 주주총회와 같은 성격을 띠고 있다. 의결권 행사는 인원수에 의하는 것이 아니라 소유지분에 의거한다. 그러나 소유지분의 일부 또는 전부의 양도는 사원총회의 결의에 의하여 허용되므로 정관에 양도의 제한을 가하는 것이 가능하다. 뿐만 아니라 사원상호간의 양도에 있어서는 일반적으로 정관으로 정한다. 따라서 이는 인적요인에 의해 규제받는 자본적 공동기업이라는 데 그 특색이 있다.

② 유한회사의 연혁

유한회사의 역사를 보면 19세기 말엽에 독일에서 중소기업을 육성하기 위하여 중소기업자들에게 유한책임 제도를 적용시킨 데에 기인한다. 독일에서는 1892년 특별법으로 유한책임회사를 인정하였다. 영국에서는 1907년 사기업(私企業)의 제도를 설정하여 지분양도의 제한, 사원수의 제한, 주식 또는 사채의 공모 금지 등을 규정하였다. 그러므로 영국에서는 사기업(private company)에 대한 상대적인 개념으로 주식회사를 public company라고 하며, 사기업 수는 주식회사의 15배나 된다고 한다. 1925년 프랑스에서는 유한책임회사가 인정되었고, 일본에서는 1938년의 유한회사법에 의하여 인정되었다.

우리나라의 유한회사는 일본의 것을 그대로 적용시킨 것이며, 일본의 유한회사는 독일의 유한회사나 영국의 사기업을 기초로 하여 설립된 회사이다.

③ 유한회사의 설립

유한회사의 설립절차는 주식회사의 발기설립과 유사하면서도 발기인이 없고 또 검사인에 의한 조사제도가 없어 주식회사보다는 설립이 용이하다. 유한회사의 설립은 사원이 되고자 하는 2인 이상의 사원이 정관을 작성함으로써 시작된다. 정관은 공증인의 공증이 필요하며, 출자자의 수는 정관으로 규정한다.

유한회사는 발기인이 존재하지 않으므로 업무집행기관인 이사를 정관에서 규정하거나 사원총회에서 선임하여야 한다. 감사를 두기로 정한 경우에도 동일한 과정을 거친다.

이사는 사원으로 하여금 출자금 또는 현물출자의 목적인 재산의 전부를 완납시켜야 한다. 출자금의 납입이 종료되면 2주일 내에 설립등기를 하여야 한다. 재산절차의 회피를 방지하기 위하여 이른바 사후설립에는 사원총회의 특별결의를 요구하고 있다.

설립과정에 대하여 공권력이 간섭하지 않는 대신에 현물출자 또는 재산출자의 목적인 재산이 회사설립 당시의 실제 가치가 정관에 정한 가격에 현저하게 부족한 때에는 회사설립 당시에 사원은 회사에 대하여 연대하여 그 부족액을 지급할 책임을 지며, 또 납입 또는 이행하지 못한 제 자산의 가액을 지급할 책임을 지도록 하여 자본의 유지를 꾀하고 있다. 이러한 사원의 책임은 면제될 수 없으며, 이사의 책임만은 총 사원의 동의로 면제될 수 있다. 유한회사에서는 설립무효뿐만 아니라 설립취소의 제도가 있는 점에서 인적회사와 같다.

⑷ 조합기업

조합기업이란 두 사람 이상의 사람이 공동사업을 실행하기 위하여 조합을 만들고자 조합계약을 맺고 공동사업을 영위하는 경영주체를 말한다. 그러나 이들이 조합계약을 맺고 공동사업을 하더라도 그 관계는 조합원 상호간의 내부관계로 그쳐 외부에 대해서는 조합원과는 다른 별도의 독자적인 인격을 가진 통일체로 나타나지 못한다.

이와 반대로 법인격을 갖추고 대외적으로 단일의 경영주체로서 나타날 수 있는 협동조합, 합명회사, 합자회사, 주식회사 및 유한회사 등을 외부조합 또는 외부회사라고 한다.

이처럼 조합기업은 두 사람 이상의 조합원으로 구성되는 공동기업이면서도 독립적인 법인격을 갖지 못한다. 그래서 조합은 조합원을 떠나서는 존재할 수 없을 뿐만 아니라 조합의 재산도 조합자체의 재산이 아니라 조합원의 공유재산이 된다.

① 민법상의 조합(顯名組合)

민법상의 조합이란 주택조합이나 주식·사채공동인수단(syndicate)과 같이 두 사람 이상의 당사자가 조합계약(출자비율, 보수규정, 손익분배비율, 업무분담규정, 존속기간 등)을 체결하고 각자 출자하여 공동으로 사업을 경영하며 그 손익을 분배하는 조직체를 말한다.

조합원은 조합경영에 대하여 연대무한의 책임과 출자의무를 진다. 출자의 형태는 현금과 현물출자가 일반적이지만 경우에 따라서는 노무출자도 가능하다.

민법상의 조합은 그 성격과 내용 면에서 합명회사와 유사하지만 법인격이 없다는 점에서는 완전히 구별된다. 다시 말해 법률상의 사업주체는 조합원 각자이며 조합자체가 사업주체는 아니다. 그래서 조합원이 출자한 재산은 조합원의 공유재산이 되어 조합원 개인재산과는 완전히 구별된다.

여기에서 공유재산이라 함은 어떤 소유권이 몇 사람에게 귀속되어 있는 것을 말하며, 조합이라는 독립된 주체에 속하지는 안는 다는 의미이다.

민법상의 조합은 영구적인 공동사업을 영위하기 위하여 형성되는 경우도 있으나 일반적으로는 사업 창설 당시의 형태로 사용되며, 그 후 사업이 점차 발전되어 그 기초가 상당히 확고해지면 회사형태를 취하는 것이 보통이다.

또 조합은 단기간 존재하는 사업체로서 가끔 사용되기도 한다. 예컨대 외국무역과 같이 비교적 많은 금액이 소요되고 또 손익이 클 것이 예상되는 경우에는 한 건 혹은 수(數) 건의 상거래를 목적으로 조합을 설립하고 그 거래가 종료됨과 동시에 해산하는 경우도 있다.

민법상 조합의 특징

- 조합원은 무한 연대책임을 진다.

- 전 조합원은 원칙적으로 업무집행에 참여한다.
- 출자는 금전, 현물, 노무출자도 가능하고, 공유한다.
- 합명회사와 유사하지만 법인이 아니라는 점에서 다르다.
- 일시적 공동사업 또는 사업 창설기의 과도기적 형태이다.

② 상법상의 조합(匿名組合)

상법규정에 의거한 조합으로 출자를 함과 동시에 경영을 담당하는 현명(顯名)조합원과 단순히 출자를 하고 경영에는 참여하지 않으며 이윤분배에만 참여하는 익명(匿名) 조합원으로 구성된다.

익명조합원의 출자액은 영업자의 재산이 되며, 영업자는 그 재산을 자본으로 하여 사업을 영위한다. 물론 영업이익은 영업자와 익명조합원이 계약에 따라 분배하게 된다. 그리고 익명조합원은 영업자의 행위에 대해서는 제3자에게 아무런 권리나 의무도 지지 않지만, 영업 손실에 대하여는 출자액을 한도로 유한책임을 지게 된다. 이와 같은 성격의 익명조합을 경영하는 이유는 다음과 같다.

첫째, 자금이 부족한 사람이 재력가의 원조를 받아 사업을 개시하기 위하여

둘째, 개인 기업을 확대 내지 확장하기 위하여

셋째, 경영이 재정난에 빠져 타인으로부터 자금을 얻기 위하여

넷째, 경영자가 특히 그 출자관계를 표면화하는 것을 좋아하지 않고, 또한 익명조합원이 그 영업에서 생기는 이익배당에만 관여하기 위하여

다섯째, 개인 기업을 회사 기업으로 변경하기 위한 과도기적 형태로써 이용하기 위한 이유 등이다.

익명조합은 투자자 이름을 표면화하지 않고, 자본조달을 할 수 있는 편의가 있다. 그러나 익명조합의 결점으로써는 출자자의 성명이 공표 되지 않고 또한 출자금액이 공표 되지 않기 때문에 사회적 신용을 얻는 능력이 비교적 적다는 결점이 있다.

익명조합의 특징

- 합자회사와 비슷하나 법인체가 아니다.
- 중세 이탈리아 콤멘다(commenda)에서 유래하였다.
- 출자재산은 영업자의 개인재산이 된다.
- 경영수완가와 자본가간의 결합이 용이하다.
- 개인 사업을 확대하는 방법으로 이용된다.

콤멘다(commenda)

중세 이탈리아의 해안상업도시에서는 자본주인 위탁자(commendater)가 해상기업가(trartator)에게 상품 또는 자본을 위탁하여 위험성이 많은 해상운송, 해상무역을 하게 한 뒤 얻은 이윤의 분배 및 손실의 부담을 위해 양자 사이에 계약을 체결하였는바, 이를 "콤멘다"라고 하며, 위탁자는 유한책임인 데 반하여 해상기업가는 무한책임을 진다.

3) 다수공동기업

(1) 주식회사

① 주식회사의 의의

자본적 공동기업으로서의 주식회사는 경영학의 학문적 연구에 있어서 중심을 이룬다. 주식회사(corporation, joint stock company)는 스스로가 갖는 특성 때문에 거액의 자본을 용이하게 조달할 수 있고, 이에 따라 기업규모의 대형화와 대규모의 경제적 이익을 향유할 수 있게 되며, 경제발전과 성장에 괄목할 만한 기여를 할 수 있기 때문이다.

주식회사는 주주의 출자자산으로 설립된다. 따라서 자본적 기업인 주식회사가 갖는 특성을 살펴보면 그 내용은 다음과 같다.

첫째, 자본의 증권화제도이다.

경영자는 기업의 자본이 영구자본으로써 확정되어 그 이용이 안정되기를 바란다. 그러나 투자가는 투자자본이 영구히 고정되어 묶이기를 바라지 않는다. 이와 같은 상반된 양측의 요구를 충족시키기 위해서 고안된 것이 바로 자본의 증권화제도이다.

주식회사의 자본금은 주식이라고 하는 유가증권을 분할 발행하여 이를 주주에게 매각함으로써 조달된다. 이 경우에 주식은 1주당 그 액면가가 5,000원 이상 균일하여야 하고, 자본금은 2009년 5월 28일 상법 개정으로 종래 5,000만원 이상 이었던 규정이 삭제되어 현재는 자본금에 대한 제한 규정은 없으며, 주주는 출자자로서의 권한 즉, 주주권을 가지게 된다.

주주권에는 자익권(自益權; 이익배당 청구권, 잔여재산 분배 청구권, 이자배당 청구권, 신주인수권, 주식전환 청구권, 주권교부 청구권 등)과 공익권(共益權; 주주총회 소집 청구권, 의결권, 회사장부 열람 청구권, 이사·감사의 해임 청구권 등)이 있다.

그리고 주식은 유가증권이기 때문에 매매양도가 가능하여 자유로운 참여 및 탈퇴가 제도적으로 보장된다. 이와 같은 특성 때문에 주식회사는 자본조달이 용이하여 기업의 규모를 크게 확대시킬 수 있다.

상법에서는 이와 같은 자본단체로서의 주식회사의 특성을 유지시키기 위해서 자본에 관한 3대 원칙, 즉 자본 확정의 원칙, 자본유지(충실)의 원칙, 자본 불변의 원칙을 두고 있다.

둘째, 유한책임제도이다.

주식회사의 또 하나의 특징은 주주의 유한책임제도이다. 이는 주주가 회사의 자본위험에서 발생하는 회사 책임에 대하여 자기가 출자한 자본의 한도, 즉 자신이 인수한 매입주식 액면의 한도 내에서만 채무변제의 책임을 지는 것을 의미한다. 따라서 주주 개인의 사유재산에 대한 채무변제의 책임이 면제된다.

이는 주주의 출자에 대한 책임의 한계를 가볍게 하는 것이며, 이와 같은 특성은 곧 주주의 투자위험 부담을 보다 적게 하여 대규모 자본조달을 용이하게 한다.

반면, 법적 실체(legal entity)로서의 주식회사는 그 자체의 재산확보를 공고히 할 수 있도록(주주는 바뀔지라도) 자본 확정과 자본충실 및 자본유지의 원칙을 법으로써 강요하고 있다.

셋째, 소유와 경영의 분리이다.

출자자인 주주는 세 가지의 종류가 있는 데 그 첫 번째는 사업주주이고, 두 번째는 투자주주이며 세 번째는 투기주주이다.

사업 주주는 출자의 목적이 사업에 관여하는 데 있고, 투자 주주는 투자의 목적이 배당금의 취득에 있으며, 투기 주주는 출자의 목적이 주식시세의 차액에 의한 이익의 획득에 있다.

그런데 오늘날 주식회사의 출자형태를 목적별로 보면 투자 주주나 투기주주가 많아져서 이들이 사업경영에의 관여를 원치 않게 되어 소유와 경영이 분리되게 되었다. 그리고 이와 같은 주식회사 경영에의 참가자도 종래의 소유경영자 형태에서 고용경영자의 형태로, 그리고 오늘날에는 더욱 진전해서 전문경영자의 출현으로 그 참여의 형태가 달라져 가고 있다. 그러므로 전문경영자에 의한 경영활동의 수행은 소유와 경영의 분리를 노골화시키고 있다.

이와 같이 자본주의가 자본가사회로부터 경영자사회로 이행되어 가는 현상을 버남(J. Burnham)은 경영자 혁명(managerial revolution)이라는 용어로써 설명하고 있다.

② 주식회사의 기원

주식회사의 기원은 1602년 네덜란드에 설립된 동인도회사(Vereenigde Ost Indische Co.)에서 구해진다는 것이 일반론이다. 당시 네덜란드에서는 동인도와의 무역이 성행하여 암스테르담(Amsterdam)市에는 소규모의 무역회사들이 많았다. 그러나 무역을 더욱 융성케 하기 위해서는 무역회사를 대규모화할 필요가 생겨 정부주도 하에 소규모회사들을 합동, 동인도 무역을 동인도회사라는 하나의 기업에 독점시킨 것이 주식회사의 기원으로 일컬어진다.

영국에서도 네덜란드의 경우를 모방해서 1612년에 영국 동인도회사(East India Company)를 설립하였으며, 이 회사는 처음에는 3년간의 기간에 한정되어 공동기업으로 출발하였으나 점차 1660년경부터는 영구자본을 소유하면서 주식제도를 도입, 민주적인 주주총회를 가지는 것을 특징으로 하는 주식회사의 형태로 발전하게 되었다.

그 후 영국의 식민지 경제가 확대되어 감에 따라 독점적인 상업 자본으로서의 성격을 지니는, 특허장에 의한 수많은 무역 독점 회사들이 설립되어 대대적인 기업 활동을 전개하기에 이르게 된다. 그러나 1711년에 "South Seas Co."가 南美 및 태평양 여러 섬들과 영국간의 무역독점권이 부여되어 설립되었을 때부터 주식회사의 설립은 주식투자의 이상 과열 현상마저 야기 시켰으니, 드디어 1720년에는 주식 붐으로 급등했던 주식가격이 마치 「포말」처럼 붕괴하는 이른바 「남미의 포말(South Sea Bubble)사건」이 빚어지게 된다.

이는 투기열이 강한 독점적 산업자본의 투기적 이윤의 예상에 대해서 대중의 신용이 부당할 정도로 동원되었기 때문이다. 그 이후로는 주식회사는 기업형태로서의 불평을 받게 되며, 주식회사의 발전은 한동안 정체하기에 이른다. 그러다가 18세기 후반에 있어서의 산업혁명을 계기로 공장제 공업경영이 성립되고 산업자본이 확대됨에 따라 자본집중의 객관적 요청이 급속히 주식회사의 발전을 재 촉구하여 오늘에 이르고 있는 것이다.

③ 주식회사의 설립

주식회사의 설립절차에는 설립을 준비 중인 예비창업자와 대표이사가 준비해야 할

의뢰인 준비사항	법무법인 대행	회계법인 대힝
① 상호결정 ② 사업의 목적 결정 ③ 본점소재지 결정 ④ 자본금 준비 ⑤ 임원구성 ⑥ 필요서류 및 도장 준비	⑦ 등록세납부 및 서류작성 ⑧ 등기신청서 작성 ⑨ 관할 등기소 접수 ⑩ 등기 완료 ⑪ 등기부등본 및 인감증명서 발급	⑫ 사업자등록 신청 및 발급 (법인명 임대차 계약서 필요)

부문과 법무사, 회계사가 준비해야 할 부분으로 나누어 설명해 보면 그 내용은 다음과 같다.

- 상호: 상호는 상법 제23조 4항에 따라 동일한 특별시, 광역시, 시, 군에서 동종영업으로 타인이 등기한 상호를 사용할 수 없다. 따라서 상호사용 가능여부를 확인하여야 한다.
- 본점소재지: 본점 소재지를 결정하기 위해 법인명의(법인등록번호 및 법인 도장)로 된 임대차계약서가 필요하다. 물론 사업자 등록을 낼 때에는 개인 명의로 작성된 임대차계약서도 무방하나 사업자등록을 위해서는 반드시 법인 명의의 임대차계약서가 필요하다.
- 사업목적: 법인등기부 등본에는 '목적'이라고 하여 회사가 어떤 사업을 하는지를 기재하도록 되어 있다. 따라서 사업목적의 결정은 현재 구상하는 사업의 내용뿐만 아니라 미래에 진행할 사업의 내용에도 영향을 미치기 때문에 너무 광범위하지 않게 구체화하는 것이 좋을 것이다. 예컨대 '식품도소매업'이라고 정했다고 한다면 식품의 범위는 너무 광범위하다고 할 수 있다. 식품 중에서 특정 범주(category)를 분명하게 해 주는 것이 좋을 것이다. '냉장 및 냉동식품 도소매업', '가공식품 도소매업', '건강기능식품 등의 도소매업' 등으로 보다 구체화하는 것이 좋다.
- 자본금 결정: 2009년 5월 28일 상법개정으로 '주식회사의 자본은 5천만원 이상이어야 한다는 규정이 삭제되어 주식회사 설립을 보다 쉽게 할 수 있는 법률적 토대가 마련되었다. 그러나 실무적으로 사무실 보증금, 인테리어, 설비, 비품 등 사업초기에 발생하는 비용을 고려해서 자본금을 설정하는 것이 일반적이다. 또한 자본금에는 등록세(자본금의 0.4%), 교육세(등록세의 20%) 등의 세금이 부과되기 때문에 불필요하게 높은 자2본금을 설정하면 그만큼 세금부담이 널어남으로 신중히 결정할 필요가 있다.
- 임원구성: 주식회사의 임원이라 함은 대표이사, 이사, 감사 등을 의미하며 주주는 자본금을 투자한 사람이기 때문에 임원과 주주는 별개의 지위로서 임원이 반드시 주주일 필요는 없다. 상법의 개정으로 자본금 10억원 미만인 회사는 1인 이상의 임원으로 법인 설립이 가능하며 감사는 두지 않아도 된다. 따라서 1인의 임원으로도 법인 설립은 가능하다. 단, 법인 설립시에는 '조사보고'를 해야 하는데 조사보고는 지분이 없는 임원만이 할 수 있다. 따라서 지분이 없는 임원이 1명 필요하다. 결론적으로 법인 설립을 위해서는 대표이사 1명과 지분없는 임원 1명 총 2명의 임원이 있어야 설립이 가능하게 된다.

법인설립비용(2018. 12. 현재 기준)

구분	공과금						법무사 비용
	수도권 과밀억제권역			과밀억제권 이외 지역			
자본금	1천만원	5천만원	1억원	1천만원	5천만원	1억원	
등록면허세	337,500원	600,000원	1,200,000원	112,500원	200,000원	400,000원	440,000원
지방교육세	67,500원	120,000원	240,000원	22,500원	40,000원	80,0000원	
등기수수료	25,000원	25,000원	25,000원	25,000원	25,000원	25,000원	
제증명대	25,000원	25,000원	25,000원	25,000원	25,000원	25,000원	
법인도장	25,000원	25,000원	25,000원	25,000원	25,000원	25,000원	
합계	480,000원	795,000원	1,515,000원	210,000원	315,000원	555,000원	

– 필요서류: 법인설립을 위해 필요한 준비 서류에는 임원의 임감증명서1통, 임감도장, 주민등록등본 1통이 필요하고, 주주(임원이 아닌 사람)의 주민등록등본과 일반도장, 자본금 통장잔고 증명서(주주대표명의, 신청일 기준 2주 이내 발급)가 요구된다.

④ 주식회사의 기관

주식회사는 의사결정기관으로서 주주총회(general meeting of shareholders)를 가지고, 집행기관으로서 이사(director) 내지 이사회(board of directors)를, 회계상 감사를 주된 권한으로 하는 것으로서 감사(auditor)를 가진다.

의사결정기관인 주주총회를 구성하는 자격은 주주 자격과 결합되어 있지만 다른 2기관에 대해서는 주주 자격과 분리되어 있다. 주주총회는 주주 총의에 의하여 주식회사 의사를 결정하는 기관이고, 주주 총의는 주주 의결권 행사로 결정된다.

주주총회(general meeting of shareholders)는 다음과 같은 사항에 대해서 결의한다. 첫째, 정관의 변경, 감자, 회사 해산, 합병 등 회사기초 내지 영업에 근본적 변동이 생기는 사항이다. 둘째, 주식배당, 신주인수권 등 주주 전체의 중요한 이익에 관한 사항이다. 셋째, 이사, 감사의 선임 및 해임이다. 넷째, 계산서류의 승인 등에 대해서 결의한다. 곧 주주총회의 최고의사결정기관으로서 권한은 축소되고 그 권한 다수는 이사회로 이양되어, 회사 의사결정 중 업무집행에 관한 것은 이사회가 담당하게 되었다.

이사회(board of directors)는 업무를 집행하는 합의제 기관으로 주된 권한은 다음과 같다. 첫째, 주주총회 소집이다. 둘째, 지배인 선임 및 해임이다. 셋째, 대표이사 선임이다. 넷째, 신주 발행이다. 다섯째, 준비금의 자본 납입이다. 여섯째, 주식 분할 등이다. 대표이사는 주식회사 대표기관으로서 회사를 대표하고 업무를 집행하는 필요상설기관으로 보통 사장, 부사장, 전무이사, 상무이사 등이 여기에 해당된다. 이와 같이 이사회에도 의사결정 기능을 부여하고 업무집행기관으로서는 대표이사를 두면서 동시에 업무감사상의 책임도 이사회에 돌아가게 되었다. 그 결과 감사는 업무감사도 그 임무였지만 권한이 축소되고 단지 이사가 주주총회에 제출하는 서류에 대해서 회계상 감사를 하는 기관에 불과하게 되었다. 보다 시간이 경과하면 규모가 큰 회사에서는 공인회계사에 의한 외부감사가 이루어지게 되었다.

이와 같은 임원은 주주총회에서 선출되고 이에 따라 말하자면 모든 주주가 경영에 참가하는 민주적인 형식을 취하고 있다. 이와 같은 민주주의적 권력분립 형식이 취해진 것에 대해서는 주식회사의 역사적 생성과정에 영국의 명예혁명(1688년) 당시 정치사상이 반영되어 편성되고 프랑스혁명(1789년) 중에 성립된 프랑스상법전(1807년)의 영향으로 간주된다.

그러나 주식회사의 규모 증대에 따른 주식분산 결과 각 소(형)주주는 주주총회에 출석하는 경우도 드물어 위임장을 송부하든가 그것조차 하지 않게 된다. 따라서 현실에서 주주총회를 좌지우지하고 각 기관의 내실을 장악하는 것은 지배적 주주단으로 일반 종속주주의 권한은 실질적으로 희박하게 되고 사채권자화 되는 경향을 가진다. 위임장에 의한 지배(proxy control)가 이루어져서 주주총회는 관객 없는 희극(코미디, comedy) 관점을 나타낸다. 이와 같은 경우로부터 지배주주단이 제멋대로 하는 것을 억제하고 일반주주 이익을 보호하는 것이 중요한 과제가 되고 있다.

⑤ 주식회사의 장·단점

경영학의 실질적인 연구대상인 주식회사는 기업형태 중에서 가장 발전된 형태로서 자본주의 국가에서는 경제의 중추적인 역할을 담당하고 있다. 이러한 주식회사의 장·단점을 요약하면 다음과 같다.

〈표 4-2〉 주식회사의 장·단점

장 점	단점
- 기업재산과 주주 개인재산이 엄격하게 분리됨에 따라서 투자위험이 감소된다. - 기업의 영속성이 있다. - 전문경영자에 의한 기업경영이 가능하다. - 자본조달이 용이하다.	- 개인 기업에 비해 창업비가 많이 들고 설립절차가 복잡하다. - 기업경영에 대하여 애착심과 책임을 지는 사람이 없다. - 조직구조상 신속한 의사결정이 어렵다. - 기업 내용의 공시로 기밀유지가 곤란하다.

(2) 협동조합

① 협동조합의 의의

주식회사와 같은 형태는 아니지만 다수 공동기업의 형태를 가진 협동조합은 조합원의 경제적 이익을 도모함을 목적으로 하여 상부상조의 정신에 따라 이루어진다.

협동조합은 영리기업과 마찬가지로 구매, 판매, 생산 등의 각종 사업을 영위할지라도 원칙적으로 조합원이 이용하게 되므로 영리를 목적으로 사업을 운영하지는 않는다. 그러므로 협동조합의 기업성을 인정하는 데는 여러 가지 이견이 있을 수 있다.

계산적으로 독립된 영리경제만이 순수기업이라는 관점에서 보면 협동조합은 이윤목적을 1차적인 목적으로 하지 않는다는 점에서 기업성을 인정할 수 없으나 경제적 기능 면에서 보면 분명히 준 기업적 성격을 띠고 있으므로 기업성을 인정할 수도 있다.

② 협동조합의 연혁

협동조합은 1884년 영국의 맨체스타(Manchester) 북쪽의 로치데일에서 발생한 공정개혁자조합(Rochdale Society of Eq uitable Pioneers)이 최초이다. 그 당시 영국의 노동계급은 18세기의 중엽부터 시작된 산업혁명이 대개 끝나고 주기적으로 경제공황이 내습하므로 심각한 노동불만에 대항하여 자신의 이익을 방위하기 위하여 피로써 투쟁한 노동조합운동과 정치적 자유를 확립하려 하는 차아티스트운동(Chartist Movement)이 전개되고 있었다.

노동계급의 궁핍을 이용한 소매상의 착취를 방지하고 장래 실업에 대비하여 불과 28명의 가난한 노동자가 28파운드의 자금을 적립하여 맥분, 버터, 사탕, 소맥 등 일용품의 구매사업을 시작하였다. 조합의 조직 및 운영은 오랫동안 협동조합의 모범이 된 로치데일 방식으로 일관하였다. 역사적으로 보아 영국에서는 자본주의가 발전함으로써 협동조합 운동이 크게 발전하였으며, 나아가서는 자본주의국가에 커다란 영향을 끼쳤다.

수공업자 및 농민 등 소규모생산자의 협동조합은 1850년대에 독일에서 처음으로 시작되었다.

1852년 독일의 데릿취가에서 슐쯔 데릿취(Hermann Schulzsh, 1808~1883)가 토목공업자를 위하여 원료구매조합을 설립하고 이어서 아이렌불크의 제 회사를 위하여 동일한 조합을 설립하였다. 이러한 조합은 자본이 없는 조합원을 위하여 무한책임 조직에 의하여 외부에서 자금을 차입하고, 시장에서 원료를 공동구입하여 일반시장보다 저렴하게 조합원에게 분배하였다.

1864년에는 프러시아의 농촌에서 라이파이젠(F. W. Raiffaisen, 1818~1858)이 농민구제를 위하여 조직하였던 자선조합을 개조하여 대인신용을 목적으로 한 신용조합을 만들고 저축의 장려와 자본금의 충당을 목적으로 자신이 직접 경영을 하였다. 농민의 신용조합은 그 후 독일을 비롯하여 구러시아 및 영연방, 인도, 중국 등 자본주의 발달이 늦은 여러 나라에서도 현저히 발달하였다. 따라서 신용조합에 이어 농민의 구매조합운동이 일어났다.

1872년 남독일의 헷센주에서 빌헬름 하쓰(Wilhelm Hass, 1839~1913)가 농민을 조직하여 비료 기타의 원료품을 공동구입하고, 농민에 대한 구매조합운동을 형성하였다. 독일에 있어서 이 운동의 설립과 전후하여 영국 및 덴마크의 농민간에 처음에는 인조비료의 공동구입을 목적으로 협동조합을 설립하고, 후에 사료 등 기타 농축 산업을 자재의 공동구매 사업으로 발전하였다.

1884년 프랑스에서 공포된 동업 조합법에 의하여 동업조합이 조직 보급되고, 이 조직을 중심으로 구매, 판매, 신용 등의 각종 사업이 발달하였다. 미국과 캐나다에서는 제1차 세계대전을 전후하여 농산물의 판매 사업을 중심으로 한 농민의 협동조합이 현저하게 발달하였다. 특히 1929년 이후의 세계공황을 계기로 국가독점자본의 지배강화에 따라 협동조합은 자율성을 상실하고 독점자본의 노동자 및 농민을 경제적으로 지배하는 조직으로 이용되게 되었다.

③ 협동조합의 특성

18세기 말엽 협동조합은 기계 및 동력을 이용한 생산·기술상의 변혁인 산업혁명과 더불어 발달하였다. 그러나 자본주의적 국가의 기업과는 그 성격에 있어서 많은 차이점이 있다.

첫째, 협동조합은 농가나 소상공업자 또는 소비자가 조직한 조합이었다. 사업에 필요한 만큼의 출자가 요구되는 것은 사실이지만, 그것은 조합원 본위로 하나의 사업을 위한 수단일 뿐, 협동조합은 조합원을 떠나서 따로 있는 것이 아니므로 인적 조직체이다. 그러나 회사기업은 출자된 자본이 출자자로부터 독립되고 기업자체의 자본에 의하여 존속과 활동을 하는 것이므로 물적(자본적) 조직체로 간주된다.

둘째, 협동조합은 약소 생산자 또는 소비자들이 상부상조하여 자신들의 경제생활을 유지·발전시키는 협동주의에 입각한 것이다. 그러나 기업에서는 이윤동기에서 사업체가 형성되므로 출자자상호간, 기업체상호간에 개인주의 또는 경쟁주의가 지배하게 된다.

셋째, 협동조합은 조합원이 민주적으로 결합되어 있으므로 1인 1표의 원칙에 의하여 차등을 두지 않고 전원이 협력하여 조합을 운영하게 된다. 그러나 기업에서는 다액출자자가 전제적으로 지배권을 장악하게 된다.

넷째, 협동조합은 조합원에게 편익을 제공하기 위하여 사업을 운영하므로 이용주의에 입각한 것이다. 사업을 경영하는 데는 일정한 비용이 발생하지만 실비로 조합원에게 이용되고 실비 이상의 이익이란 성격상 있을 수 없으므로 잉여금은 이용자에게 되돌려 지게 된다. 그러나 기업은 개별자본의 조직체이므로 영리주의에 입각하고 있다.

④ 협동조합의 지도원리

협동조합은 사람의 조직으로서 협동주의, 민주주의, 이용주의를 지도원칙으로 하고 있다. 따라서 이 원칙에 입각하여 조직·운영되어야 할 것이다. 협동조합의 지도원칙으로서는 1884년 영국의 공업도시 로치데일에서 조직된 소비조합의 지도원칙이 있으며, 이것은 다음과 같은 9개의 원칙으로 로치데일 원칙이라고도 한다.

첫째, 일인일표주의: 조합원은 1인 1표의 의결권을 갖는다.

둘째, 종교와 정치에 중립: 정부 및 종교상 중립을 지킨다.

셋째, 교육주의: 조합원에게 경제생활 및 기타 분야에 교육을 시킴으로써 사상과 정신보급의 역할을 수행한다.

넷째, 자금은 기부에 의하지 않고 조합원의 출자에 의한다.

다섯째, 자본에 대한 이자의 제한: 출자자에 대해서는 이자를 지급하나, 이자는 일정률 이하이다.

여섯째, 이용주의: 조합의 잉여금은 구매액에 따라 조합원에게 배당한다.

일곱째, 현금주의: 상품은 현금판매를 원칙으로 하여 판매가격을 낮추고, 부수적으로 소비자의 소비기회를 줄여 줌으로써 저축을 장려한다.

여덟째, 가입·탈퇴의 자유: 조합에 자유로운 가입과 탈퇴가 보장된다.

아홉째, 우수한 품질의 제품을 정확한 치수와 무게로 조합원에게 판매한다.

로치데일(Rochdale)소비조합은 이러한 원칙에 입각하여 조합을 운영하였기 때문에 성공적으로 발전할 수 있었다. 그 후 이 원칙은 영국은 물론 여러 나라에서 소비자 협동조합뿐만 아니라 생산자 협동조합에도 널리 활용되었다.

⑤ 협동조합의 설립절차

협동조합은 일반 협동조합과 사회적 협동조합으로 구분되며, 일반 협동조합은 동일 유형의 사업을 운영하는 사람들이 시너지효과(synergy effect)를 얻기 위해 설립하는 경우가 대부분이다. 마을 협동조합처럼 동일 유형의 사업은 아니지만 같은 지역을 공유하는 형태의 협동조합도 있다.

이러한 일반 협동조합은 신고, 등기, 사업자등록의 3가지 과정을 거쳐 설립된다. 신고는 원칙적으로 관할 시·도지사에게 해야 하나 현재는 구·군(시)에 위임되어 있다. 설립 신고가 완료되면 설립 신고확인증이 발급되며, 추가 서류를 구비해 등기 및 사업자등록을 진행하게 되는데 협동조합 설립신고를 위해 필요한 서류는 다음과 같다.

① 설립신고서 ※ 법정양식 있음
② 창립총회 개최 공고문
③ 창립총회 의사록 사본
④ 정관
⑤ 임원 명부(이력서 및 사진 포함) ※ 법정양식 있음
⑥ 사업계획서 ※ 법정양식 있음
⑦ 수입·지출 예산서 ※ 법정양식 있음
⑧ 발기인 및 설립동의자 명부 ※ 법정양식 있음
⑨ 출자 1좌당 금액 및 출자좌수를 포함한 서류

법정양식이 있는 서류들을 제외하고는 자유롭게 작성을 해도 되지만, 정관처럼 법률에 의거 목적부터 총회·이사회의 운영 등 필수 사항을 누락 없이 작성해야 하는 경우에는 빠진 부분이 없는지 잘 확인해야만 한다. 다만 정관으로 정해야 하는 필수 사항을 제외하고는 조합의 규약·규정을 둘 수 있기 때문에 너무 까다로운 것도 좋지 않다. 정관을 변경하려면 다시 주무관청에 신고를 하고 등기를 해야 하기 때문이다.

협동조합의 설립은 최소 5인 이상의 자격을 갖춘 자가 발기인이 되어야 하며(비영리사단법인과 다른 점), 출자금은 조합원 1인이 총 출자좌수의 100분의 30을 넘길 수 없다. 협동조합은 민법과 달리 대의원총회에 관한 규정을 별도로 두고 있는데 대의원총회는 조합원이 200명을 넘을 경우 구성할 수 있으며 대의원 정수는 선출 당시 조합원 수의 100분의 10 이상이어야 한다. 이러한 규정을 두고 있는 것이 조합과 일반 법인의 차이라고 할 수 있다.

그 외 창립총회를 개최한 후 의사록을 공증해야 하는 부분은 추후 법인 등기 시 필요하기 때문에 사전에 준비할 때부터 미리 처리하는 것이 좋다. 위임장, 인감증명서 등이 대표적이다.

그리고 지정기부금단체의 지정은 사회적협동조합만 가능하며 일반 협동조합의 경우 해당사항이 없다. 일반 협동조합은 영리를 목적으로 하기 때문에 별도사업으로 진행되는 사회적 기업 혹은 마을기업에 참여할 수 있다.

⑥ 협동조합의 분류

협동조합은 여러 가지 관점에서 분류할 수 있으나, 조합원의 성분에 따른 소비자 협동조합, 생산자 협동조합, 신용 협동조합으로 분류하는 것이 일반적이다.

소비자 협동조합(consumers' co-operative)은 현대는 산업의 발달로 유통경로가 복잡하게 되어 소비자들이 연대하여 불필요한 유통과정의 개입을 없애기 위해 조직한 조합으로써 물품을 직접 도매상 또는 생산자로부터 대량으로 구매하여 분배하려는 것이 주된 목적이다.

소비자 협동조합은 1884년 영국의 소도시 로치데일의 후란넬 직공 28명이 1파운드씩 출자하여 소매점포를 개설한 것을 효시로 한다. 그리고 이 조합은 경영방식이 우수하여 성공하게 되었으므로 영국 전체에 보급되었으며, 드디어 세계 각 국에까지 전파되어 발달한 결과 오늘날에는 하나의 상업형태로서 중요한 위치를 차지하게 되었다.

생산자 협동조합(producers' co-operative)은 중소생산업자들이 그들의 공동이익을 증진시키려는 목적으로 조직된 협동조합으로서 사업내용에 따라 판매조합, 구매조합, 이용조합, 생산적 조합, 생산조합 등이 있다.

첫째, 판매조합(co-operative sale association)은 중간상인을 배제하고 대규모 생산업자에 대항하여 소규모 생산자가 협동으로 조직한 것으로써, 그들이 직접 제조한 생산물을 제품 소비자와 연결시킴으로써 중간상인의 개입을 배제하려고 하는 데 근본 의도가 있다. 이것은 결과적으로 중간상인의 개입으로 인한 판매과정상의 불이익을 최대한 배제하고 자신의 이익증대를 도모한다는 목적에서 조직된 것이다.

둘째, 구매조합(co-operative purchasing association)은 일반대중이 그들의 일상생활에 필요한 필수품을 공동으로 조달하고자 조직하는 경우와 소규모의 생산자가 그들이 필요로 하는 원자재를 공동구입하거나 도매상이나 기타 중개상에 대항하여 소매업자가 직접 그들이 필요로 하는 상품을 공동으로 매입하고자 조직하는 경우가 있다. 이러한 움직임은 중간상인을 배제하여 부당한 중간이윤을 배제함으로써 조달가격의 인하를 기하고자 하는 조직이다.

셋째, 이용조합(service co-operative)은 중소경영자, 농민, 어민들이 자신들의 경제활동에 소요되는 시설을 공동으로 조달, 관리, 이용하고자 하는 목적에서 조직한 것이다. 공동출자로 많은 자금이 소요되는 이용시설을 마련하여 조합원들이 공동으로 시설을 이용함으로써 혼자서는 설치할 수 없는 시설을 이용할 수 있도록 하기 위하여 결성된 조합이다.

넷째, 생산적 조합은 조합원들이 공동으로 생산을 수행하는 조합이다. 이에는 조합원이 필요로 하는 원료를 조달하고 생산하는 경우와 조합원의 생산물에 대하여 가공을 하는 경우가 있다. 예컨대 조합원이 생산한 우유, 치즈, 버터 등의 제품을 만들어 내는 낙농조합이라든지, 또는 제사공장을 설치하고 조합원들이 제사에 종사하는 제사조합 등이 그것이다. 조합원이 필요로 하는 원료를 생산·공급하는 조합도 농가에서 발달하였고, 조합원의 생산물을 가공·제조하여 판매하는 조합도 농가부문에서 일찍부터 발달하였다.

다섯째, 생산조합은 종래 조합원이 독립적으로 하여 오던 생산을 중단하고 조합원으로 하여금 협동조합의 공동사업장을 통해서 협동적으로 사업을 하도록 하는 협동조합이다. 이때 협동조합은 출자자인 동시에 노동자가 된다. 이렇게 되면 생산의 사회화가 이루어지나 개인적인 이익이 없어짐으로써 생산능률이 낮아진다. 이는 협동조합이 변형된 것이므로 본질적인 협동조합과 같다고 할 수는 없다. 이러한 형태로서는 소련의 콜호즈(Kolchoz)와 중공의 공업합작사 등이 있다.

여섯째, 신용 협동조합(credit union)은 어려운 소규모 경영에 있어서나 또는 영세한 일반 서민층에 있어서는 자금면의 고갈과 궁핍을 느끼게 된다. 원칙적으로 자금의 경색은 그것을 해결하려면 은행과 같은 금융기관에 의존하게 되는 바, 사실상 담보물의 제공 불능 또는 신용의 희박과 같은 여건으로 인하여 이러한 기관은 그들과는 유리된 것으로 존재한다. 그러므로 이들 약소 경영자들은 이러한 자금난을 극복하기 위한 수단으로서 신용조합을 조직한다. 즉, 그들은 그들의 영세한 잉여자금을 모아 상호간에 융통함으로써 그들의 자금상의 애로를 극복한다.

일곱째, 사회적 협동조합은 지역주민들의 권익 및 복리증진과 관련되는 사업을 수행하거나 취약계층에게 사회서비스 또는 일자리를 제공하는 등 영리를 목적으로 하지 않는 협동조합을 말한다. 사회적 협동조합을 설립하려면 5인 이상의 조합원 자격을 가진 자가 발기인이 되어 정관을 작성하고 창립총회를 거친 후 기획재정부장관에게 인가를 받아야 한다. 일반협동조합과의 차이는 <표4-3>과 같다.

4) 공기업(public enterprise)

(1) 공기업의 의의

공기업은 사회공공의 복지를 증진하기 위해 정부가 직·간접적으로 투자해 소유권을 갖거나 통제권을 행사하는 기업을 말한다. 공기업과 사기업 모두 수익성을 요소로

〈표 4-3〉 협동조합과 사회적 협동조합의 차이

구분	(일반)협동조합	사회적 협동조합
법인격	영리법인	비영리법인
설립	신고(시, 도지사)	인가(주사업 소관 중앙행정기관의 장)
사업	업종 및 분야-제한없음	공익사업 40% 이상 수행해야 함
경영공시	원칙: 의무사항 아님 예외: 조합원 수 200인 이상 또는 출자금 납입 총액이 30억원 이상인 경우에는 의무사항	의무사항
법정적립금	잉여금의 10/100 이상 출자금 납입총액의 3배에 이를 때까지	잉여금의 30/100 이상 출자금 납입총액의 3배에 이를 때까지
배당	가능	금지
청산	정관에 따라 잔여재산 처리	비영리법인 또는 국고 등으로 귀속
감독	감독 규정을 두고 있지 않으나 협동조합기본법 또는 관계법령을 위반할 경우 처벌	필요시, 주사업고관 중앙행정기관의 장이 업무 상황, 장부, 서류 등 검사 인가요건 위반시 인가취소

하는 점은 같으나 사기업에서 맡을 수 없는 사회공공의 복리향상이라는 공공성이 요구된다는 점에서 공기업은 본질적으로 사기업과 구분된다.

공기업은 조직 형태에 따라 정부부처형·주식회사형·공사형 공기업으로, 운영 주체에 따라 국가 공기업과 지방 공기업으로 나눌 수 있다. 정부부처형 공기업은 우리나라의 현행 법률에서 '정부기업'이라고 부르는 행정부의 부처와 같은 조직 형태를 지닌 공기업이다.

주식회사형 공기업은 상법 또는 특별법에 의해 설립되고 정부가 그 기업의 주식을 전부 또는 일부를 소유하는 형태의 공기업이다. 공사형 공기업은 자본금 전액이 정부로부터 출자되고 독립적인 특수법인의 형태를 지니는 공기업이다.

국가 공기업은 공공성 및 기업성의 정도에 따라 구분되는데, 시장형 공기업·준시장형 공기업·기금관리형 준정부기관·위탁집행형 준정부기관·기타 공공기관 등이 있다.

지방 공기업은 지방자치단체가 직접 설치하거나 법인을 설립하여 경영하는 기업이다. 이는 다시 지방자치단체가 직접 운영하는 지방 직영기업과 지방자치단체가 법인을 설립하여 간접적으로 운영하는 지방공사 및 지방공단 등으로 구분된다.

「공공기관의 운영에 관한 법률」 제5조에서 공공기관은 공기업과 준정부기관, 그리고 기타 공공기관으로 구분하여 지정하고 있다. 공기업은 자체수입액이 총 수입액의 2분의 1 이상인 공공기관 중에서 기획재정부 장관이 지정하도록 되어있다.

동 법률에는 공기업이 시장형 공기업과 준시장형 공기업으로 분류되고 있다. 시장형 공기업은 자산 규모가 2조원 이상이고, 총 수입액 중 자체수입액이 90% 이상인 공기업을 말하는데, 한국전력공사·인천공항공사 등이 이에 해당한다. 준시장형 공기업은 시장형 공기업이 아닌 공기업을 말하는데, 한국관광공사·한국마사회·한국토지공사 등이 이에 해당한다.

공기업은 독점의 폐단을 없애고, 사회정책상 통일된 운영과 사기업의 체제를 보완하기 위하여 주로 다음과 같은 사업 분야에서 설립·운영되며 발전하고 있다.

첫째, 공공의 이익이 확보되어야 하는 분야

둘째, 일반 복지향상을 위한 분야

셋째, 국가 또는 지방자치단체의 재정수입을 위한 분야

넷째, 사회 자본을 정비하기 위한 분야

⑵ 공기업의 유형

우리나라의 공기업 운영체제는 지난 반세기 동안 여러 번 바뀌었는데 특히 5년 단임 대통령제 도입 이후에는 새 정부가 들어설 때마다 새 정부의 공기업에 대한 정책을 입안하고 추진하였다. 정부 수립 직후에는 기업 부분은 미미하였으며 당시 존재하던 기업은 대부분 공기업 또는 정부사업이었다. 이러한 기업 부문의 현실은 1960년대까지 지속되었다. 그러나 1960년대 초반 박정희 정부가 정부 주도의 산업화 정책을 시작하면서 많은 수의 대규모 공기업을 설립하였는데 초기에는 공기업과 정부 자체의 구분이 분명하지 않았다.

공기업의 지배구조에 대해서도 1980년대 「정부투자기관 관리기본법」이 도입된 이후 1997년 말까지 주무부처가 지배권을 대부분 행사하는 형태를 취해왔다. 1997년에는 「공기업 민영화 특별법」이 도입되어 대규모 공기업 다수를 대상으로 영미 민간주식회사의 지배구조와 유사한 형태를 도입하였으며 공기업의 경영에 있어 보다 더 상업적인 목표를 중심으로 이루어질 수 있도록 허용하는 조치가 이루어졌다.

특히 1998년부터 2003년까지의 기간 중에 이루어진 대규모 공기업 민영화는 전 세계적으로 가장 최근에 이루어진 대규모 민영화로서 우리나라의 시장경제발전에 있어서 중요한 이정표가 되고 있다. 동 기간 중에는 6대 공기업 중 4개를 포함하여 상업적인 공기업 다수를 민영화하여 통신 산업은 완전한 경쟁체제로 전환되었고, 전력산업은 도매단계에 경쟁을 도입하였다.

정부는 2004년에 「정부 산하기관 관리기본법」을 도입하여 최초로 공공기관 전반을 대상으로 하는 지배구조를 도입하고자 하였으나 큰 성과를 거두지 못하였다. 2007년에는 「공공기관의 운영에 관한 법률」을 도입하여 다양한 분야에서 활동하는 수백 개의 공기업과 공공기관에 대한 지배구조를 체계화하였는데, 이 제도는 지금까지 사용되고 있다.

공공기관의 성과를 쉽게 파악할 수 있도록 구분한 『공기업 및 준정부기관의 경영실적 평가편람』(2011)에 따르면 공기업을 크게 '공기업I 유형'과 '공기업II 유형'으로 구분하고 준정부기관을 검사·검증 유형, 문화·국민생활 유형, 산업진흥 유형, 연·기금운용 유형 및 중소형기관 유형으로 구분하고 있다.

'공기업I 유형'에는 인천국제공항공사, 한국가스공사, 한국공항공사, 한국도로공사, 한국석유공사, 한국수자원공사, 한국전력공사, 한국지역난방공사, 한국철도공사, 한국토지주택공사가 있다.

'공기업II 유형'에는 대한석탄공사, 대한주택보증㈜, 부산항만공사, 인천항만공사, 제주국제자유도시개발센터, 한국감정원, 한국관광공사, 한국광물자원공사, 한국마사회, 한국방송광고공사, 한국조폐공사가 이에 속한다.

⑶ 공기업의 설립 목적

공기업은 다음과 같은 여러 가지 목적 하에서 설립·운영되고 있다.

① 경제정책상의 목적

국가의 경제정책상의 목적을 위하여 공기업을 설립·운영하는 경우의 대표적인 예로는 미국의 TVA사업을 들 수 있다. 테네시유역개발국(Tennessee Valley Authority: TVA)은 미국이 대공황을 맞아 경제적 위기에 당면했던 1933년 당시 루즈벨트(F. D. Roosevelt)대통령이 주도한 뉴딜정책(New Deal Policy)의 일환으로써 국가가 커다란 다목적 댐을 건설하기 위해 발족되었다.

이는 전원개발, 홍수방지, 관광사업, 농촌전력, 화학비료의 제조, 실업구제 등의 다목적 공사였으며, 이를 통하여 미국은 그 당시에 당면했던 커다란 경제문제를 해결할 수 있었다.

우리나라의 경우는 경제발전과 성장의 기초가 될 산업자금을 공급하기 위해서 설립·운영되는 한국산업은행이나 화폐금융 정책적 목적으로 설립·운영되는 한국은행은 경제정책상의 목적으로 운영되는 공기업의 대표적인 예이고, 그밖에도 고속도로, 포항종합제철, 각종 진흥공사, 충주비료, 호남비료 등이 있다.

② 재정정책상의 목적

정부의 재정수입을 얻기 위해서 설립·운영되는 공기업으로 우리나라의 담배나 홍삼을 취급하는 한국담배인삼공사가 그 대표적인 예이다.

③ 사회정책상의 목적

이는 주민의 생활안정이나 복지증진 등 사회정책상의 목적을 위해서 설립·운영되는 기업을 말한다. 대한재보험공사라든가 대한주택공사 그리고 한국주택은행 등은 이상의 목적을 위해서 운영되는 공기업의 대표적인 예이다.

④ 공공정책상의 목적

국민의 일반적인 복지향상과 공공의 편익을 위하여 국가가 전신, 전화, 우편, 체신사업 등과 같은 주요 공익사업을 직접 운영하는 경우가 이에 해당된다.

⑤ 기타 목적

국가기관이 필요로 하는 물자와 용역을 직접 생산하기 위해서 공기업이 설립·운영되기도 하는 데 한국조폐공사가 그 대표적인 예가 된다.

(4) 공기업의 장·단점

공기업은 사기업과는 다른 경제체제를 갖고 있기 때문에 사기업에 비해서 다음과 같은 장·단점을 갖는다.

① 장점

첫째, 자본조달 능력이 크다. 이는 조세수입을 중심으로 한 예산에 의해서 자본이 조달되고 또 필요시 공채를 발행하고 정부의 저리융자를 받을 수 있기 때문이다.

둘째, 대규모의 기업으로서 성장할 수 있다. 자본조달능력이 크므로 자연히 기업의 규모를 대형화할 수 있고, 여기에서 규모의 경제적 이익을 향유할 수 있다.

셋째, 자본재의 확보나 제품과 서비스의 판매에 애로를 겪지 않는다.

넷째, 조세와 공과금을 면제받거나 감면 받을 수 있다.

② 단점

첫째, 경영이 관료화하여 능률이 저하된다. 특히 공기업의 임원은 공무원이거나 준

공무원인데 이들은 경영에 대한 적극성이 없으므로 무사안일한 경영에 빠지기 쉽다.

둘째, 각종의 법령과 규제에 의해서 관료적으로 운영되어야 하기 때문에 경영의 기동성이 없다.

셋째, 행정기관의 업무수행절차에 의해서 경영되므로 관리가 형식화되고, 이에서 번잡한 사무절차와 경영상의 낭비가 초래된다.

넷째, 정책적인 차원에서 모든 인사나 경영이 수행되는 경우가 생길 수도 있기 때문에 경영에서 중요시하는 합리화의 측면이 도외시되기도 한다.

이상에서 살펴본 바와 같이 공기업은 장점도 있지만 단점도 많으므로, 공기업의 운영에 있어서 효율을 기하지 아니할 경우, 이는 국민경제상 커다란 문제점을 안겨 주게 된다. 특히 움펜바하(Umpfenbach)가 지적한 바와 같이 공기업이 성의 없는 공무원의 근로정신에 의해서 경영이 효과를 못 거두게 되는 사례가 너무나 많으므로, 이를 활성화시킬 책임경제의 체제는 극히 중시되어야 한다.

이와 같은 단점 때문에 오늘날 많은 기업은 공기업에서 다시 사기업으로 탈바꿈하여 민영화되어가고 있다. 우리나라의 경우를 보면 대한항공이나 대한조선공사, 기타 인천제철주식회사 등과 같은 많은 공기업들이 민영화된 바 있다.

공기업의 설립 목적에서 설명한 바와 같이 오늘날 많은 사기업들은 기업의 사회화를 통하여 그것이 공기업화하기도 하고, 또 이상에서 설명한 바와 같이 공기업이 민영화되기도 한다.

⑸ 공기업의 의의 및 평가

공공기관이 국가경제에서 차지하는 비중은 예산과 인력규모 측면에서 지속적으로 증가하고 있다. 정부는 최근 이러한 공공기관의 중요성에 대한 인식을 바탕으로 공공기관의 경쟁력을 높이기 위해 '공공기관 선진화' 노력을 해오고 있다.

공기업 경영 관련 모든 공통 적용 사항은 공공기관 운영위원회에서 객관성과 타당성을 검증한 후 시달하도록 하였다. 이사회의 견제 권한 확대, 감사의 전문성 강화, 임원 평가제도 신설 등 내부 감시 장치를 강화하고 기관 목표 명확화, 달성도 평가 등 성과관리를 강화하였다. 또 민간기업과의 경쟁에서 밀리지 않기 위해 평가보상 체계를 수립하여 경영 책임성을 확보할 수 있도록 내부적으로나 외부적으로 감독 시스템을 강화하였다.

공공기관의 경영 투명성을 민간 수준으로 개선시키기 위해 공공기관 경영 정보를 인터넷에 통합하고 공개하여 기관 간 경영성과의 비교와 분석이 가능하도록 시스템을 구축하였다. 또한 예산 및 회계 기준을 선진화하여 공공기관 재정 운영의 투명성과 예측력을 제고하고 공공기관 경영성과를 국민이 직접 감시하는 시스템도 구축하였다.

이러한 공공기관 선진화가 지속적으로 이루어졌음에도 불구하고 선진화 우수사례에 대한 공유는 원활히 이루어지지 않은 것으로 보인다. 예컨대 2009년 생산성 본부의 설문조사에 따르면 국민의 80%가 공공기관의 개혁에 대한 필요성은 인식하고 있으나 정책의 추진속도에 대해 느린 편이라고 응답한 비율이 빠른 편이라고 응답한 비율보다 높게 나타났다.

따라서 공공기관의 우수사례에 대한 개발과 공유 및 확산을 통해 국민들의 인식 전환을 유도하는 노력이 필요하며 향후 지속적인 선진화를 통해 공기업의 방만 경영이나 도덕적 해이와 같은 문제를 원천적으로 차단할 수 있는 시스템 구축에 대한 노력도 필요할 것이다.

5) 공사합동기업(mixed ownership government corporation)

사기업과 공기업의 결점을 배제하고 장점만을 취하려는 의도로 국가 또는 지방자치단체와 개인 또는 사적 단체가 공동 출자하여 공동으로 경영하는 기업을 공사합동기업 또는 공사공동기업이라고 한다. 이것은 국가 또는 지방자치단체가 자본출자를 하지 않을지라도 개인과 더불어 기업경영에 참가하는 경우를 포함하지만, 반대로 국가 또는 지방자치단체가 단지 출자만 하고 경영에 참가하지 않는 경우는 공사합동기업이라 하지 않는다.

공사합동기업은 처음부터 이러한 형태로써 설립되는 경우가 있지만, 때로는 기존의 사기업에 대하여 국가 또는 지방공공단체가 출자하여 경영을 지배할 목적으로 참가하는 경우와 반대로 공기업에 대해 개인의 출자를 허락하는 경우 또는 기존의 공기업과 사기업이 합동으로 설립되는 경우 등이 있다.

공사합동기업이 취하는 기업 형태는 주식회사 형태 및 금고 형태와 같은 특별법규에 의한 특수 형태가 있다. 전자는 국가 또는 지방자치단체와 개인과의 공동출자라는 점에서 사기업으로서의 주식회사와는 다르지만 주주총회를 통하여 중요사항을 결정한다는 점에서는 마찬가지이다.

이 경우에 일반적으로 국가 또는 지방자치단체가 자본금의 과반수를 출자하여 경영지배권을 장악하고 중역의 임면권을 가지는 것이 보통이다.

국책회사의 대부분은 이 형태를 취하고 있다. 후자, 즉 특별법규에 의한 특별형태를 취하는 기업은 정부출자 이외에 민간자본이 참가한다는 점에서 공사합동기업의 형태이지만, 민간출자자에 대해서는 주식회사의 주주와 같이 의결권을 부여하지 않고, 이익배당의 제한, 잔여재산의 분배는 출자한도로 한정시키고 있고, 중역을 대표이사라는 호칭 대신에 총재라든지 사장이라고 하는 점 등에서 차이가 있다.

6) 공익기업(public utilities)

이는 기업의 성격이 공익성과 공공성을 가지기 때문에 국가의 특별한 규제를 받는 기업을 말한다. 전기, 수도, 철도, 전신, 전화 등과 같은 사업은 그것이 국민생활과 직결되는 서비스를 제공하는 데 이와 같은 기업을 민간에게 맡겨 이것이 독점화될 경우 국민경제에 대해서 미치는 나쁜 영향은 말할 수 없이 크다.

이와 같은 기업에 대해서는 정부의 특별한 공적 통제가 있어야 한다. 따라서 이 경우에 대표적인 공적 통제의 방식으로는 요금에 대한 규제이다. 공정한 요금을 책정함으로써 국민생활에 불편을 주지 아니하고 기업의 존속과 성장을 도모할 수 있도록 정부가 이에 대한 규제를 하여야 한다.

3. 기업의 규모

1) 기업규모의 의의

기업창설에 있어서는 기업의 입지 및 형태의 선정과 함께 기업규모의 결정이 중요한 요인이 되고 있다. 다만 이 경우 기업입지여건과 기업형태여하에 따라서 기업형태에 따른 전환자금과 같은 유동자본과 기계·설비와 같은 고정자본의 크기가 기업규모의 결정을 위한 전제조건이 된다.

그렇기 때문에 기업규모가 무조건 크면 경영상 유리한 것은 아니며, 어떤 한정된 기업입지를 지닌 어떤 경제형태의 기업인가에 따라 그 크기가 결정되어야 할 것이다.

이를테면 광역하며 공업용수가 풍부한 기업입지에 자리를 정한 자본과 경영이 분리된 주식회사 형태의 합성섬유공업은 되도록 그 규모가 큰 것이 규모의 이익이나 규모의 경제를 누릴 수 있다는 관점에서 바람직할 것이다.

반면, 협소한 기업입지에 소유경영자에 의한 합명회사라는 기업형태의 수공업 공장이 창설되어야 한다면 그 기업의 규모는 되도록 중소규모의 형태가 바람직할 것이다.

이처럼 기업입지나 기업형태, 따라서 그 자본력을 토대로 한 기업분야에 따라 기업규모의 확대에는 한계가 있을 뿐만 아니라 대규모기업보다도 중규모기업, 또는 소규모

기업이 경제 원칙상 보다 합리적인 경우가 허다하다.

물론 현대기업의 특징이 주로 소유와 경영의 분리 하에 있는 주식회사형태에 놓여 있다면 그것은 적어도 기업의 대규모화 추세를 전제로 한 것이라 할 수 있다. 사실 현대기업의 발전은 자본과 경영의 분리 경향을 필연적으로 전제하고 있음과 동시에 기업의 대규모화 경향도 필연 시 되고 있음이 분명하다.

기업의 대규모화는 자연 경쟁을 배제하기 위한 기업의 집중화 경향을 수반하는 것도 물론이다. 따라서 현대기업은 마치 대규모화 경향과 집중화 경향만을 더듬는 것이 그 특징인 것처럼 착각되지 않는 것도 아니다. 그러나 기업간 경쟁은 기업의 집중을 당연시 하였지만, 집중화는 또 새로운 경쟁을 항상 파생시키기 마련인 것이 동적인 경제적 과정이기도 한 것이다. 기업의 대규모화나 기업집중이 진전하는 오늘날과 같은 동적인 경제적 과정에서도 중소규모기업이 건재 하는 이유는 바로 그러한 까닭에서이다.

중소규모기업이란 대규모기업에 의해 집중되는 경우는 거의 없으며, 설사 있다 하더라도 항상 새로운 중소기업이 생성하게 마련이다. 비록 그 동적 과정 가운데서 중소규모기업이 산업구조상에서 차지하는 위치는 점차 감소하게 될지 모르지만, 중소규모기업이 전혀 소멸해 버린다는 일은 결코 없을 것이다.

따라서 기업의 규모화란 어디까지나 금일적(今日的) 기업의 대부분의 특징일 뿐 모든 종류의 전체기업에 적용되는 공통분모는 아닌 것이다. 다시 말해서 기업규모란 기업입지와 기업형태, 그리고 그 기업의 자본력에 따라서 결정될 문제이며, 기업의 규모를 대규모화하는 것만이 경영상 유리한 것은 아니라는 것이다. 오히려 과잉투자로 인한 불합리성 때문에 대규모기업이 파산한 사례도 많다.

기업의 업종이나 산업분야에 따라서는 생산 기술적인 관점에서도 애당초 대규모화되지 않을 수 없는 경우도 있다. 이를테면 면방(綿紡)공업이나 제당(製糖)공업 또는 석유산업이나 장치산업과 같은 기업분야는 도시 대규모가 아니면 그 경영자체가 불가능해진다. 그러나 그러한 산업분야에도 기업규모의 확대에는 한계가 있기 마련이며, 과잉설비나 이중투자 때문에 덮어놓고 대규모화가 추구될 성질의 것은 아니다.

특히 생산능력적인 측면에서 중소규모 기업이 오히려 유리한 산업분야도 많다. 이를테면 기계화가 곤란하다든지, 제품 품종이 지나치게 다양하다든지, 지방시장을 대상으로 하는 업종 등은 대규모보다는 오히려 중소규모가 유리할 것이다.

중소규모기업의 적정분야는 어느 나라의 경우를 막론하고 이처럼 기술적 관점에서 규정될 수가 있지만, 특히 개발도상국에 있어서의 중소기업의 존재근거에는 그 외에도 산업구조상의 이유가 있게 된다. 즉 자본축적의 과소와 인구의 과잉이 바로 그것이다.

자본축적이 적기 때문에 대 자본에의 전개가 충분히 행해질 수가 없으며, 또 과잉인구 때문에 노동력 과잉으로 잠재적 실업과 저질이 초래될 수밖에 없었다. 그 가운데서도 특히 이 잠재적 실업과 저임금이 중소규모기업의 중요한 존재 근거가 되어 왔었다고 할 수 있다.

물론 우리나라의 경우 경제의 고도성장이 무르익어 감에 따라 그러한 요인이 점차 해소되어 가는 방향을 더듬고 있다고는 하지만, 아직도 우리나라 기업에 있어서 중소규모기업이 차지하는 비중은 절대적이며 그 역할도 막중하다.

2) 기업규모의 분류

우리나라에서 기업을 분류하는 기준은 자산규모, 법률요건, 매출액을 기준으로 대기업, 중견기업, 중소기업으로 분류하는 것이 일반적이다. 일반적으로 제조업의 경우에는 매출이 120억원 이하, 다른 업종의 경우는 80~10억원 이하의 기업은 소기업으로 분류되고, 중소기업은 제조업의 경우 매출액이 120~1,500억원, 중견기업은 400~1,500억원의 매출과 함께 다른 여러 가지 조건들을 충족해야 중견기업으로 분류된다. 그리고 자산총액 합계 기준 10조원 이상의 기업은 대기업으로 분류된다.

(1) 대기업

대기업과 중소기업의 카테고리(Category)처럼 까다로운 범주도 드물다. 왜냐하면 적어도 현대경영학에서 의미하는 양자의 범위 차는 결코 고정적인 것이 아니고 상대적인 것이기 때문이다. 물론 양자의 범위나 개념 차는 법률적 내지 행정적 관점에서는 고정적으로 파악되기도 한다.

일반적으로 대기업은 big business, 맘모스 기업, 대규모 결합체, 독점자본, 재벌자본, 종합상사, 국제기업, 세계적 기업 등으로 불리고 있는데 그 특징을 살펴보면 다음과 같다.

첫째, 대기업은 자본조달능력이 크다. 특히 금융기관으로부터 대규모 자금차입이 가능하다. 그리고 주식이나 회사채를 발행하여 대규모의 대중자본을 조달할 수 있고, 외국차관 도입도 가능하다. 때로는 정부의 경제개발자금이나 도산방지를 위한 특별자금을 지원받을 수 있다.

둘째, 대기업은 대규모의 자본을 동원하여 대규모사업을 경영할 수 있다. 예컨대 전력, 철도, 철강, 석유화학, 시멘트, 자동차, 주택, 백화점, 종합상사, 건설토목 등이다.

셋째, 대기업은 매출액이 큰 제품을 선호하면서 의도적으로 시장점유율을 높이고 시장을 독·과점형식으로 지배한다. 그리고 대기업은 시장에서의 가격관리를 위한 가격 주도권을 행사하게 된다.

넷째, 대기업은 기업의 합병, 제품 및 사업의 다각화 등의 전략을 통해서 대규모 사업을 운영한다. 따라서 방대한 스텝(staff)과 인원이 필요하게 되고, 기업은 극대규모의 조직으로 성장한다.

다섯째, 생산체제는 흐름작업시스템, 오토메이션, 소품종대량생산방식을 채택하고 있다.

여섯째, 각종 기계의 조립생산, 금융, 리스산업, 건설, 수송, 통신, 레저 등의 중핵기업으로서 다수의 중소기업과 하청, 계열관계를 맺으면서 지배체제를 강화시킨다.

이와 같은 특징을 갖는 대기업의 분류 기준을 살펴보면 그 내용은 다음과 같다.

첫째, 자산 규모를 기준으로 보면, 대기업은 2017년 9월을 기점으로 자산규모가 10조원을 초과해야 하고, 계열사들이 많아 각 기업들끼리 자본을 교환하거나 출자하는 등 이것을 막기 위해 상호출자제한 기업집단은 대기업으로 분류한다.

둘째, 법률요건을 기준으로 보면, 중견기업성창촉진 법률에 따라 중견기업에 포함되지 않는 기업을 대기업으로 분류한다. 대기업 기준은 상호출자 제한 기업집단이어야 하고, 채무 보증 제한 기업에 속하는 기업이다. 하지만 금융, 보험, 서비스업의 경우에는 상호출자 제한 기업이 아니라하더라도 중견기업의 규모를 넘어서면 대기업으로 분류된다.

셋째, 기업의 최근 3년간의 평균매출액을 기준으로 분류하는 것인데 해당기업이 어느 산업에 속하느냐에 따라 매출액 기준은 달라진다. 예컨대,

① 1차 금속, 전기 장비 제조업 위주 등의 기업은 평균매출액이 1,500억원 이상
② 광업, 농어업, 식료품, 중공업 분야 등의 제조업은 1,000억원 이상
③ 인쇄, 의료, 운수, 비금속관련 등의 제조업은 800억원 이상
④ 스포츠, 예술산업, 과학 등은 600억원 이상
⑤ 숙박, 금융, 교육 등의 서비스업은 400억원 이상

(2) 중견기업

중견기업은 '산업발전법 제10조의 2항'에 개념이 정의되어 있습니다. 그것을 살펴보면 "중소기업 기본법상 중소기업이 아니면서 대기업 계열사가 아닌 기업으로, 중소기업기본법상 3년 평균 매출이 1,500억원 이상이지만 공정거래법상 상호출자제한 기업집단군에는 속하지 않는 회사"로 정의되어 있다. 즉 한마디로 중소기업을 제외하고 대기

업을 제외한 중간 그룹, 그것이 '중견기업'인 것이다.

기존에는 중소기업과 대기업 두 가지로만 구분하다가 2010년에 중견기업이라는 용어가 생겨났다. 구체적으로 중견기업 판단기준은 '규모, 상한, 독립성 여부' 등이 있으며, 주로 이 3가지 기준을 가지고 구분한다.

이해하기 쉽게 예를 들면 '상한'기준의 경우 '대기업이 아니면서', '상시 근로자수 1,000명 이상, 자산총액 5,000억원 이상인 기업, 자기자본 1,000억원 이상, 3년 평균매출 1,500억원 이상' 이라는 4가지 기준에서 단 한 가지라도 만족한 기업을 '중견기업'이라고 한다. 이렇게 '자산별 기업분류'를 통해 이 회사가 중견기업인지 아닌지를 알 수 있다.

또한 규모기준이 상시 근로자수가 300명 이상이거나, 자본금이 80억원 이상인 중소기업은 3년의 유예기간을 거쳐서 '중견기업'으로 지정되게 된다.

중견기업 성장촉진 및 경쟁력 강화에 관한 특별법 제2조에서는 다음의 요건을 모두 갖춘 기업을 중견기업으로 정의하고 있다.

① 종소기업기본법 제2조에 따른 중소기업이 아닐 것.

② 공공기관의 운영에 관한 법률 제4조에 따른 공공기관, 지방공기업법에 따른 지방공기업 등 대통령령으로 정하는 기관이 아닐 것.

③ 그 밖에 지분 소유나 출자관계 등이 대통령령으로 정하는 기준에 적합한 기업 보다 구체적으로 기업 규모를 기준으로 분류해 보면 다음 각 호에 해당하는 기업이 중견기업에 해당된다.

첫째, 의복, 의복액세서리 및 모피제품 제조업, 가죽, 가방 및 신발 제조업, 펄프, 종이 및 종이제품 제조업, 1차 금속 제조업, 전기 장비 제조업, 가구제조업은 3년 평균 매출액이 1,500억원 초과하는 기업

둘째, 농업, 임업 및 어업, 광업, 식료품제조업, 담배제조업, 섬유제품 제조업(의복제외), 코크스, 연탄 및 석유정제품 제조업, 화학물질 및 화학제품 제2조업(의약품 제외), 고무제품 및 플라스틱 제품 제조업, 금속가공제품 제조업(기계 및 가구 제외), 전자부품, 컴퓨터, 영상, 음향 및 통신장비 제조업, 기타 기계 및 장비 제조업, 자동차 및 트레일러 제조업, 기타 운송장비 제조업, 전기, 가스, 증기 및 수도 사업, 건설업, 도매 및 소매업은 3년간 평균 매출액이 1,000억원 초과하는 기업

셋째, 음료제조업, 인쇄 및 기록매체 복제업, 의료용 물질 및 의약품 제조업, 비금속광물제품제조업, 의료, 정밀, 광학기기 및 시계 제조업, 기타 제품 제조업, 하수·폐기물 처리, 원료재생 및 환경 복원업, 운수업, 출판, 영상, 방송통신 및 정보서비스업은 3년간 평균매출액이 800억원 초과하는 기업

넷째, 전문·과학 및 기술 서비스업, 사업시설관리 및 사업지원 서비스업, 보건업 및 사회복지 서비스업, 예술, 스포츠 및 여가관리 서비스업, 협회 및 단체, 수리 및 기타 개인 서비스업은 3연간 평균매출액이 600억원을 초과하는 기업

다섯째, 숙박 및 음식점업, 부동산업 및 임대업, 교육 서비스업은 3년간 평균 매출액이 400억원 초과하는 기업을 중견기업으로 분류한다.

그리고 자산을 기준으로 보면 업종과 무관하게 자산총액이 5,000억원 이상(최초 1회 유예기간 적용)이면 중견기업으로 분류된다.

독립성을 기준으로 보면 업종과 무관하게 첫째, 자산총액 5,000억원 이상인 법인의 피출자 기업, 둘째, 관계기업에 속하는 기업, 셋째, 상호출자제한 기업집단 등에 속하지 않는 기업, 넷째, 자신총액 10조원 이상의 법인(외국법인 포함)이 출자하지 않은 기업(최초 1회 유예기간 적용)이 중견기업에 해당한다.

(3) 중소기업

중소기업이란 “대기업에 대비되는 개념으로 상대적으로 자본과 설비규모 등이 작은 기업”을 말한다. 일반적으로는 중소기업기본법에 따라 국가의 보호를 받는 영리기업을 중소기업이라고 한다. 중소기업의 기준 요건은 업종별로 다르지만 아래의 조건들 중 어느 하나라도 해당이 되면 중소기업에서 제외되게 된다.

① 상시 근로자수 1천명 이상

② 자산총액 5천억원 이상

③ 자기자본 1천억원 이상

④ 직전 3개 사업 년도 평균 매출 1천 5백억원 이상

그리고 중소기업은 대기업의 성격과 상대적인 입장에서 이해할 수 있다.

- 중소기업은 대부분이 경영자의 단독경영체제를 갖추고 있다.
- 중소기업은 자본이 소규모이고, 외부의 대규모 자본조달이 어렵다.
- 중소기업의 성장성은 그 기업의 자주성과 독립성에 따라 좌우된다.
- 중소기업은 당해 산업의 시장이 확대될 때는 신규기업의 참입이 크고, 과당경쟁적인 성격을 띠게 된다.
- 중소기업은 환경변화의 압력을 받으며, 노동력 부족현상, 임금상승, 종업원들의 사기저하, 그리고 최근에는 대기업과 중견기업들이 중소기업 사업 분야에의 진출로 경영에 어려움이 가중되고 있다. 이와 같은 중소기업의 제반 특성이나 환경요인, 경영조건 및 존립조건 등을 분석·검토해보면 다음과 같은 장·단점이

있음을 알 수 있다.

〈중소기업의 장점〉

첫째, 경영규모가 작기 때문에 수요변화에 기민하게 대응할 수 있다.

둘째, 일반적으로 경기변동에 대한 적응성이 높기 때문에 개인적 취미나 유행의 변화가 격심한 제품 및 대량생산이 곤란한 제품 등의 경우에는 오히려 중소규모가 유리하다.

셋째, 기계화가 어렵고 노동집약적인 제품생산의 경우에는 중소기업이 더욱 유리하다.

넷째, 경제적 부를 축적할 수 있다. 중소기업은 개인의 입장에서 보면 창업이 용이하고, 창업주 자신이 직접 경영을 하기 때문에 경영성적이 양호한 경우 기업이윤은 모두 기업주 혼자서 독식할 수 있게 된다.

다섯째, 중소기업 경영을 통해 자유로운 생활과 취미활동을 영위할 수 있다. 인간은 누구나 자유로운 생활을 희구한다. 중소기업 경영자들은 일반적으로 직장인에 비해 비교적 자유롭게 생활할 수 있다는 장점이 있다. 최근 프랑스 같은 나라에서는 취미기업이 유행하고 있는데 이는 경영자가 소규모 기업을 취미삼아 운영하면서 1주일에 3~4일은 경영자로서 활동하고, 나머지 시간은 자신을 위한 취미생활과 봉사활동에 할애하기도 한다.

〈중소기업의 단점〉

첫째, 경영실패에 대한 위험부담이 크다. 일반적으로 중소기업은 대기업에 비해 경영여건이 좋지 않고, 환경변화의 대응에도 어려움이 많다. 중소기업경영자들은 개인적인 경영을 하고 있기 때문에 혼자서 모든 문제를 해결해야 하고, 기업이 어려울 때도 혼자서 감내하지 않으면 안 된다. 우리나라 중소기업의 경우 창업 후 2년 이내에 약 30%가, 5년 이내에 약 50%가 도산했다는 통계가 있다.

둘째, 중소기업은 개인적 기술에 의존하는 경향이 있어 기계장치의 이용에 따른 생산방식의 근대화가 늦다.

셋째, 경영규모가 작기 때문에 종업원의 전문화가 행해질 수 없으며, 능률적인 경영관리가 어렵다.

넷째, 기업자본이 작기 때문에 원재료의 구입 등에 불리한 점이 많다.

다섯째, 지명도가 낮아 경영활동에 어려움이 많고, 시장에서의 경쟁력이 약하다.

여섯째, 사회적 신용능력이 부족하여 고용이나 판매 면에서 불리하다.

일곱째, 유능한 인재의 확보나 관리가 어렵다.

3) 기업의 적정규모

우리나라는 부존자원이 많지 않음에도 추격형 모방전략을 통해 세계 10위권 경제 강국으로 도약한, 대단히 희귀한 사례이다. 그러나 이제는 한국경제가 양과 질에서 일정 수준에 오른 만큼, 과거의 성공전략으로는 추가적인 발전을 기약하기 어렵게 되었다. 우리 제조업의 경쟁우위는 제조역량에 기초하고 있으나 이는 우리가 그랬던 것처럼 중국이나 또 다른 Fast Follower에게 언제든 추월당할 수 있는 성질의 것이다.

기업규모에 대한 분포형태 및 그 특징은 경제 및 경영학의 여러 분야에서 매우 중요한 역할을 한다. 먼저 경제학적 관점에서 기업분포형태는 시장구조파악 및 기업실적 분석에서 사전적 정보로 활용된다. 또한 상위 기업분포형태가 국가경제변동설명에 중요한 영향을 미친다고 알려져 있다. 경영학적 관점에서 기업규모분포는 전략경영에서 의사결정경로를 통하여 기업성과에 영향을 미친다.

기업의 적정규모란 각 기업의 업종에 따라 노무자 1인당 평균수익이 최대가 되는 규모 또는 제품의 단위당 평균비용이 최소가 되는 규모를 말한다. 그러나 여러 가지 조건을 검토하여 어느 정도의 규모가 적정한가를 결정해야 한다. 일반적으로 기업의 적정규모를 결정하는 요인으로서는 다음과 같은 몇 가지를 들 수 있다.

첫째, 생산기술상의 조건
둘째, 노무관리상의 조건
셋째, 판매·구매상의 조건
넷째, 재무상의 조건
다섯째, 시장상의 조건
여섯째, 경영관리상의 조건
일곱째, 세제상의 조건 등

토의문제

01. 전문경영자의 출현배경과 역할에 대해 논의해 보시오.

02. 전략적 의사결정, 관리적 의사결정, 업무적 의사결정의 특성에 대해 논의해 보시오.

03. 현대경영자의 자질에 대해 논의해 보시오.

04. 현대경영자나 기업의 사회적 책임에 대해 논의해 보시오.

05. 현대경영자의 역할에 대해 논의해 보시오.

06. 1인 주식회사의 출현가능성과 특징은?

07. 익명조합과 합명회사의 특징은?

08. 자본적인 측면에서 주식회서의 특징은?

09. 유한책임과 무한책임에 대해 논의해 보시오.

10. 대기업, 중견기업, 중소기업의 경영상의 특성은?

11. 중소기업의 활성화 방안에 대해 논의해 보자.

12. 선단경영의 장·단점은?

13. 국민경제적인 측면에서 대기업의 역할과 중요성에 대해 논의해 보시오.

14. 중소기업이 국민경제에 미치는 영향에 대해 논의해 보자.

참고문헌

1. 고동휘, 경영학원론, 명경사, 2009.
2. 권구혁 외, 경영학의 이해, 생능출판사, 2010.
3. 윤대혁 외, 경영학원론, 탑북스, 2013.
4. 김남헌 외, 경영학의 이해, 경문사, 2005.
5. 21세기 경영학, 지호준, 법문사, 2000.
6. 조동성, 21세기를 위한 경영학, 도서출판 서울경영경제, 2000.
7. 임창희, 경영학원론, 학현사, 2007.
8. 경영학자료집, 서울대학교 대학원 경영학과 자치회, 광장서적출판부, 1997.
9. 持本志行,『現代の經營』(中央經濟社, 1991).
10. Ansoff, H. I., *Corporate Strategy: An Analytic Approach to Business Policy for Growth and Expansion*(McGraw-Hill, 1965).
11. Ansoff, H. I., Strategic Issue Management, *Strategic Management Journal*, 1980.
12. Davis, K., "The Arguements for and Against Corporate Social Responsibility", *AMJ*(1973).
13. Davis, K. & R. L. Bromstrom, *Business, Society and Environment*, McGraw-Hill, 1972.
14. Koontz, H. and C. O`Donnell, *Principles of Management, An Analysis of Management Functions*, 5th ed., New York, McGraw-Hill, 1972.
15. Daft, R. L., *Management*(Dryden Press, 1991).
16. D. E. McFarland, *Management and Society*, Englewood Cliffs, N.Y., Prentice-Hall, 1982.
17. H. Koontz and C. O`Donnell, *Principles of Management, An Analysis of Management Functions*, 5th ed., N.Y., McGraw-Hall, 1972.
18. William G, Nickels·James M, McHugh & Susan M. McHugh, UnderstandingBusiness, 8th. 2010.

제5장

경영관리론

제 5 장 경영관리론

Ⅰ. 경영관리의 의의

매니지먼트(management)란 경영목적을 효율적으로 달성하기 위하여 조직체의 활동을 계획, 지휘, 통제하고, 모든 활동을 조정하는 조직적 활동과정을 의미하는 데 이러한 관리의 기본적 정의를 부연 설명하면 다음과 같다.

1. 관리자는 계획수립(planning), 조직편성(organizing), 인적자원관리(staffing), 지휘(leading) 및 통제(controlling) 등의 관리 기능을 수행한다.
2. 관리기능이란 소규모 기업이나 대기업, 영리기업이나 비영리기업, 서비스산업이나 제조업을 막론하고 모든 조직에 적용된다.
3. 경영관리는 모든 조직편성의 관리자에게 적용된다.
4. 모든 관리자들의 목표는 동일하다. 즉 잉여의 창출에 있다.
5. 경영관리 기능을 수행함에 있어서는 생산성을 고려해야 하며, 생산성의 개념에는 효과성(effectiveness)과 효율성(efficiency)의 개념이 내포된다.

현대 관리이론의 시조라 일컬어지는 프랑스의 경영자 페이욜(H. Fayol, 1847~1925)은 1916년 '산업의 일반관리'(Administration Industrelle Generale)라는 제목 하에 일반적 관리원칙을 날카롭게 파헤친 논문을 발표하였다.

페이욜은 개별적으로 수행되는 산업 활동은 다음과 같은 6개의 부문으로 나누어질 수 있다고 보았다.

(1) 기술적 활동(technical activities): 생산, 제조

(2) 상업적인 활동(commercial activities): 구매, 판매, 교환

(3) 재정적 활동(financial activities): 자본의 조성과 운용

(4) 보호적 활동(security activities): 인명, 재산의 보호

(5) 회계적 활동(accounting activities): 통계 포함

(6) 관리적 활동(management activities): 계획수립, 조직편성, 지휘, 조정 및 통제

페이욜은 더 나아가 이러한 활동은 규모의 대소를 불문하고 어느 기업에나 존재함을 지적하면서, 특히 앞의 다섯 개 기능은 널리 알려져 있는 것으로 보고, 그의 저서에서는 주로 여섯 번째 기술한 관리적 활동, 즉 계획수립(planning), 조직편성(organizing), 지휘(directing), 조정(co-ordinating) 및 통제(controlling)에 대하여 중점적으로 논술하고 있다.

Ⅱ. 경영관리이론의 발전과정

현대적 경영 관리 이론이 주로 20세기 초반에 형성되었다고는 하지만, 관리활동에 대한 주요한 사상과 이론의 형성은 사람들이 최초로 집단을 형성하고 협동하여 목표를 달성하고자 시도하였던 시기로까지 거슬러 올라간다.

경영관리의 내용을 이해함에 있어 그 발전 과정을 안다는 것은 매우 가치 있는 일이 된다. 한정된 지식이나마 관련 사상의 발전을 이해한다는 것은 경영관리 분야에 시간적으로 선행하여 존재했던 여러 가지의 통찰력, 개념 및 과학적인 토대를 이해하는데 도움을 줄 수 있다.

많은 학자들과 실무자들이 관리 사상의 발전에 기여한 바가 서로 다르기 때문에 관리의 접근방법이 다양하게 되었고, 그 결과 일종의 "관리이론의 정글"을 초래하였다는 사실을 알게 될 것이다. 관리이론에 대한 일반적인 접근방법에는 기술적 접근방법, 규범적 접근방법, 기능별 접근방법, 시스템적 접근방법, 상황적 접근방법 등이 있는데 이를 보다 구체적으로 정리해 보면 그 내용은 다음과 같다.

첫째, 기술적 접근방법이다. 마호니 등(T. A. Mahoney et. al.)은 일선관리자, 중간관리자, 최고관리자 계층이 수행하는 업무를 계획수립, 부하의 감독, 제너럴리스트(generalist)로서 업무수행 등의 측면에서 투입되는 시간의 양에 따라 업무를 다음과 같은 8가지로 분류하였다.

① 일선관리자의 업무: 계획입안자(15%), 조사자(8%), 조정자(5%), 감독자(51%), 협상당사자(6%), 전문가(6%), 제너럴리스트(9%)

② 중간관리자의 업무: 계획입안자(18%), 조사자(8%), 조정자(7%), 평가자(5%), 감독

자(36%), 협상당사자(8%), 전문가(8%), 제너럴리스트(10%)

③ 최고관리자의 업무: 계획입안자(28%), 조사자(6%), 조정자(8%), 평가자(8%), 감독자(22%), 협상당사자(3%), 전문가(5%), 제너럴리스트(20%)

민쯔버그(H. Mintzberg)는 관찰방법을 통해 경영 관리자들의 활동을 규명하고자 노력하였으며 실제로 경영 관리자들의 역할을 10개 범주로 구분하였다.

민쯔버그가 주장한 관리자의 10가지 역할이란 다음과 같다.

① 대표자 역할(figurehead role)

② 리더 역할(leader role)

③ 섭외자 역할(liaison role)

④ 정보 탐색자로서의 역할(monitor role)

⑤ 정보보급자 역할(disseminator role)

⑥ 대변자 역할(spokesman role)

⑦ 기업가 역할(entrepreneur role)

⑧ 혼란 수습자 역할(disturbance role)

⑨ 자원배분자로서의 역할(resource allocator role)

⑩ 협상자로서의 역할(negotiator role) 등이다.

둘째, 규범적 접근방법이다. 이는 관리의 직능을 계획(planning), 조직(organizing), 지휘(directing), 조정(co-ordinating), 통제(controlling)하는 과정으로 이해하고, 경영관리의 바람직한 직능을 중심으로 접근하는 방법을 말한다.

쿤츠(H. Koontz)는 경영관리의 직능을 보다 구체적으로 계획화(planning), 조직화(organizing) 및 충원(staffing), 지휘(leading), 통제(controlling)의 과정으로 정의하고, 조정을 관리의 핵심으로 이해하였다.

셋째, 기능별 접근방법이다. 이는 경영 관리자가 갖추어야 할 기능(skill)을 중심으로 접근하는 방법으로서 관리자는 그가 소유하고 있는 기능에 따라 관리의 성패가 좌우된다고 보고 있다. 관리자에게 요구되는 기술(기능, skill)이란 다음과 같다.

① 전문적 기술(technical skill)

② 인간관계적 기술(human relations skill)

③ 개념적 기술(conceptual skill)

④ 의사소통 기술(communication skill)

⑤ 의사결정 기술(decision making skill) 등이다.

넷째, 시스템적 접근방법이다. 시스템 이론은 제2차 세계대전 후 독일의 생물학자베르탈란피(Ludwig von Bertalanffy)가 여러 학문분야를 통합할 수 있는 공통적인 사고와 연구의 틀을 찾으려는 노력 끝에 발표한 이론이다. 근본적으로 시스템이란 서로 관련된 부분들이 모여 만들어진 개체(unitary whole)를 뜻하기 때문에 개체와 개체를 구성하고 있는 부분(parts) 및 개체와 부문들 간의 상호관련성 등이 구성요소로써 강조된다.

조직이란 공동목적을 달성하기 위하여 함께 일하는 사람의 집단이며, 이러한 조직은 우리를 구속하기도 하고, 우리의 삶을 불편하게도 하지만, 여러 가지 이유로 우리 문명사회에 필요한 요소이기도 한다. 즉, 개인으로써 혼자 할 경우에 잘 할 수 없거나 전혀 불가능한 것들을 성취할 수 있게 해 주고, 지식의 계속성을 제공해 주며, 경력관리의 중요한 원천이 되기도 한다.

시스템이란 "공동목표를 달성하기 위하여 함께 작용하는 상호 관련된 부분들의 집합"이라 할 수 있는 데 오늘날에는 이러한 시스템의 개념을 환경과 상호작용하면서 투입자원을 구체적 산출물로 변환시키는 개방시스템으로 파악하여야 한다.

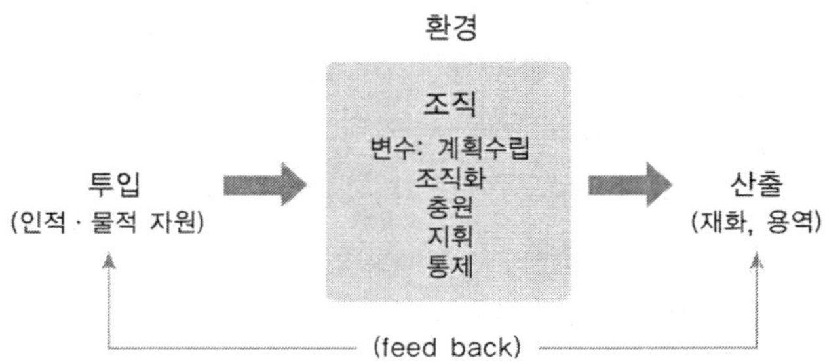

[그림 5-1] 개방시스템으로서의 조직

조직을 개방시스템으로 파악할 때 환경은 자원과 피드백의 원천으로써 조직에 매우 중요한 영향을 미치게 된다. 환경은 끊임없이 변화하기 때문에 경영자는 항상 새로운 정보를 입수하여 조직이 이러한 변화에 생산적인 방향으로 적응하도록 하여야 한다.

모든 조직의 전체 시스템은 많은 하위시스템들이 바람직한 성과를 올리기 위하여 협력할 수 있는 체제가 이루어져야 한다. 개방시스템의 관점은 환경이 조직에 결정적인 영향을 미친다는 것을 강조하고 있다.

다섯째, 상황적 접근방법이다. 상황이론(contingency theory)은 아직 완전히 그 이론이 체계화된 것은 아니지만 사회, 문화, 기술, 경제, 법률, 정치 등의 외부환경이 조직의 여러 특성에 영향을 미치고 조직 내의 기술시스템은 구조나 사회·심리 등의 하위시스템에 영향을 미친다는 기본전제 하에서 출발하고 있다.

다시 말해 상황, 조직특성, 조직성과라고 하는 3가지 변수와 그 관계에 있어서 상황과 조직특성의 적합이 조직의 성과를 결정한다는 기본적인 사고를 갖고 상황과 조직특성간의 적합 관계를 다루려는 관점을 상황적 접근방법이라 할 수 있다.

상황적 접근방법은 경영자에 대한 조직·환경관계의 의미를 분명하게 해 주는 근거를 제공하고 환경변화에 따라 경영자가 적절히 대응하여야함을 강조한다.

상황적합이론의 본질은 경영자가 환경의 변화를 분석하고, 이해할 수 있도록 하며, 각자의 상황에서 조직의 생산성을 가장 높일 수 있는 대응책을 선택하도록 도와주는 것이다.

최근의 경영이론의 발전은 이러한 상황 적합적인 관점에서 이루어지고 있으며 중요한 기본개념은 다음과 같다.

① 조직구조는 환경의 요구에 부응하여 설계되어야 한다.

② 조직구조는 기술적 요구에 부응하여야 한다.

③ 조직의 하위시스템은 각각에 대한 환경의 요구에 부응해야 한다.

④ 지도자의 행동은 여러 작업 집단의 상황적 요구에 적합하여야 한다는 것 등이다.

1. 고전적 관리론

경영학의 고전적 접근방법에는 ① 과학적 관리론, ② 운영적 관리론, ③ 관료제 이론 등으로 구분된다. 모든 경영자는 자기와 함께 일하는 사람들(부하, 종업원, 상사, 동료, 소비자, 공급자 등)에 대한 일정한 가정을 하게 된다.

모든 고전적 경영이론의 기본 가정은 인간이 합리적이며 경제적 욕구충족을 위해 행동한다는 것이다. 즉 사람들은 경제적 이득이 가장 큰 방법을 이용하여 富를 증가시킨다는 것이다.

1) 과학적 관리론(scientific management theory)

과학적 관리론은 1900~1910년에 테일러(Frederick. W. Taylor)에 의하여 형성된 관리에 관한 최초의 이론이다. 물론 테일러 이전에도 과학적 관리의 선구자들은 많았지만, 테일러는 이를 체계적으로 집대성한 인물이다. 기계기사로서의 풍부한 실무경험과 연구를 가졌던 테일러는 「과학적 관리원칙(principles of scientific management)」이라는 저서를 통하여 주먹구구식(rule of thumb)의 관리방식을 버리고 새로운 과업관리를 주장하였다.

과학적 관리론은 미국 산업사회의 대표적 산물로써 구체적인 방법론인 동시에 조직 관리에 관한 철학이며 사상이 되고 있다.

(1) 테일러와 과학적 관리

① 테일러의 출현

테일러는 미국 필라델피아에서 출생하여 안병(眼病)으로 대학 진학을 포기하고, 1975년 모형 제작자 및 기계 제작자의 견습공으로 출발하여, 1878년에는 필라델피아에 있는 미드베일(Midvale) 제철소에 기계 기술자로 자리를 옮겨 직장, 기사를 거쳐 1897년에는 베들레헴 철강회사의 고문이 되었다. 재직 중 야간 학업을 통해 기계공학 분야의 학위를 취득한 후 이 회사의 수석 기술자로 승진하여 초고속 강철 절삭기를 발명했을 뿐만 아니라 평생의 대부분을 기계 기술전문가로 보냈다.

테일러는 일반적으로 "과학적 관리의 아버지(the father of scientific management)"로 알려져 있는 데, 아마도 초기 관리의 발전 과정에서 테일러만큼 중요한 영향을 미친 사람은 거의 없기 때문이다. 테일러는 견습공, 일반 근로자, 공장장, 숙련 기계 제작자 및 제철소의 수석 기술자 등을 지낸 경험이 있기 때문에, 직접 근로자의 문제와 태도를 파악할 수 있는 충분한 기회가 있었으며, 또한 관리의 내용을 개선시킬 수 있는 귀중한 기회를 갖기도 했다.

테일러는 초기에 기계 전문가 역할 뿐 아니라 초고속 강철 절삭기와 또 다른 여러 발명품에 대한 특허로 많은 돈을 벌게 되어 45세가 되던 1901년에는 직장을 그만두고, 14년의 여생을 과학적 관리에 대한 자신의 사상을 보급하기 위해 무보수 상담 및 강연 활동에 전념하였다.

② 테일러의 주요 관심

테일러의 평생 동안의 주요 관심사는 생산의 효율성을 제고하여, 기업의 입장에서는 비용을 감소시키고, 이윤을 증대시킬 뿐만 아니라 높아진 생산성으로 근로자들에게 높은 임금을 지불할 수 있도록 하는 것이었다.

테일러는 근로자들이 더 많이 생산하면 직장을 잃게 되지 않을까 하는 두려움 때문에 직무에 태만하고, 꾀를 피우며, 일거리를 더 만들어 내거나, 실제 생산할 수 있는 것보다 더 적게 생산하는 관경을 직접 보고 경험하면서 느낀 바가 많았다.

그는 자신의 경험으로부터 근로자들의 이러한 비합리적인 노력만 제거한다면 생산성의 제고가 가능하다는 것을 확신할 수 있었다. 즉, 생산성의 문제를 관리자와 근로자 양측의 무지에서 비롯된 문제로 보고, 이 무지는 관리자와 근로자가 "공정한 1일 작업량" 및 "공정한 1일 임금"이 어떤 것인지에 대한 이해의 부족에서 비롯되었다고 믿었다. 더욱이 테일러는 관리자와 근로자 양측이 생산성에 따른 잉여(surplus)를 어떻게 배분해야 하는가에만 지나치게 관심을 가질 뿐, 관리자나 근로자가 다함께 더 많은 보상을 얻을 수 있도록 잉여를 증가시키는 문제에대해서는 거의 관심을 가지고 있지 않음을 발견하였다.

따라서 테일러는 높은 임금과 높은 이윤을 동시에 달성하려면 관습이나 주먹구구식의 관리 방법보다는 과학적인 관리방법을 적용함으로써, 더 많은 인적자원이나 노력을 투입하지 않고도 생산성을 증가시킬 수 있다고 확신하였던 것이다.

③ 테일러의 관리원칙

테일러는 1911년 과학적 관리의 원칙(the principles of scientific management)이라는 유명한 저서를 출간하였다. 테일러의 관리 철학은 미국 하원의 한 위원회에서 행한 그의 연설에서 잘 나타난다. 테일러의 관리사상이 근로자들을 혹사시키고, 심지어는 직장을 잃게까지 만든다고 믿어 적대감을 갖고 있던 하원의원들 앞에서 그는 자신의 사상을 당당히 변론한 바 있다.

테일러의 경영철학과 원칙들을 실행하기 위하여 테일러 자신은 물론 동료와 추종자들이 개발했던 관리기법들은 기계적인 측면이 매우 강하다.

공정한 하루의 노동량을 결정하고 근로자들이 직무수행을 잘할 수 있도록 도움을 주기 위해 시간연구와 동작연구가 널리 적용되었다. 그리고 생산성을 증가시키기 위해 생산성에 따른 임금지불을 보장할 뿐만 아니라 성과에 인센티브를 주기 위해 생산량에 기초한 다양한 급여계획이 사용되었다.

그의 철학은 생산성을 증가시키고, 근로자들에게 보다 생산적이 될 수 있는 유리한 기회를 제공하며, 또한 개인의 생산성에 따라 임금을 지불한다는 것을 기초로 하고 있다.

그러나 테일러의 의도와는 달리 충분한 경제적 보상이나 적절한 교육 혹은 경영자의 도움이 없이, 노동 생산성을 증가시키기 위하여 세계 여러 나라의 경영자들이 이 기법들을 사용하고 있다. 얼핏 보기에 테일러의 관리기법들이 생산성에 지나치게 집착하고 있는 것 같이 보이지만, 사실은 이와는 반대로 그의 저서 전반을 통해 인간적인 측면을 매우 강조하고 있다.

테일러는 사람을 주의 깊게 선발하고 훈련시켜야 하며, 또한 이들에게 가장 적합한 일을 제공해야 한다고 믿고 있었다. 그는 근로자, 경영자, 소유주 사이의 이익이 조화될 수 있고, 또 그렇게 되어야 한다는 이상주의적 생각을 갖고 있었던 것 같다.

테일러는 신중하고 진보적인 계획수립의 중요성과 근로자들이 최선을 다하는 데 도움이 될 수 있도록 작업체제를 설계해야 할 경영자의 책임을 강조했다. 그러나 그가 경영관리에 대해서 언급했던 것처럼 "경영자와 근로자 사이의 관계야말로 의심할 여지 없이 과학적 경영관리의 가장 중요한 부분을 형성한다."는 사실을 간과하지 않았다.

(2) 간트(Henry L. Gantt)의 경영철학

간트는 테일러와 함께 1887년 미드베일 제철회사(Midvale Steel Company)에 근무하였는데 1901년 테일러가 엔지니어링 상담회사를 설립할 때까지 여러 가지 과제에 함께 참여했다.

그리고 과학적 관리법을 채택하고 정립하는 데 있어서는 테일러보다 오히려 신중했으며, 경영자와 근로자의 조화로운 협력을 강조하였다. 특히 근로자와 경영자 측에 시스템을 가르치고 이해를 촉진시키는 것의 중요성과 모든 관리 문제에 있어서 인적요소가 가장 중요함을 역설하였다.

간트가 창안한 간트 도표는 오늘날에도 계속해서 계획수립, 일정수립, 통제 등에 사용되고 있으며, PERT(Program Evaluation and Review Technique)와 같은 현대적 기법의 선구자이기도 하다. 오늘날 몇몇 사회학자들은 간트 차트를 20세기에서 가장 중요한 사회적 발명품으로까지 칭송하고 있다.

간트는 배당된 시간 내에 기준치에 도달하였을 때 단지 종업원에게만 특별 수당을 주는 것이 아니라 감독자에게도 수당을 주는 독특한 인센티브 시스템을 개발하였는데 이 시스템은 경영자로 하여금 어려운 업무를 수행하는 종업원들을 지도하도록 격려한다.

(3) 길브레드(Gilbreth) 부부의 경영철학

과학적 경영의 또 다른 주요 주창자는 프랭크 길브레드(Frank B. Gilbreth; 1968~1924)와 릴리안 길브레드(Lillian M. Gilbreth; 1878~1972) 부부이다. 길브레드는 대학 진학을 포기하고 1885년 17세의 나이로 벽돌공이 되었다. 10년 후에는 빌딩 계획 회사의 최고 감독자가 되었으며, 그 후 잠시 빌딩 계약 회사를 운영하기도 했다. 이 기간 동안 그는 테일러의 연구와는 아주 독립적으로 작업 중 불필요하게 소비되는 동작에 관심을 가졌다. 벽돌공장의 작업과정을 18단계에서 5단계로 줄임으로써 더 많은 노력 없이도 하루에 쌓는 벽돌 수를 1,000개에서 2,700개로 증가시켰다. 그러는 동안 Frank는 자신과 함께 일을 하기 시작한 Lillian Moller와 결혼을 했고, 그의 연구 활동에서 아내인 릴리안의 많은 도움을 받았다.

릴리안은 결혼 후 9년이 지나 1915년에 박사 학위를 취득한 초기 산업심리학자의

한 사람으로 그 동안 그녀의 12명의 자녀를 출산하기도 했다.

1924년 남편의 갑작스런 사망으로 남편의 상담 업무를 계속해 나갔으며, 1972년 93세의 나이로 사당할 때까지 평생 동안 "관리의 여성 1인자"로 불리어 졌다.

릴리안은 작업에 있어서 인간적 측면에 관심을 가졌고, 남편 프랭크는 주어진 업무를 수행하기 위한 최선의 방법을 찾는 효율성에 관심을 가졌던 것인데, 이는 각자의 재능을 잘 결합한 보기 드문 예이다. 따라서 과학적 관리 원칙을 적용하는 데 있어서 프랭크 길브레드가 우선 근로자에게 관심을 갖고, 이들의 인격과 욕구를 이해하여야 한다고 강조했던 것은 놀랄만한 일이 아니다. 또한 근로자에게 불만족을 가져다주는 요인은 작업의 단조로움에 있는 것이 아니라 근로자에 대한 경영자의 관심 부족에 있다고 본 길브레드 부부의 결론 역시 흥미롭다.

그들의 연구 중에는 Therblig이라 불리는 17가지 기본 동작이 있는데, Therblig은 Gilbreth부부가 직무분석에 사용하였던 동작들인 선택, 위치, 잡기 등으로 구성되어 있다. Gilbreth부부는 또한 직무연구에 있어 동작그림기술의 사용을 개척하기도 하였다.

2) 관료제이론(Bureaucracy Theory)

고전적 경영이론의 또 다른 영역은 관료적 경영(Bureaucracy Management)이다. 관료제이론은 19세기 말에 독일의 사회학자인 막스 베버(Max Weber; 1864~1920)에 의해 제창되었고, 조직 관리에 중요한 관점과 개념을 제시하였을 뿐만 아니라 경영 조직연구에도 크게 공헌하였다.

관료제이론은 소유주나 경영자가 독단적이고 일시적인 감정에 의해 경영하기 보다는 합리적인 태도에 의해 관리해 나갈 것을 강조하는 경영이론이다. 관료제이론은 베버의 이상적 조직 모형을 가리키며, 행정조직뿐만 아니라 모든 기업조직에도 적용된다.

베버는 지배의 유형을 세 가지로 설명하였는데, 즉 전통적 지배, 카리스마적 지배, 합법적 지배가 그것이다.

(1) 관료주의의 발생

베버가 관료제 모형을 발표할 당시만 해도 대부분의 사회조직들은 전근대적 형태를 벗어나지 못하고 전통적 지배나 카리스마적 지배 아래 있었다. 따라서 베버는 지배와 복종의 관계를 합리화할 필요성을 느끼게 되었고, 조직에 대한 독특한 정의로부터 관료제 모형을 예언적으로 제시하였던 것이다.

그는 관료제 조직이 합리적이고 이상적이며, 근대 국가와 근대 자본주의 기업의 성립을 위해 필수불가결 한 것이라고 하였다. 즉 관료제가 환경의 요구로부터 나오는 것으로 보았으며, 산업사회에서의 대규모적이고 복합적인 조직의 관리에 가장 유용한 도구라고 생각하였다.

베버는 관료제가 발생한 이유를 다음과 같이 제시하였다.

① 상비군의 창설

② 생활수준의 향상과 종전에는 지역적으로 또는 사경제에 의해 충족되었거나 알려지지 않았던 서비스의 조직적·집단적 제공의 필요성

③ 질서에 대한 요구의 증대와 절대적 평온성에 익숙한 사람에 대한 보호의 필요성 등이다.

(2) 관료주의의 특성

관료제는 다른 형태의 조직과는 달리 관리하는 과정에서 다음과 같은 특성을 갖는다.

① 기능적 전문화에 의한 분업: 공식적 의무인 과정이 집단성원들에게 분업과 기능적 전문화를 통하여 배분된다. 과업을 배분하는 방법이 공식적으로 구비되어 있으며, 적재적소의 인사배치가 운용되어 진다.

② 잘 정의된 권한의 계층: 관료제는 계층(hierarchy)의 원리에 따라 직위가 배열되어 있으며, 하위직은 상위직의 통제 하에 놓이게 된다. 이러한 특성은 조직 구성원 모두에게 통제력을 발휘하게 되며, 전문화와 분화에 의하여 효과적으로 달성된다.

③ 규칙에 근거를 둔 합법적 권한과 권력: 관료제에서의 권한과 권력은 제도적인 규칙 또는 규범에 근거를 둔 것이다. 합법적 권한을 행사하는 지배자는 선거되거나 임명되며, 제정된 규칙이나 규범에 의하여 지배자의 명령이 정당화된다. 또한 하위자의 복종도 상위자의 인격에 의해서가 아니라 제정된 규칙에 의하여 누구에게 얼마만큼 복종해야 하는가가 결정되는 것이다.

④ 기능수행에 필요한 추상적 규칙 체계: 관료제는 합리성을 유지하면서 공식적 기능을 계속적으로 수행하기 위하여 조직 관리의 통일성과 조정을 확보하게 하는 공식적인 규칙체계를 요구한다. 즉, 관료제에서의 의사결정은 추상적인 규칙, 규정, 절차의 일관적인 체계에 의하여 규정된다. 그리고 모든 사무는 문서 기록을 통하여 객관화된다.

⑤ 대인관계의 비 개인성: 관료는 합리적인 의사결정을 하기 위해서는 다른 사람과 접촉할 때 개인의 사사로운 감정을 덮어두고 공식적이고 非개인적인 태도를 갖

지 않으면 안 된다고 하는 것이다.

⑥ 기술적 능력에 의거한 승진과 선발: 선발은 능력에 따라 이루어지고, 기술적 능력은 전문화된 훈련과 경험에 의해 습득되며, 객관적인 시험에 의하여 측정된다. 승진은 연공서열식과 상급자에 의한 고과로써 이루어지며 경력이 중시된다.

〈표 5-1〉 Weber의 이상적 관료조직의 원칙

분업과 전문화	직무는 잘 정의되어 구분되고, 또한 전문화되어야 함
비개인성	규정, 절차, 제재는 공평하게 적용되어야 한다.
잘 정의된 권한체계	명확하게 잘 정의된 권한체계를 갖춘 조직이어야 함
장점에 근거한 진급	선발과 승진은 자질과 업무성과에 기초해야 함
공식적인 규칙과 절차	문서화된 규칙과 절차를 통하여 획일성을 확보하고, 구성원들에게 바라는 행동을 기술한다.

(3) 관료제의 순기능

관료제는 나름대로의 다음과 같은 기능과 장점을 가지고 있다.

① 전문화에 의한 장점으로써 능률을 증진시킬 수 있다.

② 구조화에 의한 장점으로써 각 직위의 의무가 기술되고, 명령계통이 확립됨으로써 행위들간의 합리적인 관계가 제공된다.

③ 예측 가능성과 안정성을 제공하여 조직 내부에 있어서의 불확실성을 제거시킨다. 이는 관료제의 규칙, 규정, 절차, 구조, 전문적인 성격 등에서 비롯된다.

④ 합리성을 추구함으로써 전체적으로 동의되고 객관적인 의사결정을 가능하게 한다.

⑤ 관료제 하에서의 개인에 대한 평가는 자의적이 아닌 기술적 능력에 의해 이루어지므로 어느 정도의 민주성이 보장된다.

(4) 관료제의 역기능

베버는 조직이 대규모로 성장하면 관료제만이 조직문제를 해결할 수 있는 합리적 해결 방법이 된다고 자신 있게 주장하였다.

그러나 관료제는 성격상 많은 역기능적인 측면이 발견되어 여러 면에서 비판을 받게 되었다.

① 관료제에서는 규칙과 절차에 집착한 나머지 형식주의화 또는 의식주의화 하여

모든 성원들이 일을 하지 않고 놀려고 하며, 자진해서 위험을 무릅쓸 필요성이 없다는 생각에 사로잡혀 책임을 회피하려고 한다.

② 책임을 회피하지 않는 성원도 책임분산에 의하여 조직성과를 저하시키는 경우가 많다.

③ 의사결정과정에 있어서 오히려 비능률 또는 끊임없는 누진현상을 가져오며, 개인의 창의력과 자발성을 가져오지 못한다.

④ 종종 권력의 남용 때문에 과도한 중앙집권적이고 권위주의적인 통제가 이루어지고 민주적 의사결정이 되지 못하며, 규칙과 절차에 의하여 운영되므로 관료적 태업이 일어날 가능성이 많다.

⑤ 조직구성원으로서의 개인의 심리적·사회적 요구와 비공식집단이 등한시되고, 오로지 공식조직의 목표 달성만을 중시하기 때문에 개인은 조직이라는 거대한 기계 속의 톱니바퀴에 지나지 않는 취급을 받게 된다.

⑥ 관료제 구성원들은 조직을 마천루(empire state building)와 같이 대형화함으로써 스스로의 이익을 증대시키려고 하며, 높은 임금, 많은 지위와 권력 등이 향유됨으로써 조직의 낭비를 불가피하게 한다는 것이다.

관료제는 이와 같은 역기능으로 한계점에 직면하게 된다. 따라서 관료제는 근본적으로 조직은 복합적인 목표 추구의 단위체라는 새로운 관점에서 수정 노력이 이루어져야 한다. 즉, 조직이 유지·발전되기 위해서는 다음과 같은 두 가지의 문제를 해결해야만 한다.

첫째, 내부의 체계를 유지하고, 조직의 인간적인 측면을 조정해서 호혜주의라고 하는 상호추종 과정을 지속시켜 나아가야 한다. 즉, 호혜주의를 통해서 조직목표와 성원의 개인적 목표간에 존재하는 갈등을 교환적 입장에서 조정할 수 있어야 한다.

둘째, 외부 환경에 잘 적응해 나아가야 한다. 즉, 조직구조의 융통성을 높임으로써 환경에 대한 적응성을 높여야 한다. 결국 관료제는 이상형 관료제 자체의 약점을 보완하는 방향으로 수정되어야 한다.

(5) 관료제의 전망

① 관료제 소멸론: 베니스(W. G. Bennis) 등은 관료제는 과다한 규칙, 경직성, 환경변화에 대한 대응할 수 있는 탄력성의 결여 등을 이유로 향후 25년 이후에는 사라질 것이라는 소멸론을 주장하고 있다.

② 관료제 불멸론: 로빈스(S. P. Robbins) 등은 안정적인 환경이나 대량생산과 같이

틀에 짜인 기술체계 하에서는 관료제적 성격을 갖는 기계적 조직이 보다 유효성이 높다고 지적하고 있다.

2. 관리적 경영

과학적 경영의 주창자들은 종업원들이 업무를 더욱 효율적으로 수행하기 위해 사용될 수 있는 이론들을 개발하는데 노력하고, Weber가 관료주의의 개념을 개발하는데 노력하는 동안 또 다른 고전적 경영학의 지류가 개발되고 있었는데 그것이 바로 관리적 경영(Administrative Management)접근방식이다. 이는 경영자가 조직 내부의 활동을 조정하는데 이용될 수 있는 원칙에 초점을 둔 경영이념으로 주요 공헌자로는 페이욜(H. Fayol)과 바나드(C.I. Barnard)가 있다.

1) 페이욜(Henri Fayol)

현대 관리이론의 진정한 시조는 프랑스의 공업가인 페이욜(H. Fayol; 1841~1925)일 것이다.

페이욜은 1916년 '산업의 일반관리'(Administration Industrielle Generale)라는 제목 하에 일반적인 관리 원칙을 날카롭게 파헤친 논문을 발간하였다.

페이욜은 개별적으로 수행되는 산업 활동이 [그림 5-2]에서와 같이 6개의 부분으로 대별할 수 있다고 보았다.

이들 6개 활동을 기업규모의 대소나 업종, 업태에 관계없이 기업경영에 있어서 불가결한 고유의 직능으로 인식하고, 명확히 지적한 것은 페이욜의 학설에 있어서 커다란

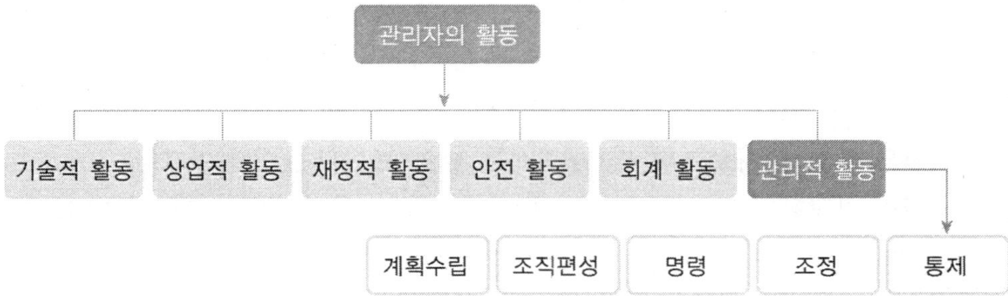

[그림 5-2] 산업 내에서의 관리자의 활동

특색이며 공헌이라 할 수 있다.

따라서 관리활동은 기업의 전반적인 활동계획을 세우고, 인적·물적 자원을 조직화하며, 노력을 조정해서 제 활동을 조화롭게 통제하는 것이라 할 수 있다.

이와 같은 관리활동 즉, 관리기능은 기업의 경영자만의 고유한 것이 아니라 모든 사회집단에도 존재하며, 이 관리기능은 여섯 개의 경영기능 중의 하나에 불과하지만 다른 다섯 개의 기능에 비해 가장 중요하다고 지적하였다.

페이욜은 관리기능이 실제로 행해져 이른바 좋은 관리가 성립되기 위해서는 제각기 관리 행위가 원리적인 것이 되어야 한다고 주장하면서 다음과 같은 14개의 일반 관리 원칙을 들었다.

◇ 페이욜의 원칙(Fayol's principle)

① 분업(division of work): 분업은 주의와 노력을 기우려야 할 작업의 수를 줄임으로써, 똑같은 노력으로 훌륭하고 많은 생산을 하기 위해 이루어지는데, 오늘날처럼 규모가 커진 경영적 생산의 수행을 위한 필수적인 전제가 바로 이 원칙이라는 것이다. 페이욜은 기술적인 작업은 물론 관리적 업무 등 모든 업무에 이 원칙을 적용하였다.

② 권한과 책임(authority and responsibility): 페이욜은 권한과 책임이 서로 관련되어야 함을 알았다. 즉, 책임은 권한의 필연적인 결과이며, 또한 권한으로부터 생겨난다고 본 것이다. 그는 책임을 관리자의 직위로부터 생겨나는 공식적인 것과 "지성, 경험, 도덕률 및 과거의 업적 등이 복합되어 있는 개인적인 요소의 결합체"라고 보고 있다.

③ 규율(discipline): 페이욜이 규율을 준수, 적용, 활력 및 존경의 표시를 달성하고자 정해진 약속에 대한 존중으로 여기면서 어떤 계층에서든 이러한 규율이 확립되기 위해서는 훌륭한 상사가 필요하다고 하였다.

④ 명령의 일원화(unity of command): 이것은 각 구성원에게 분담된 업무가 직무의 공통목표에 결부되고 조직질서를 유지하기 위하여 한 사람의 하급자는 항상 한 사람의 직근 상사로부터 명령·지시를 받아야 한다는 원칙이다.

⑤ 지휘의 일원화(unity of direction): 이 원칙에 따르면 동일한 목표를 가지고 활동하는 각 집단은 한 명의 상사와 한 개의 계획을 가져야만 한다. 명령의 일원화와 구분하자면, 이 경우는 인적요소에 대한 것이라기보다는 조직체로서의 회사와 관계있는 것이다(페이욜은 결코 모든 의사결정이 상부에서 이루어져야 함을 의미하지

않았다).

⑥ 전체의 이익을 위한 복종(subordination of individual to general interest): 이것은 전체의 이익과 개인의 이익이 충돌할 경우 경영자는 이를 조정해야 한다.

⑦ 보수(remuneration): 보수의 금액과 지불방법은 공정해야 하며, 종업원과 고용주 모두에게 똑같이 최대의 만족을 주는 것이어야 한다.

⑧ 집권화(centralization): '권한의 집권화'란 말을 사용하지 않고 페이욜은 이를 권한이 집중되거나 분산되어야 하는 정도라고 보고 있다. 개별적인 여건에 따라 "최선의 전체적인 이익"을 가져다 줄 수 있는 집중과 분산의 정도가 결정될 것이다.

⑨ 계층의 연쇄(scalar chain): 페이욜은 이것을 최상위로부터 최하위에 이르기까지의 "상급자의 사슬"로 보고 있다. 불필요하게 이 사슬로부터 이탈해서도 안 되겠지만, 이를 엄격하게 따르는 것이 오히려 해로울 때는 단축시킬 필요가 있다.

⑩ 질서(order): 페이욜은 질서를 물질적인 질서와 사회적인 질서로 나누어, '어느 것(누구)에게나 하나의 장소를, 어느 것이나(누구나) 자기 위치에'라는 격언을 따랐다. 이것은 인적, 물적 요소의 배치에 핵심이 되는 조직원칙이다.

⑪ 공평(equity): 상사에 대한 부하의 충성 및 헌신은, 부하를 공평하게 다루는 상사의 친절과 정의감이 결합함으로써 이루어지는 것이다.

⑫ 직장의 안정성(stability of tenure): 불필요한 전직(turnover)은 나쁜 관리의 원인이며 결과라는 것을 알았기 때문에, 페이욜은 이의 위험성과 비용을 지적하였다.

⑬ 솔선력(initiative): 솔선력이란 계획을 세우고 실천하는 것이다. 이것은 "지성인이 경험할 수 있는 가장 만족할 만한 것"이기 때문에 페이욜은 부하들의 솔선력의 실천을 권장하기 위하여 경영자가 "개인적인 자만"을 버려야 한다고 권고하였다.

⑭ 단결심(esprit de corps): 이것은 "뭉치면 힘이 나온다"라는 원리를 말한다. 또한 이는 명령의 단일화를 확대시킨 것이며, 팀워크(Teamwork)의 중요성과 그것을 조성하기 위한 의사소통의 중요성을 강조한다.

현대 경영학에서 계획을 수립하고 조직화하며 지휘하고 통제하는 과정의 중요성을 강조하게 된 것은 Fayol, Follett, Mooney, Urwick 등의 일반 관리이론으로부터 이루어졌다. 이들은 경영자가 관리원칙을 적절히 활용함으로써 생산성을 향상시킬 것이라고 믿었다.

일반 관리이론은 엄격한 과학적 근거가 없이 단지 개인의 경험이나 사례로부터 이루어진 것이라고 비난받는다. 사실 현대 경영이론의 특성은 여러 원칙들을 잘 활용하여 과학적이고 합리적인 경영을 할 수 있는 기법을 전개하는 것이다. 즉, 과학적 경영관리를 위하여 실증적인 연구를 하고 이를 체계적으로 이론화한 것이 현대 경영학이라 할 수 있다.

2) 바나드(Chester Barnard)

관리적 경영의 또 다른 주요 공헌자는 바나드(Chester Barnard; 1886~1961)이다. 그는 미국 메사추세츠에서 출생하여 대학을 중퇴하였고, 미국 전신전화회사(AT&T; American Telephone & Telegraph Company)에서 통계담당 경영인으로 근무하였으며, 1927년에는 뉴저지 Bell Telephone사의 사장이 되었다. 바나드는 자신이 효율적인 경영에 의해 조사한 내용을 기록한 ≪The Functions of the Executive≫라는 책을 1938년에 출간하였다. 바나드의 연구 중 가장 널리 알려진 것은 '권력승인이론(Acceptance Theory of Authority)'이다. 권력승인이론의 주요 내용은 권력이란 권력을 소유하고 있는 사람에 의해 좌우되는 것이 아니라 권력을 수용하는 사람의 승인에 의해 좌우되며, 상부에서 내려오는 명령이나 지시의 수용 여부를 결정하는 것은 어디까지나 종업원 자신들이라는 것이다.

만약 종업원들이 명령이나 지시의 내용을 이해하고, 그것을 조직의 목적과 일치하는 것으로 생각하고, 자신의 행동이 자신의 요구뿐만 아니라 다른 종업원들의 요구와도 일치한다고 느끼며, 자신의 정신적·육체적 능력이 따를 수 있는 것으로 판단되면 종업원들은 경영자의 지시를 적극적·능동적으로 수용할 것이라고 주장하였다.

3. 행동과학적 경영이론(Behavioral Management Theory)

개인의 합리성과 경제적 동기를 가정하여 고전적 이론가들은 관리의 기술적 접근 방법을 발전시켰다. 그들은 과학적인 직무설계, 경영관리, 조직구조 아래서 인간은 경제적 유인으로 말미암아 능률을 증대시키고, 기업의 생산성이 향상된다고 믿었다. 그러나 1930년대에 이르러 인간적 측면을 강조한 새로운 경영이론이 등장하였다.

경영관리에 대한 행동과학적 접근 방법은 일반적으로 인간은 사회적이며, 자기실현적인 속성을 지니고 있다고 하는 것이다. 구체적으로 인간은 직무를 수행함에 있어 다음과 같은 사실에 근거하여 행동한다고 가정한다.

첫째, 사회적 관계에 대한 만족 욕구

둘째, 소속 집단의 압력에 대한 반응

셋째, 개인적 성취 욕구 등이다.

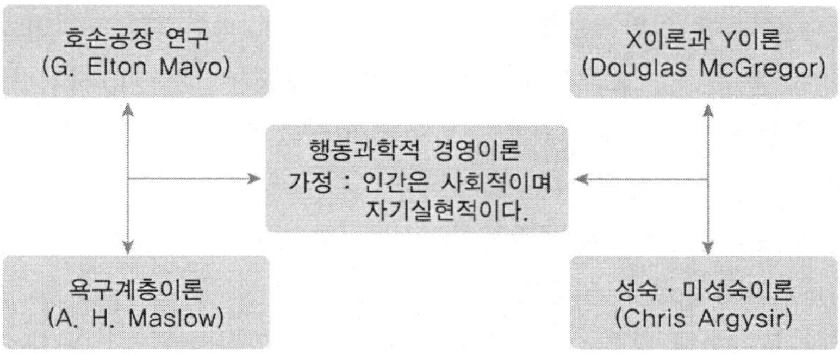

[그림 5-3] 행동과학적 경영이론

이러한 기본적 가정은 호손 연구와 욕구계층이론에 근거하여 형성되었다.

1) 호손 연구

호손실험(Hawthorne Experiment)은 미국의 서부 전기회사(Western Electric Company)의 호손공장(Hawthorne plant)에서 약 8년(1924년~1932년)간에 걸쳐 수행되었던 연구로서 종업원을 중시한 인간관계론적 관점과 행동과학적 접근법을 이끄는 결과를 가져왔다.

이 연구는 물리적 작업환경이 개인의 작업결과에 어떠한 영향을 미치는가를 살펴보기 위한 것이었는데 이러한 시도는 결국 테일러가 제시한 과학적 관리의 첫 번째 원칙을 검증하는 것이었다.

1924년부터 1927년 사이에 국립 연구 조사 위원회는 웨스턴 전기회사와 공동으로 조명과 기타 작업조건이 근로자와 그들의 생산성에 어떠한 영향을 주는가에 대한 연구를 실시하였다.

조명을 실험집단에 대하여 높이거나 낮추어도 생산성이 향상된다는 사실을 알아내자 조사자들은 그 실험이 실패하고 선언하려던 차에, 하바드 대학의 메이요(Elton Mayo; 1880~1949)는 이상한 현상을 발견하게 되었고, 뢰슬리스버그(F. J. Roethlisberger) 및 몇몇 학자들과 함께 그 연구를 계속해 나갔다.

부분적으로는 파레토(Vilfredo Pareto)의 초기 사상에 근거하여 메이요와 그의 동료들이 발견했던 것은 관리 사상에 극적인 영향을 미칠 수 있게 되었다.

실험집단에 대한 조명변화, 휴식시간의 조절, 작업시간의 단축, 인센티브 급여제도로의 변화 등은 생산성 변동을 설명하지 못하게 되었다.

이에 메이요 및 동료 연구자들은 생산성의 변동은 다른 요인들 때문일 것이라고 결론을 내렸다. 이들은 일반적으로 생산성 향상이 사기, 작업집단 구성원들 사이의 만족스러운 관계, 소속감 및 효과적인 관리, 즉 인간행동을 이해하며, 사기진작, 상담, 지도, 의사소통과 같은 인간관계 기술을 통하여 작업집단에 봉사하는 일종의 관리활동 등의 사회적 요인 때문이라는 사실을 발견했다.

이러한 현상은 기본적으로 사람들이 "주목받고 있다는" 사실에서 유발되며, 호손효과(Hawthorne effect)로 널리 알려져 있다.

호손 연구가 밝혀낸 것은 ① 인적 요소의 중요성 인식, ② 인간의 태도 또는 감정에 대한 이해, ③ 사회적 존재로서의 인간 파악, ④ 자생적 조직의 발견 및 그 기능에 대한 이해 등이다. 다시 말해 기업 운영은 단지 기계나 방법론상의 문제일 뿐 아니라, 완전한 사회기술체제를 개발하기 위해 이들을 사회체제에 연결시키는 문제임을 인식하게 되었다.

이상의 실험으로 행동과학을 관리에 적용시킬 것을 더욱 강조하게 되었고, 경영자에게는 경영이 사회시스템 내에서 이루어지는 것임을 인식시켜 주었다. 그렇다고 이러한 사실로부터 호손실험 이전에는 성공한 경영자들 조차도 인간적 요소의 중요성을 인식하지 못했다거나 혹은 관리이론가들이 이를 무시했다고 추론해서는 안 될 것이다.

4. 계량 경영이론(Quantitative Management Theory)

호손공장 연구가 경영에 대한 행동과학적 접근을 주장하는 사람들을 자극하고 있던 시기에 다른 학자들은 경영에 있어 의사결정의 문제를 용이하게 해결할 수 있는 계량적 기법을 창안하고 있었다. 이는 오늘날 계량 경영분석(quantitative analysis), 경영과학(management science) 및 OR(operation research) 등으로 발전된 기법이다.

계량경영분석은 문제를 분석하고 해결하는 데 수학적 기법을 이용하는 경영의 과학적 접근방법을 말한다. 특히 경영측면에서의 계량분석은 경영정책을 수립하는 데 있어서 계량적인 기초를 마련하여 줌으로써 경영목적을 가장 효과적으로 수행할 수 있도록 하는 하나의 과학이 되었다.

다시 말해 계량경영분석은 경영현상을 과학적이고 객관적으로 분석하여 어떤 규칙을 발견함으로써 경영자가 정책결정을 하는데 중요한 자료를 제공하는 경영관리의 기술이다. 즉, 문제를 체계적으로 분석하고 적절한 수학적 기법을 이용하여 최적의 해결방안을 찾아내는 과학적 방법이다.

오늘날과 같이 급변하는 기업환경 하에 놓인 경영을 그 이론과 실제의 양면에서 파악하기 위해서는 과거의 경영이나 직관에만 의존하게 되는 것과 같은 주관적인 과정이나 평가보다도 수학적 모델을 앞세운 계량적인 접근이 더 과학적일 수 있다는 근거 때문이다. 예를 들면 마케팅이나 생산관리부문에 있어서 해결하고자 하는 문제영역마다 여러 가지 시장모델이나 오퍼레이션 모델을 생각해서 이를 조작, 문제를 해석하고자 하는 것이다.

1) 계량경영이론의 관리적 의의

계량분석기법은 조직이 직면해 있는 기술적 문제를 해결하는데 커다란 기초를 제공한다. 계량분석기법가들의 주장은 계량분석기법을 이용하여 의사결정을 하는 경영자는 생산성을 향상시킬 수 있다는 것이다. 그러나 계량적 기법의 성공적 적용은 이용자의 기술적 전문성과 문제해결방안을 실행하려는 의지에 달려 있다. 때로는 계량분석가들은 이 인간적 요소를 무시한다고 비난받는다. 그러나 기술적, 인간적 요소를 모두 고려함으로써 문제를 정확하게 이해하고 해결하는 것이 현대 경영이론이 지향하고 있는 이상적 방향이다.

2) 계량경영분석의 특징

경영문제해결에 대한 계량경영분석 방법은 다음과 같은 네 가지의 특징을 갖는다.

첫째, 통계자료를 활용한 의사결정의 기초를 제공한다.

둘째, 비용·수익 및 투자 수익률과 같은 경제적 의사결정의 기준이 된다.

셋째, 수리적 모형을 이용한다.

넷째, 문제해결의 복잡성과 정확성을 위해 자료처리 능력을 가진 컴퓨터를 이용한다.

이와 같은 특징을 갖는 계량경영분석에서는 문제해결을 위해 일반적으로 경영실무에 적용할 수 있는 다음과 같은 기본적인 기법을 사용한다.

① 예측(forecasting): 수학적 절차를 이용하여 미래 상태를 분석한다.

② 재고모형(inventory modeling): 주문량과 주문시점을 수학적으로 계산하여 재고량을 조절한다.

③ 선행계획법(linear programming): 제한된 자원을 효과적으로 배분할 수 있는 방법을 찾아낸다.

④ 대기행렬이론(queueing theory): 소비자가 기다리는 시간과 서비스비용을 최소로 할 수 있는 상황을 분석한다.

⑤ 네트워크 모형(network model): 크고 복잡한 작업을 각각 분리하여 분석·통제할 수 있는 방법을 모색한다.

⑥ 시뮬레이션(simulation): 문제에 대한 모형을 만들어 컴퓨터를 이용하여 여러 가지 상황을 차례로 평가하여 해결방안을 찾는다.

3) 계량분석기법의 적용

계량분석의 기법은 <표 5-3>에서 보는 바와 같이 이용자에 따라 다양한 분야에 적용되어 합리적인 의사결정을 가능하게 한다.

〈표 5-3〉 계량분석기법의 적용

이용자	적 용
연구조사팀	- 새로운 공장 위치선정, 회사계획모형 개발 프로젝트의 일정 수립
재무 분석자	- 현금흐름이나 재무상태 모형 개발, 포트폴리오 선택, 임차 여부 결정
생산 분석자	- 품질관리, 수요예측, 재고모형의 개발
마케팅 연구자	- 소비자선호, 시장수요, 시장점유 조건, 마케팅 전략수립 조사나 통계적 표본추출에 대한 마케팅전략의 평가
시스템 분석자	- 자동 임금지불시스템과 같이 경영 아이디어를 자료의 논리적 흐름에 따라 자동화시킴.

5. 현대 경영이론(Modern Management Theory)

현대경영이론은 그 동안 각각 분파를 이루면서 독자적으로 발전해 오던 고전적 이론, 행동과학적 이론, 계량경영이론이 하나의 커다란 흐름으로 통합되는 현상을 나타내고 있다. 현대의 경영에는 고전적·행동과학적 또는 계량적 경영학파의 가정이 모든 상황에 보편적으로 적용되며, 상호관련을 갖게 된다. 따라서 경영자는 상황에 따라 어떤 접근방법이 가장 적합한가를 알아야 한다.

현대 경영이론은 개인의 직무에 대한 욕구나 성격 및 태도, 조직과 환경 등이 각각 상이 하다고 가정하고, 조직은 각각의 상황에 적응해야 한다고 주장하고 있다. 다시 말해 경영에 대한 최선의 방법은 없다는 것이다. 따라서 현대의 경영이론가들은 언제 어떠한 상황 하에서 각 이론의 가정과 경영지침이 사용될 수 있는가에 대해서 연구하고 있다.

이러한 노력을 통해서 경영이론의 핵심요소를 규명하고, 그것의 실질적인 의미를 명확히 이해하게 된다. 현대경영이론의 논리과정을 도해하면 [그림 5-4]와 같다.

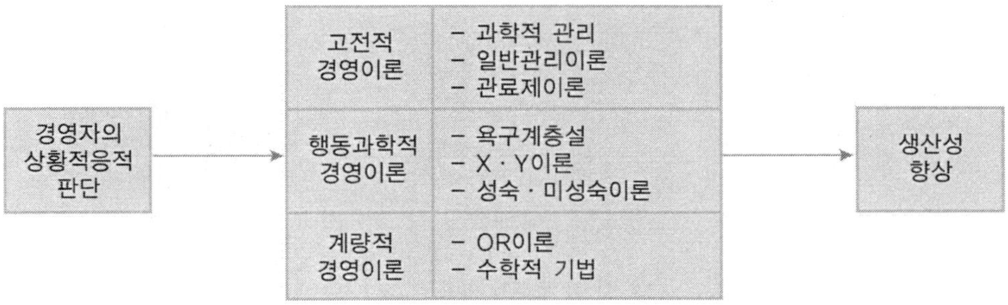

[그림 5-4] 현대 경영이론의 기본구조

1) 현대 경영이론의 기본 가정

현대 경영이론에서는 고전적 혹은 행동과학적 접근방법과는 달리 인간은 다양한 복수의 욕구를 지니고 있으며, 시간이 경과함에 따라 욕구의 형태나 행동양식 등이 변화하며, 다양한 조직의 욕구나 경영전략에 대응하게 된다고 가정하고 있다.

다시 말해 이러한 기본 가정의 초점은 인간은 제각기 다르며 시간이 지남에 따라 변화한다는 것이다. 따라서 경영자는 이러한 개인차를 이해하여야 하며, 의사결정을 하고 행동을 취하여야 한다. 이러한 관점에서 중요한 두 가지 개념은 시스템과의 상황적응성이다. 즉 시스템과 상황 적합적인 사고를 이용하는 경영자는 생산성을 향상시킬 수 있게 된다.

2) 조직과 개방시스템

조직이란 공동목적을 달성하기 위하여 함께 일하는 사람의 집단이다. 조직은 우리를 구속하기도 하고, 우리의 삶을 불편하게도 하지만 여러 가지 이유로 우리 문명사회에 필요한 요소이기도 하다. 즉, 개인으로서 혼자 할 경우에 잘 또는 전혀 할 수 없는 것들을 성취할 수 있게 해주고 지식의 계속성을 제공해 주며, 경력관리의 중요한 원천이 되기도 한다.

시스템이란 "공동목표를 달성하기 위하여 함께 작용하는 상호 관련된 부분들의 집합"이다. 이러한 시스템은 환경과 상호작용을 하면서 투입자원을 구체적 산출물로 변화시키는 시스템이다. 이때 조직은 궁극적으로 개방시스템으로 파악될 수 있으며 이를 도시하면 [그림 5-5]와 같다.

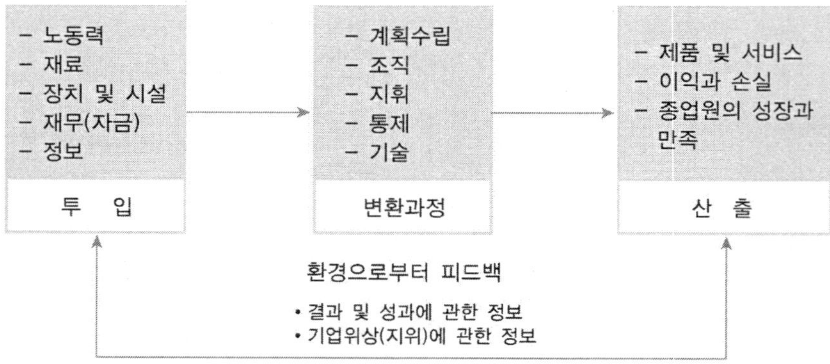

자료: Bartol, K. M & Martin, D., *Management*, 2nd Ed., McGraw−Hill Company, 1994, p.55.

[그림 5-5] 개방시스템으로서의 조직

개방시스템에서 인적·물적 자원을 투입하여 재화·용역을 산출시키는 것이 관리직능의 역할이다. 이러한 조직의 효율적 시스템의 사고는 바나드(C. I. Barnard)의 협동적 시스템에서 연유되었다고 하겠다.

조직을 개방시스템으로 파악할 때 환경은 자원과 피드백의 원천으로서 조직에 매우 중요한 영향을 미치게 된다. 환경은 끊임없이 변화하기 때문에 경영자는 항상 새로운 정보를 입수하여 조직이 이러한 변화에 생산적인 방향으로 적응하도록 해야 한다.

모든 조직의 전체시스템은 많은 하위시스템들이 바람직한 성과를 올리기 위하여 서로 협력할 수 있는 체제가 이루어져야 한다. 개방시스템의 관점은 환경이 조직에 결정적인 영향을 미친다는 것을 강조한다.

3) 상황이론(Contingency Theory)

고전적인 경영이론가들은 여러 상황에서 운영되는 기업에 있어서 경영자에게 '가장 최적인 방법'을 식별하려는 노력을 하였다. 그러나 불행하게도 경영에 있어서는 유일최선의 방법이란 존재할 수 없기 때문에 고전적 견해이든, 행동과학적 견해이든, 계량적 견해이든 간에 획일적으로 모든 상황에 그대로 적용될 수는 없다.

따라서 오늘날 기업경영에서는 상황론적인 문제해결방법을 위한 새로운 경영이론의 필요성이 대두하게 되었다. 이에 따라 상황이론의 개념을 처음으로 제창한 사람은 바로 영국의 산업심리학자 우드워드여사(Joan Woodward, 1916~1971)이다.

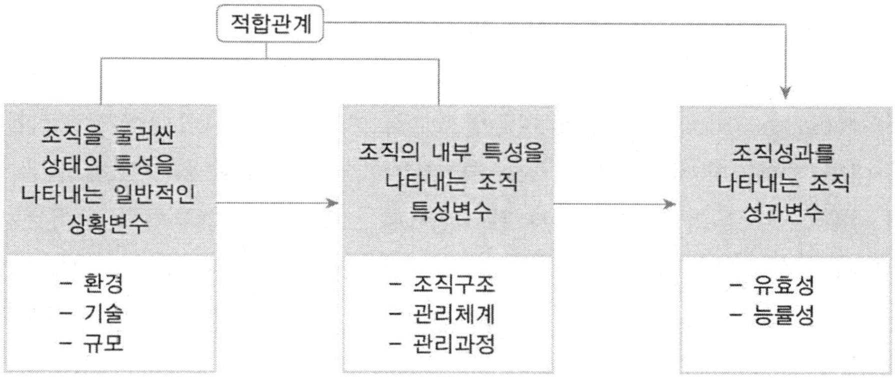

[그림 5-6] 상황적합이론의 기본모형

상황이론이란 상황, 조직특성 및 조직성과라고 하는 세 변수와 그 관계에 있어서 상황과 조직특성의 적합관계가 조직의 성과를 결정한다는 기본적인 사고를 갖고 상황과 조직특성간의 적합관계를 다루려는 관점으로써 상황적합이론이라고도 하는데 이에 대한 개념적인 틀을 도시하면 [그림 5-6]과 같다.

이러한 상황이론의 개념은 경영자에 대한 조직·환경관계의 의미를 분명하게 해 주는 근거를 제공하게 된다. 경영관리에 있어서 상황적합적인 접근방법은 환경변화에 따라 경영자가 이에 대응하여야 한다는 것을 강조한다. 상황이론의 본질은 경영자가 환경의 변화를 분석하고 이해할 수 있도록 하며, 각자의 상황에서 조직의 생산성을 가장 높일 수 있는 대응책을 선택하도록 도와주는 것이다.

최근의 경영이론의 발전은 이러한 상황적응적인 관점에서 이루어지고 있는데 상황적합이론에서의 중요한 기본개념은 다음과 같다.

첫째, 조직구조는 환경의 요구에 부응하여 설계되어야 한다.

둘째, 조직구조는 기술적 요구에 부응해야 한다.

셋째, 조직의 하위시스템은 각각에 대한 환경의 요구에 부응해야 한다.

넷째, 리더(leader)행동은 여러 작업집단의 상황적 요구에 적합하여야 한다는 것 등이다.

상황적합이론은 경영자가 각 상황의 독특한 특징을 신중하게 분석하여 자신의 의사결정과 문제해결에 반영하여야 한다는 것이다. 즉, 경영자는 어떤 상황에서는 적절했던 경영자의 행동이 또 다른 상황에서는 그렇지 못할 수가 있다는 것을 인식해야만 할 것이다.

4) 오우찌의 Z 이론

오우찌(William Ouchi)는 일본계 미국인으로서 미국 캘리포니아대학교 로스엘젤레스 분교의 대학원 경영학과 교수이다. 오우찌 교수의 Z이론(Theory Z)을 소개하기 전에 먼저 Z이론이 경영이론의 큰 맥락에서 볼 때 어떤 흐름에 속하겠는가를 살펴보자.

오우찌 교수의 Z이론은 메이요(Elton Mayo), 아지리스(Chris Argyris), 맥그리거(Douglas McGregor)나 리커트(Renis Likert) 등 일련의 인본주의 경영학자들의 주장과 이론의 맥을 같이 한다. 이들 인본주의 경영학자들은 직장생활에 있어서 조직구성원의 심리적 성공감을 중시했으며, 기계적 관료제로 대표되는 산업조직은 이 같은 심리적 성공감을 저해한다고 보았다.

따라서 인본주의 경영학자들의 주된 관심은 개인에게는 심리적 성공감을 성취하게 하며, 조직에게는 조직의 목표를 달성할 수 있는 방안을 강구해 내는 것이었다. 오우찌 교수의 기본관심 중의 하나도 바로 이런 구성원의 심리적 성취감, 성공감을 증진시키는 것임과 동시에 이를 통해서 조직의 목표도 달성하려는 것이다.

그리고 Z이론은 1970년대부터 각광을 받기 시작하였는데 경영에 있어서 소프트웨어(Software)적 측면을 강조한 일단의 학자들이 보여준 연구경향과 맥을 같이한다. 여기에서 소프트웨어적 측면이란 주로 경영의 인간적 측면으로써 조직문화, 가치, 목표의 공유도, 신뢰도, 리더십 등이 포함된다.

널리 알려진 바와 같이 Peter와 Waterman의 *In Search of Excellence*, Schein의 *Organizational Culture and Leadership*, Rosa Kanter의 *The Change Masters: Corporate Enterpreneurs at Work* 등은 미국에서 경영관리의 문제점은 너무 조직의 하드웨어(Hardware)적 측면, 즉 조직구조·기술·전략·마케팅 등에 중점을 두고 조직의 소프트(Soft)한 측면을 등한시했다고 주장한다. Z이론도 이런 면에서 이들의 연구와 맥을 같이 한다고 볼 수 있다.

(1) Z이론의 등장 배경

오우찌는 1970년대 후반에 들어서면서 미국 경제의 후퇴와 일본의 경이적인 경제성장이라는 상호 대조적인 현상에 대해 관심을 갖게 되었다.

오우찌는 일본 특유의 문화에서 태동된 경영기법이 일본의 경제적 성공에 커다란 공헌을 했다고 보았다. 여기서 일본 특유의 문화란 일본의 봉건영주시대에 형성된 가부장적 유교주의로써 이런 전통적인 사회문화가 조직의 종업원에 대한 가정, 종업원과 상사의 관계, 종업원 상호간의 관계 및 조직에 대한 종업원의 충성심에 영향을 끼쳤다고 보는 것이다.

<표 5−4>는 이 같은 일본문화에 영향을 받은 조직관리 방법을 미국문화에서 형성된 조직 관리방법과 비교해 놓은 것이다.

오우찌는 위 두 가지 조직관리 형태를 비교하면서 결론적으로 일본의 관리방법이 미국의 관리방법에 비해 조직의 생산성을 높이는 데 우월하다고 주장한다. 그의 주장에 따르면 전통적인 미국의 조직관리 패러다임 하에서는 극단적인 업무의 세분화로 종업원이 직장에서 보람이나 의미를 찾지 못하며, 단순한 업무수행(종업원의 역할)과 판단기능(관리자의 역할)의 엄격한 분리로 무기력증을(powerlessness) 초래했으며, 종업원과 조직과의 관계는 단편적이고, 단순한 계약관계에 있기 때문에 종업원의 귀속감이나 애사심이 미약하다는 것이다.

또한 업적평가가 빨리 이루어지고 승진이나 급여가 개인의 능력에 따라 현격히 달라지기 때문에 조직구성원 간에 협동을 확보하는 것이 어렵다.

오우찌는 이와 같은 상황 하에서는 구성원들이 소위 아지리스(1974)가 얘기하는 심리적인 성공감을 얻기 어려우며 이것은 결국 생산성이나 품질의 저하로 나타나게 된다고 주장한다.

〈표 5-4〉 미국과 일본의 조직관리모형

구분	미국의 조직	일본의 조직
고용	대체로 단기적이며 안정적이지 못함.	평생고용, 비교적 안정적이고 안전함.
경력경로	고도로 전문화된 경로	비전문화(non-specialized)된 경로
의사결정	개별적 권한, 최고관리층에 집중	합의에 의한 집합적 의사결정. 종업원 참여 중시
업적평가와 승진	빠르다	느리다
통제방법	구체적·명시적인 룰과 규제	비공시적·소속집단에 대한 충성심
급여	능력급	연공서열형
조직의 종업원에 대한 관심	부분적·단편적	전인격적 (경제 및 사회적 요소 고려)

자료: Ouchi & Jaeger, "Type Z Organization: Stability In the Midst of Mobility", *Academy of Management Review*, 3, 1987, pp.305~314.

위의 <표 5-4>에서도 나타난 바와 같이 일본의 관리방법은 미국의 그것과는 중요한 면에서 많은 대조가 된다.

몇 가지 차이점을 지적하면 첫째, 일본기업의 고용형태는 대체로 평생고용으로서, 일단 입사 후에는 퇴직 시까지 그 기업과 운명을 같이하게 된다. 오우찌에 따르면, 이러한 상황 하에서 종업원은 기업의 성장과 장기적 발전을 위해서 최대한 노력을 하게 되며, 이에 대해 기업의 종업원의 복리후생을 책임지게 된다. 일본에서의 종업원과 기업의 관계는 과거 영주와 백성 혹은 가장과 가족구성원과의 관계에 비유될 수 있어서, 미국에 있어서의 언제라도 해고될 수 있는 단순한 고용 계약관계와는 많은 차이가 있다.

이 같은 밀접한 공동운명체적 상황 하에서는 기업이 일정수익을 달성했을 경우 매년 말에 종업원에게 지급하는 후한 상여금은 충분히 이해할 수 있는 관행이다.

이러한 경제적 측면 외에도 일본조직에서는 종업원이 가정이나 사회에서 겪는 개인적인 문제에도 충분한 고려를 하기 때문에 조직과 종업원 사이의 관계가 좀 더 전인격적이라 할 수 있다. 오우찌는 미국의 경우 고용자와 피고용자 사이의 관계가 단순히 고용계약상 발생하는 합리성의 측면만 고려되기 때문에 전인격적이지 못하고 단편적이라 주장한다.

위에서 언급된 평생직장이라는 요소는 또한 조직 내에서 종업원 상호간이나 종업원과 상사간의 인간관계에 지대한 영향을 미친다. 일단 입사하면 정년퇴임 시까지 같이 근무해야 할 직장이기 때문에 인간관계가 신중해지지 않을 수 없는 것이다. 오우찌 교수는 이러한 상황 하에서 이기적이고 정직하지 못한 행위는 상당히 자제된다고 주장한다. 왜냐하면 일단 남에게 잘못 인식될 경우 평생 직장동료나 상사에게 소외 시 되고 이 같은 직장동료로부터의 소외는 일본인에게 가장 견디기 어려운 형벌의 하나이기 때문이다.

둘째, 또 다른 일본조직의 관리방법의 특징은 인간중심의 관리 철학이다. 이러한 관리 철학을 실천하기 위해서 많은 일본조직들은 그들의 조직구성원이 잠재능력을 최대로 발휘할 수 있고 이를 통해 자기실현을 할 수 있도록 다양한 관리방법을 개발했다. 이중에서도 참여적인 관리기법은 이 같은 관리 철학을 실현하는 대표적인 관리도구라 볼 수 있다. 일본에 있어서의 참여는 집단중심이다. 업무수행과 관련된 일이나 기타 대부분의 중요한 일 또는 의사결정은 집합적인 노력에 의해서 행해지게 되는데, 집합적인 의사결정은 합의에 의존한다.

서구의 기준으로 볼 때 이것은 의사결정을 느리게 할는지 모르나 실행단계에서는 신속하게 이루어질 수 있으며, 대부분의 종업원이 의사결정에 참여하기 때문에 실행 시에 저항이 최소화될 수 있고, 주인의식을 제고할 수 있다는 큰 장점을 갖는다.

오우찌의 주장으로는 이 같은 종업원의 조직 내의 중요 의사결정에의 참여는 일반적인 산업조직에서 채워주지 못하는 종업원의 심리적 성취감을 제고시키고 따라서 그들의 근로의욕을 높여 조직의 생산성을 높인다고 보았다.

셋째, 일본기업의 관리방법의 특징은 업적평가나 승진결정방법이 미국의 그것에 비해 느리다는 것이다. 오우찌에 따르면 업적평가나 승진을 빨리 또는 자주하지 않는 까닭은 어느 누구이건 그 조직의 문화에 완전히 사회화(socialization)가 이루어지지 않은 상태에서 중요한 책임을 맡길 수 없다는 의도 때문이라고 한다.

이외에도 업적평가나 승진이 자주 그리고 빨리 이루어지는 경우 직장생활 초기에서부터 비생산적인 경쟁이 유발될 뿐만 아니라 현실적으로 빠른 기간 내에 올바른 업적평가가 어렵다는 그들의 기본 전제도 깔려 있는 것이다. 사실 오랜 시간을 두고 관찰한 다음에는 수많은 직원 중에서 누가 더 능력이 있고 없고 하는 것을 결정하는 것이 쉬울 것이다. 이 같은 사실은, 즉 완전히 그 조직의 문화에 적응하고 사회화된 사람이 승진된다는 것은 앞에서 언급한 합의에 의한 의사결정을 더욱 쉽게 한다.

오우찌의 의견을 종합하면, 일본의 문화에서 태동한 조직관리 방법은 신뢰를 바탕으로 하는 일본의 조직문화를 형성했다는 것이다. 이러한 신뢰를 기반으로 한 조직문화에서는 종업원 상호간 및 상사와 부하 간에 협동심이 높고, 기본적으로 조직에 대해 신뢰를 하기 때문에 노사 간의 관계가 우호적이며, 조직의 발전이 결국 조직구성원의 발전이라 믿기 때문에 근로의욕이 높게 된다. 또한, 종업원의 의미 있는 의사결정에의 참여가 허락되기 때문에 현대 산업조직에서 좌절되기 쉬운 심리적 성취감을 높인다.

일본의 관리기법 및 조직문화는 일본 문화권에서 형성되었다. 따라서 이와 같은 우수한 일본의 관리방법이 현재 쇠퇴국면을 맞고 있는 미국의 조직에 적용이 될 수 있겠는가의 문제가 제기될 수 있다. 이 문제가 제기되지 않았었다면, Z이론은 조직학계에 그렇게 큰 충격을 주지 못했을 것이다.

오우찌는 여기에 대해서 긍정적으로 답한다. 물론 문화의 차이가 현격하기 때문에 일본 문화에서 형성된 관리기법이 미국의 조직에 그대로 적용되기는 어렵다고 시인한다. 그럼에도 불구하고, 일본의 관리기법이 미국의 조직에 분별 있게 적용될 수 있다고 주장한다. 그는 이에 대한 증거로 미국의 초우량기업의 공통점을 분석하고, 놀랍게도 이들 기업이 일본의 조직관리 방법과 유사한 관리방법을 사용하고 있다고 주장한다. 여기서 오우찌는 그의 유명한 Z이론을 도출한다. 즉, 미국의 기업도 일본의 관리방법을 분별력 있게 적용함으로써 생산적인 조직문화를 형성할 수 있고 이를 통해서 기업의

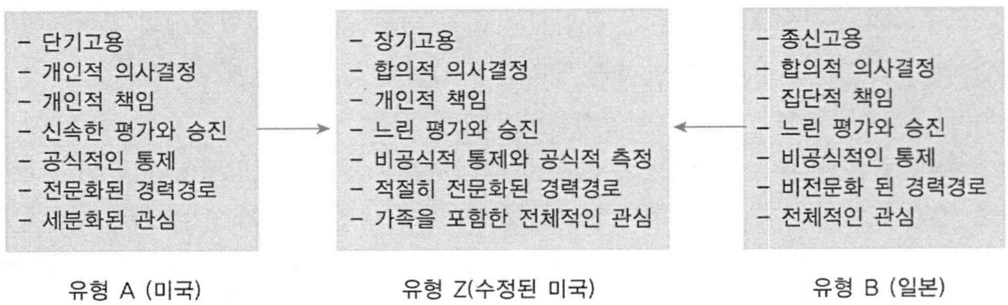

자료: Bartol, K. M & Martin, D., *Management*, 2nd Ed., McGraw-Hill Company, 1994, p.60.

[그림 5-7] Z이론의 특성

성장을 추구할 수 있다는 것이다.

이러한 오우찌의 주장이 서구의 조직연구가들의 견지에서 볼 때 너무 추상적이고, '뜬구름 잡는' 얘기로 들릴는지 모르나, 그는 결론적으로 이러한 생산적인 일본의 조직문화가 일본경제의 성공에 결정적인 기여를 했다고 주장한다.

이와 같이 Z이론은 미국의 경영 접근방식과 일본의 경영 접근방식의 혼합을 접목하려는 시도에서 나온 접근방식으로 이는 미국 사회의 규범과 가치 그리고 문화는 유지하면서, 미국식 경영의 유용성을 증가시키고자 하는 의도에서 미국과 일본의 경영 접근방식을 혼합하여 수정한 경영개념이라 할 수 있겠다.

오우찌는 Z이론이 미국기업에 효과적으로 적용되기 위해서는 최고경영자의 경영이념 및 철학이 매우 중요하다고 지적한다. 경영철학이란 조직구성원이 지향해야 할 방향 및 가치들로써, 이것이 궁극적으로 조직의 문화를 형성하는 데 큰 공헌을 한다고 본다. 오우찌는 이러한 경영철학이 일본에서의 사회문화 역할을 한다는 것이다.

앞에서 논의한 바와 같이 일본의 관리모형은 일본의 사회문화에서 자연스럽게 도출되는데 미국의 사회문화는 일본의 관리모형과 자연스럽게 연계가 되지 못한다. 따라서 일본의 관리모형의 근간인 Z관리기법만이 도입되고 이에 상응하는 경영철학 및 문화의 변혁이 따르지 못하면 최대의 효과를 기대하기는 어렵다고 보아야 할 것이다.

Ⅲ. 경영자의 의사결정(Decision Making)

1. 의사결정의 의의

의사결정이란 여러 가지 대안으로부터 행동방안을 선택하는 것으로 계획수립의 핵심이 된다. 의사결정에서는 무엇을 해야 하고, 누가 그것을 해야 하며, 언제, 어디서, 그리고 때로는 어떻게 그것을 할 것인가 까지도 선택하게 된다.

효과적인 의사결정은 합리적이어야 하는데 합리적으로 행동하거나 의사결정을 하는 사람들은 첫째, 주어진 환경과 제약 속에서 목표에 도달할 수 있게 하는 대안적인 행동과정을 명확히 이해하여야 한다.

둘째, 그들은 또한 추구하는 목표의 관점에서 대안을 분석하고 평가할 수 있는 능력과 정보를 갖지 않으면 안 된다.

셋째, 그들은 목표달성을 가장 효과적으로 만족시키는 대안을 선택함으로써 최적의 해결책에 도달하려는 욕망을 가져야 한다.

그리고 관리자가 의사결정을 함에 있어서는 항상 제한된 합리성에 만족할 수밖에 없는데 그것은 정보, 시간, 확실성 등에는 한계가 있기 때문이다. 보다 구체적으로 말하면 제한된 합리성이란 대체로 만족할 수 있는 수준, 또는 받아들일 만한 수준의 행동방안을 뜻한다.

대부분의 관리자들은 합리성의 한계 내에서 그리고 수반되는 위험의 크기와 본질에 비추어 그들이 할 수 있는 최선의 의사결정을 하려고 노력하고 있다. 따라서 세부적인 의사결정과정의 각 단계를 살펴보면 다음과 같다.

2. 의사결정의 단계

일반적으로 합리적인 의사결정은 다음과 같은 단계를 거쳐 이루어지게 된다.

1) 대안의 탐색(the search for alternatives)단계

의사결정에 있어서 첫 번째 단계는 대안을 개발하는 것이다. 대안을 개발하는 능력은 통상, 여러 대안들 가운데서 정확한 대안을 선정하는 것만큼이나 중요하다. 한편, 머리가 너무 영리하거나, 연구결과, 혹은 상식으로 너무 많은 대안을 찾아낸 나머지, 이들을 적절하게 평가할 수 없는 경우도 있다. 따라서 관리자는 바람직한 목표수행을 방해하는 제한요인들을 발견하고, 극복함으로써 최선의 대안을 선택할 수 있을 것이다.

2) 대안의 평가(evaluation of alternatives)단계

궁극적으로 의사결정의 핵심은 대안의 평가와 선정이다. 여러 가지 대안적 계획을 비교할 경우 일반적으로 사람들은 시간이나 여러 가지 형태의 고정비용 및 운영비용 등과 같은 숫자로 측정될 수 있는 양적 요인만을 고려하는 경향이 많다. 그러나 무형적이거나 질적인 요소를 무시한다면, 그 사업의 성공은 위태롭게 될 수밖에 없다.

여기에서 질적 혹은 무형적 요인들이란 노사관계의 질, 기술변화의 위험, 또는 국제적 정치 환경 등과 같이 숫자로 측정하기가 곤란한 요인들을 의미한다.

또 대안을 평가하는 데는 비용의 마지막 한 단위가 추가됨에 따른 수익의 증가를 비교하는 한계분석기법이 이용될 수 있다. 그리고 한계분석은 비용과 수익 외의 요인들을 비교하는 데에도 사용될 수 있는데 예를 들면, 어떤 기계의 최적 생산량을 파악하고자 한다면, 추가 투입량이 추가 생산량과 같아질 때까지 생산량에 대한 투입비율을 변화시키면 될 것이다. 이점이 바로 기계의 효율극대점이 된다. 또 관리자에게 보고하는 부하 인원수는 비용의 추가절감과 의사소통의 증진, 사기와 기타 요소의 향상이 통제와 리더십 및 유사한 요인의 효율성이 동등하게 감소하는 지점까지 증가시킬 수 있을 것이다.

3) 대안의 선정(selecting an alternatives)단계

대안을 선정하기 위한 기본적인 접근방법으로는 경험(experience), 실험(experimentation), 조사연구와 분석(research and analysis)을 들 수 있다.

첫 번째로 의사결정에 있어서 과거 경험에 대한 의존은 정도 이상으로 큰 역할을 하고 있는 듯하다. 경험이 많은 관리자는 자신이 경험에 의존한다는 사실을 깨닫지도 못하면서도, 성공적으로 달성했던 일과 과거에 저질렀던 과오는 미래에 대해 거의 확실한 지침을 제공한다고 믿고 있는 경향이 많다.

그러나 미래행동에 대한 지침으로 과거경험에 의존하는 데는 위험이 따를 수밖에 없다. 왜냐하면 대부분의 사람들은 실수나 실패의 근본적인 이유를 인식하지 못하며, 과거경험의 교훈이 새로운 문제에는 전적으로 적합하지 않을 수도 있기 때문이다. 그러므로 과거의 경험에 맹목적으로 의존할 것이 아니라 그것을 주의 깊게 분석하여 이로부터 성공과 실패의 근본적 원인을 정제해낸다면, 비로소 경험은 의사결정의 기초로서 매우 유용하게 될 수 있을 것이다.

두 번째로 실험에 의해 최선의 행동방안이 확인되기 전에는 이루어질 수 없는 의사결정도 많이 있다. 예컨대 신제품 판매를 확대하기 전에 특정시장에서 시험 판매하는 경우나, 조직화의 기법을 회사전체에 확대하기 전에 특정 지점이나 공장에서 실험되는 경우도 있다.

세 번째로 주요한 의사결정을 하는 경우 대안 선택에 있어서 가장 효과적인 기법 중의 하나는 연구조사와 분석이다. 조사 분석은 보다 중요한 변수들과 제약요인을 추구하는 목표에 관련된 전제들 간의 관계에 대한 조사가 포함된다.

일반적으로 종합적인 연구조사와 분석방법으로 가장 많이 사용하고 있는 기법은 운영분석(operational research: OR)방법이다.

3. 의사결정의 유형

1) 프로그램화된 의사결정과 프로그램화되지 않은 의사결정

기본적으로 의사결정의 유형은 프로그램화된 의사결정과 프로그램화되지 않은 의사결정으로 나눌 수 있다. 프로그램화된 의사결정이란 일반적으로 하위계층에서 이루어지고 있는 대부분의 의사결정들로써 구조화가 되어 있고, 일상적인 문제점에 적용되며, 직무명세서와 규칙을 가지고 있다. 이에 반해 프로그램화되지 않은 의사결정은 대부분 상위 관리자들에 의해 이루어지는데 구조화가 되어 있지 않고, 새로운 내용이며, 되풀이되지 않는 특성을 지닌 불확실한 상황에 사용된다.

그러나 대부분의 의사결정은 어떤 것도 완전히 프로그램화 되어 있거나 프로그램화 되어 있지 않은 것이라고 볼 수는 없으며, 이 두 가지가 형태가 혼합된 것이라 하겠다.

2) 확실성, 불확실성, 위험상황 하에서의 의사결정

대부분의 의사결정은 어느 정도의 불확실성 하에서 이루어지며, 일정한 위험이 포함된다. 그러나 그 정도는 매우 다양하여 비교적 확실한 것에서부터 매우 불확실한 상황에서의 의사결정에 이르기까지 다양하다.

확실성을 포함하는 상황에서는 어떤 의사결정에 대하여 나타날 결과를 합리적으로 확신할 수 있다. 즉, 정보를 이용할 수 있고, 그 정보가 믿을 만한 것으로 간주되면, 인과관계를 알게 되는 것이다. 그러나 불확실한 상황 하에서는 빈약한 자료기반만을 갖게 되어, 그 자료가 신뢰성이 있었는지의 여부를 알 수 없으며, 상황이 변화될지 아닐지의 여부에 대해 확신을 갖지 못하게 된다. 더욱이 서로 다른 변수들 간의 상호작용을 평가할 수가 없다.

보다 구체적으로 논의하자면 불확실성은 두 가지의 서로 다른 것을 의미하는데 그 하나는 의사결정자가 너무 많은 정보 또는 대체 안을 갖고 있을 수 있어서 그 중에서 최선의 것을 선택하는 일이 어렵다거나 불가능하다는 의미이고, 다른 하나는 행동의 결과를 알 수 없다거나 예측할 수 없음을 의미한다. 이와 같은 불확실성에 관련된 제요소를 도시하면 [그림 5-8]과 같다.

마일즈(R. H. Miles)는 불확실성이란 예측의 기반이 되는 미래의 사건에 대한 정보의 부족을 의미하며 그것은 구체적으로 다음과 같은 다섯 가지로 구성되어 있다고 하였다.

① 정보의 활용가능성, 정확성 및 명확성에 관한 불확실성
② 인과관계에 관한 불확실성
③ 결과의 선호에 관한 불확실성
④ 피드백의 시간 폭으로부터 야기되는 불확실성
⑤ 사건이 일어날 확률을 부여할 수 없는 데서 야기되는 불확실성

그리고 밀리큰(F. Milliken)은 다음과 같은 세 가지 유형으로 불확실성의 개념을 구분하였다.

첫째, 상태의 불확실성: 이는 환경의 구성요소에 관한 그리고 이들 구성요소간의 관계에 관한 불완전한 지식을 의미한다.

둘째, 결과의 불확실성: 이는 환경의 요소가 조직에 미치는 영향에 관한 불확실성

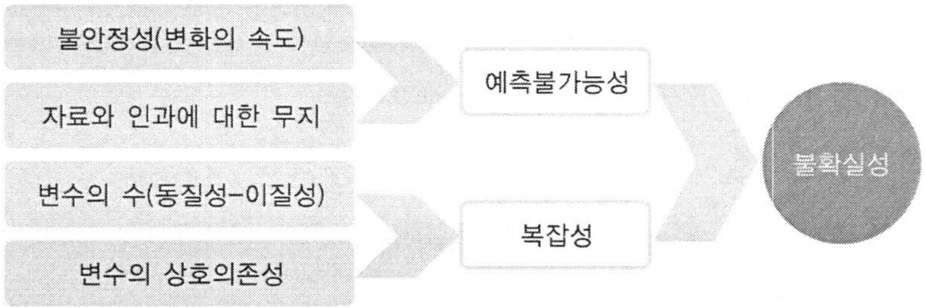

자료: A. H. Van de Ven /W. F. Joyce(eds), *Perspectives on Organization Design and Behavior* (Wiley & Sons, 1981), p.316.

[그림 5-8] 불확실성에 관련된 선행상황

을 의미한다.

셋째, 반응의 불확실성: 이는 조직이 어떤 반응을 취할 것인가의 선택 안에 관한 지식의 결여와 그 선택 안의 결과를 예측할 능력이 없음을 의미한다.

한편, 위험성 하에서는, 사실에 입각한 정보를 갖고 있다하더라도 그것만으로는 완전하지 못할 것이다. 의사결정의 질을 향상시키기 위해서 예컨대 수학적인 모델을 사용함으로써 결과의 객관적 확률을 추정해 볼 수도 있고, 판단과 경험에 근거를 둔 주관적인 확률을 사용할 수도 있다.

이러한 불확실한 상황 하에서 의사결정의 질을 높여주는 현대적인 기법으로는 ① 위험도 분석(risk analysis), ② 의사결정 계통도(decision trees) 및 ③ 선호이론(preference theory) 등이 있다.

토의문제

01. 관리과정이론의 의의와 중요성에 대해 논의해 보자.

02. 현대 조직에서 관료제 모형이 갖는 의의와 중요성에 대해 토의해 보자.

03. 관료제의 순기능과 역기능에 대해 토의해 보자.

04. 과학적 관리법의 의의와 영향에 대해 토의해 보자.

05. 현대 경영에서 페이욜의 관리원칙이 갖는 의의와 중요성에 대해 토의해 보자.

06. 계량경영이론의 관리적 의의에 대해 논의해 보자.

07. 일본조직과 한국조직의 관리방법의 특징에 대해 토의해 보자.

08. Z이론의 특성에 대해 논의해 보자.

참고문헌

1. 윤대혁 외, 경영학원론, 탑북스, 2013.
2. 윤대혁, 인간행동의 이해, 피엔씨미디어, 2016.
3. 박상언·김주엽 역, 조직의 8가지 이미지, 지샘, 2004.
4. 양동훈 역, 경영학원론, 시스마프레스, 2018.
5. 선우 석호, 경영학원론, 율곡출판사, 2013.
6. Lee G. Bolman and Terrence E. Deal, Reframing Organizations, John Wiley & Sans, Inc. 2003.
7. Gareth Morgan, Images of Organization, Sage Publications, Inc. 1997.
8. Bartol, K. M & Martin, D., Management, 2nd Ed., McGraw−Hill Company, 1994.
9. Van de Ven, A.H., W. F. Joyce(eds), Perspectives on Organization Design and Behavior (Wiley & Sons, 1981).
10. Ouchi, W. & Jaeger, "Type Z Organization: Stability In the Midst of Mobility", Academy of Management Review, 3, 1987, pp.305~314.
11. Uhl−bien, M., Riggio R. E., Lowe K. B., & Carsten, M. K.(2014), Followership theory: a review and research agenda, *The Leadership Quarterly*, 25: 83~104.

제6장

계획수립과 조직편성

제 6 장 계획수립과 조직편성

Ⅰ. 계획수립의 본질

집단의 노력이 효과적인 성과를 달성하기 위해서는 무엇보다도 조직구성원들이 조직의 목표와 그 목표를 달성할 수 있는 방법을 이해할 수 있어야 한다. 따라서 계획수립은 임무와 목표를 선택하고 그것을 달성하기 위한 행동방안을 포함하게 되며, 여러 대안적인 행동과정들 가운데서 대안을 선택하는 의사결정을 필요로 한다. 또한 이것은 모든 관리기능 가운데 가장 기본이 되는 것이기도 하다.

계획수립은 선정된 목표에 대한 합리적인 접근방법을 마련해 줄뿐만 아니라 현재 위치한 곳에서 장래 도달하고자 하는 곳까지의 갭(gap)을 연결하는 교량의 역할을 한다.

이와 같은 계획수립은 다음과 같은 기본적인 성격을 갖는다.

첫째, 모든 계획 및 이에 따른 부수적인 보완계획의 목적은 조직의 목적과 목표를 달성하는데 기여할 수 있어야 한다.

둘째, 계획수립은 모든 관리기능의 수행에 선행되어야 한다. 비록 실제에 있어서는 모든 관리기능이 하나의 행동체계로 얽혀 있지만, 계획수립은 모든 집단노력에 필요한 목표를 수립한다는 점에서 독특한 것이다. 따라서 관리자들은 어떤 종류의 조직관계와 어떤 자질을 가진 인적자원이 필요한지, 또 어떤 방향으로 부하를 이끌어야 하며 어떤 종류의 통제를 적용해야하는가 등을 알기 위해서 계획을 세워야 한다. 그리고 모든 관리업무들도 효과적으로 수행하기 위해서는 반드시 계획을 수립하여야 한다.

셋째, 계획수립의 특성과 범위는 각 관리자에게 주어진 권한 및 상사가 대체적으로 설정한 방침과 계획의 본질에 따라 다양하겠지만, 계획수립은 모든 관리자의 일반적인 기능인 것이다. 사장에서부터 일선감독자에 이르기까지 모든 관리자는 계획을 수립하고 있는데 심지어는 노상 강도단의 두목이나 공장의 일반직원까지도 꽤 엄한 규칙과 절차 아래 제한된 계획을 세우고 있다.

넷째, 계획의 효율성은 계획을 작성하고 운영하는데 소요된 제반비용 및 기타요인들에 의한 손실을 상쇄하고 난 후 기업의 목적과 목표달성에 기여한 정도에 의해서 측정될 수 있는데 만약 합리적인 비용, 즉 시간이나 금전 또는 생산성 측면뿐만 아니라 개인 및 집단의 만족도라는 측면에서 목적을 달성할 수 있는 계획이라면 그것은 효율성이 있다고 볼 수 있을 것이다.

Ⅱ. 계획의 유형

장래 수행할 여러 가지 행동방안을 계획이라고 이해할 때, 계획에는 다음과 같은 여러 가지 다양한 개념이 포함되게 된다.

1. 목적 또는 임무(purpose or missions)

모든 조직은 나름대로의 기본적인 기능과 임무를 지니고 있다. 예컨대 기업은 재화와 용역을 생산 및 분배해야 하는 사회적 목적을 갖는 한편, 이러한 목적은 특정계열의 제품을 생산해야 하는 임무를 수행함으로써 달성될 수 있다. 법원의 목적은 법률을 해석하고 이를 적용하는데 있으며, 대학의 목적은 학생을 가르치고 연구하는데 있다. 그리고 도로 공사의 목적은 시스템을 설계하고 건설하며 운영해 나가는데 있다.

이와 같은 기본적인 목표는 활동을 수행하고, 분명하게 규정된 방향으로 나가고, 목적을 이루며, 그렇게 하여 임무를 달성함으로써 이루어진다.

2. 목표(objectives)

목표는 계획수립의 최종지점을 나타낼 뿐만 아니라 조직편성, 인적자원관리, 통제 등이 지향하는 최종지점이기도 하다. 기업의 목표는 그 회사의 기본계획이 되며, 각각의 부서 또는 자신의 부서 목표를 갖는다. 부서목표는 당연히 기업목표의 달성에 기여해야 하지만, 때로는 부서의 목표와 기업의 목표가 완전히 다를 경우도 있다.

사실상 관리자들은 전체의 네트워크 차원에서 목표를 이해하는 것이 아니라, 자기 부서의 이익에 입각한 자신들의 관점에서 목표를 보는 경우가 매우 흔하다. 목표가 다른 목표와 상호보완적이지 못하거나 연관성이 없으면 불충분한 것이 되어 버린다. 또한 목표들 사이에 서로 충돌해 지장을 주게 될 때는 파멸적인 결과가 초래될 수도 있을 것이다.

그러므로 목표설정에 있어서는 각 목표들의 상대적인 중요성을 인정하고, 관리자들 자신이 얼마나 그 목표를 수행할 수 있는지, 또 부하들에게 얼마나 위임하여 부하들 스스로 위임, 감독, 통제 등의 역할을 해내게 할 수 있는지 등의 사실을 감안해서 결정해야 할 것이다.

목표설정에는 상사로부터의 현명한 조언과 부하에 의한 다방면에 걸친 수행이 요

〈표 6-1〉 관리자 목표의 점검표

만약 현재의 목표가 다음 기준에 맞으면 오른편 □안에 + 표를 기입하고, 그렇지 않을 경우에는 - 표시를 하시오.

1. 목표가 나의 업무의 중요한 내용과 특징을 모두 포함하고 있는가? □
2. 목표의 목록이 너무 길지 않은가? 그렇다면 같은 내용의 목표들을 묶을 수는 없겠는가? □
3. 목표는 확인 가능한 것인가? 예컨대 특정 기간이 끝났을 때 목표가 달성 되었는지를 알 수가 있는가? □
4. 목표에는 다음과 같은 내용이 표시되어 있는가?
   ① 양적인 면(얼마나 많이) □
   ② 질적인 면(얼마나 잘, 또는 특별한 특징이 있는가?) □
   ③ 시간(언제까지) □
   ④ 비용(얼마나 비용을 소모하는가?) □
5. 목표는 도전해 볼만한 것이면서도 달성이 가능한 수준인가? □
6. 목표는 우선순위가 주어져 있는가(순위, 비중 등)? □
7. 전체목표들은 다음 내용을 포함하고 있는가?
   ① 개선 목표 □
   ② 개인적 개발 목표 □
8. 목표가 다른 관리자나 부서의 목표와 협조적인 것인가? □
9. 이 목표와 관련된 모든 사람들에게 필요한 정보가 제공될 수 있도록 이 목표에 대해 알아야 할 필요가 있는 사람들에게 잘 전달했는가? □
10. 단기목표가 장기적으로 달성하여야 할 목표의 내용과 모순되지는 않는가 ? □
11. 목표를 구성하고 있는 기본가정은 명확히 밝히고 있는가? □
12. 목표는 명확히 표현되어 있고, 문서화되어 있는가? □
13. 목표는 필요한 수정절차를 취할 수 있게끔 되어 있는가 ? □
14. 목표를 달성하기 위한 자원과 권한은 충분한가 ? □
15. 목표를 성취하기를 기대하는 사람에게 그 당사자의 목표를 제안할 기회를 부여한 적이 있는가? □
16. 부하가 그들에게 부여된 책임이 있는 측면을 통제하고 있는가 ? □

구되는데 특히 다음과 같은 내용에 유의해야만 한다.

첫째, 목표의 목록은 지나치게 길어서는 안 되지만, 중요한 업무특성을 모두 포함시켜야 한다.

둘째, 목표는 반드시 확인가능 해야 하고, 무엇을, 언제까지 달성해야 하는지를 명시해야 한다.

셋째, 원하는 목표의 질과 이를 달성하는데 드는 예산비용도 나타내어야 한다.

넷째, 도전적이고 우선순위가 정해질 수 있는 목표이어야 한다.

여섯째, 개인의 전문적 성장 및 발전을 촉진시키는 목표이어야 한다.

따라서 바람직한 목표를 수립하기 위해 필요한 기준을 요약하여 제시해 보면 그 내용은 <표 6-1>과 같다.

3. 전략(strategies)

전략이란 적군이 수행할 행동이라고 믿어지는 신념에 근거하여 수립된 총괄적인 계획을 의미하는데 개념적으로는 현재 및 예상되는 장래의 상황을 분석하여 기업이 나아가야 할 방향을 결정하고, 기업의 목적을 달성하기 위한 수단을 개발하는 것이다.

그러나 실제에 있어서는 전략은 그렇게 간단한 것이 아니라 매우 복잡한 과정으로써 조직 외부의 요인들을 규명하고 분석하여 그것을 기업의 능력과 결합시키는 시스템적 접근을 필요로 한다.

따라서 전략의 개념을 보다 구체적으로는 표현하면 ① 기업의 전체적인 목적달성을 위한 자원개발 및 행동에 관한 일반적인 프로그램, ② 조직의 목표 및 변화, 이들 목표를 달성하기 위하여 사용되는 자원, 그리고 이러한 자원의 획득, 사용 및 처분 등을 결정하는데 관련된 프로그램, ③ 기업의 기본적인 장기목표의 결정, 행동방향의 선택 및 이들 목표를 달성하는데 필요한 자원의 배분 등을 의미한다.

전략의 주요 목적은 주요목표 및 방침이라는 시스템을 통하여 기업의 미래 모습을 결정하고 전달하는 것이며, 계획들을 통합시키고 그들에 대한 방향을 제시하는 것이 핵심기능이다. 그런데 전략에서는 기업이 어떻게 그 목적을 달성해야 할 것인가에 대해 정확한 설명을 하려고 하지 않는다. 왜냐하면 이런 것들은 무수한 대소의 보조계획들이 맡아야 할 업무이기 때문이다. 그러나 이것은 기업의 행동과 사고의 길잡이가 되는 유용한 개념의 틀을 제공한다. 또 전술(tactics)은 전략과 유사한 용어이지만, 그것을 통해 전략이 수행되는 행동계획인 것이다.

4. 방침(policies)

방침은 의사결정이 이루어져야 되는 분야를 규정하며, 의사결정이 기업목표에 부합하고 이에 기여하도록 보장하는 것이다. 다시 말해 방침은 어떤 쟁점들이 문제점으로 되기 전에 거기에 대한 의사결정을 할 수 있도록 하고, 같은 현상이 일어날 때마다 분석을 반복할 필요가 없게 하며, 다른 유형의 계획과 통일된 구조를 갖게 함으로써 관리자로 하여금 권한을 이양하면서 부하들의 업무에 대한 통제를 유지할 수 있게 해 준다. 즉 방침은 의사결정에 대한 지침이 되는 것이므로, 그것은 어느 정도의 재량을 허락하여야 한다. 그렇지 않을 경우 이것은 규칙이 될 것이다.

그리고 방침은 자유재량과 주도권을 장려하려는 수단이지만 한계를 지니고 있으며, 이 자유의 범위를 얼마나 넓게 하느냐는 자연히 방침에 좌우될 것이고, 다시 이것은 조직 내에서의 지위와 권한을 반영하게 된다.

5. 절차(procedures)

절차는 장래의 활동방법을 수립한다는 점에서 계획이라 할 수 있다. 절차의 본질은 필요한 행동의 시간적 순서를 결정하는 것인데, 사고보다는 행동에 대한 지침이며, 특정한 활동들이 이루어져야 하는 정확한 방법을 구체적으로 기술하는 것이다.

6. 규칙(rules)

규칙은 가장 단순한 유형의 계획으로 특별하게 요구되는 행동이나 금지행위를 자유재량의 여지가 없도록 기록해 놓은 것이다. 방침의 목적은 관리자가 자유재량을 가질 수 있는 분야를 구분해 둠으로써 의사결정에 있어서 사고를 이끌어가는 것이다. 비록 규칙도 방침으로써의 역할을 하지만 이들을 적용하는데 있어서는 자유재량이 없다는 점에서 명확히 구분된다.

7. 프로그램(programs)

프로그램은 목표, 방침, 절차, 규칙, 과업할당, 취해질 조치, 사용되는 자원 및 주어진 행동방안을 수행하는데 필요한 기타 요소들의 복합체이며, 이들은 통상적으로 예산의 지원을 받는다. 그리고 주요 프로그램은 여러 개의 세부지원 프로그램을 필요로 하게 된다.

8. 예산(budgets)

예산은 예상되는 결과를 수치로 표시해 놓은 것으로써 숫자화 된 프로그램이라고 말할 수 있다. 그래서 예산은 재무적 금액으로 표현될 수도 있고, 노동시간, 제품의 단위, 기계 사용시간 또는 기타 수치로 측정 가능한 다른 것으로도 표현될 수 있다. 그것은 비용예산에서와 같이 기업의 운영을 다룰 수도 있고, 자본지출예산에서처럼 자본적 지출을 반영하기도 하며, 혹은 현금예산처럼 현금의 흐름을 나태 낼 수도 있다.

이와 같은 예산은 정확성, 상세성 및 목적에 따라 매우 다양하다. 예산에는 조직의 생산수준에 따라 달라지는 가변 혹은 신축성 예산(variable or flexible budgets)과 주로 정부기관에서 편성하는 프로그램 예산(program budget), 그리고 가변예산과 프로그램예산을 결합한 영기준예산(zero–base budget) 등이 있다.

Ⅲ. 계획수립의 단계

1. 제1단계: 기회의 인식

계획수립의 출발점은 조직내부 및 외부환경에 속에 있는 기회를 인식하는 것에서부터 시작된다. 기회의 인식이란 문제점의 발견이라는 말로 대신할 수 있는 용어로서 모든 관리자들은 장차 가능한 기회에 대한 예비적인 조망, 이들 기회에 대한 명확하고 완전한 이해, 자신의 감정과 약점에 비추어 본 현재 위치의 파악, 그리고 해결하고자 하는 문제점과 그 이유의 이해 및 얻고자 기대하는 것에 관한 파악을 해야 한다. 현실성 있는 목표의 설정은 바로 이러한 기회의 인식에 달려 있는 것이다.

2. 제2단계: 목표의 설정

계획수립의 두 번째 단계는 장기 및 단기로 회사전체에 대한 전체목표를 수립하고, 다음에는 각 소속단위별 목표를 세우는 것이다. 목표는 기대되는 결과를 구체적으로 명시하고 달성되어져야 하는 최종지점과 가장 강조되어야 할 곳은 어디이며, 전략, 방침, 절차, 규칙, 예산, 프로그램 등의 네트워크에 의하여 무엇이 달성되어야 할 것인가를 나타낸다.

만약, 하위 부서의 관리자들이 전반적 기업목표와 그것이 암시하고 있는 파생적 목표들을 잘 이해하고 있고, 그들 자신의 목표와 기업전체의 목표를 수립하는데 그들의 아이디어를 반영할 기회를 준다면 하위부문의 목표는 더욱 짜임새 있게 작성될 수 있을 것이다.

3. 제3단계: 계획전제의 개발

계획수립의 세 번째 단계는 예측과 적용 가능한 기본방침, 현재 가지고 있는 계획 등과 같이 결정적인 중요성을 내포하는 계획수립의 전제조건을 수립하고, 각 관련자들에게 전달하며 사용할 때 이들의 동의를 얻는 일이다.

여기에서 말하는 전제조건이란 계획이 앞으로 실행될 환경에 대하여 가정(assumptions)한 것, 즉 예상 환경을 말한다. 여기에는 미래에 대한 가정이나 예측(forecasts) 그리고 계획운영에 영향을 미치게 될 이미 알려져 있는 조건 등을 포함한다. 그러나 계획전제인 예측과 흔히 현존계획으로부터 발생하는 미래에 대한 예상결과인 재무적 측면에서의 예측과는 구별되어야 한다. 예를 들면 앞으로의 사업상태, 판매량, 혹은 정치적 여건 등에 관한 예측은 계획수립의 전제가 될 수 있다. 그러나 새로운 자본투자에 의해서 발생되는 비용이나 수익에 대한 예측은 계획된 프로그램을 미래의 기대치로 바꾸어 놓은 것이다. 전자는 계획수립의 전제조건이 되지만 후자의 예측은 계획수립의 결과이다.

계획수립에 관련된 모든 관리자가 이 전제에 의견을 같이 하는 것은 매우 중요한데 계획수립 전제의 중요한 원칙을 소개하면 다음과 같다.

첫째, 계획수립에 책임을 지고 있는 사람들이 일관성 있는 계획수립의 전제를 이해하고 그 사용을 동감하면 할수록, 기업의 계획수립은 보다 잘 조정되어 갈 것이다.

둘째, 예측은 전제설정에 있어 매우 중요하다. 즉 시장의 종류는? 판매규모는? 가격은? 제품의 종류는? 기술개발의 종류는? 원가는? 세율과 조세정책은 어떻게 될까? 신규공장은? 배당정책은? 정치적 사회적 환경은? 재정은 얼마나 확장될 것인가? 장기적인 변화의 추세는 어떻게 될 것인가? 등을 합리적으로 예측하여야 한다.

셋째, 관리자들은 회사의 장래 환경을 예측할 때 여러 가지 정보원천으로부터 이들을 알아 낼 수 있다. 예컨대 경기동향, 기초제조업 및 천연자원, 서비스와 고객용 상품 등에 대한 산업 전망 등에 관한 정보를 정부, 은행, 공공기관, 대학 내 연구기관 등에서 발행하는 각종 보고서나 전문경제잡지 및 경기 동향 보고서 등을 통하여 우리는 매우 유용한 많은 자료들을 얻을 수 있다.

그러나 미래란 대단히 복잡하고 불확실하므로 미래의 계획환경에 대하여 상세하게 가정한다는 것은 무의미하고 비현실적이 될지도 모른다. 따라서 실제적으로 전제는 계획에 대하여 중요하고 전략적인 것, 다시 말해 계획을 실행하는데 가장 중요한 영향을 줄 수 있는 것에 국한되기 마련이다.

4. 제4단계: 대안적 행동방안의 결정

계획수립의 네 번째 단계는 대안적 행동방안을 탐색하고 검토하는 일이다. 합리적 대안이 존재하지 않는 계획이란 거의 없으며, 명확하게 드러나지 않는 대안이 최선의 방안이 되는 경우가 허다하다. 좀더 일반적인 문제는 대안을 찾아내는 것이 아니라 대안의 수를 줄임으로써 가장 유망한 것만을 분석할 수 있도록 하는 것이다.

5. 제5단계: 대안적 행동방안의 평가

대안적 행동방향에 대한 강점과 약점을 검토한 후에는 전제와 목표에 비추어 이들을 상호비교 함으로써 평가하는 것이다. 어떤 대안은 가장 이윤이 높을 것 같으나 너무 많은 현금지출을 필요로 하고, 그 회전속도가 느린가 하면, 다른 방안은 이윤이 좀 적긴 하지만 위험이 낮을지도 모른다. 마찬가지로 또 다른 대안이 회사의 장기목표에 잘 부합하는 것일 수도 있다.

만일 어떤 기업의 유일한 목적이 직접적인 이윤극대화 뿐이고, 미래에 대한 불확실성이 높지 않고, 현금과 자본이용에 구애받지 않으며 여러 가지 고려해야 할 요소들을 확실한 자료로 정리해 낼 수 있다면, 이러한 평가는 비교적 쉬울 것이다. 그러나 계획수립자는 전형적으로 많은 불확실성과 자본부족, 각종 파악하기 어려운 요소들에 부딪치게 되므로, 비교적 단순한 문제라 하더라도 그 평가는 매우 어렵기 마련이다.

6. 제6단계: 행동방안의 선택

행동방안의 선택 단계는 계획이 선택되는 시점, 다시 말해 의사결정이 이루어지는 단계이다.

7. 제7단계: 파생계획의 수립

행동방안이 선택되는 시점에서 계획수립이 종결될 수 있는 경우는 거의 없고, 대부분의 경우에는 기본계획을 지원하고 보완하기 위한 파생계획을 수립할 필요성 대두하게 된다.

8. 제8단계: 예산에 의한 계획의 숫자화

계획수립의 마지막 단계는 예산으로 변형시킴으로써 숫자화 하는 것이다. 기업의 전체 예산은 결과적으로 이익이나 잉여를 낳게 되는 전체적인 수입과 비용의 총액 및 현금과 자본지출 등 대차대조표에 나타나는 주요항목들의 예산을 통해 나타낼 수 있고 이러한 예산들은 기업의 전체적인 예산과 연결된다.

그러므로 잘 편성된 예산은 다양한 계획들을 서로 연결시켜주는 수단이 되고, 계획이 진행되어 가는 것을 예정할 수 있는 중요한 기준을 설정하게 된다.

Ⅳ. 조직편성

1. 조직편성의 의의

현대인들은 수많은 조직과 직·간접적인 관계를 가지면서 살아가고 있다. 효과적인 목표달성을 위해 조직은 훌륭한 인재와 조직구성원들의 협동을 원한다. 경영관리 자들에게 있어서 조직이란 용어는 “역할 또는 직위의 공식화된 의도적 구조”라고 이해하는 것이 일반적이다.

여기서 의도적 구조라 함은 조직구성원들이 자신이 수행하게 될 역할을 이해하고, 자신의 역할이 상호간에 어떻게 관련되는지를 이해하는 것이 선행될 때 보다 효과적이고 능률적인 역할수행이 가능하다는 의미가 내포된다. 이러한 조직구성원들의 역할체계를 설계하고 유지하는 것이 바로 기본적인 관리자의 조직편성 기능인 것이다.

조직역할(organizational role)이 존재하고 그 역할이 조직구성원들에게 의미를 갖도록 하려면 다음과 같은 요소들을 통합하지 않으면 안 된다. 즉 ① 입증 가능한 목표, ② 관련된 주요 임무나 활동에 대한 명확한 개념 ③ 그 역할을 담당한 사람들이 목표달성을 위해 자신이 할 수 있는 일이 무엇인가를 알게 하도록 하는 임무 분야 또는 권한에 대한 이해이다.

따라서 조직구성원들의 역할이 효과적으로 수행되도록 하려면 요구되는 정보와 그 역할을 수행하는데 필요한 제 수단들을 제공할 수 있는 규정이 마련되어야 할 것이다.

이런 의미에서 조직편성은 ① 요구되는 활동의 확인 및 분류, ② 목표달성에 필요한 활동 분류, ③ 집단을 감독하는데 필요한 권한을 가진 관리자에게 권한을 위양 및 ④ 조직구조에 있어 수평적이고 수직적인 조정이 이루어지도록 하는 규정 등이라고 할 수 있다.

결론적으로 조직구조는 누가 무엇을 해야 하고, 누가 어떤 결과에 책임이 있는가를 분명히 해야 하며, 과업 할당의 혼란과 불확실성으로 인해 임무완수에 방해가 되는 장애물을 제거하고, 기업의 목표를 반영하며 뒷받침하는 의사결정과 커뮤니케이션 네트워크를 제공하도록 설계되어야만 한다.

2. 공식조직과 비공식조직(Formal and Informal Organization)

공식조직이란 공식적으로 조직된 의도적인 역할 구조를 의미한다. 여기에서 구조는 개개인의 현재 및 미래의 성과가 가장 효과적으로 집단 목표에 기여하는 환경을 제공한 것이어야 하며 또한 융통성을 지녀야 한다.

아무리 공식적인 조직일지라도 창조적 재능을 이용할 수 있는 자유재량의 여지와 개인적인 기호와 역량을 인정할 수 있는 여지는 있어야 하며, 집단상황에서의 개인적인 노력은 집단목표와 조직목표를 지향하고 있어야 한다.

한편, 비공식조직은 공식적으로 설정되거나 요구되지는 않지만, 사람들이 서로 교제하게 됨에 따라 자연발생적으로 생겨나는 개인적, 사회적 관계의 네트워크라 할 수 있다.

3. 관리범위(The Span of Management)

조직을 편성하는 이유는 효과적으로 인간의 활동에 협동을 이루기 위해서이며, 조직에 단계가 있는 것은 관리범위에 한계가 있기 때문이다.

어떤 조직에서나 한 명의 상사가 몇 명의 부하를 관리할 수 있는가를 결정하지 않으면 안 된다. 통상적으로 상위 계층에서는 4~8명, 하위 계층에서는 8~15명 또는 그 이상이라고 주장하는 학자가 있는가 하면, 어윅(L. Urwick)은 상위계층에서의 이상적인 부하의 수를 4명, 하위계층에서는 8~12명이라고 주장하기도 하였다.

그러나 한 명의 상사가 몇 명의 부하를 효과적으로 관리할 수 있는가의 문제는 관리자가 부하들에게 소비하는 시간을 얼마나 감소시킬 수 있느냐에 따라 크게 영향을 받지 않을 수 없다. 정도의 차이는 있을지라도 관리자가 직접 관리 감독할 수 있는 부하의 수에는 한계가 있기 마련이며, 바람직한 조직구조의 설정을 위해서는 반드시 관리범위의 문제에 상당한 관심을 가져야 할 것이다.

1) 슈바르츠의 견해

슈바르츠(D. Schwartz)는 관리범위의 결정에 영향을 미치는 요인으로서 다음과 같은 내용을 제시하였다.

① 관리자에게 요구되는 비관리적인 일의 양: 그것에 바치는 시간이 적을수록 관리 폭은 커진다.

② 부하와 직접적으로 접촉하는 일에 보내는 시간: 예외의 원칙에 의해 부하가 스스로 할 수 없는 문제의 해결만을 위해 접촉하거나 하위계층으로 내려 갈수록 관리 폭은 커진다.

③ 부하의 능력: 부하가 능력이 많고 동기부여가 잘 되어 있으면 관리 폭은 커진다.

④ 직무의 복잡성: 표준화의 정도가 높고 일상적인 작업일수록 표준화되지 않고 복잡한 경우보다 관리 폭은 커진다.

⑤ 계획의 범위: 기술적 및 비 기술적 계획의 정도와 효과가 관리 폭의 결정요인이 된다.

⑥ 의사소통의 효과: 작업지시가 효과적으로 전달될 수 있으면 그만큼 관리 폭은 커진다.

⑦ 각종 통제 장치의 활용: 보고 체계 등으로 부하들과 보내는 시간을 줄이기 위해 통제 장치가 많이 개발될수록 관리 폭은 커진다.

⑧ 관리자의 개인적인 선호성향: 부하에 대한 직접적인 감독을 좋아하는 관리자일수록 관리 폭은 커진다.

⑨ 관리자의 조직상 위치: 조직의 상위계층에 있는 관리자일수록 하위계층의 관리자보다 처리해야 할 문제는 복잡하고 그의 해결을 위한 시간이 더 많이 소요되

므로 관리 폭은 작아진다.

⑩ 감독 받는 직무의 유사성: 조직의 상위층에 있는 관리자의 직무는 유사하지 않으므로 관리 폭은 작아진다.

⑪ 직무의 협조: 직무 협조가 잘 될수록 관리 폭은 커진다.

2) 관리범위 결정의 영향요인

다음과 같은 제 요인들은 관리범위의 결정에 현저한 영향을 미친다.

① 부하의 능력과 전문성

부하가 잘 훈련되어 있고, 전문성이 높으면 관리자는 부하에게 소비하는 시간과 접촉의 빈도를 현저히 감소시킬 수 있어 관리 폭은 커진다.

② 권한의 명확성

관리범위에 영향을 주는 가장 심각한 증상은 권한위양이 부적당하거나 불분명하다는 것이다. 만약 관리자가 명확히 규정된 과업을 수행하도록 분명하게 권한을 위양 한다면, 잘 훈련된 부하는 그 상사의 시간과 관심을 가장 적게 쓰는 한도 내에서 그 과업을 수행할 수 있을 것이다. 그러나 만일 부하의 과업이 그로서는 감당할 수 없는 것이거나, 명확히 규정되어 있지 않다거나, 혹은 부하가 그것을 효과적으로 수행할 권한을 갖고 있지 않다면, 그 과업은 완수되지 못하거나 그 부하의 노력을 감독, 지도하는데 관리자가 터무니없이 많은 시간을 소비해야 하게 된다던가 둘 중의 하나일 것이다.

③ 계획의 명확성

부하의 직무성격은 대부분 계획에 의해 규정된다. 계획이 잘 규정되고, 시행가능한 것이며, 이들을 수행하기 위한 권한이 위양 되어 진다면, 그리고 부하가 자신에게 기대되고 있는 바를 이해한다면, 상사의 시간을 거의 필요로 하지 않게 될 것이다.

한편, 계획을 정확하게 수립할 수 없고, 대부분의 계획을 부하들이 독자적으로 수립하지 않으면 안 되는 곳에서는, 이 부하들은 상당한 지도를 필요로 할 것이다. 그러나 만일 상사가 명확한 의사결정의 지도방침을 수립하여 그 방침이 의사결정의 지침이 되고, 어떤 단위 부서의 활동과 목표에 확실하게 일치된다면, 그리고 부하들이 그 방침을 이해한다면, 이러한 방침이 부정확하고 불완전하거나 이해되지 못할 때보다 상사는 시간을 덜 소모하게 될 것이다.

④ 객관적 기준의 사용

부하들이 계획을 잘 따르고 있는지를 확인하기 위해서는 부하들의 여하한 이탈이라도 나타낼 수 있는 객관적인 기준이 마련되어 있어야 한다. 이러한 객관적인 기준은 부하들과의 접촉의 빈도를 줄일 수 있고 성공적인 계획시행에 결정적으로 중요한 예외적인 문제에 관심을 집중시킬 수 있게 된다.

⑤ 변화율

변화율은 방침이 공식화될 수 있고 방침의 안정성이 유지될 수 있는 정도에 대한 중요한 결정인자(determinant)이다. 예컨대 방침의 공식화와 부하 훈련에 대한 완만한 변화가 초래한 효과는 로마 가톨릭교회의 조직에서 가장 뚜렷하게 나타난다. 영속성과 안정성의 견지에서 볼 때 이 조직이야말로 서구 문명사에서 아마도 가장 성공적인 조직으로 간주될 수 있을 것이다.

이 전 세계적인 조직에는 통상 단지 몇 개의 계층이 있을 뿐이며, 결과적으로 각 계층의 관리범위는 광범위하다. 그것은 의심할 나위 없이 지나치게 넓은 범위이지만, 이렇게 유별나게 넓은 관리범위는 부분적으로 주교가 갖춘 훈련정도에 의해서, 그리고 교회의 변화율이 완만했기 때문에 그런 대로 무리 없어 보인다. 제반절차나 방침의 변화는 수십 년에 걸쳐 이루어지며, 주요 목표는 거의 2000년 동안이나 동일하게 유지되고 있는 것이다.

⑥ 커뮤니케이션 기법

커뮤니케이션 기법의 유효성은 상사가 부하에게 소비되는 시간을 감소시켜 주며 관리범위에 직접적으로 영향을 준다. 모든 계획, 지시, 명령 또는 지휘가 개인접촉으로 전달되어야 하고, 모든 조직 변경과 인사배치 문제가 구도로 처리되어야 한다면, 관리자의 시간 부담은 매우 무거워 질 것이다.

그리고 계획과 지시를 간단명료하게 전달하는 능력 또한 관리범위를 확대시키는데 영향을 미칠 뿐 아니라 부하의 사기에도 영향을 미친다.

⑦ 개인적 접촉의 필요성 정도

직무를 수행하는 과정에서 많은 경우에는 대면 접촉이 필요하다. 서면보고, 메모, 방침기술서, 계획문서 또는 그 밖의 개인적 접촉을 필요로 하지 않는 전달 매체로는 완전히 처리될 수 없는 상황이 흔히 있다. 그리고 직접 대면을 통해서만 처리될 수 있는 정치적으로 델리케이트한 문제도 있을 수 있다. 이와 같은 개인적 접촉을 많이 필요로 하는 성질의 업무는 관리범위에 직접적인 영향을 미치게 된다.

⑧ 조직계층의 변화

가장 효과적인 관리범위의 규모는 조직계층에 따라 상이(相異)하고, 개인별 전문화의 정도에 따라 크게 영향을 받는다. 한 연구결과에 따르면 첫째, 보다 많은 수의 전문가들이 감독을 받을수록, 하위 및 중간 조직계층의 효과적인 관리범위는 줄어들지만, 상위계층에서는 증가하였다. 그 이유는 최고층 관리자들은 기업의 외부환경, 전략적 계획, 주요정책 문제 등 회사의 공유영역에 주된 관심을 갖기 때문이다.

둘째, 관리 활동의 일상성은 어떤 계층에서건 거의 영향을 주지 않는 것으로 보이며, 셋째, 규모는 하위계층에는 영향을 미치지 않으나, 중간 계층에는 절대적인 영향을 미친다.

4. 조직편성의 구조와 단계

조직편성 시에는 다음과 같은 몇 가지 사항을 고려해야 한다.

① 조직구조는 목표와 계획을 반영해야 한다.

② 조직구조는 기업의 관리에 이용할 수 있는 권한(자유재량권)을 반영해야 한다.

③ 조직구조는 변화하는 미래에 부응하여 제 기능을 발휘하고 집단 구성원의 기여를 받아들이고, 사람들이 효율적으로 목표를 달성하는데 도움을 주도록 설계되어야 한다.

④ 조직구조의 권한관계는 인간의 한계와 관습을 고려해야 한다.

그리고 일반적으로 조직편성의 단계는 다음과 같다.

① 기업목표의 설정

② 지원목표, 방침 및 계획의 설정

③ 이들을 달성하는데 필요한 활동의 파악 및 분류

④ 이용 가능한 인적 또는 물적 자원에 비추어 이들 활동을 집단화하고, 그 상태에서 이들의 최적 사용 방안 제시

⑤ 각 집단의 장에게 해당 활동수행에 필요한 권한 위임

⑥ 권한 관계와 정보 흐름을 통한 제반 집단의 수평적/수직적 통합

5. 부문화(Departmentation)

조직 내의 활동과 인적자원은 부문화에 의하여 집단화함으로써 조직적인 팽창이 가능해 진다. 집단화는 단순한 인원수, 조직의 기능, 지역별, 고객의 종류, 요구되는 과정이나 기구에 의하여 부문화 한다.

다시 말하면 부문화란 기업이 수행해야 하는 제 활동들을 논리적으로 집단화하는 것인데 일반적으로 업무분장 규정에 의해 이루어진다. 먼저 조직목적 달성에 필요한 제 활동들을 분류하여 각 부(部)에 할당하고, 각 부에 할당된 업무는 다시 분류되어 과(課)에 배분되고, 과에 배분된 업무는 다시 분류되어 계(系)에 할당된다. 이러한 부문화는 일반적으로 다음과 같은 여러 가지 기준에 따라 이루어지고 있다.

1) 인원수에 의한 부문화(Departmentation by Simple Number)

이는 일의 성공여부는 사람이 하는 일의 내용이나 장소 및 수단에 의해 좌우되는 것이 아니라 오로지 그 일에 관련된 사람의 수에 따라 좌우된다고 보고 부문화를 시도하는 방법인데, 오늘날 이러한 조직화 수단의 유용성은 점점 낮아지고 있다.

단순한 인원수를 기준으로 부문화 하는 경향이 퇴조되고 있는 이유로는,

첫째, 기술의 진보로 보다 특수하고 차별적인 기술이 요구되고 있다.

둘째, 전문화된 인간으로 구성된 집단이 단순히 인원수를 기준으로 구성된 집단보다 더 능률적인 경우가 많다.

셋째, 사람 수에 의한 부문화는 조직구조의 최하위층에서만 유용하다는 점 등을 들 수 있겠다.

2) 시간에 의한 부문화(Departmentation by Time)

부문화의 형태 중 시간을 기준으로 한 작업 활동의 분류는 일반적으로 하위계층에서 오랫동안 널리 사용해 왔는데, 24시간을 쉼 없이 근무해야 하는 병원이나 제철소 등의 근무에서 전형적인 예를 찾아 볼 수 있다.

〈장점〉

① 24시간 서비스를 제공할 수 있다.

② 중단 없는 연속작업을 요구하는 공정을 가능하게 한다.

③ 고가의 장비를 쉬지 않고 계속 운영할 수 있게 해 준다.

④ 사람에 따라서는 야간 근무를 더욱 선호하는 경우도 있다.

〈단점〉

① 야간 근무조에 대해서는 감독이 결여되기 쉽다.
② 주야 교대로 인한 피로요소가 있다.
③ 교대근무는 협조와 커뮤니케이션에 있어 문제를 가져오는 원인이 될 수 있다.
④ 시간외 근무로 인한 수당지급은 생산 및 서비스 원가를 상승시킨다.

3) 직능에 의한 부문화(Departmentation by Enterprise Function)

기업의 직능에 따라 업무활동을 집단화하는 것으로 기업의 직능은 제조행위(효용의 창출, 재화 및 서비스에 효용 첨가), 판매행위, 재무행위 등으로 이루어진다.

직능에 의한 부문화는 조직화에 가장 널리 사용되고 있는 기준이며, 거의 모든 계층에서 공통적으로 적용하고 있다.

〈장점〉

① 직능별부문화는 논리적이고 시간적으로 오랫동안 그 유용성에 대한 검증을 겪은 방법이다.
② 기본적인 부문화가 업무적 전문성을 따르며, 인력을 효율적으로 이용할 수 있게 한다.
③ 훈련과정을 단순화시킨다.
④ 최고 관리자로 하여금 기업이 수행하는 기본적인 업무활동들의 권력과 위신을 지키도록 할 수 있는 최선의 방법이다.

〈단점〉

① 직능별 부문화는 전체적인 기업목표를 경시하기 쉬운 경향이 있다.
② 사장만이 이익에 대한 책임을 지게 된다.
③ 핵심적인 인물의 견해가 지나치게 전문화되고 좁아진다. 즉 전반관리자가 아니라 기능적으로 전문화된 관리자를 만든다.
④ 일반관리자의 훈련이 제한된다.

4) 지역에 의한 부문화(Departmentation by Territory or Geography)

지역별부문화는 대규모의 기업, 또는 업무활동이 물리적으로 또는 지리적으로 널리 퍼져있는 기업들에게 특히 매력적인 방법이다. 그러나 업무활동이 국지적인 단일 공장에서도 공장의 안보를 위하여 경비원을 지역적 기준에 따라 배치할 수도 있다.

〈장점〉

① 책임이 낮은 계층에 주어지며, 의사결정에서 지역적인 참여를 장려하고 지역 내 활동의 조정을 향상시킨다.

② 지역시장의 욕구와 문제점에 특별한 관심을 가질 수 있다.

③ 현지운영에 따른 경제적 이점이 많다.

④ 특정한 지역을 기준으로 생산을 조직화함으로써 운영비용과 인도 시간을 줄일 수 있다.

⑤ 지역의 이해관계에 대하여 지역 주민과의 대면 커뮤니케이션을 향상시킨다.

⑥ 일반관리자를 위한 좋은 훈련 경험을 제공한다.

〈단점〉

① 지역적 부문화를 위해서는 일반관리자로서의 능력을 겸비한 사람이 많이 필요하며, 이러한 관리자의 부족은 기업성장의 제약요인이 된다.

② 지역적 부문화는 서비스의 중복을 초래한다.

③ 본사 최고경영자에게 통제 문제를 야기 시킨다.

5) 고객별부문화(Customer Departmentation)

고객의 유형에 따라 업무활동을 그룹화 하는 것으로 오늘날 기업 활동에서의 대부분의 서비스는 고객의 유형에 따라 제공되고 있다.

〈장점〉

특수하고 다양한 고객욕구에 대하여 명확히 정의된 서비스를 제공할 수 있다. 특히 중간 도매업자와 최종 개인 구매자 양측에 제품을 판매하는 제조업자는 이들을 별개의 부문으로 나눔으로써 서로 다른 특별한 욕구를 충족시킬 수 있다.

〈단점〉

① 고객별로 부문화된 부서와 다른 기준에 의해 부문화된 부서 사이에 조정이 어렵다.

② 고객별 부문 관리자는 항상 특별해야 한다는 압력을 받는다.

③ 고객 상황에 익숙한 관리자나 전문가가 필요하다.

④ 경쟁적인 차원에서 고객의 욕구를 조화시키는데 어려움이 있다.

6) 공정 또는 설비에 의한 부문화(Process or Equipment Departmentation)

흔히 제조업에서는 공정이나 설비 형태에 따라 기업 활동을 그룹화 하는데 공정을 기준으로 그룹화하고 있는 대표적인 예로는 도장이나 전기도금 공정의 그룹화, 또는 작업장의 프레스 천공기나 자동 스크루 기계의 배치를 들 수 있겠고, 설비를 기준으로 부문화 된 예로는 전기 자료처리부문 등이 있다.

7) 제품별부문화(Departmentation by Product)

제품을 기준으로 기업 활동을 집단화하는 방법은 여러 생산라인이 있는 기업이나 대기업에서 점차 증가하고 있는 추세다.

〈장점〉

① 생산라인에 개인적인 기술과 특별한 지식을 최대한 사용할 수 있도록 촉진시킨다.
② 특정한 자금, 시설, 기술 및 지식의 사용이 용이하다.
③ 생산과 서비스의 발전 및 다양화가 가능해 진다.
④ 이익에 대한 책임이 각 부(部) 수준에 주어진다.
⑤ 일반관리자들에 대해여 측정 가능한 훈련배경을 제공해 준다.

〈단점〉

① 일반관리자의 능력을 소유하고 있는 관리자가 많이 필요하다.
② 경제적 집중 서비스의 유지가 곤란하게 되는 경향이 있다.
③ 최고경영자가 부서를 통제하는데 많은 문제점을 제공한다.

6. 라인과 스텝의 권한 관계

1) 라인과 스텝의 개념(Line and Staff Concept)

라인은 경영목적 달성에 직접관계가 있는 집행적 업무를 수행하는 부문으로 제조업의 경우, 구매, 제조, 판매 직능을 수행하는 부문을 말한다. 이는 경영의 중심적 직능이며, 업무 집행상 명령권, 집행권, 지시권을 갖는다. 경영 직능의 분화에서 1차적인 직능이다.

반면에 스텝은 라인에 있는 관리자가 기업의 주요목표를 가장 효과적으로 달성할 수 있도록 도와주는 기능을 수행하며 2, 3차 경영 직능의 분화에서 나타난다(예: 인사부, 총무부, 경리부, 기획부, 통제부, 조사부).

2) 스텝의 기능

스텝의 주된 기능은 조언 및 조력 기능이다.

① 조언(advice; 전문기능): 원조, 상담, 권고, 조사, 분석, 연구, 해석, 제안, 정보제공 등

② 조력(service; 작업적 성격): 전문적 기술적 활동으로서 라인의 활동을 촉진시킨다(계획, 조직, 조정, 통제를 위한 원조).

(1) 개인적 스텝(personal staff)의 기능

관리자의 책임사항을 원조하기 위해서 특정 관리자에게 조언과 조력을 제공하는 보좌직위이며, 이를 통하여 상하 간 communication이 원활하게 될 수 있고, 상급경영자의 부담이 경감되며, 폭넓은 훈련 효과를 얻을 수 있다.

① 차장제(line assistant): 부사장, 부장, 차장, 과장, 대리 등의 명칭으로 불리는 직위로 장의 전반업무를 보좌하는 권한을 갖기도 하고, 부재 시 대행권을 행사하기도 한다.

② 부장보좌(staff assistant): 사장보좌, 부장보좌 등의 명칭으로 불리어지는 개인스텝으로 상사업무의 한정된 부분에 대해 조언, 조력하는 것으로 상사보좌 외에 다른 일에는 어떠한 명령권도 갖지 않고, 특정 관리직위에 대해서만 조언, 조력한다.

(2) 전문스텝(special staff)의 기능

라인이나 다른 스텝에 대해 전문적 지식과 기술을 가지고 조언, 조력하는 직무와 권한을 갖고 그것에 대한 책임을 지는 부문으로써 2차 분화에 의해 나타난다. (예) 인사부, 경리부, 총무부, 재무부, 기술부 등

(3) 관리스텝(general staff)의 기능

최고관리 층의 경영관리활동에 대하여 조언, 조력하며 3차 분화에 의해 나타난다.

① 기획직능: 종합계획, 조직계획, 방침작성, 절차계획, 재무계획, 인사계획

② 통제직능: 조직통제, 절차방침의 통일화, 계획업무조정, 경리검사, 업적평가 등
관리스텝은 전문스텝의 활동도 조정한다. (예) 기획부, 조사부, 통제부

3) 권한과 권력(Authority and Power)

권력(power)이란 다른 사람이나 집단의 신념이나 행동을 유도하거나 영향을 미칠 수 있는 개인이나 집단이 지닌 능력을 말하고, 권한(authority)이란 타인에게 영향을 미치는 의사결정에서 자유재량을 행사할 수 있는 직위에 따른 권리로 그 직위를 통해서 그것을 차지하고 있는 사람이 행사하게 되는 권리이다.

그리고 조직 내에서 권력과 관련된 중요한 요인은 상황이다. 조직이 처한 상황에 따라서 영향력을 미칠 수 있는 요인은 변화된다. 이들 중에서 대표적인 것을 살펴보면 다음과 같다.

① 불확실성의 처리 능력: 조직 내의 업무상황이란 항상 불확실성이 수반된다. 이는 장래의 정보의 부족에서 연유될 뿐만 아니라, 어떤 행동이나 의사결정의 성공에 대한 불확실성이 존재함으로써 발생하는 경우가 많다. 사실 불확실성 자체가 영향을 주는 것은 아니지만, 불확실성을 처리하고 통제할 수 있는 능력을 가졌느냐가 권력과 관련되는 것이다. 어떤 조직이든 가장 중심이 되는 과제의 하나는 조직에 투입되는 투입물 또는 자원을 산출물로 바꾸는데 있어서의 조직 유효성이나 혹은 불확실성의 유지이다.

② 대체가능성: 자원획득과 서비스에 요구되는 개인의 성과와 능력의 정도가 권력 원천과 관련된 상황변수이다. 즉 대체가능성과 권력과는 역 상관관계에 있게 된다. 관리자가 타인이 필요한 자원이나 서비스를 제공할 수 있으면 있을수록 그들에 대하여 그 관리자의 권력은 커지게 된다.

③ 업무 흐름의 중심성: 조직의 전체적인 성공과 성과를 달성하는 데 있어서 차지하는 통합능력과 중심성이 권력을 결정한다. 이 중심성은 두 가지 요소로 구성되어 있는데, 첫째는 관리자가 다른 분야의 활동에 자원을 연결시켜 줄 수 있는 정도이고, 둘째는 그 관리자가 없을 때 조직이 받는 영향력의 정도이다.

4) 권력의 원천

권력의 원천이란 권력보유자가 그의 권력기반을 어디에서 얻게 되는가를 말해 주는 것으로 이는 권력의 기반을 어떻게 해서 통제할 수 있게 되는가를 가르치는 말이다.

권력을 이해하기 위한 기초적인 작업은 권력이 어디에서 오는가(권력의 원천)를 확인하는 것으로부터 시작한다. 그리하여 만약 권력의 원천이 확보되면 그는 영향력 행사의 수단을 갖는다. 그리고 거기에서 영향력을 행사하기 위해 조종할 수 있는 권력기반을 얻는다. 다시 말해 권력의 원천은 권력행사의 수단인 것이다.

사람들은 다른 사람들에게 영향력을 행사하기 위해 조직상의 지위를 이용할 수도 있으며, 개인적 특성에 의존하기도 하고, 전문성을 개발하기도 하며, 정보를 통제할 수 있는 기회를 이용하기도 한다. 이 같은 원천은 하나 혹은 그 이상을 통제하여 권력 보유자가 다른 사람들의 행동을 조종할 때는 강제, 보상, 설득 및 지식 기반 등을 사용한다.

대부분의 학자들은 권력의 기반과 원천을 따로 구분하지 않고 있기 때문에 보통의 경우 권력의 기반 속에는 권력의 원천과 권력의 기반이라고 할 수 있는 내용이 혼합되어 있다.

허시와 골드시미드(F. Hersey & R. E. Goldsmith)에 의하면 권력행사 자는 다음과 같은 상이한 타인에게 영향을 미칠 수 있는 수단을 가졌다고 하였다.

① 합법적 권력: 지위에 기반을 둔 권력으로 일반적으로 지위가 높으면 높을수록 합법적 권력은 더욱 높아지는 경향이 있다.

② 강제적 권력: 강제적 권력 기반은 공포에 의존한다. 사람들이 이같은 권력에 반응하게 되는 것은 만약 추종하지 않을 경우 초래될지도 모르는 부정적 결과에 대한 공포 때문이다. 그래서 이 권력기반은 신체적(물리적) 제재(고통을 가한다든지 불구가 되게 한다든지 또는 죽음 등과 같은 신체적 제재)의 적용이나 그 같은 제재의 위협 등에 의존하게 된다.

③ 보상적 권력: 다른 사람에게 보상을 제공할 수 있는 능력에 기반을 둔 권력으로 보상적 권력이 높은 리더(leader)는 영향을 받는 사람이 그의 의사결정에 복종을 하게 되면 금전, 승진 및 인정과 같은 긍정적인 유인을 얻을 수 있으리라고 믿기 때문에 권력으로서의 역할이 가능하다. 특히 조직의 라인 관리자들이 스텝보다 더 큰 권력을 갖고 있다고 느끼게 되는 것은 스텝보다는 라인관리자가 이 보상적 권력을 더 많이 갖고 있기 때문이라고 볼 수 있다.

④ 설득적 권력: 상징적 보상의 배분이나 조종에 의존한다. 만약 그가 누구를 채용할 것인가에 대한 결정을 내릴 수 있고, 대중매체를 조종할 수 있으며 지위(신분)을 상징하는 것의 배분을 통제할 수 있거나, 집단규범에 영향을 미칠 수 있다면, 그는 설득적 권력을 갖고 있는 것이다.

⑤ 정보적 권력: 다른 사람들이 가치가 있다고 지각하는 정보를 가지고 있거나, 그 정보에 보다 쉽게 접근할 수 있다는 사실에 기반을 권력이다.

⑥ 전문적 권력: 관리자가 가지고 있는 전문성, 기술 및 지식에 기반을 둔 권력이다. 이 같은 전문성이나 기술지식은 존경을 통해 다른 사람에게 영향을 미친다.

⑦ 준거적 권력: 관리자의 개인적인 성격 특성에 기반을 둔 권력이다. 준거적 권력이 높은 관리자는 그의 성격 특성 때문에 다른 사람들로부터 호감을 쌓고 존경을 받는다. 이 같은 관리자에 대한 호감, 존경 및 동일시 때문에 다른 사람들에게 영향을 미치게 된다.

⑧ 연결적 권력: 관리자가 조직 내외의 영향력 있는 사람이나 중요한 인물과 연결, 즉 교섭력이나 특별한 이해관계를 가지고 있다는 사실에 기반을 둔 권력이다.

5) 권한위양(Delegation of Authority)

권한위양은 조직이 존재하기 위하여 수적인 것이다. 권한은 상사가 부하에게 의사결정을 할 자유 재량권을 줄 때 위양 된다. 권한위양의 전 과정은 한 직위로부터 기대되는 성과의 결정, 한 직위에 대한 과업의 결정, 이러한 과업을 달성하기 위한 권한의 위양, 그리고 그 과업을 달성하는데 책임 있는 직위에 사람을 배치하는 것 등이다. 실제에 있어서 이 과정을 분리하는 것은 불가능한데, 그 이유는 목표달성에 권한이 없는 사람에게 목표달성을 기대한다는 것은 불공정하며, 이는 장래에 나타날 최종 결과가 무엇인지도 모르면서 권한을 위양 하는 것과 마찬가지이기 때문이다. 더 나아가서 권한은 위양 되지만 책임은 위양될 수 없는 것이기 때문에, 상사는 임무를 완성하도록 부하에게 책임을 지우는 것 외에는 다른 실행가능한 대체적 방안이 없다.

(1) 권한위양의 저해요인

① 위양자측

- 자신이 가장 잘 한다고 생각하는 경우
- 위임을 불안하게 생각하는 경우
- 자신의 방법을 고집하는 경우
- 지위를 위협받는다고 생각하는 경우

② 피 위양자측

- 노력을 좋아하지 않는 경우
- 위임을 불안하게 생각하는 경우
- 자신감이 없는 경우

(2) 권한위양의 효과

- 상급자의 부담 경감

- 구성원의 창의력 발휘
- 모럴(morale)과 귀속의식
- 효과적인 부하 훈련
- 직무의 신속한 수행
- 후계자 양성의식 고취

(3) 효과적인 권한위양의 지침

D. Schwartz는 효과적인 권한위양의 지침으로서 다음과 같은 내용을 제시하였다.

① 목표달성에 알맞은 정도의 권한을 인정할 것.
② 기대 하는 바 결과를 분명히 할 것.
③ 위양된 권한을 분명히 할 것.
④ 권한은 보증된 것도 영원한 것도 아니므로 필요하면 조정할 것.
⑤ 부하의 능력을 고려할 것.
⑥ 지휘 일원화의 원칙을 따를 것.
⑦ 권한위양 의지를 개발할 것.

7. 효과적인 조직편성의 주요 원칙과 지침

일반적으로 경영학자나 실무자들 사이에서 의견의 일치가 이루어진 조직편성에 관한 제 원칙들은 일반적적용성을 갖는 진리이다. 물론 이러한 일반적 적용성은 순수과학의 제 법칙이 지니는 엄밀성을 부여할 정도로 정확한 것은 아니다. 그것보다는 오히려 훌륭한 조직편성을 위한 기준의 성격을 띠고 있다고 할 수 있다.

1) 조직편성의 목적(The Purpose of Organizing)

조직편성의 목적은 다음과 같은 제 원칙에 의하여 요약될 수 있다. 이것은 의미 있는 목표를 만드는데 도움을 주기 위한 것이며, 조직의 능률에 공헌하기 위한 것이다.

① 목표 단일성의 원칙: 조직 구조는 그것이 개인의 노력을 기업목표의 달성을 촉진시키는 경우에 유효한 것이다.
② 능률성의 원칙: 조직은 그것이 바라지 않는 결과 또는 비용을 최소한으로 하여 기업목표를 달성할 경우에 능률적인 것이다.

2) 조직편성의 이유(The Cause of Organizing)

조직구조의 기본적 원인은 관리범위의 제한이다. 만일 그러한 한계가 없다면, 단 한 사람의 관리자밖에 갖지 않은 비조직적 기업이 존재할 수 있을 것이다.

- 관리범위의 원칙: 각 관리 직위별로 개인이 효과적으로 관리할 수 있는 사람의 수에는 한계가 있다. 그러나 정확한 수는 기본적 요인의 영향에 의존할 것이다.

3) 조직구조: 권한(The Structure of Organization: Authority)

권한은 조직구조의 접착제이며, 조직을 가능케 하는 맥락(thread)이고, 업무활동을 그룹화 하여 관리자 밑에 배속시키며, 조직단위의 조정을 촉진할 수 있는 수단이기도 하다. 권한은 관리자의 재량의 범위이고 개인의 업무수행을 위한 환경을 조성하기 위한 도구이다. 조직의 가장 유용한 제 원칙의 일부는 권한에 관련되어 있다.

① 계층의 원칙: 조직에 있어서 최고경영자로부터 개별적인 부하의 직위에 이르기까지 권한계통이 명백할수록 의사결정에 대한 책임이 더욱 분명해질 것이고, 조직의 의사소통은 더욱 효과적일 것이다.

② 권한위양의 원칙: 개개의 관리자 모두에게 위양 되는 권한은 그에게 기대되는 결과의 달성을 보장할 만큼 충분한 것이 아니면 안 된다.

③ 책임절대성의 원칙: 업무수행을 위해 상사에 대해 부하의 책임은 절대적이며, 또한 어떤 상사도 부하의 조직상 업무활동에 대한 책임을 면할 수 없다.

④ 권한과 책임의 균형원칙: 행위에 대한 책임은 위양된 권한에 포함된 것보다 클 수 없으며, 또한 작을 수도 없다.

⑤ 명령 일원화의 원칙: 한 개인이 단일상사에 대하여 가지는 보고관계가 완전하면 할수록 조직안의 갈등문제는 더욱 적어질 것이며, 결과에 대한 개인적 책임감은 더욱 커질 것이다.

⑥ 권한계층의 원칙: 예정된 권한위양을 유지하기 위해서는 개별 관리자의 권한범위 안의 결정은 반드시 자기가 해야 하며, 조직구조의 상부로 전가되어서는 안 된다.

4) 조직구조: 업무활동의 부문화(The Structure of Organization: Departmentized Activities)

조직은 개별부서의 틀을 설계하는 것이다. 이 분야에 여러 개의 원칙이 있지만 중요한 것이 직능적정의의 원칙이다.

직능적정의의 원칙이란 직위 또는 부서가 기대하는 결과의 명확한 정의, 수행된 활동, 위양된 조직권한, 다른 직위자의 권한과 비공식적인 관계가 명확한 정의를 가질수록 책임 있는 개인은 기업 목적달성을 위해 더욱 더 적절하게 공헌할 것이다.

5) 조직편성의 과정(The Process of Organizing)

권한위양과 부문화의 여러 원칙은 조직의 프로세서를 다루는 기본적 진리인 것이다. 그러나 그것은 조직편성의 2대 주요 국면, 즉 권한과 업무활동 그룹화의 제 단계와 관련을 갖는다. 그 밖의 조직의 프로세서를 다루는 것으로 보이는 제 원칙이 있다. 이들의 적용을 통하여 균형의식이나 전 조직편성의 프로세서의 평가척도를 얻을 수 있다.

① 균형의 원칙

조직이라면 어느 것이나 균형을 필요로 한다. 제 원칙이나 기술의 적용은 기업목표에 대처하기 위한 조직의 총체적 유효성을 보증하기 위하여 균형이 이루어지도록 해야 한다.

균형의 원칙은 과학의 모든 영역과 관리자의 모든 기능에 공통된다. 광범위한 관리범위가 지니는 비능률성은 긴 의사소통 계열이 지니는 비능률성과 균형이 잡히지 않으면 안 된다.

복합적 명령으로 인한 손실은 전문권한을 스텝 및 서비스 부문에 부여함으로써 얻게 된 숙련과 통일성의 이익으로 균형 잡히지 않으면 안 된다. 기업의 직업별 전문화에 의한 직업적 전문화의 절약은 반 자율적인 제품별, 또는 지역별 부문의 이익책임의 확립으로써 얻게 된 이점과 균형을 이루지 않으면 안 된다. 관리이론의 적용이 특정 상황에 의존한다는 것을 다시금 깨닫게 된다.

② 융통성의 원칙

조직구조에서 조직에 신축성을 부여하기 위한 준비가 많으면 많을수록 조직구조는 더욱 적절하게 그 목적을 완수할 수 있다.

모든 구조 안에 변화를 예측하고 이에 대응하기 위한 장치와 기법이 형성되어야 할 것이다. 기업이라면 내·외부 양쪽으로 변화하는 환경 속에서 그 목표를 향하여 움직인다. 변화에 대한 저항, 지나치게 복잡한 수속절차, 또는 지나치게 고정화된 부문계열과 같은 비 탄력성을 키워 가는 기업의 경제적, 기술적, 생물학적, 정치적, 사회적 변화 등의 도전에 대처하지 못할 위험을 안고 있는 것이다.

③ 리더십 촉진의 원칙

조직구조와 이의 권한위양이 경영관리자로 하여금 업무수행을 위한 환경을 구상, 유지하면 할수록 그것은 그 관리자의 리더십을 더욱 촉진시킬 것이다.

관리직책은 관리직위에 있는 사람의 리더십 자질에 실질적으로 의존하는 것이므로, 관리자로 하여금 가장 효율적으로 유도할 수 있는 상황을 만들어 내는데 조직구조가 그 본래의 역할을 다하는 것은 중요한 일이다. 이러한 의미에 있어서 조직편성은 리더십을 촉진하는 한 기법이다. 만일 권한의 배분과 구조적 조정에 의하여 부문의 장이 지도자로 간주되기 쉽고, 또한 그의 리더십이 촉진되는 상황이 만들어진다면 조직구조화는 하나의 본질적인 임무를 수행하는 것이 된다.

8. 범세계적 차원의 조직편성

1) 일본의 조직편성

일본의 조직에서는 대개 만장일치의 의사결정을 하기 때문에 집단책임과 의무를 강조하고 있다. 그러므로 개인적 책임은 그 속에 파묻혀 오히려 명확히 정의되지 못하고 있는 실정이다. 이는 개인적인 결단에 의한 실수에 책임을 부여하기 때문에 자신감이 결여되며, 이로 인해 중요한 정책에 불확실함을 가져온다.

사실, 조직구조가 모호하고 공식적인 권한을 강조하지 않으면 평등주의와 비공식성이 활개를 친다. 일본회사에서 발견된 또 하나의 특징은 통일과 조화에 높은 가치를 둔 평범한 조직문화와 철학에 있다. 동시에 다른 기업에 대한 경쟁심도 자리 잡고 있다.

조직변화는 상호간에 영향을 미치는 조화를 유지하려는 목적 하에서 과정의 변화로 이루어진다. 또한, 변화의 역군은 사실 항상 회사에 하나의 고용자에 불과하다.

2) 미국의 조직편성

미국의 조직은 누가 무엇에 대한 책임이 있는지를 명확히 하려는 노력, 즉 개인적 책임을 강조하고 있다. 종종 특정 직무기술서는 개인적인 책임에 대한 성격과 범위가 명시되어 있다.

사실, 수많은 조직들, 특히 안정된 환경에서 임무를 수행하는 조직들은 공식적이고 관료적인 조직구조를 사용하는 데는 성공적이었다. 조직풍토와 관련하여 많은 관리자들은 일반적으로 공유할 수 있는 조직문화를 창출해내기 위한 각별한 노력을 기울이지 못했다.

사실상 이것이 이루어지기 어려운 이유는 기술직뿐만 아니라 관리자를 포함해서 전문가들이 특정 회사보다는 자신들의 직업에 더 밀접한 자격을 갖고 있기 때문이다. 게다가, 노동력의 구성은 다양한 유전인자로부터 파생된 서로 다른 가치관을 가진 사람들로 이루어지기 때문이다.

미국의 많은 회사들의 이직률이 높은데, 그 이유는 여러 가지가 있겠으나 이 나라 민족의 역마살 때문이기도 하다. 어떤 회사이든 간에 상대적으로 고용 지속기간이 짧기 때문에, 회사에 대한 충성도는 오히려 더 낮다. 과정 대신에 목표를 바꾸어 조직변화를 가져오기도 한다.

그러나 행동과학을 지향하는 변화담당 전문가를 이용하는 조직은 갈등을 해소하고 성과를 올리기 위해 대인관계에 초점을 두기도 한다. 회사 외부에서 조직개발 자문역을 데려오는 것이 미국에서는 일반적인 상식으로 되어 있지만 일본에서는 결코 해본 적이 없다.

3) 중국의 조직편성

기업의 국유화와 정부 관리들의 기업관할이 중국의 관리관행에 많은 영향을 끼치고 있다. 이는 환경의 변화에 잘 적응하지 못하는 관료적 조직구조 때문이다. 이러한 구조가 과거에 중요시되지 않았던 이유는 관리자들이 경쟁조직에 대응할 필요가 없었기 때문이다.

개인자격으로서, 공장 관리자는 연간 목표량만 달성하면 되는 반면에, 하위 계층에서는 모호한 집단 책임의식이 팽배해 있었기 때문이었다. 공식적인 관료구조에서 대인관계는 오히려 비공식적 이었다. 조직을 이끄는 사람은 항시 그 자리에 있는 것이 아니었다. 개인적인 연줄, 가족관계, 그리고 출신성분이 빈번히 공식적인 권한보다 더 중요한 것이었다.

최근 들어, 하부계층에 보다 많은 권한을 위임한 "공장책임제도"를 시범적으로 실시하였다. 사실, 공장에서 이익배분이 허용된 것이다. 그렇지만, 특정 활동에서 파생되는 이러한 이익은 별도 세금이 부과된다. 일본에서와 같이, 중국의 기업에서도 강력한 조직문화를 발견할 수 있다. 기업에 대한 검열빈도가 아주 달라질 것이라는 조사결과가 나왔다. 그러나 회사에 그다지 많은 위임을 하지 않으면 빈번한 조직변화만 일어나는데, 그 이유는 국가가 소유한 조직 간의 직무를 변화시키기란 매우 어렵기 때문이다. 또한 미국에서 볼 수 있는 종업원들의 경쟁심이 부족하다.

토의문제

01. 조직편성과 조직의 의미에 대해 토의해 보자.

02. 공식적인 역할체계와 조직구성원들의 협동에 대해 토의해 보자.

03. 사람들은 조직의 직책을 차지해야 하며 효과적인 조직은 사람에 의해 좌우되기 때문에, 관리자가 훌륭한 사람을 고용하여 나름대로 직무를 수행토록 할 때 가장 훌륭한 조직이 탄생한다고 말한다. 이에 대해 논평하라.

04. 공식조직은 흔히 커뮤니케이션 체계로 인식되고 있다. 과연 그러한가? 어떻게?

05. 여러분이 관리자가 된다면 관리범위를 결정하는 어떤 기준을 선호하겠는가?

06. 계획수립의 본질에 대해 토의해 보자.

07. 계획화(planning)와 조직화(organizing)의 본질과 기능에 대해 논의해 보자.

참고문헌

1. 조동성 외, 경영학원론, 형설출판사, 2018.
2. 임창희, 경영학원론, 학현사, 2007.
3. 윤대혁 외, 경영학원론, 탑북스, 2013.
4. 박도준, 핵심경영학원론, 배움, 2018.
5. 정인서 외, 조직이론의 현재와 미래, 학문사, 2015.
6. Harold Koontz and Heinz Weihrich, Management, McGraw-Hill, 2013,
7. Lee G. Bolman and Terrence E. Deal, Reframing Organizations, John Wiley & Sans, Inc. 2003.
8. Gareth Morgan, Images of Organization, Sage Publications, Inc. 1997.
9. Bartol, K. M & Martin, D., Management, 2nd Ed., McGraw-Hill Company, 1994.
10. Harvard Business Review, Managing Creativity, Number 1.151.
11. Harvard Business Review, Organizational Development, Number 2.091.
12, Chughtai, A., Byme, M., & Flood, B.(2015), Linking Ethical Leadership to Employee Well-being: The Role of Trust in Supervisor, *Journal of Business Ethics*, 128(3): 653~663.

제7장

지휘 및 동기유발

제 7 장 지휘 및 동기유발

Ⅰ. 관리에 있어서의 인적 요소

기업목표는 다양한 조직의 형태에 따라 다소 상이할 것이며, 또한 각 개인은 자신에게 특별히 중요한 욕구와 목표를 가지고 있는 것이다. 관리자가 조직구성원들로 하여금 그들 자신의 욕구를 충족시키고 잠재능력을 활용함과 동시에 한편으로는 기업의 목표에 기여할 수 있음을 알게 하는 것은, 바로 지휘기능을 통해서 실현될 수 있다. 따라서 관리자는 사람들에게 부여된 역할, 인간 개성 및 성격(personality)을 이해할 필요가 있다.

1. 역할의 다양성

조직의 구성원들은 사회시스템의 한 구성원임과 동시에 재화와 용역의 소비자이기 때문에 수요에 결정적인 영향을 미치고 있다. 또한 그들은 가정, 학교, 종교단체 및 동업자 단체 그리고 정당의 한 구성원이기도 하다. 이러한 상이한 역할 속에서 관리를 지배하는 규율을 제정하고, 행동의 지침이 되는 윤리를 확립하며, 인간의 존엄과 전통을 만들어 가면서 사회적 시스템의 일원으로서 상호작용하고 있음을 이해하는 것이 필요하다.

2. 인간의 개인적 특성과 존엄성

인간은 역할에 따라 행동이 달라지며 개인의 행동과 특성은 모두가 상이하다. 그러나 기업은 규칙, 절차, 작업계획, 안전기준 및 직무기술서를 개발한다. 이러한 모든 것들은 인간이 본질적으로 유사하다는 묵시적인 가정 하에서 이루어지고 있다. 물론 이러한 가정은 조직을 조직화하는데 있어 상당한 정도로 필요한 것이긴 하지만, 또 한편으로는 각 개인은 독특하다는 것을 인식하는 것 또한 중요하다.

다시 말해 각 개인은 상이한 욕구와 욕망, 태도, 책임에 대한 욕구, 상이한 지식과 기술수준 및 상이한 잠재력을 지니고 있다. 경영자가 인간의 이러한 복잡성과 개성을 이해하지 못하고서는 동기부여, 리더십, 의사소통에 관한 일반원칙을 잘 적용할 수 없을 것이다.

원칙과 개념은 일반적으로 옳은 것이긴 하지만, 특수한 상황에 맞게 조정되어야 한다. 한 기업에 있어서 개인의 욕구를 모두 충족시킬 수는 없지만, 관리자는 개인적인 조정을 해나갈 만큼의 행동 여지는 갖고 있어야 한다.

그리고 관리의 수행은 조직목표의 달성이라는 뜻을 내포하고 있다. 목표를 성취한다는 것도 중요하지만 그러나 조직의 목표를 달성하기 위해서 그 수단인 인간의 존엄성을 침해하는 것이 되어서는 안 된다. 개인이 조직 내에서 어떠한 위치에 있든 간에 사람은 반드시 존중되어야 한다. 각 개인은 상이한 능력과 포부를 가진 독특한 존재이지만, 동시에 이들 모두는 한 사람의 인간이며, 또한 인간으로서 대우를 받을 자격이 있다.

Ⅱ. 동기유발(Motivation)

1. 동기유발의 개념

인간의 동기는 욕구에 근거한다. 이러한 욕구에는 1차적인 것으로서 물, 음식, 공기, 수면, 주택과 같은 생리적인 욕구가 있고, 2차적인 것으로서는 자존심, 지위, 타인과의 우호적인 관계, 애정, 배품, 성취, 자기주장 등을 들 수 있다. 그리고 이러한 욕구들은 개인에 따라 강도가 다르고 시간에 따라 변화한다. 이러한 의미에서 동기유발(motivation)은 추진력, 욕망, 욕구, 희망 및 이에 유사한 뜻을 가진 모든 종류의 말을 포함하는 일반적인 용어이다. 관리자가 그들의 부하에게 동기를 부여한다는 것은 이러한 추진력과 욕망을 만족시킬 수 있다고 여기는 일을 하게끔 하는 것을 말하며, 부하로 하여금 원하는 방식으로 행동하도록 유인하는 것을 뜻한다.

2. 필요 — 욕구 — 만족의 연쇄

동기유발은 필요를 느끼는 것으로부터 출발한다. 그리고 이러한 필요는 욕구를 낳고 결과적으로 추구할 목표를 낳게 되는데, 이 욕구가 충족되지 못하는 데서 긴장이 유발된다. 또 긴장이 유발되면 목표를 달성하려는 행동이 일어나게 되고 마침내 욕구에 대한 만족을 얻는다. 이러한 연쇄에 대한 설명은 매우 복잡하다.

첫째, 배고픔과 같은 생리적 욕구를 제외한 욕구들은 대부분 환경에 좌우된다. 많은 생리적인 욕구들은 환경적 요소에 의해 자극을 받는다. 즉, 음식 냄새는 배고픔을 느끼게 하고, 높은 온도계의 눈금은 갑자기 더위를 느끼게 하며, 찬 음료수를 보면 견딜 수 없는 갈증을 느낀다. 다시 말해 환경은 2차적인 욕구를 깨닫도록 하는데 중요한 영향력을 행사하고 있다.

동료의 승진은 높은 지위에 대한 욕구를 부추기며, 도전적인 문제는 그 문제를 해결함으로써 따르는 무엇인가를 이루어야겠다는 욕구를 자극한다.

둘째, 필요 — 욕구 — 만족의 고리는 언제나 위에서 설명한 것처럼 동일하게 작용하지는 않는다. 필요는 행동의 원인이 되는 동시에 또한 행동으로부터 오기도 한다. 하나의 필요를 만족시키면 더 많은 필요를 충족하려는 욕망을 불러일으키는 원인이 될 수도 있다. 그러나 욕구가 언제나 행동의 원인이 되는 것은 아니며 행동의 결과가 될 수도 있다. 다시 말해 행위는 무엇을 하는가를 보여주지만 왜 그것을 하는지의 이유를 설명하지 못하는 때도 있다는 것이다.

3. 동기유발 요인(motivator)

동기유발 요인은 개인의 행동에 영향을 주는 어떤 것으로서 사람들이 하려고 하는 것에 차이를 만들어 준다. 조직의 목표를 보다 효과적으로 달성하기 위해서 관리자는 이러한 동기유발 요인에 관심을 가져야 하고 또 이를 이용할 수 있는 능력도 있어야 한다. 사람들은 매우 다양한 방법으로 그들의 욕구를 충족시킨다. 예를 들어 어떤 사람들은 일보다는 사교집단에 가입하여 우호관계를 만족시킬 수 있고, 또 어떤 사람들은 일을 통하여 경제적인 욕구를 충족시켜 나가기도 한다.

사람들은 기업 외부에 대한 욕구와 욕망을 항상 갖고 있기 때문에 어떤 관리자도 사람의 모든 것을 고용할 것으로 기대할 수는 없는 일이다. 다만 회사나 어떤 기업이 효율적이고 성공적이 되려 한다면 효과적인 업무성과를 올리도록 모든 사람들의 동기를 충분히 자극시켜 주고 만족시켜 주어야 한다.

4. 회유와 위협(The Carrot and Stick)

회유와 위협이란 바람직한 행동을 이끌어 내기 위해 보상과 처벌을 이용하는 것을 의미하는데 이는 마치 당나귀를 움직이게 하려면 당나귀 앞에 당근을 놓고 유인을 하든지 아니면 뒤에서 채찍으로 때려야 한다는 것을 뜻한다.

대부분의 동기이론들은 "당근"에 해당하는 이론들이다. 당근은 때로 보수나 상여금 등의 금전형태로 나타난다. 금전이 유일하게 동기화될 수 있는 힘은 아니라 할지라도, 이것은 여전히 중요한 힘이 되어 왔으며, 앞으로도 그러할 것이다.

유인으로서 금전을 이용하는 접근방법이 지니는 문제점은 그들의 성과와 무관하게 연공서열에 의한 봉급인상 및 승진, 자동적인 "공적" 증가, 그리고 개별 관리자의 업무실적에 근거하지 않은 상여금 지급 등의 관행을 통해 모든 사람들이 당근을 얻는 경우가 자주 있다는 점이다. 이러한 문제점은 마치 어떤 사람이 당근이 가득 찬 우리 안에 당나귀를 집어넣은 다음 밖에서 당근을 가지고 그 당나귀가 우리 밖으로 나오도록 자극할 수 있느냐의 문제와 같다.

반면, 채찍이란 공포의 형태로 작용하는 것을 뜻한다. 이러한 공포는 실직, 수입 감소, 상여금 소멸, 강등 및 기타의 어떤 처벌에 대한 두려움으로 작용해 왔고 앞으로도 계속 그러할 것이다. 그러나 이러한 공포의 형태는 물론 최선의 방법이 아니다. 이러한 두려움은 노동조합의 결성, 업무의 질 저하, 경영자의 무관심, 위험을 수용하지 못하는 의사결정, 심지어는 부정직 등의 방어적이거나 보복적인 행동을 불러일으킨다.

Ⅲ. 동기유발에 관한 제 이론

1. 욕구계층이론

매슬로우(Abraham Maslow, 1908~1970)는 인간 본성에 대한 다음과 같은 세 가지 가정 하에서 동기부여 이론을 개발하였다.

첫째, 인간은 항상 부족한 존재이다(man is a wanting being).

인간은 항상 무엇을 원하고 있으며, 또 더 원하게 된다. 인간은 대체로 그가 원하는 욕구를 충족하고 나면 그 대신 새로운 욕구의 실현을 꾀하게 된다. 이러한 과정은 끊임없이 계속된다. 따라서 인간의 어떤 특정한 욕구는 충족될 수 있으나 전반적인 욕구는 충족될 수 없다.

둘째, 이미 충족된 욕구는 인간행동의 동기를 유발하는 요인이 아니다.

충족되지 못한 욕구만이 행동의 동기가 되는 것이다. 예컨대 인간은 평소 공기에 대한 별 관심이 없으나 일단 상실한 상태가 되면 그것에 크게 영향을 받게 된다.

셋째, 인간의 욕구는 일련의 계층 내지 중요성의 계층별로 배열할 수 있다.

하위 계층의 욕구가 대체로 충족되면 곧 이어서 다음의 상위계층의 욕구가 나타나게 되고 그에 대한 만족감을 요구하게 된다.

매슬로우에 의해 주창된 인간욕구는 5계층으로 구성되어 있다.

① 생리적 욕구(physiological needs): 공기, 음식, 배설, 성, 휴식 등

<특징> 1. 비교적 상호 독립적이다.
2. 육체의 특정부위와 관련되어 있다. (배고픔→위)
3. 풍요한 문화권에서는 동기부여 요인이 아니라 예외적인 것이다.
4. 비교적 짧은 시간 내에 반복적으로 충족시키지 않으면 안 된다.

② 안전·안정 욕구(safety and security needs): 위험, 손실, 위협으로부터의 보호와 관련된 욕구로 오늘날은 물리적 위협보다는 경제적 안정이 강한 욕구로 작용하고 있다. (예) 고용관계, 노조가입, 안정된 직장을 선호하는 것.

③ 사회적 욕구(love and belongingness needs, social needs): 동료 또는 사회 집단에 소속되어 우의와 애정을 나누기를 원한다.

④ 자존욕구(esteem needs): 성취, 능력, 자신감, 지식에 관한 욕구로 덕망, 존경, 성취, 성진 같은 것이 포함된다. 이 욕구의 결핍 시에는 신경과민, 무기력, 열등감에 사로잡히게 된다.

⑤ 자기실현욕구(needs for self-actualization): 개인이 성취할 수 있는 모든 것을 달성하고자 하는 욕구로 매슬로우는 "인간이 될 수 있는 가능한 모든 것이 되어 보려는 욕망"이라고 정의했다.

이러한 욕구 5단계 설은 임금의 중요성만을 강조한 기존의 과학적 경영의 견해와는 아주 상충된 개념으로 오늘날 경영이론에서 크게 호응을 받고 있다.

2. 맥그리거의 X·Y이론

맥그리거(Douglas McGregor, 1906~1964)는 그의 저서 "기업의 인간적 측면"(the human side of enterprise)에서 관리자가 인적자원을 통제함에 있어 근거로 하는 이론적 가정이 무엇이냐에 따라 기업의 전체적 성격이 결정된다고 전제하고 인간의 본성을 부정적으로 보는 X이론과 이의 반대의견으로서 인간의 본성을 긍정적으로 보는 Y이론을 제시하였다.

1) X이론의 가정(명령·통제에 관한 전통적 견해)

① 인간은 일을 싫어하며 가능하면 일을 회피하려 한다.

② 인간은 별로 야심이 없고, 책임회피를 좋아하며, 명령받기를 선호하고, 안전을 추구한다.

③ 대다수의 사람들은 조직문제를 해결할 만한 창의성이 없다.

④ 따라서 조직 목표의 달성을 위해서는 강제, 명령, 위협 및 처벌 방법을 강구하여야 한다.

X이론에 따르면 인간의 동기는 대체로 저차원 수준의 욕구, 즉 생리적 욕구와 안전욕구의 수준에 머무르고 있다고 가정한다.

2) Y이론의 가정(개인과 조직 목표의 통합)

① 인간이 일을 한다는 것은 자연적인 현상이며, 따라서 스포츠를 할 때나 놀이나 휴식의 경우와 다를 바 없다. 일은 고통의 원천이 되기도 하지만 조건 여하에 따라서는 기쁨을 가져오기도 한다. 조건이 허락되면 인간은 책임을 스스로 질 뿐만 아니라 오히려 그것을 추구한다.

② 인간이 조직 목표에 관여하는 경우 그들은 자기지향성과 자기통제를 행한다.

③ 개인이 조직 목표에 헌신적으로 관여하는 정도는 목표 달성과 보상과의 함수관계이다. 목표 추구적인 노력에 가장 큰 기대는 자아 및 자아실현 욕구의 충족이다.

④ 대체로 인간은 조직 문제를 해결하기 위한 창의적 노력을 구비하고 있다.

⑤ 현대 조직에 있어서 평균적 인간의 지적 능력은 그 일부분밖에 활동되지 않고 있다.

Y이론에서는 개인은 본성적으로 성장과 발전의 잠재력을 갖춘 행동주체로 인식되고, 동기부여의 문제도 경영관리자의 책임으로 규정하고 있다. 따라서 경영관리자는 인

간에 대한 전통적 가정과 사고, 관리방법 등을 재조정하여야 하며 그렇게 함으로써 조직과 개인의 목표는 부합되어야 한다고 주장하고 있다.

3. 아지리스의 성숙·미성숙이론

아지리스(Chris Argyris)는 1923년 미국 태생의 심리학자이며 조직학자이다. 아지리스는 한 인간이 성숙한 인간으로 발전하는 경우, 개인의 Personality는 다음과 같은 국면에 걸쳐 성숙의 방향으로 발전해 간다고 가정하였다.

첫째, 유아기의 수동적 상태로부터 성인이 되어 가면서 상대적인 독자성을 갖게 되는 경향이 있다. 즉, 유아의 수동성은 성인의 적극성으로 바뀌어 간다.

둘째, 유아는 타인에 의존하는 상태에 있는데 성인이 되어 가면서 상대적인 독자성을 갖게 되는 경향이 있다. 상대적인 독자성을 갖는다는 것은 '자기의 두 다리를 딛고' 홀로서는 능력을 가진다는 뜻일 뿐만 아니라 건전한 의존관계를 또한 인정하게 된다는 뜻도 된다. 달리 말하면 어린 시절의 행동결정 요인들로부터 벗어나 자기 스스로의 행동 결정요인을 발전시키는 것이라 할 수 있다.

셋째, 유아는 소수의 행동 대안밖에 선택할 줄 모르는 상태에 있으나 성인이 되어 가면서 다양하고 많은 행동을 할 능력을 갖추게 되는 경향이 있다.

넷째, 유아는 산만하고, 피상적이고, 우연적이고, 변덕스러운 관심을 갖는 데 불과하지만 성인이 되어 가면서 보다 깊은 관심을 갖게 되는 경향이 있다. 성인이 되어 가면서 점차 사물의 복잡성을 전체적으로 깊이 있게 분석·연구하게 된다.

다섯째, 유아가 갖는 단기적인 안목으로부터 성인으로서의 장기적인 안목을 발전시켜 가는 경향이 있다.

여섯째, 유아는 다른 사람들에 대하여 종속적인 위치에 있지만 사람이 성장함에 따라 다른 사람들과 대등하거나 그보다 높은 지위를 차지하려 하는 경향이 있다.

일곱째, 유아는 자아의식을 결여하지만 성인이 되면 자아를 의식할 뿐만 아니라 자아를 통제할 수도 있게 되는 경향이 있다. 이와 같은 내용을 도식화하면 [그림 7-1]과 같다.

이와 같은 일곱 가지 차원에서 변화가 일어나는 것은 개인이 많은 사회적·자아적 욕구를 가지고 있다는 것을 의미한다.

개인이 가지고 있는 사회적·자아적 욕구에는 개인적인 가치 내지 자기존중, 창조적인 직무에 자기를 관여시키는 수단, 종업원으로서 소속되고 있는 집단에 가치 있는

미성숙 →	성숙
수동적 활동	능동적 활동
의존적 상태	독립적 상태
단순한 행동양식	다양한 행동양식
변덕스럽고 얕은 관심	지속적이고 강한 관심
단기적 조망	장기적 조망(眺望)
종속적 지위	평등 혹은 우월지위
자아의식의 결여	자아의식 및 자기통제

자료: C. Argyris, Personality and Organization, New York: Harper and Brothers, 1957, p.50.

[그림 7-1] 아지리스의 성숙·미성숙이론

공헌을 하고 있다는 느낌과 이 공헌에 대한 인정감, 성취감 및 자기에게 관련된 계획, 의사결정, 집행에의 참여기회와 독립에의 욕구가 포함된다.

4. 허즈버그의 2요인이론(Two Factor Theory)

직무동기(work motivation)는 조직구성원으로 하여금 스스로의 직무를 수행하도록 만드는 개인의 내적 힘(energetic force)을 말한다. 조직구성원이 그의 직무수행에 기울이는 노력의 정도는 직무동기에 의해 영향을 받는 수가 많다. 이러한 직무동기의 형성에 심리적 기초가 되는 것은 직무와 관련지어 충족시키고자 하는 조직구성원 자신의 욕구이다.

이렇게 볼 때, 조직구성원들의 그와 같은 욕구의 내용이 파악되고 그것이 충족될 수 있는 조직여건이 갖추어진다면, 조직은 보다 효율적으로 그 기능을 발휘하게 될 것이라는 추론이 가능해진다. 이러한 문제의 해결에 지대한 관심을 보여 왔던 사람이 바로 허즈버그(Frederick Herzberg)였다.

1959년 허즈버그와 그의 공동 연구자들이 함께 발표한 *The Motivation to Work*는 그들이 그동안 수행했던 연구조사의 결과를 담고 있는데 펜실베니아주의 피츠버그 지역의 산업체에 종사하고 있던 기술자와 회계사들 가운데 203명을 대상으로 하여 연구가 이루어졌다.

이들이 택한 연구방법은 중요사건 연구법, 반 체계화된 면접조사, 자료의 내용분석 등으로 특징지을 수 있다. 그들의 이러한 연구방법을 구체적으로 설명하면 다음과 같다.

첫째, 허즈버그 등은 면접조사를 통해 응답자들로부터 자신들에게 특별히 만족감을 주었거나 혹은 특별히 불만감을 느끼게 했던 사건들이 어떤 것들이었나를 알아내었고, 둘째, 그러한 면접조사를 실시함에 있어서 면접자는 응답자들로 하여금 당해 사건을 상기하게끔 만드는 몇몇 핵심적 질문을 하는 외에는 응답자가 어떠한 내용의 진술도 자유롭게 하도록 허용하는 면접기법을 사용하였으며, 끝으로 그렇게 수집된 수백 개의 관련 사건들의 내용을 분석·분류·정리하는 방법으로 직무동기를 연구하였다.

이러한 연구과정을 통해 허즈버그는 ① 응답자들에게 만족을 주는 요인들과 불만을 주는 요인들이 상호 구분되는 별개의 군(群)을 구성하고 있고, ② 직무만족은 긍정적 직무수행 효과로, 그리고 직무불만은 부정적 직무수행 효과로 각각 연결된다는 사실을 확인하였다. 그는 이들 요인들 가운데 사람들에게 만족을 준다고 여겨지는 것들을 동기요인(motivators) 혹은 만족요인(satisfiers)이라 부르고, 불만을 결정짓는다고 보여 지는 것들을 위생요인(hygiene factors) 혹은 불만족요인(dissatisfiers)이라 불렀다.

허즈버그의 2요인이론은 이와 같은 그의 발견을 토대로 하여 수립된 것이다. 2요인이론은 직무동기를 직무요인－직무태도－직무효과로 이어지는 연계관계의 복합체로 설명한다.

1) 동기요인(motivators)

직무에 대한 만족을 결정짓는 주요 동기요인은 성취(achievement), 인정(recognition), 작업 자체(work itself), 책임(responsibility), 승진(advancement)의 다섯 가지이다.

이 요인들은 모두가 실제 직무나 직무내용과 연관된 것들로서 ① 그 직무를 수행하거나, 그 직무를 좋아하거나, 그 직무를 성공적으로 완수하거나, 직무수행에 대한 인정을 받거나, 전문직업적인 성장의 징표로써 승진이 되거나 하는 경우에 초점이 맞추어져 있다.

이들 동기요인들에 내포된 공통적인 특징으로 미루어 볼 때, 직무에 대한 만족은 매슬로우의 욕구계층 가운데 자기실현과 같은 정신적인 고급욕구의 충족에서 비롯된다는 사실을 알 수 있다.

한편, 직무만족의 경험은 곧 직무에 대한 긍정적인 태도의 유발을 의미하며, 이러한 직무태도는 직무수행(performance)에 긍정적 영향을 미치게 된다.

따라서 동기요인은 직무만족을 통해 직무수행 효과의 증진으로 연결되는 것이다. 동기요인으로부터 초래된 이러한 직무만족의 영향은 대체로 오랜 기간 동안 지속되는 경향이 있다.

이처럼 동기요인은 직무동기를 유발시키지만 그것의 부재가 직무불만족을 초래하는 것은 아니다. 예를 들어 한 사람의 작업자가 스스로의 직무에 대해 긍정적·부정적 어느 쪽의 태도도 아닌 중립 점에서 직무를 수행하고 있다고 가정한다면, 동기요인의 발생은 그의 직무태도를 그 중립 점을 상회하는 긍정적 위치로 높이게 된다.

그러나 그러한 동기요인의 소멸은 그를 다시 중립 점으로 되돌려 놓을 뿐 그에게 불만을 형성시키지는 않는다는 것이다.

요컨대, 직무만족과 직무불만의 두 감정은 상호 반대되는 것이 아니라는 것이다. 따라서 직무만족의 반대는 직무불만이 아니라 단순히 직무만족의 부재(absence)가 되며, 직무불만의 반대는 직무만족이 아니라 직무불만의 부재(不在)가 된다.

2) 위생요인(hygiene factors)

직무불만을 초래하는 위생요인에 속하는 대표적인 것으로는 회사의 정책과 관리(company policy and administration), 기술적 감독(supervision technical), 보수(salary), 상사와의 대인관계(interpersonal relations – superior), 작업조건(working conditions), 동료와의 대인관계(interpersonal relations – peers) 등이 있다.

동기요인의 경우와 달리 이들 위생요인들의 이와 같은 성격으로 미루어 볼 때 직무불만은 매슬로우의 욕구계층 가운데 하급욕구가 제대로 충족되지 않을 때 발생된다는 해석이 가능하다.

이러한 위생요인들은 직무에 대한 부정적 태도(negative job attitudes)를 형성시키며, 그 결과 작업자의 직무수행은 평균수준에도 미치지 못하는 부실한 것이 되기 쉽다.

이 경우 위생요인들을 개선하면 직무불만은 감소하게 되고, 그것이 직무수행에 미치는 부정적인 영향도 그만큼 감소될 것이다. 그러나 위생요인의 개선은 직무만족을 가져오거나 동기부여 된 직무행위를 유발시키지는 못한다.

이는 위생요인이 동기요인의 경우와 달리 인간의 정신적 성장과는 무관하기 때문이라 할 수 있다. 위생요인의 개선이 직무수행 등에 미치는 효과가 동기요인에 비해 단기적인 것도 이러한 이유와 관련되어 있는 것이다.

그러나 위생요인의 개선이 비록 그 자체로서는 동기부여의 효과를 일으키지 못하지만 적어도 긍정적 직무태도의 발생을 저해하는 장애물(impediments)을 사전에 제거한다는 효과는 지니고 있다. 즉, 위생요인의 개선은 사람에게 동기를 부여하기 위한 충분조건은 될 수 없으나 필요조건은 되는 것이다.

따라서 불만족을 해소시키기 위한 위생요인의 개선은 간접적이기는 하지만 동기유

〈표 7-1〉 동기요인과 위생요인

동기요인	위생요인
- 성취감 - 성취에 대한 인정감 - 도전적이고 보람 있는 직무 - 책임의 증대 - 성장 및 발전	- 회사정책과 관리 - 기술적 감독 - 감독자 및 동료와의 대인관계 - 작업조건 - 임금, 지위, 신분, 안정

발을 위해서도 요구된다고 할 수 있다. 이상의 논의를 요약하여 <표 7-1>과 같이 나타낼 수 있겠다.

이상과 같이 The Motivation to Work에 소개된 허즈버그의 연구결과는 주로 위생요인들(보수, 대인관계, 작업조건 등)의 개선을 통해 조직구성원들의 직무동기를 높이고자 했던 종래의 동기화 전략이 문제의 핵심에 대한 처방이 되지 못함을 밝히고 있다.

허즈버그는 2요인이론을 통해 조직의 인적자원을 효과적으로 활용하려면 단순히 위생요인을 개선하는 것만으로는 불충분하고 거기에 추가하여 보다 중요한 동기요인의 제공이 필수적으로 요구된다는 점을 명백히 하고 있다.

위생요인의 개선은 불유쾌한 상황을 회피하려는 인간의 하급욕구(생리적 욕구, 안전욕구 등)를 충족시키고, 동기요인은 인간의 상급욕구(자기실현 등)를 충족시키기 때문에 양자 모두가 조직구성원들에게 필요하게 된다는 것이 그의 주장이다.

그러면서도 허즈버그는 오직 동기요인만이 조직구성원들의 만족을 유도하고, 따라서 동기부여를 한다는 점을 특히 강조하고 있다. 이러한 점에서 2요인(Two Factor Theory) 이론은 매슬로우의 욕구계층이론과 확연한 차이가 있는 것이다.

매슬로우의 이론에 의하면 충족되지 않은 어떠한 욕구도 동기부여 할 수 있게 된다. 결국 허즈버그는 내적인 보상의 제공을 주축으로 하는 새로운 동기화 전략이 모색되어야 한다는 점을 부각시키고 있는 것이다.

실제로 허즈버그는 The Motivation to Work의 결론부분에서 동기문제를 극복하기 위한 새로운 실천적 방안을 몇 가지 제시하고 있다. 그 대표적인 것이 직무충실화(job enrichment)이다.

직무충실화는 동기요인들을 항상 제공할 수 있도록 직무자체를 재구성함을 말한다. 따라서 직무확충을 통해 구성되는 직무는 성취감과 인정, 책임, 발전과 성장, 활동상의 재량 등을 조직구성원들에게 부여하는 특성을 띠게 된다고 한다. 개인의 자발적 노력이 특히 요구되는 현대 산업사회의 조직현실에서 이 같은 직무충실화는 보다 적극적으로 연구해 볼 가치가 있을 것이다.

어떻든 2요인이론은 이제 동기연구에서 빼놓을 수 없는 중요한 이론으로서의 위치를 굳히고 있다. 그럼에도 그것을 도출해 낸 연구방법에 대해서는 아직도 학자들 간에 의견이 분분하다. 특히 귀인이론(Attribution Theory)에 의하면, 사람들은 보통 좋았던 일은 자기 자신과 관련시키고, 바람직하지 못했던 일은 환경 탓으로 돌리는 경향이 있다고 한다. 그렇다면 허즈버그의 연구에서 동기요인과 위생요인이 구분되는 것처럼 나타난 것은 그들 양 요인의 본래적 차이 때문이 아니라 응답자들의 사후 추론에 기인된 것이라 할 수 있게 된다. 이 문제에 대해서는 명쾌한 해명이 아직도 이루어지지 못하고 있다.

5. 브룸의 기대이론(The Expectancy Theory of Motivation)

브룸(Vroom)은 1차 및 2차 수준 결과(first and second level outcome), 유의성(Valence), 도구성(instrumentality) 및 기대(expectancy), 힘(force), 능력(ability) 등의 개념을 가지고 동기부여이론을 모델화하였다. 이 모델의 기본적인 가정은 다음과 같다.

① 개인 내 및 작업 상황 내에서 움직이는 힘(force)은 행동을 유발하고 결정하기 위해 결합된다.

② 사람은 자신의 행동에 관한 주의 깊은 의사결정을 한다.

③ 어떤 행동과정을 선택할 것인가는 어떤 행동이 바라는 바의 결과에 이르게 될 것인가의 기대에 달려 있다.

다시 말해 이 모델의 기본적인 가정은 대체적 행동과정 중에서 개인이 행하는 선택(choice)은 행동과 동시에 일어나는 심리적 사상(事象)에 관계된다는 것이다.

이 모델에서 중심이 되는 개념인 힘은 기본적으로 Motivation과 같은 것인데, 결국 힘은 제 기대와 유의성으로 얻은 결과의 수학적 통계를 말하며 이를 공식화하면 다음과 같다.

$$\text{힘}(force) = \Sigma\text{유의성}(valence) \times \text{기대}(expectancy)$$

- 인간은 본능적으로 행동하는 것이 아니라 어떤 행동이 특정 결과를 가져오리라는 기대의 강도와 그 결과에 대해 개인이 가지고 있는 매력의 정도에 의해 행동한다고 보았다.
- 노력－성과의 관계: 일정한 노력을 하면 얻게 될 성과에 대한 기대확률
- 성과－보상의 관계: 특정수준의 성과가 기대하는 바람직한 보상을 가져올 것으로 믿는 기대감의 정도

- 1차 수준결과: 조직목표나 직무성과와 관련된 것
- 2차 수준결과: 1차 수준결과가 개인에게 주어지는 보상(임금, 휴가, 승진등)
- 수단성: 1차 수준결과가 2차 수준결과를 가져올 것이라고 믿는 개인의 지각된 주관적 기대확률
- 유의성: 1차 수준결과와 2차 수준결과에 대해 개인이 느끼는 매력의 강도
- 기대: 노력의 결과 1차 수준결과를 가져오리라고 믿는 주관적 확률

이 이론의 중요 변수 중의 하나인 유의성이란 우리나라의 논자들에 의해 때로는 '선호가', '매력성'이라고도 번역되기도 하는데 이는 구체적 결과에 대한 만족감 또는 선호가(preference)를 의미하는 개념이며 어떤 보상에 대한 선호의 강도를 의미하는 개념이다. 그것은 긍정적인 가치와 함께 부정적인 가치를 지니고 있다. 예컨대 작업현장에서 보면 긍정적인 선호가를 위해서는 임금인상을 기대하며 감독자로부터의 징계는 부정적인 선호가 된다.

말하자면 선호가는 기대되는 보람(anticipated worth)이라고 할 수 있으며 "어떤 결과에 대해 어느 정도의 가치를 두는가?(선호가 지각)"에 대한 질문과 관련된다. 만일 정(+)의 유의성이 있다면 그 결과를 갖는 것이 안 갖는 것보다 좋을 것이고, 부(−)의 유의성이 있다면 그 반대의 경우가 성립하게 될 것이다. 결국 이와 같은 결과는 나름대로 유의성을 지니기도 하고 아니면 이 결과로 인해서 만족이나 불만족을 줄 수 있는 파생된 결과가 나타날 수 있다는 예상 때문에 유의성이 있게 된다.

따라서 특정 결과의 유의성을 확립하는 기초로서 브룸은 다음과 같은 공식을 설정하고 있다.

$$V_j = f_i\left[\sum_{n=1}^{n}(V_k I_{jk}\right] \quad (J=1 \ldots n)$$

f_i = 어떤 행동을 할 힘
V_j = j라는 결과가 갖는 유인가
V_k = j라는 결과에서 파생되는 k라는 결과가 갖는 유인가
V_{jk} = j라는 결과가 k라는 결과를 초래할 가능성에 대한 지각

유의성의 또 다른 주요 투입요인은 2차 수준 결과인데, 이는 1차 수준 결과의 목표적인 성격을 갖고 있다. 예를 들면 특정인이 승진을 원하고 있는데, 이 승진 목표를 달성하기 위해서는 우월한 능률이 필요하다고 가정했을 경우, 1차 수준 결과에서는 우수한 능률, 평균 능률 또는 평균 이상의 능률이 발휘될 것이고 그 다음의 2차수준의 결과인 승진 목표가 결정될 것이다. 따라서 1차수준의 결과(능률)는 2차수준의 결과(승진)를

성취하는 수단적 성격이 된다고 할 수 있다.

이 모델에서 사용하고 있는 또 다른 변수인 기대란 어떤 특정 행동(노력)을 하면 어떤 특정한 결과가 나타날 것이라는 가능성을 의미하고, 이와 유사하게 어떤 특정한 1차적 결과를 가져 올 가능성을 의미하며, 작업에 관련된 노력이 어떤 업적을 완성하게 될 것이라는 믿음의 강도를 의미하는 개념이다. 말하자면, 얼마만큼의 노력을 하면 얼마만큼의 업적에 이를 것이라는 가능성(노력→ 보상 가능성)을 나타내는 이 개념은 "어떤 대체안을 선택하면 성공할 것인가?(기대 지각)"에 대한 질문과 관련된다.

또 다른 변수인 도구성이란 수단성이라고도 하는데, 동기부여란 목표를 달성하면 실제로 지각된 보상을 얻을 것이라는 믿음에서 일어나는 행동이다.

예컨대 기업은 종업원이 생산적이기를 원하는데, 이는 종업원의 보상 가능성(업적→보상 가능성)에 대한 지각에 의존하게 된다. 이 때 생산성은 1차적 결과(first level out come)이고 승진은 2차적 결과(instrumentality)가 된다. 따라서 이는 "성공하면 어떤 결과(보상)를 얻게 될 것인가?(도구성 지각)"에 대한 질문과 관련된다.

이상에서 살펴 본 브룸 모델(Vroom`s model)은 경영자가 종업원의 동기를 분석하는 데에는 큰 도움을 준 바 있지만은 실질적인 Motivation을 해결하는 데에는 많은 어려움이 뒤따르고 있다. 이는 이 이론의 이론체계가 복잡하여 실제의 조직 상황에 적용하기가 어렵게 전개되고 있기 때문이다.

브룸의 이론은 갈브레이스(J. Galbraith)와 커밍즈(L. Cummings)에 의하여 보완되고 있는데, 이들은 브룸이 밝힌 바와 같이 어떤 결과는 그것이 낳는 파생적 결과가 갖는 유의성 이외에도 그 자체로서 유인을 독자적으로 갖는다는 것을 밝혀내고 있다. 예컨대 성원이 훌륭한 성과를 실현했을 경우 그것은 여러 가지의 부수적인 부대적 보상(extrinsic compensation) — 급여, 승진, 은급(恩給) 등 — 을 얻도록 함은 물론 성과실현 그 자체에서 비롯되게 되는 고유의 보상도 얻게 된다.

따라서 갈브레이스와 커밍즈는 한 결과가 가져다 줄 수 있는 총유의성에 고유의 모티베이션도 표시하는 유인가치를 첨가하였다. 또 그들은 1차 수준결과와 2차 수준결과를 명백히 하고 이들이 갖는 수단(instrumentality), 즉 급여·은급·승진·감독자의 지원·작업 집단의 수용에 대해서도 자세히 관찰하였다.

6. 포터와 로울러의 동기모델

포터(Lyman W. Porter)와 로울러(Edward E. Lawler Ⅲ)는 동기 모델을 보다 완전하게

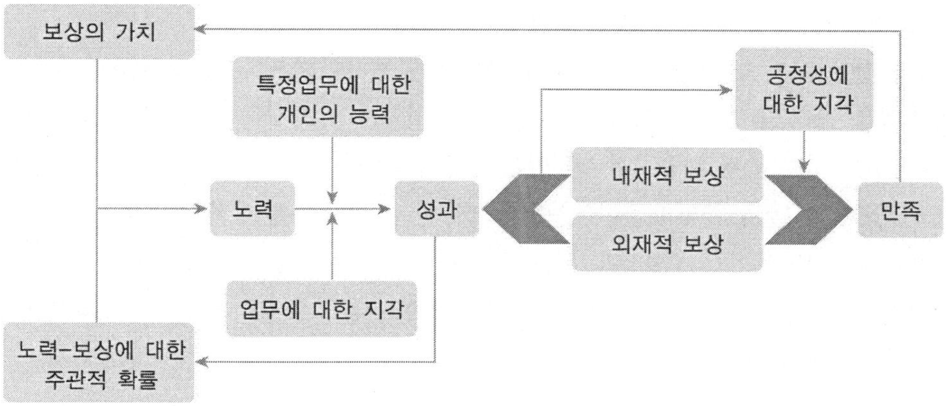

자료: Adapted from L. W. Porter and E. E. Lawler, *Managerial Attitudes and Performance* (Homewood, Ⅲ.: Richard D. Irwin, Inc., 1968), p.165.

[그림 7-2] 포터와 로울러의 동기모델

만들었으며, 기대이론의 대부분을 형성하였다. 그들의 연구에서 이 모델을 주로 관리자에게 적용하였다.

[그림 7-2]에서 보는 바와 같이 노력의 양(동기의 강도와 에너지의 소모)은 보상의 가치에 요구되는 에너지의 양이라고 생각되는 것을 더한 것, 그리고 보상을 받을 수 있는 확률에 의하여 좌우된다. 필요하다고 느끼는 노력과 실제로 보상받을 수 있는 가능성도 또한 실제의 업무성과에 의해 영향을 받는다.

사람들이 자신이 어떤 일을 할 수 있다는 것을 알거나 혹은 그 일을 해냈다면 그들은 요구된 노력을 보다 잘 깨닫고 있는 것이며, 보상을 받을 가능성을 더 잘 알고 있는 것이 될 것이다.

실제의 직무성과는 원칙적으로 지출되는 노력에 의해 결정된다. 그러나 그 성과는 또한 그 직무를 해낼 수 있는 개인적인 능력(지식과 기술)과 요구되는 과업이 무엇인지에 대한 거의 인식(목표, 요구되는 행동, 기타 과업에 대한 요소들을 이해하는 정도)에 의해서도 크게 영향을 받는다.

업무성과는 내면적 보상(성취감 혹은 자아실현의 느낌 등)과 외부적 보상(작업조건이나 지위 등)을 낳는 원인으로도 간주된다. 개인들이 공정하다고 생각하는 정도에 따라 조절되는 이러한 보상은 만족으로 이어진다. 그러나 성과 또한 보상이 공정하다고 느끼는 정도에 영향을 미친다. 이해할 수 있는 바와 같이 무엇을 노력에 대한 정당한 보상으로 보는지에 관한 개인의 견해는 반드시 만족에 영향을 줄 것이다. 이와 마찬가지로 보상의 실제 가치는 만족에 의해 영향을 받는다.

이와 같은 포터와 로울러의 동기모델은 다른 동기이론보다 좀 복잡하긴 하지만 동기 시스템을 보다 적절하게 묘사하고 있다는 점은 거의 확실하다. 실무 관리자에 대하여 이 모델이 의미하는 바는, 동기유발이 단순한 원인과 결과문제가 아님을 말해주고 있다. 또한 이 모델은 관리자들이 신중히 그들의 보상체계를 평가해야 한다는 것과 신중한 계획수립 및 목표에 의한 관리활동, 훌륭한 조직 구조화에 의한 의무와 책임의 명확한 한계를 통해서 노력－업무성과－보상－만족체계가 완전한 하나의 관리체계로 통합될 수 있음을 의미하고 있다.

7. 아담스의 공정성 이론(Equity Theory)

동기유발에 있어서 중요한 요소는 개인이 보상체계를 공정한 것으로 인식하고 있는지의 여부이다. 공정성 이론은 투입물(노력, 경험, 교육 등의 여러 요인을 포함하고 있는)에 대한 관계에 있어 각 개인들이 얻은 보상이 다른 사람들에 비해 공정하거나 공평한지에 대한 개인의 주관적인 판단을 말한다.

아담스(J. Stacy Adams)는 공정성(혹은 불공정성) 이론을 공식화함에 있어 상당한 인정을 받고 있다. 공정성 이론의 기본적인 측면은 다음과 같다.

$$\frac{\text{본인의 산출물}}{\text{본인의 투입물}} = \frac{\text{타인의 산출물}}{\text{타인의 투입물}}$$

자기의 산출물/투입물 관계는 타인과 비교하여 볼 때 균형을 이루어야 한다. 사람들은 만일 보상이 부적절 하다고 느껴지면 불만을 갖게 되어 산출물의 질이나 양을 감소시킬 것이며, 경우에 따라서는 그 조직을 떠나게 될 것이다. 만일 공정한 보상을 받는다고 느낀다면 그들은 아마도 계속 동일한 수준의 산출물을 생산해 낼 것이다. 또한 만일 공정하다고 생각하는 것보다 더 많은 보상을 받고 있다고 생각한다면, 그는 더욱 더 열심히 일을 할 것이다. 이 경우에는 보상을 감축시키는 것 또한 가능할 것이다.

한 가지 문제가 되는 것은 사람들이 자신의 공헌과 타인이 받는 보상을 과대평가하고 있다는 것이다. 어떤 불공정에 대해선 피고용자들이 당분간은 참을 수 있다. 그러나 불공정에 대한 감정이 오래 지속되면 외견상으로는 분명 아주 사소한 사건에 대하여도 강한 반응을 불러일으킬 수도 있다.

예를 들면, 종업원이 몇 분 늦은 것에 대하여 주의를 받게 되면 화를 내거나, 직장을 떠나거나 할 수도 있다. 이는 당시의 주의 때문이라기보다는 자신의 공헌에 대한 보상이 타인에 비해 불공정하다는 생각이 오래 지속되어온 감정 때문일 것이다.

8. 스키너의 강화이론(Reinforcement Theory)

하바드대학의 심리학 교수인 스키너(B. F. Skinner)는 긍정적 강화(positive reinforcement) 혹은 행위수정(behavior modification)이라 불리는 동기부여기법을 개발하였다. 스키너는 개인은 적절한 작업환경의 설계, 업무성과에 대한 칭찬에 의해 동기가 부여될 수 있으며, 부실한 업무성과에 대한 처벌은 부정적 결과를 낳게 된다고 주장하고 있다.

스키너와 그의 추종자들은 좋은 성과에 대하여 칭찬하는 것 이상의 것을 연구하였다. 그들은 무엇이 작업자들에게 그렇게 행동하도록 하는가에 대한 결정요인을 알아내기 위해 작업 상황을 분석하고 나서 또한 문제를 일으키는 분야 및 업무성과에 방해가 되는 요인을 제거하기 위한 변화를 시도하게 된다. 그런 다음에는 작업자들의 참여와 조언을 얻어 특정목표가 설정되고, 결과에 대한 신속하고 규칙적인 피드백이 가능하게 되며, 업무성과가 향상되면 인정과 칭찬으로 보상이 이루어진다. 비록, 업무성과가 목표에 미달되더라도 그들을 도울 수 있는 방법을 찾아내고 그들이 한 것 중에서 잘한 일에 대해서는 칭찬을 한다. 또한 사람들에게 회사의 문제점, 특히 그들이 관련되어 있는 문제점에 대한 충분한 정보를 준다는 것은 매우 유용하고 동기부여를 시킬 수 있다는 사실도 발견되었다.

이러한 기법은 효과를 발휘하기에는 지나치게 단순하다고 여겨지고 있고, 많은 행동과학자들과 관리자들은 이 기법의 효과성에 대해 회의적이다. 그러나 여러 유명한 회사들은 이 접근방법이 유익하다는 것을 발견하였다.

스키너의 접근방법이 지니고 있는 장점은 그 이론이 훌륭한 관리활동의 요건과 매우 밀접하게 연관되어 있다는 점일 것이다. 이 접근방법은 업무성과의 달성을 방해하는 장애물을 제거할 것과, 신중한 계획화 및 조직화, 피드백을 통한 통제, 의사소통의 확대를 강조하고 있다.

9. 맥클리랜드의 욕구이론(McClelland's Needs Theory of Motivation)

맥클리랜드(David C. McClelland)는 기본적으로 동기부여 시키는 욕구를 세 가지 형태로 분류함으로써 동기를 이해하는데 기여하였다. 이 욕구는 권력욕구(Need for Power: N−Pow), 친화욕구(Need for Affiliation: N−Aff) 및 성취욕구(Need for Achievement: N−Ach)이다. 상당한 연구가 이러한 세 가지 욕구형태와 관련하여 사람들을 대상으로 행해졌으며 맥클리랜드와 동료연구자들은 특히 성취 욕구에 중점을 두고 중요한 연구를 하였다.

1) 권력욕구(Need for Power: N-Pow)

맥클리랜드는 권력에 대하여 높은 욕구를 가진 사람들은 자신의 영향력과 지배력을 행사하는 것에 커다란 관심을 갖고 있다는 사실을 발견하였다. 그러한 사람들은 일반적으로 리더의 지위를 추구하고 있으며, 이따금 논쟁이 되는 경우도 있으나 화술이 좋은 사람들이다. 그들은 설득력을 지니고 있으며, 거침없이 말하고 완고한가 하면 고압적이기도 하다. 또한 그들은 가르치거나 대중 앞에서 연설하기를 좋아한다.

2) 친화욕구(Need for Affiliation: N-Aff)

친화에 대한 욕구가 강한 사람들은 통상 사랑 받는데서 즐거움을 얻으며 사회적 집단으로부터 소외당하는 고통을 회피하려는 경향이 있다. 이러한 사람들은 유쾌한 사회적 관계를 유지해 나가는데 관심이 있으며, 친밀감과 이해심을 즐기고, 곤경에 처한 다른 사람들을 위로하고 도와줄 자세가 되어 있으며, 다른 사람과 친밀한 관계로 지내기를 좋아한다.

3) 성취욕구(Need for Achievement: N-Ach)

높은 성취욕구를 가진 사람들은 성공에 대한 강한 욕구와 함께 실패에 대한 강한 두려움을 가지고 있다. 그들은 도전 받기를 원하고, 자신들에게 적당히 어려운 목표가 설정되어지길 원하며, 위험에 대하여 현실적으로 접근해 간다. 즉 그들은 도박사가 되기보다는 문제를 분석, 평가하고, 일을 수행하는 데 대하여 개인적인 책임을 지며, 그들이 수행하고 있는 일에 대하여 상세하고 신속한 피드백을 받기를 좋아한다. 또한 이들은 쉬지 않고 오랜 시간동안 일하기를 좋아하는 경향이 있으며, 실패하더라도 지나치게 걱정하지 않고, 자신이 주도권을 잡기를 원한다.

Ⅳ. 근로생활의 질(QWL: Quality of Working Life)

1. QWL의 의의

경제적인 수준이 높아짐에 따라 자신의 생활을 찾아 즐기려는 경향이 나타났으며, 나아가서는 자신의 목표를 실현한다는 적극적인 의지로 연결되고 있다. 이러한 측면에서 QWL문제는 동기유발에 대한 가장 흥미로운 접근중의 하나이며, 직무설계에 대한 시스템적 접근과 직무충실화(job enrichment)라는 광범위한 분야에서의 유망한 발전이라고 볼 수 있겠다.

근로생활의 질이 구체적으로 무엇을 의미하는가에 대해서는 학자들마다 다소 견해차를 보이고 있는데 구체적인 내용을 정리해 보면 그 내용은 다음과 같다.

첫째, 산업민주주의 사회에서 의사결정에 있어서 증가된 근로자의 참여 또는 노동과 경영의 결합으로 보는 견해가 있다.

둘째, 생산성을 향상시키기 위한 일단의 개입을 의미하기도 한다.

셋째, 근로자의 일을 인간화하기 위한 방법의 적용을 의미한다.

넷째, 직장생활의 조건이 적합하다고 느끼도록 만들어 단순노동에 의한 노동소외 상태를 극복시킴과 동시에 일의 보람을 갖도록 하는 것으로 이해되기도 한다.

이와 같은 의미에서 근로생활의 질(QWL)은 직무충실화에 대한 대단히 광범위한 접근방법일 뿐만 아니라 산업 및 조직심리학, 사회학, 산업공학, 조직이론과 조직개발, 동기부여와 리더십 이론 및 노사관계 등을 모두 결합시키는 연구와 실제를 혼합한 여러 학문들의 제휴 프로그램이라고 볼 수 있다.

근로생활의 질(QWL)프로그램을 개발하는 데는 일반적으로 몇 개의 단계를 거치게 되는데, 통상 노사조정 위원회가 설치되고, 직무 충실화나 직무 재설계를 통한 직무의 위신, 매력 및 생산성의 향상을 제고하는 방법을 책임지기 위하여 QWL 전문가나 스텝이 참여하게 된다.

여기서 노동자나 노동조합의 참여노력이 매우 중요한데, 그 이유는 산업 민주화의 실행뿐 아니라 직무에 종사하고 있는 사람들로 하여금 무엇이 그들의 직무를 증진시키고 보다 더 생산적일 수 있게 할 것인가를 가장 잘 식별할 수 있게 만들기 때문이다.

이러한 전형적인 QWL기법은 많은 직무충실화의 사례에서 당면하게 되는 문제 즉 근로자들이 실제로 무엇이 그들에게 직무를 보다 흥미롭게 해 줄 것인가에 대해 올바로 알지 못하는 데에서 오는 문제점을 해결하는데 도움이 된다.

이러한 노사위원회의 노력의 결과로써, 여러 개의 변화가 직무설계와 전반적인 작업환경 분야에서 제안될 수 있을 것이다. 그 위원회의 건의사항들은 조직구조의 재편성, 의사소통의 향상수단, 전에는 결코 표면화된 적이 없던 문제들과 그것의 해결책, 조립라인의 재설계와 보다 나은 품질관리 그리고 조직의 건강과 생산성을 증진시킬 수 있는 여타의 것과 같은 기술적 변화를 통한 작업배치의 변경사항에까지 확장시킬 수 있다.

이와 같은 중요한 결과의 가능성 때문에 근로생활의 질이 특히 대기업에서 급속히 확산되어온 것은 놀라운 일이 아니다.

2. QWL활동의 생성배경

QWL활동의 생성배경은 다음과 같이 크게 4가지로 나타낼 수 있다.

첫째, 인간성 소외현상 극복을 들 수 있다. 경영규모의 거대화 및 경영기술의 발전, 대량생산방식과 조직의 관료화로 상징되는 근대적인 경영이 낳은 작업환경의 변화로부터 비인간화라는 소외현상이 나타나게 되었다.

따라서 독립된 객관적 과정으로 자신의 개성을 표현할 수 없으며, 주관적인 창의력이나 연구가 고려되는 근로에 대한 인간적이고 내면적인 관계를 기대하기 어려워져 근로자들은 인간성 소외현상을 겪게 되었다. 이러한 인간성 소외를 극복하기 위해서 QWL활동이 생성되었다.

둘째, 근로자의 의식변화이다. 산업사회의 발전에 따른 상대적인 실업의 감소, 사회보장에 의한 질병과 노후불안으로부터의 해방, 소득의 상승에 따른 높은 생활수준에의 도달, 교육의 보급과 향상에 따른 근로자간 계급의 상승욕구가 상화되었으며, 도시의 재개발 및 재건설에 의해 노동계층과 중류계층간의 혼주현상이 나타나게 되어, 근로자의 의식 변화요인으로 작용하게 되었다. 이러한 의식변화는 근로자들로 하여금 본인을 자본가 계급으로 오해하게 만들고, 자기중심적인 근로자를 증가시키는 계기가 되었다.

셋째, 행동과학적 접근방법의 성과로, 산업현장에서의 인간문제 연구의 장을 개척하였던 Harvard Group의 Human Relation운동 이후 인간이해를 위한 심층연구는 더욱 촉진되었다. 이를 시발점으로 제2차 세계대전 이후 리커트(Likert)를 중심으로 한 대학 사회연구소에서는 팀워크를 바탕으로 한 상호 신뢰적이며 인간관계 지향적인 참가적 관리방식의 필요성과 근로자 중심적 감독의 중요성을 역설하였다.

한편, Pittsburgh대학 심리연구소를 중심으로 한 동기부여에 관한 연구에서도 직장 환경에 있어서 동기부여와 그것이 개인의 심리적 성장 및 정신건강에 미치는 영향에 관한 연구에서 일에 만족을 주는 요소와 불만족을 주는 요소들이 서로 존재하고 있음을 발견하였는데, 여기서 만족을 주는 동기요소는 정당성, 승인, 일 자체의 매력, 임금, 그리고 승진 등을 들고 있으며, 불만족 요인으로는 경영방침, 감독, 임금, 대인관계 및 작업조건과 관련되는 것으로 이러한 동기요인과 불만족 요인의 관계란 두 개의 상이한 인간욕구의 영역과 관계되는 것이라 하였다.

넷째, 참여적 경영문화의 대두에 의한 산업민주주의 사조의 팽배를 들 수 있다. 1960년대 이후 공업화 과정에 따른 사회현상의 변화는 전통적인 제 요인과의 균형을 불가피하게 하였다. 그 하나가 민주시민으로서의 권리의식, 작업에 따른 부의 분배문제와 연관된 것이었으나, 이러한 관리의식의 범주는 점차 확대되어 "일" 진행에까지 발언권을 갖는 높은 수준의 경영참여의 경향을 보이기 시작했다.

이러한 경영문화적 변화는 선진공업화 사회 속에서 인적자원관리의 전형적인 관행을 민주적 방향으로 전환하지 않을 수 없게 하였다. 이에 따라 사회제도로서 입법화된 다양한 사회경제적 자치권의 확대표현이 경영의식에서의 공동결정, 노사협의회, 단체교섭 등 일련의 산업 민주주의적 제도의 발전으로 나타나게 되었다.

이러한 산업민주주의 제도적 발전은 결과적으로 자유시장제도 속에서 참여적 문화의 실천을 뒷받침하게 되어 나아가서 인간성 회복을 위한 QWL운동의 촉진제가 되고 있다.

3. QWL활동의 필요성

실제적인 QWL활동에 대한 관심의 시작은 공장제의 대량생산체제를 갖추기 시작한 때로 보고 있다. 즉, 오늘날의 고도의 경제성장은 물질적 풍요를 가져왔으며, 그로 인하여 사람들은 양적 요인보다, 질적 요인에 관심을 갖게 되었으며, 기업에서도 저차원적인 욕구충족만으로는 근로자에게 적극적인 동기부여를 시킬 수 없게 되었다.

이에 근로자들에게 동기부여를 시켜줌으로서 보다 적극적으로 일 할 의욕을 불러일으키고, 이를 통하여 기업은 생산성 향상이라는 결과를 얻기 위해 QWL활동의 필요성이 있는 것이다.

4. QWL활동의 목적

인생의 보람이라는 궁극적인 목적을 직장생활의 보람을 통해 찾아야 할 때 직장 형성의 가장 기본적인 세포 단위라 할 수 있는 직무수행에서 만족과 보람을 느끼기 위해서는 직무 자체에 대한 보람, 즉 직무실현에 대한 보람과 직무수행 결과의 보상에 대한 보람이 동시에 이루어져야 한다.

첫째, 직무실현에 대한 보람은 직무를 통하여 작업의 본질을 개선함으로써 근로자들의 자아 성취감, 자율성 등에 의한 욕구를 충족시켜 직무만족의 분위기를 창조하며, 온전한 인간개발의 기회를 마련한다. 다시 말하면, '일하는 보람'이라 할 수 있다. 직무수행을 통해서 이를 실현시킬 수 있을 때 비로소 직장생활의 즐거움과 보람을 찾을 수 있다.

둘째, 직무보상에 대한 보람은 다음과 같이 설명될 수 있다. 현대 산업사회의 조직구성원은 개개인이 담당한 직무수행을 위하여 제공한 노력에 대한 공정한 보상을 받지 못하면, 직장생활에 대한 보람을 느끼지 못한다. 즉, 직무수행에 따른 물질적 보상뿐만 아니라 정신적 보상도 함께 이루어져야 한다.

또 다른 한편으로 QWL은 다음과 같은 4가지 원칙을 달성하고자 하는 시도로 볼 수 있다.

첫째, 안정성의 확보 원칙이다. 근로자들은 건강과 안전, 소득과 미래의 고용에 대한 공포나 걱정으로부터 해방되어야 한다.

둘째, 공정한 보상의 원칙이다. 근로자들은 그들의 기업의 재화나 용역의 가치에 대해서 공헌한 만큼 적절하고 종정하게 보상되어야 한다.

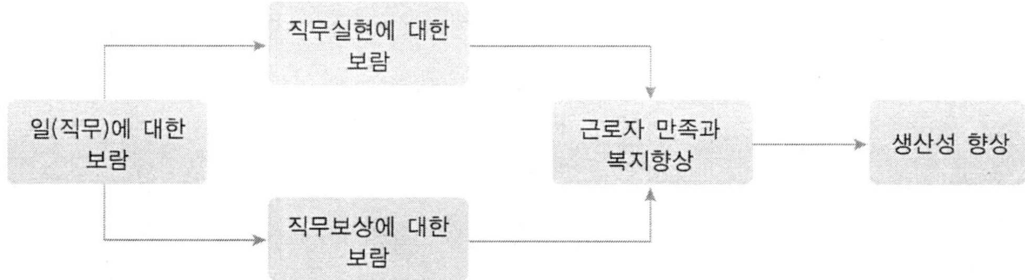

[그림 7-3] QWL의 목적

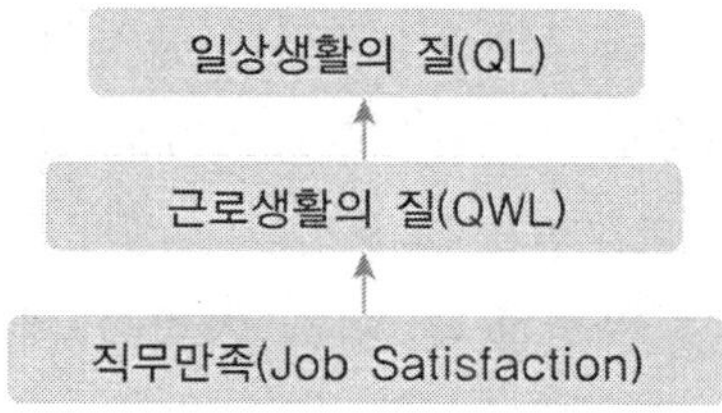

[그림 7-4] 근로생활의 질(QWL)의 위상

셋째, 자율성 확보의 원칙이다. 근로자들은 그들의 작업의 리듬을 결정하고, 작업 방법을 계획하는 데에 최대한의 자율성을 가져야 한다.

넷째, 민주화이 원칙이다. 근로자들은 가능한 한 그들이 작업하는데 영향을 미치는 의사결정에 참여할 수 있어야 하고, 담당하는 직무에 대해 책임을 감수해야 한다.

그러므로 근로생활의 질(QWL)이란 모든 수준의 구성원들이 참여하는 노동에서의 생활의 질 향상과 조직의 효율성을 증진시키고, 직무만족을 통하여 일상생활의 질, 즉, 삶의 질을 향상시키는 것을 의미하는 것이다.

5. QWL의 결정기준과 측정요인

1) QWL의 결정기준

QWL은 그 개념이 광범위하므로 직무만족에 미치는 영향정도를 알아보기 위해서는 먼저 QWL구성요인 및 측정요인에 대한 이해가 전제되어야 한다. Walton(1973)은 QWL 결정기준의 범위를 직무뿐만 아니라 조직과 관련된 제 환경까지 포함하고 있는데, 그는 노동 현장에서 겪는 인간체험의 질 차원에서 QWL 결정기준을 제시하고 있다. 이를 구체적으로 살펴보면, 다음 8가지로 구성된다.[1)]

첫째, 적정하고 공정한 보상이다. 공정한 보상은 QWL을 결정하는 주요한 요인이다. 그러나 보상의 공정성을 파악하기 위한 기준은 사회적·문화적인 환경에 따라 달라질 수 있다. 시간이 흐름에 따라 사회·문화적 환경의 영향을 받는 이념의 차이 때문에 미래에는 현재에 적정하다고 인정되는 보상수준이 불합리하게 파악될 수도 있기 때문이다.[2)]

1) 박성수, "QWL향상의 과제", 전남대학교, 경영학보 제23호, 1988, pp.158~160.

2) 최종태, 현대인사관리론, 박영사, 2003, p.467.

둘째, 안전하고 쾌적한 작업조건이다. 현대 산업조직의 구성원은 과거보다 안전하고 쾌적한 작업환경에서 일하기를 원하며, 이러한 환경의 창조 없이는 근로자에게 일하는 보람을 부여할 수 없게 되었다. 따라서 만족스러운 작업환경을 마련하는 것은 QWL 결정에 중요한 변수로 등장하고 있다.

셋째, 능력개발 및 능력을 발휘할 수 있는 기회의 제공이다. 일의 전 문화에 의한 효율성의 추구에만 급급한 것은 직무를 수행하면서 기능과 지식의 이용과 개발기회를 상실하게 만들었다. 이로 인해 직장에서 QWL을 누리도록 하려면 직무의 질을 높이는 것이 요청되었다. 여기에는 자율성, 의미 있는 정보의 획득, 작업의 전체성, 작업계획 참여 등이 포함된다.

넷째, 안정과 성장 가능성의 제공이다. 조직 구성원의 능력을 개발해야 할 뿐만 아니라 개발되어진 지식 및 기능을 미래의 작업에 활용할 수 있어야 한다. 육체적 근로자와 기술자 및 전문직 근로자의 경우에는 관리직 근로자보다 근로생활의 보람을 느끼기 힘들기 때문에, 경영기회의 제공에 있어 각별한 배려가 요구된다. 그러기 위하여 기업에서는 효과적인 경력계획과 개발을 위한 노력이 절실히 요청되고 있다. 여기에는 능력개발, 개발능력의 활용가능성, 승진기회, 안정 등이 포함된다.

다섯째, 공동체의식과 직장분위기이다. 일과 경력은 전형적으로 사회조직 내에서 추구되고 있기 때문에 구성원간의 관계는 QWL의 중요한 차원이라 할 수 있다. 특히 근로자가 조직과의 만족스러운 일체감, 자존을 어떻게 경험하느냐는 조직풍토에 종속된다.

여섯째, 작업조직의 제도화이다. 대부분의 조직 구성원은 경영자의 일방적인 의사결정에 의해 행동의 제약을 받는다. 그러므로 QWL수주을 높이기 위해서는 경영자가 할 수 있는 임의적인 행동으로부터 근로자를 보호할 수 있는 작업장의 제도화가 요청되고 있다.

즉, 사생활의 보장, 자유로운 의사소통, 공정한 대우, 인간에 의한 지배가 아닌 법에 의한 지배 등의 제도화가 요청된다.

일곱째, 직장생활과 가정생활의 조화이다. 직장에서의 생활은 가정생활과 같은 직장 이외의 생활영역에 긍정적인 영향을 미칠 수도 있고, 부정적인 영향을 미칠 수도 있다. 즉, 작업시간의 연장, 잦은 인사이동 등은 가정생활에까지 부정적인 영향을 줄 수 있으므로 직장생활과 가정생활이 조화가 이루어질 수 있도록 노력해야 한다.[3)]

여덟째, 근로생활의 사회적 기여이다. 자신이 속하는 조직이 사회적으로 책임의식을 갖고 혜택을 주느냐, 그렇지 않으면 악영향을 미치는 활동을 하고 있느냐에 따라 근

3) 최종태, 전게서, pp.468~469.

로자가 느끼는 질은 현저하게 차이를 보인다. 폐기물처리, 지역사회에의 공헌, 정치적 캠페인의 참여 등을 감안해 보았을 때 기업이 책임감을 느끼고 있는 경우에는 QWL을 느끼지만, 그렇지 못한 경우에는 자신의 직장과 경력을 낮게 평가하게 되어 QWL을 느낄 수 없다.

2) QWL수준의 측정요인

Albrecht[4)]는 QWL을 "조직 구성원으로서 근로자들이 지각하고 있는 조직의 모든 측면에 관한 질"이라 정의하고, 그 수준을 측정하기 위하여 다음과 같은 10가지 요인을 제시하였다.

첫째, 직무의 유의미성(할 만한 가치가 있는 직무)이다. 이것은 근로자로 하여금 자신이 지닌 숙련과 지식, 잠재능력을 발휘하여 조직의 목표달성에 가치 있는 기여를 하도록 만들어 주어야 한다는 것을 의미한다.

둘째, 쾌적한 작업조건이다. 직무수행과 직접적으로 관련된 육체적, 심리적 조건을 보다 안정적이고 인간적인 것으로 구성되도록 해주어야 한다.

셋째, 적정한 임금과 부가급이다. 적절한 작업에 대하여서는 그에 따르는 적절한 임금과 보상이 뒷받침되어야 한다.

넷째, 직무안정성이다. 근로자가 원한다면, 계속하여 일을 할 수 있도록 하여야 한다.

다섯째, 능숙한 감독이다. 능숙한 감독이란 하급자가 업무수행과 관련된 일들을 스스로 처리하도록 능동적이도록 만드는 긍정적인 지도를 말한다.

여섯째, 작업결과의 피드백이다. 조직목표의 달성에 있어서 개인의 공헌에 대한 인정 및 칭찬이 있어야 한다.

일곱째, 책임상의 성장과 발전을 위한 기회가 제공되어야 한다. 다양한 경험을 제공하여 자신을 개발하고, 기업 발전에 공헌할 수 있는 잠재능력을 원활하게 발휘할 수 있도록 도전적인 작업을 제공해야 한다.

여덟째, 승진에 대한 공정한 기회의 제공이다. 승진을 위한 훈련기회의 적절한 제공 및 상위 직으로의 승진 희망을 제시함에 있어서 공정한 제공을 하여야 한다.

아홉째, 긍정적인 조직분위기이다. 작업구성이 가치관이나 대인관계 면에서 안정적이고 인간적이며 심리적인 강화를 제공하여야 한다.

열 번째, 공정한 경쟁이다. 개인적·인종적 요인에 관계없이 모든 근로자들에게 공

4) Albrecht, K., Organization Development: A Total System Approach to Positive Change inAny Business Organization, Englewood Cliffs, N.J.: Prentice-Hall, 1983, pp.32~47.

정하고 적절한 대우를 제공하는 것에 가치를 두어야 한다. 그는 또한 이들 각 항목을 서열척도에 의해 측정하고 그 합을 계산함으로서 조직의 건강상태를 파악할 수 있다고 주장하였다.

6. QWL의 실행방향

QWL은 근로자의 소외를 해결하기 위한 방안으로 개발된 개념으로서 ASTD QWL 위원회(American Society for Training and Development Committee on QWL)에서는 "근로생활의 질(Quality of Working Life)이란 조직의 환경, 업무실행, 산출물 등을 형성하는데 있어서 모든 수준의 구성원들이 활발하게 참가할 수 있는 업무조직의 하나의 과정이다. 이 가치에 기초를 둔 과정은 노동에서의 생활의 질 향상과 조직의 효율성을 향상시킨다는 두 가지 목적을 달성하고자 하는 것이다"라고[5] QWL을 정의하고 있다.

그런데 이 정의에서 주목할 만한 것이 있는데, 첫째는 프로그램이 아닌 과정으로 이해해서 시작과 끝이 있는 단기적인 관점이 아닌 끝이 없이 계속적으로 개선이 이루어지는 장기적인 관점으로 이해하였다.

둘째는 경영참가(participation)를 QWL을 실행하는데 있어서 중심개념으로 삼고 있다.

셋째는 QWL활동의 목표에 대한 것이다.

참가적이고 대응적인 조직풍토에서는 개선을 유도하는 제안, 질문, 비판이 고무되고 환영받는다. 이런 환경에서는 건설적인 불평이 파괴적인 불평으로 받아들여지지 않고 조직에 대한 건설적인 관심으로 받아들여진다. 이러한 경영자의 참가에 대한 고무는 환경개선 뿐만 아니라 조직운영 유효성과 능률성의 향상을 위한 운동과 아이디어(idea)를 유도하기도 한다. 그래서 생산성 향상이 자연적인 부산물로서 나타날 수도 있다.[6]

QWL의 실행은 1차적으로 노·사간의 불신을 없게 하여 상호존경과 상호신뢰의 관계를 설정하는 방향으로 추진되어야만 한다. 즉, QWL은 인간지향적인 경영철학이 확립되도록 해야 한다. 왜냐 하면 QWL의 1차적 목적은 직무만족수준의 향상과 직업 환경의 민주화이지 생산성 향상은 아니기 때문이다. 만약 경영자가 QWL전략을 생산성 향상 목적만을 위하여 설정한다면, QWL프로그램은 경영자의 속임수를 간파한 종업원의 적극적인 지지와 협력을 얻지 못하여 실패할 것이다.

---

5) D. J. Skrovan, ed., *Quality of Working Life: Perspectives for Business and The Public Sector*, Massachusetts, Addison-Wesley Publishing, 1983, pp.11~15.

6) E. M. Glaser, "Productivity Gains through Work life Improvement", *Personnel*, Jan-Feb. 1980, p.72.

따라서 우리가 고려해 볼 가치가 있는 QWL프로그램의 첫째 목적은 직무만족의 분위기(climate of job satisfaction)를 창조하여, 건전한 인간개발(wholesome human development)의 기회를 마련하는 것이어야 한다. 다시 말해서 QWL개념은 인간관계의 탈을 쓴 생산성 향상 계획이 아닌 진정한 의미에서의 QWL, 즉 '일하는 보람' 개념이어야 한다. 물론, QWL프로그램이 조직 구성원 중 경영자를 제외한 종업원에게만 이익이 되도록 계획되어야 함을 뜻하는 것은 아니다. 사실상 이 프로그램이 적절히 개발되어 실행되어진다면, 모든 당사자가 동시에 이익을 얻을 수 있는 가능성은 충분히 존재한다.

한편에서 종업원은 QWL프로그램에 의한 직무상의 의사결정과정에의 직접적이고 의미 있는 참가를 통하여 직무만족이 향상된다는 이점을 가지며, 다른 한편으로는 QWL프로그램의 당사자로서 경영자는 종업원이 직무만족을 느낌으로써 얻게 되는 결근율의 감소, 불평 감소 및 이직률 감소 등과 같은 이익을 또한 얻을 수 있다.

결과적으로 경영자, 노조 및 종업원은 QWL전략에 의한 종업원의 직무만족에 의하여 궁극적으로 얻어질 수 있는 건설적인 단체교섭관계(constructive bargaining relationship)를 통하여 이익을 다 함께 공동으로 향유할 수 있는 것이다.

이상과 같은 방향으로 QWL운동을 실행시키기 위하여 QWL프로그램은 다음과 같은 조건을 구비하여야 한다.

첫째, 조직 내의 모든 계층에 소속되어 있는 개인이나 과업집단(task groups)이 자신들의 작업환경을 통제할 수 있는 기회, 즉 자신이 담당하는 작업의 수행방법과 그 관련 사항의 의사결정에 대하여 발언권을 가질 수 있는 기회의 부여이다. 따라서 QWL프로그램은 과업의 수행절차나 방법을 개선하는 일에 대하여 작업담당자로 하여금 질문하고, 도전하며, 제안할 수 있도록 격려하고, 그들에게 보상을 주는 조직적 분위기와 조직구조의 확립을 절실히 필요로 한다. 다시 말해서 QWL전략은 종업원에게 직접 영향을 미치는 문제 및 종업원들이 어떤 적절한 아이디어를 제안할 수 있는 문제해결에 개개 종업원이 참가할 수 있고, 조언할 수 있는 조직분위기를 창조하여야 한다. 이러한 경영철학이야말로 QWL프로그램을 실행하고자 하는 조직의 최고경영자가 갖추어야할 하나의 중요한 요건이다.

둘째, 이상과 같은 조직 분위기 속에서 종업원의 참가에 의하여 합의된 목표(agreed-upon goal)로 향하는 과정에서 반드시 피드백(feed back) 기능이 존재해야 한다는 것이다. 요컨대 QWL프로그램을 실행할 때 당사자로서의 종업원이 자신의 노력이 얼마나 효과적이었나를 파악할 필요가 있다. 즉, 자신이 참가한 의사결정에 의한 경영활동의 결과를 종업원에게 알려 주어야 한다.

다른 한편, QWL 프로그램의 실시에는 노조 측의 지지와 협력도 필요하게 된다. 왜냐하면 노사관계란 고정처리절차에서처럼 '작용－반작용'체계이어서 경영자가 QWL프로그램을 조직 내에 도입할 경우 노조가 필연적으로 그에 대한 반작용을 할 가능성이 있기 때문이다. 즉, 노조는 QWL전략을 구성원의 충성심(loyalty)을 약화시켜서 그들 조직을 약화시키는 수단으로 생각하여 그것의 실행을 반대할 수도 있다. 경영자와 노조대표가 QWL전략의 효과를 확신하여 그것을 실행하고자 시도한다면, 그 다음 단계의 작업은 QWL프로그램의 대상이 되는 종업원에게 QWL프로그램의 성질(nature)과 내용(content)을 설명하여 그 개념을 충분히 이해시킨 후 그 실행에 자발적으로 협력하도록 하는 것이다.

이와 같은 종업원의 자발적 지지(voluntary support)를 얻기 위해서는 다음 두 가지 사항을 확신시켜야 한다.7)

첫째, QWL프로그램에 의하여 종업원의 작업속도요건(work pace requirement)이 증가되지 않는다.

둘째, QWL프로그램에 의하여 그들의 고용안정(job security)이 위협받지 않는다.

마지막으로 QWL프로그램이 실행과정에서 반드시 고려되어야 할 것은 QWL프로그램을 실행시키기 위하여 제3자의 협력이 필요 하느냐 그렇지 않느냐의 문제이다.

때때로 QWL프로그램은 경영자－노동자위원회(management－worker committee)의 설치에 의하여 운영되기도 하는데 이 위원회는 QWL전략의 기본정책(basic policy)과 프로그램을 토의하여 결정하는 역할을 한다. 이 위원회에는 노조와 인사부대표들이 참가하고 있으며, 위원회의 설치는 공식적 단체교섭 구조 밖에서 보통 설정되어진다.

QWL전략의 실행에는 '위에서 아래로'방법(from the top－down approach)보다 '아래에서 위로' 방법(form the bottom－up approach)이 더욱 필요하다. 즉, 일단 노동자(worker), 노조(union), 경영자(management)가 QWL개념을 자발적으로 받아들여서 그들이 공동으로 어떠한 프로그램을 시도할 것인지를 공동적인 협력기반위에서 결정하도록 해야 한다.

7. QWL의 선택기준

QWL의 가치관은 인간적이며 궁극적으로는 개인복지에 있기 때문에 이에 따라 기업에 관련한 다양한 개인의 이해를 포함하게 된다. 이러한 변수는 무작위로 선택할 수 없으며 다음의 기준에 의해서 선택된다.

---

7) Bluestone, "Implementing quality of worklife program", *Management Review,* July 1977, p.45.

① 이해집단의 일부가 가치 있다고 여기는 변수의 상태나 방향을 나타내는 개념
② 이런 결과의 유인이 되거나 이해하는데 관련이 있는 개념
③ 결과, 원인, 상황 등을 이해하는데 도움을 주는 이론적·실증적 원천을 개발하는데 유용한 변수나 개념
④ 조직의 종단적·횡단적 비교가 가능하도록 하는 변수나 개념

이와 같은 기준들은 여러 가지 제약으로 인해서 충실히 지켜지지 못하는 실정이다. QWL은 매우 폭넓게 해석하면, 노동자의 인간적 제 욕구를 충족하는 활동이고 사회의 진행에 역행하는 듯 하는 생활 제 조건 및 작업환경을 없애려고 하는 운동인 것이다.[8] 그러므로 QWL은 근로자의 생활영역의 대부분을 포함시켜 근로자의 권한의 확대 및 경영참가를 포함하고 있다. 반대로 좁게 해석하면, 허즈버그(F. Herzberg)의 동기에 따른 2요인 이론에 기초하여 직무내용의 변경에 의해서 근로자의 직무만족을 향상시키는 노동관리 수단으로 간주하는 경우도 있다. 그러면 이 개념을 사용하고 있는 사람의 입장에 기초하여 QWL의 거시적 측면과 미시적 측면으로 구분하여 정리하여 보고자 한다.

1) QWL의 거시적 측면

이는 ILO등의 국제적 연구기관, 각국의 정부 혹은 노동조합 등에서 사용하고 있는 개념으로 사회전체의 레벨에 있어서 QWL이 주요한 관심사가 되어 작업현장 뿐만 아니라, 시민으로서의 근로자의 생활 제 조건의 개선이 검토의 대상이 되고 있다. 예를 들어 독일의 DGB(독일 노동조합 총 연맹)는 노동조건을 보다 인간적으로 하는 것이 QWL의 중심이며, 근로시간의 규제, 휴식시간의 도입, 근로보호, 게다가 근로강화에 대한 저항은 노동조합이 긴 역사 속에서 추구해온 것이라고 하고 있다. DGB는 QWL에 대하여 회의를 개최하고 있는데 그 중심 테마는 단체교섭, 공동결정제도, 기업별 단체협약이며, 공동결정제도의 보급을 QWL로써 요구하고 있다.[9] 그러므로 고용보장·안정·기능향상 등 노동조합의 종래의 요구가 노동조합이 말하는 QWL의 내용이 된다.

ILO의 활동을 중심으로 거시적 QWL의 내용을 제시해 보면 다음과 같다.

① 물리적 작업환경: 예를 들면 안전·위생 등
② 임금교섭: 임금·근로시간·제수당·공정한 생활수준 등에 대한 단체교섭

---

8) Commission of the European Communities, *Reform of the Organization of Work (Communication from the Commission to the Council)*, COM(76) 253 find, Brussels, June 3rd, 1976, p.1.
9) ウアスラ·エンゲレン·ケーフアー(ドイツ勞動總聯盟執行委員會 國際社會政策部長), 西ドイツにおけろ勞動の 人間化, ILO時報, 第28卷 2號, 1976, 6, p.38.

③ 질병·실업으로부터의 보호

④ 경제적인 전제적 행동으로부터의 보호: 예를 들면 고정처리제도나 참가제도 등

⑤ 사회생활에 있어서의 근로자의 인격보호 및 확대

⑥ 뜻 있고 만족스러운 근로 및 참가로 인한 욕구의 충족 등을 들 수가 있다.

그러나 이러한 항목이 근로의 비상품화, 다시 말하면 근로자의 기본적 인권으로서의 노동권·생존권·자기실현권 등을 보장한 후에 QWL이라고 불리어 지고 있다.

이처럼 거시적 QWL은 근로자의 인간으로서의 기본적 인권의 보장 및 경제적 사회적 지위의 향상을 달성하는 제 제도 및 제 정책을 그 구체적 내용으로 하고 있다. 그러므로 종래의 노동조합·정부의 주장과 크게 거리가 있는 것은 아니다.

2) QWL의 미시적 측면

미시적 QWL의 개념은 경영자, 생산기사, 경영공학연구자, 행동과학연구자 등에 의해 사용되고 있다. 여기에서는 작업현장에서의 작업양식·작업내용·감독양식 등의 구체적인 노동의 상태, 그 자체의 인간화에 관심이 향해지고 있다. 버비쥐(J. Burbidge)에 의하면 QWL 방법으로써 ① 그룹 생산방식, ② 참가, ③ 직무재설계, ④ 훈련, ⑤ 인간공학, ⑥ 근로조건의 개선이 지적되고 있다. 그리고 직무재설계의 구체적인 내용으로써 ① 직무확대(job enlargement), ② 직무전환(job rotation), ③ 직무충실(job enrichment)을 들 수 있다.

일반적으로 미시적인 QWL은 직무전환, 직무확대, 직무충실, 반자율적 작업집단 등의 새로운 작업조직형태를 의미한다.

왜냐하면 역사적으로 QWL은 기계조작원의 직무, 조립라인의 직무 등 단순한 작업에 대한 대책으로써 고찰되어 그것이 작업 전체의 변혁으로써 문제되게끔 되었기 때문이다. 여기에서 직무전환은 어떤 일정한 시간을 놓고 예정된 순서에 따라서 근로자가 계속해서 직무를 바꾸는 것이고, 그것에 의해서 작업의 단조함으로부터 해방되어지는 것을 지향한 제도이다. 직무확대는 어떤 직무에 인접된 복수의 직무, 혹은 보조적 직무를 담당하며 작업의 다양성을 향상시키려고 하는 방법인 것이다. 직무충실은 수직적 직무확대로도 불리어지고 작업의 계획 혹은 작업결과의 점검을 하나의 직무 안에 포함시켜 직무의 자율성과 책임을 부여하는 것이다. 반자율적인 작업집단이라고 하는 것은 직무의 개인적인 수행이 아니고 한 무더기의 작업을 소수인의 그룹으로 수행하고 그 작업을 행하는 방법은 스스로 자유롭게 결정하며 그 작업결과에 대해서 집단으로 책임을 지는 방식인 것이다.

8. QWL활동의 실행절차

QWL활동을 실행하는 과정에는 3S(spirit, structure, study)의 세 관점이 필요하다.

첫째, QWL활동은 성숙, 존경, 각 개인에 대한 관심 등과 같은 기풍(spirit)을 일으킨다. 이것은 적대감, 저항, 노·사간의 갈등 등과 같은 일반적인 조직에서 있을 수 있는 기풍과는 반대되는 것이다. 이 활동을 이끄는 원리가 수익성이나 생산성에 있지 않기 때문에 근로자를 표준화된, 대체할 수 있는 상품으로 생각하는 것과는 거리가 멀다. 이 QWL활동의 원리에는 안정성, 공평성, 민주성, 개인성 등이 있다. 이러한 원리가 성숙, 존경, 각 개인에 대한 관심과 같은 기풍을 일으킨다.

둘째, 새로운 기풍을 발전시키기 위해서는 새로운 조직구조와 의사결정 과정이 필요하다. 새로운 구조는 근로생활의 질 위원회와 공장, 현장, 부 위원회를 말하는데 이는 적대적인 관계에서 전개되는 전통적인 단체교섭과는 달리 노사간에 협조적인 관계를 유지하는 것이다. 이 새로운 구조는 모든 종업원이 의사결정 과정에 참가할 수 있게 하는 것이다. 또 종업원이 의사결정을 하기 전에 상담을 받을 수 있는 것이다. 이에 따라 협동과 커뮤니케이션의 개선이 이루어진다.

셋째, QWL활동에는 많은 지식이 필요한데 이것은 연구에 의해서 얻어진다. 이러한 연구는 참가자에게 기술적·경제적 측면뿐만 아니라 인간적·사회적 측면에 대한 이해를 높여 준다. 여기서의 연구는 수동적인 것이 아니라 동태적인 것이어서 서로가 서로를 배우는 학습이 된다.

이러한 기풍, 구조, 연구 등의 세 가지 기본관점에 따라 QWL활동의 절차는 진행된다.

먼저 근로자나 경영자 어느 한편에서 QWL활동의 필요성을 인식하고 이에 대한 문제제기를 상대편에 하게 된다. 일반적으로 경영자들은 기업 종업원들의 기업에 대한 일체감이 약화되고 있다고 느낄 때 이 문제를 해결하기 위한 방안으로 QWL을 제기하게 된다. 노조지도자들은 단체교섭과 같은 대립적인 관계에서는 문제를 해결할 수 없는 부분이 많다는 것을 느낄 때 이 문제를 제기한다. 문제제기가 있게 되면, 노사양측의 지도자는 합의를 위한 여러 번의 접촉을 가지게 된다. 여기서 합의가 이루어지면 본격적인 절차가 시작된다. 이러한 시작을 위한 절차, 즉 최고경영자와 노동조합 지도자 측의 합의는 매우 중요하다. 이들의 후원에 의해서만이 프로그램들이 적극적으로 실시되기 때문이다. 이에 따라서 다음의 절차가 진행된다.

1) 제1단계: 최초교육과 위원회 구성

노사양측의 QWL활동을 이끌어 갈 사람들에 대해서 교육을 실시해서 이에 대해 이해시키고 이론적인 틀을 제공하게 된다. 이 교육을 담당하는 사람은 공정성을 유지하기 위해서 제3자에 의해서 실시한다. 이 교육이 실시된 후에는 최고경영층과 노조지도자들로 구성되는 근로생활의 질 위원회를 구성한다.

2) 제2단계: 정보수집과 계획

근로생활의 질 위원회에서는 QWL활동을 본격적으로 실시하기 전에 정보 수집을 실시한다. 이 정보수집에 있어서도 공정성을 유지하기 위해서 외부 조사기관을 이용한다. 관찰, 면접, 질문지 등의 방법으로 정보를 수집하고, 이 정보를 분석·진단해서 QWL에 관한 대체적인 계획을 작성한다.

3) 제3단계: 세부계획의 작성 및 실시

근로생활의 질 위원회에서는 기업 내 어느 한 단위를 시험적인 집단으로 선정해서 이 시험적인 집단 내에서 지원자들로서 감독자와 근로자가 현장, 공장, 부 위원회를 구성한다. 기업의 규모가 큰 경우는 양 위원회를 연결하는 중간위원회를 구성하기도 한다. 먼저 현장위원회에서는 근로생활의 질 위원회의 추천을 받은 몇 명의 컨설턴트의 도움을 받아서 현장위원회가 실시할 사업의 내용을 결정한다. 이렇게 결정된 사업을 실시하는 과정에서 위원회에게 기회와 파워(power)를 느끼도록 해야 한다.

4) 제4단계: 의미해석 및 홍보

현장 위원회의 시험적인 실시가 근로자 및 경영자에게 어떤 의미를 주는가에 대해 판단한다. 여기서 파악된 내용에 따라서 다음의 행동계획을 또 작성하게 된다. 한편, 시험 집단에서의 QWL활동 진행을 기업 내의 다른 집단의 구성원에게 홍보하고 이 활동을 지원자 혹은 지원집단에 확산시켜 나간다. 이런 과정을 거쳐 기업 전체에 이것이 확산되도록 한다.

V. 직무충실화(Job Enrichment)

동기유발에 관한 연구조사와 분석은 직무가 도전할 만한 것이며 의미 있게 만들어야 한다는 중요성에 모아지고 있다. 이것은 관리자나 관리자의 직무 모두에 적용된다. 직무충실화는 Herzberg의 동기유발이론과 관련이 되는데 도전, 성취의 인정, 책임과 같은 요소들이 진짜 동기유발요인이 된다. 비록 그의 이론이 비판을 받지 않는 바는 아니지만, 미국과 해외 모두에서 특히 비관리직 고용인에 있어서의 직무만족을 증진시킬 수 있는 방법을 개발하는데 있어 광범위하게 관심을 끌고 있다.

직무충실화는 직무확대와 구분되어야 한다. 직무확대는 반복적인 일을 수행하기 때문에 느끼는 지루함을 제거함으로써 직무를 보다 다양하게 만들려고 노력하는 것이다. 직무확대는 책임의 증가 없이 동일한 과업을 추가함으로써 직무의 범위를 넓혀주는 것을 의미한다. 예를 들어, 한사람의 생산라인 근로자에게 자동차에 범퍼 장착과 함께 프론트 후드도 설치하도록 임무를 확대하는 것이다. 비평가들은 이것은 단순한 하나의 지루한 일에 다른 또 하나를 덧붙이는 것이라고 말할지도 모르지만, 그러나 그것은 그 노동자의 책임을 증가시키지는 않는다.

직무충실화는 근로자에게 직무를 보다 높은 의미에서의 도전과 성취를 이루도록 하는 것이다. 직무는 다양한 방법으로 충실화될 수 있다.

직무충실화의 방법으로는 (1) 근로자들이 작업방법, 절차와 속도 및 자재의 수락과 거부 등을 결정함에 있어 보다 많은 재량권을 허용, (2) 부하의 참여와 근로자간의 상호작용 장려, (3) 근로자들에게 그들의 임무에 관한 개인적 책임의식 부여, (4) 근로자들에게 그들의 업무가 회사의 최종제품 및 기업의 복지에 어떻게 공헌하는가를 알 수 있도록 하는 단체의 채택, (5) 업무성과에 대한 피드백의 제공, (6) 사무실 혹은 생산시설의 배치, 온도, 조명과 청결 등 작업 환경의 분석과 변경에 대한 근로자의 참여를 통하여 이룩될 수 있다.

Ⅵ. 동기유발에 대한 시스템적이고 상황적인 접근(A System and Contingency Approach to Motivation)

인간의 행동은 단순한 문제가 아니라 여러 변수들과 특정의 동기유발요인이 중요한 요소가 되는 상호작용들의 한 시스템으로 이해되어야 한다. 다시 말해 다양한 개성과 상이한 상황에 있는 사람들을 동기화 시키는 것의 복잡성은 한가지나 혹은 한 집단의 동기요인을 이들 여러 가지 변수를 고려하지 않고 사용할 때에는 실패하게 될 위험을 안고 있기 때문에 동기유발을 시스템적이고 상황적합적인 관점에서 고려해야 한다.

동기유발요인들은 분명 어떤 진공 속에 존재하는 것이 아니다. 개인들의 욕망이나 추진력은 심리적 욕구나 개인의 환경으로부터 나오는 욕구에 의해 결정되어지는 것이다. 그러나 사람들의 노력하려는 자세 또한 그들이 속해있는 조직분위기에 의해 영향을 받게 된다. 때로는 이러한 조직분위기는 동기유발을 저해할 수도 있고, 어떤 때에는 동기유발을 불러일으키기도 한다.

동기유발과 조직분위기 사이의 상호작용은 동기유발의 시스템적 측면을 강조할 뿐만 아니라, 동기유발이 어떻게 리더십 유형과 관리자의 실제 관리 형태 모두에 영향을 미치는지를 강조한다.

리더와 관리자는 사람들이 기꺼이 일을 수행할 직무 환경을 설계하고자 한다면 각 개인들의 동기유발환경을 조성하여야 한다. 이와 마찬가지로, 그들은 동기유발을 증진시키거나 또는 이를 저해하는 조직분위기를 설계할 수 있다.

관리자는 목표달성의 정도를 측정할 수 있는 목표를 설정하고 목표달성을 위한 전략을 개발하여 전파하고, 목표달성을 위한 계획을 수립함으로써 이일을 수행하게 되는 것이다. 또한 조직 구성원들이 그 조직 내에서 효과적이 될 수 있는 조직역할 체계를 설계함으로써 이 임무를 해내는 것이다.

관리자는 조직구조에 인적자원의 충원과 배치가 잘 되었다고 확신할 경우에는 업무수행을 위한 환경을 조성한 셈이 된다. 관리자들의 리더십 유형과 의사소통상의 문제점을 해결하는 능력 또한 관리활동의 중심이 된다. 그리고 관리자들이 통제수단, 정보, 접근방법 등이 효과적인 동기부여를 위해 지녀야 하는 피드백 지식을 사람들에게 제공하는 것이 확실해질 때 효과적인 조직 환경을 만들기 위해 많은 노력을 하고 있다고 볼 수 있을 것이다.

토의문제

01. 개인행동의 특성과 동기유발 요인에 대해 토의해 보자.

02. 욕구계층설의 의의와 비판에 대해 토의해 보자.

03. 2요인이론, X·Y이론, 성숙·미성숙이론이 갖는 경영관리상의 시사점에 대해 토의해 보자.

04. 브룸의 기대이론과 포터와 로울러의 동기모형의 특성을 비교하여 논의해 보자.

05. 공정성이론이 갖는 관리상의 시사점과 중요성에 대해 논의해 보자.

06. QWL의 결정기준과 측정요인에 대해 토의해 보자.

07. 동기유발이 리더십의 유형과 관리형태에 미치는 영향에 대해 토의해 보자.

참고문헌

1. 박성수, "QWL향상의 과제", 전남대학교, 경영학보 제23호, 1988.
2. 최종태, 현대인사관리론, 박영사, 2003.
3. 윤대혁, 인간행동의 이해, 피앤씨미디어, 2016.
4. 임창희, 경영학원론, 학현사, 2007.
5. ウアスラ·エンゲレン·ケーフアー(ドイツ勞動總聯盟執行委員會 國際社會政策部長), 西ドイツにおけろ勞動の 人間化, ILO時報, 第28巻 2號, 1976.
6. C. Argyris, Personality and Organization, New York: Harper and Brothers, 1957.
7. Adapted from L. W. Porter and E. E. Lawler, Managerial Attitudes and Performance (Homewood, Ⅲ.: Richard D. Irwin, Inc., 1968).
8. Albrecht, K., Organization Development: A Total System Approach to Positive Change in Any Business Organization, Englewood Cliffs, N.J.: Prentice－Hall, 1983.
9. D. J. Skrovan, ed., Quality of Working Life: Perspectives for Business and The Public Sector, Massachusetts, Addison－Wesley Publishing, 1983.
10. E. M. Glaser, "Productivity Gains through Work life Improvement", Personnel, Jan－Feb. 1980.
11. Bluestone, "Implementing quality of work life program", Management Review, July 1977.
12. Commission of the European Communities, Reform of the Organization of Work (Communication from the Commission to the Council), COM(76) 253 find, Brussels, June 3rd, 1976.
13. Harvard Business Review, Managing Creativity, Number 1.151.
14. Harvard Business Review, Organizational Development, Number 2.091.

제8장

통 제

제 8 장 통 제

Ⅰ. 통제기능의 의의

통제(controlling)란 경영활동 계획에 따라 제반 활동이 순조롭게 진행되어 목표가 달성되도록 하기 위한 경영관리상의 필요한 조치들을 강구하는 과정을 뜻한다. 경영실무에서 구체적인 계획과 목표가 명확하게 설정되면 일정한 시점에서는 업무 추진실태나 현상을 파악하고 수시로 업무성과를 측정하여 계획대로 잘 진행되고 있는지를 확인할 필요가 있다. 이때 추진실태 및 업적과 계획 간의 편차가 발생하면 그 원인을 분석·규명하고 이를 근거로 편차를 줄일 수 있는 적절한 관리상의 조치가 필요한데 이를 통제행위라고 한다. 따라서 경영통제는 조정 혹은 감독적인 성격과 더불어 평가적인 성격을 모두 지니게 되는 것이다.

Ⅱ. 통제기능의 중요성

기업 경영에 있어서 통제활동이 요구되는 것은 다음과 같은 직무환경의 특성 때문이다.

첫째, 오늘날에는 경영환경의 불확실성이 증대되면서 통제활동의 요구가 강조되고 있다. 일반적으로 경영환경의 불확실성이 증대되는 주된 요인은 경영환경의 예측불가능성과 복잡성일 것이다. 기업경영환경에 대한 예측불가능성의 증대는 변화속도로부터 나타나는 불안정성이나 인과관계에 대한 무지에 기인된다.

또한 복잡성의 증대는 경영활동에 영향을 미치는 변수들의 성격이 점차 이질적인 성격으로 변화하고 있고, 영향변수간의 상호의존성이 증대되면서 나타나게 되는데 이들은 모두 경영환경의 불확실성을 증대시키는 주된 원인이 된다.

이러한 경영환경의 불확실성으로 인해 나타나는 각종 위협이나 기회에 능동적으로 대처하려면 무엇보다 통제활동의 뒷받침이 필요하다.

둘째, 조직규모의 증대나 조직 활동의 복잡성은 통제활동의 필요성을 더욱 증대시킨다. 오늘날 대부분의 조직들은 초대규모화 되어가고 있으며, 이로 인해 조직 활동은 매우 복잡하게 전개되고 있다. 따라서 효율적인 조직 활동이나 다양한 행동들을 통합시키기 위해서는 적절한 통제기능의 발휘가 전제되어야만 한다.

셋째, 조직구성원들의 능력에는 한계가 있다. 따라서 조직구성원들이 갖는 예측이나 판단의 오류 및 각종 실수들을 사전에 예방하고 사태가 더욱 악화되기 전에 이를 수정하려면 여기에는 통제활동이 필요하다.

넷째, 합리적인 분권관리를 위해서도 통제활동은 필요하다. 경영자는 효과적인 통제시스템을 통하여 권한을 위양하고 의사결정을 분권화시킬 수 있다. 경영자가 합리적으로 권한을 분산시키기 위해서는 분산된 권한의 행사를 감독할 수 있는 적절한 통제수단의 강구가 전제되어야만 하는 것이다.

Ⅲ. 통제활동의 유형과 과정

1. 통제활동의 유형

능률적이고 효과적인 조직 활동을 위해 경영자가 이용할 수 있는 경영통제의 유형은 통제의 시점(timing of control)을 중심으로 사전통제, 동시통제 및 사후통제로 구분할 수 있다.

1) 사전통제

사전통제(feedforward control)란 경영활동이 이루어지기 전에 실행되는 통제활동으로써 이를 예방통제(prevention control)라고도 하는데 이는 투입요소와 산출결과를 사전에 예방하고 높은 질의 투입을 보장하여 최대의 경영성과를 달성하려는 데 기본 목표를 둔다.

따라서 미러지향적인 경영통제의 대표적인 유형은 PERT기법과 같은 네트워크 계획기법이 주로 활용되고 있다.

2) 동시통제(concurrent control)

이는 계획과 목표에 대한 사전 점검이 종료된 후 직무가 수행되는 과정에서 이루어지는 진행통제(steering control)를 의미하는 것으로써 다음과 같은 특징을 갖는다.

첫째, 최종적인 결과가 산출되기 전에 계획한 대로 업무가 추진되고 있는지를 확인하는 것이다.

둘째, 계획한 대로 업무가 추진되지 않을 경우 즉각적인 적절한 수정조치를 취한다.

셋째, 정보처리시스템을 통하여 통제활동에 필요한 대내·외적인 정보를 적극 활용한다.

3) 사후통제(post-action control)

이는 목표성과를 통제하기 위한 모든 활동이 완료된 다음 최종적인 산출물에 초점을 두고서 이루어지는 통제행위로써 산출물 통제(output control) 또는 피드백 통제(feedback control)라고도 한다.

경영관리적인 측면에서 사후통제는 다음과 같은 중요한 역할을 담당하게 된다.

첫째, 조직 활동의 총체적인 효율성을 평가하는 데 필요한 정보를 제공한다.

둘째, 조직구성원의 평가기준 및 보상기준으로 사용된다.

셋째, 투입과 산출 과정에 대한 경영자 활동을 조정할 필요가 있음을 알려준다.

2. 통제활동의 과정

일반적으로 기업경영에서의 통제활동의 과정은 표준의 설정, 성과의 측정, 성과와 표준의 비교, 시정할 내용의 결정과 같은 4단계의 과정으로 이루어진다.

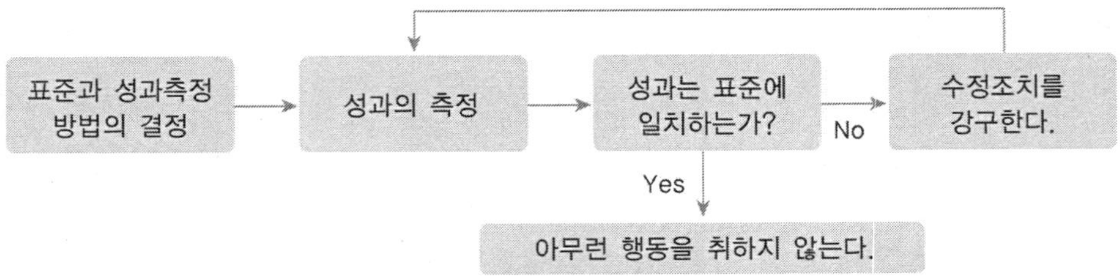

자료: J.A.F. Stoner & R.E.Freeman, Management(Printice－Hall, Inc., 1992), p.600.

[그림 8-1] 통제과정의 기본단계

1) 제1단계: 표준의 설정

통제활동의 첫 단계는 표준의 설정과 성과의 측정 방법을 결정하는 것으로부터 출발한다. 표준(standards)은 목표에 따라 수립되는 통제의 기준으로서 계획에 따르는 것이 일반적이다.

통제활동의 표준은 크게 산출표준과 투입표준으로 대별할 수 있다. 여기서 산출표준(output standard)이라 함은 산출물의 성과를 측정하기 위한 것으로서 양, 질, 비용 및 시간적인 측면에서 이루어지게 되는데 일반적인 산출의 측정표준으로는 오차율, 예산초과액, 기간 당 생산액 등이 사용된다.

그리고 투입표준(input standard)이라함은 성과를 달성하기 위해 투입한 제자원의 이용정도를 나타내는 것으로서 이는 인적·물적 자원에 대한 이용의 효율성을 가지고 측정하게 된다.

2) 제2단계: 성과의 측정

통제활동을 위한 측정표준이 설정되고 나면, 그 다음에는 실제로 수행되고 있는 경영활동의 성과(performance)를 측정하기 위한 과정이 필요하다. 경영활동을 통해 나타난 실적치를 목표와 비교한 후 발생된 편차를 줄이기 위해서는 신속하고도 적절한 수정조치를 강구하여야만 한다. 통제활동이 효과적이기 위해서는 성과측정이 경영활동의 각 단계마다 적절하게 이루어 질 수 있어야 한다.

경영활동의 과정에서 일반적으로 이루어지는 통제활동의 내용을 살펴보면, 투입단계에서는 예방적 통제(preventive control)가, 공정단계에서는 동시적 통제(concurrent control)

가, 그리고 산출단계에서는 시정통제(corrective control)가 이루어진다.

3) 제3단계: 성과와 표준의 비교

이 단계에서는 측정된 성과(실측치)와 설정된 표준을 상호 비교하여 그 차이를 발견하고 원인을 분석·규명하기 위한 제반 활동이 이루어지게 된다. 경영자가 수용할 수 있는 편차의 허용한계를 사전에 명확하게 해 둠으로써 보다 효과적인 통제활동을 할 수 있게 된다.

4) 제4단계: 시정활동 및 개선책 강구

경영통제의 마지막 단계는 측정된 성과와 설정된 표준과의 비교를 통해 나타난 편차의 원인을 규명하고 이를 시정하기 위한 적절한 조치를 강구하는 단계이다. 여기서 경영자는 취할 수 있을 시정활동의 내용은 대체로 다음과 같은 것들이다.

첫째, 현상을 유지를 하는 것이다.

둘째, 시정조치를 강구하는 것이다.

셋째, 비교기준을 수정하는 것이다.

일반적으로는 측정된 성과가 설정된 표준에 미달하는 경우가 대부분이기 때문에 경영자는 그 원인을 규명하고 적절한 대응조치를 강구하는 것이 보다 중요하게 된다.

Ⅳ. 경영통제의 기법

1. 예산(Budget)

통제기법(control techniques)으로써 널리 활용되기 있는 것 중의 하나는 예산(budget)이다. 일반적으로 예산은 통제기능을 수행하는 유일한 도구로서 가정되기도 한다. 물론 비예산적인 통제기구들의 중요성을 간과해서는 안 된다.

1) 예산편성의 개념

예산편성(Budgeting)이란 주어진 미래 특정기간에 대한 제반 계획을 화폐단위로 공식화한 것(the formulation of plans)이다. 따라서 예산은 예상되는 결과에 대한 기술(statements)로써, 수익, 비용 및 자본예산 등과 같은 용어, 혹은 직접 노동시간의 예산,

자재, 외형판매량, 생산단위 등과 같은 비재무적인 용어로 나타낸다. 재무적 예산을 때로는 계획의 '금액화'(dollarization)란 말로 표현하기도 한다.

2) 예산편성의 목적

계획을 화폐단위로 나타내고, 화폐단위로 나타낸 계획은 조직의 각 부서를 따라서 세분화함으로써, 예산은 계획화와 상관관계를 가지며 통제의 상실 없이 권한을 위임할 수 있게 해 준다. 다시 말해 화폐단위로 나타낸 계획은 관리자로 하여금 자본을 누가, 어디에 쓰며, 계획 속에는 어떤 비용, 수익, 또는 물질적인 투입과 산출이 포함되는 가를 명확하게 알도록 일종의 일목요연함(a kind of orderliness)을 갖추도록 강요하는 것이다. 이러한 사항을 확인한 후 관리자는 예산범위 내에서 계획을 실행하도록 한결 가벼운 마음으로 권한을 위임할 수 있게 된다. 또한 예산이 모든 계층의 관리자에게 유용한 것이기 위해서는 조직의 유형을 반영하지 않으면 안 된다. 계획이 각 부서의 운영에 부합될 수 있을 만큼 완전하고, 상호 조정되고 개발되어 있을 경우라야 비로소 하나의 통제도구로서의 유용한 각 부서별 예산을 마련할 수 있게 되는 것이다.

3) 예산의 형태

예산의 형태에는 여러 가지가 존재한다. 이들 예산은 몇 가지 기본적인 형태로 나타낼 수 있는데, 그 가운데는 모든 예산의 전체적인 계획화 현황을 나타내 보이는 예산요약(a budget summary) 등도 포함된다. 예산의 종류에는 ① 수익과 비용 예산, ② 시간, 공간, 물자 및 제품예산, ③ 자본 비용예산, ④ 현금예산 등이 있다.

(1) 수익과 비용 예산(Revenue and expense budgets)

대부분의 일반예산은 수익 및 운영비용에 대한 계획을 화폐단위로서 세부적으로 나타내게 된다. 이들 가운데 가장 기본적인 형태가 판매예측을 공식적이고 구체적으로 표현하는 판매예산이다. 판매예측이 계획화에 기초적인 것과 마찬가지로 판매예산은 예산통제의 토대가 된다. 비록 회사가 대여, 로열티 혹은 잡다한 출처로부터의 예상소득과 같은 수익으로 예산을 수립할 수 있다고 하더라도, 상품이나 서비스 판매로 얻은 수익이 운영비용을 충당하고 이윤을 창출하는데 사용되는 기본 수입이 된다.

전형적인 기업의 운영지출예산은 회계차트 내의 지출의 분류와 조직 구조상의 조직 단위만큼이나 그 수가 많다. 이러한 예산은 여행, 자료처리, 오락, 광고, 통신비, 보험 및 기타 여러 가지와 같은 개별적인 지출항목을 취급한다. 때때로 부서장은 개요항목에만 예산을 편성하고 기타 항목들은 하나의 예산요약서 안에 총괄하기도 한다.

⑵ 시간, 공간, 자재 및 제품 예산

일반적으로 예산은 화폐의 형태보다는 양적형태로 더 잘 나타낼 수가 있다. 비록 그러한 예산들이 통상 화폐단위로 환산된다 하더라도, 계획화와 통제의 어떤 단계에서는 양적 형태로 나타내는 것이 훨씬 명확하다. 이러한 예산의 보다 보편적인 형태가운데는 직접 노동시간, 기계운용시간, 자재단위, 할당면적 및 제품단위에 대한 예산이 있다. 대부분의 기업들은 제품생산에 대해 예산을 세우고, 대부분의 생산부서에서도 최종제품구성요소의 산출량 가운데 자기부서가 차지하는 몫에 대한 예산을 수립한다. 그 외에도 노동시간이나 노동일수, 또는 요구되는 노동의 종류로 노동에 대한 예산을 세우는 것이 일반적이다. 그러한 예산은 사용된 자원이나 의도된 결과를 화폐단위로 정확히 측정할 수가 없기 때문에 금액의 형태로 표시하기는 불가능하다는 것이 명백하다.

⑶ 자본지출 예산

자본지출 예산은 공장, 기계, 장비 재고 및 기타 항목에 대한 자본지출의 윤곽을 상세히 나타낸다. 장기나 단기를 막론하고, 이러한 예산은 기업의 자금을 사용하기 위한 계획의 명확한 형태를 결정하기 때문에 주의를 요망한다. 자본은 일반적으로 어떤 기업에서건 간에 가장 중요한 제약요소의 하나이기 때문에, 또한 기업이 비용과 같은 부담(charges)의 형태로 공장이나 설비에 투자한 금액을 회수하는데 오랜 시간이 걸리고, 그렇게 됨으로써 상다한 정도로 융통성을 상실하게 되는 결과를 초래하기 때문에, 자본지출은 언제나 상당히 장기적인 계획화와 결부되어야 하는 것이다.

⑷ 현금예산

현금예산은 단기 실제 현금의 "흐름"을 측정하는 배경이 되는 현금수취 및 지출을 예측한 것이다. 예산이라고 부르든 아니든 간에 현금예산은 아마도기업의 단일통제 중에서 가장 중요한 것이다. 만기가 됨에 따라 채무를 이행하기 위한 현금의 가용성은 기업존립의 첫 번째 요구조건이며 채무불이행으로 재고품, 기계류 또는 기타 非현금자산(noncash assets)이 동결된다면 그 기업이 상당한 이윤을 내고 있더라도 소용없게 될 것이다. 또한 현금 예산편성은 잉여현금의 가용성을 나타내며, 그렇게 함으로써 이윤창출을 위한 잉여투자의 계획화를 가능케 한다.

⑸ 가변예산

최근 가변예산 또는 신축성 예산(variable or flexible budgets)에 대한 관심이 점증하고 있는데 이는 예산편성으로 인해 야기되는 非융통성에 대한 위험이나, 효율성과 일관성을 갖는 최대의 융통성이 훌륭한 계획화의 바탕을 이루기 때문일 것이다.

가변예산은 주로 지출예산(expense budget)에 한정되는데 이는 개별비용이 산출량에 따라 어떻게 변화해야 하는가를 결정하는 지출항목의 분석에 기초를 두고 있다. 어떤 비용은 산출량에 따라 변화되지 않는데 특히 한 달, 6개월 또는 1년과 같은 단기간에 관한 것은 변동되지 않는다. 이러한 비용 가운데는 감가상각, 재산세 및 보험, 공장 및 장비유지, 최소한의 감독진 및 여타 주요 직위 인사의 유지비용 등이 있다. 최소한의 핵심 주요 직위 인사의 유지와 판촉과 광고를 위한 사람의 훈련 또는 연구 분야 인력의 유지비용 등과 같은 이들 대기비용 혹은 기간비용의 일부는 관리방침에 따라 좌우된다.

산출량에 따라 변화하는 비용은 완전히 가변적인 것으로부터 단지 약간만 가변적인 것에 이르기까지 다양하다. 가변 예산편성의 과제는 산출고를 반영하는 어떤 측정단위를 선정하고, 비용의 다양한 범주를 점검하며, 통계적 연구와 공학적 분석방법 그리고 기타 수단에 의해서 비용이 산출물의 양에 따라서 어떻게 변화해야 하는지를 결정하는 것이다. 이 단계에서 각각의 비용의 범주는 산출량과 관련되어 있으며 때로는 산출량이 증가함에 따라 각 단계에 대한 인식과 부합된다. 각 부서에는 고정비용 또는 대기비용의 명확한 액수와 함께 이러한 가변예산항목이 부여된다. 그런 다음 주기적으로 각 부서장에게는 가까운 미래에 대한 예상 산출량이 부과되는데, 이것을 토대로 예산을 형성하는 가변비용의 액수가 계산되는 것이다. 이런 방법으로 기본적인 예산은 6개월 또는 1년 전에 책정되지만, 판매 및 산출에 있어서는 단기변화에 따라 가변성을 갖도록 예산이 수립된다.

⑹ 제로베이스 예산

영(零)기준 예산이란 기업의 프로그램을 목표, 활동 및 필요한 자원으로 구성된 "묶음"(package)으로 나눈 다음, 바탕에서부터 각 묶음에 대한 비용을 계산하자는 것인데 이는 각 묶음의 예산을 영(zero)에서부터 출발함으로써 비용은 각 예사기간에 대해 새로이 계산된다. 따라서 예사편성에 있어서 이전 기간으로부터의 변화만 고려하려는 통상적인 경향을 회피할 수 있게 된다.

일반적으로 이 기법은 마케팅, R&D(연구개발), 인사, 기획 및 재무 분야에서는 대부분의 프로그램에 대한 지출에 있어 다소간 자유재량의 여지가 있다는 가정 하에, 실제의 생산 분야보다는 이른바 보조분야에 바람직하다고 생각되는 여러 가지 프로그램들의 비용을 산출하고 그 프로그램이 기업에 주는 편익의 관점에서 검토한 다음, 그러한 편익에 따라 순위를 매기고 어떤 묶음(package)이 요구되는 편익을 낼 것인가를 기준으로 프로그램을 선정하는 것이다.

영기준예산의 주된 장점은 관리자로 하여금 각 프로그램 묶음을 새로이 계획하도록 강요한다는 사실이다. 그렇게 함으로써 관리자들은 새로운 프로그램과 비용에 따라 전체적인 입장에서 수립된 프로그램과 그 비용을 검토하게 되는 것이다.

4) 예산편성이 가져오는 위험 요소

일반적으로 예산편성은 계획수립과 통제를 위해 사용되고 있다. 불행하게도 어떤 예산통제 계획은 너무 완전하고 세부적인 나머지, 계획자체가 귀찮은 존재가 되고 의미가 없으며, 또한 지나치게 비경제적인 것이 되기도 한다. 예산편성이 초래하는 여러 가지 위험요소를 정리해 보면 다음과 같다.

첫째, 과다하게 세분화된 예산(over-budgeting)은 관리자가 부서를 관리하는데 필요한 자유 재량권을 박탈하는 결과를 초래할 수 있고, 때로는 예산편성에 소요되는 비용이 통제대상이 되는 비용을 초과하는 경우도 발생하게 된다.

둘째, 예산목표는 기업목표를 무시하는 결과를 초래할 수 있다. 즉, 관리자들이 제한된 예산범위를 유지하기 위해 열중한 나머지 자신들이 1차적으로 기업목표에 충실해야 한다는 사실을 망각할 수가 있다. 예컨대 예산통제 계획을 갖춘 어느 기업에서 판매부서는 엔지니어링 부서로부터 필요한 정보를 얻으려고 했으나, 엔지니어링 부서의 예산은 그러한 정보획득 비용을 부담할 수 없다는 이유로 필요한 정보를 얻어내지 못했다. 이러한 부분적 통제 목표와 전체적 통제 목표 사이의 갈등, 부서간의 지나친 독립성 발생 그리고 조정의 결여는 부적절한 관리의 증상인 바, 그 이유는 계획은 보편적이고 상호 연결된 네트워크를 형성해야 하며, 모든 계획은 조직체의 목표를 달성하는데 도움이 되는 방식으로 예산에 반영되어야 하기 때문이다.

셋째, 예산편성의 또 다른 위험요소는 그것이 비효율성의 은폐에 사용될 수가 있다는 점이다. 일반적으로 예산은 과거를 바탕으로 하여 생성되는 방식을 취하며, 과거에 이루어졌던 특정지출이 현재에 와서는 그것이 합리적이었음을 나타내는 증거가 될 수 있다. 만일 어떤 부서가 주어진 양 만큼의 비품을 일단 사용하고 나면, 이 비용은 장차 예산의 최저액이 되는 것이다. 또한 관리자는 때때로 예산신청이 최종승인과정에서 삭감될 것이라는 것을 알고, 필요이상의 금액을 요청하게 된다. 계획된 행동을 숫자의 형태로 전환시키는 기준과 반환요인을 지속적으로 재검토하지 않는 한, 예산은 부주의하고 비효율적인 경영관리를 은폐시킬 수 있는 방패막이가 될 수도 있는 것이다.

넷째, 예산편성에서 가장 위험한 요소 중의 하나는 非융통성일 것이다. 예산편성이 관리수행을 대체하기 위해 사용되는 것이 아닐지라도, 계획을 숫자로 환원하여 표시하게 되면 계획의 일종의 그릇된 정확성을 부여하게 된다. 결과를 놓고 볼 때 이런 종류의 노동과 저런 종류의 물자에는 더 많은 비용을 들여야 한다거나 다른 종류의 노동과 물자에는 비용을 덜 들여야 한다는 것이 판명되기도 하고, 혹은 판매실적이 예상치를 초과하거나 미달하기도 하는 것은 전적으로 가능한 일이다. 그러한 차이점은 예산이 책정되자마자 예산을 진부하게 만들 수가 있으며, 만약 관리자가 그런 경우에 예산의 범위 내에 활동을 제한해야 된다면, 예산의 유용성은 감소하거나 쓸모가 없어진다. 이러한 위험은 예산이 미래의 장기간에 대하여 수립된 경우에는 특히 그 가능성은 높아지게 된다.

5) 효과적인 예산 통제

예산통제가 효과적으로 이루어지기 위해서는 관리자는 먼저 다음 세 가지 사항을 유념하여야 한다. ① 예산이란 단지 수단에 불과할 뿐 예산이 관리행위를 대신하기 위해 작성되는 것은 아니라는 사실, ② 예산은 한계를 지니고 있다는 점, ③ 예산은 각 직무에 적합하게 수립되어야 한다는 것 등이다.

예산통제가 원활하게 이루어지려면, 첫째, 최고경영자의 전폭적인 지지가 있어야 한다. 최고경영자가 예산편성을 능동적으로 지원해주고, 계획에 확고한 기반을 두게 하며, 각 사업부나 부서로 하여금 자기 부서의 예산을 편성하고 확보하도록 요구하며, 이를 검토하는데 최고경영자가 직접 참여한다면, 예산은 조직전체에 걸쳐 빈틈없는 관리자를 고무시킬 수 있을 것이다.

둘째, 최고경영자의 참여와 관련하여, 예산이 기능을 발휘하게 하는 또 다른 수단은 예산을 운용하고 집행해 나갈 모든 관리자로 하여금 예산을 준비하는데 있어 한 부분을 담당하게 하는 것이다. 대부분의 예산 관리자와 감독관들이 이 사실을 인식하고는 있지만, 실제로는 참여가 단지 관리자들로 하여금 예산안을 '승인'(accept)하도록 압력을 넣는 것에 지나지 않는 경우가 허다하다.

비록 예산은 통제를 상실하지 않고 권한을 위양하는 수단을 제공한다 하더라도 너무 세밀하고 비신축적이어서 사실상 실제적인 권한위양이 이루어지지 못하게 될 위험을 지니고 있다. 심지어 일부 경영자들은 관리자에게 배정되는 최선의 예산은 그에게 일정기간에 대한 모든 경비를 일괄해서 지급한 다음, 이 자금을 회사의 목적달성을 위해 어떻게 사용할 것인지ㅔ 대해 완전한 재량권을 허용하는 것이라고 믿고 있다. 보다 나은 계획화와 통제는 예산편성에 부문관리자를 실제 참여시킴으로써 달성될 수도 있지만, 이러한 유형의 분권화는 충분히 권장해 볼 만하다. 그러나 그 부서의 전체예산에 맞는 한 부서관리자에게 예산의 변경이나 자금의 전용에 관해 적당한 정도의 재량권을 부여하는 것도 좋을 것이다.

셋째, 예산이 잘 운용되도록 하기 위한 관건 중의 하나는 프로그램과 업무를 노동, 운영비, 자본비용, 공간 및 다른 자원으로 환산할 수 있는 표준을 개발하여 활용하는 것이다.

많은 예산이 이러한 표준이 없어 실패하고, 일부 상급관리자들은 하급자들이 요청하는 예산을 검토하기 위한 아무런 논리적 권한을 갖지 못할지도 모른다는 두려움 때문에 부하들로 하여금 예산 계획서를 제출하도록 허용하기를 주저한다. 이용할 수 있는 환산요인이 있다면 최고관리자들은 그러한 요청을 검토할 수 있고 승인이나 거부를 정당화할 수 있다. 또한 관리자들은 계획된 직무를 수행하는데 소요되는 자원에 집중함으로써, 생산량 목표달성이나 성과 개선을 위해서 필요한 것에 근거를 두고 요구사항을 제시할 수 있다. 그들은 더 이상 독단적이고 일률적인 예산삭감(across the board cuts)에 대비할 필요가 없다. 사실상 일률적인 예산삭감은 빈약한 계획과 통제의 상실을 가장 확실하게 보여주는 증거라고 할 수 있다.

마지막으로 예산통제가 잘 이루어지려면, 관리자는 그들의 부서별 예산 하에서 실제의 성과와 예측한 성과에 대한 정보를 준비할 필요가 있다. 이러한 정보는 예산통제가 얼마나 잘 운용되고 있는가를 보여주도록 설계되어야 한다. 그러나 불행하게도 그런 정보는 관리자가 예산편차를 방지하기에는 때가 너무 지난 후에라야 비로소 이용할 수 있는 경우가 대부분이다.

2. 재무통제

최고경영자가 사용하는 재무통제(financial control)의 기법에는 재무제표, 비율분석 및 재무감사 등이 포함된다.

1) 재무제표

재무제표(financial statement)는 조직의 재화와 용역의 흐름을 재무적으로 분석하여 재무통제를 위한 기본적인 정보를 제공한다. 기업들은 통상 1년을 회계기간으로 설정하여 작성되는 회계기록인 재무제표는 다음과 같은 세 가지 조건을 통제하기 위한 수단을 제공한다.

첫째, 기업의 부채를 해결하기 위해 자산을 현금화시킬 수 있는 능력, 즉, 유동성을 판단할 수 있다.

둘째, 부채와 자본 간의 장기적인 균형 상태를 파악할 수 있는 정보를 제공한다.

셋째, 수익성을 안전하게 획득할 수 있는 능력을 알 수 있다.

일반적으로 재무제표에는 대차대조표(balance sheet), 손익계산서(income statement 또는 profit and loss statement), 이익잉여금 처분계산서(또는 결손금처리계산서), 현금흐름표가 있다.

2) 비율분석

비율분석(ratio analysis) 또는 재무비율분석(financial ratio analysis)은 재무제표상의 항목들 간의 각종 비율을 계산하여 이것과 비교기준이 되는 표준비율을 상호 비교함으로써 유동성, 안정성, 성장성, 수익성, 활동성 등에 대한 정보를 획득하고, 재무 상태나 경영실적을 파악하는 최적의 재무구조를 결정하기 위해 흔히 사용되는 기법이다. 일반적으로 계산된 비율은 산업평균과 비교하게 된다.

〈표 8-1〉 재무비율분석의 요약

유형	비율	계산방식	활용목적
유동성	유동성비율	$\frac{\text{유동자산}}{\text{유동부채}} \times 100$	단기부채에 대한 지급능력 판단(현금화 능력)
	당좌비율	$\frac{\text{유동자산-재고자산}}{\text{유동부채}} \times 100$	단기적인 유동성에 직면할 때의 부채처리 능력 판단
레버리지	부채비율	$\frac{\text{총부채}}{\text{자기자본}} \times 100$	자기자본과 타인자본의 비율 분석
	이자보상비율	$\frac{\text{영업이익}}{\text{총이자비용}} \times 100$	타인자본의 사용으로 인한 금리가 기업에 어느 정도 압박을 가져오는 지를 판단함.
수익성	매출액순이익률	$\frac{\text{당기순이익}}{\text{총매출액}} \times 100$	다수의 제품이 창출하는 이익을 확인 기업의 총투자 수익률을 측정
	총자본이익률	$\frac{\text{당기순이익}}{\text{총자산}} \times 100$	기업의 총투자 수익률을 측정
활동성	재고자산회전율	$\frac{\text{매출액}}{\text{재고자산}} \times 100$	재고자산이 일정한 회계기간에 당좌자산으로 전환된 횟수를 측정
	총자산회전율	$\frac{\text{매출액}}{\text{총자산}} \times 100$	수익을 위해 투입된 자산의 효과를 측정

3) 재무감사

재무제표의 정직성과 공정성을 확인하고 경영자의 의사결정을 위한 기반이 되는 재무통제와 직접적으로 관련을 갖는 통제가 재무감사(financial audit)이다. 이에는 현금, 외상매출금, 재고조사, 고정자산, 대부금 및 수익과 지출 등이 포함된다.

(1) 외부감사(external audit)

기업회계기준에서는 자본금이 5억원 이상인 주식회사는 매 회계 연도 말에 외부감사를 받도록 요구하고 있다. 외부감사는 공인회계사(CPA)에 의해 수행되며 주로 조직의 재무적인 회계와 재무제표의 독립적인 평가를 포함하는 확인과정인데 이는 당해 기업이 기업회계기준에 따라 정확하게 회계절차가 이루어졌는지를 객관적으로 확인하려는 것이다. 따라서 외부감사는 재무제표의 정확성뿐만 아니라 조직운영의 정직성을 유지하는 데에도 중요한 역할을 하게 된다.

(2) 내부감사(internal audit)

이는 조직내부의 구성원에 의해 재무적 구조의 정확성과 재무제표와 운영의 능률성을 함께 검토하여 통제시스템의 개선을 위한 경영자의 의사결정을 돕는다. 일반적으로 내부감사는 전문적인 내부요원에 의해 수행되며, 감사의 범위와 깊이는 기업의 규모와 정책에 따라 다르다.

내부감사의 활동으로 유용한 많은 정보를 제공할 수 있으나 비용이 많이 소요되고, 전문요원을 확보하여야 하며, 조직구성원의 동기유발에 부정적인 영향을 미칠 수 있다는 한계성을 지닌다.

3. 손익분기점 분석(Break-Even Point Analysis)

손익분기점(break-even point: BEP)이란 원가-조업도-이익분석(cost-volume-profit analysis: CVP)이라고도 하는데 이는 원가와 조업도와 이익의 관계를 연구대상으로 하고 있기 때문이다. 총수익과 총비용이 일치하는 조업도(매출수량)상의 점을 의미하는 손익분기점에서는 이익도 손실도 발생하지 않게 된다. 따라서 기업의 목표이익을 달성하려면 무엇보다 먼저 손익분기점에 대한 분석이 선행되어야 한다.

이를 통해 총비용과 총수익이 같아지는 매출액. 비용 회수를 위한 판매량을 알 수 있으며, 이익계획이나 경영분석에 이용된다. 손익분기점을 도출하기 위해서는 비용을 변동비용과 고정비용으로 분류하여 분석해야 한다. 추가적인 판매나 비용증가가 이익에 미치는 영향을 강조하며, 경영자가 자신의 의사결정이 가져올 한계적 성과에 관심을 갖도록 만들어, 효율적인 경영통제기법으로써 널리 사용되고 있다.

다시 말해 손익분기점은 매출액과 그 매출을 위해 소요된 모든 비용이 일치되는 점으로써, 투입된 비용을 완전히 회수할 수 있는 판매량이 얼마인가를 나타내준다. 손익분기점 이상의 매출을 올리면 총수입의 증가분으로 인해 비로소 이익이 발생하게 되며, 판매량이 그 이하이면 총비용의 증가분으로 인해 손실이 발생하게 된다. 이처럼 손익분기점은 초과이윤과 손실의 기준이 되기 때문에, 이익계획이나 경영분석 등에 널리 이용되고 있다.

매출액을 S, 매출이 증가함에 따라 변동하는 비용 즉 변동비를 V, 매출액의 증감에 관계없이 발생하는 비용 즉 고정비를 F라고 하면, 이익을 산출하는 공식은 P는 $P = S - (V + F)$가 된다. 이 관계를 횡축에 매출액(매상고), 종축에 비용을 잡아서 도시하면 [그림 8-2]와 같이 된다. 이 그림에 있어서 이익이 0이 되는 점을 손익분기점이라고 한다. 손익분기점의 매출액(매상고)을 SB라고 하면 $S > SB$일 때는 이익이, $S < SB$일 때는 손실이 발생하게 된다.

손익분기점의 분석이 효율적인 경영통제기법으로 사용될 수 있는 점은 한계개념,

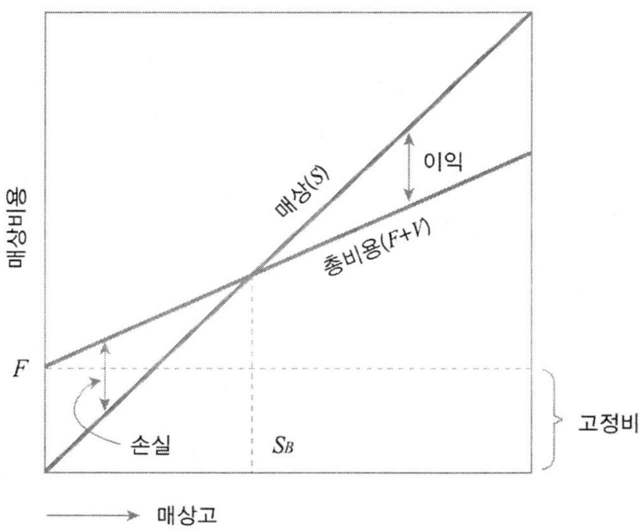

[그림 8-2] 손익분기점

즉 추가적인 판매나 비용 증가가 이익에 미치는 영향을 강조함으로써, 경영자로 하여금 자신의 의사결정이 가져올 한계적 성과에 관심을 갖도록 하는데 있다.

손익분기점 분석

$$PQ = F + VQ$$

$$\therefore Q = \frac{F}{P - V}$$

여기서, Q: 판매량, F: 고정비, V: 변동비, P: 단위당 판매가격

〈예〉 단위당 판매가격이 60원, 단위당 변동비가 40원, 고정비가 4,000원이라고 하면, 손익분기점은 200 단위가 된다.

$$Q(\text{손익분기점}) = \frac{4{,}000\text{원}}{60\text{원} - 40\text{원}} = 200(\text{단위})$$

토의문제

01. 예산통제가 갖는 경영관리상의 의의와 중요성에 대해 논의해 보자.

02. 어느 정도, 그리고 어떻게 하면 예산편성이 조직구성원의 기준, 즉 조직의 맨 밑에서부터 위로 접근할 수 있겠는가?

03. 예산통제의 본질에 대해 논의해 보자.

04. 계획과 예산편성 기능의 효과적인 예산편성 기능에 대해 토의해 보자.

05. 효과적인 통제활동의 전제는 무엇인가?

06. 손익분기점 분석의 의의와 중요성에 대해 토의해 보자.

참고문헌

1. 조동성 외, 경영학원론, 형설출판사, 2018.
2. 임창희, 경영학원론, 학현사, 2007.
3. 윤대혁 외, 경영학원론, 탑북스, 2013.
4. 박도준, 핵심경영학원론, 배움, 2018.
5. 정인서 외, 조직이론의 현재와 미래, 학문사, 2015.
6. J. A. F., Stoner & R. E., Freeman, Management(Printice－Hall, Inc., 1992).
7. Harvard Business Review, Managing Creativity, Number 1.151.
8. Harvard Business Review, Organizational Development, Number 2.091.
9. Harvard Business Review, Control part Ⅰ, Number 7.021.
10. Gareth Morgan, Images of Organization, Sage Publications, Inc. 1997.
11. Bartol, K. M & Martin, D., Management, 2nd Ed., McGraw－Hill Company, 1994.

제9장

리더십

제 9 장 리더십

Ⅰ. 리더십의 근원

리더십(leadership)이란 구성원들이 집단 목표를 달성하기 위해 자발적이고 열성적으로 노력하도록 영향을 주는 영향력, 기술 혹은 과정으로 정의할 수 있다.

이상적인 리더(leader)는 구성원들이 자발적으로 일하게 하는 것뿐만 아니라 열성과 신뢰를 갖고 일하도록 하는 자발성을 개발하도록 장려해야 할 것이다.

경영자가 이러한 리더십을 발휘할 수 있는 힘은 어디에서 오는 것일까. 이에 대한 많은 연구가 있으나 주목을 받고 있는 연구로는 프렌치와 레이븐(J.R.P. French & B. Raven), 그리고 허시와 골드스미드(F. Hersey & R. E. Goldsmith)에 의하여 제안된 것으로 크게는 지위에 부여된 권력에서 생긴다는 학설과 개인적 특성에 기인한다는 학설이 있다.

조직에서 타인에게 영향을 미칠 수 있는 힘(power)은 다음과 같은 상이한 기반을 통해 나타나게 되는데 이는 권력행사 자가 갖는 권력기반을 의미한다.

1. 합법적 권력(Legitimate Power)

합법적 권력기반은 지위에 기반을 둔 권력으로 일반적으로 지위가 높으면 높을수록 합법적 권력은 더욱 높아지는 경향이 있다. 다른 사람의 복종을 얻어내고 다른 사람에게 영향을 미칠 수 있는 것은 관리자의 조직상의 지위 때문에 다른 사람은 그 관리자에게 복종의 의무가 있다고 보는 것이다. 계장은 과장에게 당연히 업무 면에서 지시를 받고 과(課)에 속한 여러 계장들이 모두 과장의 의사결정에 따르는 것은 과장이 합법적 권력을 갖고 있기 때문이다. 이와 같은 권력은 조직에서의 권한과 같은 것이다.

2. 강제적 권력(Coercive Power)

강제적 권력기반은 공포에 의존한다. 사람들이 이와 같은 권력에 반응하게 되는 것은 만약 추종하지 않을 경우 초래될지도 모르는 부정적 결과에 대한 공포 때문이다. 그래서 이 권력기반은 신체적(물리적) 제재(고통을 가한다든지, 불구가 되게 한다든지 또는 죽음 등과 같은 신체적 제재)의 적용이나 그 같은 제재의 위협 등에 의존하게 된다. 그리고 또 이와 같은 권력기반이 의존하고 있는 것은 활동을 제한하여 욕구불만이나 좌절을 낳게 한다든지 또는 기본적인 생리적 욕구나 안전욕구를 통한 통제 등이다.

3. 보상적 권력(Reward Power)

보상적 권력은 다른 사람에게 보상을 제공할 수 있는 능력에 기반을 둔 권력으로 보상적 권력이 높은 리더는 영향을 받는 사람이 그의 의사에 복종을 하게 되면 임금, 승진 및 인정과 같은 긍정적인 유인을 얻을 수 있으리라고 믿기 때문에 권력으로서의 역할이 가능하다. 특히 조직의 라인관리자들이 스텝(staff)보다 더 큰 권력을 갖고 있다고 느끼게 되는 것은 스텝(staff)보다는 라인관리자가 이 보상적 권력을 더 많이 갖고 있기 때문이라고 볼 수 있다.

4. 정보적 권력(Information Power)

정보적 권력은 다른 사람들이 가치가 있다고 지각하는 정보를 가지고 있거나, 그 정보에 보다 쉽게 접근할 수 있다는 사실에 기반을 둔 권력이다. 이 같은 권력의 기반이 다른 사람에게 영향을 미칠 수 있는 것은 다른 사람들이 그 같은 정보를 필요로 하고 그 같은 정보를 자기들은 실제로 접하면서 생활하기를 원하기 때문이다. 물론 이 정보는 희소가치와 중요성이 있어야 한다. 조직 내에서는 비밀이나 정보에 대한 접근 제한 등의 방법으로 희소가치를 증대시킨다. 예를 들면 조직 내에서 의사결정에 사용되는 정보가 비밀에 붙여지고 의사결정 자체도 비밀에 붙여지는 경우를 생각해 볼 수 있다. 이때 정보를 알고 있는 사람은 정보를 권력의 원천으로 사용할 수 있는 것이다.

5. 전문적 권력(Expert Power)

전문적 권력은 경영자가 가지고 있는 전문성, 기술 및 지식에 기반을 둔 권력이다. 이 같은 전문성이나 기술, 지식은 존경을 통해 다른 사람에게 영향을 미친다. 전문적 권력이 높은 관리자는 다른 사람의 작업수행 행동을 조정하기 위해서 다른 사람들이 존경할 수 있는 전문성을 가져야 한다. 이 같은 전문성에 대한 존경이 관리자가 원하는 대로의 복종으로 이어진다. 예컨대 연구개발 부서에서 비록 직급은 낮은 연구원일지라도 전문적인 지식을 많이 갖고 있으면 그는 상급자에게 권력행사를 할 수 있다. 다른 예로 많은 직무 경험을 가진 관리자는 경험 면에서 전문성을 더 많이 갖고 있다는 것이 권력의 원천이 될 때 전문적 권력을 가졌다고 할 수 있다.

6. 준거적 권력(Referent Power)

준거적 권력은 관리자의 개인적인 특성에 기반을 둔 권력이다. 준거적 권력이 높은 관리자는 그의 성격 특성 때문에 다른 사람들로부터 호감을 쌓고 존경을 받는다. 이 같은 관리자에 대한 호감, 존경 및 동일시 때문에 다른 사람에게 영향을 미치게 된다. 예컨대 종교 지도자들이 정치나 사회적인 문제에 영향을 미칠 수 있는 것은 이러한 권력이 있기 때문이다. 이 권력은 어느 면에서 가장 포괄범위가 큰 것으로 권력행사 자가 지위권력을 전혀 갖고 있지 않거나 권력을 느끼지 못할 때에도 영향을 미치게 된다. 종교지도자가 불특정한 다수에게 큰 영향력을 미치고 있음을 여러 가지 예에서 찾아 볼 수 있다.

Ⅱ. 리더십에 관한 제이론

리더십에 관한 연구는 크게 다음의 네 가지, 즉 Leader의 개인적 특성에 관심이 있는 특성이론, Leader의 행동유형에 관심이 있는 행동이론, 그리고 어떤 특성이나 어떤 유형이 어떤 상황에서 보다 효과적인가에 관심이 있는 상황이론 및 최근에 강조되고 있는 현대이론으로 구분할 수 있다.

1. 특성이론

리더십(leadership)을 결정하는 요인이 무엇이며, 누가 지도자이고 누가 지도자가 될 수 있는가에 관한 이론과 가정은 아직도 많은 논쟁의 대상이 되고 있지만, 1940년대에 등장한 자질론(trait theory), 즉 특성이론은 Leader의 개인적 자질과 특성이 리더십의 지위와 기능에 영향을 준다고 간주하고, 그 특성을 해명하는 이론이다. 즉, 선천적으로 탁월한 자질을 부여받은 인간이 위대한 인간(great man)이고, 역대의 Leader였다는 의미에서 현실적인 자질을 갖추는 것이 리더십의 요건이라고 보게 된 것이다.

그러나 행동과학적인 관점에서 보면 인간은 학습과 경험에 의하여 후천적인 자질이 형성될 수 있고, 오직 총명(intelligence)만은 오늘날에도 리더십의 요건으로서 보고 있을 뿐이다. 다시 말해 선천설을 지지하고 있는 특성이론에서는 훌륭한 Leader는 선천적으로 피 지도자들로부터 존경과 신뢰를 받을 수 있는 우수한 자질을 유전적으로 갖고 태어났다고 보는 데 있으며, 이를 찾으려는 데 노력을 집중하였다.

그러나 Leader가 선천적으로 태어난 것인가? 아니면 후천적으로 만들어지는 것인가? 하는 문제는 쉽사리 결론을 내릴 수 있는 성질의 것은 아니다. 위인론(偉人論)을 논의했던 철학자들이 "인간(위인)이 역사를 만드는가? 아니면 역사가 인간(위인)을 만드는가?" 하는 논쟁을 끊임없이 해왔던 이유도 바로 여기에 있다.

결론적으로 "훌륭한 리더십은 선천적인 특성과 후천적인 환경의 조합(combination)"에 의해서 결정되는 것이 아니겠는가?

리더십 연구의 대표적 논자라 할 수 있는 스톡딜과 바스 등은 <표 9-1>에서 보는 바와 같이 ① 육체적 특성, ② 사회적 배경, ③ 지능, ④ Personality, ⑤ 과업과 관련된 특성 및 ⑥ 사회적 특성 등을 Leader에게 필요한 특성으로 제시하면서 리더십과 높은 상관성이 있는 특성으로써 ① 창의력, ② 인기, ③ 사교성, ④ 판단력, ⑤ 적극성, ⑥ 성취욕구, ⑦ 유머, ⑧ 협조성 등을 들고 있다.

이상에서 살펴본 바와 같이 리더십의 특성론적 연구에서는 첫째, Leader는 선천적으로 Leader로서의 특성을 타고난 인물이라는 전제 하에서 효과적인 리더십의 발휘를 위한 Leader의 일반적인 개인적 특성이 무엇인가에 초점을 두었다.

둘째, 리더십의 특성론적 연구는 다음과 같은 몇 가지 측면에서 이루어져 왔다.

① 신체적 특성(신장, 체중, 연령, 외관, 정열 등)

② 능력(정보, 지성, 유창한 언변, 학력, 지식 등)

③ Personality(보수주의와 공격성, 내재론과 외재론, 지배력, 적응력, 정서적 안정, 자신감 등)

〈표 9-1〉 리더십 특성의 분류

분 류	육체적 특성	사회적 배경	지 능
내 용	- 연령 - 체중 - 신장 - 인상	- 교육정도 - 기동력 - 사회적 지위 - 가정환경	- 능력 - 판단력 - 결단력 - 언변
분 류	퍼스낼리티	과업과 관련된 특성	사회적 환경
내 용	- 독립심 - 자신 - 지배력 - 공격심	- 성취욕구 - 창의성 - 결과에 대한 관심 - 책임감	- 감동능력 - 통합력 - 협동력 - 사교성과 대인관계 능력

자료: B. M. Bass, Eass and Stogdills, Handbook of Leadership, Free Press, 1990(3rd), pp.80~81.

④ 기타(학력 등과 같은 사회적 배경, 매력과 재치 및 협동성과 같은 사회적 특성, 탁월해지려는 충동, 책임의 수락 및 결과 지향성과 같은 과업관련 특성)

셋째, 초기 연구에서는 Leader로부터 부각된 사람의 특성과 그렇지 못한 사람의 특성을 비교하려 했으며, 또 효과적인 Leader와 비효과적인 Leader의 특성을 비교하려고 했다.

넷째, 리더십의 특성론적 연구는 아직도 많은 논자들의 관심의 대상이 되고 있는데 다만 강조점이 Personality의 특성에서부터 직무에 관련된 기능으로, 그리고 리더십의 효과로 옮겨가고 있다. 카츠(R. Katz)는 효과적인 경영자에게 요구되는 세 가지의 기능(기술적, 인간관계적 및 개념적)을 제시했으며, 유클도 창의성, 조직 설득, 사교적이고 재치있음, 과업에 관한 지식 및 언어 구사력 등의 기능을 포함시키고 있는데 이들 기능은 중요한 Leader를 선발하고 훈련·개발하는 데 있어서 함께 사용될 수 있다.

한편 리더십에 관한 특성론적 연구는 다음과 같은 점에서 비판을 받고 있다.

① 특성론적 연구는 선천설에 근거하고 있어 선천설(先天說)의 문제점을 앉고 있다.

② Leader의 특성으로 제시된 요인들은 리더 뿐만 아니라 모든 사람들도 가지고 있는 것으로서 Leader고유의 것으로 볼 수 없으며, 결과적으로 특성론적 연구자들은 Leader만이 갖고 있는 특성은 밝히지 못하였다.

③ 특성론적 연구에서 제시하고 있는 우수한 특성과 능력을 모두 갖추기란 불가능하다.

④ 특성의 상대적 중요성에 관한 명확한 검토가 없다는 비판도 있다. 즉 어느 하나

의 특성은 어떤 상황에서는 매우 효율적이나 다른 상황에서는 불필요한 것이 될 수도 있다.

⑤ 리더십은 집단과의 관계를 떠나서 이해될 수 없음에도 불구하고 상황 요소의 영향력에 대한 설명이 부족하다.

⑥ Leader의 여러 가지 특성 중에서 어느 것이 Leader가 되기 전에 필요한 것이고, 어느 것이 어떤 지위의 리더십을 발휘하는 데 필요한 것이며, 어느 것이 특정 지위를 유지해 나가는 데 필요한 것인지의 구분이 없이 열거되고 있다.

⑦ 특정 상황의 특정 지위에 있는 Leader에게 필요한 특성을 어떻게 개발할 것인가에 관해서는 무관심하다.

⑧ 어떤 상황에서 리더십에 관련된 특성이 다른 상황에서의 리더십을 예견하지 못한다.

이와 같은 많은 한계 및 모순과 문제점에도 불구하고 특성론적 연구 방법은 개인의 특성과 효과적인 리더십 간의 연결은 상황적 요인으로 크게 공헌할 수 있기 때문에 최근 연구의 중요성이 크게 부각되고 있다.

2. 행동이론

특성론적 리더십 연구가 Leader의 특성과 성격에 주된 관심을 두고 있는 데 비해 행동론적 리더십 연구는 리더십 효과를 좌우하는 것은 Leader 개인의 특성이 아니라 부하에 대한 Leader의 행동이라는 관점에서 리더십의 효과에 주된 관심을 두고 있다. 즉, 행동론적 리더십 연구는 Leader의 행동뿐만 아니라 부하의 반응에도 관심을 가지면서 양자의 상호작용에 관한 연구에 주력한다. 이들 두 연구 방법의 차이에 관해서는 다음과 같은 두 가지 측면에서 논의되고 있다.

첫째, 특성론적 리더십 연구는 Leader 개인의 특성과 자질에 초점을 두고 있고, 행동론적 리더십 연구는 실제적인 Leader가 보여주는 행동특성에 초점을 둔다.

둘째, 대부분의 특성론적 연구가 Leader와 非Leader를 구분하려는 데 초점을 두었으나, 행동론적 연구는 부하와 Leader의 여러 가지 특정 행동이 부하들의 업적과 만족에 어떠한 영향을 미치는가를 알고자 하는 연구에 초점을 둔다.

효과적 Leader와 비효과적인 Leader의 행동의 차이를 식별하려는 행동론적 리더십 연구의 특징을 요약하면 다음과 같다.

① 행동론적 리더십 연구는 리더가 처한 특수한 상황을 고려하지 않고 보편타당성

을 지닌 효과적인 리더의 행동을 찾으려 한다.

② 모든 상황에 적용될 수 있는 유일최선(唯一最善)의 리더십 유형을 찾으려 한다.

③ 행동론적 리더십 연구에서는 Leader의 훈련·개발이 주된 연구과제의 하나가 된다. 특히 행동론적 연구는 후천설에 근거하고 있어 바람직한 Leader의 행동을 기준으로 하여 리더십을 가르치고 배우며 개발할 수 있다고 생각한다.

1) 오하이오 주립대학의 연구

경영기능을 중심으로 한 리더십에 대한 일련의 연구가 1945년 오하이오 주립대학의 경영연구실에서 시작되었다. 인접 전공분야인 심리학, 사회학 그리고 경제학자들이 모여서 Leader행동기술 설문지(Leader Behavior Description Questionnaire: LBDQ)를 개발하고 다양한 집단과 다양한 상황 속에서의 Leader행동을 연구하였다.

이 연구의 전반적인 목적은 Leader행동의 결정요인을 조사하고 리더십 유형이 작업집단의 성과와 만족에 미치는 효과를 알아보려는 데 있었다.

이들은 공군의 지휘관, 폭격편대의 승무원, 장교, 하사관 그리고 해군성의 민간행정관, 제조업 분야의 감독자, 지방 협동조합의 간부, 대학의 행정가, 교사, 교장 그리고 다양한 민간단체를 대상으로 Leader에 대한 연구를 진행하였다.

이들은 LBDQ(리더 행동기술 설문지)를 사용하여 다양한 상황 하에서 Leader가 어떻게 반응하는가를 조사하여 인자분석기법으로 연구하였는데 놀랍게도 다양한 상황에서도 Leader행동에 대한 연구가 일관성을 갖고 있었다.

초기 연구에서 핼핀과 위너(Halpin and Winer)는 52명의 폭격기 승무원을 조사하였는데 지휘자의 Leader행동이 300가지나 기술되었다. 그런데 우호성, 신뢰성, 존경성, 우호적 관계 등과 같은 배려(consideration)인자가 Leader행동의 49.6%를 유의성 있게 설명하는 것으로 나타났다. 이와 같은 배려인자 다음으로 중요한 것은 솔선구조(initiating structure)였는데 이 인자는 Leader행동의 공통인자 변량을 33.6% 유의성 있게 설명하는 것으로 나타났다.

여기에서 솔선구조란 Leader가 자신과 부하와의 관계를 어떻게 조직하고 정리하느냐 하는 것을 말하는 것으로써 Leader가 각 구성원에게 기대되는 역할을 한정해 주고 또한 조직유형의 관계를 설명해 주며 의사결정의 채널을 형성하여 그 직무가 수행되도록 하게끔 하는 것을 뜻한다. 배려와 솔선구조라는 이들 두 개의 인자가 합쳐서 Leader행동특성의 총 공통인자 변량의 83.2%를 유의성 있게 설명하는 것으로 나타났는데 이들 두 개의 인자로써 Leader에 관한 많은 연구를 다양한 상황 속에서 진행하였다.

자료: K. M. Bartol & D. C. Martin, op. cit., 1994, p.415.

[그림 9-1] 오하이오 주립대학의 리더십 유형

그리고 부하들에 의해 기술된 1,000여 가지 이상의 차원 중에서 기본적으로 가장 중요한 Leader의 행동으로 나타난 구조화와 배려라는 두 가지 차원의 독립변수가 의미하는 보다 구체적인 의미는 다음과 같다.

(1) **솔선구조**(initiating structure)

솔선구조란 구조화라고도 하는데 목표달성을 위해 Leader가 자신과 부하들과의 역할을 정하고 구조화하기를 바라는 정도를 의미하는 개념으로써 작업과 작업에 관련된 여러 관계 및 목표의 계획화, 조직화, 통제화 및 협조화를 시도하는 행동특성을 포함한다. 이는 과업 지향적 리더십 유형과 유사한 개념이다.

(2) **배려**(consideration)

배려란 Leader가 상호신뢰, 상호존경, 우애, 지원 및 종업원의 복지에 대한 관심 등을 포함하는 Leader의 행동특성을 의미하는 개념으로써 바람직한 인간관계 형성에 초점을 두고 있다. 이는 종업원 중심적인 리더십 유형과 유사하다.

이 연구의 특징은 모든 리더십 행동에서 이들 두 차원을 각각 축(軸)으로 하여 조합으로 나타난 네 개의 범주 속에 포함시키고 있는데 두 행동차원의 특성을 요약하면 다음과 같다.

〈표 1-2〉 배려와 구조화의 행동차원 특성

구 분	특 성
배 려	- 부하가 일을 잘하면 칭찬을 아끼지 않는다. - 부하에게 달성할 수 있는 이상을 요구하지 않는다. - 부하의 개인적인 문제를 도와준다. - 친근감과 동료의식을 가진다. - 부하가 일을 잘하면 보상한다.
구조화	- 부하에게 구체적인 과업을 배당한다. - 직무업적의 표준을 설정한다. - 부하에게 직무요구에 대한 정보를 준다. - 팀으로 일하도록 작업일정 계획을 세운다. - 일정한 절차에 따라 일하도록 한다.

자료: D. Hellriegel & J. W. Slocum, op. cit., 1992, p.478.

연구 결과 훌륭한 Leader는 두 가지 행동 중의 어느 하나의 행동만을 하는 것이 아니라 이들 두 가지 행동을 평균 이상으로 동원한다는 사실이 확인되었다. 그러나 이모형은 너무 단순하고 모든 리더십 상황에서 보편타당하게 적용될 수 없기 때문에 상황요인이 고려되어야 한다. 이상에서 살펴본 오하이오 주립대학의 연구결과를 도식화하면 그 내용은 다음과 같다.

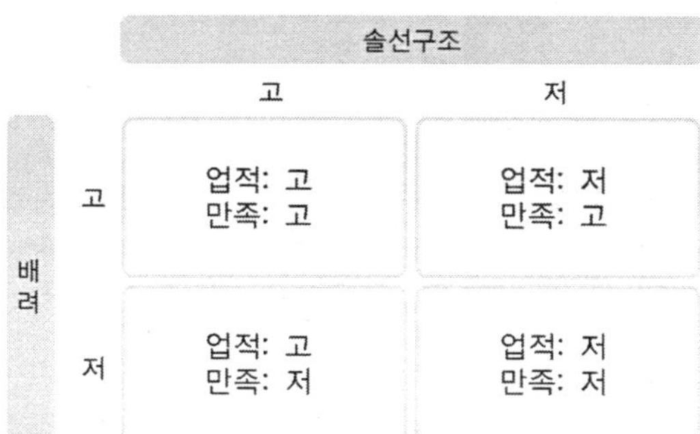

자료: R. N. Lussier, op. cit., 1993, p.332.

[그림 9-2] 오하이오 주립대학의 연구결과

2) 미시간 주립대학의 연구

오하이오 주립대학에서 연구를 시작한 때와 거의 같은 시기에 미시간 주립대학에서 리커트(R. Likert)를 중심으로 구성된 연구팀이 美해군성 연구국의 지원을 받아 리더십에 관한 연구를 시작하였다. 그들의 연구목적은 오하이오 대학의 연구목적과도 유사하게 높은 업적을 수행하는 집단과 그렇지 못한 집단과 관련된 리더십 유형에 관한 조사에 있었고, 작업집단의 업적과 만족의 증대를 낳는 Leader의 행동유형을 찾는 데 있었다. 1947년부터 시작된 이 연구는 과학적이고 계량적인 연구의 뒷받침이 없다는 비판을 받고 있던 호손 연구의 방법론적인 문제를 해결하고자 시도되었다.

이 연구에서는 생산성이 사기에 영향을 줄 수 있는 심리학적인 변인들인 업무유형, 작업조건과 방법에 대한 통제가 이루어졌고, 생산성이 높은 집단과 생산성이 낮은 집단 12개를 짝지어 직무유형이나 방법 등을 각각 고찰하였다.

연구결과 서로 다른 두 가지 유형의 리더십을 발견하였는데 이들은 오하이오 대학의 연구결과와 어느 정도는 유사했고 어느 정도는 상이하였다. 대표적인 유사점으로서는 미시간 주립대학의 연구결과 나타난 '직무 중심적 행동'과 '종업원 중심적 행동'은 오하이오 주립대학의 연구결과 제시된 '구조화 행동'과 '배려 행동'에 각각 유사한 개념이다. 또한 대표적인 상이점은 전자가 두 가지 행동유형을 하나의 연속선상의 양극에 위치시키고 있는 데 비해 후자는 두 가지 행동유형을 서로 다른 차원의 것으로 보고 매트릭스를 만들어 설명하고 있다.

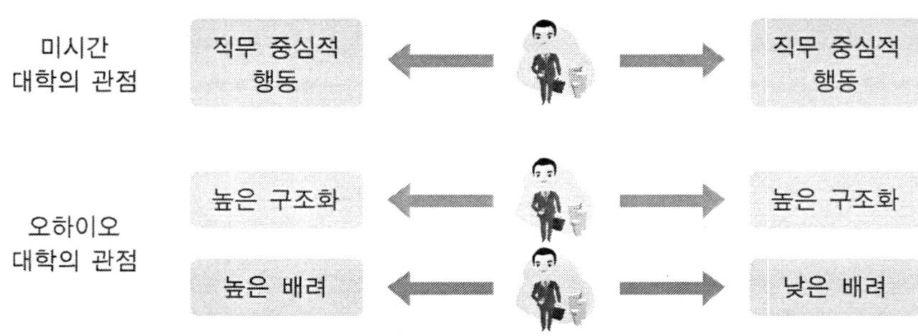

자료: R. W. Griffin, op. cit., 1984, pp.422~423.

[그림 9-3] 두 대학의 Leader행동특성에 대한 관점 비교

(1) **직무중심적인 리더십**(job-centered leadership)

생산지향적인 행동(production-oriented behavior)이라고도 하는 이 유형은 오하이오 대학의 한 차원인 구조화와 유사한 데 이 유형의 Leader는 직무의 기술적·과업적인 측면을 강조하는 경향이 있으며 주된 관심은 집단의 과업을 수행하는 데 있고 집단구성원은 이 같은 목적을 위한 수단에 불과한 것이었다.

(2) **종업원 중심의 리더십**(employee-centered leadership)

인간지향적인 행동을 하는 유형으로써 오하이오 대학의 배려와 유사한데 권한과 책임의 위양, 종업원의 복지, 욕구, 발전 및 개인적인 성장 등에 대한 관심을 강조하며 부하의 욕구에 개인적인 관심을 갖고 구성원간의 개인차를 받아들임으로써 대인관계를 강조한다.

미시간 주립대학의 연구는 리더십 유형과 효과간의 상관관계를 조사하기 위해 다양한 산업을 대상으로 실시되었으나 일치된 상관성을 발견하는 데는 실패하였다. 그러나 종업원 중심적인 Leader가 가장 효과적이고 바람직하다는 결론을 얻을 수 있었다. 환언하면, 높은 생산성을 올리는 집단의 리더는 보다 인간적이고, 생산 지향적(직무 중심적)인 리더가 낮은 생산성과 낮은 직무만족에 관련된 반면 종업원 지향적 리더는 높은 생산성(성과)과 높은 직무만족에 관련된다는 것이다.

한편, 미시간 대학의 연구도 오하이오 대학의 연구와 유사한 비판을 받고 있는데 이를 종합하면 다음과 같다.

첫째, 종업원중심적인 리더십이 때로는 낮은 업적을 낳고, 직무중심적인 리더십도 때로는 높은 업적을 낳는다.

둘째, 종업원중심적인 리더십은 민주적인 것을, 직무중심적인 리더십은 전제적인 것을 의미하므로 민주적인 리더십과 전제적인 리더십이 지니는 문제점을 앉고 있다. 이는 민주적인 리더십이 언제나 전제적인 리더십보다 좋은 결과를 가져온다고는 볼 수는 없는 것이다.

셋째, 종업원에 대한 높은 관심과 직무(생산성)에 대한 높은 관심은 상호 모순되지 않으며 오히려 현명한 Leader는 어느 한쪽으로 편중되기 보다는 이들 두 가지 지향성을 모두 병행한다.

넷째, 결론적으로 그 어느 유형도 유일최선의 것이 될 수 없으며 너무 단순하여 모든 리더십 상황에 보편타당하게 적용될 수 없다.

이와 같은 비판에도 불구하고 미시간 주립대학 연구팀의 소장이었던 리커트(R.

Likert)는 후속적인 연구를 계속하여 그 결과를 1961년 『경영의 새로운 패턴』(New Patterns of Management)이라는 그의 저서에 종합하여 발표하였다. 리커트가 주장하는 시스템 4형의 리더십이론이 바로 이 책에서 소개되고 있다.

오하이오 주립대학이 Leader의 차원에서 공식조직의 상황을 고려하여 연구를 진행한 데 비해 미시간 대학은 소집단형에서 시작했고, 또한 만족도와 생산성에 대한 연구에 일관해서 구성원 차원으로 연구를 진행한 데 그 특징이 있다. 이들은 Leader의 감독기능과 Leader기능으로 구분하여 접근했다. 즉 조직은 총체로서 광범위한 작업을 통합과 개개 구성원들의 행동을 통하여 집단이나 조직의 목적이 달성된다고 보았던 것이다.

그가 이 같은 착상을 하게 된 것은 여러 개의 조직을 행동과학적으로 연구한 결과였다는 사실은 매우 흥미 있는 일인 데 그가 본 여러 산업조직은 그들의 조직을 X이론에서 Y이론으로, 미성숙한 행동의 조장에서 성숙한 행동의 개발로, 위생요인만의 중시에서 동기유발요인의 충족으로 이행할 수 있도록 지원하는 것이 의도되고 있음을 알고 현재 일반적으로 행해지고 있는 관리 형태를 직무중심의 '시스템 1'에서 종업원중심의 '시스템 4'에 이르는 하나의 연속선상에 그려내게 되었다.

'시스템 1'은 과업지향적·직무중심적인 감독형태로써 매우 구조화된 권위주의적 관리방식인 데 비해 '시스템 4'는 팀워크, 상호신뢰, 상호작용에 의거한 관계지향적·종업원중심적인 관리방식이며, '시스템 2, 3'은 X이론 Y이론의 각각에 거의 대응한 양극의 중간적 단계라 하고, 조직의 관리방식이 '시스템 4'에 접근할수록 생산성이 높고 '시스템 1'에 접근할수록 생산성이 낮음을 발견하였다.

결과적으로 '시스템 4'의 리더십 유형이 가장 건전하고 성공적이어서 이상적인 것이라고 제시하고 있는 데 무엇보다도 인간조직을 과학적으로 관리하는 방식으로 네 개의 시스템을 등장시키고 변수의 개념을 도입하여 생산성, 상호영향작용 등의 다각적인

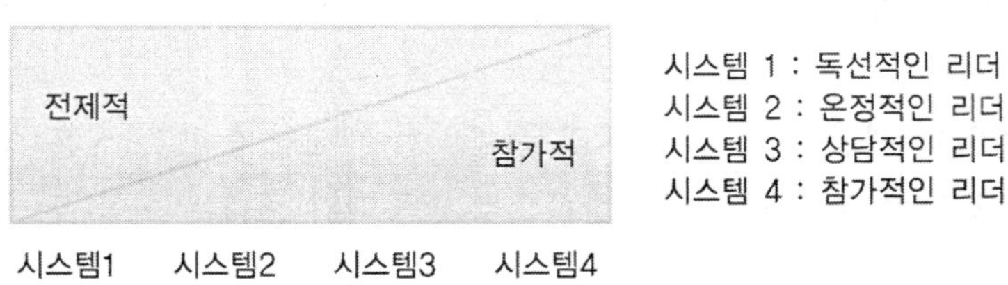

자료: R. Likert, op. cit., 1967, pp.4~10. R. M. Hodgetts, op. cit., 1986, p.521.

[그림 9-4] 참가와 관련된 네 가지 시스템

측면에서 실증적 연구를 거듭하여 종래의 전제주의적인 관리제도 대신에 참가적·지원적인 관리시스템을 주장하고 있음은 특기할 사실임에 틀림이 없다.

3) 블레이크와 무턴의 연구

텍사스 대학의 블레이크와 무턴(R. R. Blake & J. S. Mouton)은 직무중심과 종업원중심의 양극적인 리더십 유형을 융통성 있게 조화시키려는 리더십의 유효성 모델로서 관리격자(managerial grid)의 개념을 정립하였다.

그는 두 개의 극(極)을 핵으로 하는 극단론에 빠지지 않고 업무중심의 리더십 유형과 인간중심의 리더십 유형으로 구분한 다음 이들 두 개의 축을 지향하는 정도에 따라 혼합구성의 가능성이 있음을 주장하였다. 이들 두 개의 축(軸)을 보다 구체적으로 설명하자면 생산에 대한 관심(concern for production)은 매출액이나 생산량에 대한 배려를 의미하며, 그 수량뿐만 아니라 방침결정의 질이나 신제품개발이라는 독창적 아이디어에 관한 것도 포함된다. 인간에 대한 관심(concern for people)은 주어진 업무수행을 위하여 각자가 얼마나 열중하고 있는가의 정도에 대한 관심이나, 부하의 복종이 아닌 신뢰에 의하여 주어진 책임감이 어떠한가에 대한 관심, 업무의 보장에 관한 심정에 대한 관심 등이 포함된다. 그리고 관심이란 경영자 자신의 기본적 태도로서 그러한 관심의 유무를 말하는 것이다.

생산과 인간에 대한 관심의 쌍방이 최대가 되는 경영자의 태도가 이상형이지만 현실적으로 경영자는 여러 가지 유형의 것들이 있게 된다.

블레이크와 무턴은 생산을 중심으로 한 축과 인간을 중심으로 한 축을 연속선상에서 각각 9단계로 나누고 있을 수 있는 81개 유형 가운데서 논의의 편의상 다음과 같은 다섯 가지 기본적인 모형을 제시하였다.

① (1, 1)형: 무관심형(impoverished management)으로 인간에 대한 관심(만족, 사기)과 생산(업적)에 대한 관심이 모두 낮은 이 유형의 리더(관리자)는 주어진 과업을 수행하기 위한 최소한의 노력으로 조직구성원의 신분을 지탱하려는 사람에게 적절하다. 이 유형은 리더가 리더십 역할을 포기하고 생존(survival)이 주된 것이므로 때로는 자유방임형(laissezfaire management)이라고도 한다.

② (1, 9)형: 인기형(country club management)으로 생산에 대한 관심도는 낮은 반면 인간에 대한 관심도는 높은 상태이다. 이 유형은 관계성의 만족에 관심을 두고 유쾌하고 다정한 분위기를 조성하는 등으로 과업에 대한 관심의 수행을 위해 부하들을 지원하는 일에 초점을 둔다.

③ (9, 1)형: 과업형(task management)으로 생산에만 관심을 갖고 인간에 대해서는 관심도가 낮은 상태에서 리더십을 발휘하는 관리자상으로 해석할 수 있다. 이 유형은 권한 복종형(authority－obedience management) 또는 권한 순종형(authority－compliance management)이라고도 불리고 있으리만큼 부하의 개발이나 사기에는 관심이 없고 과업을 능률적으로 수행하는 데 모든 관심을 집중한다.

④ (5, 5)형: 중용형(middle of the road management)으로 인간에 대한 관심과 과업에 대한 관심이 모두 중간 정도인 이 유형은 중간관리자가 상·하 계층의 교량역할을 수행하는 데 효과적인 형태로 볼 수 있으며 과업과 종업원의 만족 간에 균형을 유지하는 데 관심을 둔다.

⑤ (9, 9)형: 이상형(team management)이라 할 수 있는 이 유형은 생산과 인간에 대한 관심이 모두 높은 형태로서 일과 종업원들의 관계성을 조정하고 통합함으로써 과업능률과 사기진작에 관심을 둔다.

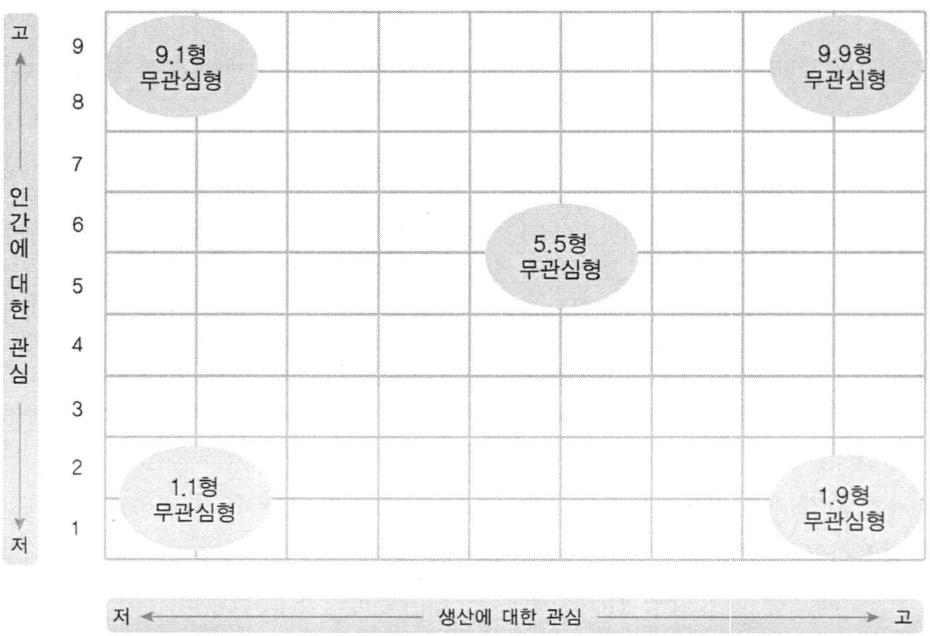

자료: R. R. Blake & J. S. Mouton, op. cit, p.29.

[그림 9-5] Managerial Grid의 리더십 행동 유형

블레이크와 무턴은 (9, 9)형을 가장 이상적인 리더십의 모델이라고 생각하여 유능한 관리자의 육성을 위하여 (9, 9)형이 타당하고 동시에 관리자 육성의 효과를 증대시키기 위해서 폭넓은 훈련계획을 거친 조직에서는 보다 협동적인 작업관계를 가질 수 있게끔 종업원의 행동이 변화하고 생산성이 증가한다는 것이다.

그러나 이 이론도 다음과 같은 문제와 한계를 지니고 있다.

첫째, 모든 인간은 이 이론이 제시하고 있는 다섯 가지 기본유형의 성격을 골고루 지니고 있고 다만 사람에 따라 그 구성 비율이 상이할 뿐이다. 비중이 큰 유형이 지배적으로 표출될 지라도 나머지 유형은 지원적인 유형으로 되는데 리더십의 효과는 Leader가 어떤 리더십 유형을 지배적인 것으로 쓰고 있는가 하는 Leader개인의 특성에만 달려 있는 것이 아니라 조직상황, 가치관, 개성 및 기회와 같은 여러 가지 조건이 조화됨으로써 결정되는 데 이를 고려하지 못하고 있다.

둘째, '9, 9형'이 모든 상황에서 최선의 것임을 지지할 수 있는 증거가 불충분하다.

셋째, 다른 행동이론에서와 마찬가지로 보편타당성을 지닌 효과적인 Leader의 행동을 모색하고 있으나 실패하고 있다.

3. 상황이론(Contingency Theory)

Leader중심이론이 Leader자신의 자질이나 특성에 의해 효과적인 리더십이 결정된다고 주장하는데 반해, 상황중심이론은 리더십을 결정하는 것은 Leader개인의 자질, 특성이라기보다는 Leader를 포함한 상황의 함수로서 결정된다고 보고 있다.

특성이론의 관점에서 보면 실패하는 Leader에게는 공통점이 있다. 즉 그들에게는 Leader가 갖추어야 할 바람직한 특성들이 결여되어 있기 때문이라고 추론할 수 있다. 그러나 어떤 특성들이 리더십의 실패여부와 관련이 있는가에 관해서는 특성이론의 애매모호한 연구결과를 볼 때 확실하게 결론지을 수 없지만, 대체적으로 창의력과 성취동기의 결여, 사회성과 인지적 역량의 부족, 커뮤니케이션 능력과 인간에 대한 배려 취약, 스트레스 저항력 부족, 자신감 결여 등으로 요약될 수 있다.

이들 변수들은 지금까지의 연구에서 리더십 효과와 매우 높은 상관관계를 갖는 것으로 나타났고, 따라서 이를 갖추지 못한 Leader는 실패의 가능성이 보다 높다고 볼 수 있겠다.

그리고 행동이론의 핵심은 성공적인 리더십을 발휘하기 위해서는 Leader가 구조주도와 배려의 행동을 동시에 보여줄 수 있어야 한다는 것이다. 행동이론에 따르면 실패하는 Leader란 항상 과업만을 중시하거나, 또는 항상 인간관계만을 중시하거나, 또는 둘 중 어떠한 성향도 보이지 않는 부류의 Leader라고 할 수 있다.

그러나 환경적응적인 관점에서 보면 성공하는 Leader와 실패하는 Leader가 따로 존재하는 것이 아니라 주어진 환경 속에서 자기에게 맞는 리더십의 유형을 선택하지 못하면 실패하는 Leader가 된다는 것이다. 즉, Leader와 상황이 잘 맞아 떨어지면 성공하는 Leader가 될 수 있다는 입장이다. 따라서 이상적인 리더십의 유형이 따로 존재하는 것이 아니라 그것이 상황에 알맞은 것이라면 독재적 리더십도, 방임적 리더십도, 과업중심적인 리더십도, 종업원중심적인 리더십도 높은 성과를 올릴 수 있다는 것이다.

1) 피들러(F. E. Fiedler)의 모형

리더십 상황이론의 대표적인 학자인 피들러(F. E. Fiedler)는 Leader와 상황적인 조화를 강조한다. 그의 연구에 따르면 상황에 따라 과업중심적인 Leader가 효과적일수도 있고, 인간중심적인 Leader가 더 효과적일 수도 있다고 하였다. 상황이 Leader에게 아주 유리하거나 불리할 때에는 과업중심적인 행동이 효과적이지만, 중간정도의 상황일 때에는 인간중심적인 행동이 더 효과적이라는 사실을 발견하였다.

그리고 주어진 상황이 유리한지 불리한지는 과업의 특성이나 Leader와 부하간의 신뢰성의 정도 그리고 Leader지위의 권력 정도를 통해 판단할 수 있다. 일반적으로 이들 세 가지 요소가 모두 강하면 Leader에게 유리한 상황이고, 모두 약하면 불리한 상황이 된다.

피들러의 상황이론은 핵심내용을 요약해 보면, 첫째는 리더십의 유형에 관한 것이고, 둘째는 상황에 대한 정의이며, 셋째는 리더십유형과 상황과의 적합관계이다.

(1) 리더십의 유형

피들러는 LPC척도를 통해 리더십의 유형을 구분하였다. LPC척도란 Leader가 가장 일하기 싫어하는 동료작업자(leader preferred co-worker; LPC)를 선정하고, 그에 대해 어떻게 생각하는지를 물어 보는 설문으로 구성되어 있다. LPC점수는 20개 문항을 8점 척도로 측정하여 이를 통계적으로 분석하여 산출했다. 구체적인 설문내용을 보면, 가장 일하기 싫어하는 사람이 쾌활한지, 친절한지, 수용적인지, 여유 있는지, 다정한지, 지원적인지, 흥미를 잘 느끼는지, 남들과 조화하는지, 성실한지 등으로 평가하여 리더십의 유형을 구분하였다.

	8	7	6	5	4	3	2	1	
유쾌한 사람	8	7	6	5	4	3	2	1	불쾌한 사람
수용적인 사람	8	7	6	5	4	3	2	1	거부적인 사람
지원적인 사람	8	7	6	5	4	3	2	1	적대적인 사람
느긋한 사람	8	7	6	5	4	3	2	1	긴장된 사람

관계지향적인 리더십 ←——→ 과업지향적인 리더십

[그림 9-6] LPC측정의 설문 예

측정결과 LPC점수가 높으면 관계지향적인 Leader로, 낮으면 과업지향적인 Leader로 구분하였다.

(2) **리더십의 상황**

리더십의 상황은 리더－구성원관계, 과업의 구조화, Leader의 지위권력에 따라 설명할 수 있다.

① 리더－구성원관계(leader－member relation): 이는 집단의 분위기를 의미하는 요소로서 상사를 신뢰하고 존경하며 친밀한 분위기가 조성되어 있는지 없는지를 의미한다.

② 과업의 구조화(task－ structure): 이는 과업의 일상성이나 복잡성을 의미하는 것으로서 집단의 과업이 반복적인지 아닌지, 정형화된 일인지 비정형화된 일인지, 단순한지 복잡한지, 과업목표가 구체적인지 추상적인지, 의사결정체계가 잘 정비되어있는지 아닌지를 의미한다. 과업이 구조화되어 있을수록 그 상황은 Leader에게 유리하다. 왜냐하면 Leader가 무엇을 해야 하고, 누구를 통해, 무엇 때문에 해야 하는지를 쉽게 결정할 수 있기 때문이다.

③ 리더의 지위권력(position power): 이는 Leader가 집단구성원들에게 명령을 수용토록 영향력을 행사할 수 있는 능력으로서 법규나 제도를 통해 Leader에게 어느 정도의 공식적인 권한과 권력이 부여되어 있는가를 의미한다.

⑶ 리더십 스타일과 상황의 적합관계

리더십의 유효성은 리더－구성원의 관계, 과업의 구조화, 리더의 지위권력의 상황 조건에 따라 달라진다는 것이다. 아주 호의적인 상황에서나 비호의적인 상황에서는 관계지향적인(인간관계 행동) 리더십 스타일이, 아주 호의적이지도, 비호의적이지도 않은 중간 상태에서는 과업지향적인 리더십 스타일이 효과적이라는 것이다. 이를 보다 구체적으로 살펴보면 다음 [그림 9－7]과 같다.

	I	II	III	IV	V	VI	VII	VIII	
관대하고 배려적인 집단 높은 LPC점수 (인간관계 행동)					인간중심형				적합한 리더십 행동
통제적이고 구조적인 집단 낮은 LPC점수 (과업주도 행동)	과업주도형						과업주도형		
리더－구성원의 관계	양호	양호	양호	양호	나쁨	나쁨	나쁨	나쁨	상황 요인
과업의 구조화 정도	구조적		비구조적		구조적		비구조적		
리더의 지위권력 정도	강함	약함	강함	약함	강함	약함	강함	약함	
	↑ 리더에게 매우 유리한 상황							↑ 리더에게 매우 불리한 상황	

[그림 9-7] 피들러의 리더십과 상황의 관계

위에서 보는 바와 같이 리더－구성원의 관계가 좋고, 과업의 구조화 정도가 높고, Leader의 지위권력이 강할 때에는 Leader에게 유리한 상황이, 그렇지 못할 때에는 불리한 상황이 주어지게 된다. 이와 같이 리더－부하의 관계가 호의적인가 비호의적인가, 과업구조화의 정도가 높은가 낮은가, Leader의 지위권한이 강한지 약한지에 따라 나타낼 수 있는 상황은 모두 다를 것이다.

그런데 만약 리더십 스타일과 상황이 적합하지 않을 때에는 어떻게 해야 하는가? 피들러는 Leader의 욕구구조는 일정기간 지속적이므로 리더 행동유형은 단기적으로 변화하지 않을 가능성이 많다고 하였다. 따라서 리더십의 스타일을 변화시키기 보다는 상황을 변화시키는 것이 바람직할 것이다. 이상에서 살펴본 피들러의 리더십 상황이론을 요약하면 다음과 같다.

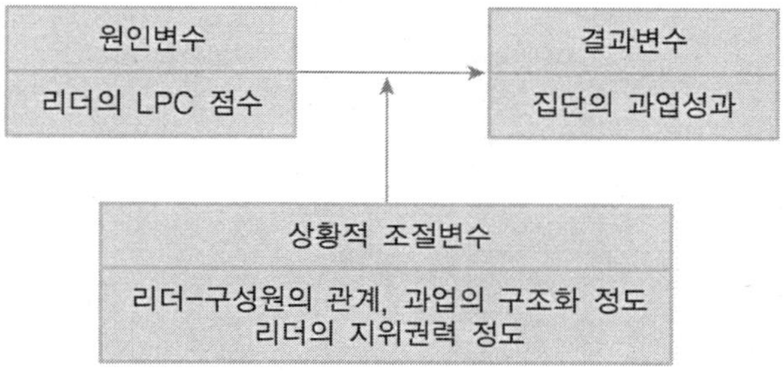

[그림 9-8] 피들러의 리더십 상황이론

2) 허시와 블랜차드(P. Hersey & K. Blanchard)의 모형

허시와 블랜차드(P. Hersey & K. Blanchard)는 리더십 차원을 관계행동(relationship behavior)과 과업행동(task behavior)으로 구분하고, 상황변수를 고려한 다음과 같은 리더십 모형을 제시하였다.[1)]

이들은 리더와 부하간의 상호 조화관계를 중시하면서 부하의 성숙도에 따른 적합한 리더십 유형을 제시하였는데 이 이론의 특색은 다음과 같다.

첫째, 리더십의 유형이 부하의 성숙도의 수준에 의해 결정된다는 것이다.

둘째, 리더십의 두 가지 차원, 즉 관계차원(인간중심)과 과업차원(과업중심)은 연속선상에 있는 것이 아니라 상호 별개의 것으로 상호 영향을 주지 않고 두 가지 요소가 공존할 수 있다는 것이다.

셋째, 관계행동(relationship behavior)과 과업행동(task behavior)에 이어 세 번째 차원인 부하들의 성숙수준(maturity or readiness)은 그들이 얼마만큼 자질과 사기가 있으며 책임의식, 자신감 등을 가지고 있는지의 문제로서 달성 가능한 목표의 설정능력이나 책임의식, 의사소통능력, 교육과 경험 등을 말한다.

부하의 성숙수준은 리더십 유형을 결정하는 유일한 독립변수이기 때문에 리더는 부하의 태도나 행동을 보고 성숙수준을 감지하여 적절한 리더십을 선택하여 발휘하면 되는 것이다.

따라서 이들은 부하의 성숙수준에 따라 다음과 같은 네 가지 유효한 리더십유형을

---

1) Paul Hersey & Kenneth H. Blanchard, "Life cycle theory of leadership", *Training & Development Journal*, Vol. 23, 1969, pp.26~34.; P. Hersey and K. H. Blanchard, *Management of Organizational Behavior*, 4th ed.(Englewood Cliffs, NJ: Prentice-Hall, 1982).

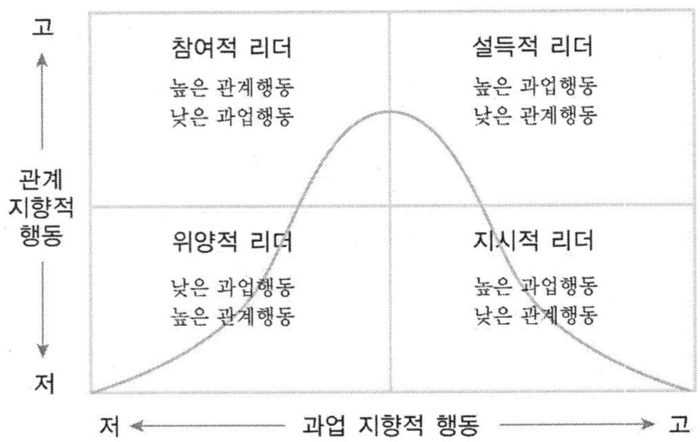

부하의 성숙수준	성숙수준(Ⅳ)	성숙수준(Ⅲ)	성숙수준(Ⅱ)	성숙수준(Ⅰ)
부하의 특성	능력 있음 동기 강함	능력 있음 동기 강함	능력 없음 동기 약함	능력 없음 동기 약함

[그림 9-9] 허시와 블랜차드의 상황적 리더십 모형

제시하였다.

(1) **지시적인 리더(Telling)**

이들은 과업지향성은 높지만 관계지향성은 낮은 리더로써 일방적인 커뮤니케이션을 하고 매사에 리더중심으로 의사결정을 하는 주도적인 리더를 말한다.

(2) **설득적인 리더(Selling)**

이들은 높은 과업지향성과 높은 관계지향성을 지닌 리더로써 부하와 쌍방적인 커뮤니케이션을 하고 공동의사결정을 강조하는 후원적인 리더를 말한다.

(3) **참여적인 리더(Participating)**

이들은 관계지향성은 높지만 과업지향성은 낮은 리더로써 부하들과의 원만한 인간관계를 유지하고 의사결정시에는 부하의 의사를 존중하여 많이 반영시키는 리더를 말한다.

(4) **위양적인 리더(Delegating)**

과업지향성과 관계지향성이 모두 낮은 리더로써 이들은 부하의 자율적 행동과 자기 통제에 의존하는 리더를 말한다.

3) 하우스의 경로-목표(Path-Goal)모형

하우스(R. House)의 경로－목표(path－goal) 모형은 과업주도형·배려형 리더십유형에 동기이론의 기대이론(expectancy theory)을 접목시켜 Leader의 노력→성과, 성과→보상에 대한 기대와 유의성의 관계를 중심으로 리더십의 과정을 설명하였다.2)

즉, Leader의 역할이란 부하가 목적지(goal)에 도달 할 수 있는 길(path)과 방향을 가르쳐 주고 따라가면서 어디가 지름길이고 위험이 도사라고 있는지를 알려주고 도와주는 것이라고 하면서 부하의 능력수준이 증가함에 따라 다음 네 가지 리더십 행동이 순차적으로 필요함을 강조하였다.3)

⑴ 지시적 리더(directive leader)

부하가 해야 할 일이 무엇인지를 가르쳐 주고 지도해 주는 구조주도형과 같은 유형의 Leader를 말한다. 즉 부하의 과업을 계획하고 구체화하여 지시하고, 지원하며 조정해 나간다.

⑵ 지원적 리더(supportive leader)

친절하게 부하의 심중을 읽고 필요한 것을 마련해 주는 배려형의 Leader이다.

⑶ 참여적 리더(participative leader)

부하들의 의견을 경청하고 그들의 제안을 반영하여 의사결정을 하는 Leader이다.

⑷ 성취지향적인 리더(achievement oriented leader)

도전적인 목표를 제시하고 높은 수준의 목표를 달성할 수 있도록 하는 Leader이다.

하우스는 피들러의 주장과는 달리 효과적인 리더십을 발휘하기 위해서는 위의 네 가지 리더십의 유형을 상황에 따라 바꾸어가며 행사하여야 한다고 주장했다. 다시 말해 부하의 수준과 능력, 그리고 집단의 과업과 분위기와 같은 상황에 적합한 것일 때 효과적인 리더십이 발휘될 수 있는 것이지 처음부터 훌륭한 리더십이 존재하는 것은 아니라는 것이다. 따라서 목표가 달성될 때까지 상황은 계속변화하기 때문에 유효한 리더십

---

2) Robert J. House, "A Path－Goal Theory of Leader Effectiveness", *Administrative Science Quarterly*, Sept. 1971, Vol. 16, pp.321~338.

3) *Ibid.,*; R. J. House and T. R. Mitchell, "Path－Goal Theory of Leadership", *Journal of Contemporary Business*, Autumn 1974, p.86.

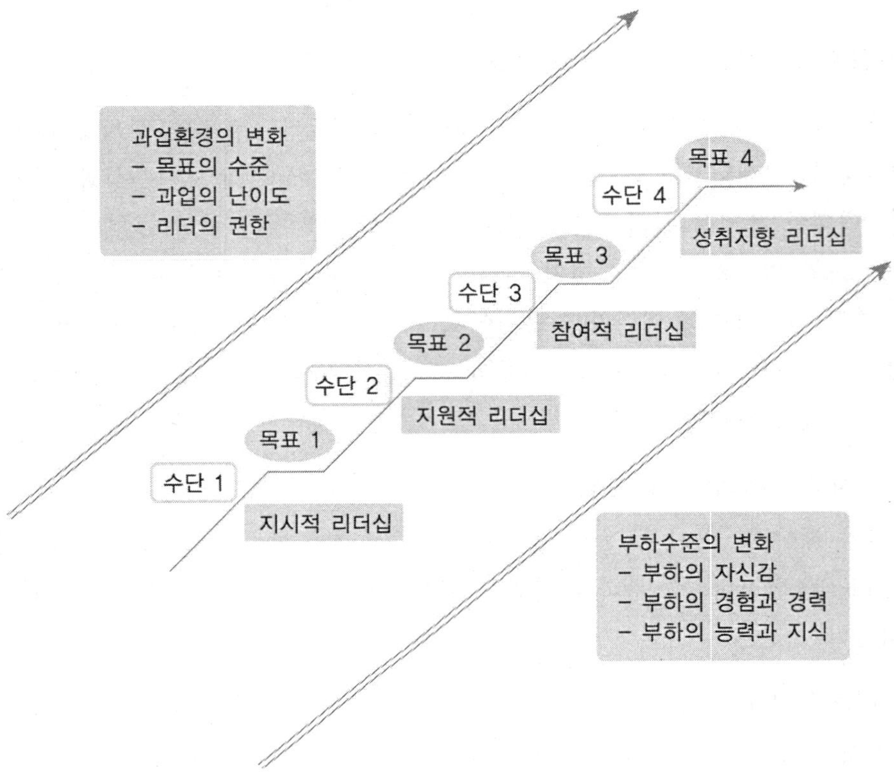

[그림 9-10] 경로-목표 모형

도 수시로 변화해 가야 한다는 것이다.

4. 최근의 리더십 모형

1980년대 미국 대기업의 종업원과 CEO의 임금격차는 약 20배 정도였으나 2000년대에는 그 격차가 수백 배로 증가하였다. 이에는 여러 가지 이유들이 있겠으나 Leader의 중요성이 상대적으로 크게 인식되고 있음을 반영한 결과로 해석될 수 있다. 새로운 세기가 시작되면서 격동하는 환경에 직면한 많은 기업들이 생존을 위해 이제까지의 리더십과는 크게 다른 새로운 유형의 리더십으로의 변화의 필요성을 강조하게 되었다. 새롭게 거론되고 있는 리더십의 모형을 살펴보면 다음과 같다.

1) 거래적 리더십과 변혁적 리더십

오늘날과 같은 급변하는 기업환경은 세계 모든 기업들에게 생존의 위험을 가중시키고 있다. 이러한 위기상황을 타개하고 변화와 혁신을 성공적으로 주도해 나갈 수 있는 기업이 되기 위해서는 조직구성원들의 조직에 대한 일체감이나 충성심, 적극적인 참여와 동기유발을 통해 무한한 잠재능력을 발휘할 수 있게 하는 새로운 리더십이 요구된다.

거래적·변혁적 리더십이론은 1978년 번즈(J. M. Burns)에 의해 제시되었는데 그는 정치적 리더십을 거래적 리더십(transactional leadership)과 변혁적인 리더십(transformational leadership)의 두 형태로 나누고 변혁적 리더십의 중요성을 강조했다. 그 후 1985년 바스(B. M. Bass)는 기업의 조직상황에 맞춰 이 이론을 구체화함으로써 널리 알려지게 되었다.

거래적 리더십(transactional leadership)이 부하가 Leader에게 복종하는 대가로 Leader로부터 임금이나 인정을 얻는 교환적 관계에 토대를 두고 있는데 반면, 변혁적 리더십(transformational leadership)은 부하를 전인격적으로 파악하며 부하의 상위욕구를 자극하고 중시한다.

거래적(교환적) 리더십과 변혁적 리더십에 관한 아이디어를 하나의 리더십 이론으로 구체화시킨 바스(B. M. Bass)는 자신이 개발한 MLQ(multi-factor leadership questionnaire)를 토대로 변혁적인 리더십과 거래적인 리더십의 하위 요인들을 찾아내어 이들 요인들과 효과성 변수들과의 관계를 구명하였다. 이들의 보다 구체적인 차이는 다음과 같다.

거래적(교환적) 리더는 부하가 자신과 조직목적의 달성을 위해 해야 할 일이 무엇인지를 정해 주고, 이들 요건을 분류해 주며, 부하에게 필요한 노력을 다하면 목표를 달성할 수 있다는 확신을 얻도록 도와준다. 이에 반해, 변혁적(혁신적)Leader는 과업의 중요성과 가치의 증대를 통해 팀과 조직을 위해 자신의 이익을 초월하게 함으로써 그리고 욕구를 자아실현의 욕구와 같은 고차원의 수준으로 높임으로써 최초에 기대했던 것 이상의 성과를 나타낼 수 있도록 동기를 부여한다.

따라서 거래적 리더십은 다음과 같은 특징을 갖게 된다.

① 거래적 리더는 자신과 부하 간의 교환관계로 리더십을 다루고 있다. 즉, 부하의 이익을 자극함으로써 동기부여를 한다. 실제로 대부분의 학자들은 리더십을 보상 또는 인센티브와 같은 어떤 행동을 통해 리더가 부하로부터 바라는 바의 행동을 일으키는 과정으로 보아 왔는데 이는 개인과 조직의 목적을 함께 만족시키는 교환관계를 의미한다.[4)]

---

4) J. R. Schermerhorn, *Management for Productivity*, Wiley, 1993(4th), p.425.

② 거래적 리더십은 각종 편익(benefits)과 비용(cost)의 교환에 의해 리더와 부하의 관계를 설명한다. 이는 종래의 행동론적인 리더십이나 환경적합적인 리더십 이론과 관련이 되며 또한 유사하다.

③ 거래적 리더십은 경로—목표이론과 깊이 관련되며 이들 관점을 응용한다.

④ 현재의 업적유지 및 잘 구조화된 문제의 처리에 강조점을 두고 있기 때문에 흔히 일상적인 경영활동과 동의어로 생각된다.

한편, 변혁적 리더십의 특징은 다음과 같다.

① 변혁적 리더십은 특성이론에 크게 의존하고 있는데 이는 효과적인 리더란 부하에게 영향력을 행사할 수 있는 독특한 몇 가지 특성을 지니고 있다는 신념에 근거한다.

② 이는 부하의 신념, 가치관 및 목적에 영향을 미치며 부하로 하여금 거래적(교환적) 리더십에서 기대한 것 이상의 비상한 업적을 달성하도록 하는 영감적인(inspirational) 리더십이다.

③ 변혁적 리더십은 주로 최고경영자에게 요구되며 기업을 혁신시키고 부흥시키는 열쇠이다. 변혁의 수장이 변혁적 리더이고 그만이 현대조직에 필요한 새롭고 중요한 방향전환을 효과적으로 할 수 있기 때문이다.

이상에서 거래적 리더십과 변혁적 리더십의 차이에 관해 살펴보았는데 이들의 차이는 어느 것이 좋고 어느 것이 나쁜 것을 의미하는 것은 아니다. 따라서 조직구성원을 강화하고 높은 업적을 달성하기 위한 바람직한 리더십의 발휘를 위해서는 이들 두 가지가 모두 요구된다.

오늘날 격변하는 환경 하에서는 무엇보다도 변혁적 리더가 기업의 성공에 결정적으로 중요한 요인이 되고 있는 데 종래 수단창조의 개념인 거래적 리더십에서 가치창조의 개념인 변혁적 리더십으로의 전환이 절실하게 요청되고 있음은 주지의 사실이다.

변혁적 리더십은 '카리스마적(charismatic) 리더십,' '영감적(inspirational) 리더십,' 또는 '상징적(symbolic) 리더십,' 등의 다양한 이름으로도 불린다.

루시어(R. N. Lussier)는 변혁적 Leader가 지녀야 할 특성으로써

① 자신을 변혁의 주체자로 본다.

② 위험을 감수하려는 용기 있는 사람이다.

③ 다른 사람을 믿고 그를 동기부여 한다.

④ 가치 지향성을 갖는다.

⑤ 평생학습자이다.

⑥ 복잡하고 애매하며 불확실한 상황이나 문제를 처리하는 능력 및

⑦ 비전을 지닌 사람 등을[5] 변혁적 Leader의 특성으로 들었다.

그리고 셔머혼(J. R. Schermerhorn)은 여러 논자들의 관점을[6] 정리하여 다음과 같은 여러 가지를 변혁적 리더십의 특성으로[7] 들었다.

① 비전(vision)

② 카리스마(charisma)

③ 상징성(symbolism): 영웅(hero)을 식별하고 특수한 보상을 하며 탁월성과 높은 업적을 기념하기 위해 자발적이고 계획적인 행사를 한다.

④ 자격부여(empowerment): 타인에 대한 발전 지향성을 유지하고 업적 향상에의 장애요인을 제거해 주며 책임을 함께 지고 참으로 도전적인 업무를 위양한다.

⑤ 지적 자극(intellectual stimulation): 문제의식을 일으키고 높은 수준의 해결방안의 탐색을 자극함으로써 타인들의 정신적인 몰입을 촉구한다.

⑥ 언행일치(integrity): 정직하고 믿음직스러우며 신뢰를 받을 수 있으며 말한 바를 반드시 실천한다.

바스 등은 변혁적 리더십이 전개되는 과정을 설명하면서 변혁은 다음과 같은 네 가지 방법 중 어느 하나 또는 몇 가지를 통해 일어난다고[8] 하였다.

① 정해진 보상의 중요성과 가치 그리고 목적을 달성하는 방법에 관한 부하의 의욕수준을 높인다.

② 부하로 하여금 보다 큰 집단 또는 조직을 위하여 직접적이고 단기적인 자신의 이익을 초월(transcend)하도록 한다.

③ 부하의 초점을 사소한 만족에서부터 자기충족(self-fulfillment)으로 높인다.

④ 부하의 욕구수준(또는 범위)을 성취욕구와 자기실현욕구까지 높이고 확장한다.

2) 카리스마 리더십

앞에서 살펴본 바와 같이 전통적인 거래적 리더십은(transactional leadership)은 두 가

---

5) R. N. Lussier, *Human Relations in Organizations*, Irwin, 1993(2nd), p.220.

6) J. M. Kouzes & B. Z. Posner, *The Leadership Challenge: How to Get Extraordinary Things Done in Organization*, Jessey-Bass, 1987.
J. W. Gradner, "The Context and Attributes of Leadership", *New Management*(1988, Vol. 5.)

7) J. R. Schermerhorn, *Management for Productivity*, Wiley, 1993(4th), pp.425~426.

8) B. M. Bass et als., "Transformational Leadership and the Falling Dominois Effect", *Group and Organizational Studies*, 1987(March).

지 기본 전제를 깔고 있는데 하나는 리더가 부하의 동기부여를 위해 응분의 보상을 해야 한다는 것이고, 또 다른 하나는 부하가 목표달성에 실패하는 경우 리더가 고쳐 주어야 한다는 것이다. 그러나 카리스마 리더십은 부하로 하여금 대가 없이, 또는 리더의 구체적인 간섭 없이 자발적으로 조직에 헌신토록 하는 리더십을 말한다.[9)]

링컨 대통령, 루즈벨트 대통령, 고르바초프 대통령, 박정희 대통령, 이광요 수상, 킹 목사, 빌리그레함 목사, 맥아더장군, 아이아코카 사장 등 이루 헤아릴 수 없는 많은 사람들이 각 분야에서 변혁의 주체로써 말과 행동을 통해 세계, 국가 또는 기업의 역사를 변혁해 가면서 크게 공헌한 바 있다.

오늘날 우리는 이 같은 업적을 수행한 개인의 리더십을 '변혁적' 또는 '카리스마적' 리더십이라고 부르고 있으나 여러 가지 이유 때문에 80년대까지는 이들 리더십에 관한 연구는 거의 없었다.

그러나 특정한 리더는 조직의 목적을 달성하기 위해 부하를 동기부여 할 수 있는 예외적인 천부적 자질을 갖고 있다는 착상에서 시작한 '카리스마(charisma)'라는 어휘는 지금으로부터 약 60여 년 전에 막스 베버가 처음으로 사용하였던 개념이다.

그는 법적인 권한의 기반을 다음과 같은 세 가지로 구분하여[10)] 카리스마적 리더십의 근거를 찾고 있다.

① 합리성에 기반을 둔 권한(authority based on rational ground)

② 전통(관습)에 기반을 둔 권한(authority based on traditional ground)

③ 카리스마에 기반을 둔 권한(authority based on charismatic ground)

카리스마적 리더십에 관한 연구는 80년대까지는 주로 종교, 정치운동 및 일반조직에서의 관심사였고 사회학 연구와 심리 분석 등에서의 관심의 대상이었을 뿐 기업의 관심사는 되지 못하였다. 그러나 최근 리더십의 연구로부터 경영학에서 새롭고 중요한 관심의 주제가 되고 있다.

지난날 '카리스마'에 대한 학문적 연구가 활발하지 못했던 이유는 첫째, '카리스마'는 신비적인 것을 내포한 것 같은 착각을 일으키게 하는 개념(illusive concept)이고, 둘째, 연구를 계속하기 위한 시스템적인 개념적 또는 이론적인 기틀(framework)이 없었으며, 셋째는 카리스마적 리더에 접근하기 어려웠기 때문이었다.

이러한 이유들로 인하여 '카리스마적 리더십'은 잘못 정의되고 연구되어 왔으며 곡해되거나 나쁜 선입관을 지니게 되었고, 때로는 지나치게 강조되어 악용되기도 했는데

---

9) A. T. Christopher, "Max Weber`s Charisma", Journal of Classical Sociology, vol. 5(2), 2005, pp.189~204.
10) L. L. Steinmetz & H. R. Todd, *Supervision*, Irwin, 1992(5th), pp.185~186.

이와 같은 문제점을 해소하기 위해 그리고 오늘날의 급변하는 환경 하에서 조직이 카리스마적 리더를 찾고 있으므로 이에 대한 보다 철저하고 광범한 연구가 요망되고 있다.

경로—목표이론의 주창자인 하우스(R. J. House)는 다양한 사회과학의 조사결과에 기반 하여 카리스마적 리더십이론을 제안하였는데 그는 일반적인 리더와 구분되는 카리스마적 리더의 특성과 행동을 다음과 같이 제시하였다.

먼저 카리스마적 Leader의 특성으로는 첫째, 높은 자신감(self－confidence), 둘째, 자신의 신념과 이념이 도덕적으로 옳다는 강력한 확신을 들었고, 카리스마적 Leader의 행동으로써는 다음과 같은 내용을 제시하였다.

첫째, 역할의 모형화를 통해 부하가 수락, 찬성하기를 바라는 가치와 신념을 표명한다.

둘째, 자신이 유능하고 성공적이라는 인상을 심어주기 위해 부단히 노력할 것이며, 모든 행동은 이러한 인상관리에 초점을 맞추게 되고 그러다 보면 과장되거나 거짓된 행동을 삽입하는 경우도 많다.

셋째, 부하에 대한 높은 기대를 알리고 그에게 설정한 높은 목표를 달성할 능력이 있다는 믿음을 나타내 결과적으로 부하가 리더의 목표를 더욱 잘 수락하고 기대에 어긋나지 않도록 노력하게 한다.

넷째, 비카리스마적인 리더와는 달리 사명의 수행에 관련되는 동인을 자극하려 한다. 이 같은 동인(motives)에는 경쟁자를 이기고 자신의 일에서 탁월하려는 성취욕구가 포함된다.

80년대 이전의 하우스의 이 같은 연구업적에 이어 최근에는 콩거(J. A. Conger)[11] 등에 의해 포괄적인 연구가 이루어지고 있다. 이들의 연구를 종합적으로 정리해 보면 카리스마 리더십의 특성은 다음과 같다.

첫째는 자신감이다. 카리스마적 리더는 자신의 판단력과 능력에 완전한 자신을 갖는다.

둘째는 비전(vision)이다. 카리스마적 Leader는 미래가 현상(status quo)보다 좋은 이상적인 목표를 지니고 있다.

셋째, 비전을 분명히 할 수 있는 능력이다. 카리스마적 Leader는 다른 사람들이 이해할 수 있는 용어로 비전을 명확히 표현할 수 있다.

넷째, 비전에 대한 강력한 확신이다. 카리스마적 리더는 비전을 이루기 위해 강하

---

11) J. A. Conger & R. N. Kanungo, "Toward a Behavioral Theory of Charismatic Leadership in Organizational Settings", *The Academy of Management Review*, 1987, Vol. 12.

게 몰입되고 높은 위험을 어떤 희생을 치르고라도 기꺼이 감수하려 하고 자기희생을 각오하는 사람으로 지각된다.

다섯째, 평범하지 않은 행동이다. 카리스마적 리더는 고상하고 비관례적이며 종래의 규범에 반대된다고 지각되는 행동을 한다.

여섯째, 변혁의 주체다. 카리스마적 리더는 현상을 조심스럽게 유지하려 하는 사람이라기보다는 근본적인 변혁에 주체자(change agent)로 지각된다.

일곱째, 환경의 감수성이다. 카리스마적 리더는 변혁에 필요한 환경상의 제약사항과 여러 자원의 평가를 한다.

여덟째, 의사소통의 주인공(masterful communicator)이다. 카리스마적 리더는 믿음직한 꿈을 설계하고 미래의 비전을 심어 준다.

아홉째, 정력과 행동지향성이다. 카리스마적 리더는 정해진 시간 내에 비전을 잘 완수할 정력을 갖고 행동한다.

이와 같은 특성을 내용으로 하는 그들의 이론은 카리스마 리더십이 높은 업적과 부하의 만족에 긍정적인 상관관계를 지니고 있다는 관점에서 강력히 지지되기도 하고,[12] 사회과학조사의 종합으로서의 그것은 검증이 가능한 일련의 가설로 설명된다는 관점에서 크게 공헌하고 있다고 볼 수 있다.

3) 윤리적 리더십(Ethical Leadership)

21세기는 윤리경영의 시대이다. 오늘날의 경제 환경은 급속한 세계화로 인해 세계 모든 기업이 동일한 평가기준을 통해 평가되어지는 '부패라운드'의 등장으로 기업윤리 문제가 중요한 이슈로 등장하게 되었다. 그래서 많은 우수기업들이 윤리헌장이나 윤리강령, 구성원의 행동지침 등을 제정하고, 이를 적극적으로 실천에 옮기고 있다.

세계화시대에 필요한 경쟁력의 원천은 기업의 윤리성이며 이것이 국제경쟁력을 높이기 위한 첩경임을 인식하고 무엇보다 기업의 투명성을 제고시켜 나가야만 한다. 미국에서 사상최대 회계부정사건을 일으켜 수만 명의 투자자들을 울린 월드컴의 회장 겸 최고경영자인 버나드 에버스(Barnard Ebbers)는 1990년대 성공신화로 불리며 미국 대형 장거리 통신회사로 급부상했지만, 110억 달러(약 11조원) 규모의 분식회계 사건으로 2002년 파산했으며, 버나드 에버스 자신도 63세의 고령에 25년형의 실형을 선고받았다. 우리나라의 대우그룹, 한보철강 등도 회계부정사건으로 도산했으며, 일본 최대의 우유

---

12) A. D. Szilagyi & M. J. Wallace, op. cit., 1990, p.416.

회사 유키지루시 식품도 식품의 원산지와 유효기간을 허위로 표시한 것이 화근이 되어 사건발생 2개월 만에 파산하고 말았다.

이와는 반대로 윤리적인 경영으로 지속적인 성장과 발전을 하고 있는 기업들도 많다. 예컨대 존슨 앤 존슨(Johnson & Johnson), 에보트(abbott), HP, 보디샵, US steel사, 신세계, 삼성의료원 등은 윤리경영으로 정평 있는 기업들이다.

이와 같은 경영환경의 변화로 최근에는 리더십에 윤리성(ethics)을 추가해야 한다는 주장이 제기되고 있다.13) 이러한 추세는 기업윤리나 환경윤리 혹은 기업의 사회적 책임이 점차 중시되고 있기 때문이기도 하다.

윤리적 리더십을 주장하는 근거는 리더가 정직하고 매사에 떳떳해야 부하들이 리더를 신뢰할 수 있으며, 부하가 리더를 신뢰한다면 리더십의 효과는 클 수밖에 없기 때문이다. 리더가 부하로부터 신뢰를 확보할 수 있는 가장 좋은 방법은 리더는 항상 부하들에게 정정당당하고 자신 있고 털어도 먼지하나 없는 처신을 하는 것이다. 따라서 리더는 효과적인 리더십을 발휘하기 위해 조직이 필요로 하는 정보를 공유하고, 언제나 부하들이 접근가능 토록 기회를 부여하며, 부하들의 말에 귀를 기울이고 역지사지의 심정으로 매사에 공정해야만 한다.

부하로부터의 신뢰는 앞에서 살펴본 카리스마 리더십이나 변혁적 리더십의 경우에도 강조되고 있으며, 비전을 제시하거나 열린 경영으로서도 부하는 Leader를 믿고 따르게 된다. 효과적인 리더십의 발휘는 부하로부터 진정한 신뢰를 확보하는 데서부터 이루어질 수 있을 것이다.

4) 서번트 리더십(Servant Leadership)

최근 주목을 받고 있는 서번트 리더십(servant leadership)이란 부하들의 자발적인 헌신과 참여를 이끌어 내고, 주인의식과 책임감을 고취시키면서 섬김과 봉사의 정신을 기반으로 하여 발휘되는 자기희생적이고 봉사적인 리더십을 말한다.

이는 1970년대 초에 그린프리(R. Greenleaf)가 헤세(H. Hesse)가 쓴 '동방 순례'에 나오는 하인 레오(Leo)의 이야기를 통해 서번트 리더십의 개념을 처음으로 소개하였다. 레오는 순례자들의 허드레 일이나 식사준비를 돕고, 때로는 지친 순례자들을 위해 밤에 악기를 연주했다. 레오는 순례자들 사이를 돌며 필요한 것들이 무엇인지를 살폈고, 순

---

13) D. Seidman, "The Case for Ethical Leadership", *Academy of Management Executive*, May 2004, pp. 134~138.; P. Hoffman, "Define Your Position: Values, Ethics and Leadership", Ezine Articles 21 October 2006, 28 December 2007; M. Segon and C. Booth, "The Concept of Ethical Leadership in Organizations International", *Review of Business Research Papers*, vol. 3(5), November, 2007, pp.363~381.

례자들이 정신적으로나 육체적으로 지치지 않도록 배려했다. 그러던 어느 날 레오가 사라졌다. 사람들은 당황스러워 했고, 피곤에 지친 순례자들은 사이에 분쟁이 잦았다. 그때 비로소 레오의 소중함을 깨닫고 그가 순례자들의 진정한 리더였음을 알게 되었다.

서번트 리더십(servant leadership)이란 레오처럼 다른 구성원들이 공동의 목표를 이루어 나가는데 있어 정신적·육체적으로 지치지 않도록 환경을 조성해주고 도와주는 리더십이다. 인간 존중을 바탕으로 다른 구성원들이 잠재력을 발휘할 수 있도록 도와주고 이끌어 주는 것을 의미한다. 이와 같은 진정한 의미에서의 서번트 리더십은 기독교 정신에서도 찾을 수 있겠다.

자기희생적인 리더십은 부하들로 하여금 리더를 카리스마적이라 지각하게 하여 리더에게 정통성을 부여하고 리더의 행위를 본받아 조직의 목표달성을 위해 자신들도 희생하고자 하는 호혜적 행동의지를 가지게 하며 동시에 부하의 Motivation을 높여서 조직성과에 기여한다.[14] 그러나 리더의 행위가 오로지 자기희생적인 행위로만 구성되어 있는 것은 아니며 자기희생적인 리더는 과업주도, 관계지향, 변화주도 등의 행위와 매일의 일상적인 관리행위를 수행하면서 자기희생적인 행위들을 포함한 리더십을 발휘하는 리더를 지칭하는 것이다. 그리고 자기희생적인 구체적은 행위의 내용은 다음과 같다.

첫째, 업무분장에서의 희생이다. 조직 내 다른 업무에 비해 상대적으로 위험하다거나 힘이 든다거나 다른 구성원들에 의해 기피되고 있는 업무나 역할, 순번 등을 자기 스스로 자청하고 자신을 희생하는 것이다.

둘째, 보상배분 상에서의 희생이다. 자기에게 정당하게 배분되어야 할 금전적·비금전적 보상, 예컨대 급여, 상여, 승진, 포상, 휴가, 공로에 대한 인정 등을 포기하거나 미룰 때 발생된다.

셋째, 권한행사에서의 희생이다. 자신이 임의로 사용할 수 있는 자원과 권한 등을 사용하지 않거나 포기할 때 발생하는 희생이다.

따라서 서번트 리더(servant leader)는 다음과 같은 세 가지 역할에 초점을 두고 구성원들을 이끌어 나가는 특성을 갖는다.

첫째, 방향제시자의 역할이다. 이는 조직의 비전을 제시해주는 역할을 의미한다. 서번트 리더가 섬김과 봉사하는 지원자이면서도 '리더'인 이유는 다른 구성원들이 보지 못하는 미래를 바라보고 비전을 제시할 수 있는 능력이 있기 때문이다.

---

14) E. deVries Reinout, R. A. Roe and T.C.B. Taillieu, "Need for Leadership as a Moderator of the Relationships between Leadership and Individual Outcomes", *Leadership Quarterly*, April 2002, pp.121~138.; 임창희, 전게서, 2004, p.394.

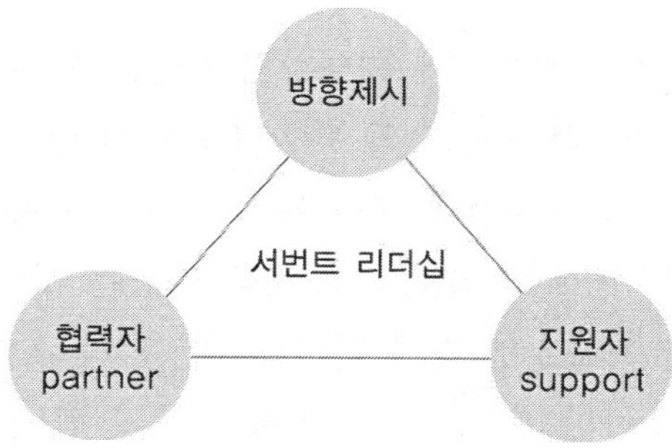

[그림 9-11] 서번트 리더의 역할

둘째, 협력자(partner)로서 합의를 이끌어 내기 위해 의견을 조율한다.

셋째, 구성원들이 원활하게 업무를 수행할 수 있도록 지원하고 돕는 역할을 한다. 따라서 서번트 리더는 구성원들이 개인적인 삶에 있어서도 '일과 삶의 균형(work and life balance)'을 이룰 수 있도록 배려한다.

5) 셀프리더십(Self-leadership)

셀프리더십(self-leadership)이란 부하들 각자가 모두 리더가 될 수 있게 만드는 방법으로서 훌륭한 리더는 부하들이 스스로 리더가 되어 각자 맡은 바 직무에 책임성을 갖고 자신을 통제해 가면서 스스로 자신을 이끌 수 있도록 여건을 조성하고 지원해 주는 리더이다.

이처럼 부하들을 셀프리더로 만들기 위해서는 리더는 부하들 각자의 목표를 구체적으로 수립할 수 있게 하고 상벌로 바람직한 행동모델을 강조하면서 모범적인 모델을 만들어 몸소 모범을 보여 주어야 한다.

규정이나 강압적인 수단에 의해서가 아니라 자발적이고 능동적인 자세로서 자신을 스스로 통제해 가면서 도전정신이나 책임감을 발휘하고 성취의 보람을 느끼게 함으로서 셀프리더가 되게 하는 것을 말한다.

오늘날 기업경영에서는 팀제가 확산되면서 관리자 한 사람이 모든 팀 구성원들을 관리하기도 어렵고 직무도 전문화되어 지식근로자가 일반화되면서 셀프리더십의 중요성은 더욱 점증하고 있다.

6) 슈퍼리더십(super leadership)

슈퍼리더(super leader)란 부하들에게 최대한의 자율권을 부여하고 리더 자신은 지배자나 감독자가 아닌 코치와 상담자로서의 역할만을 수행하는 것을 말한다. 오늘날 팀(team)제도가 확산되면서 슈퍼리더십에 대한 관심과 요구가 증대하고 있는데 팀제도의 궁극적인 목표는 자율경영 팀(self managed team)을 만드는 것이다.

기업경영에서 이러한 자율경영 팀이 활성화되면 리더는 일상적인 관리행위로부터 자유로워지면서 관리자가 아닌 충고자나 조언자로 남게 될 것이다.

슈퍼리더십은 조직구성원들에게 어떻게 생산적이고 효율적인 활동을 할 수 있는지를 깨우치고 용기를 북돋우어 줌으로써 내적 동기수준을 높인다. 이러한 슈퍼리더십은 인간의 권력욕구 때문에 실제 기업경영에서 활성화 되지 못하고 있는 것도 사실이지만 조직구성원들의 참여욕구가 날로 증대하면서 이제는 피할 수 없는 상황에 이르게 되었다고 본다.

7) 팔로워십(followership)

최근 기업경영에서는 followership에 대한 관심이 집중되고 있다. 효과적인 리더십의 발휘는 부하의 조건과 자질이 결정한다고 보는 견해가 있다. "위대한 리더 밑에는 훌륭한 부하들이 있었다"라는 말이 있지만 최근에는 훌륭한 리더십에 필요한 부하의 조건이 무엇인지에 관심을 가지기 시작했다. 성공하는 조직 속에는 훌륭한 리더가 있어야 하지만 따라 줄 만한 부하가 있어야 함은 더욱 중요하다.[15)]

따라서 켈리(R. E. Kelley)는 훌륭한 부하기 되기 위한 다음과 같은 조건을 제시한 바 있다.

첫째, Leader가 통제하지 않아도 자기관리를 잘하면서 스스로 계획하고 실천해 나갈 줄 아는 부하

둘째, 자신의 이익이나 자신의 일만 위해 행동하는 것이 아니라 동료나 다른 부서 사람들을 위해서도 일을 하면서 협조를 잘하는 부하

셋째, 조직이 필요로 하는 지식, 기술, 능력을 겸비하려고 부단히 노력하는 부하

넷째, 정직하고 신뢰 하며 실수를 두려워하지 않고 도전적이며 남에게 의존하지 않고 책임감이 강한 부하

---

15) R. E. Kelley, "In Prise of Followers", Harvard Business Review, November December 1988, pp.142~148.; E. P. Hollander, "Leadership, Followership, Self and Others", Leadership Quarterly, Spring 1992, pp.43~54.; 임창희, 전게서, 2004, p.397.

함께 일하고 싶은 부하 베스트 10

① 상사의 단점까지도 커버해 주는 부하
② 불평·불만을 속 시원하게 털어 놓은 부하
③ 말보도 행동을 우선하는 부하
④ 실수를 인정하고 상사에게 조언을 구하는 부하
⑤ 상사의 말에 장단을 맞추어줄 줄 아는 부하
⑥ 일을 스스로 찾아서 하는 적극적인 부하
⑦ 정시에 출근하는 부하
⑧ 여유와 유머가 있는 부하
⑨ 책임을 회피하지 않는 부하
⑩ 자기 분수를 지키는 부하

토의문제

01. 경조직의 성패를 좌우하는 것은 리더십뿐인가?

02. 리더의 성격과 리더십에 대해 토의해 보자.

03. 리더의 심리상태와 리더십에 대해 토의해 보자.

04. 리더와 조직문화, 경영전략의 관련성에 대해 토의해 보자.

05. 리더의 발굴과 양성에 대해 토의해 보자.

참고문헌

1. 임창희, 경영학원론, 학현사, 2007.
2. 윤대혁, 인간행동의 이해, 피앤씨미디어, 2016.
3. 조동성 외, 경영학원론, 형설출판사, 2018.
4. 윤대혁 외, 경영학원론, 탑북스, 2013.
5. 박도준, 핵심경영학원론, 배움, 2018.
6. B. M. Bass, Bass and Stogdills, *Handbook of Leadership*, Free Press, 1990(3rd).
7. Stogdill, *Manual for Leader Behavior Description Questionnaire*, Ohio State University, Bureau of Business Research, Columbus, Ohio(1963).
8. Paul Hersey & Kenneth H. Blanchard, "Life cycle theory of leadership", Training & Development Journal, Vol. 23, 1969.
9. P. Hersey and K. H. Blanchard, Management of Organizational Behavior, 4th ed. (Englewood Cliffs, NJ: Prentice－Hall, 1982).
10. Robert J. House, "A Path－Goal Theory of Leader Effectiveness", Administrative Science Quarterly, Sept.1971, Vol. 16.
11. R. J. House and T. R. Mitchell, "Path－Goal Theory of Leadership", Journal of Contemporary Business, Autumn 1974.
12. J. R. Schermerhorn, Management for Productivity, Wiley, 1993(4th).
13. R. N. Lussier, Human Relations in Organizations, Irwin, 1993(2nd).
14. J. M. Kouzes & B. Z. Posner, The Leadership Challenge: How to Get Extraordinary Things Done in Organization, Jessey－Bass, 1987.
15. J. W. Gradner, "The Context and Attributes of Leadership", New Management(1988, Vol. 5).
16. J. R. Schermerhorn, Management for Productivity, Wiley, 1993(4th).
17. B. M. Bass et als., "Transformational Leadership and the Falling Dominois Effect", Group and Organizational Studies, 1987(March).
18. A. T. Christopher, "Max Weber`s Charisma", Journal of Classical Sociology, Vol. 5(2), 2005.
19. L. L. Steinmetz & H. R. Todd, Supervision, Irwin, 1992(5th).

20. J. A. Conger & R. N. Kanungo, "Toward a Behavioral Theory of Charismatic Leadership in Organizational Settings", The Academy of Management Review, 1987, Vol. 12.
21. D. Seidman, "The Case for Ethical Leadership", Academy of Management Executive, May 2004.
22. P. Hoffman, "Define Your Position: Values, Ethics and Leadership", Ezine Articles 21 October 2006, 28 December 2007.
23. M. Segon and C. Booth, "The Concept of Ethical Leadership in Organizations International", Review of Business Research Papers, Vol.3(5), November, 2007.
24. E. deVries Reinout, R. A. Roe and T.C.B. Taillieu, "Need for Leadership as a Moderator of the Relationships between Leadership and Individual Outcomes", Leadership Quarterly, April 2002.
25. R. E. Kelley, "In Prise of Followers", Harvard Business Review, November December 1988.
26. E. P. Hollander, "Leadership, Followership, Self and Others", Leadership Quarterly, Spring 1992.

제10장

기업환경의 이해

제10장 기업환경의 이해

기업은 일정한 환경 하에서 기업의 목표를 달성하기 위하여 다양한 환경과 끊임없이 상호작용을 하여야 한다. 기업과 환경은 실로 밀접한 관계를 맺고 있는데 오늘날 경쟁의 심화, 기술의 급진전, 천연자원의 감소, 시장의 다양화, 사회제도나 가치관의 급변 등과 같은 기업환경의 변화는 예측이 불가능할 정도로 나날이 불확실해지고 복잡해져 간다. 이처럼 다양하게 변화되어가는 환경의 제 요인들은 기업의 성공과 실패를 결정짓는 주된 요인이 되고 있다.

본 장에서는 기업환경의 본질을 검토하면서 제 환경요인을 중심으로 기업의 환경변화에 적응하기 위한 제 문제들에 대해 논의해 보고자 한다.

Ⅰ. 기업환경의 중요성과 의의

1. 기업환경의 중요성

인류는 산업혁명 이후 과학기술의 발전과 산업화의 급속한 진전으로 물질문명의 혜택과 풍요로운 소비생활을 동시에 누리게 되었다. 그러나 풍요로운 소비생활의 반대급부로 자연자원을 파괴하고 에너지소비를 가속화하게 되어 결과적으로 지구자원의 고갈과 환경파괴의 위기를 초래하게 되었고, 급기야는 인류의 생존마저 위협받는 사태에 직면하게 되었다.

오늘날 인류의 지속적인 발전·생존에 직결되는 환경문제가 전세계적 차원에서 사회적 이슈로 등장함에도 불구하고 지금까지 기업은 오직 소비증대만을 추구하는 생산

활동을 영위해 왔으며 환경보존에는 소홀히 해온 것이 사실이다.

그러나 1960년대 초 시스템이론이 경영학에 도입되면서 기업조직을 환경과 상호작용하는 개방체제(open system)로 바라보게 되었고, 이때부터 환경에 대한 일반대중의 관심은 지속적으로 증가하였으며 이들은 대량생산·대량소비로 인한 자원낭비, 자연파괴, 환경공해 등으로부터 보호받기를 원하는 그린소비자(green consumers)라는 실천적인 행동집단으로 구체화되고 있다.

오늘날의 지구환경지표는 매우 어둡다. 뿐만 아니라 기업조직을 둘러싼 외부 환경요인이 기업 활동에 미치는 영향력 또한 현저하게 증대되고 있다. 오늘날의 사회 환경은 기술변화를 비롯하여 사회, 경제, 정치, 문화, 법률 등 여러 측면에 걸쳐 급격한 변화를 겪고 있으며, 이러한 환경변화의 문제는 기업에 대하여 끊임없는 성장의 기회를 제공함과 동시에 다른 한편으로는 기업의 존속·발전에 중대한 영향을 미치는 위험을 가중시키고 있다.

앞으로의 사회는 현재보다 상대적으로 더욱 풍요롭게 될 것이며 도시화의 진전, 기술의 가속화, 공해의 심화, 각종 사회운동의 대두, 사회구성원의 가치관의 다원화 등과 같은 많은 당면한 문제들이 계속해서 기업의 주요 환경요인이 될 것이다.

2. 기업환경의 의의

기업환경(business environment)이란 기업경영에 영향을 미치는 모든 것을 의미한다. 다시 말해 기업환경은 경영성과에 영향을 미치는 제도 또는 힘이라고 할 수 있으며, 넓은 의미에서는 기업에 영향을 미치는 제요인과 상황 전체를 의미하고, 좁은 의미에서는 기업시스템을 둘러싸고 있는 제 환경요인과 상황 또는 조건을 의미한다.

기업은 언제나 환경 속에서 생존하고 환경과 상호작용하면서 성장·발전하게 된다. 현대 기업경영은 환경적응의 문제가 핵심이라고 하리만큼 기업경영에 있어서 환경적응의 문제는 매우 중요하다. 일반적으로 보아 환경은 일반적(외적)인 환경과 과업(내적)환경으로 구분될 수 있는데, 외적환경은 비록 간접적이기는 하나 내적환경보다 기업에 미치는 영향이 훨씬 크고 중요하다. 그래서 경영자가 효과적인 경영을 하기 위해서는 기업은 개방시스템의 관점에서 환경의 주된 요인들의 변화를 추적하고 대응하여야 할 뿐만 아니라 인적·물적 자원과 재무적 자원 및 정보 등과 같은 투입물에 대한 적절한 대응책을 개발하여야 한다.

따라서 기업이 환경변화에 능동적·창조적으로 적응하기 위해서는 무엇보다 기업

경영활동의 측면에서 혁신적 기능을 지속적으로 수행해야 하는데 이를 위해서는 다음과 같은 기본적인 인식이 전제되어야 한다.

첫째, 환경적응과 내적인 혁신문제 그 자체를 경영관리의 중심적 기능으로 인식해야 한다.

둘째, 기업 그 자체를 환경과의 상호작용을 거듭하는 하나의 생태적 시스템으로써 파악해야 한다. 그것은 마치 생물이 환경으로부터 자극을 받아 이에 순응하여 성장하는 생태학적인 접근방법의 이론이 기업경영활동에도 적용되어야 하기 때문에 생물의 생태학적인 환경순응이론만으로는 그 설득력이 없고, 오히려 환경적응이론의 측면에서 기업환경문제를 보는 것이 타당성이 있을 것이다.

전통적인 경영학에서는 기업 내부의 경영합리화 문제만을 주로 다루었기 때문에 환경문제는 거의 고려하지 않았다. 그러나 오늘날에는 다음과 같은 측면에서 환경에 대한 이해와 예측이 매우 중요한 의의를 갖게 되었다.

첫째, 기업의 대규모화로 인해 기업 활동이 인간생활 전반에 미치는 영향력이 증대됨에 따라 기업의 사회적 책임이 강조되고 있다.

둘째, 기업경쟁의 격화와 환경조건의 급변에 따라 의사결정을 위한 환경변화의 예측과 대책수립이 절실하게 요구된다.

셋째, 동태적 환경에 대하여 기업시스템으로 적응해 나가야 하기 때문에 환경에 대한 이해와 예측이 더욱 중요한 의의를 갖게 되었다. 이하에서는 환경문제의 본질을 이해하기 위하여 환경요인별로 구분하여 살펴보기로 한다.

Ⅱ. 기업의 경제적 환경

1. 경제적 환경의 의의

경제적 환경(economic environment)이란 기업 활동에 직접적인 영향을 미치는 경제시스템 전체를 의미한다. 기업환경이란 오직 경제적 환경뿐이라고 해도 과언이 아닐 정도로 경제적 환경은 기업환경 중에서 가장 중요한 위치를 차지하고 있다. 사실, 경영관리행위의 근원을 찾아보면 이는 경제성 문제의 처리에 있었고, 특히 과거를 거슬러 올라갈수록 기업의 목적은 경제적인 것이었음을 알 수 있다.

경제적 활동을 원활하게 하는 것이 기업유지에 있어서 필수적인 조건이 되는데, 이와 같은 경제적 활동은 외적인 집단과의 이해관계 속에서 이루어지므로 기업의 존속과 발전을 위해서는 기업과 이해관계자 집단과의 사이에 조직균형이 이루어져야 한다.

19세기 자유주의 경제체제하에서는 시장이라고 하는 한정된 환경만을 전제로 해서도 기업 활동이 가능하였으나, 1930년대의 제1차 세계 경제공황 이후에는 정부, 노동조합, 출자자 및 소비자와 같은 여러 개의 이해를 어느 만큼은 달리하는 세력이 등장함으로써 형성된 하나의 개념인 이해관계자집단이 다양하게 나타나게 되었다.

일반적으로 기업의 활동은 주주, 채권자, 재화 및 서비스의 공급자, 종업원 및 고객과의 사이에 상호작용으로 파악할 수 있다. 그리고 이와 같은 기업을 둘러싸고 있는 기업환경의 주체, 즉 이해관계자집단은 자본시장, 노동시장, 구매시장 및 판매시장을 각각 대표하고 있으며, 기업의 입장에서 볼 때 그것은 경제적 환경을 구성하고 있다.

이렇게 보면 경제적 환경의 주축은 이와 같은 시장이라 할 수 있다. 기업이 이와 같은 시장을 경제 환경의 중심으로 여기고 있는 이유는, 시장을 통해 생산에 필요한 제요소, 즉 원자재나 설비, 기계, 노동, 설비자금 및 운전자금 등을 조달하고 있으며, 반대로 그들이 생산한 상품이나 서비스 또한 이 시장을 통해 판매하고 있기 때문이다.

그리고 경제적 환경중 시장이 가장 중요한 요인이기는 하나 그 밖에도 경제체제, 산업구조, 금융정책, 인플레이션, 경제성장, 수출입 동향 등 그 종류가 다양하며, 물가수준, 이자율, 증권시장의 동향, 환율, 선진국의 경기 등도 경제에 미치는 영향이 매우 크다고 할 수 있다.

2. 인구와 국민소득

1) 인구 통계적 환경

시장은 인구와 구매력으로 구성되어 진다. 인구는 구매력의 원천이다. 특히 인구는 경영자가 시장의 잠재력을 분석할 때 가장 먼저 고려하는 변수로써 목표시장에 따라 그 규모가 크게 다를 뿐만 아니라 소비재와 같이 인간의 기본생활을 유지하는 데 필요한 필수품의 경우에는 인구가 많은 시장이 곧 유망시장이 될 수 있다. 그리고 인구의 지역별 분포와 연령별, 성별, 교육수준별, 직업별 등의 분포 현황은 사업 활동을 수행하고자 하는 기업가에게는 많은 시사점을 제공할 뿐 아니라 각종 경영의사결정에도 중대한 영향을 미칠 수 있다. 더욱이 오늘날과 같이 지역경제통합이 가속화되고 있는 국제적 상황 하에서는 개별 목표시장국의 인구뿐만 아니라 유럽연합(EU: European Union)이나 북미 자유무역연합(NAFTA: North American Free Trade Association) 등과 같은 지역경제통합에 대한 인구파악도 국제경영활동을 수행하는 기업가에게는 중요한 정보가 될 수 있다.

한편, 세계인구는 1960년대 말 2.0%를 정점으로 1990년에는 1.7%, 2000년에는 1.5%로 낮아졌으며, 2020년에는 1.0%에 머물 것으로 전망하고 있다. 이러한 인구증가율은 선진국과 개발도상국에서 각각 다르게 나타나고 있는데 2010년 선진국의 인구증가율은 0.5%인데 비해 개발도상국은 2.0%에 이르고 있다. 이러한 추세가 지속된다면 세계 인구에서 차지하는 개발도상국의 인구 비중은 더욱 높아질 전망이다. 이러한 인구증가는 다음과 같은 이유로 여러 국가들 사이에서 주요한 관심사가 되고 있다.

첫째, 인간생활을 지원할 수 있는 지구자원의 유한성 때문이다. 인구의 폭발적인 증가와 소비는 블충분한 원료 공급, 중요 광산물의 고갈, 공해 및 생활의 질 저해 등을 초래할 수 있다.

둘째, 인구증가는 그것을 수용하기 어려운 국가에서 높게 나타나고 있다는 사실이다.

세계의 인구분포를 보면 후진국가 지역이 세계인구의 76%를 점하고 있고, 또한 매년 2.0%내외의 인구 증가율을 보이고 있으며, 그리고 선진지역의 인구는 매년 0.5%에 지나지 않는다. 후진국에 있어서 사망률은 현대의학의 발달로 점차 낮아지고 있는데 반해, 출생률은 안정적이다. 이러한 후진지역의 인구증가 추세는 어린이를 먹이고, 입히고, 교육하며 또한 생활수준을 향상하도록 하는 데는 많은 문제가 있으며 빈곤의 악순환을 더욱 조장하고 있다.

이러한 인구의 증가는 인간 욕구의 증가를 의미하지만, 구매력이 뒷받침 되지 않는 한 시장 확대로 연결되지는 못한다. 만일 인구증가가 이용할 수 있는 식품의 공급과 재원에 비해 더욱 가중된다면, 원가는 상승하며 기업의 이익은 감소하게 될 것이다.

2) 출생률의 감소

인구의 증가에도 불구하고 인구의 증가율은 1950년대 이후로 상당히 감소되고 있는 것이 세계적인 공통추세이다. 이와 같은 출생률의 감소는 어떤 산업에는 위협이 되는 반면에 어떤 산업에는 호황을 누리게 한다. 예를 들어 어린이용 화장품, 장난감, 의복, 가구 및 식푼을 제조하는 기업들에게는 출생률의 감소가 기업경영을 어렵게 하는 환경요인이 되고 있지만, 호텔, 여행사, 식당과 같은 산업들은 어린애가 없는 젊은 부부들의 이용도가 높아지면서 이익을 보게 된다.

3) GNP규모

국민소득의 증가는 유효수요를 창출하여 기업으로 하여금 생산을 확대케 하고 시설확장과 기업성장을 촉진시킨다. 또한 생산시설의 확장은 고용창출과 소득의 증대를 가져와 국민경제의 성장을 가져오게 한다. 한편, 국민소득의 증가는 소비자들의 욕구를 증대시켜 여가생활 활동과 관련이 있는 레저 산업의 급속한 성장을 촉진시킨다.

GNP규모는 국내에서 발생한 일정 기간 동안의 재화 및 서비스의 부가가치를 생산측면에서 포착한 총액으로써, 일국의 경제규모를 개략적으로 파악할 수 있는 좋은 지표가 된다. 일반적으로 한 나라 경제의 시장성을 평가할 때, 1인당 GNP가 개략적 지표로 사용되고 있지만 그것은 단지 전체 인구를 고려한 평균치에 불과한 것일 뿐, 일국의 GNP가 전체적으로 평균적이지 않는 한 시장성을 판단하는 지표로써는 한계가 있다. 더욱이 각국의 소득을 단일지표로 환산할 때 사용되는 환율의 적정성 그리고 인구가 적기 때문에 나타나게 되는 높은 1인당 GNP 등은 그 수치를 직접 비교하는 것이 별 의미가 없다.

한편, GNP 규모도 일국의 경제규모를 개략적으로 파악할 수 있는 좋은 지표이기는 하지만, 이것은 극히 개략적인 수치에 불과하기 때문에, 단순히 GNP 규모만을 가지고 시장 잠재력을 파악한다는 것은 의미가 없다. 따라서 GNP나 1인당 GNP는 여타 관련자료와 상호 보완적으로 활용하는 것이 바람직하다고 할 수 있다.

3. 부존자원의 부족과 편재성

부존자원도 기업의 중요한 경제적 환경을 구성하는 요인이 되는데 자원은 물, 공기, 빛 등과 같은 무한자원과 재생가능 유한자원 및 재생불능 유한자원으로 구분된다. 무한자원은 장기적으로는 위험을 예측하지만, 당장에는 큰 문제가 없다. 산림, 식량 등과 같은 재생 가능한 유한자원은 인류가 현명하게 이것을 사용해야 하는데 목재회사는 토양보호와 미래의 수요에 충분히 대처할 수 있도록 식목사업에 충분한 노력을 기울여야 한다. 식량공급도 경작가능한 지역이 상대적으로 고정되어 있는 반면에, 도시지역은 계속적으로 농지를 잠식하고 있어 큰 문제가 되고 있다.

재생 불가능한 자원인 석유, 석탄, 기타 광물과 같은 자원은 매우 심각한 문제로 대두되고 있는데, 백금, 아연, 금, 납은 현재 수요를 충족시키지 못하고 있는 실정이고, 은, 주석, 우라늄은 금세기말 쯤에는 그 값이 아무리 비싸더라도 공급부족이 발생할 것으로 예상된다. 현재의 소비비율이 계속된다면 2050년에는 더 많은 광물자원이 고갈되고 말 것이다.

이러한 현상은 점차 부족해지는 광물자원을 사용하는 기업에게는 심각한 원가상승 요인이 될 뿐만 아니라 새로운 대체자원 및 공급원을 개발할 수 있는 기회가 되기도 한다. 예를 들어 1970년에 배럴당 2.23달러에서 1982년 34달러, 2008년 140달러로 치솟은 석유가격은 기업들로 하여금 대체에너지 연구에 박차를 가하게 하였다. 기업들로 하여금 태양열, 원자력, 풍력, 기타 에너지를 개발하기 위한 연구를 적극적으로 추진하게 만들었다.

또한 이와 같은 물질적 자원은 특정지역에 지나치게 편재되어 있어 자원문제의 어려움이 가중되고 있다. 예를 들어 원유의 세계매장량은 6,500억 배럴 정도인데 약 60% 이상이 사우디아라비아·러시아 연방·쿠웨이트·이란·이라크 등 5대 부존 국가가 점유하고 있고, 또 우라늄의 세계매장량은 2,400만톤 정도인데 약 78% 정도가 미국·호주·남아프리카공화국·캐나다·니제르 등 5대 부존 국가에 매장되어 있는 실정이다. 그리고 철광석의 세계매장량은 905억톤(금속량) 정도인데 약 76%가 러시아 연방·브라질·캐나다·호주·인도 등 5대 부존국가에 매장되어 있고 향후 100년 정도면 고갈될 것으로 추정된다.

이와 같은 자원의 부족과 편재성의 문제는 특정 자원의 공급 부족 현상과 가격 인상이라는 심각한 경제 문제를 야기하면서 기업경영에 큰 영향을 미치게 된다.

4. 산업구조

한 국가의 경제를 주도하는 산업이 무엇인가에 따라서 기업의 경영전략에 직접적으로 영향을 미치게 된다. 한 국가의 경제를 구성하는 산업의 종류와 산업의 구성 비율을 산업구조라 하는데 클라크(C. G. Clark)는 3분법을 채용해서 1차 산업, 2차 산업 및 3차 산업 등의 세 가지 산업 군으로 구분하였다. 이러한 분류법은 오늘날에도 각국의 산업구조의 분석이나 국민소득 통계에도 이용되고 있고, 특히 국제적인 비교를 할 때 국가별 실태를 잘 파악할 수 있어 높이 평가되고 있다.

그러나 최근에는 무엇을 집약대상으로 하는가에 따라 산업구조를 지식집약산업(컴퓨터·계기·중기계), 자본 및 원자재집약산업(철강·플라스틱·섬유), 자본 및 기계집약산업(기구·소모성 전자제품), 비숙련노동집약산업(옷·신발·장난감)으로 구분하여 설명하는데 지식집약산업이 금후의 성장산업으로 각광을 받을 것이다.

그리고 해외에 진출하고자 하는 기업이 투자대상국과 목표시장의 잠재력을 평가할 때는 그 나라의 산업별 구조와 변동추이를 면밀히 파악하는 것이 매우 중요하다. 1995년 통계자료에 의하면 저개발국의 경우에는 농업, 수산업, 임업 등의 1차 산업이 전체 GNP의 60% 정도를 차지하고 있는데 반해, 선진국의 경우에는 그 수치가 10%미만에 그치고 있다. 예를 들어 국내총생산(GDP)에서 농업부문이 차지하고 있는 비중이 싱가포르나 홍콩은 0%, 쿠웨이트 1%, 미국 2% 등의 낮은 수치를 나타내고 있는데 반해, 우간다와 같은 나라의 경우에는 66%나 된다. 한편, 우리나라의 경우에는 8%로 점차 선진국형에 근접하고 있는 것으로 파악되고 있다.

5. 재정금융정책

정부의 재정금융정책도 기업의 중요한 경제적 환경을 구성하는 요인이 된다. 재정금융정책이란 정부가 재정금융을 방임하면 경제 질서를 교란시키고 경제발전을 저해하기 쉬우므로, 정부나 중앙은행이 통화나 신용에 대하여 여러 방법으로 조정하여 올바른 방향으로 인도하는 경제정책을 말한다. 이러한 재정금융정책은 후진국일수록 간섭과 규제가 심하고, 선진국에서는 대체로 시장의 자율적 기능에 맡긴다.

일반적으로 경기가 과열되면 정부는 재정지출을 축소시키고, 과세표준을 상향조정하며, 은행의 여신규모를 축소시켜 기업들의 신규투자 규모를 축소하도록 유도하게 된다. 반대로 경기가 좋지 않은 불황 시에는 재정지출을 확대하고, 기업의 세금을 경감시키며, 통화 공급을 확대하고, 금리를 하향조정하여 기업의 투자규모를 확대시킨다.

이와 같은 재정금융정책은 국내 통화가치의 안정, 물가수준의 안정, 국제수지의 안정, 완전고용의 실현과 유지, 금융제도의 건전한 발전 등을 목적으로 실시하고 있다. 특히 금융정책에는 금융의 대상, 종류에 따라 융자의 조건, 기간, 우선순위, 한도 등을 달리 정하고 자금을 선별적으로 통제하는 질적인 통제방법(우대 어음제도, 금융의 규제, 소비자 신용의 규제, 수출입 금융 규제, 농업 금융, 부동산 신용 규제 등)과 자금의 절대량, 즉 통화량을 통제·조정하는 양적인 통제방법(금리정책, 공개시장조작, 지급준비율 제도, 발행고 조작 등)이 있다. 이러한 재정금융정책은 기업의 자본조달과 운용에 크게 영향을 미치게 된다.

6. 환 율

부존자원이 부족하여 수출입 의존도가 높고 대외교역이 국민경제에서 차지하는 비중이 큰 국가에서는 특히 환율이 국민경제에 미치는 영향이 매우 크다. 환율이 변동하면 수출입을 하는 기업은 물론이고 내수기업도 직·간접적인 영향을 받게 된다.

환율이란 자국의 화폐와 외국 화폐와의 교환비율로써 환시세라고도 하는데 이는 자국의 통화로써 외국상품 및 용역을 구매할 수 있는 구매력으로 표시된다. 화폐의 대내가치가 물가지수에 의해 표시되는데 반해, 화폐의 대외가치는 환시세에 의해 표시된다. 환율이 상승한다는 것은 국내 화폐의 가치가 상대적으로 하락한다는 것을 의미하기 때문에 수출을 하는 기업들에게는 유리하고, 수입을 하는 기업들에게는 불리하게 된다. 그러나 원자재를 수입하여 완제품을 수출하는 국가의 경우에는 수출하는 기업도 원자재를 수입해야 하기 때문에 환율의 상승이 어느 한 방향의 영향만을 미친다고 할 수는 없는 것이다.

특히 최근 들어 기업의 국제화 수준이 높아지면서 모든 기업에서 환율에 대한 관심이 높게 나타나고 있다. 국제환시세를 올바르게 예측한다는 것은 기업의 경영성과를 높일 수 있는 중요한 요소로 작용하고 있다.

Ⅲ. 기업의 기술적 환경

1. 기술적 환경의 의의

기업의 기술적 환경은 지난 70여 년 간 가장 급속한 변화를 일으키면서 기업의 흥망성쇠에 심각한 영향을 미치는 매우 중요한 환경요소가 되고 있다. 기업이 속해 있는 사회의 기술수준과 정보전달체제는 경영활동을 수행함에 있어 결정적인 영향을 미치는 요인이 되는데 현대의 급변하는 기술 환경은 사회변화를 초래할 뿐만 아니라 가치관까지도 변화시킨다. 이러한 기술은 자연과학적 기술뿐만 아니라 업무나 활동을 수행해 나가는데 필요한 지식도 포함된다.

기술은 모든 환경요인 중에서 가장 동태적인 요인이므로 기업은 기술변화를 신속하게 파악하여 필요한 정보를 수집해서 지속적으로 적응하고 또 새로운 기술을 개발하여야 한다.

일반적으로 불확실하고 동태적인 기술적 환경 내에 있는 기업 활동과 확실하고 안정적인 기술적 환경 내에 있는 기업 활동과는 구조와 내부과정에 있어서 상당한 차이를 보이고 있다. 따라서 효율적인 기업의 목적달성을 위해서는 기술 환경에 적합한 전략이나 전술로서 대응해 나가는 자세가 무엇보다 필요하다.

이렇게 조직과 사회에 지대한 영향을 미치는 기술의 발전은 컴퓨터, 레이저 광선, 반도체, TV, 위성통신, 원자로 등에서 찾아 볼 수 있는데, 이 같은 분야에서의 기술의 변화는 최근 수 십 년 사이에 급속도로 이루어 졌다.

따라서 현대 기업은 새로운 기술혁신의 과정과 기술전달의 과정이라는 두 가지 과정에 관심을 갖게 된다. 전자는 새로운 기술과 제품을 개발하기 위한 기초과학에 있어서의 노력과 관계되는 것으로 흔히 연구개발(R&D)이라고 불리는 과정을 말하며, 후자는 과학을 실제로 유용하게 응용하는 것으로서 실험실로부터 새로운 기술을 시장으로 이동하는 것을 의미한다. 이와 같은 기술의 이동은 산업 내에서 그리고 산업 간에 이루어지고 있다.

이처럼 내부의 기술은 외부로, 외부의 기술은 내부에 영향을 미치면서 기술 환경은 기업과 더욱 밀접한 관련을 갖게 될 것이다.

2. 기술변화 속도의 가속화와 기술혁신

오늘날 우리가 사용하고 있는 자동차, 비행기, 냉장고, TV, 라디오, 휴대폰, 에어콘, 항생제, 컴퓨터, 복사기, 전자시계, VTR, 인공위성, 워드프로세서 … 등 거의 모든 제품들은 100년 전만해도 상상도 할 수 없었던 제품들이었다.

엘빈 토플러(Alvin Toffler)는 "미래의 충격"에서 신기술의 발명, 활용, 확산에의 박차를 서술하였는데 오늘날 많은 아이디어가 연구되고, 새로운 아이디어와 이의 성공적인 실천 사이에 나타나는 시간적 격차도 급격히 좁혀지고 있으며, 도입기와 본격 생산사이의 시간도 상당히 좁혀지고 있다.

오늘날의 기업은 기술혁신이 없이는 성장·발전할 수 없다. 특히 제조업의 경우 더욱 그러하다. 많은 과학자들은 제품과 생산 공정을 혁신시킬 수 있는 새로운 기술개발을 위해 열심히 연구하고 있다. 가장 놀라운 연구 분야는 생물공학, 고체전자공학, 로봇공학, 재료공학 등의 연구로서, 오늘날 과학자들은 항암치료제, 폐·간 치료제, 신경증화학치료제, 태양에너지, 전기자동차, 가정용 로봇, 안전 유효한 피임약, 비만케 하지 않는 영양식에 대해 연구하고 있다. 그리고 이밖에도, 과학자들은 소형비행자동차, 1인용 로켓벨트, 삼차원 TV, 위성도시, 인간무성생식 등 꿈같은 제품에 투자하고 있다. 이러한 기술혁신을 위한 도전은 기술적이면서도 경제성이 대전제가 되고 있다.

3. 기술적 변화에 대한 규제

제품의 기능이 다양화되고 복잡해짐에 따라 일반 대중은 안전성에 대한 보증을 요구하게 된다. 따라서 정부기관은 잠재적으로 불안전한 제품을 조사하고, 판매를 금지시킬 수 있는 권한을 확대하고 있다. 예를 들어 FDA는 새로운 의약품의 검사규정을 마련하였는데, 이로 인하여 연구비가 증대되며, 제품 아이디어에서 도입기까지의 기간이 5년에서 약 9년으로 연장되며, 그리고 규제가 심하지 않은 나라에서 보다 많은 의약품이 연구·조사하게 되는 등의 결과를 가져왔다. 또한 안전 및 건강규제는 식품, 자동차, 의복, 전기제품 및 건축분야에로 강화되었다. 따라서 경영자들은 신제품의 제안, 개발 및 도입하는데 있어서 이러한 법규들을 인식해야 한다.

기술적 변화는 자연, 사생활, 단순성 및 인종 등을 위협하는 것으로써 기술적 변화로 손해를 보는 사람들의 반대에 부딪치고 있다. 여러 집단들은 핵발전소, 고층 건물, 국립공원 속에 휴양시설의 건설을 반대하고 있다. 그들은 새로운 기술이 상업화되기 전에, 이 새로운 기술에 대한 기술적 평가를 요구하고 있다.

Ⅳ. 기업의 법률적·정치적 환경

1. 법률적·정치적 환경의 의의

모든 기업은 법률적·정치적 환경 속에서 생존의 기회를 얻기 위하여 노력한다. 이와 같은 노력은 선진국이나 후진국에서 볼 수 있는 공통된 현상인데, 특히 정치적 영향을 많이 받는 대기업은 법률적·정치적 환경변화에 능동적으로 대처하기도 한다. 법률의 제정, 개폐는 물론 정권교체가 있을 때는 기업에 직·간접적인 영향을 미치기 때문에 법률적·정치적 환경은 기업의 주요 관심사가 아닐 수 없다.

따라서 기업은 법률적·정치적 환경변화에 적응 또는 대응할 수 있는 시스템을 구축해야 한다. 그렇지 않으면 심할 경우에는 기업의 존속에 위협을 받게 된다. 예를 들면 세법이나 근로기준법이 개정되어도 기업의 손익에 큰 영향을 미칠 수 있는 것이다. 80년대 초에 우리나라 5대재벌그룹이던 「국제그룹」이 해체된 것은 정치적 소용돌이 속에서 적절하게 대응하지 못하였기 때문이라고 할 수 있다.

2. 법률적·정치적 환경과 기업경영과의 관계

기업의 의사결정은 법률적·정치적 환경의 변화에 크게 영향을 받는다. 기업의 활동은 경제에 대한 정부의 규제, 정치적 이념, 정치적 안정성, 국제관계 등과 같은 정치적 환경과 기업의 활동을 규제하는 각종 법률에 의하여 크게 영향을 받게 되는데 주요 내용을 정리해 보면 다음과 같다.

첫째, 오늘날 경제 환경에 대한 규제자로서의 정부의 역할은 더욱 강화되고 있는 추세인데 정부는 경제를 계획하고 조세를 부과하며 화폐·금융정책 등의 각종 정책을 통하여 기업 활동을 규제하지만, 특히 자국에 진출한 외국기업에 대해서는 차별적인 규제를 적용하려는 경향마저 강하게 나타나고 있다.

둘째, 정치적 이념을 달리하고 있는 국가에 진출하려는 기업은 그 나라에 대한 충분한 이해와 유연성을 지닐 수 있을 때 실리를 놓치지 않게 된다. 예를 들어 인도는 사회주의적 경향이 있고, 사우디아라비아나 쿠웨이트는 군주제도를 가지고 있다.

셋째, 해외에 진출하려는 기업은 무엇보다도 그 나라의 정치적 안정성을 충분히 고려하여야 한다. 정치적 안정성이 없으면 정부 정책의 지속성과 일관성이 결여되기 쉽고 진출기업이 희생당할 수 있기 때문이다. 진출국 정부의 정치이념, 국방정책, 외교정책, 인종·종교 등의 이질성에서 오는 충돌사태 등에 대해서 현지국정부가 갖는 태도 여하에 따라 진출국 기업을 대하는 현지국의 태도는 크게 달라진다. 따라서 기업이 특정 국가에 진출하려고 할 때는 진출대상국과 적대관계에 있는 나라들이 어떠한 반응을 보일 것인가를 특별히 고려해야 한다.

넷째, 기업 활동과 관련된 법률에 관한 충분한 사전 지식이 필요하다. 특히 외국과의 무역에 있어서는 제품의 품질·규격 등에 관한 법률, 포장에 관한 법률, 보조 서비스 등에 관한 법률, 소매가격의 유지를 규제하는 법률, 특허 상품 및 판권 등에 관한 법률에 유의해야 한다. 한 조사보고에 의하면 우리나라 기업이 당하는 수출클레임(claim)의 대부분은 법률지식의 부족에서 비롯되는 경우가 많다는 것이다.

다섯째, 국제간 무역에 있어서 상사분쟁을 해결하여 주는 초국가적인 법률체계나 법정은 없다. WTO체제하에서 WTO회원국 간에 발생한 상사분쟁은 WTO산하에 있는 분쟁해결기구(DSB: dispute settlement body)를 통하여 해결할 수 있는 방법이 있기는 하지만 비회원국과의 분쟁은 해결할 수 없다.

그리고 상사분쟁을 해결하기 위하여 소송을 제기하면 많은 시간과 경비가 소요될 뿐만 아니라 국제관계에서는 국적상의 차별대우를 받을 가능성도 높다. 그래서 국제상

공회의소나 당사국의 중재위원회를 통한 중재의 방법을 많이 사용하게 되는데 이를 위해서 중재에 관한 조항도 계약체결 시 분명히 해둘 필요가 있다.

3. 기업 활동을 규제하고 있는 법률들

기업 활동에 영향을 미치는 법률은 최근 수년간 꾸준히 증가하고 있으며 이러한 법률은 여러 가지 목적을 가지고 실시되고 있다.

첫 번째는 기업 상호 간의 부당한 경쟁을 방지하여 기업을 보호할 목적으로 국가는 법률로서 부당한 경쟁을 정의하고 또한 방지하기 위한 각종 법률을 제정·집행한다.

두 번째는 불공정 기업행위로부터 소비자를 보호하기 위한 목적이다. 어떤 기업은 제품의 질을 나쁘게 하며, 광고를 통해 오도하거나, 포장으로 소비자를 기만하며, 가격을 미끼로 삼는다.

세 번째는 자의적인 기업 활동으로부터 기업의 보다 큰 이익을 보호하는 것이다.

오늘날 경영자는 경쟁, 소비자 그리고 사회의 이익을 보호하는 주요 법률들에 대한 운영지식을 가져야 한다. 주요 법률의 종류와 내용을 보면 다음과 같다.

1) 물가안정 및 공정거래법

물가의 안정을 기하고, 공정하며 자유로운 경제 질서를 확립함으로써 소비자의 권익을 보호하고 국민경제의 안정 및 발전에 기여할 목적으로 1975년 12월에 제정되었다. 정부는 불공정거래 행위를 지정하여 규제하고 있는데 그 내용은 ① 부당한 거래 거절, ② 거래조건 등의 차별적 취급, ③ 집단배척 및 집단적 차별 취급, ④ 차별가격(지역별, 거래처별), ⑤ 거래 강제, ⑥ 거래처의 제한, ⑦ 매점매석, ⑧ 허위·위장광고, ⑨ 생산·출고의 조절 등이다.

'물가안정에 관한 법률'은 물가를 안정시킴으로써 소비자의 권익을 보호하고 국민생활과 국민경제의 안정 및 발전에 이바지함을 목적으로 2011년 5월 2일부터 시행되고 있다. 주된 내용을 보면, 정부는 국민생활과 국민경제의 안정을 위하여 필요하다고 인정할 때에는 특히 중요한 물품의 가격, 부동산 등의 임대료 또는 용역의 대가에 대하여 최고가격을 지정할 수 있는데, 최고가격은 생산단체·도매단계·소매단계 등 거래 단계별 및 지역별로 지정할 수 있게 하였다.

2) 독점금지법(Anti-Trust Act)

독점금지법의 정식 명칭은 '독점규제 및 공정거래에 관한 법률'이다. '독점규제 및 공정거래에 관한 법률'은 1999년 2월 5일 법률 제5813호로 개정되었는바, 이는 무한경쟁시대를 맞이하여 공정거래법이 시장경제 창달의 역할을 충실히 수행하고 경쟁질서가 모든 경제활동 영역에 확산될 수 있도록 법적용이 배제되는 사업자의 범위와 행위유형을 축소하고 구조조정을 가로막는 부당지원행위를 효율적으로 감시하기 위하여 '금융거래정보요구권' 도입 등 집행기능을 강화하였다.

실질적 시장지배력 행사여부를 판단하여 시장지배적사업자를 규제하도록 추정제도를 도입하여 구조정비과세에서 그 필요성이 인정되는 지주회사를 제한적으로 허용하면서 기업결합에 대한 심사를 투명하고 신속하게 처리하기 위하여 기업결합심사관련 제도를 개선하려는 것이다.

시장구조의 독과점화를 억제하고 경쟁을 제한하거나 불공정한 거래행위를 규제하여 공정하고 자유로운 경쟁 질서를 확립하는 데 목적을 두고 있다. 따라서 독점규제 및 공정거래제도는 경쟁질서 확립과 시장기능 활성화를 통해 기업체질을 개선함으로써 국제경쟁력을 강화하고 사업자의 시장지배적지위의 남용과 부당한 거래행위 등으로부터 소비자를 보호하여 국민경제의 균형발전을 도모하기 위하여 1980년 12월 31일 제정 공포하였다.

그 내용을 보면, ① 시장 지배적지위의 남용금지, ② 기업결합의 제한, ③ 부당한 공동행위의 제한, ④ 불공정 거래행위의 금지, ⑤ 사업자단체의 금지행위, ⑥ 국제계약의 체결 제한 등을 들 수 있다.

이 법과 관련되는 법령으로는 <부정경쟁방지법>·<양곡관리법>·<석유사업법>·<석탄수급조정에 관한 임시조치법>·<사료관리법>·<보험업법> 등이 있다.

미국에서는 중소기업을 보호 육성하고, 노동자 및 일반 소비대중을 보호하기 위하여 여러 가지 법률을 제정하였는데 셔먼법(Sherman Anti-Trust Act)은 1890년 7월 2일 제정 공포된 최초의 독점금지법으로 불법적 거래를 제한하고, 독점으로부터 거래 및 상업을 보호하기 위한 법률이다. 이 외에도 1914년에 제정된 연방거래 위원회법(Federal Trade Commission)과 클레이튼법(Clayton Act), 1936년에 제정된 로빈슨법(Robinson Patman Act), 1969년에 제정된 국가환경정책법(National Enviornmental Policy Act), Consumer Product Safety Act(1972), Consumer Goods Pricing Act(1975), Equal Credit Opportunity Act(1975), Toy Safety Act(1984) 등이 있다.

이와 같은 법률들은 초기에는 주로 경쟁을 보호하기 위한 것이었으나 후기에는 소비자보호를 다루는 법률이 대부분이었다.

경영자는 경영활동에 영향을 미치는 법규를 알아야 한다. 어떤 나라들은 강력하게 소비자보호 관련법규를 집행하고 있는데 예를 들면 노르웨이는 거래 스탬프, 콘테스트, 할증제 등과 같은 판매활동을 판매업자가 사용하는 경우, 부적절하고 불공정한 판매촉진 도구라고 단정하여 금지시키고 있는가 하면, 태국은 저소득 소비자들이 점포에서 경쟁적인 상표를 구입할 수 있도록 하기 위해서 저가격 상표를 시장화 하도록 전국상표를 판매하는 식품처리방법을 취하고 있다.

그런데 기업규제에 의해서 야기되는 모든 문제는 법규준수에 의한 비용이 법규준수에 의한 이익을 초과하는 경우, 어디까지 적용되어야 하는가이다. 법은 항상 집행하는 책임에 의해서 정당하게 관리되지는 않는다. 즉 법규는 합법적으로 사업하는 많은 기업을 제약하기도 하며, 또한 새로운 투자와 시장진출을 저해하고 또한 소비자의 비용부담을 증가시킨다. 각종 새로운 법규가 어떤 합리성을 가지고 있기는 하나, 전체적인 사항은 창의력을 약화시키며, 또한 경제성장을 지연시키는데 영향을 미칠 수도 있다는 사실을 유념해야 한다.

Ⅴ. 기업의 국제적 환경

1. 국제적 환경의 의의

국제적 환경이란 해외진출기업이 진출 현지에서 기업 활동을 전개함에 있어서 당면하게 되는 제반 압력요인 내지는 구속요인들을 의미하는 것으로써 경제적·정치적·법률적·사회적·문화적 및 자원적 요인 등으로 구성된다.

그러나 해외시장 국가들의 정치적·경제적·법률적·사회적·문화적 체제나 제도는 나라마다 다르고, 이들 여러 환경 요인들은 보다 경직적이고 일방적이며 냉혹하다.

특히 언어 장벽과 이질적인 문화 장벽은 기업 활동을 어렵게 만들고 있을 뿐만 아니라 나라마다 내셔널리즘(nationalism)을 앞세워 자국의 이익을 우선시하는 국제 경쟁적 분위기 속에서는 의도적·정책적으로 진출기업의 활동을 억제 내지는 봉쇄하려는 경향이 없지 않다.

해외진출기업의 경영자는 이와 같은 국제기업 환경의 이질성과 어려움을 충분히 이해하고 국제경영상의 제반 문제에 능동적으로 현명하게 대처할 수 있어야 한다. 특히 정치적 환경은 국제경영활동에 중대한 영향을 미치게 되는데, 이에 대한 몇 가지 내용을 소개하면 다음과 같다.

첫째, 피투자국이 자국에 소재하고 있는 외국인 투자기업의 사유재산을 보상 없이 수용하는 재산몰수(confiscation) 행위가 있다.

둘째, 보상의 유무에 관계없이 외국인 투자기업의 소유권을 국가가 강제로 징수하여 처분하는 재산수용(expropriation) 행위가 있다.

셋째, 피투자국이 외국인 투자기업의 시장점유율, 소유권 비율, 제품의 특성, 고용정책 등에 대해 일정한 규칙을 정해 놓고 이를 준수하도록 요구한다.

넷째, 다국적 기업은 기술, 인력, 자본, 원료 등을 내부적으로 현지에 이전하여 제품을 생산, 판매하고 여기에서 획득한 이익이나 배당을 본국으로 송금하게 되는데, 피투자국들은 이들의 이전을 제한하기도 한다.

다섯째, 피투자국들은 자국의 특정 목적에 따라 조세정책이나 하청 등에 차별정책을 취하기도 한다.

여섯째, 피투자국에서 전쟁, 폭동, 내란 등과 같은 극단적인 정치적 위험으로 인해 외국인 투자기업의 재산이나 인명이 피해를 입는 경우가 있다.

2. 국유화 및 재산수용

국유화(nationalization)란 어떤 국가가 자국 내에 소재하고 있는 외국인 투자기업의 재산과 재산권을 자국의 소유와 관리 하에 두는 강제적인 조치로 재산몰수, 재산수용, 강제매각 등이 포함된다.

국유화의 예로는 1960년 카스트로가 쿠바의 모든 사유재산을 내·외국인 소유에 관계없이 국유화했고, 1979년 팔레비(Shan Reza Pahlevi)국왕 퇴각 이후 이란이 모든 기업과 산업을 국유화했다.

그리고 1971년 칠레가 미국의 동(銅)광산을 수용했던 것과 1978년 페루가 미국계 기업인 인터내셔널 피트롤리엄사(International Petroleum Company)를 수용했던 것은 재산수용의 좋은 예가 된다.

재산수용은 원유, 광산, 농장 등과 같은 천연자원 추출산업과 은행, 보험 등과 같은 서비스산업 및 공공시설, 운수 등과 같은 경제하부구조부문에 종사하는 외국인 투자기업들이 쉽게 수용되는 경향이 많았으며, 제2차 세계대전 이후, 후진국의 교역조건이 크게 악화되고 자원민족주의가 고조되던 시기에 주로 많이 이루어 졌다. 지역별로는 라틴아메리카 국가들이 외국인 투자기업을 가장 많이 수용하였고, 그 다음으로 아랍국가, 아프리카 등의 순서이다. 이러한 재산수용은 1960년대부터 꾸준히 증가하기 시작하여 1970년대에 이르러 가장 높은 발생률을 보였고, 1980년대부터는 발생건수가 한 해에 한 건 정도로 현저히 줄어들었으며, 1990년대에는 세계적인 정치적 안정에 힘입어 재산몰수 및 수용은 안정세를 나타내고 있다.

3. 새로운 국제교역질서

1) UR 협상

자유와 공정을 국제질서의 기본이념으로 하여 이를 위반하는 각국의 무역제도와 관행을 없애기 위한 노력이 관세협상이다. GATT(General Agreement on Tariffs and Trade)는 그동안 상품거래를 위주로 관세 및 수입제한을 하는 각종 비관세 장벽을 제거하는데 주력해 왔다. 제1차(73. 중동전) 및 제2차(79. 6. 27. 23.7% 유가 인상) 석유파동 이후 지역간 무역 불균형이 심화되자 미국, EC 등 선진국을 중심으로 자국의 사양산업을 보호하기 위한 목적으로 반덤핑, 상계관세, 긴급수입제한 등 각종 보호조치를 남용하게 되었다. 이에 보다 구체적이고 객관적인 국제규범이 요구되어 상품, 농산물, 서비스 및 지적소유권 등 새로운 분야를 GATT체제 속에 수용할 필요성이 요구되어 UR(Uruguay Round) 협상이 시작되었던 것이다.

1930년대 이래 경쟁적으로 확산된 보호무역주의는 두 차례의 세계 전쟁의 원인이 되기도 하였다. 그러나 결국 자유무역을 확대하지 않고서는 세계 모든 나라들이 함께 손해를 보게 된다는 반성이 일게 되면서 국가 간 자유무역의 확대 방안을 찾던 각국은, 제2차 세계대전이 끝난 1947년 미국의 주도로 '관세 및 무역에 관한 일반협정(GATT)'이라는 국제협약을 만들었다.

GATT는 지금까지 각 나라가 자유롭게 물건을 사고 팔 수 있는 여러 협약을 만들어 놓고 실천에 옮기지 않는 국가에 대해서 제재를 가해 국제교역에 있어서 입법기관과 국제경찰로서의 활동을 해 왔다.

UR이 나오기 까지 GATT는 7차례의 대규모적인 국제협상을 통해 상품의 자유로운 교역 방안에 초점을 맞추었으나 1980년대 들어서면서 상품뿐만 아니라 은행업무 등 서비스 시장의 개방 및 지적재산권 보호에 대한 필요성이 선진국을 중심으로 일기 시작하였다. 이 같은 분위기가 성숙되면서 1986년 9월 새로운 국제교역질서를 만들어 내기 위한 GATT의 8번째 무역협상을 우루과이 푼타 델 에스테 시(市)에서 시작하게 되었던 것이다.

2) WTO체제의 출범

세계무역기구(WTO: World Trade Organization)는 GATT를 흡수 통합하여 세계무역질서를 확립하고, UR협정의 이행을 감시하며, 분쟁이 생길 때 조정하거나 심판하는 역할을 담당할 국제기구이다.

지금까지 GATT는 어디까지나 협정이었을 뿐 실질적인 힘을 갖고 그를 뒷받침할 강력한 집행기구는 없었다. 집행체가 없이 협정만 있다는 이러한 애매모호한 위상이 바로 GATT의 한계였다. 이 때문에 국제간 무역 분쟁이 발생하여도 GATT사무국은 당사자한테 권고만 할 뿐 강제집행은 할 수 없었다. 그러나 WTO는 강력한 국제법적 강제력을 갖고 있으며, WTO산하 분쟁해결기구(DSB: dispute settlement body)는 UR협정 위반으로 인한 회원국 간의 분쟁을 해결하고 재판 결과의 이행을 감독하게 된다.

3) 뉴라운드(New Round)시대

뉴라운드시대란 WTO체제 출범 이후 닥쳐올 새로운 라운드로써 환경문제와 무역을 연계시킨 그린라운드(Green Round), 부당한 근로조건으로 생산된 상품교역을 규제하는 블루라운드(Blue Round: BR), 각국의 기술개발정책과 기술보호문제를 다루는 테크노라운드(Techno Round), 공정한 경쟁체제 구축을 위한 경쟁라운드(Competitive Round: CR) 등이 예견된다.

특히, 환경보호문제를 다자간 협상에 올려 국제적으로 합의된 환경기준을 만든 다음, 이에 미달하는 무역상품에 대해서는 상계관세 부과 등 각종 제재 조치를 취하게 되는 그린라운드(Green Round: GR)는 향후 더욱 강화될 전망이다.

UR협상이 타결되면서 환경문제가 새로운 무역규제 장벽으로 등장하여 국제교역에 있어서 태풍의 핵으로 대두되고 있으며, 최근 기업경영의 윤리성의 문제를 무역과 연계시키는 윤리라운드(Ethics Round)의 강화 움직임도 선진국을 중심으로 그 강도를 높여가고 있는 실정이어서 국제무역질서는 새로운 방향으로 재편될 전망이다.

우리나라 경제는 에너지소비형, 공해 유발형, 중화학공업 제품의 수출 의존도가 높아 큰 타격을 입을 것으로 예상되며 윤리인프라의 구축을 비롯한 뉴라운드에 대한 대비책을 기업은 물론 국가의 정책적 차원에서도 신중히 고려해야만 할 것이다.

Ⅵ. 기업의 자연적 환경

1. 자연적 환경의 의의

인간 삶의 질 내지 복지는 물질적 생활수준의 향상, 정치·사회적인 안정과 질서의 확립, 정신·문화·사회적인 행복뿐만 아니라 생활환경의 쾌적성 정도에 따라 결정된다. 기업 활동과 경제성장에 힘입어 다양한 제품과 서비스는 양적으로 계속 증가하고, 질적으로도 향상되고 있으며, 국민의 물질적 생활수준은 계속 향상하고 있다. 그러나 향상되는 생활수준이 또는 그것에 더하여 정치·사회적 안정화 등이 곧 삶의 질의 향상을 뜻하는 것은 아니다. 왜냐하면, 이미 심각한 환경오염의 문제를 해결하지 않고서는 생활환경이 개선되지 않아 우리의 삶의 질이 향상되기는커녕 생사의 문제가 될 수도 있기 때문이다.

한동안 우리는 공업화를 통한 고도경제성장이라는 물질적 성장만을 중요시하여 그 과정에서 발생하는 환경오염의 문제는 그리 심각하게 생각지 않았다. 그러다 보니 환경오염을 방지하려는 노력과 투자 역시 미흡하였다. 그 결과로, 오늘날 우리의 경제와 소비대중의 생활수준은 중진국의 수준을 넘어 선진국 수준으로 접근하고 있는데도 급속한 공업화·도시화 등으로 인한 자연의 파괴와 수질, 대기, 토양 등의 심각한 오염은 전국적으로 급속히 확산되고 있는 실정이다.

"죽은 개천과 강" "산성비와 눈" "허용기준을 초과한 분진 및 유독가스 배출" 등 환경오염의 심각성을 나타내는 표현은 날이 갈수록 더욱 심각하다. 또한 쓰레기와 폐기물은 여기저기 방치한 상태에서 산과 들, 바다를 파괴·오염시키면서 자연의 균형 내지 생태적 균형은 점차 파괴되어 가고 있다.

이러한 자연환경의 오염과 파괴는 생활환경을 악화시키면서 우리 인간에게 많은 피해를 주고 또 우리의 삶을 불안하게 만들고 있다.

날로 악화되는 환경오염이 생활환경에 미치는 악영향에 대해 소비자, 일반대중, 사회단체, 정부, 기업 등이 심각히 우려하기 시작한 것은 오래 전부터이다. 그러나 아직은 어느 누구도 우려하는 만큼 생활환경의 악화방지 및 개선에 필요한 각종 조치를 충분히 취하지 않고 있다.

그러므로 우리의 삶의 질을 향상시키기 위해서도, 개인, 가계, 기업, 정부 등 모든 사람이나 기관단체들이 생활환경 보호를 통하여 그 쾌적성을 향상시키는데 노력하지

〈표 10-1〉 지구 환경 문제의 현상과 전망

항 목		내 용
지구 온난화	CO_2 농도	1958년의 315ppm에서 매년 1.8ppm 증가
	온도 상승	과거 100년간 0.3~0.6℃상승. 21세기말까지 3℃상승 예상
	해수면상승	과거 100년간 10~20㎝상승. 21세기말까지 65㎝상승 예상
	국제적인 대응	대기층에 누적돼 지구 기온을 상승시키는 이산화탄소, 매탄, 질소산화물 등의 발생량을 줄이기 위해 92년 리우회담에서 기후변화협약 채택
열대림 감소	현상	1980년말까지 총면적 19억 4천만 ha가 감소
	국제적인 대응	1989년 11월 IPCC는 연간 1,200만 ha의 삼림면적 증가 목표를 설정
산성비	현상	SOX NOX의 방출로 유럽, 북미 등의 약¼의 호수·산림에 악영향
	국제적인 대응	1985년 헬싱키회의에 입각하여 아황산화물의 30% 삭감, 1988년 소피아협정에 의거 질소산화물을 동결할 것을 채택
오존층 파괴	현상	특정 프레온의 방출에 따른 오존층의 파괴. 세계적으로 사용되는 프레온 약114만 톤, 2085년까지 오존층이 절반이하로 감소될 것으로 예상.
	국제적인 대응	몬트리올 의정서에 의거 특정 프레온 생산량 2000년까지 50% 이하로 하는 것을 채택. 1989년 2000년까지 특정 프레온의 전폐를 내용으로 하는 헬싱키 선언 채택 (오존층: 지표 10~15㎞)
해양오염	현상	하천이나 해안에 오염물질이 유입. 선박의 항해사고. 해저 유전 개발 등에 따른 오염 확대
	국제적인 대응	육상에서 발생되는 폐기물의 해양 투입을 규제하는 런던조약을 채택 액체물질 등의 배출을 규제하는 마르폴 78조약 채택
야생생물 감소	현상	인간 활동과 수반하여 열대림 등 생식지의 파괴. 남획 등에 의하여 야생생물의 종과 수가 감소(2000년까지 100만족 멸족 예상). 생태계 변화에 따른 위협.
	국제적인 대응	물새 보호. 국제적으로 중요한 습지의 보호. 멸종 위협이 있는 동식물의 국제적 대응을 워싱턴 조약에서 규제
사막화 현상	현상	인구 증가에 따른 가축의 방목. 과잉 채취 등에 따른 세계 육지 면적의 ⅓을 점유하고 있는 건조지역에 있어서 토지 생산력이 저하(사막화)되어 매년 600만 ha의 토지가 황폐화됨
	국제적인 대응	1977년 UN사막화방지회의에서 사막화의 조사, 평가, 환경보전 상 합리적인 토지 이용 계획의 입안 등을 설정한 사막화방지행동계획 채택
개도국 환경문제	현상	공업화, 인구의 증대, 도시 집중화에 따른 지역의 대기오염, 수질오염 등의 문제 발생
	국제적인 대응	1985년 OECD이사회에서 가맹국에 대한 정부 개발 원조에 대하여 적절한 환경 평가를 하도록 권고.

않으면 안 된다. 생활환경을 보호한다는 것은 산업화, 도시화, 과학적 영농화 등에서 비롯되는 환경오염이 인간에게 주는 신체적, 정신적, 물질적 피해를 방지·시정하고 또한 인간을 환경오염의 불안으로부터 보호하는 것을 뜻한다.

환경오염의 문제는 국가적 문제이며 더 나아가 범세계적인 차원에서 접근해야 할 문제로서 지구환경 문제의 현상과 국제적 차원에서의 대응 전략을 요약·정리하면 다음과 같다.

2. 환경오염의 유형과 원천

1) 식품오염

환경오염의 한 유형인 식품오염 내지 식품공해란 대량소비를 촉진시키기 위해 대량생산된 식품에 인체에 유해한 원부자재를 사용하거나, 각종 첨가물을 넣어 건강을 해치는 유해불량 식품 전체를 뜻하는 말이다.

그런데 대부분의 유해불량식품(有害不良食品)은 무허가이거나 비양심적인 사업자들에 의해 생산·유통되고 있거나 허가를 받고 합법적·양심적으로 운영하는 기업까지도 매도되고 있는 것이 큰 문제이다. "안심하고 먹을 수 있는 식품이 없다"는 극단적인 표현이 그러한 현상을 잘 반영해 준다.

오늘날 도시 소비대중의 대다수는 대기, 수질, 소음, 쓰레기 오염보다 식품공해를 가장 심각한 생활환경오염 문제로 인식하고 있다. 소비대중이 실제적인 또는 잠재적인 식품공해 물질로써 가장 예민한 반응을 보이는 것은 방부제, 색소, 산화방지제, 인공감미료, 표백살균제, 유화제 등 화학물질로 된 식품첨가물이다.

우리가 소비하는 식품의 50% 이상이 가공식품이다. 그런데 가공식품에는 예외 없이 식품첨가물이 들어간다는 사실을 감안할 때, 소비대중이 유해식품에 대해 우려하는 것은 당연한 것이라 하겠다.

가공되지 않은 생식품인 채소, 과일, 곡물, 해산물, 육류들 중에도 오염된 것이 없다고 단정할 수 없다. 살충제, 제초제 그리고 오염된 공기, 물, 토양에 의해 오염된 것이 분명히 있기 때문이다.

유해성 식품이 범람하면서 비례적으로 확산되는 경향이 있는 이른바 "건강식품" 중에도 분명히 불량 내지 공해성 식품이 포함되어 있다. 그런데도 그 일부는 상용 식품으로써의 안정성 검사는 차치하고 주의사항 조차 표기되지 않은 채로 과대·허위 광고를 통해 만병통치약으로 팔리고 있는 것이 더욱 문제이다.

유해불량식품이 대량 유통되는 근본적인 원인은 다음과 같다.

① 무허가를 포함한 일부 식품업체의 사회적 책임 및 윤리·도덕성이 결여되어 있다. 즉, 양심이 없거나 부족해서 그렇다는 것이다.

② 유해불량식품을 수거, 폐기, 공시하는 제도가 미비한 데도 문제가 있다.

③ 유해불량식품을 생산·유통하는 업체들과 범법자들에 대한 감시체제에 허점이 있고, 처벌기준이 엄격하지 못한 데도 원인이 있다.

④ 식품원부자재의 유해성 여부를 판단하고 제조과정에서 발생하는 유해불량식품을 적발하는 정부기관의 능력부족과 부패성에도 그 원인이 있다.

2) 대기 오염

우리나라에서 대기 오염(air pollution)을 유발시키는 아황산가스, 중금속 등 매연가스와 분진의 배출량은 각종 공장 등 생산시설이 전체의 절반 정도를 차지하여 가장 많다. 그 다음으로 주택, 자동차, 건물, 화력발전소, 아파트 등이 대기 오염을 많이 유발시키고 있다. 대기에 배출되는 오염물질을 통제하고 최소화하기 위해 다음과 같은 방법을 활용해야 한다.

① 오염물질을 배출하지 않는 석유류 제품, 태양에너지, 핵에너지 등 연료와 동력 및 기계시설을 확대 활용하고 또 새로운 개발을 촉진시켜야 한다.

② 자연 상태를 파괴하지 않는 신제품과 생산 공장을 개발하고, 정상 이상으로 대기를 오염시켜 생활환경을 파괴하는 제품의 생산을 중단하도록 해야 한다.

③ 환경관련법을 강화시켜 매연가스와 분진의 허용표준치를 강화하고, 기업, 사회단체, 정부기관 등이 대기 오염 시설의 설치와 가동을 철저히 하여 법적인 허용표준치를 준수토록 해야 하는데, 수질오염, 폐기물오염, 소음오염의 경우에도 똑같은 조치를 취해야 할 것이다.

3) 수질오염

수질오염(water pollution)을 일으키는 가장 큰 원인은 도시의 독립주택, 아파트단지, 사무실, 빌딩 등에서 배출되는 하수오물이다. 하천에 유입되는 하수오물은 몇 십만, 몇 백만 시민의 집합된 배출이므로 크고 작은 각종 공장이 배출하는 폐수보다도 양적으로는 몇 배나 많다. 그러나 도시 하수오물의 오염도는 상대적으로 낮은 편이다.

반면에 공장폐수는 상대적으로 제한된 수의 크고 작은 공장들이 집중적으로 배출하는 것으로서, 특히 중금속, 화학약품, 폐기유 등이 많이 포함되어 있어서 수질을 많이 오염시키고 있다.

매연가스와 분진, 농촌, 골프장 등에서 사용하는 비료, 살충제, 제초제 등 가축의 오물, 양어장의 오물, 행락객과 낚시꾼이 함부로 버리는 오물과 쓰레기, 공장폐기물의 매립 잘못 등도 수질 오염을 가져오는 중요한 원천들이다.

그러한 수질 오염은 가정용수, 농업용수, 공업용수를 오염시키고 부적합하게 만든다. 그 결과로 용수 공급 부족을 초래하고 농수산물과 공산품까지 오염시켜 인간의 건강을 해치고 생태계를 파괴하는 등 우리 국민 모두를 피해자로 만들고 있다. 그래서 수질 오염을 최소화하기 위해서는 다음과 같은 조치를 취해야 한다.

① 도시, 공업단지, 아파트 단지, 광산, 공장, 농장, 골프장, 빌딩, 주택 등 각 수준에서 현대적인 하수 처리 시설을 확대실시 하고 계속 개선토록 하고, 또 양심적으로 운영하도록 해야 한다.

② 현대 수질 오염을 발생시키는 원부자재, 제품, 기계시설, 생산 공정의 사용을 지양하고, 오염을 최소화하거나 방지할 수 있는 대체품을 개발하여 사용하고 판매해야 한다.

③ 물을 경제적으로 활용하면서 그 요염을 방지할 수 있도록 정수시설을 확대 설치하고 정수한 물의 활용을 확대해야 한다.

④ 수질 오염 허용 표준치를 강화하는 등 환경관련법을 강화하여 강력히 집행해야 한다.

4) 폐기물오염

폐기물오염이란 고체의 폐기물과 쓰레기 때문에 발생하는 오염을 말한다. 고체의 폐기물과 쓰레기에는 가정에서 나오는 각종 쓰레기, 각종 사무실의 쓰레기, 공장의 산업폐기물과 쓰레기 등 많은 종류가 포함된다.

그러한 쓰레기는 생활환경을 불쾌하게 만드는 것을 넘어서 대기·수질 등의 오염을 발생시키고 유해식품의 한 요인이 되기도 한다는 점에서 큰 문제이다.

다른 공해의 경우와 마찬가지로 쓰레기 공해의 해결도 일반대중, 소비자, 기업, 사회단체, 정부기관 등의 교양 있고 양심적인 행동과 협력에서 찾을 수밖에 없다. 쓰레기를 함부로 버리지 않는 것으로부터 부족하고 고가인 자원을 쓰레기에서 회수하여 재활용키 위해 재자원화 하는 것, 재생 불능한 참뜻의 쓰레기를 오염 없이 처리해 버리는 것까지 모든 쓰레기 공해의 해결방안은 각자의 양심적인 행동과 협력에서 찾을 수밖에 없다.

5) 소음공해

소음공해는 대도시일수록 심각하다. 대기, 수질, 폐기물 오염이 환경 기준치를 빈번히 초과하는 것과 마찬가지로, 특히 서울, 부산, 대구 등 대도시의 시민들은 밤낮없이 환경 기준치를 훨씬 초과하는 소음에 시달리고 있다. 그러한 소음공해는 주택전용지역, 병원, 학교 등 상대적으로 조용해야 할 지역에서도 발생하고 있다. 위와 같은 현상은 공업단지 지역과 중소도시에서도 부분적으로 나타나고 있다.

소음공해는 자동차 등의 교통소음이 가장 큰 요인이고, 다음이 건설공사장의 기계소리 및 공장의 시끄러운 소리이다. 그런데 대도시일수록 소음공해가 더욱 심각하니 만큼, 대도시에서 일수록 소음으로 인한 난청, 청각장애, 수면장애, 정신적인 피로와 장애 등의 피해를 받는다.

가정, 공장, 수송 등에 동력기계를 많이 활용함에 따라 발생하는 소음 오염은 오늘날의 과학기술로서는 가장 해결하기 까다로운 문제로 인식되고 있다. 소음이 적은 자동차의 생산, 대중의 복지를 염두에 둔 자동차의 운행, 건설공사장의 기계소리 축소, 공장 등 소음 발생 업소의 도시 외곽이나 공업단지의 이전 등이 소음 공해를 감소시킬 수 있는 방법들이다.

3. 기업의 바람직한 환경전략

환경전략은 매우 필요하다. 그러나 어떤 전략이 필요하며, 그 비용은 어떻게 감당해야 할까? 월리와 화이트헤드(Noah Walley & Bradley Whitehead, 1994)는 "환경투자의 효율성을 추구하려면(It's Not Easy Being Green)"이라는 글에서, 환경문제에 대응하는 것이 경영자들에게는 항상 승산이 없는 게임이었다고 말하고 있다. 환경을 고려하면 경영하는 사업은 피해를 보게 될 것이라든가, 또는 지구를 보호하는 동안에 사업은 돌이킬 수 없을 정도로 악화된다는 것이다. 그러나 최근 환경과 경제적인 고려의 궁극적인 조화를 이룰 수 있는 새로운 개념이 출현하게 되었다.

환경보호는 더 이상 사업을 하는데 드는 피할 수 없는 비용이 아니며, 오히려 환경보호는 기술혁신과 새로운 시장창출, 그리고 부(富)의 생성을 위한 촉매라는 것이다.

환경을 고려하는 경영에 대한 새로운 관심이 결국 이윤 증가로 이어질 것이라는 견해는 폭넓은 호소력을 지니고 있다. 환경을 중시하는 새로운 세상에서 경영자들은 환경에 유해(有害)하거나 자원을 고갈시키는 원자재들을 덜 사용하는 제품들을 고안해 낼 것이며, 이러한 노력이 성공한다면 직접 생산비용의 절감과 재고의 축소가 가능할 것이다.

바람직한 환경전략으로써 모두가 이길 수 있는 윈-윈(win-win)의 해결책을 어떤 사람들은 기업이 환경규제에 따를 때 발생하는 엄청난 비용의 증가와 그에 상응하는 경제적 수익의 부재(不在)를 이유로 반대하고 있지만 환경규제를 준수하는 비용이 불필요하게 높게 발생하고 있는 것은 비효율적이고 비효과적인 규제체제 때문이며 이러한 문제는 창조적인 규제 개혁을 통해 해결될 수 있다.

최근 환경규제에 대한 많은 개혁안들은 명령과 통제의 접근 방식을 줄이고, 환경기준치를 보다 융통성 있게 적용하며, 시장원리에 기초한 유인책에 의존함으로써 규제준수의 비용 효율성을 현저히 증대시키는 것을 목표로 하고 있다.

우리가 환경적인 도전들을 다루기 위해서는 선견지명(先見之明)이 있는 프로그램과 혁신적이고 창조적인 해결책이 필요한데 현재의 장애요인과 동기저해요소들이 제거되고 적절한 유인책이 제공되며 재정·경제·환경·산업정책들이 모두 통합되어 상호지원하게 되는 포괄적이며 앞을 내다보는 접근방식이 필요할 것이다.

4. 환경오염의 책임과 방지를 위한 기업의 대책

1) 환경오염에 대한 기업의 책임

기업이 환경오염을 발생시키는 주요 요인이 됨은 틀림없는 사실이다. 따라서 기업은 환경오염을 감소시키고 방지하는 자기지분의 진지한 노력을 하고 또한 가시적인 성과를 올려야만 한다. 그렇게 하지 않을 경우, 자기지분에 한하여 사회에 대한 책무를 도저히 면할 수 없다.

그런 관계로 생활환경을 보호·정비하는 등의 환경오염 대책을 세우고, 철저히 이행하는 것은 오늘날의 기업에게는 중요한 사회적 책임의 하나이다. 각종 오염물질의 대부분은 산업화에 따른 필요악이기보다는, 기업을 포함한 모든 사회 구성원의 과실에 의한 축적된 결과라고 볼 수밖에 없기 때문이다.

1977년에 공포된 환경보존관련법에 의해 기업이 배출하는 오염물질의 농도가 배출허용 기준을 초과할 때에는 규제와 처벌을 받게 되어 있다. 이 법을 집행하는 정부의 주무부서도 국에서 청으로 그리고 환경부로 승격되었다. 그렇지만 환경보존법은 환경오염을 효과적으로 방지할 수 있을 만큼 충분히 강화되어 있지 않고 또 환경처 등의 감시체계도 엉성한 것이 현실이다.

이러한 현실 속에서 기업이 환경보존관련법을 위반하고 있는 사례는 지금도 우리 주변에서 비일비재하게 발견되고 있다.

예를 들어 폐수 배출 시설 및 공업용수 정화시설 등 폐수가 발생하는 시설은 사전에 허가를 받고 설치를 해야 함에도 불구하고 이를 위반하고 공장을 가동한 업체가 상당수에 이른다. 법의 감시가 소홀함을 틈타 공해방지 시설을 갖추지 않아 적발된 업체도 많다. 그리고 오염방지 시설을 설치하고도 가동하지 않거나 불법으로 오염 배출 설비를 설치한 사실이 적발된 업체도 많다. 잔디와 나무에 허용치의 몇 배에 달하는 살충제와 비료를 뿌려서 오염된 물을 상수원으로 그대로 흘러 보내 적발된 골프장들도 많이 있다. 호화로운 호텔과 사무실 빌딩 중에도 폐수 정화시설을 제대로 갖추지 않아 적발된 사례도 상당히 있었다.

2) 환경오염에 대한 정부 측의 문제점

기업이 환경보존관련법을 위반하고 있는 데는 기업 측의 책임의식 결여에서 비롯되는 경우도 있고, 정부 측에 책임이 있는 제도적 미비 및 모순에서 비롯되는 경우도 있는데 정부 측의 문제점을 지적하면 다음과 같다.

첫째, 사업체 단속에 "사각지대"가 상존하고 있다. 오염물질 배출량에 따라서 환경처와 지방자치단체가 해당 업체들을 나누어 단속하도록 되어 있는데, 오염물질 배출량 측정이 서로 달라 양쪽의 단속 대상이 함께 누락되는 사례가 적지 않다. 또 무허가업소 및 관공서 등도 단속의 사각지대로 지적되고 있다. 단속과 처벌에서 벗어나 있는 한, 그들은 환경오염을 되풀이할 것이다.

둘째, 위반업체에 대한 처벌이 너무나 관대해다는 것도 문제점이다. 환경오염에 대한 처벌이 너무 가볍다는 뜻이다. 이것은 공해방지 시설을 설치·가동하는 것보다 부과금(벌금)을 내는 것이 더욱 경제적이 되게 만든다. 그래서 일부 기업은 단속 때마다 자주 적발되어 처벌을 받고 있으나, 단속과 처벌의 요식행위만 되풀이될 뿐, 오염행위는 근절되지 않고 있다.

셋째, 오염방지 시설 설치에 대한 정부의 자금지원 등 정책적 지원이 미비한 것도 문제점이다. 특히 자금력이 부족한 중소기업에 대한 오염방지 자금의 제공이 미흡하다.

넷째, 단속요원의 부족 및 비리도 문제점이다. 단속대상 업체 수에 비해 단속요원이 너무나 부족하고 일부는 부패하여 철저한 정밀단속은 아직 요원한 실정이고, 또한 환경보존에 대한 강력한 법적·행정적 조치가 이루어지지 못하고 있는 점도 큰 문제이다.

3) 환경오염 방지를 위한 기업의 대책

기업이 환경오염 방지 시설을 갖추려면 적지 않은 투자를 해야 한다. 그리고 그 시설을 운영하는 데도 적지 않은 비용을 지출해야 한다. 그러한 투자 자체는 성격상 직접적으로 생활 활동과 이익에 기여하지 않고 회계 상의 비용만 발생케 한다. 그래서 일부 기업은 단기적 안목에서 그러한 투자를 회피하려는 경향이 있다.

그러나 장기적인 안목에서 본다면 환경오염을 방지하기 위한 시설을 철저히 갖추고 운영하는 기업일수록, 매출액, 이익, 시장점유율 등의 신장률이 상대적으로 높다는 사실이 미국 등 선진국에서 실시된 여러 연구조사 결과에 나타나 있다. 미국을 비롯한 선진국의 우수 기업일수록 최고경영자가 환경관리자로서의 역할과 기능을 솔선수범하고 있는 사례는 우리 기업과 경영자들이 본 받아야할 점이라 사료된다.

앞으로 우리 기업과 경영자들은 환경오염 방지시설을 갖추고 양심적으로 그 시설을 운영하면서 이기적 합리주의를 추구하기 위해 다음과 같은 실증을 국민대중에게 보여 주어야 한다.

첫째, 선량한 기업시민으로서 그리고 인간존중의 경영을 통하여 사회적 책임을 다하고 있음을 실증으로 보여주어야 한다.

둘째, 소비대중의 복지향상을 염두에 두고 생활환경을 보호·개선하면서 안전한 제품과 서비스를 생산·판매하고 있음을 행동으로 증명해야 한다.

셋째, 소비대중의 호의적인 반응과 기업 이미지의 제고는 장기적으로 해당 기업의 제품과 서비스의 구매 증대로 이어질 것이 때문에 기업은 환경오염 방지를 위한 노력과 투자를 아끼지 않고 있음을 가시적으로 국민 대중에게 보여 주어야 한다.

환경오염 방지에 대한 1차적인 책임이 기업의 몫이기는 하지만, 정부의 많은 개입과 지원 역시 필요하다. 예컨대 미국의 기업은 대체적으로 총 시설투자의 10% 정도 까지를 공해방지 시설에 투입하고 있다. 그만큼을 투자하더라도 기업이 단독으로 산업공해를 해결하기는 어렵다는 것이 미국 기업계와 정부의 생각이다. 한국 기업의 공해방지 시설 투자 비율은 훨씬 낮다. 그러므로 정부는 더 많은 산업공해 방지 노력을 지원하고 또 공해문제 해결에 적극적으로 개입해야만 될 것이다.

토의문제

01. 기업환경의 중요성에 대해 논의해 보시오.

02. 인간 삶의 질을 향상시키기 위한 방안에 대해 논의해 보시오.

03. 정치 환경과 법률 환경이 기업경영에 미치는 영향에 대해 논의해 보시오.

04. 환경문제의 본질에 대해 논의해 보시오.

05. 뉴라운드(New Round)의 진전과 대응전략에 대해 논의해 보시오.

참고문헌

1. 윤대혁 외, 경영학원론, 탑북스, 2013.
2. 윤대혁, 인간형동의 이해, 피앤씨미디어, 2016.
3. 조동성 외, 경영학원론, 형설출판사, 2018.
4. 박도준, 핵심경영학원론, 배움, 2018.
5. 이장우, 스토리텔링 경영전략, 법문사, 2009.
6. Noah Walley & Bradley Whitehead, "It's Not Easy Being Green", 1994.
7. Harvard Business Review, Managing Creativity, Number 1.151.
8. Harvard Business Review, Organizational Development, Number 2.091.
9. Harvard Business Review, Business Policy part Ⅱ, Number 1.021.

제11장

기업문화론

제 11 장 기업문화론

기업문화는 기업의 동일성을 확보하는 데 크게 기여한다. 문화가 없는 기업은 동일성을 확보하기가 어려울 뿐만 아니라 기업의 경영목표의 달성에도 어려움이 있게 된다. 강력한 문화를 가진 기업을 관찰해 보면 그 기업은 큰 어려움 없이 성장·발전하고 있음을 알 수 있다.

본 장에서는 기업문화란 무엇인가? 그리고 기업문화는 어떻게 형성되며, 어떠한 특성과 기능을 가지고 있는지, 기업문화의 유형과 바람직한 관리 방안에 대하여 살펴보면서 기업문화에 대한 보다 깊은 이해를 얻고자 한다.

Ⅰ. 기업문화의 의의와 중요성

1. 기업문화의 의의

기업문화(corporate culture)는 우량기업의 기본적인 본성(quality)이 되고, 기업의 장기적인 성장에 중추적인 영향력을 행사하기 때문에 오늘날 경영학의 중요한 연구과제가 되고 있다.

기업문화란 한 나라 또는 사회에 특유한 문화적 집단에 의해 규정되고, 또한 이에 영향을 미치는 기업 내지 기업행동패턴을 의미하는 데, 기업의 국제화·다국적화에 따라 이러한 기업문화의 연구가 경영학의 새로운 과제로 제기되고 있다.

일반적으로 문화를 사회학에서는 어떤 사회와 집단에 고유한, 그리고 그 집단과 사회 구성원이 공유하는 사고, 가치관, 행동양식이라고 규정하고 있는 것처럼, 문화는 인간의 고도(高度)한 정신활동의 소산(所産)이라고 볼 수 있다.

지금까지의 기업문화에 대한 연구에서 나타난 정의에는 여러 가지가 있지만, 기업문화를 조직을 결속시키는 사회적·규범적 접착제로 이해하면서 이것이 조직구성원들이 공유하는 가치·사회적 이상·신념을 표현한다는 견해가 일반적이다. 그러나 혹자는[1] 이러한 정의가 다소 복잡하기 때문에 기업문화를 조직구성원의 활동의 지침이 되는 행동규범을 창출하는 공유된 가치관과 신념의 체계라고 정의하고 있다. 그런데 여기서 공유된 가치관과 신념이란 말속에는 조직구성원들이 같은 것에 가치를 두고 이러한 가치를 전체조직에 이득이 되도록 적용한다는 의미가 내포되어 있다. 그리고 이러한 가치관이나 신념은 신화·의례·일화·전설 그리고 특수한 언어와 같은 상징적 도구들에 의해 표명되고, 조직 내에 확산되면서 행동으로 나타나게 된다.

기업문화가 어떤 성격의 것인가에 관한 보다 올바른 이해를 위해 몇몇 학자들의

〈표 11-1〉 기업문화의 정의

논 자	기업 문화의 개념
E.H. Schein(1985)	문화란 한 집단이 외적 적응과 내적 통합의 문제를 극복하기 위해 학습해 나가면서 발견되고 개발된 일련의 기본적인 가설유형이다.
B.C. Reimann / Y. Wiener(1988)	문화는 조직을 함께 묶는 사회적·규범적인 접착제일 수 있다. 따라서 기업문화란 조직의 구성원들이 공유하게 되는 가치관과 신념을 나타내며 이 때의 가치관은 전형적으로 신화, 양식, 전설 및 전문화된 언어 등과 같은 상징적인 방책에 의해 나타난다.
B.J. Hodge / W.P. Anthony(1988)	조직문화란 특정조직과 집단 및 하위집단 등의 구성원들이 함께 가지고 있는 것과 그들이 행동하고 문제해결의 지침으로 사용하는 가치관, 신념, 가설, 의미 및 기대의 혼합물이다.
R.E. Callahan/ C.P. Fleenor(1988)	조직문화란 조직구성원들에 의해 공유된 가치관, 태도, 신념, 가설, 기치, 활동, 상호작용, 규범 및 감정의 지배적인 패턴이다.
梅澤 正(1990)	기업문화란 광의로 정의하면 각각의 기업에 특징적인 '존재와 활동의 양식'이라고 개념을 정의할 수 있다. 협의로는 기업이 내포하고 있는 소프트웨어의 요소에 따라 개념규정을 한 것으로 그것은 각각의 기업의 몸에 배어 있는 '고유의 사유체계와 독자적인 행동양식'을 의미한다.

자료: E. H. Schein, *Organization Culture and Leadership*, Jossey-Bass Pub., 1995, p.9 및 "The Role ofFounder in Creating Organizational Culture" in J. Kao, *Entrepreneurship*, Prentice-Hall, 1989, p.348.; 梅 澤正, 『人が見える企業文化』 講談社, 1990, p.184.

1) E. H. Schein, *Organization Culture and Leadership*, Jossey-Bass Pub., 1995, p.9 및 "The Role of Founder in Creating Organizational Culture" in J. Kao, *Entrepreneurship*, Prentice-Hall, 1989, p.348

견해를 요약·정리해 보면 <표 11-1>과 같다.

<표 11-1>에서 보는 바와 같이 기업문화에 대한 개념은 이를 연구하는 학자들의 관점에 따라 다양하게 정의되어 왔으나 이를 종합하여 정리해 보면 그 개념은 다음과 같이 요약될 수 있다.

기업문화란 기업의 암묵적인 또는 명시적인 질서와 규칙이고, 조직구성원들의 태도와 행동을 보여 주는 거울이며, 조직구성원들과 일반인들이 특정 기업을 생각할 때 가장 먼저 떠오르는 단어가 바로 그 기업의 문화를 나타낸다고 볼 수 있다.

그리고 최근에 기업이 스스로 기업문화에 관심을 가지게 되는 것은 기업의 성장·발전전략에서 이해할 수 있는데, 현실적으로 제품 개발이나 기업이미지(corporation image) 향상 전략에 있어서도 문화성을 갖춘 경영활동이 성과를 거두고 있음을 많이 볼 수 있기 때문이다. 이처럼 기업의 경제성과 문화를 융합시키는 일이 경영전략으로서는 유효하며, 경영에 있어서 기술과 상품을 개발하고, 고객을 창조하면서 수익성을 제고시키는 것이 기업문화의 중요한 과제로 등장하고 있다.

현대경영학이 기업문화의 문제를 효과적으로 연구해 오지 못했지만, 경영을 문화진화론적인 관점에서 연구하려는 시도가 점차 증가하고 있고, 사회전체수준에서 뿐만 아니라 기업도 기업특유의 문화를 개발하여 이를 유지·발전시킴으로써 경영의 효율성을 높여야 할 것이다.

2. 기업문화의 중요성

최근 기업문화가 중요한 문제로 등장하고 있는 이유로는, 첫째, 기업문화가 조직구성원의 사고·행동양식을 규정하고 동시에 그들의 직무만족에 커다란 영향을 미칠 수 있다고 생각이 되기 때문이며, 또 기업문화가 조직의 중심을 형성함에 따라 조직본질을 규명하고 조직의 사회적 행위를 전체적 성격에서 규정짓기가 쉽기 때문이다.

둘째, 기업문화는 기업 내 모든 리더들이 의사결정을 내리는 기준이 되고, 기업의 전략적 방향과 존재이유를 보여 주며, 문화에 맞는 인재를 찾고 양성해야 하기 때문이다.

그리고 조직구성원들이 조직에 대해 주체성과 자발성을 기대하는 바램은 오늘날 상당히 큰 비중을 차지하고 있는데, 조직구성원들의 활동정도는 조직 본질과 자발성이 어느 정도 확보되어 있는가에 관계되어 지기 때문에 기업문화의 관점에서 고찰될 필요가 있을 것이다.

그러면 사회가 기업에 기대하는 것을 단적으로 말하면, 기업이 사회에 많은 재화와 서비스를 공급하여 사회발전에 기여하는 것인데, 이 사회발전의 실현에는 판매, 생산, 기술, 장치의 상태도 관여하는데, 이는 기업 활동의 전반적인 성격과 일치한다. 또한 기업문화가 기업의 성장, 쇠퇴를 결정하는 요인이라는 관점에서 문제가 되기도 하고, 전략의 책정 및 수행에 커다란 역할을 달성한다는 관점에서도 문제가 될 수 있다.

기업문화의 연구관점은 기업 그 자체의 존속과 성장이라는 관점에서 문제가 되는데, 기업의 성장에 도움을 주는 기업문화가 필요하다. 예를 들어 매출액 증대와 시장점유율 확대에 조직목표가 일치된 기업이 있다고 하면, 상품은 충분한 정보가치를 가지고 막대한 광고비에 의해 지탱되고 있으며, 사원은 불철주야(不撤晝夜) 고객 방문 등의 직무를 수행한다고 하자. 이 회사의 문화는 사회이익과 과업중심이라는 조직목표에 종속되어 기업구성원의 가치, 신념, 태도 등이 무시되는 경향이 나타나게 될 것이다. 이러한 상황 속에서는 건전한 기업문화의 창달이 어렵게 되므로, 기업이 문화전략이라든가 전략으로써의 기업문화를 문제로 할 때는 기업 측의 논리만을 선행시켜서는 안 된다. 즉 기업문화의 개발과 정착은 사회, 기업, 구성원의 3자적 합의관점에서 이루어지는 것이 바람직하다.

Ⅱ. 기업문화의 기능과 특성

1. 기업문화의 기능

기업문화는 구성원들의 행위에 영향을 미친다. 기업문화는 기업의 자산이기도 하고 부채이기도 하다. 공유된 신념과 언어는 의사소통이 쉽고 경제적일 수 있고, 공유된 가치관은 더 높은 협동을 가능케 한다. 그러나 공유된 신념이나 가치관이 조직의 구성원 및 다른 이해관계자들의 욕구와 일치하지 않을 때는 문화가 오히려 부채가 될 수도 있다. 여기서 기업 문화가 구성원들의 행위에 끼치는 영향을 살펴 보면 그 내용은 다음과 같다.

첫째, 의사소통을 경제적이고 쉽게 한다. 즉 공유된 신념과 가치관 문제에 대해서 논의할 필요가 없다. 그리고 이러한 공유감은 수화자(受話者)가 메시지를 이해하는데 하나의 지침으로 작용한다.

둘째, 자구(字句)의 뜻보다 실제정신으로 협동할 수 있게 한다. 문자로 표현하는 것은 모든 상황을 다 포함할 수 없으므로 문자 뒤에 있는 그 정신으로 협동을 가능케 하는 것이다. 어느 정도 진실 된 협동인가 하는 것은 공유된 신념과 가치관에 의해 영향을 받는다.

셋째, 사람들은 조직목표와의 일치감(identity)을 확인하고 그들에 대해 감정적인 유착을 경험하면 애착심을 느낀다. 문화를 형성하고 있는 공유된 신념과 가치관은 그러한 동일성과 애착심 혹은 헌신하고자 하는 마음을 만들어 낸다.

넷째, 문화는 공유된 신념과 가치관은 조직구성원들에게 근본적 가정과 선호성에 대한 일관성을 부여함으로써 의사결정과정에 영향을 미친다.

다섯째, 예기치 못했던 어려운 문제가 야기되었을 때 이를 어떻게 극복하느냐 하는 문제에 있어서 문화는 나침판의 역할을 한다.

이와 같이 문화는 공유된 중심가치와 신념으로 받아들여지고 있는데, 스미르시크(L. Smircich, 1983)는 기업문화의 기능과 역할에 대하여 다음과 같이 설명하고 있다.

(1) 기업문화는 조직구성원들에게 정체의식(sense of identity)을 전달해 준다.

(2) 기업문화는 자기(self)보다 큰 어떤 것에 대한 몰입을 촉진시켜 준다.

(3) 기업문화는 사회적 체계의 안정성을 증진시켜 준다.

(4) 기업문화는 행위를 가이드하고 형성시키는 감지도구로서 작용한다.

한편, 일본의 狩保正雄 교수는 기업문화의 기능으로서 다음과 같은 다섯 가지를 들고 있다.

(1) 기업문화는 기업의 사상에 대해 종업원들에게 공유된 해석을 부여한다. 이 때문에 종업원들은 그들에게 지지되고 있는 행동방법을 알게 된다.

(2) 강력한 문화는 종업원들의 작업생활에 대해 흥분 감정을 부여하는 감정적 효과를 지닌다.

(3) 기업문화는 내집단(in-group)과 외집단(out-group)의 한계를 만들어서 그것을 유지한다.

(4) 기업문화는 기업의 통제 메커니즘으로서의 역할을 다한다.

(5) 강력한 인간주의적 문화는 생산성이나 이윤의 증가에 연결된다.

이상에서 살펴본 바와 같이 기업문화는 구성원들의 행위기준을 제시함으로써 그들을 결합시키는 사회적 접착제 역할을 하며 또 구성원들의 행위나 태도에 강력한 영향을 미치는 기능을 수행한다. 어떤 기업문화가 조직유효성을 높일 수 있는 바람직한 혹은 성공적인 기업문화인가 하는 것에 대한 합의된 해답은 찾아보기 어렵다. 그것은 기업문화에 대한 연구가 짧아서 그렇겠지만, 또 어떤 면에서는 기업문화가 기업의 성공을 위해 반드시 동일한 방식으로 전개될 필요가 없기 때문이다. 그러나 지금까지 밝혀진 중요한 연구결과는 '강한 문화'가 기업의 경영성과에 크게 기여하고 있다는 사실이다.

2. 기업문화의 특성

기업문화의 개념은 논자에 따라 제각기 다르게 정의될 수 있는 애매하고 복잡한 개념이지만, 다음과 같은 몇 가지 공통적인 특성을 지닌다.

첫째, 기업문화(corporate culture), 조직문화(organizational culture) 그리고 경영문화(management culture)라는 용어는 대체적으로는 동의어로 사용되고 있지만, 때로는 상이한 개념으로 사용되고 있다. 따라서 기업문화가 기업의 존재와 활동의 전체를 대상으로 한 전체문화(total culture)의 성격을 지니고 있다면, 조직문화, 경영문화는 그 하위문화(sub-culture)의 성격을 지닌다고 볼 수 있다.

둘째, 기업문화의 특성은 공유성에 있다. 가치관, 신념, 이념, 철학, 규범 등이 주로 거론되고 있다. 바로 이러한 공유된 가치관에서 기업문화가 형성된다.

셋째, 기업문화는 경험으로부터 얻은 학습의 산물이고, 문화의 본질 속에 있는 모든 요소들은 구성원들의 과거의 경험에 의해 학습된 것으로서 개발·정착되어 진다.

넷째, 기업문화는 조직구성원의 대부분에 의해 공유된 핵심적인 가치관인 지배적인 것과 부차적인 하위문화로 구분될 수 있는데 핵심적인 가치관과 신념은 주로 고객, 종업원, 경쟁자, 기술 등과 관련되어 전개된다.

다섯째, 문화에는 서양문화와 동양문화, 한국문화와 일본문화, 그리고 기업문화 간에는 유사성과 특이한 차이가 있으며 이 같은 문화적 차이로 인해 문화의 충격(cultural shock)을 받게 된다.

문화의 충격이란 새로운 환경에 직면했을 때 나타나는 감정의 혼란과 불안을 의미하는 개념으로 건전한 기업문화의 형성을 위해서는 반드시 극복해야만 하는 중요한 과제가 아닐 수 없다.

여섯째, 기업의 업적에 영향을 미치는 기업문화는 강력한 것과 약한 것으로 구분될 수 있다. 강력한 문화는 기업의 장기적인 성장에 지속적인 영향력을 행사한다. 강력한 문화는 모든 조직구성원들에 의해 강하게 신봉되고 있는 공유된 가치관으로써 조직구성원들의 참여의식이 높으면 높을수록 더욱 강력한 문화를 창출할 수 있게 된다. 반면에 기업 활동의 역사가 짧거나 이직률이 높으면 공통된 의미를 창출할 충분한 공동경험을 갖지 못함으로써 그 기업의 문화는 취약한 것이 될 수밖에 없다.

물론 기업문화의 강도는 종업원들이 입사 이전에 갖고 있던 퍼스낼리티(지식, 기능,

태도)가 어느 정도 동질적이었던가에 의해서도 영향을 받는다.

이상에서 논의된 바와 같이 기업문화의 강도는 구성원의 동질성과 안정성, 구성원들이 갖고 있는 가치관의 공유정도에 의해 측정될 수 있다.

Ⅲ. 기업문화 형성의 영향요인과 구성요소

1. 기업문화 형성의 영향요인

기업문화를 형성하는데 영향을 미치는 주요한 요인으로 다음과 같은 것을 들 수 있다.

1) 창업자 또는 최고경영자의 경영이념

경영이념이 기업이 창업될 때부터 존재하는 것이냐 아니면 기업이 어느 정도 성장한 후에 발생하는 것이냐에 대해서는 논란이 많다. 그러나 어쨌든 기업을 현시점까지 이끌어 온 창업자나 최고경영자의 경영이념이 기업문화에 지대한 영향을 끼친다는 것은 분명한 일이다. 실제로 창업자의 경영이념이 그대로 그 기업이 지향하는 가치로 나타나는 경우가 많고, 그가 기업을 세우고 역경을 헤쳐 오는 과정에서 생성된 기업창업 그리고 기업의 성장과 관련 있는 일화들은 기업문화의 요소가 될 수 있다.

2) 기업의 역사와 안정적인 멤버십

문화라는 개념 자체가 역사성을 내포하고 있는 만큼 기업문화가 형성되려면 어느 정도의 역사와 구성원의 안정성이 필요조건이 된다. 조직의 성장단계의 특성을 보면 긴 역사와 안정적인 멤버십(membership)이 기업을 발전시키는데 필수적인 요소임을 알 수 있다. 실제로 독특한 사풍을 발전시키고 있는 일본기업의 경우 오랜 기업의 역사와 독특한 사풍(社風), 그리고 종신고용제가 일본기업의 성장에 있어서 중요한 역할을 하였다는 것은 누구나 아는 사실이다.

3) 대체문화의 존재여부

오랜 역사와 안정적인 멤버십이 유지된다고 해도 구성원들이 상이한 문화적 대체안에 노출이 될 때는 기업 특유의 문화형성이 어렵게 된다. 따라서 대체적 문화의 부재

(不在)가 기업문화의 형성을 촉진한다. 그러나 이러한 조건이 유지되기 위해서는 조직 구성원이 조직생활을 한 조직에서 시작해서 그 조직에서 상층으로 올라가면서 조직 특유의 가치관을 몸에 익히는 것이 필요하다. 또한 기업으로서도 가능한 한 동질적 부류의 신규인원을 받아들이고, 초기부터 이들에게 기업 가치를 주입시키며, 기업특유의 기술(firm-specific technology)을 몸에 익히게 하는 것이 중요하다.

4) 기업이 속한 문화

기업이 속한 문화권이 어떠한가도 기업문화의 형성에 영향을 미친다. 비교경영학에서 다루어지는 바와 같이 한 기업은 그가 속한 문화권의 영향을 필연적으로 받게 된다. 물론 이것이 개별기업의 독특한 문화를 설명하는데 중요한 변수로 작용하는 것은 아니지만 전반적인 기업문화의 특성을 추구하는 데는 중요한 요인이 될 수가 있다.

2. 기업문화의 구성요소

기업문화를 구성하는 요소로써 대표적인 것을 보면 다음과 같다.

1) 기업환경

기업문화에 가장 많은 영향을 주는 외적 요소가 기업환경이다. 기업은 제품과 고객, 기술과 시장경쟁, 정부와 금융기관 그리고 법규 등 내부경영에 영향을 주는 외적 환경요소에 따라서 이에 적합한 기업문화를 형성해 나간다. 그리하여 어느 기업에서는 마케팅이 중요해지고, 어느 기업에서는 기술개발이 중요해지며, 또 어느 기업에서는 능률과 원가통제가 중요해 진다.

우리나라의 현대그룹과 삼성그룹의 경우, 전통적으로 이들 그룹이 각기의 업종을 중심으로 접해 온 외적 환경이 달랐고, 따라서 이에 적합한 조직행동을 추구하는 과정에서 각기의 다른 기업 문화적 특성이 형성되었다고 볼 수 있다.

2) 핵심가치

가치는 기업 활동의 기본적인 신념으로서 기업의 경영철학과 연결되며 전체 구성원들에게 유대감을 심어주고 모든 행동의 지침을 설정해 주는 기업문화의 핵심적 요소가 될 뿐만 아니라 구성원 행동과 전체 조직체행동에 직접적인 영향을 준다.

IBM의 고객서비스, 도요다의 Global 10, 혼다의 Hondaism, 마쓰시다의 마쓰시다정신 등은 세계적으로 널리 알려진 기업의 문화적 가치이다. 그 외에도 GE의 연구개발, Dana의 종업원 참여, Delta Airline의 공동협조 등도 이들 기업의 널리 알려진 핵심가치들이다.

우리나라의 기업의 경우에도 현대의 행동주의, 삼성의 완벽주의, 선경의 패기(覇氣), LG의 인화·단결, 대우의 합리성, 효성의 안전·온정주의 등도 이들 기업이 오랫동안 지켜온 전통가치로서 이들 기업을 상징하는 핵심가치이다. 이와 같은 가치는 이들 기업의 조직구성원들에게 작용함으로써 구성원행동에 많은 영향을 주게 된다. 그러므로 조직체의 핵심가치가 구성원행동에 있어서 얼마나 강하게 표준행동의 지침으로 작용하느냐에 따라서 기업문화도 뚜렷하게 나타나게 된다.

3) 영웅(중심인물)

조직체의 핵심가치를 수립하는 데에는 오랜 기간을 통하여 이에 중심적 역할을 하는 인물들이 있다. 주로 기업의 창업자나 전문경영자들이 바로 그들이다. 따라서 영웅은 기업문화의 형성에 있어서 가장 중요한 내적 요소라 할 수 있다. 이들 영웅은 조직체를 이끌어 나가는 과정에서 조직체의 이념과 목표설정 그리고 중요한 경영자의 선택을 통하여 조직체의 가치를 형성해 나간다. 그리고 그들은 행동을 통하여 조직구성원에게 표준행동을 보이고 조직구성원으로 하여금 표준행동을 모방하도록 하는 중요한 위치를 차지하고 있다.

그리고 우리나라에서 현대, 삼성, LG, 효성, 선경 등의 그룹기업을 보더라도 이들 기업의 창업자와 현재의 경영자가 이들 기업의 가치와 기업문화의 형성에 중심적 역할을 했다는 것을 알 수 있다. 이들 대기업뿐만 아니라 다른 기업에서도 조직체의 대소를 막론하고 조직체의 가치와 전통을 형성하는데 있어서 창업주와 경영자 등의 역할이 매우 중요한 것은 사실이다.

최근에는 경영자가 아닌 일반사원 중에서도 영웅이 나타난다. 보험회사의 보험설계 왕, 자동차회사의 자동차 판매왕 등의 형태로 나타나는데, 이들의 판매활동이 모든 구성원들의 행동지침으로 작용하고 있다.

4) 의례와 의식

의례(rituals)와 의식(ceremony)은 핵심가치와 경영이념의 유형적 표현방법이다. 기업은 기업의 특성이나 기업이 처한 환경에 따라 제각기 독특한 의례를 형성하며, 이 의례나 의식은 기업의 공식적인 행사로서 구성원의 행동을 정형화시킨다.

일반적으로 국가적인 행사나 조직적인 행동이 요구되는 군대와 같은 곳에서는 의례와 의식이 거의 정형화되어 있지만, 기업에서는 창업자나 최고경영자의 취향에 따라 각기 다른 형태의 의례나 의식을 형성하게 된다.

기업생활에서 의례는 구성원들의 행위를 가이드 하는 규칙이며, 기업의 문화적 가치를 극화한 것으로서 습관과 같이 일상적이고 당연한 것으로 간주되고 있다. 이에 반해 의식은 예외적인 것으로서 문화를 전시하고 종업원들이 기억할만한 경험을 제공하게 된다는 점에서 차이가 있다.

기업문화와 그것이 구현하는 가치가 번창하기 위해서는 의식화되어야 하고 경축되어야 한다. 대체로 강한 문화를 지닌 기업들은 의례(rituals)와 의식(ceremony)을 창출하는데, 이러한 의례와 의식은 다음과 같은 특성을 갖는다.

① 상대적으로 정교하고 계획된 행위의 집합이다.
② 사회적 상호작용을 통해 수행된다.
③ 통상적으로 청중을 위한 것이다.
④ 여러 가지의 사회적 효과를 가져 온다.

5) 문화와 네트워크

의례, 의식과 같은 비교적 공식적인 행동과 더불어 조직체의 가치와 영웅이 추구하는 목적을 전달해 주는 비공식적인 매체를 문화의 네트워크(cultural network)라고 부른다. 문화의 네트워크는 영웅들의 친근 자나 그들을 추종하는 조직구성원들로 형성되며, 조직체의 일화나 전설을 전달하고, 표준 또는 모범행동에 앞장을 서서 가치의 확산과 강화 그리고 정착에 노력을 기울임으로써 문화의 네트워크의 기능이 발휘될 수 있다.

Ⅳ. 기업문화의 관리

1. 기업문화 관리의 필요성

관리활동의 관점에서는 기업문화가 기업목표 달성에 어떠한 의미를 지니며, 조직의 응집력을 얼마나 강화시킬 수 있을 것인가에 관심을 두게 된다. 만약 기업문화가 그 기업의 목표달성을 촉진하는데 적극적으로 공헌하고 있다면, 그 기업문화는 '양호한 기업문화' 또는 '강한 기업문화'로 판단할 수 있고 이와 반대로 기업의 목표달성을 저해하는 문화가 조성된다면 그 기업문화는 '역기능적 문화' 또는 '빈약한 문화'로 판단하게 된다.

양호한 기업문화는 기업목표의 공유도를 높이고 환경변화에 신속히 적응하여 목표 달성을 가능케 하며 조직의 응집력을 높여서 협동 체제를 확립하게 한다. 또한 원활한 커뮤니케이션으로 구성원간의 신뢰도를 높이고, 귀속의식을 항상 시키며 조직행동을 활성화시켜 준다.

반면에 역기능적인 기업문화는 조직의 힘을 분산시켜 응집력의 약화, 갈등의 증대, 창의력의 억제 등을 유발시켜 기업의 조직력은 약화되고, 전체의 활력이 쇠퇴하며 더 나아가 기업의 생산성이 저하된다.

그런데 이와 같은 기업문화의 영향력은 동일기업에 있어서도 그 시점을 달리함에 따라 환경, 목표 또는 내부적인 상황과의 관련에서 양호한 기업문화가 역기능적인 기업문화로 전환 될 수도 있고, 또한 역기능적인 기업문화가 양호한 기업문화로 전환되기도 한다. 따라서 건전하고 강한 기업문화를 정착시키고, 약한 문화를 강한 문화로 전환시키기 위해서는 기업문화에 대한 관리활동이 반드시 필요한 것이다.

2. 기업문화의 변혁

기업의 문화는 창업자의 경영철학에서 비롯되며, 역사를 거듭하고 기업의 규모가 커짐에 따라 여러 가지 요인에 의해 영향을 받으면서 형성되어 기업가·최고경영자에서 점차로 관리자 및 일반 종업원에게까지 전달되고 침투되면서 조직전체에 확산된다.

기업의 문화는 상당히 안정적이고 지속적인 성격을 지니며, 그것을 형성하는 데는 오랜 시간이 소요될 뿐 아니라, 일단 형성된 기업문화는 조직 내 깊숙이 파급되기 때문에 이미 형성된 기업문화를 변혁시키는 데는 많은 저항이 있게 마련이다. 그러나 기업문화의 변혁은 기업자체의 생존문제와도 관련성이 있기 때문에 변혁의 필요가 인정되면 변혁을 시도하지 않으면 안 된다.

실제로 강력한 기업문화는 결코 변혁되지 않는 것같이 보이지만 그런 문화도 변혁은 가능하다. 기업문화의 변혁은 기본적으로 다음과 같은 네 가지 단계를 거쳐 이루어진다.

첫 번째 단계는 경영자의 인식단계로 경영자는 문화의 경향성은 변혁에 저항한다는 사실을 인식해야 한다.

두 번째 단계는 혼돈의 단계인데 경영자가 익숙한 문화구조에 적합하지 못한 변혁에 직면하게 되면 명확한 방향감각을 상실하게 된다. 이 같은 현상은 새로운 변혁을 시도하게 하면서 다른 한편으로는 과거의 문화를 유지케 한다.

세 번째 단계는 전략적인 단계로 새로운 경영자가 부임하면 전략적인 비전을 개발하기 시작하는 데 이때 미래의 가능성이 많으면 많을수록 변혁에 대한 자연적인 저항을 최소화하기 위한 노력이 동원된다.

네 번째 단계는 새로운 문화를 구현하는 단계인데 이 단계에서 기업은 새로운 방향을 결정하는 다양한 수단을 탐색하면서 시행착오를 거쳐 미래의 행동방향을 나타내는 구성원과 제품을 출현하게 된다.

그리고 우리가 기업문화를 관리함에 있어서는 기업문화의 변혁에 성공한 기업들의 다음과 같은 행동에서도 많은 시사점을 얻을 수 있다.

(1) 기업문화는 최고경영자에 의해 구현되므로 최고경영자를 교체함은 기업문화의 전환·변혁의 중요한 수단·방법이 될 수 있다.

(2) 기업문화를 구현하는 일은 최고경영자만이 아니라 종업원들의 역할모형이 되는 사람, 즉 영웅적 존재를 만들어 낸다.

(3) 새로운 사업의 유지를 통해 기업문화 변혁의 핵을 만들고, 그것을 교육·훈련을 통해 기업 내에 확산시키는 일은 중요한 변혁의 수단·방법이 된다.

(4) 공유될 수 있는 가치관이나 신념이 자연발생적으로 기업 내에서 확산되도록 변혁의 씨앗을 사내에 뿌리는 일이다.

그러나 현실적으로 기업이 그들의 환경에 적합한 형태의 공동체를 건설하기란 말처럼 간단한 문제는 아니다. 한 조직이 큰 타격을 받지 않고 그 문화형태에서 다른 것으로 전환할 때는 여러 가지 문제도 있겠지만, 불가능한 것은 아니다. 먼저 한 문화가 현재 수준의 사교성과 연대성을 보유하게 된 이유를 이해해야 한다.

물론 기업문화를 관리함에 있어 조직의 상이(相異)한 사교성과 연대성 수준을 분석하는 그 자체가 중요한 것은 아니다. 보다 중요한 것은 그들의 문화가 현재의 모습을 하고 있을 경우 실제로 어떤 일이 일어나고 있는가? 그리고 종업원들이 만족하고 강력한 성과가 발생하기를 바라는 경영자에게 어떠한 의미를 갖는가가 더욱 중요하다. 우리가 조직의 사교성이나 연대성 수준을 바꾸려고 시도하기 전에, 의사가 새로운 환자를 접할 때처럼 잠시 생각하는 것이 필요하다. 즉 환자의 과거와 현재 상태는 최상의 치료와 연관이 있을 뿐만 아니라 매우 중요한 것과 마찬가지로 조직의 과거와 현재의 통찰은 미래를 위해 매우 중요하다. 바람직한 기업문화의 관리를 위해 필요한 몇 가지 행동지침을 소개하면 다음과 같다.

(1) 파티, 야유회, 회식, 체육대회, 독서모임 등과 같은 회사 내외에서 격식을 따지

지 않는 모임을 주선해 종업원 간의 사교적 상호작용을 증진하도록 한다.

이러한 모임은 처음에는 어색할 수도 있는데, 이는 종업원들이 그 모임의 목적에 의구심을 갖거나 단순히 직무상 이외의 회합을 이상하게 느끼기 때문이다. 이러한 문제를 해결하는 하나의 방법은 그런 모임을 근무시간 중에 정해 의무적으로 참석하게 하는 것이다. 또한 이러한 상호작용이 즐거운 것이 되게 하여 그들이 스스로 적극적이고 자기 강화적인 힘을 갖도록 하는 것이 중요하다. 물론 이러한 조율된 사교에는 비용부담이 따르지만, 더 높은 사교성을 필요로 하는 기업환경에서 장기적인 이윤을 위한 유익한 투자로 간주할 수 있을 것이다.

(2) 종업원 간의 격식을 축소한다.

경영자는 비공식적 복장을 장려하고 사무실을 서로 다르게 꾸미고, 구내식당이나 체육관같이 종업원들이 똑같은 조건에서 어울릴 수 있는 공간을 조성한다.

(3) 위계질서에 따른 차별을 제한한다.

여기에는 여러 가지 방법이 있다. 하나는 조직표를 재정비해서 계층과 계급을 줄이거나 제거하는 것이다. 계층조직은 공동 이용시설 및 개방적 사무실배치와 공존하기가 어렵기 때문에 계층조직에 따른 차별을 축소하는데 직위에 관계없이 모든 종업원들에게 같은 기회와 혜택을 제공하고, 같은 주차장을 사용하고 똑같은 산식에 의해 보너스를 지급하기도 한다.

(4) 자신의 친구처럼 행동한다. 그리고 어려움을 당하고 있는 사람들을 보살핌으로써 온화함과 친절함의 모범을 형성하도록 한다.

사교성이 높은 대부분의 기업들은 종업원의 가족들을 회사의 창립기념일이나 야유회 같은 공식 모임에 초대하거나 명절 때 특별 선물을 주기도 하며, 질병이나 기타 어려움에 직면한 종업원들에게 유급휴가 및 변형시간근무를 허용하고 있다. 이러한 배려는 회사가 위기상황 이외의 경우로 확대될 때 사교성은 증가한다.

그리고 기업의 연대성을 형성하기 위해 경영자들은 다음과 같은 조치를 취할 수 있다.

(1) 브리핑, 뉴스레터, 비디오, 메모, 또는 전자 사서함을 이용해서 구성원들로 하여금 경영자에 대한 인식을 새롭게 계발한다.

(2) 긴박감을 조성하도록 한다.

경영자는 조직의 장래 비전이나 슬로건을 개발하고 그것을 가감 없이 전달함으로써 그 조직 구성원들에게 긴박감을 조성할 수 있다. 예를 들어, 1980년대 말, 그 당시 하이네켄의 회장이던 샤이크(Gerard van Schaik)는 전 세계를 푸르게 칠하자는 조직 내부

구호로 그 회사를 국제화시켰다. 그 메시지는 분명하고 집중적이며 행동 지향적이었다. 그것은 적중했다. 오늘날 하이네 캔은 세계에서 국제적인 맥주회사다.

(3) 승리하고자 하는 의지를 자극하도록 한다.

경영자는 추진력 또는 야망 있는 개인을 채용하고 승진시킬 수 있으며, 높은 수준의 성과기준을 설정하고, 명확한 태도로 성공을 축하할 수 있다. 텍사스에 있는 화장품 회사인 메리케이(Mary Kay)는 그 회사의 최고 세일즈우먼에게 분홍색 캐딜락을 선물한 것은 유명한 일로 기억되고 있다. 대부분의 다른 조직에서도 고액의 수표나 공식적 표창을 통해 동일한 일을 한다. 마찬가지로, 부서별, 개인별 성과보다 전회사적 성과를 보상하는 유인제도는 회사의 전체적인 성과를 강조한다.

(4) 공통의 전체 목표에 대한 헌신을 격려한다.

경영자는 그렇게 하기 위해 사람들을 직급간·사업간·국가간으로 이동시켜 강한 소단위 문화를 줄이고 같은 회사라는 의식을 만들 수 있어야 한다.

3. 비전과 조직문화

1) 비전과 조직문화의 의의

비전(vision)은 조직이 어디로 가고 있고, 미래에 어디에 있어야 하는가를 알려준다. 이렇게 해서 비전은 모든 구성원들이 상호 협조하고 시너지효과(synergy effect)를 창출할 수 있는 밑바탕이 되는 것이다. 비전이야 말로 조직문화의 주춧돌이다.

[사례 1]

1983년 2월 삼성그룹의 이병철 회장은 반도체사업을 삼성의 주력업종으로 하겠다는 내용의 사업구상을 발표했다. 당시 한국은 이 분야에서 선진국에 비해 10년 이상 뒤떨어진 상태였다. 또한 연구개발과 첨단공장의 건설에 계속해서 엄청난 돈을 쏟아 부어야 하는 위험성이 큰 모험적인 사업이었다. 이병철 회장 주변의 사람들은 모두 삼성이 반도체사업에 뛰어드는 것을 반대했다. 그러나 오늘날 한국경제의 견인차 역할을 하고 있지 않은가?

[사례 2]

Apple컴퓨터사를 설립한 스티븐 잡스가 각 개인마다 컴퓨터를 갖게 하겠다는 자신의 꿈을 실현하려고 애쓰기 시작한 것은 1970년대 중반이었고 모두들 그를 비웃었다.

최초의 PC가 나오고 1년이 지난 1977년에도 Digital Equipment사의회장인 캔 올센은 "각 개인이 집에 컴퓨터를 가지고 있어야 할 이유는 없다"고 말했다. 그 후 잡스의 꿈은 어떻게 되었는가?

[사례 3]

1980년대 초반 빌 게이츠가 세계적인 소프트웨어 회사를 만들겠다는 자신의 비전을 이야기 했을 때 그를 주목하는 사람은 많지 않았다. 그때는 IBM이나 DEC사와 같은 대형 컴퓨터 회사들이 정보기술업계를 지배하고 있었던 시대였다. 그러나 오늘날에는 MS(Micro Soft)사는 세계최고의 시가총액을 자랑하고 있다. 그야말로 원대한 비전의 실현이라 할 수 있다.

[사례 4]

제프 베조스(Jeff Bezos)가 내걸었던 목표도 이에 못지않게 대담했다. 자신의 인터넷 회사 아마존(Amazon.com)을 세계에서 가장 성공한 인터넷 소매상으로 만들겠다고 한 것이다. 오늘날 가장 잘 알려진 인터넷 상표가운데 하나가 되었으며 매우 빠른 성장을 하고 있다.

조직에는 삼성의 이병철회장이나 애플사의 스티븐 잡스, MS사의 빌게이츠, 아마존의 제프 베조스와 같은 비전이 반드시 필요하다.

모든 조직에는 단순하고 일관성 있는 목표가 있어야 한다. 이 목표는 이해하기 쉽고, 도전해 볼 만한 내용이어야 하며 이것으로 인해 구성원 모두가 공통의 비전을 갖게 되어야 한다.

2) 비전(vision)이란 무엇인가?

한 마디로 말해 비전은 "이성의 눈으로 실현가능성을 확인하는 것"이라고 할 수 있다. 비전은 목표지향성과 방향성을 갖고 있으며, 시간적으로나 질적인 면에서 일상의 업무를 넘어서는 것이어야 하며, 비전이 제시된 다음에는 그것이 널리 전파되어야 하고 행동으로 이어져야 한다. 비전은 환상 속에 존재하는 것이 아니고 5년 후 10년 후의 조직의 모습을 보여주는 것이다.

어떤 성공적인 창업자가 다음과 같이 말했다. "나는 보통 10년 단위로 생각을 합니다. 그래서 근시안적인 경쟁사들이 하는 것과는 다르게 의사결정을 하게 됩니다. 오늘날 우리 회사의 지도적인 위치는 20년 전에 놓은 기초에 바탕을 두고 있으며, 이제 우리는 2015년에 우리가 있어야 할 위치를 향해 걸어가고 있습니다." 회사의 전략적 자원은 회사가 어디로 가고 있는지를 확실히 알 때만이 목표에 맞게 투입될 수 있다. 그럴 때만이 회사는 제대로 의사결정을 내리고 종업원들은 같은 곳을 향해 가며, 하나의 통일된 주제로 자신 있게 움직일 수 있다.

이처럼 비전은 방향감각을 주는 동시에 종업원들의 강한 동기를 유발하고 에너지를 분출시키는 힘도 갖고 있다. 만일 당신이 배를 만들고 싶으면, 사람들을 불러 모아 목재를 가져오게 하고 일을 지시하고 일감을 나눠주는 등의 일을 하지 말고, 당신은 그들에게 저 넓고 끝없는 바다에 대한 동경심을 키워주라. 그러면 최상의 배가 탄생할 것이라고 하였다.

비전은 시간적으로나 질적으로 현실과는 어느 정도 거리가 있어야 한다. 너무 빨리 다가오는 비전은 힘이 없고, 까마득 먼 훗날 이야기가 되면 현실행동에 영향을 주기 어렵다. 질적으로 비전은 오늘의 상황과 상당히 다른 상태를 보여주어야 함과 동시에 그 내용은 보다 구체적이어야 한다. 그렇지 않으면 황당무계하고 우스꽝스러운 것이 되고 있다.

3) 비전에는 어떤 내용을 담고 있어야 하는가?

비전에는 다음과 같은 구체적인 내용들을 포함할 수 있어야 한다.

첫째, 비전은 미래의 신기술이 중심내용이 되어야 한다. 컴퓨터, 약품, 멀티미디어, 텔레커뮤니케이션, 등의 산업에서는 미래의 신기술을 지전의 중심내용으로 할 수 있다.

둘째, 인터넷회사 설립자들은 기술 그 자체보다는 새로운 시장의 창출과 제품, 지식을 위한 혁신저긴 유통경로의 확대에 더 초점을 맞추고 있다.

셋째, 비전의 핵심은 미래의 크고 웅장한 모습이어야 한다. 특히, 기업이 ① 새로운 세분시장에 진출하려고 할 때, ② 시장의 주도권을 장악하려고 할 때, ③ 여러 계열사를 거느린 기업그룹으로 변신하고자 할 때, ④ 광고대행사가 종합커뮤니케이션 회사로 탈바꿈하고자 할 때, ⑤ 청량음료 회사가 종합식품회사로 변신하고자 할 때, ⑥ 항공회사가 종합운송 그룹으로 변신을 하고자 할 때에는 성장이 바로 비전의 핵심이 되어야 할 것이다.

넷째, 최고의, 가장 훌륭한, 최고급의, 가장 친절한, 가장 빠른 등의 말로 사용하는 목표는 어느 업종에서나 좋은 비전의 바탕이 될 수 있다.

다섯째, 경쟁사를 꺾으려는 싸움만큼 조직구성원들의 강한 동기를 유발하는 것도 드물다. 예컨대 펩시콜라가 코카콜라를 이기려는 시장쟁탈전이나 BMW가 벤츠를 꺾으려는 강한 투지 등은 모두 이런 관점에서 이해할 수 있다.

여섯째, 종업원의 복지와 능력개발을 뼈대로 하는 비전은 특히 그들로부터 환영을 받고 사기를 북돋워준다. 평생직장을 강조하고 복지와 교육훈련에 과감히 투자하는 회사는 이 범주에 속한다. 휴렛팩커드(HP)사는 이러한 종업원의 비전을 중시하는 회사로 유명하다.

일곱째, 환경보호, 인류의 건강 등의 윤리적 가치를 비전의 내용으로 하는 회사가 점차 늘어가고 있다. 드럭커(P. Drucker)는 이러한 비전이야말로 종업원들의 마음을 사로잡는데 효과적이라고 했다.

이상에서 살펴본 훌륭한 비전은 미래에 대한 꿈과 현실감이 적절한 균형을 유지하고 있을 때 나온다. 즉 비전은 해볼 만하고 해낼 수 있는 것이어야 한다. 비전은 조직문화의 핵심이며, 조직의 장기적인 성공을 거두는 데 있어서 매우 중요하다. 또한 비전은 방향을 제시해 줄 뿐만 아니라 임직원들의 강한 동기를 유발하고 그들의 에너지를 분출시킨다. 따라서 비전은 성장뿐만 아니라 여러 가지 다른 내용을 담을 수 있으며, 그것은 카리스마가 있는 지도자에 의해 설득력 있게 구성원 모두에게 전달되어야 한다.

V. 기업문화의 사례

1. 유니레버의 사례

유니레버하면 자주 회자되는 이야기가 있는데, 이 회사는 영국 네덜란드계의 소비재 그룹으로 전세계에 걸쳐 매상은 약 500억 달러에 달한다. 유니레버 임원들은 전혀 만난 적이 없는 사람의 경우에도 공항에서 만나면 서로를 알아본다고 한다. 그들이 바라보고 행동하는 데는 그 무엇인가가 있다. 그것은 그 회사에서 몇 년간 일한 사람이면 누구나 알 수 있는 그 어떤 미묘한 것이 있다.

분명히, 이 회사의 전설에는 어느 정도의 과장이 있으나 그것은 연계망조직으로서 유니레버의 전통을 나타내는 것이다. 즉 사교성 높은 수준을 특징으로 하는 문화를 가진 전통을 말한다. 수년간, 그 회사는 명시적으로 유사한 사람들, 즉 비슷한 배경, 가치관 그리고 관심을 가진 사람들을 모집했다.

유니레버의 경영자들은 유사한 마음을 가진 개인들이 모였기 때문에 종업원들이 국적이 다름에도 불구하고 함께 잘 일하며, 협력과 일치라는 회사의 가치를 포용하는 것이라고 믿는다.

유니레버는 직위별로 사교성을 강화하고 높이기 위해 또 다른 조치를 취한다. 런던 외곽에 있는 이 회사의 국제경영훈련센터인 포 에이커즈(Four Acres)에서는 연간 수백 명의 임원들이 사교적 의식이 풍부한 활동에 참여한다. 여러 코스의 정찬, 그룹 사진 활동, 잔디 스포츠, 그리고 특히 계속 운영 하는 바 등이다. 전회장인 맬저스(Floris Maljers)는 "이러한 공통경험은 서로 잘 아는 동료들의 비공식적 조직망을 형성하고 보통 계속 만나게 하고 경험들을 교환하게 한다"고 말한다.

포 에이커즈의 행사 외에도, 유니레버의 사교성은 회사의 최고경영진 500여 명이 참석하는 연례회의로도 유명하다. 회사 경영자들은 이 모임들을 통해 전략을 서로 전달하고 재고하기도 하지만 그들에게는 일보다 더욱 중요한 것이 있다. 맬저스의 이야기에 따르면, "좋은 음식과 술과 더불어 우리 대부분 최고경영자들은 서로 만나고 의견을 교환하며, 오래 된 우정을 확인한다."

또한 유니레버는 젊은 경영자들을 국경·상품·부서를 초월해 자주 이동배치한다. 이런 노력은 유니레버의 관계를 조기에 시작하고 동시에 노하우를 향상시키기 위한 시도다.

그런데 이와 같은 잘 길러진 사교성의 유형도 항상 회사 전체의 연대성과 일치하는 것은 아니다. 유니레버는 수년간에 걸쳐 회사 간 협동과 목표에 대한 합의를 이루는 것의 어려움을 알게 되었다. 한 중견 부사장의 말에 의하면, 그것은 의견일치를 도출하기 위해 "끝까지 이야기해 보자" 하는 만큼이나 임원들이 전략을 위해 분투하지는 않는다는 것이다.

이러한 연계망문화는 유니레버의 사업 환경에 적합한가? 상당한 정도로, 그 답은 그렇다. 유니레버의 경영자들은 세계 각국에서 온 사람들이다. 이러한 다양성은 정보와 아이디어의 흐름을 방해하는 고립요소로 작용할 수도 있었을 것이다. 그러나 문화의 높은 사교성 때문에 광범한 우정과 신의가 생겼다. 두 번째로, 유니레버 사업에서 핵심성공요소는 지역시장에의 근접성이다. 조직의 연대성이 낮은 수준이어서 각 단위는 자기 나라에 역점을 두었고 그것이 좋은 결과를 가져 왔다. 그리고 마지막으로, 최근까지 유니레버는 아주 분권적인 조직을 유지해 왔다. 간단히 말해, 각 단위 간의 전략적 일치에 대한 필요가 거의 없었다.

그러나 유니레버의 환경은 유럽 단일시장의 등장으로 아마도 변화할 것이고, 그로 인해 사업과 직무 간의 조정이 불가피할 것이다. 실제로 최근의 많은 조직변화는 — 예컨대, 세제사업에서 레버유럽(Lever Europe)의 설립 — 상당 부분 중앙 집중화를 통해, 회사의 연대성을 높은 수준으로 끌어 올리려는 유니레버의 노력으로 볼 수 있다.

또한 유니레버는 프록터 앤드 캠블(Procter & Gamble)과 로레알(L'Or l)과 같은, 회사 목표에 대한 연대성이 높은 것으로 알려진 경쟁자를 맞고 있다. 이자산을 이용해서 유니레버의 경쟁자들은 상품 개발과정을 가속해 시장기회를 신속히 이용해 왔다. 유니레버는 그와 같은 능력에 대항하거나 아니면 영향력 상실의 위험을 감수해야 한다.

마지막으로, 유니레버는 연대성의 상대적 부족으로 어떠한 사업 환경에서 경쟁적 우위라는 긴박감을 상실할 수도 있다. 이런 도전은 회사의 지도자들도 잘 알고 있다. 맬저스가 말하듯이, "모든 사람들은 다른 곳에 있는 친구들과 아주 분주해서 흥미 있는 교육프로그램, 잘 조직된 과정, 다음 주요 회의 등으로 자기만족이 시작된다. 불행하게도, 일부 우리 조직에서 이러한 현상이 나타남을 보아 왔고, 특히 성공적인 부서들에서 더욱 그러하다. 전체 조직을 가끔씩 뒤흔들어 놓는 것이 필요할지도 모르겠다."

흥미롭게도, 최근 유니레버가 발표한 조직재편방안은 연계망조직의 일부 부정적 결과에 대해 언급하려는 의도를 내포하고 있다. 그 회사는 14개의 사업그룹으로 나뉠 것이고, 그 계획에 의하면, 각 그룹은 분명히 사업원리, 확장목표, 그리고 명백한 책임을 갖게 될 것이다. 모든 경영자에게 배포한 소책자에서 회사는 변화를 다음을 위한 수단으로 규정했다. "미래의 필요에 헌신하는 단순하고, 효과적인 조직을 수립하는 것으로, 이것은 역할, 책임, 의사결정 … 등의 높은 명료성을 제공해야 하며 새로운 구조 하에서 사업 단위들은 그들이 '만남을 무릅쓰고' 수행해야 하는 매년의 계약을 체결할 것이다."

유사한 이야기로, 유니레버 잡지의 9월호에 실린 한 인터뷰에서, 회장 피츠제럴드(Niall Fitzgerald)는 새로운 조직의 가치를 다음과 같이 규정했다. "단순성, 명료성, 권위의 대표성은 새로운 조직이 지향하는 최상의 덕목이다. 훈련된 접근이 필수적이다. 배달결과의 임무가 주어진 사람은 배달에만 전념해야 한다."

우리가 정한 모형에 비추어 보면, 이와 같은 재구성은 용병문화국면으로 이동하려는 노력으로 볼 수 있다. 즉 덜 정치적이고 좀더 무정함은 결과에만 집중한다. 그런데 유니레버는 그 몸에 밴 사교성을 벗어 버리고 높은 연대성 기업이 갖는 행동양식을 취할 수 있을까? 그 회사가 앞으로 성취할 성과가 답해 줄 것이다.

2. 매스티프 웨어의 사례

몇 년 전 매스티프 웨어(Mastiff Wear)라는 아동복을 만드는 국제적 제조업체의 한 원로 간부가 회사의 최고 간부 15명을 런던에 있는 팬시 페스토랑에 만찬 초대를 했다.

남녀손님들이 착석하자 호스트는 만찬이 끝날 때까지 풀어야 할 과제 하나를 선포했는데 새로운 선전 문구를 고안하라는 것이었다. 호스트가 말하기를 가장 좋은 답을 하는 사람에게는 고급 술 한 병을 주겠다고 했다. 그 후 세 시간 동안 손님들은 각자의 임무를 열심히 수행했다. 레스토랑의 우아함은 그 날 밤 내내 그들에게는 보이지 않았으며, 그들이 지금 어디에 있는지를 의식하는 사람은 아무도 없었다. 그들이 하고 있는 일만이 문제가 될 뿐이었다.

얼마 지나지 않아, 매스티프 웨어에서 이와 유사한 일단의 경영진을 만나 그들에게 물었다. "나는 다음 월요일에 매스티프를 방문해서 이 조직의 성공비결을 알아보고자 하는데요?" 그는 첫 번째 규칙: 일요일에 도착할 것. 두 번째 규칙: 가족에게 전화를 걸어 다음 주말에나 귀가할 것이라고 알릴 것이라고 답했다.

이 이야기는 둘 다 전형적인 용병문화를 역동적으로 설명한다. 구성원은 장시간 일을 하고 종종 가족생활보다 일을 더 중요시 한다(레스토랑에 모였던 간부들은 그들이 마땅히 사교를 할 수 있는 그 시간에도 일을 했고 아무도 불평을 하지 않았으며 내색조차 하지 않았다). 또한 그 이야기는 이러한 유형은 내부적 경쟁이 치열하고 과업수행에 강력히 집중한다는 것을 설명해 준다.

매스티프는 높은 연대성 문화의 여러 가지 다른 특징을 내포하고 있다. 성과에 대한 엄격한 기준이 있고 이 성과에 미달하면 무자비한 대가가 따라온다. 어떤 전무가 말하듯이 "잠시 후면 우리 중 한 사람은 사라질 것이다." 살아남는 사람에 대한 보상은 아주 크다 — 그 보상이 아주 대단해서 많은 사람들은 조기퇴임해도 걱정 없을 정도다. 실제로 보통 매스티프 간부가 공통적으로 갖는 전략은 열심히 일하는 것이고, 개인적인 생활을 희생하고서라도 부를 축적하고 떠나는 것이다. 조직 내의 관계는 종업원이 그들 자신의 이익(경력, 인사, 기타 등)을 올리는 수단으로 주로 존재한다.

어떤 식으로, 이러한 용병문화는 최근 몇 년간 매스티프에 꼭 맞는 것이었다. 그 회사는 명확히 정의된 분배경로에서 상당한 성공을 거두었는데 회사는 이 경로를 통해 운영한다. 내부적으로 효율성에 집중한 결과 자원들을 최대한 사용하는 것이 가능했다. 낭비는 거의 없고, 회사는 최선을 다할 수 있는 것만 수행하고 그 결과 그런 지식을 전파하는 회사 수월성의 중심에 우뚝 서게 되었다. 외부적으로 명료하게 정의된 분야인 백화점과 카탈로그에만 집중하는 전략과 '적(敵)'을 분명하게 규정하는 것으로 매스티프는 지속적으로 지배적 시장위치를 유지할 수 있었다. 그런데 용병문화의 단점도 있다. 매스티프가 수년간 그러했듯이, 당신이 많은 시장에서 1등의 위치를 성공적으로 차지하면 적들을 완전히 몰아 낼 수도 있다. 그 결과, 당신은 당신의 회사에 긴박감과 승리하려는 집단의지를 불러일으킨 당초의 경쟁적 형세를 상실할 수 있다. 또한 매스티프는, 다른 많은 용병문화와 마찬가지로 과도한 전략적 집중 때문에 곤란을 겪을 수 있다. 이 경우, 운영의 효율성에 대한 용병문화 특유의 관심은 경쟁자가 새로운 상품을 개발해 시장 몫을 높이는 경우는 거의 무용지물인 것으로 나타났다. 한두 가지 문제에 집중하는 것은 물론 큰 힘이다. 그 위험은 지평선에 무엇이 나타나고 있는가 하는 시야를 놓칠 수 있다는 것이다.

토의문제

01. 기업문화는 어떻게 형성되고 발전되는가?

02. 조직문화의 순기능과 역기능에 대해 논의해 보시오.

03. 기업문화와 기업경쟁력에 대해 논의해 보시오.

04. 문화의 전수는 어떻게 이루어지는가?

05. 바람직한 문화를 어떻게 개발하고 발전시킬 것인가?

참고문헌

1. 김남현 외, 경영학원론, 경문사, 2005.
2. 김성수, 성공으로 가는 21세기 경영학원론, 삼영사, 2007.
3. 최해진외, 경영학원론, 형설출판사, 2010.
4. 윤대혁, 조직행동론, 탑북스, 2016.
5. 장경천 외, 경영학의 이해, 삼영사, 2004.
6. "社風", 「이코노미스트」, 1985, 10. 5. pp.24~25.
7. 梅澤正, 『人が見える企業文化』 講談社, 1990, p.184.
8. Terrence E. Deal and A. Kennedy, *Corporate Cultures: The Rites and Rituals of Corporate Life*(Reading, Mass.: Addison−Wesley Publishing Co., 1982), pp.8~13.
9. E. H. Schein, *Organization Culture and Leadership*, Jossey−Bass Pub., 1995, p.9 및 "The Role of Founder in Creating Organizational Culture" in J. Kao, *Entrepreneurship*, Prentice−Hall, 1989, p.348.
10. Bro Uttal, "The Corporate Culture Vultures", Fortune, 17 October 1983, pp.66~72.
11. IMF, *International Financial Statistics*, 각호 및 한국은행, 조사통계월보, 각호.
12. *First Annual Report of the Council on Environmental Quality*(Washington, D. C.: Government Printing Office, 1970), p.158.

제12장

창 업

제12장 창 업

Ⅰ. 창업의 의의

창업이란 사업가로서의 능력을 갖춘 개인이나 집단이 환경으로부터 새로운 사업 아이디어를 착안하여 사업을 시작하는 것을 뜻한다. 오늘날 산업분야에서 일고 있는 격심한 구조적 변화로 말미암아 신생소기업들이 경제성장의 원동력이 되고 있다는 것은 주지의 사실이다. 더욱 중요한 것은 이 같은 소기업들이 하이테크(high-tech)산업에만 국한되지 않고 있다는 사실인 데, 분야별로 볼 때, 특히 서비스 산업에서는 기술개발, 인구학적 변화 및 자본 이용도의 확대 등에 영향을 받아 새로 기업을 시작하는 사람들은 과감하게 전통적 지혜와 실험에 도전하고 새로운 방법을 통해 시장에 접근하려는 노력을 벌이고 있다.

우리나라가 21세기를 주도할 경제대국·선진국으로 성장·발전하기 위해서는 보다 많은 기업을 창업하고, 그 기업을 성장·발전시킬 수 있는 현대적 기업가들이 많이 배출되어야만 한다.

인구 1,000만 명당 기업의 수를 비교해보면, 일본의 경우는 10개이고, 대만은 6개인데 비하여 우리나라는 3~4개 정도밖에 안 된다는 통계가 있다. 이것은 우리나라가 세 나라 중에서 기업을 창업하는 기업가의 수 및 기업 활동 참여인구의 비율이 가장 낮다는 것을 의미한다. 무엇보다도 우리 경제가 기업 활동의 확대를 통하여 더욱 성장·발전하려면, 이제 더 많은 사람들이 창업을 하고 또한 창업한 기업을 성장·발전시킬 수 있도록 법률적·행정적 기업환경과 창업 및 기업 활동을 저해하는 제 요인들의 획기적인 개선을 이루어야 한다.

우선, 정부에서는 기업가들이 포부·의욕·잠재능력·기업가정신 등을 최대한 표출하고 발휘할 수 있도록 창업을 제약하고 방해하는 현행 규제를 없애고, 창업을 유인 할 수 있는 실효성 있는 지원책을 마련해야 하며, 기존 기업의 경영과 관련된 법률적·행정적 환경도 대폭 개선해야만 할 것이다.

일반적으로 제반 사정을 고려해 볼 때 창업의 물결은 역시 미국에서 주로 일고 있는 현상이라고 볼 수 있으며, 상이한 새로운 업종을 창조하는 기업가적 정신에 있어서도 미국이 단연 다른 선진국들을 앞서고 있다.

Ⅱ. 창업의 요소

창업은 이익을 창출하기 위하여 기업체라는 시스템을 만드는 것이라 할 수 있는데, 이를 위해서는 창업자, 사업아이디어, 창업자본 등 기본적인 요소가 구비되어야 만이 기업을 창업할 수 있다.

1. 창업자

1) 창업자의 자질과 능력

창업자(start-up entrepreneur)는 사업의 발상자일 수도 있고, 그렇지 않을 수도 있다. 특정 사업아이디어를 기초로 하여 기업을 창업하게 되면 많은 이익을 얻을 수 있다고 판단될 때 기업자원을 동원하고 결합하여 기업을 설립하는 사람이므로 창업자의 재능·지식·기회포착 능력·위험감수 능력·결단력·추진력·리더십 등과 같은 자질과 능력은 기업의 성패에 중요한 요인이 된다. 그러므로 창업자에게는 다음과 같은 자질과 능력이 요구된다.

첫째, 새로운 시대에 부응하는 새로운 경영감각과 신뢰받을 수 있는 경영자로서의 인격이 요구된다. 이러한 자질이 곧 경영자의 능력을 배양하는 기반이 된다.

둘째, 미래 기업환경 변화에 대한 통찰력과 판단력을 통하여 장기 경영목표를 세우고, 거시적인 관점에서 경영활동을 조망하며 목표를 달성할 수 있는 수완을 지녀야 한다.

셋째, 탁월한 창의력과 추진력이 요구된다.

넷째, 환경변화에 도전적이고, 새로운 기회를 능동적으로 모색하며, 기회포착을 위한 투자와 희생을 감수할 수 있는 기업가 정신이 필요하다.

다섯째, 영리추구의 정당성을 확보하고, 사회적 책임을 인식하여야 한다.

여섯째, 높은 성취욕구와 강한 독립심의 소유자이어야 한다.

이상과 같은 자질과 능력은 전문교육과 훈련, 실무경험, 각종 연구회 및 세미나 등을 통하여 향상시킬 수 있다.

2) 창업자의 자질과 능력 평가

(1) 퍼스낼리티(personality)를 통한 평가

다음과 같은 질문들은 개인적인 기질(氣質)이 성공적인 기업가로서의 특성을 갖추고 있는지를 평가할 수 있는 좋은 자료가 된다.

① 나는 다른 사람과 경쟁하기를 좋아한다.
② 나는 보상과 관계없이 성공을 위해서는 격렬하게 경쟁한다.
③ 나는 이성적인 경쟁을 하지만 가끔 허세를 부린다.
④ 나는 이익을 얻기 위해서는 과감하게 행동하며 위험을 무릅쓴다.
⑤ 나는 업무수행을 통하여 강한 성취감을 느낀다.
⑥ 나는 내가 자발적으로 참여하는 모든 일에서 일인자가 되고 싶다.
⑦ 나는 먼저 일을 착수하고 나중에 의논하는 성향이 있다.
⑧ 나는 칭찬이나 보상보다는 업무수행자체를 중시한다.
⑨ 나는 다른 사람을 별로 의식하지 않고 내 판단대로 행동한다.
⑩ 나는 나의 과오나 패배를 잘 인정하지 않는다.
⑪ 나는 자발적이며 타인의 말에 귀를 잘 기울이지 않는다.
⑫ 나는 쉽게 포기하거나 좌절하지 않는다.
⑬ 나는 전통과 관습에 얽매이지 않는다.
⑭ 나는 문제가 있으면 나 스스로 해결책을 강구한다.
⑮ 나는 호기심이 많으며 다른 사람이 방해하는 것을 참지 못한다.
⑯ 나는 다른 사람으로부터 명령 받기를 싫어한다.
⑰ 나는 다른 사람으로부터 비판을 받고도 참을 수 있다.
⑱ 나는 매사에 끝장을 보려고 고집한다.
⑲ 나는 동료나 부하들이 나처럼 열심히 일하기를 바란다.
⑳ 나는 사업에 관한 지식을 넓히기 위해 자발적인 노력을 많이 한다.

위의 질문이 자신의 실제 행동과 일치하지 않으면 1점, 항상 일치하지는 않으나 상황에 따라 일치할 때도 있으면 2점, 완전히 일치하면 3점을 부여한다. 그 결과 총점이 60점이면 완벽, 49점부터 60점 사이면 우수, 48점부터 38점이면 보통, 38점 미만이면 열등으로 판정한다.

물론 평가결과 높은 점수는 창업자로서의 성공적인 자질을 갖추고 있음을 의미하지만, 기업가로서의 성공에 영향을 미치는 변수들은 매우 다양하기 때문에 평가 결과는 어디까지나 개략적인 지표로 이용될 수 있을 뿐이다.

(2) 적합도 검사를 통한 평가

적합도 검사에 의한 평가방법은 기업가의 특성과 기업가로서의 업무수행에 필요한 요건을 평가하여 기업가로서의 적합성 여부를 판정하는 2차원적 접근방법이다.

먼저 각 항목 마다 긍정적이면 1점을, 부정적이면 0점을 부여한다. 그 다음 기업가의 특성과 업무수행에 필요한 요건에 대한 각각의 총점을 구하고, 이것을 가지고 [그림 12-1]과 같은 적합도 검사 표에서 어느 적합도에 해당하는가를 알아본다.

자료: 박상범·조희영, 「중소기업경영론」, 삼영사, 1997, p.112.

[그림 12-1] 기업가로서의 적합도 검사

물론 성공적인 기업가가 되려면 두 측면에 대한 평가결과가 모두 우수해야만 된다.

◇ 기업가의 특성 평가

① 추진력이 풍부한가?
② 자신의 목표달성에 자신감이 충만한가?
③ 특정 사업에 장기적으로 참여하고 있는가?
④ 금전을 평가의 척도로 사용하는가?
⑤ 문제해결을 위해 끈기있게 노력하고 있는가?
⑥ 명확한 목표를 설정할 수 있는 능력과 결단력이 있는가?
⑦ 자신의 노력으로 성공 가능한 일에 모험심을 발휘하고 있는가?
⑧ 실패한 경우 좌절하지 않고 문제점을 밝혀낼 수 있는 능력이 있는가?
⑨ 독립심이 강하며 책임감은 있는가?
⑩ 주변자원의 활용을 위해 사내·외의 상황을 잘 이용하는가?
⑪ 불확실성을 불안감 없이 극복할 수 있는가?
⑫ 자신이 세운 목표와 경쟁을 하는가?
⑬ 피드백을 활용하여 개선해야 할 문제를 파악하고 시정조치를 하는가?

◇ 기업가로서 업무수행에 필요한 조건

① 사업과 가사를 잘 조화시킬 수 있는가?
② 창업을 자기 인생의 모든 것으로 보는가?
③ 창의성과 기술혁신의 능력이 있는가?
④ 업종에 대한 전문지식을 갖추고 있는가?
⑤ 경영진을 구성할 수 있는 능력이 있는가?
⑥ 자유경쟁체제에 대한 확실한 경제관을 가지고 있는가?
⑦ 기업윤리 의식이 투철한가?
⑧ 기업가로서의 신뢰와 존경을 받을 수 있는 인품을 갖추었는가?

(3) 창업자의 기업가정신

현대적 기업가는 개척자 정신에 바탕을 둔 기업가정신을 발휘하여 기업을 창업하고 급변하는 기업환경하에서 창업한 기업을 성장·발전시키기 위하여 당해 기업의 주변환경을 잘 조화시킬 수 있는 기업가로서의 능력을 발휘하여야 한다.

기업가는 전문경영자와는 달리 기업의 실질적인 소유자이므로 다음과 같은 기업가

정신이 필요하다.

첫째, 기업가에게는 강한 모험심과 위험을 무릅쓰고 과감하게 투자할 수 있는 도전력이 필요하다. 현실에 만족하지 않고 변화와 새로운 것을 추구하는 진취성과 모험 없이는 불가능한 일이다. 우리가 창업하는 기업을 모험기업(venture business)이라고 칭하는 이유는 창업은 성공을 보장할 수 없는 모험이라는 점과 실패할 경우 기업가가 그 위험을 감수해야만 한다는 두 가지의 의미를 함축하고 있기 때문이다.

둘째, 기업가는 혁신자(innovator)가 되어야 한다. 혁신자란 기업을 둘러싼 여러 가지 위협요소를 발전의 기회로 전환시킬 수 있는 능력의 소유자를 말한다. 창의성과 이노베이션(innovation)은 새로운 기업을 창업할 때뿐만 아니라 기존 기업을 성장·발전시키는 데 있어서도 기본적인 요건이 된다.

이노베이션이란 창의성을 바탕으로 ① 새로운 제품·서비스의 개발, ② 새로운 생산 공정의 개발, ③ 새로운 자원의 개발과 발명, ④ 새로운 시장의 개척과 확장, ⑤ 새로운 산업조직 및 경영관리시스템의 개발과 발전 등의 내용을 포함하는 포괄적인 개념이다.

셋째, 기업가는 미래 지향적인 비젼과 정신을 가지고 있어야 한다. 기업가는 단기적인 수익성을 추구하는 것이 아니고 계속기업을 전제로 장기적인 계획을 가지고 연구개발이나 교육에 과감히 투자하며, 모험을 극복하는 강력한 자신감, 추진력, 성공한다는 정신성 등으로 집약되는 "나는 할 수 있다"는 정신이 충만 되어 있는 행동가이어야 한다.

2. 사업 아이디어

사업 아이디어(Business Idea)란 기업이 어떠한 제품·서비스를 생산·판매할 것인가를 구상하는 것을 의미하는 데, 일반적으로 창업은 사업 아이디어로부터 시작된다. 사업 아이디어는 시장에서 소비자의 욕구를 파악하여 그 욕구를 만족시킬 수 있는 제품을 발견하든지 아니면 제품 아이디어를 착상하여 그 제품에 대한 소비자의 욕구의 정도를 파악하는 등의 방법으로 개발이 된다.

1) 아이디어의 착상

기업의 모든 생산제품은 아이디어에서부터 출발한다. 제품 아이디어의 원천은 매우 다양하다. 예를 들면 사내의 제조부서, 기술부서, 판매부서 및 연구개발부서나, 소비자, 판매원, 대리점, 원료공급자, 경쟁회사, 정부의 간행물 등 사외로부터도 얻을 수 있다.

이러한 제품 아이디어는 기업의 목표달성과 환경을 고려하여 전략적으로 추진되어야 하는데 무엇보다도 소비자들에게 강하게 어필할 수 있는 제품을 생산하기 위하여서는 기업내 구성원들의 신상품에 대한 관심과 집착을 높이고, 고객욕구 변화에 귀를 기울이며, 경쟁업체의 성공제품을 지속적으로 벤치마킹(bench marking)하는 것이 중요하다.

그리고 제안 되는 제품 아이디어들이 부서 중심에서 탈피할 수 있도록 유도하기 위해서는 각 부서가 상호 유기적으로 정보를 교환할 수 있어야 한다.

2) 아이디어의 선택

수집된 여러 가지 아이디어를 분석·비교·검토하여 제품화 가능성, 수익성, 사업성 및 시장성 측면에서 최적인 아이디어를 선별해야 한다. 즉, 수집된 아이디어가 기업의 목적에 부합하는가, 채산성 및 시장성은 있는가, 기술혁신상의 난이도는 어느 정도인가, 발명특허나 의장특허에 문제가 없는가 등을 고려하여 위험성이 있고 추진 상 무리가 따르는 아이디어는 선택에서 제거시켜야 한다.

3) 아이디어의 설계단계

선택된 아이디어는 설계단계를 거쳐 제품이 만들어지는 데, 설계는 생산할 제품의 최종 형태를 생산요구조건에 부합시키는 것으로서 예비설계와 최종설계로 이루어진다.

(1) 예비설계

예비설계란 제품의 크기, 성분, 성능, 재료, 외관 등 제품의 시방서나 기술명세서를 잠정적으로 결정하는 것을 말하는 데 이 단계에서는 소량의 시제품을 생산하여 실험과 시험을 하고 그 결과에 따라 설계를 수정하기도 하며, 특정 지역이나 제한된 소비자를 대상으로 시험판매를 하여 제품의 결함이나 소비자의 반응도 등을 알아보기도 한다.

(2) 최종설계

최종설계란 예비설계 단계에서 충분한 실험과 시험을 거쳐 수정이 완료된 시방서 및 기술명세서를 최종적으로 확정하는 것을 말한다. 다시 말해 여러 번의 시행착오를 거쳐 기술면에서나 경제적인 측면에서 만족할 만한 수준으로 구체화시키는 것을 의미한다.

최종설계 단계를 거친 설계도는 다음 단계인 생산단계에서 생산 공정이나 생산설비의 설계와 연결되게 된다.

4) 경제성의 평가

제품 아이디어에 대한 경제성의 평가는 가급적 설계단계에서 이루어지는 것이 좋다. 왜냐하면 설계단계 이후에 비경제적인 요소가 발견되어 이를 수정하려 할 때에는 수정에 따른 많은 대가를 감수해야 하는 문제가 뒤 따르기 때문이다.

제품 아이디어에 대한 경제성을 평가할 때에 일반적으로 고려 대상이 되는 요소에는 다음과 같은 것들이 있다.

⑴ 과잉설계 부분의 제거

생산되는 제품이나 서비스가 본질적인 기능을 수행하는데 필요한 기준 이상의 무게, 부피, 길이 등이 발생하거나 부차적인 기능이 추가된다면 그것은 제조공정의 수를 늘리고, 제조원가를 상승시키는 중요한 요인이 되기 때문에 설계도를 작성하는 단계에서부터 가급적 과잉설계 부분을 제거하여야 한다.

⑵ 생산의 경제성 추구

설계도에서는 제품의 제조원가를 확정하고, 제조공정에서의 능률적인 측면을 고려하여 생산 공정의 효율화를 위한 재료선택의 경제성을 추구하여야 한다.

⑶ 호환성의 증대

작업의 효율성과 생산성을 높이기 위해서는 특정부품의 호환성을 높이고 작업을 단순화시켜야 한다. 이렇게 될 때 원가절감은 물론 작업공정의 개선도 개대할 수 있다.

⑷ 라이프 사이클 비용의 절감

라이프 사이클 비용(life cycle cost)란 제품수명 주기의 각 단계에서 발생하는 비용으로서 예를 들면 제품의 연구개발비, 생산원가, 운영유지비 및 처분비용 등이 있는데 대부분의 경우 이들 비용은 제품설계에 의하여 크게 영향을 받고 있다.

이러한 비용 중에서 운영유지비를 절감할 수 있는 손쉬운 방법은 여유부품을 제공하거나 고장 시 누구나 손쉽게 수선이 가능하도록 제품을 생산 하는 것이다. 이는 장기적으로 소비자에게 비용절감이 될 수 있기 때문에 제품판매에도 크게 도움이 된다.

⑸ 가치분석기법의 도입

제품의 가치는 제품자체의 기능을 사용함으로서 얻을 수 있는 효용가치와 제품 구입비용과의 관계를 말하는 것인데, 일반적으로 제품의 가치를 높이기 위해서는 제품의 기능을 극대화 하거나 제품의 구입비용을 줄여야 한다.

제품의 가치를 극대화하기 위한 방법으로서의 가치분석(value analysis)이란 제품이나 자재에 내포되어 있는 불필요한 기능을 최대한 제거함으로써 원가를 절감시키려는 하나의 기법인데, 이것은 효과의 극대화를 위하여 제품의 설계단계에서 행하는 것이 바람직하다.

3. 창업자본

창업 자본은 창업자가 의도하는 기업을 창업하고 운영하는데 필요한 자본·기술·인력·시설·원부자재·노하우 등을 동원하는 데 이용되는 자본이다. 기업의 자본은 크게 자기자본과 타인자본으로 구별되는데, 창업초기단계에서는 타인자본의 조달에 한계가 있으므로 일반적으로 자기자본에 대한 의존도가 높다. 대부분의 창업초기단계에서는 신용도가 낮아 타인자본의 조달은 거의 불가능하고 자본조달의 원천으로서 모험자본(venture capital)을 이용하는 것이 바람직하다.

우리나라의 대표적인 벤처 캐피탈 회사로는 한국기술진흥주식회사(KTAC), 한국기술개발주식회사(KTDC), 한국장기신용은행(KLB) 및 한국기술금융주식회사(KTFC) 등이 있다.

신제품의 개발이나 신기술의 기업화는 투자나 융자 방식이 적합하다. 창업투자 자본은 일반 융자와는 달리 원리금을 상환하는 대신 계획사업의 결과 발생하는 매출액에 비례하여 일정기간 동안 로열티(royalty)를 징수하고, 만약 계획사업이 실패했을 경우에는 융자금의 전부 또는 일부의 상환을 면제해 주는 금융제도의 확립이 필요하다. 그러나 현실적으로는 벤처캐피탈 회사들이 위험을 직접 부담하는 투자 또는 조건부금융에 대해서는 소극적이고 대부분 담보위주의 일반융자만을 하고 있는 실정이다.

Ⅲ. 창업의 촉진과 접근 방법

1. 창업의 촉진

우리나라의 창업촉진 사업은 신기술 및 참신한 아이디어를 기업화하여 중소기업을 영위하고자 하는 자와 발전성 있는 중소기업을 창업한 자를 지원함으로써 산업기반을 강화하는 한편, 산업에의 새로운 활력소를 부여하며 고용기회를 확충하여 중산층의 저변확대를 도모하고자 추진하고 있는 사업이다.

우리나라에 있어서 창업이 정부의 법적, 제도적 뒷받침으로 활성화되기 시작한 것은 1986년 5월 12일 중소기업창업지원법이 제정 공포된 이후부터라고 볼 수 있다. 종전까지는 정부의 큰 지원 없이 창업자가 외롭게 자기사업을 일으키고 성장시켜 갔다. 그러나 이 법이 시행됨으로써 창업지원이 법적 기틀이 마련되었으며, 이 법을 근거로 하여 창업절차 간소화, 창업지원기금 등 투자재원 확충, 창업투자회사 및 창업상담회사 등 창업전담기관의 육성을 통해 실질적인 중소기업 창업지원 시책을 추진하게 됨으로써 창업 활성화의 전환점이 마련된 것이다.

정부의 이와 같은 법적, 제도적 뒷받침과 더불어 다양한 창업자군의 탄생, 즉 모험적이고 자립적인 젊은 벤처비즈니스맨, 경제활동 능력이 있는 정년 퇴직자, 사업가로의 전환을 꿈꾸는 탈 샐러리맨, 경제적 독립을 선언한 많은 주부, 그리고 남녀고용평등에 힘입어 사업자금 마련이 용이해진 직장여성 등이 창업에 참여하게 되었다.

한 통계자료를 보면 중소기업 창업지원법이 제정되기 이전인 1985년까지만 해도 매년 2천 5백 개사 정도가 창업하였으나, 1986년 이후에는 연간 4천 개사 이상으로 증가하였고, 최근 1~2년 동안에는 매년 1만 2천 개 이상의 업체가 새롭게 창업되고 있다. 이들 창업업체 수는 주로 신설법인 기업수를 중심으로 산출된 수치여서 비법인 제조업체와 도·소매업 및 서비스업을 총체적으로 계상했을 때는 적어도 1년에 4만 내지 5만 개 정도의 창업기업이 설립되고, 5만 명에 가까운 사장이 새로이 탄생하는 것으로 추측되고 있다.

따라서 2천 년대에는 바야흐로 사장의 시대가 도래 할 것이다. 미래를 준비하는 사람만이 인생의 승리자가 될 수 있으며, 사업의 꿈을 갖고 꾸준히 준비해 가는 예비사장만이 성공한 사장이 될 수 있을 것이다.

이런 관점에서 창업예비자가 정부의 창업지원정책, 창업절차, 그리고 창업관련 세제감면 내용들을 미리 알아두는 것은 창업의 지름길을 미리 닦아두는 것과 다름이 없는 것이다.

1) 창업지원법에 의한 창업의 범위

(1) 창업 적용 대상 업종

중소기업 창업지원법 상 창업이라 함은 새롭게 중소기업을 설립하는 경우를 말하지만, 모든 업종을 사업아이템으로 하여 설립한 중소기업 전체에 대해 금융지원 및 혜택을 부여한다면 정책방향의 초점을 잃어버릴 수 있기 때문에 창업지원법은 창업 적용대상 업종에 제약을 가하고 있다. 이는 국가정책상 필요한 업종부터 우선적으로 혜택을 부여코자 하는 데 그 뜻이 있다고 볼 수 있다. 창업지원법 제3조 및 동법시행령 제3조상 주요 창업 적용업종은 <표 12-1>과 같으며, 지원제외업종은 <표 12-2>와 같다.

〈표 12-1〉 주요 창업 적용업종

1. 제조업	2. 광업
3. 공학관련 서비스업	4. 조사 및 정보관련 서비스업
5. 기계 및 장비 임대업	6. 기타 산업통상자원부 장관이 고시한 업종

〈표 12-2〉 창업지원 제외업종

1. 농업, 수렵업, 임업 및 어업(한국표준산업분류 A 및 B, 다만 01123, 01422는 투자대상에 포함한다)
2. 금융 및 보험업(한국표준산업분류 J)
3. 법무, 회계관련 서비스업(한국표준산업분류 7411-2)
4. 전문 및 일반강습소(한국표준산업분류 80904-5)
5. 의료업, 수의업(한국표준산업분류 851-2)
6. 금융기관 여신운용규정 제3조의 여신금지부문

(2) 창업지원 대상기업의 규모

창업지원 대상기업의 규모는 중소기업 기본법 및 동법시행령 중소기업에 한정되어 있다.

일반적으로 상시종업원 300인 이하 및 자산총액 80억원 미만인 경우에는 업종에 관계없이 중소기업에 해당되며, 상시종업원 300인 이상이거나 자산총액이 80억원 이상인 경우에는 <표 12-3>과 같이 업종별로 중소기업의 범위가 다르게 적용된다. 다만 이들 요건을 모두 충족하는 중소기업이라 하더라도 창업계획의 승인을 신청할 때는 중소기업 사업조정법 제2조 제2항의 해당자인 대기업 관련 중소기업과 형식상의 창업절차만 있을 뿐 실질적인 창업효과가 없는 <표 12-4>와 같은 특수 창업은 순수한 창업이 아니므로 지원 대상에서 제외하고 있다.

〈표 12-3〉 중소기업의 인정기준(일반기준)

구분 / 업종	중 소 기 업	
	소기업	중 기 업
제조업, 광업, 운수업	20인 이하	21인~300인
건설업	20인 이하	21인~200인
상업, 기타 서비스업	5인 이하	6인~20인

〈표 12-4〉 중소기업의 인정기준(특례기준)

상시 종업원 기준	자산 총액 기준
- 자동차부품제조업 등 23개 업종: 1,000인 이하 - 무연탄 채굴업 등 42개 업종: 700인 이하 - 시계 제조업 등 69개 업종: 500인 이하	- 석탄공업 등 2개 업종: 120억원 - 금속광업 등 4개 업종: 150억원 - 가구제조업 등 6개 업종: 200억원 - 음료식품 및 담배 제조업: 250억원 - 섬유제조업 등 22개 업종: 300억원 - 제1차 금속산업 등 18개 업종: 400억원 - 합금철강제조업 등 1개 업종: 500억원 - 내연기관제조업 등 14개 업종: 600억원

(3) 창업지원기간

정부 또는 창업지원법상 창업지원기관(창업투자회사, 중소기업상담회사 및 중소기업 창업투자조합 등)이 자금 또는 창업자에 대한 사업성 평가 등의 용역사업지원이나 창업관련분야 전문요원의 파견지원을 할 수 있는 창업자에 대한 지원기간은 해당 업체의 사업 개시일로부터 5년으로 제한하고 있다. 그러나 창업투자회사 등으로부터 이 기간 내에 일단 금융지원을 받은 창업자로서 5년이 되는 시점에 투자 잔액이 존재하는 경우에

〈표 12-5〉 창업사업 개시일(창업일) 산정기준

구분	창업지원법	조세감면규제법
법인	설립등기일	설립등록일
개인	- 부가가치세법 시행규칙 제3조의 규정에 의한 사업 개시일 - 제조업: 제조장별로 재화의 제조를 개시하는 날 - 광업: 사업장별로 광물의 채취·채광을 개시하는 날 - 기타사업: 재화 또는 용역의 공급을 개시하는 날	사업자 등록증 교부일
업종추가	사업자 등록증 재교부일	없음(조세감면불가)

는 예외적으로 최장 10년까지 계속 지원을 받을 수 있다. 여기서 금융 등의 지원기간 산정 시 사업개시일 산정기준은 <표 12-5>와 같다.

2. 창업의 접근방법

1) 사업타당성의 분석

(1) 사업타당성 분석의 필요성

사업타당성 분석은 창업을 실패로부터 지켜줄 수 있는 좋은 보조 장치이다. 지피지기(知彼知己)면 백전불퇴(百戰不退)이란 말이 있다. '모든 것이 잘 되겠지' 하는 막연한 생각이나 희망만으로 사업을 시작하는 것은 위험천만의 일이다. 사업을 시작하기 전에 사업의 기회를 면밀히 조사·분석하고 사업기회에 따르는 위험(risk) 및 비용(cost) 사이의 상호관계나 사업의 성공확률 등을 정확히 파악하는 것은 창업의 필수적인 요건이다.

흔히 창업자들은 사업타당성분석과 사업계획서를 동일시하는 경향이 많은데 엄밀한 의미에서는 서로 다르다. 사업계획서란 사업타당성 검토 후 사업타당성이 인정된 경우에 작성하는 것으로서 사업의 내용, 경영방침, 기술성, 시장성 및 판매전망, 수익성, 소요자금 조달 운영계획, 인력 충원계획 등을 일목요연하게 표현한 일체의 서류를 말한다. 따라서 사업 타당성 검토는 외부 전문기관에 의뢰하거나 제3자에게 최종 검토하게 하는 것이 합리적이며, 사업계획서는 사업타당성 검토 서에 근거하여 창업자가 직접 작성하는 것이 가장 이상적이다.

이와 같은 견지에서 사업타당성 검토는 창업성공의 첫 번째 단계라 볼 수 있으며, 그 필요성은 다음과 같이 요약될 수 있다.

첫째, 창업자 자신의 주관적인 사업 구상이 아닌, 객관적이고 체계적인 사업타당성 검토는 계획사업 자체의 타당성 분석을 통해 창업회사의 성공률을 높일 수 있다.

둘째, 창업자들이 사업타당성 검토를 통하여 구상하고 있는 기업의 제 형성요소를 정확하게 파악하여 창업기간을 단축할 수 있고, 효율적인 창업업무를 수행할 수 있다.

셋째, 창업자가 독자적으로 점검해 볼 수 없는 계획제품의 기술성, 시장성, 수익성, 자금수지계획 등 세부항목을 분석 제시함으로써 해당 업종에 대해 미쳐 깨닫지 못한 세부사항을 사전에 인지하여 효율적 창업경영을 도모할 수 있다.

넷째, 기업의 구성요소를 정확하게 파악함으로써 사장의 경영능력향상에 도움을 줄 뿐만 아니라 계획사업의 균형 있는 지식습득과 보완해야할 사항을 미리 확인하여 조치를 취할 수 있게 된다.

⑵ 사업성 평가 요소

사업성 평가 요소란 사업타당성 검토를 위해 분석해 보아야 할 항목들로서 검토 목적에 따라 해당 항목에는 다소간의 차이가 있다. 다시 말해 어떤 목적으로 사업타당성 분석을 하느냐에 따라 사업성 평가 요소의 가중치가 달라질 수 있음을 의미한다. 그러나 근본적으로 창업의 성공가능성을 분석한다는 목적은 동일한 것이며, 결국 이 평가항목의 차이란 사업성 평가 각 요소의 차이라기보다는 어느 정도 심층적인 사업성 분석이 가능한가에 있다고 보아야 할 것이다.

일반적으로 사업성 평가항목으로는 다음과 같은 내용을 지적하고 있다.

① 계획사업과 창업자의 적합도, 즉 계획사업의 수행능력 평가
② 계획제품의 생산가능성, 품질, 성능 및 하자 여부 등을 검토하는 기술성 분석
③ 판매시장 환경, 경쟁상태, 시장진입 가능성 및 중장기 수급 전망 등을 검토하는 시장성 분석
④ 적정 수익률 확보를 위한 경영요소, 즉 손익분기점 분석, 원가단위 분석, 시설규모, 자기자본과 타인자본 조달 비중, 판매비와 일반관리비 등 적절한 비용 분해, 인력구성계획 등 수익성과 직·간접적으로 관련되는 항목의 분석을 위한 수익성 평가
⑤ 기타 종업원의 조직 적합도, 공장입지, 중·장기 경영계획의 실현 가능성, 기업환경 종합분석 등 5개 항목으로 대별해 볼 수 있다.

그리고 사업성 평가 요소를 세부 평가 항목별로 예시하면 다음과 같다.

① 창업자의 계획사업 수행능력에 대한 세부 평가항목에는 기업가로서의 적성과 자질, 창업자의 계획사업 수행능력, 업종선택의 적합성, 기타 창업자의 경영능력 등이 있다.
② 시장성 및 판매전망의 세부 평가항목에는 국내외 수급동향 및 중장기 수급전망, 시장특성 및 구조, 동업자 또는 유사제품과의 경쟁 상태와 향후 경쟁제품의 출현가능성, 국내외 가격 구조 및 가격 동향, 판매처·판매조직 및 유통경로, 해외시장 분석에 의한 수출가능성과 기타 시장성 요소 등이 평가된다.
③ 기술적 타당성의 세부 평가항목에는 기성제품에 대한 비교 우위성, 시설계획 및 생산시설 규모, 생산능력 및 조업도, 원재료 조달 및 원가단위 사정, 기술 및 기능인력 확보, 예상 불량률 및 개선가능성, 기타 기술이나 생산관련 타당성 분석

항목 등이 있다.

④ 수익성 및 경제성의 세부 평가항목에는 수익전망, 투자수익 및 손익분기점 분석, 계획사업의 경제성 평가, 기타 경제적·재무적 타당성 분석 요소 등이 있다.

⑤ 자금 수지 및 성장성 분석(기업환경 종합분석)의 세부 평가항목에는 소요자금의 규모 및 조달 가능성, 자금 조달 운용계획표 작성, 차입금 상환능력 검토, 계획사업에 대한 위험요소 분석, 성장가능성 등의 요소가 평가되어져야 한다.

(3) 사업계획 수행능력 평가

계획사업은 창업자 자신이 수행한다. 사업아이템 선정에서부터 사업 규모 결정, 자금 조달, 마케팅 등 기업 활동 전반에 걸친 최종 결정권자는 바로 창업자 자신이다. 따라서 창업자가 기업가로서 갖추어야 할 적성과 자질을 얼마나 잘 갖추고 있으며, 후천적으로 해당 사업분야와 관련되는 분야에서의 경험과 지식의 깊이가 얼마나 되느냐에 따라 사업성패가 결정된다고 볼 수 있다.

또한 창업 사업계획을 성공적으로 수행하기 위해서는 창업자에게 업무수행 능력이 필수적으로 요구된다. 이들 요소는 창업자가 기업가로서의 사명과 책임을 다하기 위해 필요한 요소들로서 창업 멤버의 구성 및 통제 능력, 서비스 및 기술혁신 능력, 그리고

〈표 12-6〉 계획사업 수행능력 및 적합성 평가요소

평가 요소	세부 평가항목
적성 및 자질 (선천적 능력)	① 모험심 ② 가능성에 대한 집념 ③ 스케일 ④ 리더십 ⑤ 의지력 ⑥ 기타 창업자의 성격·체질·체력적인 소질
경험 및 지식 (후천적 능력)	① 창업 관련 분야에서의 경험 ② 학문과 지식 ③ 창업자의 자격, 사회적 지위 및 신용 ④ 교제 인물의 폭과 깊이 ⑤ 창업환경을 둘러싸고 있는 인간관계
업무수행 능력 (경영능력)	① 가정유지 능력 ② 창업멤버의 구성 및 통제 능력 ③ 서비스 및 기술혁신 능력 ④ 경영·경제적 환경적응 능력 및 경영분석·판단 능력

국내외의 복잡다기한 경영·경제적 환경변화 속에서 기업성장에 가장 적합한 결정을 내릴 수 있는 종합경영 분석과 판단 능력 등이 있어야 한다.

그러나 이와 같은 창업성공의 필수적 요소인 창업가적 적성과 자질, 경험과 지식 및 업무수행 능력을 완벽하게 구비하고 태어난 창업자는 그리 많지 않을 것이며, 이런 요소를 갖고 있지 않은 창업자라고 해서 반드시 실패한다는 것은 아니다. 다만 창업성공의 필수요소를 많이 갖고 있는 창업자일수록 사업 성공가능성이 높다는 사실이다.

이런 관점에서 계획사업 수행 능력 및 적합성 평가요소는 크게 나누어 창업자의 선천적 적성과 자질, 그리고 창업자의 경험과 지식, 경영 능력 등 후천적 자질로 구분할 수 있으며, 이들 요소의 구체적인 평가항목을 보면 <표 12-6>과 같다.

(4) 시장성 분석

① 시장성 분석의 중요성

사업성패의 분수령은 제품의 판매에 있다. 아무리 품질이 우수한 신제품이라 하더라도 판매가 되지 않으면 결코 사업에 있어서 결실이 맺어졌다고 볼 수 없기 때문이다.

우리는 흔히 좋은 제품을 만들고서도 매출이 제대로 되지 않거나, 매출액 증가율이 높지 않아 손익분기점에 이르는 기간이 너무 길어 사업이 본궤도에 오르기도 전에 도산해 버리는 경우를 흔히 본다.

사업에 있어서 시장성 분석은 사업성패의 갈림길이며, 사업타당성 분석의 핵심요소가 되는 것이다. 따라서 체계적인 시장성 분석은 창업예정자, 업종 전환자뿐만 아니라 금융기관 종사자, 컨설턴트 모두에게 시장성 분석에 대한 기본적 지식과 더불어 보다 체계적인 연구가 뒤따르지 않으면 안 될 분야로 사료된다.

특히 창업을 계획하고 있는 창업예정자에게는 사업성패와 직결되는 만큼 제품의 시장성 분석을 추상적으로, 객관적 근거나 실제 조사에 의하지 않고 막연하게 '잘 팔릴 것이다', '잘 팔리겠지'하는 안이한 생각으로 사업을 시작한다면 대부분 그 사업은 실패하기 마련이다. 따라서 최소한의 시장성 검토는 창업자 스스로가 해보아야 하고, 좀 더 여유가 있다면 전문 조사기관·컨설팅 회사 또는 전문 컨설턴트와 상담하는 것도 좋을 것이다.

② 시장성 분석의 범위 및 평가항목

시장성 분석은 그 구체적인 목적에 따라 신제품 개발에 필요한 정보 수집을 위한 시장분석, 판매계획 즉 미래 수요예측을 위한 시장분석, 유통경로 개선이나 유통경로 발굴을 위한 시장분석 및 광고전략 수립을 위한 시장분석 등으로 대별할 수 있다. 그러나 어떤 경우든지 시장성 분석의 최종 목표는 계획제품에 대한 판매예측, 즉 앞으로 생산할 제품이 시장에서 얼마나 팔릴 것이냐, 향후 수요 증가추세는 어떻게 변할 것이냐를 분석하는 것으로 집약할 수 있다.

시장성 분석은 이와 같은 최종 목표 달성을 위해 시장 조사항목을 결정하고, 구체적인 시장조사 계획을 수립하여 구체적으로 판매예측을 하지 않으면 안 된다. 여기서 우리는 체계적인 시장성 분석을 위한 첫 번째 단계가 시장 조사항목의 결정, 즉 시장성 분석의 범위를 결정하는 일이다.

따라서 시장성 분석자는 그 목표와 수준에 맞게 조사항목을 선정하여 활용한다면 보다 효율적인 시장성 분석이 이루어지리라 본다. 이를테면 창업예정자 등 비전문가 스스로 시장성 분석을 하는 경우에는 다음에 예시하는 시장성 분석항목 중 일반적(필수적) 분석항목이라 할 수 있는 <표 12-7>의 ★표 항목에 대해서만 분석하더라도 일반적인 시장성 분석은 가능할 것이다.

〈표 12-7〉 시장성 분석 항목

구분	분석요소	세 부 분 석 내 용
전반적인 시장 동향 분석	시장규모 분석	◇ 판매 영역별·고객별 잠재수요 분석 ★ 국내 동제품, 대체 및 유사제품에 대한 수급 실적분석(과거 3년간) ★ 동제품, 대체 및 유사제품에 대한 수출입 실적 분석(과거 3년)
	시장의 특성 및 구조	★ 시장의 일반적 성격★ 주요 수요처 ◇ 고객 수용가능성 분석 ★ 유통구조 및 특성(유통경로, 고객의 특성, 변화추세 등) ★ 동업계의 일반적 판매조직(대리점, 애프터 서비스 제공 형태 등) ★ 동제품, 대체 및 유사제품의 일반적 판촉전략(광고 및 영업전략 등)
	소비자 분석	◇ 제품 소비 형태, 소비 단위 ◇ 구매동기 및 소비자 Needs형태 ★ 소비자 구성 분포 및 변화 추세 분석
제품성 분석	제품의 강·약점 분석	◇ 잠재 수요자에 의한 제품 이미지 조사(앙케이트) ★ 제품의 특성, 품질 비교 ◇ 제품의 강·약점 분석(기능, 브랜드 보유 여부)
	제품의 life cycle 및 보급률 분석	◇ 제품의 life cycle 분석 ★ 경쟁품 및 유사제품의 보급률 추정 및 향후 보급 전망

경쟁적 지위 분석	재무상태 비교	★ 자사 및 경쟁사의 재무상태 비교(자본금, 총자산, 부채 규모, 상시 종업원 수, 매출액규모, 영업이익, 당기 순이 익 등 최근 3년간)
	생산능력· 실적 비교	◇ 사업장 규모 비교 ★ 생산능력 및 생산 실적 비교
	주요 경쟁 요소 비교	◇ 제품라인 구성내용, 주력제품, 주력상권, 설비 특성 ◇ 제품기획력, 가격정책, 판매방법 ★ 가격 경쟁력 ◇ 제품에 대한 기술수준, 신제품 개발능력
제품의 채산성 분석	제품원가 및 마케팅 원가 분석	★ 제품원가 분석 ◇ 마케팅 코스트 등의 분석
	마진율분석	★ 마진율 ◇ 공장도가격, 소매가격
	제품가격 분석	★ 제품의 가격 정책 및 경쟁력 분석 ◇ 향후 국내외 가격추세 분석
수요 예측	시장점유율 분석	★ 국내 주요 경쟁업체의 시장 점유율 분석 ◇ 최근 3년간 주요 경쟁업체의 시장점유율 변동추이분석 ◇ 시장 점유율 확보 가능성 분석
	판매량 증감요인 분석	◇ 소비자 성향 변화추이 분석(제품 소비형태, 구매동기분석, 소비자 연령분포, 소비자 세분화, 기호 변화 등) ★ 대체 상품의 동향 및 출현 가능성(수입대체품 포함) ◇ 경쟁사와 광고전략 비교
	판매 전망	◇ 각 판매 영역에 있어서의 제품별 판매 가능량 추이(향후 3년간) ★ 연도별 판매 전망
	불황적응도 및 계절성	★ 불황기의 수요 변동 예측 ◇ 계절성 제품의 수급 대책
시장 및 제품 환경 분석	자원 환경 요인	★ 인적자원(경영층, 사무직 및 생산직) 확보의 용이성 ★ 원재료 수급 용이성 및 입수 가능성 ◇ 에너지 및 에너지 대체 자원의 수급
	기술적 환경 요인	★ 보유 제품에 대한 전반적 기술 수준 ◇ 신기술 및 신제품 개발 능력 ◇ 신기술 및 신제품 개발 전망
	마케팅 환경 요인	★ 판매 방법 및 판매 전략 ★ 판매 대금의 회수 방법 ◇ 외상매출금 및 외상매입금의 효율적 관리 방안 ◇ 어음, 수표관리 및 부실채권의 예방대책
판매전략	판촉 및 광고 전략	◇ 경쟁사와의 판촉 및 광고 전략 비교 ◇ 광고 등의 판매량 증대효과 분석
	영업 전략	★ 효율적인 영업전략 수립 ◇ 판매 및 영업조직의 효율성 제고 방안

주) ★표는 기본적 평가요소이고, ◇표는 임의적 평가요소임.
자료: 박주관, 「창업성공경영학」, 21C북스, 1996, pp.181~183.

③ 시장성 분석의 순서

시장성 분석은 그 목적 또는 분석 수준에 따라 절차가 매우 복잡하기도 하고, 몇 개의 항목만을 선별적으로 분석해 볼 수도 있다. 따라서 시장성 분석은 앞서 보다 철저한 계획을 세우고 정해진 순서에 따라서 진행하여야만 시간 절약과 더불어 효율적인

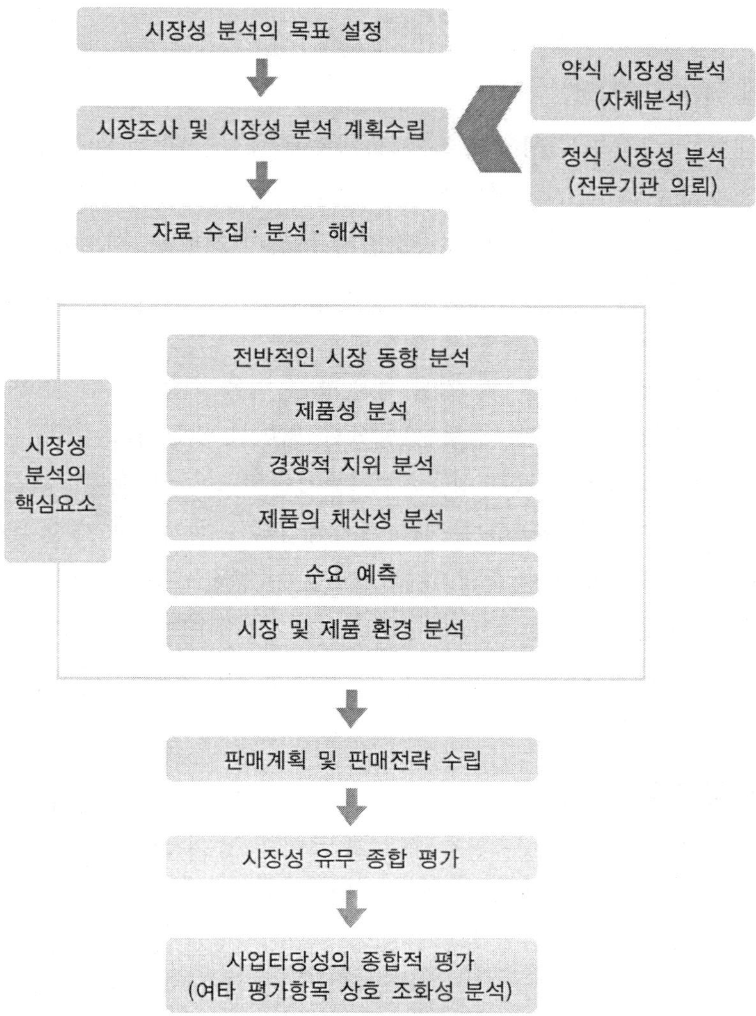

자료: Adapted from Derek F. Abell, *Defining the Business: The starting Point of Strategic Planning* (Englewood Cliffs, N.J. :Prentice-Hall, 1993), Chap. 9, p.198.

[그림 12-2] 시장성 분석의 일반적 순서

시장성 분석을 할 수 있다.

그러나 시장성 분석은 사업타당성 분석을 하는 과정에서 별도로 수행하는 경우도 있지만, 창업과정에서의 시장성 분석은 계획사업의 전반적 타당성 조사의 일부로 수행하는 경우가 대부분이기 때문에 각 평가항목 상호간의 관계와 순서도 생각하면서 분석하지 않으면 안 된다.

여기서 일반적으로 통용되고 있는 시장성 분석 순서를 예시하면 [그림 12-2]와 같다.

⑸ 제품에 대한 기술타당성 분석

제품에 대한 기술적 타당성 검토는 계획제품에 대한 기술적 측면에서의 사업타당성 평가부분으로서, 일반적으로 계획제품의 효율적 생산 가능성과 관련된 계획제품의 특성, 생산 공법, 생산 공정의 적정성, 공장입지 조건의 적합성, 시설규모 및 생산능력, 계획시설의 적정여부, 생산계획의 적정성, 소요 원재료의 수급계획 등을 검토 대상으로 하고 있다.

특히 요즈음과 같이 신기술 및 기술 집약형 사업을 기업화하는 경우가 많아지는 추세를 감안할 때 기술적 타당성 검토는 중요한 의미를 갖는다.

신기술 및 기술집 약형 사업의 성공 여부는 기술의 신규성, 독창성 및 사업의 성공가능성에 있는 만큼 기술적 타당성 분석은 계획사업의 핵심기술에 대한 내용을 정확히 파악함은 물론 기술의 유용성, 기술의 위험요소 및 기술적 성공가능성 정도를 평가하는 것을 핵심 과제로 하고 있다.

이들 기술적 타당성 평가 요소 및 세부 평가항목을 도표로 나타내면 다음 <표 12-8>과 같다.

⑹ 수익성 및 경제성 평가

수익성 및 경제적 타당성 분석은 수익성과 투자와 효율성에 대한 사업타당성 분석 항목이다. 아무리 계획제품의 품질이 좋고, 시장성이 뛰어나서 성공적으로 생산·판매되더라도 수익이 제대로 창출되지 못한다든지, 투자의 경제성, 특히 사업 참여의 가치가 희박하다면 그 계획사업은 근본적으로 사업의 실익이 없는 것으로 판단할 수 있다.

수익적·경제적 타당성 분석은 이와 같이 사업타당성 분석의 최종 단계일 수도 있으며, 나아가서 창업 후 경영전략을 수립하기 위한 사전 준비 과정일 수도 있다. 왜냐하면 계획제품이 그 특성상 수익성이 낮다면 영업 외적 요소, 즉 인건비나 경비를 줄일 수밖에 없는 상황에서 경영전략 수립이 요구되며, 경제성이 없다면 새로운 사업 분야의

〈표 12-8〉 기술적 타당성 평가 요소 및 세부 평가항목

평가 요소	세부 평가항목
계획 제품의 용도, 품질 및 경쟁성 분석	★ 제품의 용도 및 주요 소비처 ★ 제품의 기능·물리·화학적 특징 ◇ 품질 및 기술의 수준
계획 제품의 용도, 품질 및 경쟁성 분석	◇ 품질 및 기술의 수준 ·품질수준과 수요영향의 상관관계 및 영향력 정도 ·특허, 실용신안 등 공업소유권 보유 여부 ·도입 기술의 합리성 ·신기술, 공업기반기술 및 기술집약형 품목 해당 여부 ·계열산업에 공통적인 표준제품 존재 여부 ◇ 제품 및 기술의 경쟁성 ·경쟁사의 제품, 수입품과의 비교 우위성(원가, 품질, 공정 채택 원료상) 여부 ·계획제품의 규격, 표준 규격과의 관계, 품질 또는 표준의 상이(相異)에서 오는 가격 경쟁성 ★ 국내외 경쟁업체 현황 ◇ 기술의 장래성 ·계획사업 기술에 대한 대체기술 여부 및 출현가능성 ·보유 기술의 기술변화 싸이클상의 단계
입지조건 분석	◇ 일반적 입지인자 분석 ·자연적·경제적·사회적 입지 인자 ★ 제조업의 주요 입지 인자 ·공장부지 ·원재료 조달 용이성 ·교통·용수·전력 ·노동력 확보 ◇ 관계 법규상의 제약 요인 분석 ·정부시책 관련 사항 ·토지 이용상 제한 조건

자료: 前揭書, p.184.

탐색도 필요하기 때문이다.

이런 관점에서 수익적·경제적 타당성 분석의 평가항목은 크게 나누어 수익전망, 손익분기점 분석, 투자수익 및 계획사업의 경제성 분석 등으로 분류할 수 있다.

첫째, 수익성 전망은 창업 후 3~5년간의 추정 손익계산서, 추정 대차대조표 및 자금수지 예상 표를 작성한 후, 이를 근거로 기준시점 이후 3~5년간의 수익 전망과 흑자 실현 가능시점 등을 검토해 보아야 한다.

둘째, 손익분기점 분석은 손익분기점 매출액, 즉 기업이 영업활동에서 발생하는 수익과 비용이 일치하는 매출액과 비용은 어느 정도이며, 어느 시점에 실현 가능한지를 중점적으로 분석해 보아야 한다. 또한 부수적으로 손익분기점 산출 후 판매수량, 금액, 고정비, 변동비 등이 균형을 이룰 수 있는지도 함께 검토되어야 한다.

셋째, 투자수익 및 계획사업의 경제성 분석은 각종 투자수익률 산출방식에 의한 투자수익률을 산출함과 동시에 계획사업을 통해 최소한 목표수익률 이상의 수익실현이 가능하며, 나아가서 계획사업의 경제성은 있는지를 분석하게 된다.

⑺ 자금 수지 및 자금 조달 능력 검토

자금 수지 및 자금 조달 능력은 과연 그 사업에 필요한 적정 자금의 규모는 어느 정도며, 이 자금을 적기에 차질 없이 조달할 수 있는지, 그리고 조달된 자금은 상환조건에 따라 상환기간별로 원만히 상환할 능력이 있는지의 여부를 검토하는 것이다.

자금 조달 운용계획을 수립하는 제1단계는 총 소요자금 규모에 따라 자금 조달 계획을 수립하는 것이다. 창업 단계에서 총 소요자금 사정은 여러 측면에서 정확한 산정이 현실적으로 어려운 것이 사실이다. 따라서 자금 조달 계획을 수립할 때는 총 소요자금을 최대한 정확히 산정하되, 소요자금의 불확실성 및 소요자금 산출상의 누락분 등을 감안하여 총 소요자금의 1.5배 내지 2배로 자금 조달 계획을 수립하는 것이 필요하다.

총 소요자금 대비 자금 조달 계획이 수립되면 제2단계로 자금 조달 능력을 검토하여야 한다. 자금 조달 능력은 경영자 또는 창업 멤버들의 인적자원, 금융기관 인맥, 담보력, 신용능력의 총체적 개념이며, 조달 형태에 따라 자기자본과 차입금 등 타인자본으로 구분해 볼 수 있다. 자금 조달 및 운용계획의 수립 절차상 제3단계는 자금 조달 능력의 적정성 평가이다. 자금 조달 능력이 자금 조달 계획 액에 이르지 못하면 사업규모를 줄이지 않으면 안 된다. 사업이란 욕심대로만 되는 것이 아니기 때문이다.

참고로 산업통상자원부가 이미 창업하거나 창업을 준비 중인 전국의 629개 기업을 대상으로 실시한「창업 실태조사」결과를 보면 다음과 같다.

① 창업자의 연령은 40대가 42.2%로 가장 많았고, 다음은 30대가 28.6%, 50대 이상이 27.5%, 20대가 1.6%로 나타났다. 그리고 창업에 소요된 돈과 시간은 다음과 같다.

〈표 12-9〉 중소기업 창업에 소요된 자금과 시간 (단위: % 구성비)

창업 소요 자금	1억원 미만 (9.4)
	1~5억원 미만 (41.2)
	5~10억원 미만 (23.0)
	10~15억원 미만 (10.8)
	15~20억원 미만 (5.6)
	20~30억원 미만 (4.6%)
	30억원 이상 (5.6)
창업 소요 시간	1년 이내 (30.6)
	1~2년 (43.0)
	2~3년 (16.9)
	3년 이상 (9.5)

② 창업 동기는 능력발휘 및 성취욕구 충족(39.9%)과 아이디어의 산업화(39.9%)이었는데, 대부분 자신들이 전에 종사하던 직종과 관련이 있는 업종에서 창업한다고 응답하였다.

③ 창업에 들어간 자금은 41.2%가 1억~5억원 미만으로 응답하여 가장 많았으며, 평균 8억 3천만원이 소요되는 것으로 나타났다.

④ 창업과정에서 가장 큰 애로점은 자금조달로 40.3%를 차지했고, 그 다음으로는 인·허가 절차나 공장부지의 확보문제로 20.1%나 되었다.

⑤ 창업에 소요되는 시간은 평균이 18개월이었지만, 길게는 3년 이상이 소요되는 경우도 적지 않은 것으로 조사되었다.

한편, 중소기업청과 중소기업진흥공단의 조사 결과(1997. 6. 27. 조선일보)에 따르면 중소기업을 창업하기로 마음먹고 공장을 짓기까지 평균 13개월이 걸리는 것으로 조사됐다. 또 처음으로 제품을 만들어 판매하기까지는 22.7개월이 걸리는 것으로 나타났다.

(8) 성장성 분석

사업타당성 분석의 최종 단계는 기업성패에 중대한 영향을 미칠 수 있는 위험요소의 분석과 장기적 기업경영 측면에서 지속적인 성장발전이 가능한지를 분석하는 성장성 분석이다. 이들 요소는 장기 안정 성장을 도모하는 데 절대적으로 필요한 요소이며, 근본적으로 장기 경영계획을 전제로 분석하는 것이다. 즉 장기 경영계획을 체계적으로 작성하는 경우에 이 장기계획이 순조롭게 이행될 수 있는지의 여부와 각종 계획 수행에 필요한 자금 및 예산이 원활히 조달되고 집행될 수 있는지의 여부를 분석한다.

또한 기업의 미래지향성 분석은 연도별 생산, 판매계획의 적정성, 인력 증원의 합리성, 시설투자의 적정성, 수익전망의 합리성, 자금 조달 운용계획의 실현가능성 등 경영 전반에 걸친 장기 예측의 정확성을 검증하는 수단으로써 실행되어 진다.

그러나 창업기업에 있어서는 창업 초기부터 장기 경영계획 수립이 불가능하기 때문에 이들 제요소를 분석 대상으로 할 수는 없으나, 최소한 다음 상황에 대해서는 장기분석을 반드시 해 보아야 한다.

첫째는 제품의 수명과 신제품의 개발전망 분석이다. 제품의 수명분석은 제품의 life cycle에 의해 시장상태를 알아보는 것 이외에, 해당 제품시장이 2~3년 후 또는 5년 후 어떤 상황, 어떤 상태에 있을 것인지를 예측해 보는 것이다.

둘째는 추정 재무제표에 의한 매출액, 당기순이익 등의 적정성과 성장전략의 달성 가능성을 분석해 보아야 한다. 특히 추정 손익계산서를 근거로 한 매출액은 흔히 외형이라 하여 기업규모의 측정 기준이 되므로 최대한 정확한 예측이 되도록 세심한 주의를 요한다.

셋째는 조직 및 인력의 성장성도 분석대상이 된다. 설립 후 2~3년 또는 5년 후의 조직규모, 총인원 등에 대해서도 미래 지향성을 분석해 볼 필요가 있다.

2) 사업계획서 작성

사업계획서는 창업자 자신을 위해서는 사업성공의 가능성을 높여 주는 동시에 계획적인 창업을 가능케 하여 창업기간을 단축하여 주고, 계회사업의 성취에도 많은 효과를 거양한다. 또한 창업에 도움을 줄 제3자, 즉 동업자, 출자자, 금융기관, 매입처, 매출처, 더 나아가 일반 고객에 이르기까지 투자의 관심 유도와 설득 자료로 활용도가 매우 높다. 이런 이유로 사업계획서 작성은 정확하고 객관성이 유지되어야 하며 전문성과 독창성을 갖춘 보편타당한 사업계획서가 되지 않으면 안 된다.

(1) 사업계획서 작성의 기본 순서

사업계획서는 그 목적, 용도 및 제출기관에 따라 내용상 차이가 있으며, 분량과 첨부 서류에도 큰 차이가 난다. 또한 창업자가 직접 작성하느냐, 외부 전문기관에 의뢰하여 작성하느냐에 따라 전문성과 내용이 달라질 수 있다.

효율적인 사업계획서 작성을 위해서는 사업계획서를 실제 작성하기 전에 미리 준비할 사항과 사업계획서 작성의 기본 순서를 알아보기로 한다.

제1단계는 사업계획서 작성 목적에 따른 기본 방향을 설정하는 일이다. 사업계획서 작성의 목적은 크게 세 가지로 구분해 볼 수 있는 데, 첫째는 사업타당성 여부 검증을 포함해서 창업자 자신의 창업계획을 구체화하기 위한 수단으로 작성하는 경우이고, 둘째는 자금 조달의 목적으로 작성하는 경우이며, 셋째는 공장설립 및 인·허가 등을 위해 작성하는 경우이다.

이들 목적에 따라 기본 목표와 방향을 정하지 않으면 안 된다. 기본 목표와 방향이 정해지지 않으면 사업계획서가 초점을 잃기 때문이다.

제2단계는 사업계획서 작성 목적 및 제출기관에 따라 소정양식이 있는지 미리 알아보아야 한다. 자금 조달을 위한 경우라도 조달처가 은행이냐, 신기술사업 금융회사냐, 창업투자회사냐에 따라서, 그 내용에 약간의 차이가 있기 때문이다.

제3단계는 사업계획서 작성계획의 수립이다. 대부분의 사업계획서는 사업계획추진일정상 일정 기한 안에 작성해야 할 필요성이 있는 경우가 많다. 자금 조달을 위한 경우든, 공장입지를 위한 경우든 관련기관에 제출하기 위해서는 빠른 기간 내에 작성하지 않으면 안 되기 때문이다.

제4단계는 사업계획서 작성에 직접 필요한 자료와 첨부 서류 등을 철저히 준비하는 일이다.

흔히 사업계획서 작성 시 이상의 3단계까지의 절차를 거치지 않고 자료 수집부터 하는 경우가 있다. 그러나 이것은 불충분한 자료 수집 때문에 재차 자료 수집을 해야 하는 경우도 발생하고, 경우에 따라서는 많은 시간 낭비를 가져올 수 있기 때문에 사전에 충분한 자료 수집이 필요하다.

제5단계는 작성해야 할 사업계획서의 양식을 결정하는 일이다. 제2단계에서와 같이 특정기관의 소정 양식이 있는 경우에는 그 양식에 의거해서 작성하면 별 문제가 없지만, 특정 양식이 없는 경우에는 미리 작성할 사업계획서의 양식을 구비할 필요가 있다.

제6단계는 실제 사업계획서를 작성하는 일이다. 제출기관에 따라 사업계획서 작성 방법을 간단히 설명하고 있는 경우도 있지만, 그것만으로는 충분하지 못하다. 사업계획서 작성자는 사업계획서 작성 요령을 미리 숙지하여 둘 필요가 있다.

제7단계는 편집 및 제출이다. 사업계획서는 내용도 중요하지만 그 내용을 포괄하고 있는 표지 등 편집도 대단히 중요하기 때문에 정성을 들여서 만들어야 한다.

(2) 기본 사업계획서의 구성 및 내용

정형화되어 있는 표준 사업계획서는 존재하지 않는다. 이미 살펴본 바와 같이 사업계획서의 용도별, 제출기관별로 각각의 양식이 존재할 뿐이다. 따라서 사업계획서 작성 요령 및 방법에 대한 구체적인 설명은 앞서 설명의 편의를 위하여 각종 사업계획서의 내용을 망라한 기본 사업계획서의 폼(form)을 설정하고, 그 구성과 내용에 따라 사업계획서를 작성하면 된다. 여기서 사업계획서의 전내용을 종합하여 표준 사업계획서를 예시하면 다음과 같다.

▌표준 사업계획서 목차(외부기관 제출용)

Ⅰ. 기업체 현황
- 1. 회사 개요　2. 업체 연혁　3. 창업 동기 및 사업의 기대 효과
- 4. 사업전개 방향 및 향후 계획

Ⅱ. 조직 및 인력 현황
- 1. 조직도　2. 조직 및 인력 구성의 특징　3. 대표자 및 경영진 현황
- 4. 주주현황　5. 관계회사 내용　6. 종업원 현황 및 고용 계획
- 7. 교육 훈련 현황 및 계획

Ⅲ. 기술 현황 및 기술개발 계획
- 1. 제품(상품)의 내용　2. 제품(상품) 아이템 선정 과정 및 사업 전망
- 3. 기술 현황　4. 기술개발 투자 현황 및 계획

Ⅳ. 생산 및 시설 계획
- 1. 생산 및 시설 현황
  - (1) 최근 2년간 생산 및 판매 실적　(2) 시설 현황　(3) 조업 상황
- 2. 생산 공정
  - (1) 생산 공정도　(2) 생산 공정상의 제문제 및 개선대책
- 3. 원·부자재 사용 및 조달 계획
  - (1) 제품단위당 소요 원재료　(2) 원재료 조달 상황
  - (3) 원재료 조달 문제점 및 대책　(4) 원재료 조달 계획 및 전망
- 4. 시설투자 계획 및 효과
  - (1) 시설투자 계획　(2) 시설투자 효과

Ⅴ. 시장성 및 판매 전망
- 1. 관련 산업의 최근 상황　2. 동업계 및 경쟁회사 현황
- 3. 판매 현황

(1) 최근 2년간 판매 실적 (2) 판매 경로 및 방법

4. 시장 총규모 및 자사제품 수요 전망

5. 연도별 판매 계획 및 마케팅 전략

(1) 연도별 판매 계획 (2) 판매 시스템 및 마케팅 전략

(3) 마케팅 전략상 제문제 및 해결방안

Ⅵ. 재무 계획

1. 재무 현황

(1) 최근 결산기 주요 재무상태 및 영업실적 (2) 금융기관 차입금 현황

2. 재무추정

(1) 자금 조달 운용계획표(자금 흐름 분석표) (2) 추정 대차대조표

(3) 추정 손익계산서

3. 향후 수익 전망

(1) 손익분기 분석 (2) 향후 5개년 수익 전망

(3) 순현가법 및 내부수익률법에 의한 투자수익률

Ⅶ. 자금 운용 조달 계획

1. 소요자금 2. 조달계획 3. 연도별 증자 및 차입 계획

4. 자금조달상의 문제점 및 해결방안

Ⅷ. 특정 분야별 계획

1. 공장입지 및 공장설립 계획

(1) 공장입지 개황

(2) 현 공장 소재지 약도 및 공장건물, 부대시설 배치도

(3) 설비 현황 및 시설투자 계획

(4) 공장 자동화 현황 및 개선 대책

(5) 환경 및 공해 처리 계획

① 배출예상 오염물질 및 처리 방법 ② 공해 방지시설 설치 내역 및 계획

(6) 공장설치 인·허가 및 의제처리 인·허가 관련 기재사항

(7) 공장설치 일정 및 계획

2. 자금 조달

(1) 자금 조달의 필요성 (2) 소요자금 총괄표 (3) 소요자금 명세

(4) 자금 조달 형태, 용도, 규모 (5) 보증 및 담보 계획

(6) 차입금 상환 계획

3. 기술개발 사업 계획

(1) 사업내용 및 연구목표 (2) 연구개발 인력구성 (3) 개발효과

(4) 개발 공정도 (5) 개발사업 추진 계획 및 소요자금

4. 시설 근대화 및 공정개선 계획

(1) 추진 목적
(2) 분야별 추진 계획
① 시설근대화 계획 ② 공정개선 계획 ③ 신제품 개발 계획

Ⅸ. 첨부 서류
1. 정관
2. 상업 등기부 등본
3. 사업자 등록증 사본
4. 최근 2년간 결산 서류
5. 최근 월 합계잔액시산표
6. 경영진·기술진 이력서
7. 공업소유권(특허·실용신안) 및 신기술 보유 관계 증빙서류
8. 기타 필요 서류

(3) 사업계획서 작성에 따른 유의사항

사업계획서는 창업자의 얼굴인 동시에 창업자 자신의 신용이다. 창업 시의 사업계획서는 창업자 자신이 효율적으로 창업기업을 설립하여, 그 사업을 지속적으로 성장, 발전시켜가고자 하는 창업자의 구체화된 의지를 체계적으로 정리, 기술한 창업계획서이기 때문이다.

이런 관점에서 사업계획서 작성 시에는 다음과 같은 기본 사고 아래서 작성되지 않으면 안 된다.

① 사업계획서는 충분성과 자신감을 바탕으로 작성되어야 한다. 창업자 자신이 가지고 있는 목표아이템을 제3자에게 설득력 있게 납득시키는 것이 사업계획서의 제1의 목적이다.

② 사업계획서는 객관성이 결여되어서는 안 된다. 자신감이 너무 지나쳐 제3자가 느끼기에 허황되고 실현가능성이 없다고 판단될 때는 자칫 신뢰성에 큰 타격을 입을 수도 있다. 따라서 공공기관 또는 전문기관의 증빙자료를 근거로 시장 소요조사와 최소한의 회계적인 지식을 갖고 매출액과 수익을 추정해야 한다.

③ 계획사업의 핵심내용을 강조하여 부각시켜야 한다. 사업계획이 평범하여서는 제3자의 호감을 사지 못한다. 계획제품이 경쟁제품보다 소비자의 호응이 있으리라는 기대를 갖고 제품의 특성을 중심으로 설명하되 잡다한 부수적 생산제품보다 창업 초기 전략 계획상품을 중심으로 1~2종, 많더라도 3종을 넘지 않은 범위 내에서 핵심적으로 상품을 설명할 필요가 있다. 흔히 창업자들이 이 목표

상품을 잘못 선택하여 창업에 실패하는 경우가 많기 때문이다.

④ 제품 및 기술성 분석에 대한 내용은 전문적인 용어의 사용을 피하고, 단순하고도 보편적인 내용으로 구성한다.

⑤ 자금조달운용계획은 정확하고 어느 정도 실현가능성이 있어야 한다. 창업자 자신이 조달 가능한 자기자본은 구체적으로 현금과 예금이 얼마이며, 부동산 담보 등에 의한 조달총액이 어느 정도 되는지를 표시함으로써 제3자로부터 창업자의 자금 조달 능력을 신뢰하게 할 필요가 있다.

⑥ 사업계획에 잠재되어 있는 문제점과 향후 발생 가능한 위험요소를 심층 분석하고, 예기치 못한 사정으로 인하여 창업이 지연되거나 불가능하게 되지 않도록 다각도에 걸친 점검이 요구된다.

Ⅳ. 창업의 기본 절차

1. 제조업의 창업절차

새롭게 사업을 시작함에 있어서 기본적으로 이행해야 할 절차는 업종과 기업형태, 그리고 공장설치 여부에 따라서 많은 차이가 난다. 도·소매업이나 서비스업에 비해서는 제조업이 더 복잡하고, 제조업 중에서도 공장을 임차하여 제조활동을 하는 것보다 자기 공장을 마련하여 생산을 하여야 하는 경우에 더욱 복잡하다.

그래서 여기서는 제조업을 경영하는 법인 창업을 중심으로 설명하고자 한다. 이 경우가 다양한 절차를 수행하는 사례가 되기 때문에 각 창업자는 이 사례 중에서 창업자에게 필요한 절차만 발췌하여 활용하면 될 것이다.

제조업 창업자의 기본절차는 크게 나누어 ① 창업 예비절차, ② 회사설립 절차, ③ 공장설립 및 자금 조달 절차, ④ 개업 준비절차의 4단계로 나누어 볼 수 있다. 이들 각 단계별 세부 처리절차를 도식화 하면 [그림 12-3]과 같다.

2. 제조업 창업을 위한 단계별 고려사항

1) 창업 예비절차

창업 예비절차는 사업 구상을 좀 더 구체화하여 사업의 골격을 세우는 단계를 말

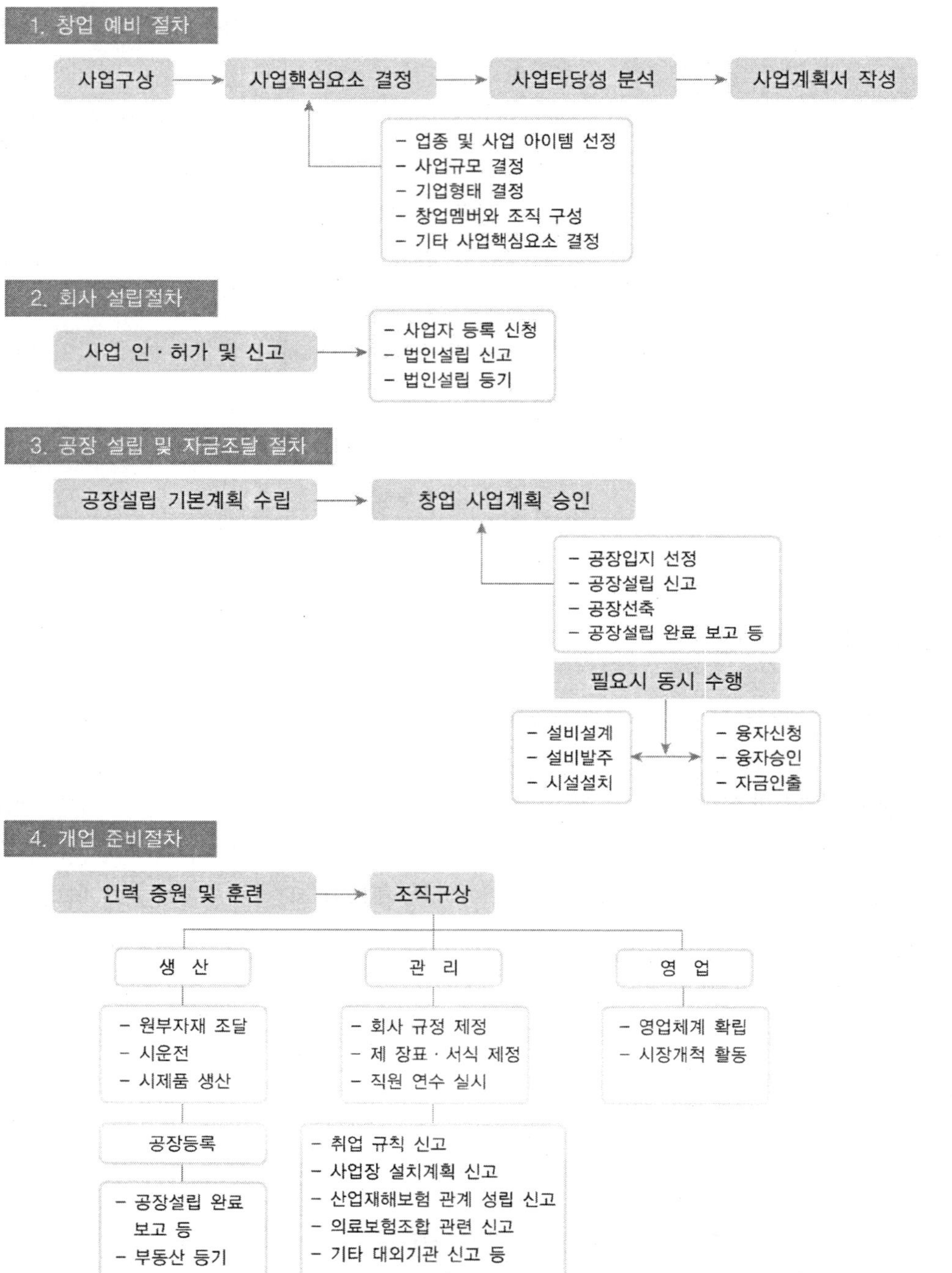

[그림 12-3] 제조업 창업의 기본 절차도

한다. 체계화되지 못하고 실현가능성이 검증되지 않은 사업 구상은 망상에 불과할 수도 있다. 따라서 사업 구상은 좀 더 체계화되고 객관화되어야 사업 성공가능성이 인정되고, 이들 내용이 구체적으로 사업계획화 될 때 비로소 하나의 사업계획이 되는 것이다. 이와 같이 창업 예비절차는 사업 구상에서 사업계획서 작성에 이르는 제 과정을 총칭하는 의미로 받아들일 수 있는 것이다.

이런 관점에서 창업 예비절차에서 결정되어야 하거나 검토되어야 할 핵심요소는 크게 나누어 ① 사업 핵심요소의 결정, ② 사업타당성 분석, ③ 사업계획서 작성 등이 있다.

2) 회사설립의 절차

회사설립은 창업이 구체화되기 위한 제1단계 과정이라 볼 수 있다. 창업 예비절차가 사업계획 단계라고 한다면 회사설립 단계는 법률적으로 정당하게 회사가 설립되는 과정이라고 볼 수 있다.

따라서 회사설립 절차에서 수행하여야 할 핵심요소에는 창업예정 업종에 대한 정부의 각종 인·허가 또는 신고의 이행, 사업을 수행하기 위해 세법에서 규정하고 있는 사업자 등록신청, 그리고 법인 설립의 경우 법인 설립등기와 법인 설립신고 등의 절차를 이행하여야만 하는 것이다.

창업절차에서 업종 및 사업아이템이 결정되면 그 다음 절차는 각종 법에서 규정하고 있는 사업 인·허가 내지는 신고를 하여야 한다. 창업자가 선택한 업종이 인·허가 대상인지, 신고만 하면 되는 업종인지, 아니면 별도의 인·허가 내지는 신고절차가 필요없이 사업을 할 수 있는지를 사전에 검토하여 해당 인·허가 절차를 완료한 후 사업을 개시하여야 한다.

이렇듯 회사설립 절차에서는 법적으로 회사가 설립되는 과정이기 때문에 법적 요건에 흠결이 없도록 세심한 주의가 필요한 것이다.

3) 공장설립 및 자금조달 절차

제조업 창업의 경우 회사설립 절차가 일단 완료되면 다음 단계가 공장설립 단계이다. 공장설립은 제조업 창업 중에서 가장 절차가 복잡하고 창업 지연이 잦은 단계이다. 공장설립 시 공장입지 선정에서부터 각종 법적 인·허가 절차를 밟아야 하며, 공사계약이 원만히 이루어져야만 공사 진행이 순조롭게 진행될 수 있다.

공장설립 시에는 공장건축공사 이외에 공장건축공사를 전후해서 소관 관청을 공장설립 신고, 그리고 공장설립 완공 보고 등 각종 보고를 하여야 하고, 준공검사 등 공장

건축과 관련되는 각종 검사도 함께 받아야 한다.

또한 공장설립 단계에서는 공장건축과 병행하거나 공장 준공 예정일에 맞춰 생산설비의 설계, 시설발주 등이 필요하게 되며, 생산설비 설치 등에 따라 자기자금 이외에 금융기관을 통한 추가자금 조달이 이루어지지 않으면 안 된다.

특히 공장건축과 생산설비 발주 시에는 사전에 정확한 견적서, 설계서 등을 징구하여 자금 부족이 생기지 않도록 신중을 기해야 한다. 우리나라의 금융관행으로 보아 시설자금 조달이 필요한 경우 사전에 금융기관과 접촉하여 한도승인 내지는 자금조달 신청을 하는 등 적기에 자금이 지원될 수 있도록 세심한 주의를 하여야 한다.

4) 개업 준비 절차

개업 준비절차는 창업의 마무리 단계이다. 회사설립, 공장건축 및 생산설비 설치가 완료됨으로써 회사의 골격은 이제 갖추어진 것이다. 이제 갖추어진 골격을 어떻게 운영할 것이냐가 바로 개업 준비절차에서 이행되어야 할 창업절차인 것이다.

개업 준비절차에서는 우선 창업요원 이외에 본격적인 영업에 돌입하기 위해 필요한 관리, 영업, 생산직 직원을 충원하고 훈련하는 일에서부터 체계적인 조직의 구성으로 이어진다. 회사 실정에 맞는 조직이 구성되면 각 분야별로 생산파트에서는 원부자재 조달, 생산설비 시운전 및 시제품 생산과정을 거친 후, 본격 생산에 돌입해야 한다. 그리고 이어서 공장등록, 공장설립 완료 보고, 부동산등기 등의 절차도 이행하여야 한다.

관리 분야에서는 급여규정, 회계규정 등 각종 회사 내규의 제정, 업무에 필요한 각종 장표와 서식 제정과 더불어 직원 연수도 집중적으로 실시해야 한다. 그리고 대외 기관에 신고해야 할 각종 사규, 즉 취업 규칙 신고, 사업장 설치 계획 신고, 산업재해보험 관계 성립 신고, 그리고 기타 대외기관 신고 등을 이행해야 한다.

반면 영업 분야에서는 영업체계의 확립, 시장개척 활동 및 시장조사 등을 병행하여 실시함으로써 본격 영업에 대비하여 자사 제품을 홍보하고, 소비자 반응을 체크하여 제품의 성공가능성을 타진해 보는 등 보다 더 좋은 제품으로 발전해 갈 수 있도록 다양한 측면에서 소비자 반응을 살피는 일이 중요하다. 그리고 영업사원에 대한 정신무장과 더불어 영업직에 대한 자긍심 제고 노력 및 영업직 직원에 대한 연수도 병행하여 실시하는 일도 잊어서는 안 된다.

토의문제

01. 창업계획서를 작성해 보시오.

02. 사업타당성분석의 중요성에 대해 논의해 보시오.

03. 틈새시장이란 무엇이며 어떻게 공략할 것인가?

04. 성공적인 창업의 핵심요인에 대해 논의해 보시오.

05. 벤처창업에 대해 논의해 보시오.

참고문헌

1. 김성수, 성공으로 가는 21세기 경영학원론, 삼영사, 2007.
2. 박주관, 「창업성공경영학」, 21C북스, 1996, pp.181~183.
3. 박상범·조희영, 「중소기업경영론」, 삼영사, 1997, p.112.
4. 박재린, 중소기업경영학, 무역경영사, 2004.
5. 이건창, 인터넷과 경영, 무역경영사, 2003.
6. 이봉수 외, 21세기 글로벌 경영학원론, 명경사, 1998.
7. 정용대, 중소·벤처창업론, 삼영사, 2003.
8. 조동성, 21세기를 위한 경영학, 도서출판 서울경제경영, 2000.
9. Adapted from Derek F. Abell, *Defining the Business: The starting Point of Strategic Planning*(Englewood Cliffs, N.J. :Prentice－Hall, 1993), Chap. 9, p.198.
10. Baumback., C. M., *How to Organize and Operate a Small Business* Prentice－Hall, Inc., 1985, pp.111~115.

제13장

국제경영

제13장 국제경영

국제경영에 관한 관심은 오늘날 세계경제가 글로벌화시대를 맞이하면서 그 중요성과 함께 더욱 부각되고 있다.

국제경영이라 함은 국경선을 넘어 서거나 두 나라 이상에서 동시에 일어나는 경영활동을 의미하는 개념인데 이는 국경이 없는 하나의 세계(borderless world) 그리고 하나의 시장(single market)이 되어 가고 있음을 뜻한다. 바야흐로 오늘날의 세계는 하나의 지구촌으로 변화하면서 국내외 경제의 구분이 없이 하나의 거대시장으로 형성되어 가고 있다. 이 같은 세계경제의 글로벌화는 오랜 역사적 과정을 통해 진전되어 왔지만, 특히 WTO체제의 출범과 과학기술 및 운송·통신수단의 획기적인 발달 및 정보화의 급진전은 세계경제를 글로벌화 하는데 결정적인 영향을 미쳤다.

본 장에서는 국제경영의 개념과 국제화 단계, 다국적 기업, 해외직접투자 문제에 한정하여 살펴보기로 한다.

Ⅰ. 국제경영의 개념

국제경영이란 국경선을 넘거나 또는 2국 이상에서 동시에 일어나는 경영활동이라고 말할 수 있는데, 여기서 국경선을 넘는 대상에는 재화, 서비스, 자본, 인력, 기술이전, 인력관리 등의 경영활동과 사업내용이 모두 포함된다.

일반적으로 국제경영에 대한 개념은 국경을 넘는 사업 활동을 연구의 대상으로 하는 학문분야로써 국경을 넘는 사업 활동의 대상에는 재화, 서비스, 자본, 인력, 기술이전 그리고 인력관리 등이 모두 포함된다고 보는 견해와 한 나라, 한 영토 또는 한 식민지 이상의 사람 또는 기관에 영향을 미치는 공사(公私)의 경영활동을 연구대상으로 한다는 견해가 있다.

이들 두 견해를 비교해 보면, 전자는 국경선을, 후자는 활동지역의 수를 기준으로 하고 있다는 점에서 양자의 견해 차이를 발견할 수 있겠다. 즉 전자가 역사적·동태적인 관점에서 기업이 나아가는 방향을 설명하고 있다면, 후자는 현상적·정태적인 관점에서 기업의 경영활동 결과 나타나는 현상을 설명하고 있다고 볼 수 있다.

따라서 본서에서는 이들의 견해를 종합하여 국제경영이란 국경선을 넘어서거나 두 나라 이상에서 동시에 일어나는 공적·사적 사업 활동으로써 재화, 서비스, 기술, 자본, 인력, 정보 등을 포괄하는 넓은 의미로 국제경영의 개념을 규정하기로 한다.

Ⅱ. 기업의 국제화 단계

1. 기업의 해외진출

기업의 해외시장 진출은 수출방식에 의한 해외진출을 비롯하여 계약방식, 직접투자에 의한 해외진출 방식 등으로 구분할 수 있다.

1) 수출방식에 의한 해외진출

이는 기업이 자기 나라에서 제품을 생산하여 타국에 수출하는 해외진출 방식으로써 이에는 간접수출 방식과 직접수출 방식이 있다.

간접수출은 국내에 있는 중간수출업자를 통하여 자사의 제품을 해외에 수출하는 경우로써 수출경험이 전혀 없거나 수출 전문 인력을 이용할 수 없는 경우 또는 수출규모가 작은 경우에 주로 이용되는데, 이 경우에 제품을 생산한 기업은 수출 선이나 수출마케팅전략에 대한 통제권을 갖지 못하며 중간수출업자에게 제품을 판매하는 것으로써 모든 수출업무를 마치게 된다.

그러나 직접수출은 중간수출업자를 통하지 않고 직접 해외에 있는 고객을 상대로 자사의 제품을 수출하는 경우인 데, 이에는 자사의 지점, 대리점, 유통 업자를 통한 수출, 자회사를 통한 수출 등의 방식이 있다.

직접수출의 경우 제품을 생산한 기업은 시장조사, 가격결정, 물적 유통, 수출서류 작성, 고객접촉 등 제반 수출마케팅활동을 직접 계획하고 수출관련 업무를 수행해야 하는데 간접수출에 비해 직접수출은 기업 활동이 한층 발전된 단계로써 시장개입의 범위도 크게 확대된다.

2) 계약방식에 의한 해외진출

자기회사가 보유하고 있는 기술이나 지식을 유상으로 이전하는 장기계약을 외국기업과 체결하여 해외에 진출하는 방식인데 상품이 아닌 기술이나 지식을 이전한다는 점에서 수출방식과 다르고, 자본투자가 요구되지 않는 점에서 직접투자방식과도 구별된다. 그리고 계약방식에는 라이선싱(licensing)을 비롯하여 여러 가지 방식이 있다.

(1) 라이선싱(licensing)

라이센서(licensor)가 보유하고 있는 노하우(know-how), 등록상표, 기술공정, 공업소유권 등의 상업적 자산을 일정한 로열티(royalty)나 수수료를 받고 라이선시(licensee)에게 제공하기로 하는 라이선싱계약을 체결하여 해외에 진출하는 방식이다. 따라서 라이센서(licensor)는 적은 위험과 비용으로 해외시장에 침투할 수 있고, 라이선시는 유명제품의 브랜드를 활용할 수 있어 ① 생산원가 면에서 국내에서의 제품 생산이 불리한 경우나, ② 수출에 따른 운송비용이 너무 많은 경우 및 ③ 현지국정부의 규제로 현지생산이 불가능한 경우 등에서 주로 활용된다.

(2) 프랜차이징(franchising)

프랜차이징은 라이선싱의 한 형태로 즉석식품, 자동차임대업, 건설, 호텔, 주유소 등과 같은 산업에서 많이 이용되고 있는데, 프랜차이저(franchisor)가 소유권이 독립된 프랜차이지(franchisee)로부터 일정한 수수료를 받고 상표 등에 대한 사용권을 허가해 주고 기업의 운영까지를 계속적으로 지원해 주게 된다.

(3) 관리계약(management contract)

합작투자의 한 형태로 계약 당사자 중 한 사람은 운영 시설을 소유하고, 다른 한 사람은 경영을 담당하게 되는 데, 경영을 담당하는 파트너는 관리적 노하우를 제공하는 대가로 소유권의 일부나 로열티(royalty) 및 일정한 대가를 받게 된다.

(4) 턴키프로젝트(turnkey project)

기업이 특정 생산설비나 대형기계(선박, 철도, 차량, 발전소 등)를 수출함에 있어 수출국에서 필요한 생산설비의 제공과 기술지도 뿐만 아니라 공업소유권, 노하우 등 설치·운전에 필요한 일체의 용역제공까지를 포함하여 수출하는 일종의 종합적인 수출형태로 일명 플랜트 수출(plant export)이라고도 한다. 여기서 플랜트(plant)란 공장시설 및 기계, 생산설비, 전기 및 가스설비, 통신설비 등을 의미한다.

(5) 계약생산(contract manutacture)

계약생산이란 자사(自社)가 요구하는 제품을 생산능력을 가진 현지국기업과 생산·공급 계약을 체결하고, 제품에 대한 마케팅활동은 자기 기업이 책임을 지는 경우인 데, ① 자사가 해당 제품을 직접 생산할 능력이 없는 경우나, ② 현지의 값싼 노동력이나 원자재를 이용하고자 하는 경우 및 ③ 현지 생산과정에서 발생할지도 모를 소유권문제 등에 따른 위험과 충돌을 피하고자 하는 경우에 주로 활용된다.

OEM(Original Equipment Manufacturing; 주문자상표 부착방식)수출은 일종의 계약생산이라고 할 수 있다.

(6) 전략적 제휴(strategic alliance)

전략적 제휴란 기술개발, 생산, 마케팅, 디자인, 엔지니어링, 유통 등의 분야에서 이루어지는 기업 간 제휴관계로써, 참가 기업들은 상호 경영의 독립성을 인정하면서 해당 사업을 공동으로 추진하여 위험을 분산시키고, 수익을 안정적으로 확보할 수 있으며, 개별기업의 노하우를 용이하게 관리할 수 있다. 따라서 전략적 제휴를 통해 상호 비교우위요소를 결합함으로써 전체적인 경쟁력도 크게 향상시킬 수 있다.

합작투자가 선·후진국 기업 간의 수직적 분업의 형태로 이루어지는 데 반해, 전략적 제휴는 선진국 경쟁기업 간에 신규회사를 설립하지 않고 형성되는 것이 특징이다.

3) 직접투자에 의한 해외진출

현지 국에서 직접 제품을 생산하고 마케팅하기 위한 생산시설 자본을 현지에 투자하는 방식으로서 이에는 제품생산에 필요한 모든 부품을 본국으로부터 수입하고 현지국에서는 단순히 조립·가공만 하는 방식과 제품 전체를 완전히 현지국의 생산요소를 사용하여 생산하는 방식 등 매우 다양한 방식이 있다. 직접투자에는 단독투자와 합작투자 형태가 있다.

(1) 단독투자

이 방식에 의한 해외진출은 당해 기업이 독점적 우위를 견지하고 있거나 생산과정에서 모기업이 자회사에게 원자재를 공급한다든지 또는 그 반대의 관계가 성립되는 경우에 주로 활용된다. 따라서 제품이나 기술에 대한 강력한 통제가 가능할 뿐 아니라 자사의 경영방침을 독자적으로 운영할 수 있고, 기술이나 노하우의 누출을 방지할 수 있는 등의 많은 이점을 가지고 있다.

단독투자의 장점으로는 ① 기술보호, ② 범세계적인 전략적 조정 가능, ③ 입지 및 경험상의 경제성 실현 등을 들 수 있고, 단점으로는 높은 수준의 위험과 비용을 들 수 있겠다.

⑵ 합작투자

합작투자(joint venture)란 2개 이상의 기업, 개인 또는 정부기관이 특정 기업체의 주식자본, 채무, 무형고정자산(특허권, 의장권, 상표권, 영업권), 경영 및 기술 노하우, 유형고정자산(기계, 설비, 토지) 등을 공동으로 소유하여 경영에 공동참여 하는 방식인데, 상대기업의 강점을 상호 이용할 수 있을 뿐만 아니라 위험을 분담할 수도 있다.

따라서 합작투자는 단독투자에 비해 자회사에 대한 통제보다는 현지파트너의 기여를 필요로 하는 경우에 많이 이용된다.

합작투자의 장점으로는 ① 현지파트너의 지식에 대한 접근 가능, ② 연구개발 비용 및 위험분담, ③ 정치적으로 수용 가능 등을 들 수 있고, 단점으로는 ① 기술에 대한 통제력 상실, ② 범세계적인 전략적 조정 불가능, ③ 입지 및 경험상의 경제성 실현 불가능 등을 들 수 있겠다.

2. 기업의 국제화 과정

국제기업이란 여러 나라에 걸쳐서 경영활동을 수행하고 제조시설을 보유하며, 국가적 정치적 제약에 구애받지 않으면서 세계적인 범위와 규모로 경영활동을 수행하는 기업을 의미한다.

조직상으로는 국제사회에 존재하는 새로운 국제 분업의 한 유형이라 할 수 있고, 세계 각국의 자회사와 계열회사를 갖는 기업집단이다. 그러나 기업의 국제화라는 개념은 단순한 수출활동에서 시작하여 복잡하고 방대한 세계적 경영활동에 이르기까지 실로 다양한 내용을 포함하고 있다. 따라서 기업이 어느 정도의 국제화를 이루고 있는지를 파악하기 이전에는 그 기업의 국제경영활동에 대한 논의를 할 수 없다. 그러므로 국제경영이론과 전략, 그리고 관리에 관한 전반적인 이해를 얻기 위해서는 기업의 국제화 과정을 단계적·동태적으로 파악할 필요가 있다.

대부분의 기업들은 한 가지 특정 진출방식을 선호하는 경향이 강하다. 어떤 기업은 수출이 위험을 최소화하기 때문에 수출을 선호하고, 다른 기업은 라이선싱이 수익을 획득하는데 용이하기 때문에 그것을 선호할 수도 있다. 또 다른 기업은 직접투자를 선호한다. 그러나 하나의 진출방식을 고수하는 것은 너무나 제한적인 사고이다. 어떤 국가는 어떤 제품의 수입을 금지하거나, 직접투자는 허용하지 않지만, 외국과의 합작투자만을 허용하기도 한다. 결국 기업들은 모든 진출방식을 습득해야 한다. 즉, 어떤 기업이 좋아 한다고 해도 그 상황에 최적으로 적합해야만 하기 때문이다. 대다수의 정교한 다국적 기업들은 동시에 여러 상이한 진출방식을 취한다.

대부분의 국가에 당면한 문제는 국제무역에 참여하고자 하는 기업이 충분하지 않다는 것이다. 이러한 문제로 인하여, 이들 국가들은 필시 수입해야 할 재화에 대해 지급할 충분한 외화를 획득할 수 없다. 결국 정부가 적극적으로 수출을 촉진하게 된다. 그러나 수출촉진 프로그램은 거의 그 목표를 성취하지 못하는데, 그 이유는 기업들이 국제화되는 과정을 깊이 이해하지 못하는데 기인한 것이다. 여기서는 기업의 국제화되는 과정에 대하여 간략하게 살펴보기로 한다.

1) 제1단계: 국내지향기업(국내 기업)

대부분의 기업이 초기에는 정보수집이 용이하고 가까이 있는 국내시장을 목표로 생산·판매활동을 하게 된다. 이러한 기업은 생산시설의 가동률을 극대화하여 시장점유율을 높임으로써 수익을 극대화하려는 정책적 목표를 가지게 되는데 자금조달의 원천은 국내자본이 되고, 기업의 조직은 단일제품의 경우에는 생산·판매 등의 기능별로 분화된다. 그러나 복수제품의 경우에는 각 제품의 성격에 따라 기능별 분화 또는 제품별 분화가 채택되는 것이 일반적이다.

국내지향적인 기업형태가 형성되는 가장 중요한 이유는 기업의 자본과 경영능력이 미약하고 해외시장의 불확실성과 불편, 불리성이 높기 때문인데, 대기업보다는 중소기업에서 국내지향적인 기업형태를 많이 취하게 된다. 이는 중소기업이 자본·경영면에서 열세하기 때문에 불확실성과 불편, 불리성이 높은 외국시장으로의 진출보다는 국내시장에의 참여가 상대적으로 용이하기 때문일 것이다.

그리고 미국과 같이 국내시장의 규모가 큰 기업여건 하에서는 절대다수의 기업이 외국시장으로의 진출에 관심을 보이지 않고 있는 것이 일반적 현상이지만, 국내시장이 협소한 서유럽제국, 특히 스위스, 벨기에, 네덜란드와 같은 나라에서는 해외시장으로의 진출 없이 능률적인 기업경영이나 기업성장을 기대하는 것은 어려운 일이다.

2) 제2단계: 해외지향기업(수출 기업)

국내시장 규모가 한계에 이른 기업여건 하에서는 기업성장의 유일한 길로서 해외시장에 눈을 돌리지 않을 수 없게 되는데, 국내시장 확대의 한계라는 계기를 맞으면 많은 기업은 제2 단계의 해외지향기업으로 기업 활동의 방향을 전환하게 된다. 그에 따라서 이들 기업은 수출에 의한 해외시장 개척과 그 결과로서 생산시설의 경제단위화 달성을 통한 수익의 증대를 정책적 목표로 삼게 된다.

이러한 해외지향기업에서는 수출활동을 지원하기 위하여 마케팅 부서가 국내부와 수출부로 양분되고 수출부의 주도하에 수출활동이 이루어지게 된다. 그리고 중요한 수출시장에는 지사 또는 현지법인이 설치되고 현지시장과의 연락관계를 긴밀하게 유지한다.

이러한 해외지향기업의 특징은 해외시장에서의 경쟁력을 유지할 수 있는 생산요소가 국내에 있다는 점을 들 수 있는데, 국내노동력의 비교우위에 의하여 경쟁력이 유지되고 있다.

3) 제3단계: 현지지향기업(다국적 기업)

현지지향기업이란 수출의 증대로 인한 수입국의 무역역조, 산업침체 등으로 인한 각국의 수입규제를 회피하기 위해 여러 국가에 본격적인 거점을 마련하고 생산, 마케팅 등의 경영활동을 수행하게 되는 단계의 기업을 말한다.

우리나라는 1975년 종합무역상사제도의 도입과 함께 다각화 전략을 제도화 하였는데 세계시장의 $\frac{1}{3}$이상을 차지하고 있는 미국시장에서 그런대로 수출경쟁력이 있었던 섬유, 신발, 칼라 TV 등의 수출품목에 대한 수입규제가 정부의 다각화 전략을 어렵게 만들었다. 그래서 해당 업계에서는 현지투자에 의한 수출시장 내부에서의 생산 활동, 또는 생산원가가 유리한 제3국에서의 생산에 의한 선진제국 시장침투 전략을 택하게 되었다.

현지지향기업을 달리 표현하면 다국적기업(multinational corporation)이라 할 수 있는데, 금성사(현, LG전자)를 비롯한 몇 개의 가전제품 제조업체가 미국의 쿼터제한을 회피하기 위한 수단으로서 현지합작회사를 설립한 것이나, 섬유업계에서 고임금으로 인한 국제경쟁력 약화를 극복하기 위한 방편으로 태국, 방글라데시 등의 저임금 국가에 현지생산 공장을 설립한 것은 현지지향 기업 활동의 대표적인 사례라 할 수 있을 것이다.

이러한 제3단계의 현지지향기업의 경영전략은 현지생산에 의한 수입통제국가의 시장 확보 전략이라 할 수 있는데, 이를 뒷받침하기 위하여 조직 면에서는 제2단계의 해외지향기업 조직에서는 마케팅부서의 하부기관이었던 수출부가 외국부서로 독립되고, 그 밑에 해외생산 및 해외마케팅 담당 부서를 신설하게 된다. 또 인사 면에서는 본국 경영자의 해외현지 파견뿐만 아니라 현지노동자의 성향 및 소비패턴을 피부로 느낄 수 있는 현지인의 고용을 점차 확대하는 새로운 인사제도를 도입하게 되며, 재무 면에서도 해외자본을 활용하기 위한 국제금융업무의 중요성이 크게 부각하게 된다. 그러고 관리 면에서는 재무나 기술개발 등과 같은 중요한 사항에 대해서만 본사가 의사결정권을 가지고, 이 외의 일상적인 업무에 대해서는 모든 권한을 분권화시켜 해외자회사에게 위임하게 된다.

4) 제4단계: 세계지향기업(세계기업)

세계지향기업이란 다국적기업의 발전적 유형 중에서 최고로 발달한 유형인데, 상호의존관계에 있는 자회사군(子會社群)과 친회사(親會社)가 유기적으로 결속되어 국제적 내지 세계적 차원에서 국적을 초월하여 국제사회의 '선량한 시민'으로서 행동하며, 사업 활동을 전개하는 기업을 뜻한다.

오늘날 정보화의 진전과 교통·운송수단의 발달은 세계적인 경쟁의 격화를 초래하게 되었고, 이를 극복하기 위하여 세계에서 가장 저렴한 원가구조를 갖는 국가에서 생산된 제품을 전세계시장에서 흡수하는 이른바 다변화된 생산, 판매 체제를 갖춘 세계지향기업이 등장하게 되었다.

이러한 제4단계의 세계지향기업의 경영전략은 다각적 생산판매의 네트워크를 통한 경영의 적정화 전략이라 할 수 있는데, 세계지향기업의 인사는 국적을 초월하여 능력을 기준으로 한 인사정책이 도입되고 제3국경영자의 등장은 필연적이 된다.

재무면에서도 다각적인 현지투자를 뒷받침하고 자금의 효율적인 관리로 각종 위험성을 제어할 수 있는 금융회사가 기존 조직 내의 재무부서로부터 독립하게 될 것이다.

Ⅲ. 다국적기업

1. 다국적기업의 의의

WTO체제가 출범한 이후 세계경제동향 가운데 가장 특징적인 현상의 하나는 다국적기업이 급격하게 지배적인 지위를 획득하고, 급속한 성장과 이들을 중심으로 한 경제활동의 국제화를 들 수 있다.

특히 다국적 기업은 1900년대에 와서 세계교통·통신망의 발달로 인하여 세계적인 시야에서 기업경영이 가능하다는 점과 아울러 전후 「유럽」의 경제재건을 위한 미국의 직접투자유치정책, 다국적 교섭에 의한 외환 및 무역거래에 있어서의 자유화진전, EEC 등 광역경제망의 창설에 따른 지역관세의 철폐와 역외관세(域外關稅)의 차별통용(差別通用) 등은 오늘날과 같은 다국적 기업의 수적, 질적 확대를 초래하였다.

그리고 다국적기업을 통한 경영 및 과학기술의 국제적 이동, 다국적기업의 자회사의 법적조직형태, 자체내부의 경영조직, 노사문제, 넓게는 현지국정부와 일반대중에게 이르기까지의 현지국과 다국적기업의 관계가 복잡하게 전개되고 있다.

그리고 해외직접투자의 동기로써는 저비용, 시장 확보 및 확대, 관세, 비관세장벽의 대책, 각국의 경제성장의 격차, 정부의 장려책, 세금관계 등을 고려할 수 있겠다. 대부분의 대표적인 다국적기업에 있어서는 수출에 의하여 다른 나라에 시장을 개척할 수만 있다면 이것을 확보하기 위해 그 시장에 침투하고 그곳에 생산설비를 갖게 된다.

다국적기업에 있어서는 세계적 규모에 있어서 수출과 직접투자 및 현지생산이 병존하며, 민족, 역사, 풍속의 차이, 정치등과 같은 힘은 매우 강하게 작용을 하고 경우에 따라서는 곤란하게도 된다.

최근 UN보고서는 다국적기업에 의하여 근본적인 새로운 문제점이 발생하고 있다고 지적하고 있으며 일반적으로 외국인 투자는 경제생활 전반을 지배하며 통제가 거의 불가능한 경제사회적인 변화를 수반하고 있는 것으로 인식되고 있다.

한편 현대의 예언자 「허만 칸」은 “거대한 요귀가 지표를 뒤덮으려 하고 있다. 다국적기업이란 이름의 요귀가”라고 예언을 하였다. 뒤이어 1960년대 초에 이르러 20세기의 거인 「드골」은 유럽산업계를 손아귀에 넣으려는 미국의 다국적기업의 치밀한 전략을 경고하기 시작하였으며, 1971년 국제금융파동이 있었을 때 부후에는 다국적기업이 도사리고 있었던 것이다. 국제금융문제 전문가 「제임스 마이거스」는 “금융파동의 주범을 찾으려면 다국적기업의 본부를 습격하라”고 비유하였다.

요즈음 세계기업 특히 중동에 근거를 둔 석유재벌들은 이른바 축소판 국무성과 CIA마저 두고 있는 판국이다. 상대국과의 정치·경제·외교가 막중할 뿐만 아니라 그에 필요한 정보 수집은 절대적인 요건이기 때문이다.

개발도상국이 다국적기업으로부터 자본상의 혜택을 받을 수 있고 동시에 필요로 하는 새로운 기술을 제공받을 수 있도록 선진국들은 정책적으로 다국적기업을 규제하여야할 것이라는 것이 제3세계가 주장하는 요지인 것이다.

2. 다국적기업의 개념과 성격

다국적기업이라는 용어는 일반적으로 '세계기업'(world enterprise)이라고도 하는데, 다수 국에 걸쳐서 영업 내지 제조거점인 해외자회사(제조·판매회사)를 가지고, 국가적·정치적 제약에 제한받지 아니하고 세계적인 범위와 규모에서 세계를 하나의 시장으로 보고 경영활동을 전개하는 기업을 말한다. 다시 말해 다국적기업은 국제사회에 존재하는 새로운 국제 분업의 한 유형으로써 세계 각국에 그 일부 또는 전부를 지배할 수 있는 자회사(子會社) 또는 계열기업으로 구성된 기업집단인 것이며, 국제적 생산 및 투자 그리고 마케팅상의 주체가 될 수 있는 기업이라 할 수 있다.

이와 같은 다국적기업은 1950년대 이후 자동화, 기술혁신, 고도경제성장의 진전에 따라 주로 미국을 중심으로 발전하였는데, WTO체제의 출범과 더불어 전세계적으로 확산되고 있으며, 우리나라의 종합무역상사의 대부분도 다국적 기업화에 박차를 가하고 있는 실정이다.

이러한 다국적기업의 문제가 본격화된 것은 1960년대 이후였는데, 이미 이때에도 해외시장으로 진출한 국제기업(international business)은 많이 존재하였다. 그러나 이때의 국제기업은 오늘날의 다국적기업과는 그 성격 면에서 상당한 차이가 있다. 즉, 국제기업은 한 특정국(본국)에 기업의 총본산인 본사를 두며, 경영은 본사의 의사결정대로 계획·조정·통제와 같은 통합적 관리를 수행하며, 세계각지에 분산되어 있는 영업거점엔 제품수출·자본투자가 이루어지나, 그 이익·이자 및 배당금은 본사로 송금된다. 국외의 영업거점은 영업활동 및 이익송금의 중계적인 역할을 하는 하나의 지점 내지는 출장소의 성격에 지나지 않았다.

그러나 오늘날의 다국적기업은 본사와 각 영업거점 간에 이와 같은 관계는 거의 폐쇄되어 있으며, 각 거점은 모두 독립적인 이익관리단위로서의 성격을 가지며, 획득한 순이익은 경영충실화 내지 확대를 위하여 현지법인에 재투자됨이 원칙이고, 그 경영은 세계 어디인가에 존재하는 사령실격 거점에서 종합적 전략에 의해 통합·조정되고 있다는 점에서 크게 다르다. 이와 같은 다국적기업에 대한 일반적 성격을 정리해 보면 다음과 같다.

첫째, 다국적기업은 다수 국에서 활동한다.

둘째, 다국적기업은 연구·개발·제조활동을 통하여 피투자국의 GNP확대에 기여한다.

셋째, 다국적기업의 경영은 다양한 국적을 가진 사람들에 의하여 영위된다.

넷째, 다국적기업의 주식은 다양한 국적을 가진 사람들에 의해서 소유된다.

다섯째, 다국적기업은 국내활동이나 해외활동을 구별하지 않고 이익획득을 위한 장소와 기회만 있으면 어디든지 진출한다.

여섯째, 다국적기업은 전세계를 활동의 본거지로 보며 본국은 단지 그 활동의 한 분야에 지나지 않는다.

일곱째, 다국적기업은 국가·국적 및 국경을 초월하여 활동하므로 세계 중에 분산되어 있는 영업의 거점에는 각각 세계 각국의 국적을 갖는 현지법인으로서의 기업이 설립된다.

3. 다국적기업의 출현배경과 특징

1) 다국적기업의 출현배경

다국적기업이 본래 오래된 것으로서는 동인도회사를 들 수가 있다. 그러나 일반적으로는 다국적기업이라 불리어지고 있는 기업은 1950년대 중반 이후 비교적 새롭게 출현을 하였으며, 그 당시에 미국의 해외투자의 방향과 성격은 크게 변화하였다. 그 변화는 미국이외의 북미 및 라틴 아메리카에 대하여 해외투자가 급감하고 동시에 구주(歐洲) 및 일본에 대한 투자가 2배로 신장을 했다. 또한 라틴 아메리카에 대한 농업경영과 광산개발에 중점을 두고 있었던 옛날과는 달리 50년대 이후는 제조공업에 대한 투자가 집중적으로 증가했던 것이며, 선진 자본주의 국가에서는 석유·전기·화학 등의 주요산업분야에 있어서 기업의 집중·합병을 행하여 거대기업이 출현하게 되었다. 이들 거대기업은 해외에 시장을 개척하고 그곳에 판매지점·판매자회사를 설치했으며 당초는 자사제품의 수출을 확대시켜 해외시장의 확대에 임하였으나 경쟁기업의 출현, 관세장벽 등에 부딪쳤기 때문에 이것을 극복하기 위하여 해외에 제조거점을 갖기 위해서도 직접투자를 행하기에 이르렀다.

자원산업의 분야로는 비교적 오래전부터 다국적기업의 출현이 보여 졌으나 이것은 자원의 공급원이 해외에 있기 때문에 그 확보를 위하여 해외투자를 행하였다. 또한 대규모의 자원개발을 경제적으로 가능하게 하기 위하여서는 시장을 확보하는 것이 필요했다. 이와 같이 자원을 공급원과 시장이 많은 나라에 확대 투입하여 다국적기업이 출현했던 것이다. 이 같은 자원지향형의 다국적기업은 서구에 있어서도 오래전부터 출현했으며 크게 발전을 한 미국계기업도 역시 많았다.

1960년대에 접어들면서 다국적기업의 활동은 활발하고 더욱이 세계기업시대라고 할 수 있을 정도로 그 수가 늘었으며 또한 세계경제와 세계무역에 미치는 영향력도 강하였다. 특히, 1990년대에 출범한 WTO체제와 서구경제의 부흥과 발전, 통화의 교환성 회복·광역시장의 실현과 함께 서구기업도 경영능력이 충실하여졌다. 특히 최근의 산업재편성과 기업의 합동·합병은 서구기업의 기업 내용의 충실, 경영능력의 향상을 초래했으며 국제수지사정의 호전, 대외투자규제의 완화·철폐에 수반하여 서구계다국적기업의 활동은 활발하여 가고 있다.

오늘날 국제기업의 발전과 최근의 대외투자의 증가가 이와 같은 상황의 변화에 미치고 제국(諸國)이 경제적으로 보다 긴밀한 접촉을 갖는 방향으로 나아가고 있으며 다국적기업들은 세계기업을 향한 전진에 있어서 높은 차원의 무국적단계로 신속하게 움직이고 있다고 볼 수 있다.

2) 다국적기업의 특징

다국적기업의 특징을 요약하면 다음과 같다.

첫째, 다국적기업은 세계 모든 지역과 국가에서 경영에 종사할 필요는 없다 할지라도 세계 어디서나 경영활동을 취할 기회를 엿보고 있다. 즉 본국뿐만 아니라 해외 여러 국가에서도 마케팅, 생산, 재무, 투자, 연구 및 제품개발, 기타 사업 면에서 취해야 할 선택 안을 검토한다.

둘째, 다국적기업의 자산은 상당한 부분을 국제경영에 투자하고 있으며, 그 결과 기업의 매출과 이익의 상당한 부분을 해외에서 올리고 있다.

셋째, 다국적기업은 국제생산과 여러 나라에서 공장을 운영하고 있다. 이들 공장은 조립공장은 물론 소위 종합공장에까지 이르고 있다. 그리고 공장설립이나 운영에 있어서는 해외사업에의 자본투하와 아울러 기술, 경영 노하우(business know-how)나 관리기술을 그 나라에 이전시킨다.

넷째, 다국적기업은 경영상의 의사결정에 있어서 세계적인 기준에서 회사의 제자원을 이용한다. 그 기준 내지 자원은 경영자·종업원·기술·경영 노하우·자금·시설 등 모든 것이 포함된다.

다섯째, 다국적기업의 입장에서는 국경 내지 국가라는 개념이 점차 희박해가고 있다. 다시 말하면 다국적기업의 경영전략은 이윤을 찾아 나라를 가리지 않고 자체분열을 통해 혹은 타기업의 금융을 통해 전세계를 횡행하고 이윤만 보장되면 "악마와도 손을 잡는다"는 것이 그 전략수단이다. 이와 같은 성격이 보다 짙은 다국적기업이 초국적기업인 것이다.

4. 다국적기업의 해외진출 목적

급변하는 세계경제에 대응하기 위한 기업의 경영활동도 다양해졌으며 이에 따른 기업의 해외진출 동기나 그 목적도 대단히 복잡하여 단순히 분류하는 것은 그리 용이한 것이 아니다. 다국적기업의 일반적인 해외진출 목적을 보면 다음과 같다.

1) 시장개척의 목적

기업이 국내시장에서 고객의 욕구를 탐색하고, 요구하는 상품을 국내시장에 제공했으나 국내시장의 포화로 시장경쟁이 둔화됨에 따라 기업이윤이 감소되어 기업의 성장과 고이윤획득의 기회를 상실하는데 까지 이르렀다. 이리하여 다국적기업은 해외시장으로 수요의 창조를 위해 진출하지 않을 수 없었다. 이러한 진출은 기존시장의 확대, 시장의 방위, 외국기업 혹은 자국의 다른 경쟁기업의 진출에 대항하기 위한 목적으로 행해지는 경우가 많다.

2) 방비적(防備的) 목적

기업은 기존의 이익을 보호하려는 입장에서도 해외진출을 하게 된다.

3) 해외자원 확보의 목적

자국 내에서 충족시킬 수 없거나 또는 부족한 제 자원을 확보하기 위하여 해외로 기업을 진출시키는 경우로써 특히 경제규모가 대형화하는데 소요되는 제자원인 석유·철강 등과 같은 광산물, 임산물, 농산물 등을 확보하기 위한 것이 그 목적이다.

4) 유리한 산업입지 획득의 목적

이는 대부분이 노동임금의 상대적 저렴 때문에 수행되는 것이 보통이다. 특히 노동집약적 산업의 경우에는 임금이 낮은 국가에 진출하는 것이 여러모로 유리하다. 이와 같은 입지조건상 특히 노동력의 유리성을 확보하기 위한 기업진출을 노동력 확보형이라 한다.

5) 잉여생산력의 해외이출 목적

이는 자사가 보유하고 있는 잉여 유휴설비나 기술 등의 탈출구를 해외에서 구하는 것으로써 이와 같은 기업진출은 다음과 같은 세 가지 유형으로 구분된다. 즉 ① 자사에서는 유휴설비가 되고 있거나 혹은 구식화 또는 진부화 된 생산설비를 기업의 해외진출이라는 형식으로 해결하려는 경우, ② 해외이주와 관련을 맺는 해외기업진출, ③ 수산업과 같은 경우, 해외어장에 진출하기 위한 목적으로써 수산관계기업을 현지법인으로 설립하는 경우 등이다.

6) 경제협력의 목적

개발도상국에 대한 보상, 차관 등에 의한 선진국의 경제협력에 부수하여 개발도상국에서 요망하는 각종 프로젝트(도로, 항만, 수도, 교량, 전력, 교육, 병원, 철강, 시멘트 등의 기초 자재산업 등)의 실시를 위하여 당해 국에 기업진출을 행하는 것으로 건축토목, 건설자재 등에 이러한 형태를 많이 볼 수 있다.

또 개발도상국의 경제발전계획과 자사의 이익이 합치하여 현지에 진출한 것(철강, 조선, 자동차), 또는 국제기관을 통하여 실시되는 원조프로젝트가 서로 합치되어 자본진출을 행한 것이 있다.

이상의 기업의 해외진출 목적 외에도 국제협력 목적 등 여러 가지 목적이 있는 이들은 결국 기업이익의 증대를 꾀하기 위하여 해외진출을 하려고 한다고 보아야 한다.

Ⅳ. 해외직접투자

1. 해외직접투자의 동기

해외직접투자(FDI: foreign direct investment)란 피투자기업의 경영에 직접 참가함을 목적으로 자본, 경영능력, 기술, 상표 등의 생산요소를 복합적으로 해외에 이전시키는 활동을 말하는데 개별기업의 입장에서 해외직접투자의 동기를 살펴보면 전략적 동기, 행동적 동기, 경제적 동기, 재무적 동기 등으로 구분할 수 있다.

1) 전략적 동기

전략적 목적으로 해외직접투자를 추구하는 동기는 다음과 같은 네 가지 형태로 구분된다.

첫째, 시장지향형(market seekers) 동기: 기존의 시장과 판매망을 유지하면서 제3국에 새로운 수출시장을 개척하기 위하여 현지생산을 실시하는 것으로, 미국의 자동차회사들이 '유럽'에서 자동차공업을 영위하는 경우를 예로 들 수 있겠다.

둘째, 생산효율지향형(production efficiency seekers) 동기: 생산성에 비하여 생산요소의 가격이 상대적으로 저렴한 지역에 진출코자 하는 것으로, 노동집약적 산업에서 이러한 동기로 투자가 많이 이루어지고 있다.

셋째, 원료지향형(raw material seekers) 동기: 각종 생산원료가 풍부하고 저렴한 지역을 찾아 투자하는 것으로 당해 생산물은 현지수요에 충당하거나 투자국 또는 제3국에 재수출되며 원유, 광업, 농업, 임업 등의 자원개발투자와 관련된다.

넷째, 지식지향형(knowledge seekers) 동기: 외국의 선진기술이나 경영관리기법을 습득하기 위한 동기에서 투자하는 것이다.

2) 행동적 동기

해외직접투자는 외부환경 또는 조직내부에서 최고경영층의 개인적 편견이나 필요에 따라 또는 기업의 구성원이나 그룹에 대한 공약 등의 이유에서 이루어지기도 한다. 이와 같은 행동적 동기를 유발하는 외적 자극요인을 아하로니(Yair Aharoni)는 다음과 같이 들고 있다.

(1) 주요요인

① 외국정부, 자사제품의 해외대리점 및 고객 등의 권유
② 자사제품의 판매시장 상실에 대한 우려
③ 선도적 역할수행 효과(band wagon effect) 기대
④ 국내시장에서의 외국기업과 경쟁 예상

(2) 부차적 요인

① 생산요소 및 관련제품의 시장 창조
② 노후화된 기계 등의 생산설비 재이용
③ 노하우의 자본화 연구개발 및 기타 고정비의 분산

④ 피투자국과 무역관계 협정을 맺고 있는 제3국 시장에의 우회진출

3) 경제적 동기

해외직접투자는 각국의 실물자산, 생산요소, 금융 등 국내시장이 불완전상태에 있기 때문에 이루어지는 경우가 있다. 일반적으로 불완전한 실물자산시장은 정부의 국내시장 보호정책이나 독점기업들의 경쟁 때문에 형성된다. 이러한 불완전한 실물자산시장에도 충분한 잠재수요만 있으면 다국적기업이 진출하여 해외직접투자는 이루어진다. 이러한 불완전한 실물자산시장에도 충분한 잠재수요만 있으면 다국적기업이 진출하여 해외직접투자는 이루어진다. 이처럼 불완전한 실물자산시장에 다국적기업이 진출하여 성공을 할 수 있는 것은, 다국적기업이 규모의 경제, 전문적 경영관리기법, 제품 및 생산요소시장에 대한 충분한 지식, 전문적 기술, 충분한 자금공급능력 등을 보유하고 있기 때문이다.

4) 재무적 동기

재무위험을 국제적으로 분산시키기 위하여 해외직접투자가 이루어지는 경우가 있다. 일반적으로 투자자산의 분산다양화는 집중의 경우보다 위험이 적다. 이는 유가증권의 적절한 분산으로 인한 체계적위험이 집중으로 인한 총체적 위험보다 적기 때문이다.

2. 해외직접투자의 특징

해외직접투자의 특징을 다음과 같은 세 가지 측면에서 고찰해 볼 수 있다.

첫째, 동기 면에서 해외직접투자는 해외사업에 대하여 직접적으로 영향력을 행사하여 경영 지배를 하는 것이 목적이다.

둘째, 구체적 형태면에서 단순한 화폐적 형태의 자본이동 뿐만 아니라 유형무형의 경영지원, 즉 외면상으로는 경영자를 중핵으로 하고 실질적으로는 경영관리상의 지식과 경험, 특허, 노하우는 물론 마케팅 방법 등을 포함한 광범한 전문적·기술적 지식, 판매, 원료구입, 자본조달 등 시장에 있어서의 지위, 상표 혹은 신용, 정보수집·연구개발을 위한 조직 등을 포함한 포괄적 이전을 의미하고 있다.

셋째, 해외직접투자는 자본의 수출인 동시에 기업의 수출로서 한 국가의 기업이 국내지향 및 해외지향경영에서 현지지향 및 세계지향경영으로 전환하기 위한 필요조건이다.

3. 해외직접투자와 다국적기업의 관련성

해외직접투자와 다국적기업은 다음과 같은 몇 가지 차이점이 있다.

첫째, 해외직접투자는 정부 또는 개인과 같은 기업 이외의 경제주체에 의해서도 이루어질 수 있다.

둘째, 해외직접투자는 다국적기업의 해외활동 범위를 정확히 반영하지 못한다. 즉, 다국적기업의 해외활동에는 해외직접투자 이외에도 수출이나 라이선싱(licensing)이 포함될 수 있다.

셋째, 해외직접투자액은 다국적기업이 소유하고 있는 해외지사의 자본만을 포괄하며, 기업통제하에 있는 모든 자원의 크기를 반영하지 못한다.

그러나 일반적으로는 해외직접투자를 통해서 다국적 기업이 생성, 발전되어 왔으며 현재는 해외직접투자의 거의 대부분이 다국적 기업에 의해 일어나기 때문에 해외직접투자나 다국적기업에 대한 연구에 있어서 양자는 명확한 구분이 불가능하거나 무의미한 경우가 많다.

4. 해외직접투자가 본국과 현지국에 미치는 효과

1) 본국(Home Country)에 미치는 효과

해외직접투자가 본국에 미치는 효과는 생산요소의 확보효과, 시장 확보 효과, 국제시주의 개선효과, 고용효과 등으로 나타난다. 그런데 이러한 것들은 상호관련 하에 투자국의 산업구조와 경제성장에 복합적으로 작용하기 때문에 기회비용의 관점에서 평가하여야 한다. 또한 해외직접투자는 단기적인 부(負)의 효과(자본·기술 및 경영 인력의 유출)와 장기적인 정(正)의 효과와의 비교에서 일국의 해외직접투자가 결정된다.

① 생산요소의 확보효과: 이것은 천연자원·노동력 등의 확보효과로서 주로 자원지향형투자와 노동지향형투자에서 나타난다.

② 시장 확보 효과: 이것은 기술시장의 확보에 의한 로열티(royalty)의 취득, 자본시장의 진출과 확보에 의한 외자의 활용(특히 현지금융 이용의 경우), 상품시장의 확보에 의한 수출증대효과가 있다. 그러나 단기적으로는 현지 국에서의 수입대체효과, 제3국의 수출기회상실, 본국으로의 역수출 등 부(負)의 효과가 야기되기도 한다.

③ 국제수지의 개선효과: 상품시장 확보에 의한 수출증진, 기술시장 확보에 의한 로열티취득, 자본시장확보에 의한 외자도입, 해외직접투자 과실의 국내송금, 해외직접투자 기업에 취업한 노동자 임금의 국내송금 등으로 장기적으로는 해외직접투자에 의한 국제수지의 개선효과가 크게 나타난다.

④ 고용효과: 해외직접투자가 국내투자를 위축시켜 고용기회가 감소될 수도 있으나 또 다른 측면에서는 국내의 유휴경영자원과 자본이 유출되는 것이므로 오히려 유발수출 등에 따른 수출증가로 고용기회의 증대를 가져오기도 한다.

2) 현지국(Host Country)에 미치는 효과

① 실물자원에 대한 효과: 해외직접투자가 이루어지면 우수한 생산 및 경영기술을 이전시켜 현지 인력의 교육 및 고용효과를 가져오게 되며, 투자대상국에 적합한 기술을 개발하기 위하여 R&D에 많은 투자가 이루어져 투자대상국의 기술다양화와 생산성 향상이 이루어질 뿐만 아니라 투자국에서 투자대상국으로의 장기적인 자본의 이동과 함께 투자대상국 자국 내의 자금동원효과가 있게 된다.

② 생산·시장구조·가격에 미치는 효과: 해외직접투자가 이루어지면 보다 양질의 제품·신제품으로 인해 크고 다양한 소비효용을 얻게 되고, 투자대상국의 기업을 자극하여 궁극적으로는 경쟁력을 높이고 가격 인하의 요인이 되기도 한다. 또 시장구조와 가격구조의 변화에 의한 가격인하 효과가 발생하기도 한다.

③ 자원사용량 증가 및 요소가격 상승효과: 해외직접투자에 의해 국내자원의 부가적인 사용량이 증가하고 이로 인해 요소가격이 상승한다.

④ 국민총생산과 실질소득의 증대 효과: 해외직접투자에 의한 신기술, 신경영기법의 도입으로 생산성이 향상되고 고용효과가 발생하며 최종상품에 대한 원자재산업이 발달하는 등의 전후방 연과효과에 의해 궁극적으로는 경제성장이 촉진된다.

⑤ 국제무역과 국제수지효과: 해외직접투자는 무역구조와 패턴, 국제수지에 직접적인 영향을 미친다.

토의문제

01. 해외직접투자의 긍정적인 효과와 위험요인에 대해 논의해 보시오.

02. 다국적기업의 해외진출 목적은?

03. 기업의 국제화 과정을 설명해 보시오.

04. 기술이전의 경로와 당사자들에게 미치는 영향에 대해 논의해 보시오.

05. 국내경영과 국제경영의 차이를 설명해 보시오.

참고문헌

1. 강대구, 국제경영학, 박영사, 2005.
2. 권영철, 국제경영관리론, 무역경영사, 1997.
3. 장경천 외, 경영학의 이해, 삼영사, 2004.
4. 서성무외, 경영학의 이해, 형설출판사, 2005.
5. 이봉수 외, 21세기 글로벌 경영학원론, 명경사, 1998.
6. 정용대, 중소·벤처창업론, 삼영사, 2003.
7. 조동성, 21세기를 위한 경영학, 도서출판 서울경제경영, 2000.
8. Koontz, H., Management, McGraw Hill, Inc., 1989.
9. Gorden B. Davis & Margrethe H. Olson, *Management Information System*, 2nd., New York: McGraw-Hill Book Co., 1985, pp.6~8.

제14장

부문관리

제14장 부문관리

Ⅰ. 인사관리

1. 인사관리의 개념

인사관리란 조직에서 필요로 하는 인력을 획득, 조달하고 유지·개발하며 이를 효과적으로 관리·활용하는 체계를 말한다. 다시 말해 조직구성원들이 자발적으로 조직의 목표달성에 기여하게끔 함으로써 조직의 발전과 함께 개인의 안정과 발전도 동시에 달성하게 하는 조직에서의 사람을 다루는 철학과 그것을 실현하는 제도 및 기법의 체계라고 말할 수 있다.

플리포(E. B. Plippo) 교수는 인사관리란 기업목적을 달성하기 위하여 개인 및 집단의 조직성원을 합리적으로 활용하는 일련의 조직적이고 계획적인 제절차로서 이는 인력의 확보(procurement), 개발(development), 보상(compensation), 통합(integration), 유지(maintenance), 이직(separation) 등과 같은 실무적 기능의 제 활동을 조직목적에 기여하도록 계획, 조직, 지휘, 조정, 통제하는 것이라고 인사관리의 개념을 정의한 바 있다.

2. 직무분석과 직무평가

1) 직무분석

직무분석(job analysis)이란 특정 직무의 내용과 성질을 분석하고 그 직무가 요구하는 숙련도·책임·작업환경 등 여러 조건들을 명확히 하는 것으로써 직무 중심의 인사관리를 위한 전제조건이다. 그러나 직무분석은 그 자체가 목적이 아니고 많은 시간과 경비가 소요되므로 직무분석의 결과를 어떻게 활용할 것인가를 사전에 명확히 하여 이에 적합하도록 분석내용 및 절차나 과정을 최대한 단순화시키고, 직무정보는 항상 최신의 것으로 대체할 뿐만 아니라 직무내용도 조직전반의 관점에서 유효하게끔 상호 조정하여 규정해 나가야 한다.

직무분석은 인사관리에 있어서 첫째로 직무평가, 업무개선, 인사고과, 직무급 도입, 종업원의 교육 및 훈련의 기준 설정 등의 기초자료를 제공하며, 둘째로는 인사상담, 안정관리, 정원 산정, 작업환경의 개선 등에 필요한 정보를 제공해 준다.

직무분석의 방법에는 면접법, 관찰법, 중요사건법, 워크샘플링법, 설문지법 등이 있고, 직무의 종류와 성격 그리고 기업의 업종·규모 및 목적에 따라 상이한 조사방법이 요구되고 있지만, 직무분석의 내용으로써의 요점인 누가(who), 무엇을(what), 언제(when), 어디서(where), 왜(why) 그리고 어떻게(how) 하느냐 하는 것들의 조사가 포함되어야 한다.

2) 직무평가

직무평가란 기업이나 기타 조직에 있어서 각 직무의 중요성, 난이도, 위험도 등을 기준으로 타 직무와의 상대적인 가치를 결정하는 체계적 방법이다. 따라서 직무평가의 결과는 동일노동 동일임금을 기본원리로 하는 직무급제도의 기초가 된다.

직무평가의 목적은 크게 보면 전반적인 인사관리의 합리화에 있고, 일차적인 목적은 직무에 근거한 임금 격차를 결정하는 즉 직무급 제도의 기초를 확립하는데 있다.

직무평가의 방법은 정성적인 평가방법과 정량적인 평가방법이 있는데 전자는 서열법과 분류법이 있고 후자에는 점수법과 요소비교법 등이 있다.

3. 인사관리의 주요활동

인사관리의 주요 세부 활동에는 인적자원을 확보하고 개발하며 이를 활용하고 보상하는 관리활동이 있다.

1) 인적자원의 확보

인적자원의 확보관리(procurement)는 인력계획에 따라 필요한 인적자원의 질과 양이 결정되면, 이를 전제로 하여 모집과 선발의 과정이 뒤따르게 되고, 끝으로 배치활동을 통해 인적자원의 확보관리는 끝나게 된다. 이러한 인적자원의 확보관리는 조직의 목표달성에 필요한 직무의 효율적 수행을 전제로 하고 있기 때문에 직무분석의 결과에 따라 합리적으로 이루어져야만 한다. 그리고 인적자원의 확보 방침으로는 크게 기업중심주의와 직무중심주의가 있다.

2) 인적자원의 개발(development)

인적자원의 확보관리는 보통 배치완료로 끝난다. 그리고서 배치와 동시에 그 직후부터 배치된 종업원들의 직무수행능력을 향상시키기 위한 개발관리(development)가 시작되어야 한다. 개발관리의 주된 과제는 일단 확보한 종업원을 체계적으로 이동·승진시키는 활동과 이동·승진된 다음에 변경된 직무를 효율적으로 수행할 수 있도록 직무순환 및 교육훈련을 시키는 활동이며 이는 다시 경력관리라는 통합적 활동으로 연결된다.

인적자원의 개발이란 기업의 장·단기적인 전략 및 목표를 효과적으로 달성하기 위하여 조직전략 및 목표에 맞게 인력을 개발하는 것으로 개인개발, 경력개발, 조직개발의 세 가지 기능이 상호보완적으로 수행될 수 있을 때 그 효과는 크게 기대할 수 있다.

3) 인적자원의 활용

인적자원을 효율적으로 활용하기 위해서는 무엇보다도 조직특성과 직무특성을 재설계하거나 건전한 조직풍토 및 기업문화를 정립할 필요가 있다. 따라서 인적자원 활용의 기본방향은 건전한 조직설계와 직무설계에 두어야 하며 이에 따라 조직 속에 MBO, 소집단 활동, 그리고 프로젝트팀 등의 활동이 활성화되도록 해야 한다. 그리고 인간과 직무의 통합을 통한 인력의 활용을 기대할 수 있는 조직풍토나 조직분위기를 조성할 필요가 있다.

기업이 전문화의 원리에 치중하다 보면 업무가 지나치게 세분화되고 단순화되어 전문화에 의한 능률증진효과보다는 단순화에 의한 단조로움 때문에 업무에 대한 권태감이 누적되어 오히려 능률이 떨어지는 결과를 가져 오게 되는데, 여기서 모든 계층의 조직구성원으로 하여금 직무자체에서 만족과 의미를 부여 받도록 하여 종업원의 동기유발(motivation)과 생산성을 향상시키는 것을 목적으로 직무의 양적인 확대를 의미하는 직무확대(job enlargement)와 작업내용의 질적인 변화를 의미하는 직무충실화(job enrichment)를 시도하게 된다.

4) 보상관리(compensation)

인적자원을 효율적으로 활용한 대가로 기업이 개인에게 주는 경제적 보상은 임금과 복지후생으로 나눌 수 있는데, 이러한 보상들은 획일적으로 관리되기보다는 상대적인 관점에서 공정하게 지급되어 개인들의 동기유발과 생활수준의 안정에 기여할 수 있어야 한다.

보상관리에서 가장 어려운 기능의 하나는 금전적 보상의 비율을 결정하는 문제인데 다음과 같은 요소들이 금전적인 보상정책에 중요한 영향을 미치고 있다.

이들 요소는 ① 숙련된 종업원에 대한 수요와 공급, ② 노동조합(labour unions), ③ 기업의 지불능력(ability to pay), ④ 기업의 생산성(productivity)과 경제상황, ⑤ 생계비(cost of living), ⑥ 정부(government) 등이다.

복지후생이란 종업원의 생활수준 향상을 위하여 시행하는 임금 이외의 간접적인 제급부를 말한다. 그러므로 임금이 직접적 성격을 지니고 있다면 복지후생은 간접적인 성격을 가진다.

초기의 복지후생제도는 온정적·은혜적인 의미에서 사용자의 자유의사에 의한 임의적 제도로서의 성격을 가지고 있었으나, 산업사회의 발전과 노사관계의 변화로 말미암아 오늘날에는 국가에 의하여 강제되는 법정제도로서의 성격을 가지게 되었다.

한편 인사관리에서 가장 많이 사용되고 있는 연공주의와 직무주의를 중심으로 연공급과 직무급의 장단점을 비교해보면 같다.

〈표 14-1〉 연공급과 직무급의 비교

	장 점	단 점
연공급	- 생활보장으로 귀속의식의 확대 - 질서 확립과 유지 - 폐쇄적 노동시장에서 인력관리 용이 - 인사관리의 융통성을 발휘할 수 있음 - 실시가 용이 - 상위직에 적용 용이	- 동일노동·동일임금의 실시가 곤란 - 전문 기술 인력의 확보가 곤란 - 능력있는 젊은 층의 사기 저하 - 인건비 부담의 가중 - 소극적, 종속적 근무태도
직무급	- 직무에 상응하는 급여 지급 - 개인별 임금차 불만의 해소 - 인건비와 효율 증대 - 노동시장 적용 용이 - 능력주의 인사풍토 조성 - 하위직에 적용 용이	- 절차 복잡 - 인사관리의 융통성 결여 - 학력 등 풍토에서 오는 저항 - 종신고용 풍토의 혼란

4. 임금관리

임금이란 사용자가 근로의 대가로 근로자에게 지불하는 임금, 봉급, 기타 여하한 명칭으로든지 지급하는 일체의 금품을 말한다. 임금은 근로자에게는 생활의 원천이 되는 소득으로서 생계를 유지하는 원천이며, 사회적 신분과 조직상의 지위를 나타내기도 한다. 그러나 사용자의 입장에서의 임금이란 근로자가 기업에 제공한 노동의 대가로서 제품의 원가를 구성하는 비용이 된다. 이러한 양면적인 성격을 가진 임금은 충족곤란성, 하방경직성, 자극성, 직장에서 생기는 모든 불만을 대표하며 사회적 지위를 결정한다는 등의 특징을 가지고 있다.

임금관리의 3대 지주는 [그림 14−1]에서 보는 바와 같이 임금수준, 임금체계 그리고 임금형태이다.

이와 같은 임금관리의 3대 지주는 각자가 독립적으로 작용하는 것이 아니라 서로가 상호보완적으로 작용하여 기업과 종업원들에게 최대의 만족을 제공할 수 있어야 할 것이다. 임금관리의 목표는 노사관계 안정과 노동력의 효율적 활용에 있다. 구체적으로는 공정한 배분실현, 임금수준의 대외적 균형, 안정된 임금수준, 그리고 공정성 유지 등이 임금관리의 목표라고 볼 수 있다.

1) 임금수준

근로자에게 지급되는 1인당 평균임금을 의미하며 이를 임금기초이라고도 하는데 임금수준을 결정하는 핵심 요인은 다음과 같다.

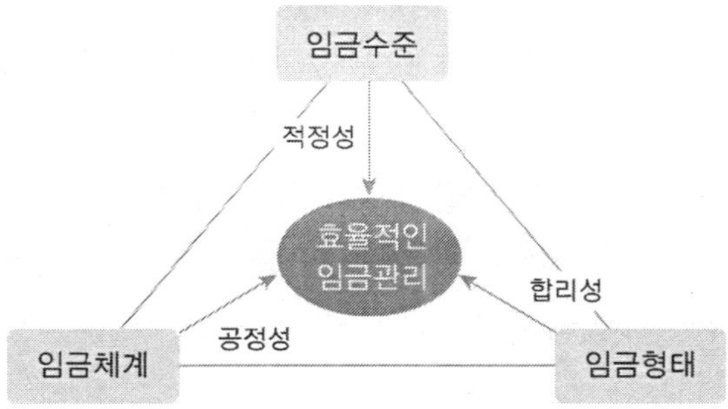

[그림 14-1] 임금관리의 내용과 체계

(1) 근로자의 생계비 수준

임금은 근로자 가족의 생계비를 충당할 수 있고, 생활안정을 보장해 줌으로써 노동력의 재생산이 가능한 수준에서 결정되어야 한다.

① 실태생계비

- 실제 지출되는 총 생계비로서 임금수입과 비교하게 된다.
- 일반적으로 10% 정도가 정상적인 흑자율이다.
- 전체적으로는 정상적인 흑자율을 나타낸다고 해도 연령별 불균형이 심한 경우에는 양호한 임금체계라고 할 수 없다.
- 생계비의 추정은 가족 수 또는 소비단위를 사용하여 추정하는데 중요한 것은 가족 수와 생계비는 정비례하는 것이 아니고 체감적으로 증가한다.
- 엥겔계수란 총 생계비 중에서 음식비가 차지하는 비율로써 실태 생계비를 산정하는 중요변수가 된다.

생활수준과 엥겔계수

- 궁핍한 가정(73%)·보통가정(65%)·자력 있는 가정(61%)·중산층 가정(55%)·부유한 가정(50%)

※ 이는 당시 벨기에의 생활수준을 나타낸 것으로서 오늘날의 엥겔계수와 비교하면 매우 나쁜 비율임.

※ 최근 각국의 엥겔계수

미국(32.4%) 영국(39.5%) 독일(45.6%) 인도: 도시(54.2%) 농촌(84%) 필리핀(58%)

② 표준생계비

이는 노동자들의 실제 생활에 필요한 물자를 시세로 환산하여 생계비를 산출하는 방식으로써 이에는 마켓바스켓 방식과 전물량방식이 있다.

- 마켓바스켓 방식이란 성인 남자 1명에게 필요한 칼로리를 계산하여 이에 필요한 식량을 표준소비량으로 계산하여 식료품비를 산출한다. 식료품 외 피복비, 주택비, 잡비 등은 세대 인원별 경향선을 구하여 계산하기도 한다.
- 전 물량방식은 지출하는 전체 품목에 대하여 표준소비량을 결정하고 이에 물가를 곱하여 계산하는 방식이다.

(2) 기업의 지불능력

임금수준은 일반적으로 기업의 지급능력에 다라 결정된다. 따라서 임금의 상한선은 기업의 지급능력이 되고, 임금의 하한선은 최저 생계비가 된다.

◇ 기업의 지급능력 판정의 주요 지표

① 생산성(매출액, 부가가치)기준

② 수익성 기준(손익분기점 분석, 원가구성분석, 매출이익분석)

③ 노동의 질과 성과

④ 사회일반의 임금수준: 동일지역, 동일업종, 동일규모 등을 비교하여 사회적 균형을 이루는 수준에서 임금수준을 결정하는 것이 바람직하다.

2) 임금체계

임금체계란 임금의 구성내용을 의미하며 임금의 지급방법에 관한 여러 문제를 포함하게 되는데 기본적인 임금체계의 구성 내용은 다음과 같다.

(1) 기준임금(기본급)

기준임금이란 노동협약에서 정한 일정한 노동시간이나 노동량에 대하여 지급되는 임금으로써 직접적인 노동의 대가이며 노동의 질과 양에 따라 결정이 된다.

① 연공급은 근무연수를 기준으로 임금을 지급한다. 이는 근무연수=능력=업적이라는 논리적 등식에 근거하게 된다.

② 능력급은 직무의 질이나 양과는 상관없이 학력이나 경험, 지식, 근속연수, 연령 등의 노동능력(인적요소)과 잠재적·가능적 능력에 따라 임금이 결정된다. 따라

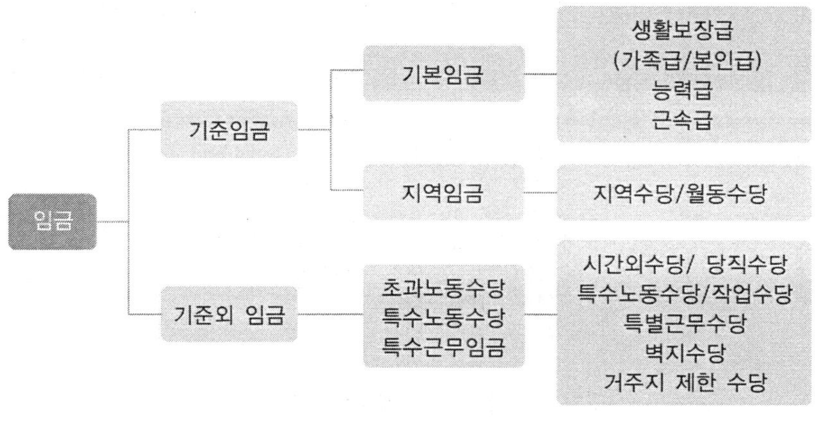

[그림 14-2] 기본적인 임금체계

서 근로자의 여러 가지 능력 중에서 기업에 대한 공헌능력과 직무수행능력을 중시하면서 잠재능력도 어느 정도 반영시킨다. 현재 우리나라의 보편적인 임금체계를 보면, 학력과 근속연수가 능력을 대표하는 변수로 활용되는 경우가 많다.

③ 직무급은 직무분석 결과를 기초로 직무가치에 따라 기본급을 결정함으로써 동일노동에 동일임금이 지급될 수 있게 한다(미국, 유럽).

④ 직능급은 능력급과 직무급의 절충형태로써 직무내용과 직무수행능력에 따라 임금을 결정하게 되는데 일반적으로 직급과 호봉의 복합요소로써 임금을 결정한다(한국, 일본).

⑤ 능률급은 작업성과(능률)를 기초로 임금을 지급하는 것을 의미한다.

⑥ 생활급은 생활보장급, 본인급, 연령급, 근속급, 가족급, 지역급 등으로 나타나고, 육체적 생존을 가능하게 하는 수준의 임금과 어느 정도의 문화적 생활을 할 수 있는 수준의 임금을 의미한다.

(2) 기준외 임금

기준외 임금이란 소정의 근로조건 및 근로시간을 초과하여 제공하는 노동의 대가로 지급하는 임금과 일정한 성과나 공로 등의 대가로 지급하는 상여금 등의 전체적인 임금체계를 포괄하는 개념이다. 일반적으로 기준 외 임금에는 초과 노동수당, 특수노동수당, 특수근무임금 등이 있다.

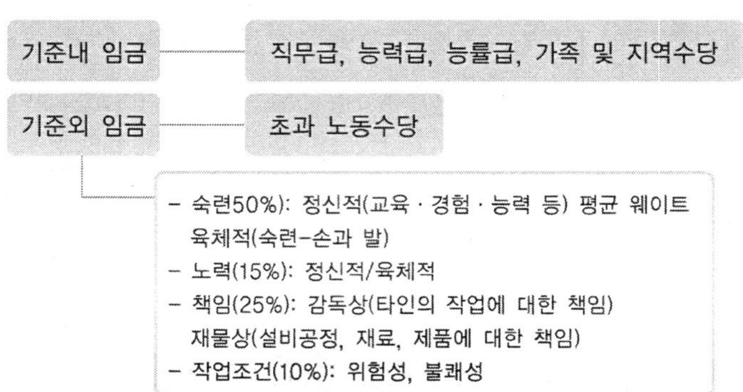

[그림 14-3] 임금의 지급기준(미국의 예)

3) 임금형태

임금체계가 임금의 구성내용을 의미하는데 반해 임금형태는 임금의 지급 방식을 의미하는데 고려할 주요 내용은 다음과 같다.

첫째, 종업원의 노력에 상응하는 적정한 보수를 지급한다.

둘째, 기업의 업적에 따라 임금을 공정하게 산정한다.

셋째, 종업원의 능률향상을 통하여 임금지급액을 증가시킨다.

넷째, 종업원의 생활과 노동력의 재생산을 고려한다.

(1) 시간급제

시간급제란 작업의 량이나 질과는 무관하게 단순히 작업시간만을 기준으로 임금을 산정하는 방식으로써 이는 근로일수나 근로시간만 산출되면 임금계산이 아주 간편하고 공정하게 산출될 수 있을 뿐만 아니라 시간에 제약을 받지 않고 작업함으로써 품질의 조악을 방지할 수 있는 장점을 지니고 있으나 한편으로는 작업능률 저하 및 단위당 임금계산이 용이하지 않다는 단점을 지닌다.

따라서 시간급은 다음의 경우에 주로 활용이 된다.

첫째, 생산단위가 명확하지 않거나 측정될 수 없는 경우

둘째, 작업자가 생산량을 통제할 수 없는 경우, 즉 작업자의 노력과 생산량과의 관

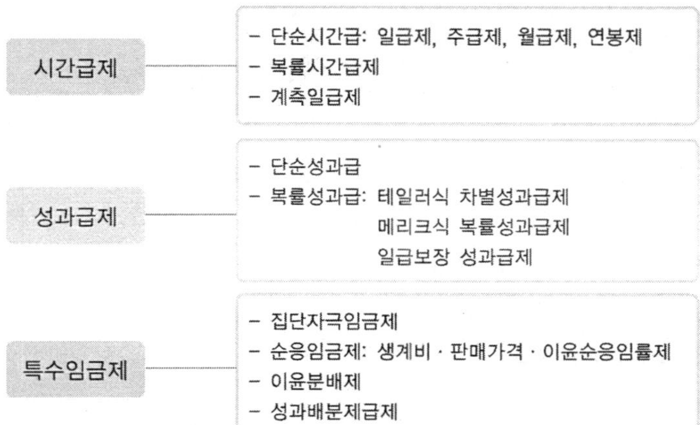

[그림 14-4] 임금의 지급형태

계가 없으며, 기계에 의해 작업속도가 결정될 경우

셋째, 작업지연이 빈번하고 작업자가 그것을 통제할 수 없을 경우

넷째, 작업의 질이 특히 중요할 때

다섯째, 감독이 철저하고 감독자가 공정한 과업의 양을 알고 있는 경우

여섯째, 생산단위당 원가 중 노무비의 통제가 필요하지 않는 경우 등이다.

그리고 시간급제가 갖는 주요 특징은 다음과 같다.

① 단순시간급제: 실제 노동시간×시간당 임률
임금계산이 단순하며, 소득이 안정되는 반면, 노동능률 향상에 대한 자극이 없다.

② 복률시간급제: 표준작업량 달성 시 높은 임률을 적용하고, 미달 시에는 낮은 임률을 적용한다.

③ 계측일급제: 일급제(기본급)의 형태를 취하나 작업능률 증진을 목적으로 개인의 노력과 성과를 계측하여 이를 반영시킨다. 일반적으로 기본급 75~85%, 능률급 15~25%를 적용시킨다.

(2) 성과급제

성과급제는 노동성과에 따라 임금을 지급하는 방법인데 주요 장점은 다음과 같다.

첫째, 근로자에게 합리성과 공평감을 준다.

둘째, 작업능률을 향상에 대한 자극을 통해 생산성 제고, 원가절감, 소득증대 효과가 있다.

셋째, 직접 노무비가 일정함으로써 원가계산이 용이하다.

그리고 성과급제는 다음과 같은 단점을 갖는다.

첫째, 표준단가의 결정과 정확한 작업량의 측정이 어렵다.

둘째, 임금을 올리고자 무리하게 노동을 하면 심신의 과로 및 태업을 초래한다.

셋째, 임금이 불안정하며 미숙련공이나 부녀자, 연소자들에게는 불리하다.

넷째, 작업량에만 치중하여 품질이 조악하게 된다.

다섯째, 기계설비의 소모가 심하다.

▌ 단순 성과급제

개당 임률×작업량

▌ 복률 성과급제

1) 테일러의 차별적 성과급제: 작업능률향상에 자극을 줄 수 있는 반면, 품질저하를 초래한다.
2) 메리크식 복률성과급제: 테일러의 차별적 성과급제의 단점을 보안하기 위해 제안된 방법으로서 임률의 적용을 3단계로 구분한다.
   - 작업능률 80% 이하
   - 작업능률 80~100%
   - 작업능률 100% 이상

▌ 일급보장 성과급제

일정한 한도까지는 최저 일급을 보장하고, 그 이상의 작업량에 대해서는 성과급을 지급한다. 이를 맨체스터 공장에서 처음 도입하였기 때문에 Manchester Plan이라고도 한다.

(3) 할증급제(premium plan)

시간급과 성과급을 절충한 형태로써 노동생산성 향상에 따른 절약임금 분을 노사간에 일정한 비율에 따라 분배하는 제도인데 구체적인 할증급제의 형태는 다음과 같다.

① 할시 할증급제(Halsey Premium Plan)

표준시간 내 과업을 완성한 경우 절약임금의 ½ 또는 $\frac{1}{3}$을 근로자에게 배분하는 방식이다.

② 로완 할증급제(Rowan Premium Plan)

할증급의 계산할 때 절약시간 비율을 산출하고 이 비율을 시간급에 곱하여 할증급을 산정함으로써 할증액은 체감적이다.

③ 간트식 상여금제(Gantt Bonus Plan)

일급제와 성과급제를 절충한 형태로서 표준작업시간 내 작업을 완료하면 표준시간의 임금 외에 20~50%의 가산금을 지급하는 방식이다. 이는 테일러의 차별적 성과급제의 장점인 자극력을 도입하면서 단점으로 나타나는 표준미달 자에 대한 지급률의 격차를 완화시킨 방식인데 실제로는 표준작업 시간을 설정해 두고, 표준작업시간을 초과하여 과업을 완료한 경우에는 시간급만 지급하고, 표준작업시간 이내에 작업을 완료한 경우에는 일정률의 성과급을 지급한다.

④ 에머슨식 능률상여금제(Emerson Efficiency Bonus Plan)

합리적인 과업을 설정한 후 과업을 초과달성한 경우에는 성과급과 일정률의 상여금을 동시에 지급하고, 일정한 능률 이하의 종업원들에게도 어느 정도까지는 일정률의 상여금을 지급하는 방식이다.

(4) **특수임금제(special wage system)**

① 집단자극제(Group Incentive Plan)

1920년 미국 자동차회사에서 처음 도입한 임금제도로 임금을 개인별로 지급하지 않고 집단별로 지급하는 방식이다. 집단자극제가 갖는 주요 장점은 다음과 같다.

첫째, 근로자의 협력을 촉진할 수 있다.

둘째, 생산성 향상과 이익증대에 기여할 수 있다.

셋째, 계산업무가 간편하다.

그러나 집단자극제는 다음과 같은 단점을 갖는다.

첫째, 숙련공들의 불만이 누적된다.

둘째, 창의력 발휘 및 근로의욕이 감퇴된다.

② 순응임금제(sliding scale wage plan)

순응임금제는 경기변동이나 물가 및 변동이 심한 기업성과를 임금과 연계시키는 방법인데 이에는 생계비순응임률제, 판매가격순응임률제, 이익순응임률제 등이 있다.

첫째, 생계비순응임률제는 임금을 생계비 상승률이나 물가상승률에 연동시키는 것이다. 이를 GM에서 처음 도입하였으며, 근로자의 실질적인 생활안정을 도모할 수 있다는 특징이 있다.

둘째, 판매가격순응임률제는 임률을 제품판매가격에 연동시키는 방법인데 이는 기업이 생산하는 제품판매가격을 표준으로 하여 산업전체의 제품판매가격이 일정액 이하인 경우에는 최저율의 임금을 지급하고, 일정액 이상으로 오른 때에는 그 상승률에 따라 임률을 높이는 방법이다.

셋째, 이익순응임률제는 해당기업이 소속된 산업의 이익수지가 변동될 때마다 임률을 조정하는 방법이다.

③ 이익배분제(profit sharing plan)

기본적인 보상 외에 결산이익의 일부를 종업원들에게 부가적으로 지급하는 것으로써 구체적인 지급방법에는 다음과 같은 것들이 있다.

- 종업원들에게 주식을 낮은 가격으로 배분하여 매 결산기 마다 해당 주식분의 배당금을 지급한다.
- 연말이나 명절에 기업이윤의 일부를 배당한다.
- 대리점이나 판매부서에 매출액의 일부를 지급한다.
- 기업이익의 일부를 복리후생 기금에 출연한다.

④ 성과배분제도(Payment by result)

성과급은 동기유발을 통하여 직무성과를 제고시키는 데 기본목표가 있는데 기업이 의도하는 목표를 달성하기 위해서는 성과급으로 지급하는 인센티브의 비율이 적어도 평균적인 판매원의 총소득의 25% 이상, 기본급(고정급)의 30% 이상이 되도록 그 비율을 책정하는 것이 바람직하다.

▌스캔론 플랜(Scanlon Plan)

- 1940년대 미국철강노조 지역간부였고, MIT공대 교수였던 스캔론이 고안
- 생산성 향상에 임금을 연계시켜 업적향상에 따른 이익은 노사협조의 결과로 보고 이를 노사 간에 배분하여 종업원의 근로의욕을 향상시키려는 제도임
- 업적 향상에 따른 임금절약 분의 25%는 향후 실적이 순조롭지 못할 때를 대비하 여 유보시켜 두고, 75%를 배분함
- 배분액의 75%는 회사(25%), 종업원 (75%) 수준으로 배분함

▌럭커플랜(Rucker Plan)

- 미국의 경제학자 럭커(A. W. Rucker)가 고안한 방식
- 미국의 경우 1929년 기준 30년간의 보상총액은 전체 부가가치의 40% 정도가 안정적으로 유지되어 왔기 때문에 부가가치에 임금을 연계시키는 방식

4) 연봉제

(1) 도입배경

연봉제를 도입하고 있는 배경을 정리해보면 그 내용은 다음과 같다.

첫째, 경영환경이 급변함에 따라 조직 활성화를 위해 연봉제를 도입한다. 연공서열 중심의 인사 관행으로 능력과 전문성이 결여된 사람이 단지 근속년수에 따른 특혜만으로 중요한 관리직과 전문직에 등용되는 사례가 많았다.

둘째, 기업경쟁력 제고의 일환으로 연봉제 도입을 선호하고 있음. 중·고령화시대

에 대응하기 위해서는 능력주의 임금제도의 도입이 불가피한 실정이다.

셋째, 노동시장의 유연화에 따른 우수인력의 유출을 방지할 수 있다.

넷째, 가중되는 인건비 부담에서 벗어날 수 있다.

다섯째, 기업경쟁력 제고를 위해서는 고정비용의 감축이 필요하다.

(2) 연봉제의 의의

우리나라 임금제도는 연공서열을 근간으로 보상의 공정성 보다는 균등성을 지향하고 있어 개인의 능력, 공헌도, 성과 등을 반영하지 못하고 있을 뿐만 아니라 정부의 임금가이드라인 정책과 노사의 집단이기주의 등으로 임금구조가 매우 복잡하게 구성되어 있다. 따라서 연봉제 도입을 적극 논의하고 있는데 주된 이유는 다음과 같다.

첫째, 연공서열적인 임금구조에서 탈피하여 능력과 업적에 따라 차등화 된 임금을 지급하기 위한 방안으로 논의되고 있다.

둘째, 학력, 성별, 연령, 근속 등이 유사한 사람들에게는 비슷한 수준의 임금을 지급하고, 임금인상방식도 근속년수 증가에 따라 거의 일률적으로 적용되는 정기승급과 베이스 업에 의존하는 집단적 성격의 임금제도를 탈피하여 개인별 평가에 의하여 임금을 개별화시키는 방안으로 논의되고 있다.

셋째, 승호 또는 승급을 바탕으로 지속적으로 정기승급이 이루어지는 고정적·보장적 성격의 임금에서 탈피하여 성과에 준한 승급이 이루어지고, 경우에 따라서는 동결이나 감급도 가능한 유연한 임금 설정 방안으로 논의되고 있다.

넷째, 임금구조를 단순화시켜 총액임금 개념을 실현하는 방안으로 논의되고 있다.

5) 연봉제와 임금제도

연봉제는 능력주의, 업적주의를 기반으로 한 임금이므로 연봉제를 도입하려면 우선 인사·임금제도의 전반에 능력주의를 도입하여 정착시키는 일이 선행되어야 한다.

(1) 연봉제 도입의 전제조건

첫째, 능력이나 업적에 대한 평가의 공정성과 객관성을 확보할 수 있는 수단이 마련되어야 한다.

둘째, 평가결과에 대한 이해와 수용이 전제되어야 한다. 과거의 인사고과는 상대평가에 근거하여 가감(加減)제 방식을 실시하였으나 종업원 상호간의 불신과 불필요한 경쟁심 유발 및 위화감 조성 등의 문제가 야기되어 오늘날에는 감점제를 폐지하고 가점제만 운영되고 있다. 따라서 연봉액의 감액은 현실적으로 어렵기 때문에 기업입장에서는 인건비 상승요인으로 작용할 가능성이 매우 크다.

셋째, 고용관행의 개선이 필요하다. 따라서 고용과 해고가 자유롭게 이루어질 수 있는 조직풍토가 조성되어야 한다.

넷째, 연봉제의 적용대상을 신중히 선정해야 한다. 대부분의 기업에서는 관리직과 연구직을 중심으로 도입하고 있으나 개별기업과 직종의 특성에 따라 선별적으로 신중하게 적용대상을 선정하여야한다.

⑵ 연봉제 도입 시 고려할 사항

연봉제를 도입하고자 할 때 검토해야 할 사항은 다음과 같다.

① 적용대상자

- 성장과정에 있는 종업원에게 연봉제를 적용하는 것은 부적절함.
- 직무수행능력이 상당한 수준에 달하여 활용단계에 있는 종업원에게 적용하는 것이 바람직하다.

연봉제 적용 대상

- 관리직, 전문직, 전임직
- 일부의 영업계 사원, 영업계 전임직
- 특수한 기술계 전문직
- 전문 직종 계약사원

⑶ 연봉제의 도입효과

연봉제 도입의 기대효과는 다음과 같다.

첫째, 능력과 실적이 임금과 직결되어 능력발휘에 대한 동기부여와 조직 활성화 및 구성원 사기 앙양에 크게 기여할 수 있다.

둘째, 우수인재의 확보가 용이하다.

셋째, 업무성과와 연봉의 비교를 통한 경영감각을 배양할 수 있다.

넷째, 인건비 및 임금관리가 용이하다.

다섯째, 최고경영자와 의사소통이 활성화된다.

그러나 연봉제를 도입할 경우 다음과 같은 문제점이 야기될 수도 있다.

첫째, 연봉에 대한 신뢰성 문제가 제기될 수 있다.

둘째, 전체 임금이 줄어들 경우 구성원의 사기 저하를 초래한다.

셋째, 구성원 간의 불필요한 경쟁심 유발 및 위화감 조성한다.

6) 스톡옵션(stock option)

스톡옵션이란 주식매수 청구권이라고 하는데 미래의 일정시기(5~10년)까지 고정된 가격으로 일정한 수의 주식을 구매할 수 있는 권리를 부여하는 것을 의미한다.

일반적으로 활용되고 있는 스톡옵션의 구체적인 형태를 살펴보면 다음과 같다.

① 세제상의 혜택유무에 따라 적격 스톡옵션과 비적격 스톡옵션으로 구분된다.

② 주식제공방식에 따라 신주발행방식, 자사주방식, 주식평가차익권으로 구분한다.

③ 주식매각에 대한 제약기간 유무에 따라 제한옵션과 비제한옵션으로 구분한다.

기업에서 스톡옵션제를 도입함으로써 기대할 수 있는 효과는 다음과 같다.

첫째, 적극적인 공헌의욕을 고취시켜 경영성과 향상을 기대할 수 있다.

둘째, 우수한 인력을 유지할 수 있다.

셋째, 종업원의 사기진작과 노사화합의 협력분위기 창출할 수 있다.

넷째, 경영의 투명성을 제고시킬 수 있다. 스톡옵션을 부여받은 개인들은 기업의 운영과 성과에 매우 큰 관심을 가지기 때문에 내부감시자로서의 역할이 증대된다.

다섯째, 경영권 방어기능을 확대함. 회사의 임직원을 대상으로 제공되기 때문에 이해관계가 동일한 우호지분이 증가하게 되어 적대적 M&A로부터 경영권을 보호 할 수 있다. 따라서 우호지분의 확대를 위해서는 스톡옵션을 행사한 후 즉각 주식시장에 매각하지 않는다는 것이 전제되어야 할 것이다.

한편, 스톡옵션제를 도입할 경우 다음과 같은 문제점이 야기될 수도 있다.

첫째, 주가하락 시에는 스톡옵션을 포기할 수밖에 없다. 따라서 보상으로 생각했던 종업원들의 근로의욕의 저하는 물론 인재의 이탈도 가속화된다.

둘째, 스톡옵션이 주가하락에 영향을 미침. 주식 수의 증가는 주식가격의 희석효과를 초래하여 주주들의 이익을 침해할 수 있다.

셋째, 스톡옵션을 부여받은 임직원들은 매수청구권 행사 시점에서 단기성과향상에 주력하게 된다.

넷째, 스톡옵션제로 인해 회계처리상 비용인식이 증가하면 기업이익은 크게 감소하게 된다. 현행 기업회계기준에 따르면 스톡옵션의 행사가격과 시가와의 차액을 안분하여 비용으로 인식하도록 되어 있다.

이와 같은 특성을 갖는 스톡옵션제의 최근 동향을 살펴보면, 단기실적위주의 경영폐단과 단기성과의 과대 계상을 위한 회계조작의 유혹 등 스톡옵션제가 지닌 여러 가지 문제점과 부작용을 지적하면서 스톡옵션제를 폐지하거나 폐지를 검토하고 있는 기업이 증가하고 있는 추세다.

예컨대 2003년 7월 MicroSoft사는 스톡옵션을 폐지하고, 주식을 받은 후 5년이 경과한 후 매도할 수 있는 양도제한조건부 주식을 종업원들에게 성과급으로 지급하고 있으며, 독일의 다임러 클라이슬러도 스톡옵션을 폐지하고 주가와 연동된 보너스 지급을 검토하고 있다.

5. 노사관계

노사관계(employer-employee relations, labour relations)란 노동력의 판매자인 근로자와 노동력의 구매자인 사용자 사이의 거래 관계로서 산업화가 진전함에 따라 임금노동자들은 노동조합을 결성하여 근로조건의 개선과 경제적·사회적 지위의 향상을 도모하게 된다.

오늘날 산업사회의 노사관계는 노동조합, 사용자, 정부가 주체가 되어 형성된다. 일반적으로 경영자와 종업원의 관계는 협동관계인데 반해 사용자와 노동조합의 관계는 대립관계가 된다. 산업평화와 산업민주주의는 이들의 상호관계와 담당기능이 적절하게 설정되고 유기적으로 연결될 때 가능해 진다.

6. 노동조합

노동조합(union)이란 근로자가 주체가 되어 자주적으로 단결하여 근로조건의 유지, 개선과 근로자의 복지증진 기타 경제적·사회적 지위의 향상을 목적으로 조직하는 단체 또는 그 연합체를 말하며 기본적 기능, 집행기능, 참모기능을 수행한다.

첫째, 기본적 기능이란 조직기능을 의미하며, 둘째, 집행기능에는 근로자들의 근무조건 유지·향상을 위한 단체교섭 및 그 이외의 경제적 기능, 그리고 정치적 기능이 있고, 셋째, 참모기능이란 노동조합의 기본적 기능과 집행기능을 더욱 효과적으로 수행하기 위하여 보조하는 기능으로서 조합간부 및 조합원에 대한 교육훈련, 선전활동, 연구조사활동, 사회사업활동 등이 포함된다.

노동조합에는 직업별 조합, 산업별 조합, 일반조합, 기업별 조합 등이 있고, 국가마다 차이는 있지만 일반적으로 직업별 조합으로부터 산업별 조합으로 발전하여 왔다.

7. 숍(Shop)제도

숍(shop)제도란 조합원을 확보하기 위한 방법과 수단에 관한 조합원 가입제도로써 이는 노동조합의 가입여부와 취업을 연계시켜 노동조합의 양적인 면을 좌우할 수 있게 된다.

1) 기본적 숍(shop)제도

① 오픈숍(open shop): 이는 사용자가 조합원이든, 비조합원이든 신분에 관계없이 자유롭게 채용하는 것이 허용되는 제도이다. 이 제도 하에서는 조합가입이 고용조건이 될 수 없다.
② 유니언숍(union shop): 사용자의 자유로운 채용은 허용되지만 일정한 견습기간이 지나면 본인의 의사와는 관계없이 자동적으로 노동조합에 가입하게 되는 제도이다.
③ 클로즈드숍(closed shop): 노동조합 가입이 고용의 전제조건이 되는 가장 강력한 조합원 확보제도이다.

2) 변형적 숍제도

① agency shop: 이는 노동조합원이 아니라도 조합비를 납부하게 하는 제도이다.
② preferential shop: 채용에 있어서 조합원에게 우선권을 부여하는 제도이다.
③ maintenance of membership shop: 채용 후 조합원은 일정기간 동안에는 조합원 신분을 유지해야만 하는 제도이다.

우리나라 헌법 제8조에서는 근로자들의 단결권을 인정하고 있고, 노동조합법 제8조에는 "근로자가 자유로이 노동조합을 조직하거나 이에 가입할 수 있다. 다만 공무원에 대하여는 별도의 법률로 정한다."라고 규정하고 있다. 그러므로 근로자들은 자유의사에 의하여 조합에 가입할 자유가 보장되어 있다.

3) 단체교섭과 단체협약

(1) 단체교섭(collective bargaining)

단체교섭이란 근로자들이 노동조합이라는 교섭력을 바탕으로 임금이나 노동시간 등과 그 밖의 노동조건에 관하여 단결력을 최대로 발휘하여 노사대책 등의 입장에서 근로조건의 유지, 개선과 복지증진 및 경제적·사회적 지위향상을 위하여 사용자와 교섭하는 행위를 말하며, 협약의 체결을 위해 대표자를 통해 집단적 타협을 모색하고, 또 협약을 관리하는 절차를 의미한다.

(2) **단체협약**(collective agreement)

단체협약이란 노동조합과 사용자 또는 사용자단체가 단체교섭을 통하여 임금 및 기타 노동조건과 노동자의 대우에 관한 합의내용을 서면으로 작성하여 당사자 쌍방이 서명·날인한 것을 의미한다. 즉 노동조합 또는 그 연합체와 사용자 또는 사용자단체간에 체결되는 개별적 근로관계 및 당사자의 집단적 근로관계에 관한 계약으로써 ① 기업의 민주화, ② 근로조건 개선, ③ 산업평화유지, ④ 노조의 조직력 강화 등의 기능을 갖는다.

단체협약의 유효기간은 원칙적으로 1년이며, 임금 이외의 사항에 관해서는 2년까지 허용하고 있다.

4) 쟁의행위

노동쟁의(labour dispute)란 노동조합법 제2조에 의하면 임금, 근로시간, 복리후생, 해고 기타 대우 등 노동조건에 관하여 노동관계 당사자 간의 주장의 불일치로 인하여 발생되는 분쟁상태를 말한다. 노동조합이나 사용자가 노동쟁의 상태를 자기 측에 유리하게 전개하려고 투쟁하는 행위를 쟁의행위라 하는데, 그 목적은 단체교섭에 의해 타결하려던 노동조건의 유지 및 개선에 있다.

쟁의행위에는 동맹파업(strike), 태업(sabotage), 시위(demonstration), 직장폐쇄(lock out) 기타 노동관계 당사자가 단체교섭에 의해 타결 하려던 자기들의 주장을 관철하거나 유리하게 전개할 목적으로 행하는 행위와 이에 대항하는 행위를 의미하는데 업무의 정상적인 운영을 저해하는 것을 말한다(노동쟁의조정법 3조). 쟁의행위는 신고가 접수된 날로부터 일정한 냉각기간(일반사업: 10일, 공익사업: 15일)이 경과해야 행할 수 있다.

5) 쟁의조정제도

노동쟁의 조정제도는 단체교섭을 통한 당사자 간의 주장불일치로 분쟁이 발생하는 경우 중재 및 화해를 통하여 사전에 노동쟁의를 해결하는 제도이다. 이 제도는 노동관계의 공정한 조정을 도모하고, 노동쟁의를 예방 또는 해결함으로써 산업평화의 유지와 국민경제발전에 기여함을 목적으로 한다.

노동쟁의 조정제도에는 ① 알선(斡旋), ② 조정(調停), ③ 중재(仲裁), ④ 긴급조정(緊急調整) 등이 있다.

6) 부당노동행위

부당노동행위(unfair labour practice)란 사용자가 노동자의 노동3권(단체교섭권, 단결권, 단체행동권)에 대하여 부당하게 간섭, 방해하거나 기피하기 위한 모든 행위를 말하는데 1935년 미국의 와그너법에서 처음으로 창설된 제도로서 ILO에서는 조약 98조로서 이 제도의 창설을 요구하고 있다.

노동법 제39조에서는 ① 노동조합의 조직, 가입, 활동에 대한 불이익 대우, ② 황견계약의 체결, ③ 단체교섭의 거부, ④ 노동조합의 조직, 운영에 대한 지배, 개입과 경비원조, ⑤ 단체행동에의 참가, 기타 노동위원회와의 관계에 있어서의 행위에 관한 보복적 불이익 대우 등을 부당노동행위로 규정하고 있는데 이는 노동자 개인 및 노동조합을 보장하기 위해 행정적으로 구제하기 위한 것이다. 부당노동행위의 구제는 처벌주의를 원칙으로 하지 않고, 원상회복주의를 원칙으로 한다.

7) 경영참가제도

오늘날 대부분의 산업국가에서는 근로자 또는 노동조합이 경영자와 공동으로 어떤 형태로든지 기업의 경영 의사결정과정에 참가하는 것을 인정하고 있다. 즉 노동자 또는 노동조합이 기업의 경영에 참가하여 경영자와 함께 경영상의 의사결정(임금, 근로조건, 경영방침, 조직, 투자 등)에 참여하여 권한과 책임을 분담하는 것으로 독일은 전통적으로 공동결정법과 경영조직법 등에 의하여 경영참가를 도입하였으며, 우리나라는 1980년 12월 노사협의회법이 독립된 법률로 새로 제정되어 근로자의 경영참가를 인정하고 있다.

〈표 14-2〉 경영참가제도의 분류

분 류	관련 모델	대표적인 모델
자본(소유)참가	- 종업원지주제도 - 노동주제도(프랑스)	- 종업원지주제도
이익(이윤)참가	- 스캔론 플랜(미국) - 럭커 플랜(미국)	- 스캔론 플랜
경영(관리)참가	- 기업위원회제도(프랑스) - 공동의사결정(서독)	- 공동의사결정 - 노사협의회제

경영참가제도의 목적은 ① 인간소외극복(산업민주화), ② 노사 간의 협력체제 강화, ③ 생산성 향상, ④ 노동복지의 증진 등이고, 이러한 경영참가는 크게 직접참가와 간접참가로 구분될 수 있는데 간접참가로는 자본참가가 대표적이고, 직접참가에는 이익참가와 의사결정참가로 구분된다.

8) 현대노사관계의 기본구조

인간생활에서 노동의 문제가 주요한 사회문제로 대두하게 된 것은 자본주의 사회가 등장한 이후의 일이다. 자본주의사회가 성립되면서 사용자와 근로자는 자유로운 고용계약은 할 수 있었으나 경제적으로 종속된 근로자들은 정당한 노동의 대가를 받을 수 없었다. 이에 근로자들은 조직화된 힘을 바탕으로 한 집단적 대등한 입장으로 발전하게 되었다. 따라서 오늘날의 산업사회에서는 근로자들의 조직화된 힘과 이를 배경으로 전개되는 교섭력이 노·사간에 힘의 균형을 유지하고 산업평화를 통한 바람직한 노사관계의 틀을 형성하는 원동력이 되고 있다. 그러므로 현대적 의미의 노사관계는 이를 이해하는 노·사간의 상호인식을 바탕으로 형성되어야 한다(윤대혁, 2013, 최종태, 2005).

오늘날의 대부분의 국가에서는 근로자들에 대한 노동기본권의 보장을 헌법에 명시하고 있어 노동조합은 근로자의 단체교섭과 단체행동에 대한 정당성을 바탕으로 보다 강력한 교섭력을 갖게 되었다. 한편, 사용자는 경영권을 행사할 수 있는데 경영권이란 소유경영자 뿐만 아니라 경영권을 위임받은 전문경영자가 경영 권리의 책임과 더불어 경영관리활동의 제 분야에서 행사할 수 있는 관리권, 인사권, 조직편성권, 업무수행 권한 등으로 노사관계에서의 영향력은 막중하다. 그리고 최근에는 정부의 역할이 점차 증대되고 있는데 정부는 노동조합과 경영자의 힘이 균형, 조정되도록 노동조합을 보호·육성하고, 공익을 실천하는 초연한 입장에서 노사관계의 문제를 해결하고 지도할 수 있어야 한다(T. Dunlop, 1958; 윤대혁, 2013).

[그림 14-5]에서 보는 바와 같이 현대노사관계에서는 노·사간에 대립되는 힘과 이를 바탕으로 전개되는 교섭력은 산업평화를 지향하는 노사관계의 기본 틀을 제공하는 원동력이 되고 있음을 알 수 있다. 또한 노·사·정의 3주체를 상호 협조적인 관계에서 결합시킬 수 있는 이념과 철학이 필요하며, 산업현장에서 당사자들을 통제할 목적으로 만들어진 규칙은 합리적이어야 한다.

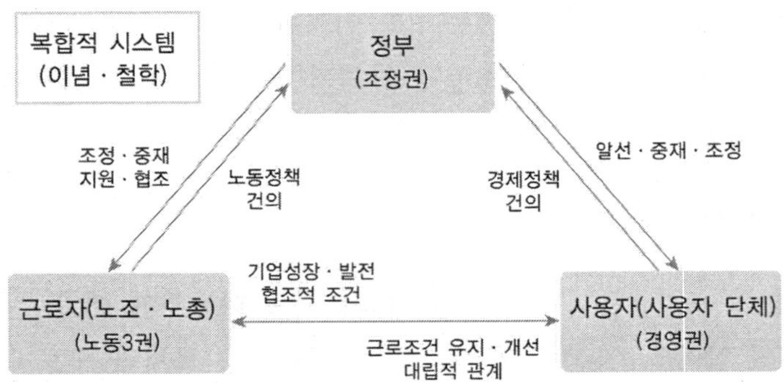

자료: 윤대혁, 노사관계론, 피앤씨미디어, 2013, p.21.

[그림 14-5] 현대 노사관계의 기본구조

(1) 현대노사관계의 문제점

① 사용자의 측면

한국노사관계에서 나타나고 있는 문제점을 사용자 측면에서 정리해보면 그 내용은 다음과 같다.

첫째, 개별적인 사용자들의 노조 기피정서가 강하고 불투명한 기업경영으로 인해 노조로부터 불신을 초래하고 있는 점을 지적할 수 있다. 노동조합을 기업경영의 파트너로 인식하지 않고, 정보공유, 노사협의 등을 통한 현안 문제의 해결에 대한 노력 없이, 교섭초기에 노조의 요구사항을 도외시하다가 파업발생 후 양보하는 관행이 있어 "파업투쟁을 해야만 얻을 수 있다"는 노조의 인식의 단초를 제공하고 있다.

특히 사용자들은 노사화합의 문화를 창출하기 위한 노력에는 소홀하면서 정부가 법 규정을 통해 노사관계를 규율하여 주기를 촉구하는 등 정부의 정책, 법, 제도에 의존하는 경향이 강하다.

둘째, 사용자단체의 리더십이 취약한 것도 문제다. 경총은 노사정위원회의 사용자 대표 및 각종 노동위원회, 최저임금위원회에서 사용자 위원을 추천하는 등의 역할을 하고 있으나 실제운영에 필요한 자금은 소속회원사에 의존하고 있는 실정이기 때문에 경영계 전체의 입장을 고려한 장기적인 노사관계의 안목에서 정책을 밀고 나가는 데는 한계가 있게 마련이다.

단지 회원 기업들에 대한 단체교섭, 산별교섭에 대한 지원을 강화하고, 경총이 사무국을 담당하고 있는 「경제단체협의회」를 중심으로 사용자단체간의 공조를 모색하는 등 사용자단체로서의 기능 제고에 주력하고 있는 실정이다. 이처럼 경총이 실질적인 전국적 사용자단체로 발전하지 못하고 있는 데에는 기본적으로 일반 사용자들이 기업별 교섭을 선호하고 산별교섭을 기피하려는 사용자들의 교섭방식에 대한 인식도 크게 작용하고 있는 것으로 판단된다.

끝으로 경총의 솔선수범하는 자세와 열린 경영, 신뢰회복에 대한 노력이 부족한 점을 지적할 수 있다. 선진국 노사관계에서 사용자단체가 앞장서서 신뢰회복, 열린 경영, 고성과작업장 구축에 노력하였던 사례들을 상기할 필요가 있겠다.

② 근로자참여의 측면

상시 종업원 30명 이상의 근로자를 사용하는 사업 또는 사업장 단위에는 사용자와 근로자가 참여와 협력을 통하여 복지를 증진시키고 기업의 건전한 발전을 도모하기 위해 협의기구로서 「노사협의회」를 설치토록 되어 있다.

노사협의회는 3명이상 10명 이내의 근로자와 사용자를 대표하는 동수의 위원으로 구성되며 매 3개월 마다 정기적으로 회의를 개최하고 회의는 과반수 출석으로 개회되며 출석위원 2/3이상의 찬성으로 의결을 할 수 있다. 그리고 사회적 협의기구로서 1998년 1월에 출범한 노·사·정위원회는 법률적으로는 대통령 자문기구이나 다른 자문기구와는 달리 노·사· 단체대표, 공익대표 및 재정경제부·노동부·기획예산처 등 5개 부처 장관이 참여하고 있는 사회적 협의기구로서 정책참여기구이다.

이러한 노·사·정위원회는 1998년 2월 「경제위기극복을 위한 사회협약」을 체결함으로써 경제위기 극복과 참여민주주의의 정착에 기여하였으며, 비정규직 대책 및 퇴직연금제 도입과 관련 기본방향 및 필요성 등에 대한 공감대를 형성하였고, 2003년 10월부터 「노사관계법·제도 선진화방안」을 논의, 노동3권·분쟁조정·노사협의·근로기준 등에 관한 총 34개 과제에 대해 노·사·정간 폭넓은 의견교환 및 사회적 공론화를 시도한 바 있다. 2003년 12월 「손해·가압류 문제에 관한 합의」를 도출, 노·사간 자율적인 해결의 계기를 마련하였으며, 2004년 2월 「일자리 만들기 사회협약」을 체결, 고용과 성장의 선순환 구축과 지속가능한 경제·사회발전의 기틀을 마련하기도 하였으며, 2009년 2월에는 위기극복을 위한 경제주체들의 고통분담과 역할을 주요내용으로 한 노·사·민·정간의 대 타협안을 도출 발표하기도 하였다.

그리고 2018년 4월에는 노사정대표자회의를 개최하여 사회적 대화기구 개편방안, 의제별 산업(업종)별 위원회 설치 등에 관해 논의하였으며 사회적 대화기구 전면 개편

안에 대하여 최종 합의에 이르렀다. 이로 인해 양질의 일자리 창출, 사회 양극화 해소 등 우리 사회의 시급하고 중요한 의제를 논의할 수 있는 틀이 마련되기도 하였다.

그러나 노사협의회의 연평균 개최 횟수를 보면 5.6회로 겨우 법정 최소 개최 횟수(4회)를 조금 상회하는 수준이며, 개최한 사업장의 비율이 25.7%로 법정 최소 개최횟수에 미달하는 사업장도 다수임을 알 수 있다. 이는 노사협의회를 적극 활용하고자 하는 사용자의 의지가 부족하고 자발적인 참여의식도 미흡한 것으로 판단된다.

한편, 선진국의 노사정위원회가 노동계, 경영계의 필요에 의해 조직되고 정부가 이를 인정하는 형태로 출범한 것과는 달리 한국의 노·사·정위원회는 정부주도로 형성되었고, 노·사는 소극적인 양성을 띠고 있는 실정이다. 따라서 노동계와 경영계는 실질적인 사회적 협의를 통해 자신들의 의지를 제대로 관철해 내지 못했다는 판단에 따라 소극적인 자세에서 벗어나지 못하고 있으며, 상호 인내와 설득이 요구되는 사회적 대화를 통한 합의도출에 익숙하지 못하고, 상호신뢰 또한 부족하여 노·사·정위원회의 원활한 운영에 걸림돌이 되고 있다.

⑵ 신노사문화와 신노사관계

국제경영발전연구원에서 발표한 국가 경쟁력보고서에서 한국의 노사관계 경쟁력은 조사대상 47개국 중 46위였다. 이러한 발표에 대해 노·사·정은 하나같이 자신들의 잘못은 없다고 책임전가에 급급했다. 최근 한국전력의 민영화나 대우자동차나 쌍용자동차의 사태만 보더라도 타협과 협력의 문화는 없고 극단적인 대립과 투쟁의 모습만 볼 수 있다.

이러한 대립과 투쟁에 기반 한 노사관계의 원인을 분석해 보면 그 내용은 생각보다 복잡한 것이 아니다. 노사불신의 주요원인을 정리해 보면 그 내용은 다음과 같다.

① 사용자(경영자) 측이 갖는 근로자에 대한 인식
- 노동자를 비용요소로 인식
- 경영합리화라는 명목으로 비용절감을 위한 1차적 대상으로 본다.
- 권한과 책임의 대부분은 사용자에게 편중되어 있다.
- 노동자를 수익을 위한 도구로 인식

② 근로자가 갖는 사용자에 대한 인식
- 수동적·소극적 자세를 보임
- 노동착취에 대한 피해의식이 강함

다시 말해 이러한 노·사간의 상호불신이 갈등과 대립적인 노사관계를 형성하고 있음을 할 수 있다.

(3) 노사관계의 악화요인

노·사간 상호신뢰에 손상을 주어 노사관계를 악화시키는 원인은 무엇일까? 먼저 노사관계를 악화시키는 기업외적인 요인으로는 ① 정부의 불공정한 노동정책, ② 높은 주택가격, ③ 분배구조의 불평등, ④ 주거비용, ⑤ 황금만능풍조, ⑥ 사회지도층 인사의 부조리, ⑦ 불노소득, ⑧ 노동천시풍조 등이 있고, 기업내적 요인으로는 ① 사용자의 권위적 자세, ② 가족중심의 소유구조, ③ 노·사간 대화 및 노동자의 의견수렴 부족, ④ 기업경영 정보제공 부족, ⑤ 노조간부들의 대립적인 노사관, ⑥ 근로자의 지나친 근로조건 개선요구, ⑦ 사용자의 부정직한 태도 등이 있다.

그리고 사용자와 근로자 모두가 생각하는 노사관계 악화요인으로는 노사 간의 대화 및 의견수렴 부족을 들 수 있는데, 노사 간의 대화가 부족한 근본적인 원인을 근로자는 사용자의 권위주의적 자세 때문이라고 생각하고 있는 반면, 사용자는 근로자들의 지나친 임금, 근로조건의 개선요구 때문이라고 생각한다.

협력적인 신노사문화를 형성하려면, 무엇보다도 지식·정보의 공유가 필요하다. 왜냐하면 서로간의 지식과 정보를 공유하기 위해서는 상호신뢰가 선행되어야 하기 때문이다.

따라서 급변하는 노동환경 속에서 노사가 상생할 수 있는 협력적인 노사관계를 구축하려면 이제 노사는 상호신뢰의 문화 속에서 사용자는 근로자에게 공유된 지식을 가지고 일할 수 있는 자율과 권한, 이에 대한 책임, 활용된 지식에 대해 평가하고 보상해주는 제도적 장치가 마련되어야 할 것이다.

(4) 신노사문화를 위한 바람직한 자세

① 노동자의 자세

과거 노동은 토지, 자본과 함께 중요한 생산요소의 하나였고 노동자는 노동력을 제공하는 주된 대상으로 인식하였다. 그러나 지식사회에서 노동자는 지식을 가지고 있는 지식의 원천으로 인식되고 있다. 따라서 오늘날에는 지식을 가진 노동자는 이제 비용측면이 아닌 투자측면으로 인식되고 있다. 그렇기 때문에 오늘날의 근로자는 지식근로자로서의 자세를 가지고 자기가치를 높이도록 노력해야 할 것이다.

② 사용자의 자세

오늘날 사용자는 제한적으로 공유한 정보에 대해 근로자가 볼 수 있도록 개방해야

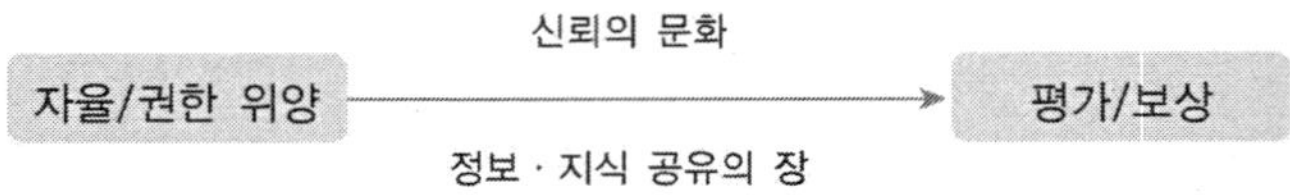

[그림 14-6] 지식·정보 공유를 위한 노·사간의 자세

하며, 근로자에게 보다 많은 자율과 권한을 부여하여야 한다. 따라서 사용자는 지식경쟁력을 갖출 수 있도록 교육훈련의 장을 마련하여야 할 것이다. 예컨대 기업현장에 e－learning system을 도입한다든지, 기업 내 축적된 암묵지식을 형식지식으로 체계화하는 등과 같은 일에 관심과 노력을 집중해야만 할 것이다.

③ 정부의 자세

정부는 노사관계의 조정자로서의 역할뿐만 아니라 근로자의 자발적인 참여를 유도하고, 직장에 대한 만족도를 높일 수 있는 방안과 각종 노사협력프로그램이나 조직을 만들어야 한다. 지식은 사람만이 창출할 수 있고 또한 활용할 수 있다. 지식을 공유할 때 힘의 균형이 이루어지고 노·사간 비슷한 힘을 지닐 수 있게 될 때 서로를 존중하고 중요하게 생각하여 상호 협력적인 관계를 형성·유지할 수 있게 된다.

Ⅱ. 생산관리

1. 생산관리의 개념 및 의의

생산관리란 고객이 요구하는 좋은 제품을, 필요로 하는 때에, 필요한 양을, 적절한 가격으로 생산·공급하는 목표를 달성하기 위하여 재화나 용역을 창출하는 생산시스템을 설계하고 계획하며, 운영 및 통제하는 활동이다. 즉 어떤 투입요소(input)를 바라는 산출(output)로 변환시키려는 다양한 생산시스템의 변환과정을 관리하는 활동을 말하는 것이다.

일반적으로 생산이란 개념은 '무엇을 만들어 내는 것'으로 이해되어 왔으나 오늘날에는 생산의 개념이 제조 부문뿐만 아니라 서비스 산업을 포함하여 전 산업부문으로 확대하여 정의되고 있다. 이러한 경우 생산은 생산요소의 변환과정을 거쳐 경제적 재화

〈표 14-3〉 여러 형태의 생산 시스템

생산시스템	투 입	변환과정	바라는 산출
병원	환자	치료	건강해진 환자
식당	배고픈 고객	음식과 서비스	만족한 고객
자동차 공장	원재료, 부품	조립 제조	완성된 차
대학	신입생	교육	졸업생

를 산출하는 행위로 해석되어 경제학적 관점에서는 경제적 재화의 가치창조활동으로 규정하기도 한다.

2. 현대적 생산관리의 특징

생산이 수공업단계로부터 기계화단계로 발전함에 따라라 기업들은 공장제도를 도입하고, 대형화되고 복잡한 조직구조를 갖게 되었다. 또한 기업들은 생산과정에 과학적 원리를 점증적으로 많이 응용하게 되었다. 이와 같이 현대산업사회에서 무수한 기업들은 계속적으로 관리적·기술적 혁신을 도입함으로써 생산활동을 개선하고 확대해나감에 따라서 현대적 생산관리는 다음과 같은 새로운 특징을 지니게 되었다.

1) 기계화(Mechanization)

오늘날에는 생산이 고도로 기계화되어 있고, 더욱더 기계화되어 가고 있다. 그에 따라 생산 공장에서 기계가 노동력을 대체하는 경향이 증가하고 로봇을 활용하는 것 같은 생산의 기계화는 오늘날 현대적 생산관리에 있어서는 필수조건이 되었다.

생산의 기계화는 기업의 총생산을 증대시킬 뿐만 아니라 종업원 1인당 생산성을 제고시키며, 생산 활동의 합리화와 정확성을 높임으로써, 제품의 품질향상과 획일적 생산을 달성케 한다.

2) 대량생산(Mass production)

기계의 활용으로 제조 기업들은 대량생산을 할 수 있는 체제를 갖추고 대규모로 운영할 수 있게 되었다. 그래서 특히 규모의 경제가 작용하는 산업에 속하는 기업일수록, 대량생산과 대량유통을 통한 경영규모의 대형화 경향을 두드러지게 보이고 있다.

대량생산을 하게 되면, 원자재를 대량 구입할 수 있어서 원자재 원가를 절감할 수 있고, 적은 수의 종업원으로 기계화, 자동화된 생산을 할 수 있어서 제품단위당 생산원가도 줄일 수 있다. 따라서 제품의 판매가격에도 경쟁우위를 누릴 수 있다. 판매가격이 저렴해질수록 소비자들은 더 많은 종류의 제품을 더 많이 소비할 수 있어서, 대량생산은 대량유통과 대량소비를 촉진시키고 결과적으로 소비대중의 물질적 복지를 향상시킨다.

3) 표준화(Standardization)

표준화란 원자재, 부품, 반조립품, 품질자체 등 제품과 연관된 측정기준을 규격화시키는 원칙으로써 생산관리를 합리화시키기 위한 원칙들인 단순화(simplification) 및 전문화(specialization)와 더불어 "3S원칙"이라고도 불리고 있다.

4) 단순화(Simplification)

단순화란 제품의 구성품목을 가급적 줄이려는 원칙으로 제품 구성품의 형태, 크기, 등급의 종류를 가급적 줄임으로써 재료, 부분품, 시설, 제품 등의 지나친 다양성에서 비롯되는 낭비를 없애고자 하는 것이 주된 목적이다.

5) 전문화(Specialization)

전문화란 작업을 비롯하여 공구, 기계, 공장에 이르기까지 특화된 부문에 집중적인 노력을 기울임으로써 생산성을 향상시키려는 원칙을 말한다. 작업을 전문부문별로 특화시키고, 공장별로 제품생산을 전문화하도록 하고, 공구와 기계도 전문화시켜 사용하도록 하는 것이 그 예이다.

6) 자동화(Automation)

자동화란 기계, 전기, 전자 등 분야의 기술을 생산 공정에 응용함으로써 인력을 대체시키는 것을 말한다. 전자컴퓨터의 급속한 발전과 무인공장 내지 자동공장이 급격히 늘어나고 있는 것과는 밀접한 관계가 있다.

자동공장에서는 인력을 거의 활용치 않고 원자재의 취급과 생산공정의 통제가 자동적으로 이루어진다. 그 뿐만 아니라 자재와 부품이 한 작업장으로부터 다른 작업장으로 자동적으로 이동되고 전체 생산 공정에 걸쳐 기계의 운전이 자동적으로 이루어지는 가운데서 제품이 생산되어 나온다.

7) 연구개발(research and development)

오늘날과 같이 기술혁신이 급진전되고 있는 시대에 연구개발 및 그에서 비롯되는 기술 경쟁력은 특정국가와 특정기업체의 사활을 결정짓는 요소이다. 그렇기 때문에 기업의 제조활동에도 연구개발은 중요한 일부를 차지하게 된다.

연구개발을 통하여 신제품이 개발되고, 기존제품이 개선·개량되고, 신소재를 개발하고, 생산 공장을 새로이 개발하고 또 개선하고, 품질을 향상시키고, 생산원가를 절감할 수 있는 등 기업의 생산성이 전반적으로 향상되어야만 기업은 비로소 국내외 경쟁에서 살아남고 성장할 수 있기 때문이다.

3. 생산시스템의 유형과 미래의 생산시스템

1) 생산시스템의 유형

생산시스템의 유형은 획일적으로 분류되기보다는 대상시스템의 상황에 맞게 배치되어 있는 설비들의 외형적 모양에 의하거나, 대상시장 또는 고객의 요구에 따른 생산방식에 의해 상대적으로 분류하는 것이 현명하다.

(1) 주문생산시스템과 예측생산시스템

생산의 형태가 주문에 의한 것인지 아니면 수요예측에 의한 재고를 통한 것인지에 따라 주문생산과 예측생산으로 구분된다.

(2) 다품종소량생산시스템과 소품종다량생산시스템

제품의 종류와 생산량의 다소에 의하여 다품종소량생산과 소품종다량생산으로 구분되며, 중간 형태인 중품종 중량생산의 형태도 가능하다.

(3) 연속생산, 반복생산 및 단속생산시스템

① 연속생산시스템(continuous production system): 중단 없이 계속 가동되는 생산방식으로 화학적 공정을 필요로 하는 정유, 화학, 시멘트산업 등이 대표적이다.

② 반복생산시스템(repetitive production system): 일정한 크기의 로트(lot)를 설정하여 작업실행과 작업 중단을 반복하는 생산방식. (예) 자동차, 전화기, TV 등

③ 단속생산시스템(intermittent production system): 주문된 제품의 수량과 납기에 맞추어 생산하는 방식으로 여러 작업을 해낼 수 있는 범용기계가 주로 사용된다.

2) 미래의 생산시스템

미래의 생산시스템의 유형으로는 다음과 같은 것들을 제시할 수 있다.

(1) CAD/CAM

공장의 생산 활동에 필요한 설계부문과 제조부문을 별도로 분리하지 않고 컴퓨터를 이용하여 통합을 시도하는 노력을 말한다. 이중 설계부문은 CAD(computer aided design)가 제조기능의 계획과 통제부문은 CAM(computer aided manufacturing)이 담당하게 된다. 이와 유사한 개념으로 CIM(computer integrated manufacturing)이 있으나 CIM은 약간 더 넓은 범위를 포함하는 것으로 해석된다. 즉 CIM은 CAD/CAM의 범주 외에 사업기능의 정보시스템화까지도 포함시킴으로써 생산 활동과 관련된 모든 기능을 컴퓨터를 통하여 결합시켜 이들 활동을 지원, 보완 또는 자동화시키려는 체제라고 할 수 있다.

(2) CMS(셀 제조시스템: cellular manufacturing system)

유연성 및 적시생산, 공정성능 등의 중요성이 부각됨에 따라 생산시스템을 재조직할 필요성이 커지면서 나타난 진보적 생산시스템 중의 하나가 GT셀 또는 GT작업셀 등으로 지칭되는 셀 제조시스템(CMS)이다.

GT(group technology)는 다품종소량생산에서 부품설계·작업분비·가공 등을 계통적으로 행하여 유사한 가공물들을 집단으로 가공함으로써 생산효율을 높이는 기법으로 집단가공법 또는 유사부품 가공법 이라고도 한다.

(3) MRP(자재소요계획: material requirement planning)

MRP 기법은 원자재 및 구성부품의 수요를 최종제품이 납기와 소요량이 표시된 대일정계획에 의해 계산함으로써 제조 기업에서 최종제품의 생산수요에 따른 소요자재를 최소한의 재고비용으로 적시에 100% 공급할 수 있다. 이 기법은 관리대상재고가 다양하고 그 수요도 최종제품의 수요량에 따라 종속적으로 결정되는 경우 매우 유용하게 활용할 수 있다.

MRP기법은 관리대상 자재의 소요량에 따라 시간차감법에 의해 주문시기를 결정하여 발주를 행한 후 이미 발주된 것이 그 소요 시기나 소요량이 바뀌면 발주를 조정함으로써 필요한 자재를 필요한 양만큼만 보유하여 종래의 전통적인 EOQ/ROP 재고관리방법에서 야기되는 과잉재고나 재고부족 현상을 없애도록 하여 재고비용을 최소화시키는데 목적을 두고 있다.

(4) NC machines(수치제어기계: numerical control machines)

프로그램형자동화의 한 형태로서 가공과정이 숫자, 문자 및 다른 부호들로 구성되는 프로그램에 의해 제어된다.

① NC: Numerical Control, 테이프를 이용한 기계공구

② DNC: Direct Numerical Control, 중앙컴퓨터에 의해 제어되는 복수 기계공구

③ CNC: Computer Numerical Control, 전용컴퓨터에 의해 제어되는 단일기계공구, 컴퓨터시스템의 소형화·저비용화 및 고성능화 경향이 NC기계에 반영된 것. 전통적 NC기계에 비해 신뢰성, 탄력성 및 생산성의 측면에서 장점이 있다.

(5) FMS(유연성 생산시스템: flexible manufacturing system)

최근 생산 활동에서는 고객의 선택 정도가 커지고 부분품들도 다품종소량생산체제를 요구하게 되었으며, 제품수명주기 또한 짧아졌기 때문에 노동력 투입감소와 재고감소를 통하여 업무효율을 증가시키는 것이 필요하게 되었다. 그래서 변화하는 작업 스케줄에 신속하게 반응할 수 있는 유연성(flexibility)이 새로운 생산시스템 설계의 주요기준으로 대두되었다. FMS란 특정 작업계획에 따라 다양한 부품들을 생산하기 위하여 컴퓨터에 의하여 제어되고 조절되며, 자재취급시스템에 의하여 연결되는 작업장들의 조합이라 할 수 있는 데 광의로는 다품종소량의 제품을 짧은 납기로, 수요변동에 재고를 갖지 않고 대처하면서 생산효율의 향상과 원가절감을 실현시킬 수 있는 생산시스템이라고 할 수 있다.

(6) CIMS(컴퓨터통합생산시스템: computer integrated manufacturing system)

CIMS는 제조활동을 중심으로 하여 기업의 모든 기능을 관리하고 통제하는 기술을 혼합시킨 것이라고 할 수 있는데 앞에서 설명한 FMS는 CIMS의 하부시스템, 또는 CIMS를 향한 첫 단계라고 할 수 있다. 이러한 CIMS를 도입·운영함으로써 얻어지는 효과는 일반적으로 자동화시스템을 운영함으로써 얻어지는 이점과 유사하다. 그러나 공장자동화로서의 CIMS는 과거의 자동화시스템보다 유연성을 얻을 수 있다는 것이 큰 장점이다.

CIMS는 제조기술과 컴퓨터 기술의 발달로 말미암아 가장 종합적이고 광범위한 개념으로 발전되었으며, 이는 공장자동화뿐만 아니라 기업의 모든 활동을 컴퓨터에 의하여 통제할 수 있는 미래를 기업에게 제시하는 것이라고 할 수 있다.

4. 생산활동의 계획·운영 및 통제

1) 수요예측

수요예측은 생산 활동의 계획을 수립하는데 있어서 필수적인 기초자료가 되므로 경영의사결정을 위한 가장 중요한 요소이다. 수요예측이란 일반적으로 미래시점에 있어 혹은 미래시점에 이르기까지의 당해제품에 대한 수요를 과거와 현재를 기초로 일정 조건하에 예상하는 것이다.

수요예측의 방법은 몇 가지로 한정된 것은 아니지만 일반적으로 정성적 방법(qualitative methods), 인과법(causal methods), 시계열 분석법(time-series analysis)으로 구분할 수 있다.

2) 총괄생산계획(aggregate production plaining)

총괄생산계획은 기업이 설정하고 있는 연간계획이나 3개월에서 1년 정도에 이르는 기간의 생산계획을 바탕으로 하여 모든 제품의 생산계획을 총괄적으로 다루는 계획을 말한다. 즉, 수요의 시간적 변동을 파악하여 생산능력을 이에 적응시키는 것으로 기업의 총생산능력을 거시적으로 파악하여 제품별 구분보다는 총체적 관점에서 생산률, 고용, 재고 등과 같은 생산시스템의 관리 가능한 전략 변수들을 조정함으로써 일정기간에 걸쳐 수요변동에 적응하기 위한 노력을 말한다. 반면, 일정계획은 구체적인 주문 또는 수요에 맞게 누가, 언제, 무엇에 의해서 생산하는 것인가를 결정하는 일종의 제조 명령서와 같은 역할을 하는 것이라 할 수 있다.

3) 일정계획(scheduling)

일정계획이란 총괄생산계획의 내용을 직접적이고 구체적인 생산 활동으로 나타내는 것을 말하는데, 총괄생산계획에 의해 계획기간중의 생산수준, 고용수준, 재고수준 등이 결정되면 각 제품을 생산하는데 필요한 여러 가지의 작업들이 시간의 흐름에 따라 구체적으로 어떤 순서에 의해 얼마만큼의 양으로 이루어져야 하는가를 결정하게 된다.

일정계획은 계획기간의 장단과 계획내용의 구체화 정도에 따라 대일정계획과 운영일정계획으로 크게 구분된다.

4) 재고관리(inventory control)

재고란 경제적 가치가 있는 것이나 현재의 상황에서 사용되지 않는 자원(idle resource)

으로서, 자재와 완제품뿐만 아니라 정보, 현금, 토지, 기술, 인력 등에도 사용될 수 있는 개념이다. 재고관리는 언제, 얼마만큼의 양을 주문 또는 생산할 것인가의 문제인데 재고유지비용을 최소화하면서도 재고 절품으로 인한 위험을 제거하는데 목적이 있다.

재고에는 ① 재공품 재고, ② 일상재고, ③ 안전재고, ④ 예상가능재고 등이 있는데, 이들을 관리·통제하기 위하여 다음과 같은 기법들이 많이 활용된다.

⑴ **경제적 주문량**(EOQ: Economic Order Quantity)

자재나 제품의 구입에 따르는 제비용과 이에 따르는 재고유지비 등을 고려하여 가장 경제적이라고 판단되는 자재 또는 제품의 주문량을 말한다.

◇ 모델

$$TC = \text{주문비용} + \text{유지비용} + \text{구매비용}$$
$$= S \times D/Q + H \times Q/2 + C \times D$$
$$Q^* = (2 \times D \times S/H)^{\frac{1}{2}}$$

S : 주문비용
H : 유지비용
C : 구매비용
D : 수요

◇ 가정

① 매일의 재고 사용량을 알고 있고 또 일정하다.

② 상품인도기간(lead time)을 알고 있고, 그 시간이 경과하면 즉시로 다시 보충된다.

③ 주문비용과 유지비용은 관련된 모든 비용을 포함하며 일정하다.

④ 단위당 구매가격은 구매량과 관계없이 일정하다.

⑤ 재고유지비는 평균재고량 변동에 정비례하여 변화한다.

⑥ 해당 상품의 주문은 다른 상품의 주문과는 무관하다.

⑦ 주문량은 일시에 입고된다.

⑵ ABC재고관리시스템

ABC관리법은 품목에 따라 관리의 중점을 달리하는 재고관리기법으로서 재고의 가치나 중요도를 고려하여 재고 자산의 품목을 분류하고, 가장 집중적으로 통제를 행하여야 할 재고품목이 무엇인지를 결정하여 이를 중점적으로 관리하고자 하는 방법이다. 즉, 모든 부품 및 재료를 A, B, C의 3군으로 분류하는데 금액이 큰 반면에 품목수가 적을 것을 A, 금액은 적지만 품목수가 많은 것을 B, 그 중간에 있는 것을 C로 정하여 각

〈표 14-4〉 ABC재고관리기법

	물량 비율	통제의 정도	기록 형태	주문 순위	주문절차
A 품목	10%	집중 75%	완전·정확	높다	신중, 정확한 검토
B 품목	15%	보통 15%	보통	보통	EOQ분석
C 품목	75%	간단 10%	단순	낮다	1~2년간 공급기록에 의해

각에 대한 재고관리상의 중점에 차이를 두는 것을 말한다.

5) 품질관리(QC: quality control)

품질이란 어떤 재화나 용역이 일정한 표준에 얼마나 가까운가를 나타내는 척도로서 제품의 사용가치를 나타내는 기본적인 평가척도가 된다. 제품의 중량, 치수, 색상, 성능 등의 품질규정 요소 등을 품질특성이라고 하며 이와 같은 품질특성은 일반적으로 수치로 표시되는데, 이 수치를 품질특성치(quality characteristic value)라고 한다. 고객이 요구하는 품질수준을 갖춘 제품이 되기 위해서는 개별제품의 각종 품질특성치가 우수해야 할 뿐만 아니라 제품의 집단에는 품질특성치의 산포(dispersion)가 작아야 한다.

품질관리란 고객이 요구하는 품질의 제품을 생산하기 위한 수단의 총체계를 말한다. 품질관리의 목적은 재화나 용역의 특성값이 일정한 표준에 적합하도록 보장하는데 있다. 공정과 생산비의 예산에 맞추어 알맞은 수준의 품질이 결정되고 나면, 어느 과정에서 가장 경제적, 효과적으로 수행되느냐에 따라 상이한 품질관리기법이 적용된다.

⑴ 통계적 품질관리(SQC: statistical quality control)

통계적 품질관리란 고객에게 만족을 줄 수 있는 제품을 가장 경제적으로 생산할 수 있도록 생산의 모든 단계에 통계학적 원리와 기법을 원용한 품질관리방법을 말한다.

통계적 품질관리에서 이용되고 있는 기법으로는 발췌검사법(sampling inspection)과 관리도법(control chart)이 있는데, 전자는 원자재, 재고품, 완성품(제품)에 대한 검사기능을 통하여 공정 상태를 판단하는 정보를 수집하는 것이고, 후자는 이 정보에 의하여 관리도를 작성하고 공정 상태를 판단하는 것이다.

⑵ 전사적 품질검사(TQC: total quality control)

품질관리는 생산현장에서의 통계적 방법만이 아니다. 품질관리는 널리 경영 전반의 활동에 관련시켜야 한다. 고객에 대해 최대의 만족감을 줄 수 있도록 경제적인 수준에서 생산할 수 있고, 또한 서비스를 할 수 있도록 기업 내의 여러 집단이 영위하는 품질개발, 품질의 유지 및 개선에 관한 활동을 통합하기 위한 유효한 조직이 마련되어야 한다. 따라서 품질관리는 종래의 생산현장에서만 행하는 것으로 이해되었으나, 전사적 품질관리에서는 설계, 생산기술, 제조, 마케팅 등 모든 활동을 통합하여 기업 전반에 걸쳐 품질의식을 높여 종합적 품질보증시스템을 마련해 나가는 것을 목적으로 한다.

5. 생산관리의 새로운 방향

1) 공장자동화

공장자동화란 자동화의 개념이 생산공장에 적용된 것으로 생산활동을 수행하고, 이를 제어하기 위하여 사용하는 기계, 전자, 컴퓨터시스템과 관련된 기술을 의미한다. 여기에 포함되는 기술에는 자동기계가공공구, 자동조립기계, 산업용 로봇, 자동자재취급장치, 자동창고, 자동검사시스템, 컴퓨터 공정제어, 컴퓨터를 이용한 자료수집 및 생산시스템 등이 있다.

2) 새로운 생산기술

① 수치제어기술(NC machines): 생산시스템의 유형을 참조.
② 산업용 로봇(Industrial Robot): 프로그램이 가능한 다기능 매니플레이터, 프로그램형 자동화의 한 형태.
③ 자동자재취급장치(Automated Material Handling): 자동화시스템에 속하는 것에는 컴베이어, 자동유도운반차가 대표적이다.
④ 자동창고(Automated Storage System): 자동저장 및 검색시스템은 일정한 자동화 수준에서 자재의 취급·저장·검색을 정확하고 신속하게 수행해 주는 설비와 제어장치들의 복합체라 할 수 있다.
⑤ 유연형 생산시스템(flexible Manufacturing System): 생산시스템의 유형을 참조.
⑥ 집단관리기법(GT: group technology): GT는 부품의 생산과 설계과정에서 이들을 유사성이 있는 것들로 집단화함으로써 여러 가지 이점을 취하려는 생산이념이다. 묶음생산의 탄력성을 유지하면서 동시에 생산성도 제고하고자 하는 노력이라 할 수 있다.
⑦ 컴퓨터를 이용한 생산계획시스템: 생산활동을 원활히 수행하기 위해서는 공장의 운영을 도와주는 정보처리활동이 필수적인데 이들은 크게 작업기능, 제품설

계, 생산계획 및 생산통제기능으로 나누어진다.

3) 미래의 공장

카플린스킨(R. Kaplinsky)에 의하면 생산에는 설계, 정보, 제조의 3영역이 존재하는데, 자동화 또는 이에 따라 세 가지 유형으로 구분할 수 있다고 하였다.

① 활동내 자동화(intra-activity automation): 개별운용의 독립적인 자동화

② 영역내 자동화(intra-sphere automation): 동일영역 내 제 활동을 연결하는 것

③ 영역간 통합(inter-sphere integration): 3개 영역의 서로 다른 활동들 사이를 연결시켜 기업의 구조와 조직을 고도로 일체화시키는 것.

현재 자동화의 수준은 두 번째 형태인 영역내 자동화로서 FMS가 전형적인 예이다. 공장자동화는 궁극적으로는 세 번째 형태가 되어야 하는데, 이것이 바로 미래의 공장자동화라 할 수 있겠다.

6. 6시그마 경영(Six Sigma Management)

6시그마(Six Sigma) 경영은 1987년 마이클 해리(Mikel Harry)가 창안한 것으로 품질의 획기적인 향상을 목표로 통계적인 지식을 활용하는 데서 출발한 혁신적인 변화의 경영기법이다. 이는 제품특성과 공정변수에 대한 핵심품질 지표(CTQ)를 찾아 제품품질의 허용 불량수준을 3.4PPM(0.00034%)수준 이하로 줄이고자 하는 것이다. 원래 σ(sigma)는 통계학에서 표준편차를 의미하지만, 여기에서는 오류가 발생할 확률을 의미한다. 즉, 제품 품질수준이 균일하지 않은 근본 원인을 발견하여 품질수준의 산포를 줄이고자 하는 것이다.

따라서 오늘날의 기업들은 6시그마 경영을 통해 제품의 불량을 감소시키고, 생산성을 향상시켜 고객만족을 개선시키면서 기업이익을 증가시키려고 노력하게 되는 것이다.

이와 같은 6시그마(Six Sigma)경영의 특징을 정리해 보면 다음과 같다.

첫째, 통계적 측정치(statistical measurement)인 6 Sigma는 객관적인 통계수치로 나타나기 때문에 제품이나 업종, 업무 및 생산 process가 상이한 경우에도 비교가 가능하다. 따라서 고객만족의 달성정도와 방향, 위치 등을 정확히 알 수 있게 하는 척도가 된다. 다시 말해 제품과 서비스, 공정의 적합성을 판단할 수 있는 가장 합리적이고 효과적인 척도로서의 기능을 발휘할 수 있다.

둘째, 기업전략(business strategy)으로써 6 Sigma경영은 제품의 품질향상과 원가절감

을 통해 고객만족을 통한 경쟁우위를 확보할 수 있게 한다.

셋째, 6 Sigma경영에 대한 철학은 조직구성원들의 사고의 틀을 변화시킨다. 무조건 열심히 일하는 것 보다는 'Smart하게'일하도록 하는 분위기를 조성한다.

이처럼 6 Sigma경영은 QC(품질관리), TQC(전사적 품질관리), TOM(전사적 품질경영)등 전통적인 품질관리기법과는 큰 차이가 있다. 전통적인 품질관리가 대량생산시대에 부합하는 공장 중심의 운동이었다면, 6 Sigma경영은 21세기형 전방위 경영혁신 운동으로 이해할 수 있겠다.

Ⅲ. 마케팅관리

1. 마케팅의 개념

마케팅이란 인간의 욕구를 위한 기업과 소비자 간에 이루어지는 교환활동을 의미하는데, 이는 경제발전단계에 따라 다양한 개념의 변천과정을 거쳐 왔다.

종래에는 "마케팅이란 생산자와 소비자를 연결시켜 주는 유통 및 판촉과 관련된 기업 활동의 수행"이라는 영리기업의 마케팅에 국한된 미국마케팅협회(AMA, 1965)의 정의가 널리 수용되었다. 그러나 1969년 코틀러와 레비(P. Korter & S. J. Levy)는 마케팅의 핵심을 교환에 두고 영리기업뿐만 아니라 학교, 교회, 병원, 정치 등과 관련된 비영리조직에까지 마케팅개념을 확대·적용하였다. 이와 같은 마케팅개념의 확대에 따라 1985년 미국마케팅협회(American marketing association)에서는 "마케팅이란 개인 및 조직의 목표를 만족시키는 교환을 실현시키기 위하여 재화, 서비스 및 아이디어의 개념구성 및 개발, 가격설정, 촉진 및 유통을 계획, 실시, 통제하는 과정이다"라고 마케팅의 개념을 재정의한 바 있다.

2. 마케팅관리의 발전

마케팅관리란 조직의 목적을 달성하기 위하여 표적시장(target market)과의 바람직한 교환을 초래하기 위한 프로그램을 분석하고 계획하며 집행하고 통제하는 경영활동을 말한다. 이는 구체적으로 표적시장의 욕구와 필요를 제공하도록 계획하고 시장에 대하여 정보를 제공하며 동기를 유발하고 서비스하기 위하여 효율적인 가격을 책정하며

Communication을 수행하고 유통기능을 담당하는 일을 포함한다. 그렇다면 이 마케팅 활동의 지침이 되는 철학이나 이념은 무엇일까?

코틀러(P. Kotler)는 마케팅 컨셉트(marketing concept)란 고객에 초점을 두고 통합적 마케팅을 수단으로 하여 고객만족을 통한 기업이익확보에 목적을 두는 자세 및 경영의 지도원리 즉, 이념이라고 하였다. 이것은 일반적으로 마케팅지향, 마케팅사고, 토탈 마케팅(total marketing)과 동의어로 사용되기도 한다. 마케팅활동이란 민감하고 책임있는 마케팅의 명확한 개념에 입각해서 수행되는 것이 바람직하다.

기업이나 다른 조직이 마케팅활동을 전개함에 있어서 그 지침으로 삼고 이념상의 목표로 지향할 개념이나 철학에는 다음과 같은 네 가지 대체적 개념이 있으며 이 철학은 대체로 마케팅관리의 역사적인 발전과정을 설명해 주기도 한다.

1) 생산지향단계와 제품 컨셉트(1910): 생산지향시대

생산지향적 단계는 미국의 경우 1930년대 경제공항이 시작될 무렵까지의 지배적인 기업경영의 이념이었다. 이 단계에서는 기업의 목적과 계획을 형성하는 사람들은 거의 대부분 생산 내지 엔지니어링 계통의 경영자들이었다. 따라서 이들의 중심사고는 어떻게 단순화된 제품을 낮은 단위당 비용으로써 대량생산하느냐에 있었다.

2) 판매지향단계 및 판매컨셉트(1930): 판매지향시대

이 시기에는 소비자의 욕구가 기업경영에 있어서 중요한 요인임을 인식하게 되고 시장을 위해 다종류의 제품을 생산해야 한다는 경영이념을 가지게 되었다. 판매지향적 단계는 대체로 1930년대부터 1950년까지 미국의 경영관리의 지침으로서 판매컨셉트가 지배하던 단계를 말한다.

3) 마케팅지향단계와 마케팅컨셉트(1950): 소비자지향시대

이 시기에는 기업의 제일의적(第一義的) 목적이 다종의 제품을 생산하는 데 있지 않고, 현실 또는 잠재적인 소비자의 욕구를 충족시켜 주는 데 있는 것이라고 스스로 사고하게 되었다. 마케팅컨셉트는 교환관계의 역사상 비고적 새로운 것으로 미국의 경우 1950년대부터 1960년대까지 거의 대부분의 대기업과 일부 중소기업이 마케팅관리의 기본이념으로 받아들이고 실천하였던 것이다.

4) 사회적 책임 및 인간지향단계와 사회적 마케팅컨셉트(1970): 마케팅중심시대

1970년대의 사회경제적 여건은 마케팅관리의 넷째 단계로 이끌어 왔다. 1970년대는 사회지향성과 인간지향성으로 특징지을 수 있는 기간이었다. 분명한 조짐은 마케팅이 오늘을 살아가는 기업으로서 성공하거나 존속하기 위해서는 사회적 책임을 수행하며 경영활동을 펼치지 않으면 안되게 되었다. 수많은 기업의 마케팅 프로그램에 직접·간접으로 영향을 미치는 외부의 압력인 소비자불만, 환경문제에 관한 관심의 증대, 정치적 및 법률적 환경요인 등이 기업경영의 여러 국면에 제약을 가해 오고 있는 것이 사실이다.

3. 마케팅활동의 분류

마케팅 활동을 역사적 발전 단계 및 그 특성에 따라 분류해 보면 다음과 같다.

1) 수동적 마케팅

세이(J. Say)의 판로법칙이 적용되던 시대, 즉 판매자중심시장으로 생산에 역점을 두었다. 그러나 기술혁신과 시설확충으로 과잉재고가 발생하여 능동적인 마케팅이 필요하게 되었다.

2) 능동적 마케팅

생산중심에서 판매중심으로 전환되어 판매할 수 있는 상품생산에서부터 출발하게 되었다. 따라서 시장조사를 통하여 신제품을 개발하는 소비자중심시장으로 마케팅지향적 기업으로 전환되고 있다.

3) 고압적 마케팅(high pressure marketing)

고객(소비자)의 욕구와는 관계없이 기업이 일방적으로 생산한 제품에 대한 구매를 소비자에게 강압적으로 요구하는 직선적인 마케팅활동을 말한다.

4) 저압적 마케팅(low pressure marketing)

소비자욕구를 파악하고, 이에 알맞는 제품을 생산, 판매하기 위한 제품계획, 판매

예측을 하는 선행적 마케팅활동을 말한다.

5) 전사적 마케팅(total marketing system)

고도화된 마케팅단계로 기업의 모든 경영활동을 마케팅을 중심으로 통합조정하는 단계로 기업경영에 있어서 마케팅중추성의 원리가 적용된다.

6) 매니지리얼 마케팅(managerial marketing)

소비자 중심적 사고를 바탕으로 하여 기업전체의 관점에서 장기적 이윤을 추구하는 데 필요한 마케팅의 계획·실시·통제·조정 등의 경영자활동을 중심으로 한 마케팅이다. 즉 제품을 비롯한 가격, 판매경로, 광고, 판매원 활동, 물적 유통에 이르기까지 마케팅의 제활동을 소비자 지향적으로 경영자적 관점에서 통합 관리하는 것이다.

7) 소사이에탈 마케팅(societal marketing)

목표시장의 욕구와 욕망을 파악하여 소비자 및 사회복지를 유지하고 향상시키는 데 있어 경쟁자들보다 더욱 효과적이고 능률적으로 욕구충족을 유발하는 방향으로 기업조직을 적응시키는 것을 사회복지와 기업의 장기적 반영의 관점에서 불건전한 상품이나 서비스를 지적하는 것을 의미한다.

8) 심비오틱 마케팅(symbiotic marketing)

공생적 마케팅, 즉 경쟁기업간에 시설의 공동이용, 특허의 공동개발, 마케팅 노력의 공동수행에 의해 합리적인 마케팅활동을 전개하고자 하는 것을 말한다.

9) 그린 마케팅(green marketing)

환경을 보존하고 생태계의 균형을 중시하는 기업의 시장 접근전략을 의미한다. 이것은 폐기물 재활용 상품 개발, 1개회사 하나의 산 가꾸기 운동, 제품 및 광고에 환경보호문구 삽입, 사보에 환경보전생활수칙을 게재하는 것과 같은 구체적 활동들로 전개되고 있다.

4. 현대마케팅의 특징

현대마케팅은 뉴 마케팅(new marketing)이라고도 하는데, 소비자가 요구하는 제품을 생산 공급하여 소비자의 만족과 동시에 기업의 목적을 달성하는 것으로 이때는 소비자 중심 시장이며, 전사적 마케팅, 저압적 마케팅이 수행된다. 일반적으로 현대마케팅은 고객지향성, 기업목적지향성, 사회적 책임지향성, 통합적 마케팅지향성의 특징을 가진다.

1) 고객지향성

고객지향성이란 기업의 관점이 고객의 욕구나 필요를 충족시켜 주거나 그들이 지니고 있는 문제를 해결하는 것을 도와주는 방향에 두어져 있는 기업의 사고 및 실천을 의미한다.

그러므로 소비자의 생활가치를 전제로 할 때 소비자는 생활자로서 인식되어야 하며, 마케팅을 포함한 기업의 계획 및 활동도 생활자로서의 고객지향성을 가져야 한다.

현대마케팅에 있어서 소비자는 모든 시스템의 초점이며 목적이다. 따라서 마케팅 사고하의 현대기업은 소비자 내지 고객을 과거처럼 하나의 수단대상으로 보지 않고 바로 목적으로 인식하며, 기업의 생존과 성장에 대한 소비자의 역할을 최고경영자를 비롯한 전관리자·전종업원들이 강하게 인식하는 데 그 특색이 있다.

2) 기업목적지향성

기업이 존속·성장해 나가기 위해서는 이윤확보가 요구된다. 마케팅에 있어서 고객의 만족 또는 고객지향정신을 너무 강조하다 보면 혹시 어떤 사람은 기업의 이익이나 이윤획득에 관하여 회의를 느끼거나 결코 앞세워서는 안될 일인양 착각하게 될지도 모른다. 그러나 고객지향성이란 기업의 사회성, 윤리성, 규범성에 입각한 소비자 봉사에 관련된 것으로만 인식하여 기업측의 이익개념이 희박해진다면 이는 오히려 마케팅 사고에 위배되는 것이다. 고객지향은 결코 고객에 대한 일방적인 단순한 자선을 의미하지는 않는다. 그러므로 기업목적을 달성하기 위한 수단으로서의 마케팅활동은 당연히 기업목적인 이윤지향성을 가져야만 한다. 이는 곧 소비자 생활가치의 창출을 통한 소비자 만족에 의하여 이윤을 획득하는 것을 말한다.

3) 사회적 책임지향성

기업의 마케팅활동은 사회전반에 걸쳐 광범위한 영향을 미치므로 이와 관련된 사회적 책임을 져야 한다. 마케팅활동이 수행하여야 할 사회적 책임에는 경제적 책임, 문화적 책임, 생태적 책임(자원부족, 환경오염 등), 사회봉사적 책임 및 법률적·윤리적 책임 등이 있다.

드러커 교수는 기업의 사회적 사명에 관하여 말하기를 기업은 항상 사회의 유한한 생산자원의 관리자이며, 그들이 사회에 대하여 짊어진 최소한의 책임이란 적어도 이들 자원이 기업에 위탁되었을 때와 동일한 생산력 상태로 이들을 보존하는 일이며, 이에 실패할 경우 국민적 세습재산의 일부는 낭비되고 사회전체는 빈곤하여지는 것이니 적자경영은 기업의 제일의 사회적 책임에 대한 태만이 된다고 하였다. 그는 이러한 기업의 사회적 사명감에 바탕을 두고 기업의 목적이 오직 고객의 창조에 있다고 갈파하였던 것이다.

4) 통합적 마케팅지향성

현대기업에 있어서 마케팅은 전사적·통합적 성격을 띠고 있는 데, 이는 기업의 모든 활동이 소비자지향성을 전제로 기업이윤이 증대되는 동시에 사회적 책임을 질 수 있도록 모든 기능을 통합·조정하여 전사적 마케팅의 입장에서 수행되어야 함을 의미한다. 다시 말해 기업의 모든 성원이 고객만족을 통해 기업이익을 극대화시킨다는 마케팅 정신에 투철하며, 이러한 바탕 위에서 각자가 맡은 직무를 수행하는 체제를 말한다.

5. 마케팅 믹스

마케팅 믹스(marketing mix)란 마케팅활동의 목표를 효과적으로 달성하기 위한 경영제활동의 종합으로서, 기업이 설정한 표적시장에 대하여 발동되는 마케팅 방책들의 혼합도의 초고화를 꾀하는 것을 뜻한다. 다시 말해 마케팅 믹스는 마케팅관리자에게 있어서의 가장 중요한 과제로서 특정시점에 있어서 마케팅결정변수들의 혼합을 의미한다.

시간의 경과에 따라 마케팅 환경이 변화하므로, 마케팅 믹스 또한 재조정되어야 한다. 그런데 제품의 품질수준이나 유통경로와 같은 결정변수는 단기에 있어서는 적절한 조정이 불가능한 경우가 많기 때문에, 마케팅 믹스는 미래 일정기간에 걸친 환경의 변화를 미리 예측한 후에 결정하여야 한다.

6. 마케팅관리의 과제

마케팅관리의 과제는 수요와 공급의 조건이 어떠한가에 따라 다음과 같은 8가지로 요약될 수 있다.

1) 수요가 적은 경우의 과제

① 전환적 마케팅(conversional marketing): 전환적 마케팅은 부정적 수요상황에 필요한 마케팅 개념으로써 소비자가 어떤 제품을 싫어할 때 그것을 좋아하게끔 전향시키는 과제를 가진 마케팅.

② 자극적 마케팅(stimulational marketing): 어떤 상품에 대하여 처음부터 지식이나 관심이 없는 소비자에게 자극을 주어 이에 대한 욕구를 가지게 하는 마케팅.

③ 개발적 마케팅(developmental marketing): 명확한 소비자의 욕구는 있으나 이를 충족할 제품이 없는 경우 이를 충족시킬 수 있는 새로운 제품을 개발하여 그 욕구를 충족시키는 마케팅.

④ 재성장 마케팅(remarketing): 수요가 포화적이거나 감퇴하는 상품에 대한 소비자의 욕구나 관심을 다시 불러일으키는 것을 말한다.

2) 수요가 비슷한 경우의 과제

⑤ 유지적 마케팅(maintenance marketing): 경쟁에 대응하여 기존의 판매수준을 유지될 수 있게 하는 마케팅이다. 이때에는 환경조건을 부단히 검토하여 판매수준을 유지하기 위한 필요한 변화를 가해야 한다.

3) 수요가 많은 경우의 과제

⑥ 역(逆) 마케팅(demarketing): 역마케팅이라고도 하는 데, 이는 초과수요시 수요를 일시적 혹은 영구적으로 감소시키려는 억제적 마케팅이다. (예) 에너지부족, 자원부족의 여건하에서 실시함.

⑦ 대항적 마케팅(counter marketing): 불건전한 수요가 있을 때, 수요나 관심을 줄이거나 없애려하는 사회지향적 마케팅. (예) 습관성의 약품 금지, 금주, 금연.

4) 수요의 타이밍(timing)이 맞지 않는 경우의 과제

⑧ 동시화 마케팅(synchronic marketing): 수요가 계절에 따라 변동이 심할 때, 계절적 변동의 폭을 극소화하고, 수요와 공급의 시기를 일치시키는 마케팅이다. 즉, 생산의 시간적 패턴에 대응시켜 수요의 시간적 패턴을 바꾸려는 마케팅이다.

7. 목표시장의 이해와 마케팅 전략

1) 소비자 행동의 이해

소비자행동(consumer behavior)이란 소비자가 자신의 욕구를 충족시킬 것으로 기대하는 제품이나 서비스를 탐색·구매·사용·평가·처분하는 과정, 즉 재화 또는 용역을 구매할 것인가? 구매한다면 무엇을, 언제, 어디서, 어떻게, 누구에게, 어느 정도 구매할 것인가를 결정하는 과정, 또는 경제적인 재화나 용역을 획득하여 사용하는 데 직접 관련된 개인의행동을 뜻한다. 이는 소비자가 소비와 관련된 항목들에 돈, 시간, 노력 등 자원을 어떻게 사용할 것인지의 결정을 다루는 것으로 소비자의 행동특성이나 변화를 예측할 수 있을 뿐 아니라, 마케팅 제변수와 시장행동과의 인과관계를 설명·예측하기 위해 분석되기도 한다.

소비자의 행동은 인지, 태도와 행동으로 이루어져 있고, 그들은 가족, 친구, 집단, 사회계층, 문화 등 여러 가지 환경에서 살고 있으며, 이런 환경요소는 소비자 행동에 많은 영향을 미치는데 이 환경요소를 분석함으로써 소비자 행동을 보다 정확하게 이해할 수 있다.

그러나 소비자행동을 이해한다고 소비자가 제품을 구매하도록 할 수는 없으며, 이때 요구되는 것이 마케팅 전략으로, 소비자를 구매행동으로 유인하기 위한 기업의 수단

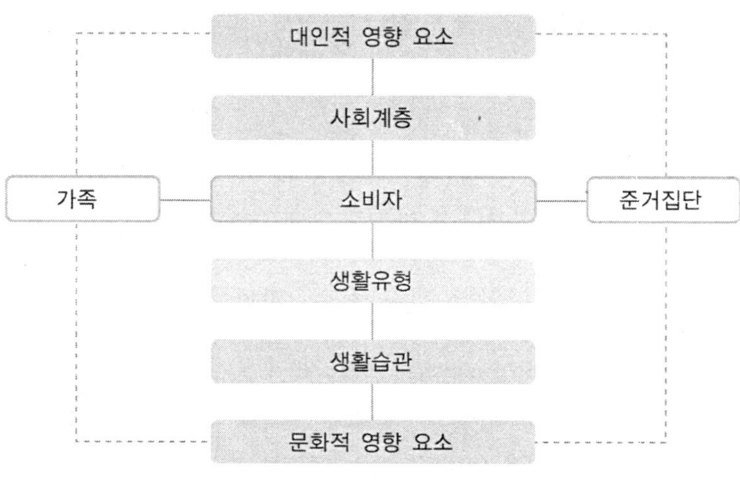

[그림 14-7] 소비자에 대한 영향력 집단

이 필요하다. 마케팅 전략이란 기업이 제품, 가격, 촉진, 유통의 네 가지 마케팅 믹스를 이용하여 소비자의 구매행동의 가능성 및 빈도를 증대시키는 것을 말한다.

2) 소비자 행동연구의 활용

마케팅 관리자는 마케팅 관리를 위해서 소비자 행동에 영향을 미치는 상황요인을 분석하여 마케팅 전략을 수립하고 더 나아가 마케팅 프로그램을 설계한다.

(1) 시장세분화

시장세분화란 어떤 제품에 대해 시장을 구성하는 고객을 어떤 기준에 의해 그룹화하고 몇 개의 고객층으로 세분화하여, 그 고객들의 욕구에 꼭 맞는 제품을 개발하거나 그 밖의 마케팅 전략을 전개함으로써 경쟁상의 우위에 서려는 마케팅 전략을 말한다.

시장세분화는 시장기회를 탐지할 수 있고, 제품생산과 마케팅활동을 표적시장의 욕구에 부응하여 조정할 수 있고, 특정 세분시장의 반응도에 근거하여 마케팅 프로그램과 예산을 조정할 수 있으며, 시장세분화의 성격에 따른 적합한 마케팅 활동이 가능해진다는 여러 장점이 있다.

이와 같은 시장 세분화가 효과적인 시장이 되는 전제로서는 첫째, 세분시장의 크기가 구매력 정도를 측정할 수 있는 측정가능성이 있어야 하며, 둘째, 표적세분시장에 접근할 수 있는 접근가능성이 있어야 하며, 셋째, 마케팅활동에 든 비용과 노력을 보상할 수 있는 충분한 이익성이 있는 실질성이 있어야 한다.

이러한 시장세분화는 어디까지나 기업의 표적시장결정을 위한 것인데, 이에는 대량 마케팅이라고 부르는 비차별적 마케팅, 각 세분시장에 알맞게 제품이나 서비스 및 마케팅 믹스를 개발하는 차별적 마케팅, 하나의 서비스 및 마케팅 믹스를 꾀하는 집중적 마케팅 등의 전략이 구사된다.

(2) 제품차별화

제품차별화란 경쟁자의 제품과 식별이 용이하게 하여 경쟁에 있어서 유리한 지위를 확보하기 위한 전략으로서 이는 개개의 소비자 욕구에 접근하기 위해 제품 및 서비스의 여러 특성에 대해 어떤 차별성을 부여하고, 광고주의 제품과 경쟁기업의 제품간의 차이를 인식하드록 판매촉진하는 것을 말한다.

(3) 혁 신

혁신(Innovation)이란 소비자에게 접근하기 위해 새로운 제품과 서비스 또는 새로운 상표 및 이미지의 개발을 결정하는 것을 말한다. 여기에서 신제품이란 ① 혁신적이며 특이한 제품, ② 중요한 속성이 차별화된 제품, ③ 당해 기업에는 새로우나 시장에는 이미 존재하는 모방제품 등을 의미하는데, 성공적인 신제품의 요건은 바람직한 속성, 제품의 독특성, 제품특성의 소비자 전달 등을 필요로 한다.

3) 제품수명주기(PLC: product life cycle)

제품수명주기란 제품이 시장에 도입되어서 판매고를 올리다가 차츰 쇠퇴하여 폐기될 때까지의 과정 내지 기간을 말하는 데, 일반적으로 유행은 실용적, 기능적 가치(S자형 곡선)보다 집단의 미적 감각, 사회적 인정 등의 속성을 내포하고 있다.

매출액과 이익 및 시간과 관련하여 제품수명주기의 단계별 특성과 전략을 살펴보면 그 내용은 다음과 같다.

(1) 도입기(introductory stage)

① 제품이 처음으로 시장에 참입하는 단계로서 제품에 대한 인지도나 수용도가 아주 낮다.

② 이 단계에서는 소비자들의 구매저항, 판매망의 미정비, 생산시설 확충상의 지연 등의 문제점이 있기 때문에 매출액 증가율이 매우 낮다. 그러므로 촉진활동을 강화하여 신제품의 특성을 잠재적 구매자에게 설득시켜야 한다.

③ 경쟁자의 수가 적고, 제품계열이 한정되어 있다.

④ 일차수요를 자극하여 고소득층에 판매되는 경우가 많으므로 고가격 정책으로 투하 자본 회수를 촉진시키도록 한다. 그러나 경쟁자의 진입위험이 높고, 대량생산에 의한 원가절감 효과를 기대할 수 있을 때에는 초기가격소구와 함께 판매망 확충으로서 시장 점유율을 높이도록 한다.

⑤ 도입기의 마케팅 전략으로는 ㉠ 급속—고가격전략, ㉡ 저속—고가격전략, ㉢ 급속—침투전략, ㉣ 저속—침투전략 등을 들 수 있다.

(2) 성장기(growth stage)

도입기에 수행한 판매촉진, 판매경로의 개척 및 소비자들 사이의 구전적 영향의 효과 때문에 판매가 급속히 증대하게 된다. 경쟁제품이 약간씩 출시되며, 생산비용은 인하되어 이익률이 상승하게 된다. 성장기에 기업은 가능한 장기간 지속시키기 위하여 다음과 같은 여러 전략을 사용한다.

① 제품의 품질을 개선하고, 새로운 제품특성과 개선된 스타일을 추가한다.

② 상표충성도를 높이기 위한 제품차별화 전략을 선택한다.
③ 새로운 모델과 주변 제품을 추가한다.
④ 판매정도를 전면적으로 확대시키고 pull전략을 활용한다.
⑤ 새로운 세분시장과 새로운 유통경로에 진출한다.
⑥ 거래 점에서는 경쟁상품을 취급하므로 구매시점 광고와 거래 점의 원조 강화.
⑦ 광고의 일부를 제품인식으로부터 제품 확신과 구매를 유발하기 위한 광고로 변경한다.
⑧ 가격 의식적 구매자들을 유인하기 위하여 적기에 가격을 인하한다.

(3) 성숙기(maturity stage)

판매가 신장되기는 하나 증가율은 점차 낮아진다. 왜냐하면 제품을 알지 못하거나 혹은 구매를 하지 않고 있는 잠재고객의 수가 줄어들기 때문이다. 생산비용은 최저한도까지 낮아지고 이익률은 정상을 지나 감소된다. 이 시기에 마케팅 관리자들은 제도적으로 시장수정, 제품수정, 마케팅 믹스 수정의 전략을 고려해야 한다.

(4) 쇠퇴기(decline stage)

제품이 시장에서 신제품이나 대체품에 밀리게 됨에 따라 판매가 급격히 감퇴하게 되며, 조업도도 급격히 낮아지고 이익률이 최저가 되거나 혹은 적자가 발생하게 된다. 이 시기의 마케팅 전략은 ① 취약제품의 폐기, ② 가격인하, ③ 선택적 유통경로/수익성이 적은 유통경로 폐쇄, ④ 상표충실성이 강한 고객의 유지에 필요한 수준으로 광고를 줄임, ⑤ 판매촉진을 최저 수준으로 감소하는 것 등을 들 수 있다.

그런데 이러한 제품수명주기란 절대적인 어떤 기간이 있는 것은 아니며, 상대적으로 기술변화의 속도나 시장의 수용 속도 및 경쟁업자의 시장잠입에 대한 용이성 등에 따라 달라지는 것이다. 또한 상품에 따라서는 새로운 용도가 개발되거나 혹은 새로운 특성이 발견됨으로써 다시 새로운 수명주기를 갖게 되는 경우도 있다.

Ⅳ. 재무관리

1. 재무관리의 의의와 기능

재무관리란 자본의 조달, 자본시장, 현금의 흐름, 운전자금의 관리, 배당결정, 재무

분석 등에 대하여 계획하고 통제하는 의사결정의 학문이라 할 수 있다.

현대 기업에 있어서 재무 관리자는 자금을 어떻게 운용할 것인가를 결정하는 투자 의사결정과 기업 활동에 필요한 자금을 어떻게 조달할 것인가를 결정하는 자본조달 의사결정의 기능을 수행하여야만 한다.

2. 재무관리의 목표

재무 관리자가 투자결정 기능, 자본조달 기능, 배당결정 기능 등을 합리적으로 수행하기 위하여 추구해야 할 목표 내지 원칙들은 무엇인가? 다음과 같은 재무관리의 목표들은 기업체의 재무적 건전성(financial soundness)을 향상시키고, 기업목적달성에 최대한 이바지할 수 있는 지침의 성격을 띠고 있다.

1) 이익성의 극대화

이익극대화(profit maximization) 목표란 기업이 자본 이익성(capital profitability)을 확보하는 것을 말한다. 자본이익성이란 자본이익률(ratio of net profit to capital)을 말하는 데 이것은 총자본 순이익률(순이익의 총자본에 대한 비율)과 총자본 영업이익률(영업이익의 총자본에 대한 비율) 등으로 산정한다. 물론 이때의 이익성은 장기 이익성을 뜻한다.

이익성이 낮으면 기업성장에 필요한 내부금융(internal financing)이 어렵고, 이익배당이 적어서 주가가 하락되며, 그 결과로 외부로부터의 자금조달도 어렵게 된다. 손실이 발생하면 자기자본이 감소하고, 부채가 증가하고, 재무상의 불균형을 초래하고 재무유동성도 악화시킨다. 그러므로 필요로 하는 최소한의 이익 내지 경쟁업체들에 비해 상대적으로 많은 이익을 반드시 확보해야 한다는 것이 이익성의 확보 원칙이다.

2) 기업가치의 극대화

가업가치란 특정기업이 벌어들일 미래의 현금흐름을 시간성과 불확실성을 감안하여 현재의 가치, 즉 현가(present value)로 나타내는 것을 말한다. 증권시장이 발달되어 있는 나라에서는 거기서 거래되는 기업의 증권 가치를 기업의 가치로 본다.

기업의 가치는 근본적으로 상반관계(trade-off relationship)에 있는 기업의 이익성과 위험성(risk)에 의해 결정된다고 볼 수 있다. 기업의 가치는 이익성이 높을수록 커지고, 위험이 클수록 작아지기 때문이다. 따라서 기업의 가치를 최대화하면, 재무 관리자는 그 두 가지를 적절히 조정해야만 한다.

① 미래가치(future value)의 계산: 현재의 금액이 일정기간 후에는 그 가치가 얼마로 될 것인가를 알아보는 계산으로, 현재의 원금을 P_0, 이자율을 i라 하면, n기 후의 미래가치인 P_n은 다음과 같이 정의된다. 즉, $P_n = P_0(1+i)^n$

<예> 연금의 미래가치 계산

$$\begin{aligned} S_n &= \text{매년 일정 금액 } A\text{가 } n\text{년 동안 지급되는 연금의 미래가치} \\ &= A(1+i)^{n-1} + A(1+i)^{n-2} + \cdots + A(1+i)^1 + A(1+i)^0 \\ &= A(1+i)^{n-1} + (1+i)^{n-2} + \cdots + (1+i)^1 + 1 \\ &= A\left[\frac{(1+i)^n - 1}{i}\right] \end{aligned}$$

② 현재가치(present value)의 계산: 미래가치는 현재의 화폐가치를 미래의 특정시점을 기준으로 하여 그 시점에서의 화폐가치로 계산한 것인데 반해 현재가치는 미래에 발생하게 될 화폐가치를 현재시점의 화폐가치로 환산한 것이다.

$$P_0 = \frac{P_n}{(1+i)^n}$$

<예> 연금의 현재가치 계산

$$\begin{aligned} S_0 &= \frac{A}{(1+i)^1} + \frac{A}{(1+i)^2} + \frac{A}{(1+i)^3} + \cdots + \frac{A}{(1+i)^n} \\ &= A\left[\frac{(1+i)^n - 1}{i(1+i)^n}\right] \end{aligned}$$

3) 자본의 유지

자본유지(capital preservation)의 목표는 기업의 법정자본금에 상당하는 실질적 자산을 보전하여 자본의 내용을 충실히 해야 한다는 원칙을 지키는 것을 말한다. 액면가격 이하로 주식을 발행하는 것을 제한하는 것, 납입기에 주식발행 대금을 전액 납입토록 하는 것, 이익배당을 제한하는 것 등은 자본유지를 확보하는 데 목표를 두고 있다. 이를 자본충실의 목표라고도 하는 데 자본증대를 실현해야 한다는 뜻이 된다.

4) 안정성의 확보

이는 자본구성을 적절히 하여 재무안정성(financial stability)을 확보하도록 하는 목표이다. 총자본안전율은 총자본 중 자기자본 또는 자기자본과 장기차입자본의 합계인 장기자본이 차지하는 비율을 말하는데, 그 비율이 높으면 높을수록 안정성이 높아진다. 부채비율 또는 차입자본 안정비율은 차입자본의 자기자본에 대한 비율인데 이 비율이 낮으면 낮을수록 자본구성의 건전성은 높아진다.

5) 유동성의 확보

항상 지급능력(solvency) 또는 재무적 유동성을 확보해야 하는 목표를 말한다. 기업이 지급능력을 항상 확보하려면, 유동자산과 유동부채와의 차액인 순운전자본을 적절히 유지해야 한다. 운전자본이 과소하면, 일시적으로나마 지급능력이 부족하여 부도가 나고 재무신용이 떨어지는 등의 문제가 발생한다. 반면에 운전자본이 과다하면, 자본의 이익성이 떨어진다. 따라서 적절한 수준의 지급능력을 항상 유지하도록 하는 것이 유동성의 목표이다.

3. 투자결정

기업에게 투자결정(investment decision)은 대단히 중요하다. 미래 이익을 추구하기 위해 현재 자금을 지출하는 것인 투자에는 미래의 이익이 기대 이하로 발생할 수 있는 위험이 따르게 마련이다. 그래서 투자결정은 결과적으로 기업의 이익성과 리스크 정도(degree of risk)에 영향을 미친다. 그렇기 때문에 기업의 성패는 투자결정에 달려 있다고 말할 수 있다. 장기적인 투자의 경우 특히 기업의 성패에 영향을 미친다.

자본예산(capital budgeting)이란 새로운 투자의 영향으로 향후 1년 이상 지속되는 투자의 총괄적 계획과 평가를 말하는 것으로써, 대체로 시설투자에 대한 계획과 평가를 의미한다. 넓게 보면 연구개발이나 광고비에 대한 투자계획, 평가도 이에 속하게 된다. 따라서 자본예산은 특정기업체의 미래 성패를 결정하는 가장 중요한 전략적 결정이라고 할 수 있다.

4. 자본조달의 원천과 방법

1) 내부금융과 외부금융

현재 운영 중인 기업이 일상적 운영을 위한 운전자본(working capital)과 성장을 위한 추가자본(additional capital)을 조달할 수 있는 원천과 방법에는 아래와 같은 대안들이 많다.

① 제품이나 서비스를 판매한 매출금, 부동산 임대료 등의 소득

② 토지, 건물, 시설 등 고정자산을 매각한 자금

③ 배당하지 않거나 일부만 배당하고 유보한 이익금
④ 감가상각비
⑤ 단기 또는 장기적인 차입금
⑥ 사채발행으로 동원한 자금
⑦ 증자로 신주를 발행하여 조달한 자금
⑧ 타기업과 합병 또는 합작투자를 통해 결합한 자금

위에서 ①~④는 내부금융(internal financing)의 원천이고 방법이며, 나머지는 금융·자본시장을 통한 외부금융(external financing)의 방법이다.

2) 사채(Bond)

사채란 주식회사가 일반대중으로부터 장기간에 걸쳐 거액의 자금을 조달하기 위하여 회사의 확정채무임을 표시하고 발행한 증권으로서, 계약에 따른 일정한 이자를 지급함과 동시에 만기에 원금을 상환할 것을 약속한 유가증권으로 다음과 같은 장점이 있다.

① 사채는 장기의 자금을 일시에 조달할 수 있고, 타인자본이기 때문에 기업주나 주주의 소유권과 경영권에는 전혀 영향을 미치지 않는다.
② 사채는 비용 면에서 주식보다 유리하다. 즉, 사채발행 시에는 우선주나 보통주와는 달리 감세효과가 있다.
③ 조달자금을 비교적 장기적으로 이용할 수 있다.

그리고 사채의 종류에는 쿠폰부 사채, 할인 사채, 상환 사채, 감채기금부 사채, 장기분할상환 사채, 담보 사채, 무담보 사채, 보증 사채, 무보증 사채, 전환 사채, 신주인수권부 사채 등이 있다.

3) 우선주(preferred stock)

우선주는 사채의 성격과 보통주의 성격이 복합된 주식 형태로 기업이 해산될 때의 잔여재산청구권과 기업에 대한 이익청구권의 우선순위가 사채보다는 낮으나 보통주보다는 높다. 우선주의 잔여재산의 청구는 그 우선주의 액면가에 한하게 되며, 우선주의 배당은 보통주에 우선하나 우선주를 발행한 기업에 법적인 고정 부담을 주는 것은 아니다. 우선주는 자금조달방법으로는 많이 쓰이지 않는 데, 그 이유는 납세 후 순이익에서 우선주 배당금이 지급되므로 이 배당금은 사채의 이자와 달리 법인세가 면제되지 않아 세후기준으로 볼 때 자금조달비용이 사채보다 높고, 또 보통주에 우선해서 배당을 지급해야 하는 불리한 점이 있기 때문이다. 그러나 우선주에 의한 자금조달은 사채발행에 비해서는 융통성이 있는 자금조달 방법이고, 만기가 없으며 기업입장에서는 우선주는 자기자본이 되기 때문에 재무구조를 건전하게 하는 장점이 있다.

4) 보통주

보통주는 사채와 더불어 기업의 장기적인 자금조달의 가장 중요한 원천이 된다. 주식은 주식회사가 자기자본을 조달하기 위하여 발행하는 것으로서, 주식회사 설립 시에 납입자본이 되며, 기업설립 후에도 추가로 발행할 수 있다. 명목상으로는 우선주와 보통주가 주식의 형태로서 자기자본을 형성하고 있으나, 실질적으로는 보통주 소유주인 주주가 기업의 소유자이며, 이들의 납입자본과 축적된 유보이익이 기업의 소유주지분을 구성하고 있다.

보통주의 주주는 기업의 소유자이므로 경영참여권과 이익분배의 권리를 갖고 있는 반면, 그 위험도 부담해야 한다. 그러나 오늘날 대기업에서는 주주의 수가 많고, 또 지리적으로 분산되어 있으므로 주주의 권리는 명목적인 경우가 많으며, 실제로 소액주주들은 배당과 주식매매로 인한 시세차액에만 관심이 있다.

5. 자본시장의 구조와 기능

기업자금의 수요와 공급을 연결하는 시장을 금융시장이라 하는 데, 금융시장은 금융자산이 거래되는 시장이다. 이 금융자산은 만기를 가지고 있는 데, 이 만기를 기준으로 하여 만기가 1년 이하인 금융자산이 거래되는 시장을 화폐시장(money market)이라하며, 만기가 1년이상의 금융자산이 거래되는 시장을 자본시장(capital market)이라 한다.

자본시장은 크게 발행시장과 유통시장으로 구성되는 데, 발행시장은 기업들의 발행주체와 투자자로 구성된 시장으로 유가증권의 신규발행과 매출시 일시적으로 존재하며, 유통시장은 이미 발행된 유가증권이 매매되는 시장으로 투자자들에 의해 구성된 시장이며 항상 존재한다.

1) 발행시장(issuing market)

발행주체가 장기적인 자본을 조달하기 위하여 새로운 증권을 발행하는 시장을 말한다. 발행시장에서는 기업, 공공단체, 국가기관이 발행주체가 되어 사채, 주식, 국공채 등을 투자가에게 매각하여 자금을 조달하는 데, 단순히 신규로 발행(유가증권의 모집)하는 것뿐만 아니라, 기존에 이미 발행된 주식을 일반에게 매각(유가증권의 매출)하는 것도 포함된다.

2) 유통시장(circulating market)

이미 발행된 증권이 투자자들 사이에 거래되는 곳으로 발행시장이 자본의 증권화를 담당하는 1차적 시장임에 반하여, 유통시장은 증권의 자본화를 담당하는 2차적인 시장이다.

유통시장은 발행시장에서 발행된 주식의 시장성과 유동성을 확보해 주는 데, 유통시장으로 인한 유가증권의 시장성과 유동성의 제고는 유가증권의 담보력을 높인다.

이러한 유통시장에서는 주식이나 채권의 공정한 가격이 형성되며, 증권시장에서 형성된 가격은 미래 발행할 새로운 증권의 가격결정지표가 되기도 한다.

6. 재무 분석

1) 재무 분석의 의의와 목적

재무관리의 궁극적 목표는 기업가치의 극대화에 있으며, 이를 위해서는 기업의 수익성을 높이고 위험을 감소시켜야 한다. 이러한 목표를 달성하기 위해 자본조달을 적절히 하여 자본구조를 최적으로 하고, 조달된 자금으로 자산운영과 투자결정을 최적으로 하여야 한다.

재무 관리자가 기업경영에 이익성을 높이고 리스크(risk)를 최소화하는 데 공헌해야 할 책임을 완수하려면, 경영의 성과, 재무상태 등 기업체의 현 상태를 우선적으로 평가·분석하여 파악해야 할 것이고, 또 미래의 재무활동을 예측하고 통제하는 과업도 수행해야만 할 것이다.

2) 재무비율 분석

재무비율은 유동성(liquidity), 부채의존도를 나타내는 레버리지(leverage), 활동성(activity), 이익성(profitability) 등 네 가지를 중심으로 과거나 현재의 비율이나 지표를 계산하고 이를 일반적으로 산업평균치와 경쟁업체의 비율과 비교하여 특정기업체의 재무상태를 평가하는 데 일반적으로 사용된다.

(1) 유동성 비율(liquidity ratio)

유동성 비율이란 단기에 만기가 되는 채무를 이행할 수 있는 기업의 능력을 측정하는 제 비율을 말한다. 유동성이란 보통 단기부채를 갚을 수 있는 능력으로 정의되며, 이는 기업이 현금을 동원할 수 있는 능력으로써 기업의 채권자들이 가장 중요시 하고 있다.

① 유동비율 $= \frac{\text{유동자산}}{\text{유동부채}} \times 100$

대차대조표상에 있는 유동자산을 유동부채로 나눈 것으로 유동비율이 높다는 것은 단기부채지급능력이 크다는 것을 의미하나 유동자산은 고수익을 가져오는 자산이 아니므로 유동자산이 많을수록 낮은 수익성을 초래하게 된다.

② 당좌비율 $= \frac{\text{유동자산} - \text{재고자산}}{\text{유동부채}} \times 100$

유동자산 중에서 재고자산을 뺀 부분을 유동부채로 나눈 것으로 재고자산은 가장 유동성이 낮으며 매각처분 시에도 손실위험이 많으므로 재고자산의 처분 없이도 그 채무이행이 가능한가가 중요하다. 이 비율이 낮은 것은 영업이익에 비하여 금융비용압박이 크다는 것을 의미한다.

(2) **활동성 비율**(activity ratio)

자산의 물리적인 이용도를 측정하는 제비율이며, 이 비율들은 매출액에 대한 각 중요자산의 회전율로 표시하는 것이 보통이다. 여기서 회전율이란 자산의 물리적 효율성을 말하는 것으로, 수익성비율이 나타내 주는 자산의 효율적 이용으로 인한 화폐적 성과와는 다르다.

① 재고자산 회전율 $= \frac{\text{매출액}}{\text{재고자산}} \times 100$

재고자산이 일정기간 동안에 몇번이나 당좌자산으로 전환하였는가를 측정하는 비율로써 이 비율이 낮으면 매출액에 비해 과다한 재고를 소유하고 있음을 의미한다.

그러나 재고자산 회전율을 산출할 때 주의할 것은 첫째로 매출액은 시가로 표시되지만 재고자산은 역사적 원가로 표시된다. 그래서 매출액을 매출원가로 대체하면 모든 원가기준으로 통일될 수 있을 것이다. 둘째로는 매출활동이 1년간 계속되며 재고자산은 일정시점의 크기이므로 연평균재고자산을 사용하는 것이 이상적일 것이다.

② 매출채권 회전율 $= \frac{\text{연간 매출액}}{\text{매출채권 잔액}} \times 100$

매출채권(외상매출금 + 받을어음 − 할인어음) 회전율이 클수록 좋다.

③ 고정자산 회전율 $= \frac{\text{연간 매출액}}{\text{고정자산}} \times 100$

고정자산의 효율적인 이용도를 측정하는 비율로써, 이 비율이 높을수록 고정자산의 이용도가 활발함을 의미한다.

④ 총자산 회전율 $= \frac{\text{매출액}}{\text{총자산}} \times 100$

기업의 총자산이 1년에 몇 번이나 회전하였는가를 나타내므로 기업이 사용한 총자산의 효율적 이용도를 종합적으로 표시하는데, 이 비율은 높을수록 양호하다.

(3) 수익성 비율(profitability ratio)

기업경영의 총괄적인 효율성의 결과를 매출에 대한 수익이나 투자에 대한 수익으로 나타내는 제 비율로써, 기업의 수익성은 기업의 여러 가지 정책과 의사결정의 종합적인 결과로서 나타나는 것으로 기업의 모든 활동이 종합적으로 어떤 결과를 나타내는가를 측정하는 비율이다.

① 총자본 순이익율 $= \frac{\text{순이익(납세전)}}{\text{총자본(자기자본} + \text{타인자본)}} \times 100$

② 매출액 순이익율 $= \frac{\text{순이익}}{\text{매출액}} \times 100$

③ 자기자본 순이익율 $= \frac{\text{순이익}}{\text{자기자본}} \times 100$

(4) 생산성 비율(productivity ratio)

기업이 생산 활동에 사용하고 있는 인적·물적 자원의 능률 및 업적을 평가하는 제 비율이다.

① 노동 생산성 $= \frac{\text{부가가치}}{\text{종업원수}}$

② 종업원 1인당 매출액 $= \frac{\text{매출액}}{\text{종업원수}}$

③ 자본 생산성 $= \frac{\text{부가가치}}{\text{총자본}}$

(5) 시장가치 비율(market value ratio)

증권시장에서의 주식가격과 관련된 제 비율로써, 투자자가 기업의 과거성과와 미래전망에 대해 어떻게 생각하고 있는가를 나타내 준다.

① 주당이익(EPS : earnings per share) $= \frac{\text{순이익}}{\text{발행주식수}}$

② 주가 이익비율 $= \frac{\text{주가}}{\text{주당이익}}$ 이 비율은 주당이익의 몇배가 주식가격으로 형성되어 있는가를 보여주는데 높은 성장이 기대되는 기업은 이 비율이 높게 나타나며, 위험한 기업이라 생각되는 기업은 이 비율이 낮게 나타난다.

(6) **레버리지 비율**(leverage ratio)

타인자본을 사용하거나 고정투자를 할 때 타인자본 때문에 고정비를 유발시킨다. 즉, 이자비용 또는 고정투자 때문에 발생하는 감가상각 등의 비용이 영업활동과 관계없이 일어나는 데, 이러한 고정비의 부담을 레버리지라고 한다.

① 부채비율 $= \frac{\text{총부채}}{\text{자기자본}} \times 100$

② 고정비율 $= \frac{\text{고정자산}}{\text{자기자본} \times 100}$

③ 이자보상비율 $= \frac{\text{이자 및 납세전이익}}{\text{이자비용}} \times 100$

7. 선물과 헷징

미래상품가격 변화와 불확실성을 제거하는 방안 중에 가장 많이 이용되는 것이 선물계약이다. 투자자는 선물계약을 통하여 실제가격변화와는 관계없이 미래의 상품가격을 고정시킬 수 있다. 선물거래는 이러한 선물계약의 매매를 일컫는 것으로 현재는 전세계적으로 거래량이 현물시장의 거래량의 몇 배에 이르고 있으며 우리나라에서도 주가지수 선물거래가 최근에 시작되었다.

1) 선물가격의 결정

향후 T기 후에 현물이 필요한 투자자는 T기 후에 상품을 인수받을 수 있는 선물계약을 $F_{T,0}$ $F_{T,0}$의 가격에 매입하든지, 현재시점에서 현물가격(S_0)에 해당하는 금액을 차입하여 현물을 매입할 수 있다. 차입금에 대한 이자율을 r이라 하면 현물을 매입하는 경우에는 차입금에 대해 $S_0 \cdot r$ 만큼의 이자를 지급해야하며, T기간 동안 보유하는 데 따른 상품보관비, 보험료 등의 유지비(C)를 부담해야만 한다. 따라서 현물을 매입하는 경우 소요되는 총비용은 $S_0 + S_0 \cdot r + \mathrm{C}$가 되며, 선물가격은 다음 범위 내에서 결정된다.

$$F_{T0} \leq S_0 + S_0 \cdot r + C = S_0(1+r) + C \quad \text{(a)}$$

단, F_{T0} = T기간 후에 인도되는 선물계약의 현재가격
S_0 = 현재의 선물가격
r = T기동안의 이자율
C = 상품의 보유에 따른 유지비용

만약 $F_{T0} > S_0(1+r) + C$라면, 즉 선물가격이 현물가격과 보유비용을 합한 값 보다 크다면 S_0만큼을 차입하여 현물을 매입함과 동시에 선물계약을 매도함으로써 $F_{T0} - S_0(1+r) - C$만큼의 차익 거래이익을 얻을 수 있다. 따라서 선물가격은 (a)식을 만족해야 한다.

2) 선물시장의 기능

선문시장의 주요 기능으로써는 위험의 배분기능, 가격 예측기능, 자원의 효율적 배분기능 등을 들 수 있다.

3) 선물을 이용한 헷징

헷징이란 시장가격의 변동으로 특정자산의 가치가 저하하는 위험을 특정자산 혹은 특정 자산과 반대방향으로 움직이는 자산과의 상쇄거래를 통하여 특정자산의 가격변동 위험을 제거하거나 줄이는 것을 의미한다.

선물거래(future transaction)를 통한 헷징은 현물시장에서의 거래와 반대되는 거래를 선물시장에서 행함으로써 선물시장에서의 이익(또는 손실)을 현물시장에서의 손실(또는 이익)로 상쇄시켜 가격변동에 의한 손익효과를 제거하거나 줄이는 것이다.

선물을 이용한 헷징 수단으로는 금리선도계약에 의한 헷징, 금리선물계약에 의한 헷징, 금리선물옵션에 의한 헷징, 통화선물계약을 이용한 헷징, 상품선물계약에 의한 헷징, 주가지수선물계약에 의한 헷징 등이 있다.

토의문제

01. 인사관리의 본질적 기능에 대해 논의해 보시오.

02. 생산관리의 본질적 기능에 대해 논의해 보시오.

03. 6 Sigma 경영이란 무엇인가?

04. 현대마케팅 활동의 주된 과제는 무엇인가?

05. 현대마케팅의 이념에 대해 논의해 보시오.

06. 선물과 헷징에 대해 논의해 보시오.

07. 자본시장의 활성화 방안에 대해 논의해 보시오.

참고문헌

1. 김연성, 생산관리, 한경사, 2015.
2. 김권중, 재무제표분석과 가치평가, 창민사, 2013.
3. 고동휘, 경영학원론, 명경사, 2013.
4. 박정식, 현대재무관리, 다산출판사, 2008.
5. 윤대혁 외, 글로벌시대의 인적자원관리론, 삼영사, 2007.
6. 임창희, 경영학원론, 학현사, 2015.
7. 류태모 외, 경영학원론, 도서출판 대명, 2002.
8. 장경천 외, 경영학의 이해, 삼영사, 2014.
9. Kotler, P., Marketing Management, McGraw Hill., 1998.
10. Mahoney, T.A, T.H. Jerdee, and S. J. Carroll, "The Jobs of Management", *Industrial Relations,* (February 1965).
11. Lussier, R. N., *Human Relations in Organizations*, Irwin, 1993(2nd).
12. Davis, K. & J. W. Newstrom, *Human Behavior at Work*, McGraw-Hill, 1989(8th).
13. Reinout,, E.D., Roe, A.R. & T.C.B., Taillieu, "Need for Leadership as a Moderatorof the Relationships between Leadership and Individual Outcomes", *Leadership Quarterly*, April 2002.
14. Level, D.A. & W. P. Galle, *Management Communications*, Business Publ., 1988.
15. Luthans, F., *Organizational Behavior*, McGraw-Hill, 1992(6th).

[저자 약력]

윤 대 혁

동아대학교 경영학박사
(사)한국인적자원관리학회 회장 역임
(사)부산메세나진흥원 이사장
전, 부산외국어대학교 경영학부 교수
동아대학교 경영대학 초빙교수
경북대학교 경영대학 교수
현, 한국해양대학교 외래교수

저 서
인간관계와 커뮤니케이션(탑북스)
글로벌시대의 경영조직론(탑북스)
조직행동론(무역경영사)
글로벌시대의 인적자원관리론(삼영사)
글로벌시대의 윤리경영(탑북스)
현대사회와 직업윤리(무역경영사)
기업윤리론(무역경영사)
노사관계론(피앤씨미디어)
인간행동의 이해(피앤씨미디어) 외 다수

안 춘 복

한국해양대학교 경영학박사
한국해양대학교 국제대학 교수
(사)한국인적자원관리학회 법인사무국장
(사)한국경영학회 종신회원
(사)한국무역통상학회 평생회원
(사)부산교수포럼 사무총장
케이에스씨비(주) 이사역임
㈜한통에이전시 대표이사 역임
중등교원1급 정교사 자격연수강사 역임
한국문인협회 회원(시분과)

저 서
인간관계론(도서출판 대명)
사회학개론(도서출판 대명)
면접, 스킬 클리닉(법문사)
글로벌시대의 윤리경영(탑북스)
글로벌시대의 경영학원론(탑북스)

21세기 글로벌시대의

기업경영

초판인쇄 2019년 2월 20일
초판발행 2019년 2월 28일

지은이 윤대혁 · 안춘복
펴낸이 박노일

총괄기획 김중용 · 최준규
편 집 심성보 · 김인숙

펴낸곳 피앤씨미디어

경기도 고양시 일산동구 강송로 153 310-1501
등록 제396-2012-000203호
전 화 070)7550-3758 팩 스 02)718-8554
홈페이지 www.pncmedia.co.kr 이메일 pnc@pncmedia.co.kr
ISBN 979-11-5730-611-4 93320

정 가 25,000원